EQUILÍBRIOS ECONÔMICO-FINANCEIROS DAS CONCESSÕES

RAFAEL VÉRAS DE FREITAS

Prefácio
Sérgio Guerra

Apresentação
Marcos Nóbrega

EQUILÍBRIOS ECONÔMICO-FINANCEIROS DAS CONCESSÕES

Belo Horizonte

2023

© 2023 Editora Fórum Ltda.

É proibida a reprodução total ou parcial desta obra, por qualquer meio eletrônico, inclusive por processos xerográficos, sem autorização expressa do Editor.

Conselho Editorial

Adilson Abreu Dallari
Alécia Paolucci Nogueira Bicalho
Alexandre Coutinho Pagliarini
André Ramos Tavares
Carlos Ayres Britto
Carlos Mário da Silva Velloso
Cármen Lúcia Antunes Rocha
Cesar Augusto Guimarães Pereira
Clovis Beznos
Cristiana Fortini
Dinorá Adelaide Musetti Grotti
Diogo de Figueiredo Moreira Neto (*in memoriam*)
Egon Bockmann Moreira
Emerson Gabardo
Fabrício Motta
Fernando Rossi
Flávio Henrique Unes Pereira

Floriano de Azevedo Marques Neto
Gustavo Justino de Oliveira
Inês Virgínia Prado Soares
Jorge Ulisses Jacoby Fernandes
Juarez Freitas
Luciano Ferraz
Lúcio Delfino
Marcia Carla Pereira Ribeiro
Márcio Cammarosano
Marcos Ehrhardt Jr.
Maria Sylvia Zanella Di Pietro
Ney José de Freitas
Oswaldo Othon de Pontes Saraiva Filho
Paulo Modesto
Romeu Felipe Bacellar Filho
Sérgio Guerra
Walber de Moura Agra

FÓRUM
CONHECIMENTO JURÍDICO

Luís Cláudio Rodrigues Ferreira
Presidente e Editor

Coordenação editorial: Leonardo Eustáquio Siqueira Araújo
Aline Sobreira de Oliveira
Imagem de capa: Travel Mania – stock.adobe.com

Rua Paulo Ribeiro Bastos, 211 – Jardim Atlântico – CEP 31710-430
Belo Horizonte – Minas Gerais – Tel.: (31) 99412.0131
www.editoraforum.com.br – editoraforum@editoraforum.com.br

Técnica. Empenho. Zelo. Esses foram alguns dos cuidados aplicados na edição desta obra. No entanto, podem ocorrer erros de impressão, digitação ou mesmo restar alguma dúvida conceitual. Caso se constate algo assim, solicitamos a gentileza de nos comunicar através do *e-mail* editorial@editoraforum.com.br para que possamos esclarecer, no que couber. A sua contribuição é muito importante para mantermos a excelência editorial. A Editora Fórum agradece a sua contribuição.

Dados Internacionais de Catalogação na Publicação (CIP) de acordo com ISBD

F866e	Freitas, Rafael Véras de
	Equilíbrios econômico-financeiros das concessões / Rafael Véras de Freitas. Belo Horizonte: Fórum, 2023.
	431 p. 14,5x21,5cm
	ISBN 978-65-5518-599-7
	1. Equilíbrio econômico-financeiro. 2. Concessões. 3. Análise Econômica do Direito – AED. 4. Racionalidade limitada. 5. Assimetria de informações. 6. Oportunismos contratuais. 7. Teoria Econômica dos contratos. 8. Contratos incompletos. I. Título.
	CDD: 341.378
	CDU: 346

Ficha catalográfica elaborada por Lissandra Ruas Lima – CRB/6 – 2851

Informação bibliográfica deste livro, conforme a NBR 6023:2018 da Associação Brasileira de Normas Técnicas (ABNT):

FREITAS, Rafael Véras de. *Equilíbrios econômico-financeiros das concessões*. Belo Horizonte: Fórum, 2023. 431 p. ISBN 978-65-5518-599-7.

AGRADECIMENTOS

Vivemos em uma sociedade da informação. A velocidade do conteúdo da divulgação das redes sociais é antípoda ao tempo de maturação dos esforços empreendidos em pesquisas acadêmicas. O mundo externo só consegue captar as externalidades positivas das publicações, dos *posts*, dos eventos, das curtidas, das aulas e da projeção que o direito, por intermédio do argumento de autoridade, pode emprestar ao jurisconsulto, figura que se encontra, cada vez mais, divorciada das pesquisas acadêmicas. As pesquisas no direito mudaram. E, a partir de tais mudanças, salientaram-se as dificuldades de se testar hipóteses que desafiam concepções construídas, pela doutrina jus administrativa, que são caudatárias do direito europeu continental. Os avanços nas pesquisas, durante o caminho, são módicos. Predica-se acreditar no processo, e não no seu resultado. As dúvidas sobre a utilidade da pesquisa sobejam, máxime em um cenário devastador produzido, por uma pandemia, que ceivava vidas e colocava em dúvida o porvir. Daí a importância dos presentes agradecimentos pela publicação deste livro, que corresponde à versão revista da minha tese de doutorado apresentada no Programa de Pós-Graduação em Direito da Regulação da FGV Direito Rio, a partir dos valorosos aportes da banca examinadora. Afinal de contas, a publicação de um livro é resultado de uma miríade de atos de generosidade – sendo certo que as suas eventuais imperfeições são de responsabilidade exclusivas do seu autor.

O tema do equilíbrio econômico-financeiro das concessões, há muito, me despertada angústias. A visão ergótica de que tal instituto veiculava uma concepção fechada reconduzível a um momento T0 e que seria forjada, a partir de uma presunção de completude de uma matriz de riscos, me parecia divorciada da realidade da regulação setorial e das modelagens veiculadas, em contratos de concessão. Para além disso, tal concepção é antípoda a conceitos que entrelaçaram economistas e advogados, tais como "incentivos", "eficiência", "custos de transação", "incompletude contratual", "instituições". A realidade desafiava a doutrina, o que indicava um caminho para realização de novas pesquisas. Foram tais conjunções de fatores que me motivaram a publicar a presente obra.

Em primeiro lugar, agradeço à FGV Direito Rio, instituição em que cursei a pós-graduação lato sensu, o mestrado e doutorado. E que tenho honra de integrar, desde os 23 anos de idade, passando pelas funções de pesquisador, assistente de ensino e, atualmente, figurar como professor responsável do seu LLM em Infraestrutura e Regulação, no âmbito do PEC – Programa de Educação Continuada da FGV Direito Rio (pós-graduação lato sensu). A todas as amigas e aos amigos, do PEC, agradeço por tudo, nas pessoas de Fernanda Aquilão e Cristiane Dias. São 17 anos de vínculo com uma instituição na qual convivo com professores e alunos brilhantes, que foram fundamentais para eu ter chegado até aqui.

Agradeço, ainda, a todo o PPGD, da FGV Direito Rio, na pessoa de seu coordenador, professor Fernando Leal, por ter tido a oportunidade de cursar um dos mais qualificados e inovadores programas de pesquisa do direito brasileiro. Tive o privilégio não de fazer colegas, mas de fazer amigos de doutorado, com quem pude muito aprender, tais como Alexander Kellner, Gabriela Borges, André Bogossian, Péricles Gonçalves e Leonardo de Andrade Costa. Faço referência, ainda, à querida turma de 2021, que sempre me acolheu com tanto carinho. Vocês todos moram no meu coração.

Ao meu orientador, professor Sérgio Guerra (de mestrado e doutorado), por toda generosidade e apoio na direção das pesquisas. Sempre generoso e paciente, fez questão de estar presente, ao longo de toda a orientação, apontando os caminhos, mostrando os atalhos e corrigindo inúmeras vezes a rota do trabalho. Mesmo nas inúmeras vezes que fraquejei, meu orientador sempre me fez acreditar que seria possível, trazendo uma perspectiva fundamental para a correção dos rumos da pesquisa. Agradeço, ainda, ao professor Sérgio Guerra pelas inúmeras oportunidades que conferiu à minha carreira, sem as quais eu nunca teria chegado a esse momento. Embora não figurando como coorientador oficial, não poderia deixar de registrar um agradecimento especial ao professor de Metodologia da Pesquisa, da FGV Direito Rio, Leandro Molhano. Com uma disponibilidade e uma humildade dos grandes, recebeu-me, pacientemente, dezenas de vezes para me passar conhecimentos de metodologia da pesquisa, que foram fundamentais para a estruturação e desenvolvimento da presente tese. Escutou, em cada reunião realizada fora de suas valorosas disciplinas, minhas lamúrias sempre com um bom humor reconfortante, que me impulsionou para a objetivação da pesquisa.

Um agradecimento especial aos professores Floriano de Azevedo Marques Neto, Egon Bockmann Moreira, Flávio Amaral Garcia e Marcos

Nóbrega, perante os quais tive a honra de defender a minha tese de doutorado. A todos agradeço pelo prestígio que me concederam, ao examinarem a minha tese, bem como por me formularem questionamentos, críticas e sugestões, primados pela mais elevada fidalguia acadêmica, que fizeram a diferença para apresentação da versão do livro que ora se leva a público.

Aos meus queridos e saudosos amigos professores Marcos Juruena Villela Souto (*in memorian*) e Diogo de Figueiredo Moreira Neto (*in memorian*), sem os quais eu nunca teria chegado a ter aqui. Vocês fazem muita falta. Não há um dia que não me pegue reproduzindo o que vocês me ensinaram, principalmente como seres humanos. Em um momento como esse, a saudade de vocês é dilacerante. Espero que um dia eu consiga fazer por alguém tudo aquilo que vocês fizeram por mim. Não será nada fácil, pois vocês são únicos em tudo. Dedico a minha carreira a vocês, do fundo do meu coração.

Aos professores Carlos Ari Sundfeld, Juliana Palma, Frederico Turrola, Bernado Strobel, Jacintho Arruda Câmara, Augusto Dal Pozzo, Vera Monteiro, André Rosilho, Guilherme Jardim, Juarez Freitas, Paulo Modesto, Patrícia Sampaio, Eduardo Jordão, Rafael Issa, vai o meu agradecimento pelo apoio de sempre.

Ao pesquisador e colega de escritório, José Egídio Altoé Junior, por emprestar o seu talento à realização de pesquisas que foram indispensáveis a este trabalho. Inteligência, humildade, disciplina e foco são marcas determinantes do seu trabalho. Não tenho a menor dúvida de que, em pouco tempo, seu nome será alçado, com o merecido destaque, no cenário acadêmico nacional do direito administrativo. Você trabalha em silêncio, mas o seu trabalho faz muito barulho. Espero ter a honra de aplaudir o seu merecido sucesso.

A todos do BCVL Advogados. Sócios, advogados, estagiários e funcionários, que me fazem entender, a cada dia, o real significado de um time. Mais do que colegas de banca, Leonardo Coelho, Luíz Eduardo Lessa, Rodrigo Bueno e Felipe Braz são amigos para a vida toda. É um grande privilégio partilhar de um projeto de vida com vocês. A generosidade de cada um de vocês, cada qual em um momento distinto e a seu modo, contribuiu, diretamente, para a construção de minha carreira. Olho para trás e não acredito pelo que passamos juntos. Olho para frente e me nutro de esperanças no futuro. É um privilégio ter vocês ao lado na luta.

À minha família, por tudo. À minha mãe, Gerlane Véras, a quem sou grato por ter sido a melhor mãe do mundo. Por ter feito tudo para que eu pudesse vencer as dificuldades e ter um futuro. Você é minha base, meu alicerce. Obrigado por tanto e por tudo. Aos meus Tios, Nilton, Glauce, Nina, Rogério e Patrícia, por se multiplicarem nas funções de "pais" e "mães", sendo fundamentais e me trazendo no colo até aqui. À minha irmã Hannah, que sempre me enche de orgulho, pela profissional e pessoa que você se transformou.

 À minha amada esposa, Bruna Menoncin, que esteve ao meu lado, com tanta paciência e compreensão, ao longo de todo o processo do doutorado. Só nós sabemos como foi difícil. Seu apoio foi a força que sempre me reergueu. Você me ensinou que "É somente nas misteriosas equações do amor que qualquer lógica ou razão pode ser encontrada".

 Obrigado a Deus, por fazer as coisas possíveis. Obrigado ao Direito Administrativo, por ter dado sentido à minha vida.

SUMÁRIO

PREFÁCIO
Sérgio Guerra 13

APRESENTAÇÃO
Marcos Nóbrega 17

INTRODUÇÃO 19

CAPÍTULO 1
O EQUILÍBRIO ECONÔMICO-FINANCEIRO DAS CONCESSÕES NO DIREITO BRASILEIRO: RETRATO DE UMA EVOLUÇÃO HISTÓRICA ... 31

1.1 A Concepção francesa de equilíbrio econômico-financeiro nos contratos de concessão 31
1.2 A concepção da regulação tarifária das *public utilities* 38
1.3 O equilíbrio econômico-financeiro das concessões no Período Imperial e na República Velha 46
1.4 O equilíbrio econômico-financeiro das concessões na Era Vargas e no Período Militar 51
1.5 O equilíbrio econômico-financeiro das concessões a partir da Constituição de 1988 59
Conclusões parciais 79

CAPÍTULO 2
EQUILÍBRIO ECONÔMICO-FINANCEIRO NAS CONCESSÕES DE RODOVIAS, DE AEROPORTOS, NOS ARRENDAMENTOS PORTUÁRIOS E NAS CONCESSÕES DE FERROVIAS 83

2.1 O equilíbrio econômico-financeiro nos contratos de concessão de rodovias 84
2.2 A normatização regulatória do equilíbrio econômico-financeiro das concessões de rodovias 99
2.3 O Reequilíbrio Covid-19 nas concessões de rodovias 103
2.4 Os acordos de reequilíbrio nas concessões de rodovias 107

2.5	O equilíbrio econômico-financeiro nas concessões de aeroportos	113
2.6	O reequilíbrio econômico-financeiro COVID-19 nas concessões de aeroportos	124
2.7	O equilíbrio econômico-financeiro nos arrendamentos portuários	131
2.8	O equilíbrio econômico-financeiro nas concessões de ferrovias	144
2.9	As prorrogações antecipadas e a pactuação de um novo equilíbrio econômico-financeiro para os contratos de concessão...	157
2.10	As relicitações e os novos "equilíbrios econômico-financeiros intermédios" das concessões em sede de devolução amigável .	167
2.11	A incorporação de novas tecnologias aos contratos de concessão e seu equilíbrio econômico-financeiro	188
	Conclusões objetivas	203

CAPÍTULO 3
REGULAÇÃO ECONÔMICA: A UTILIZAÇÃO DO INSTRUMENTAL DA ANÁLISE ECONÔMICA DO DIREITO (AED) PARA A CONSTRUÇÃO DE UM NOVO REGIME JURÍDICO PARA O EQUILÍBRIO ECONÔMICO-FINANCEIRO NAS CONCESSÕES 211

3.1	Por que regular setores de infraestrutura?.....................................	212
3.2	A regulação dos monopólios naturais em setores de infraestrutura..	213
3.3	A regulação das assimetrias de informações nos setores de infraestrutura..	220
3.4	Variáveis regulatórias nos setores de infraestrutura: o que regular?..	227
3.5	Regulação contratual de projetos de infraestrutura: como regular?..	240
3.6	Teoria Econômica dos Contratos	248
3.7	A visão econômica e atual do equilíbrio econômico-financeiro dos contratos de concessão: um primeiro confronto com o conceito doutrinário dominante...	256
3.8	A repartição de riscos em espécie em contratos de concessão: um segundo confronto com o seu regime jurídico tradicional ..	269
	Conclusões parciais	282

CAPÍTULO 4
UM NOVO REGIME JURÍDICO PARA O EQUILÍBRIO
ECONÔMICO-FINANCEIRO DAS CONCESSÕES À LUZ DA
NOVA ECONOMIA INSTITUCIONAL (NEI) E DA TEORIA DOS
CONTRATOS INCOMPLETOS 287

4.1 A Nova Economia Institucional (NEI) e as relações contratuais
por Oliver Williamson 289

4.2 Regulação contratual de concessão em situações de incerteza:
a abertura à adaptabilidade 296

4.2.1 A lógica econômica dos contratos incompletos 296

4.2.2 Da abertura contratual à renegociação e à adaptabilidade
dos contratos de concessão: um *trade off* entre eficiência e
flexibilidade 313

4.3 Normatizações internacionais sobre o equilíbrio
econômico-financeiro dos contratos de concessão 332

4.4 Da interpretação dos contratos incompletos e o equilíbrio
econômico-financeiro nos contratos de concessão 351

4.5 Equilíbrio econômico-financeiro nas concessões e o
experimentalismo regulatório 355

4.6 O equilíbrio econômico-financeiro das concessões à luz da
Teoria do Desenho de Mecanismos 375

Conclusões parciais 382

CONCLUSÕES DO LIVRO: A PROPOSTA PARA UM NOVO REGIME
JURÍDICO PARA O EQUILÍBRIO ECONÔMICO-FINANCEIRO DOS
CONTRATOS DE CONCESSÃO 389

REFERÊNCIAS 399

ANEXO 429

PREFÁCIO

Como professor e diretor da FGV Direito Rio, sinto-me honrado em prefaciar o livro Equilíbrios econômico-financeiros das concessões, que materializa a primeira tese de doutorado do nosso Programa de Pós-Graduação stricto sensu. E, quis o destino que a primeira tese fosse defendida por um orientando meu, o professor Rafael Véras de Freitas, que trilhou sua carreira acadêmica, em maior parte, na FGV Direito Rio. Rafael só não cursou a graduação em Direito na FGV Direito Rio. Toda a sua formação em nível de pós-graduação tem o DNA da Escola. A pedido do saudoso professor Marcos Juruena Villela Souto – de quem era assistente – Rafael cursou a pós-graduação lato sensu em Direito da Regulação. Cumpriu aquela etapa com mérito e despertou a sua vocação para a academia. Sempre insistente – me "cobrando", mensalmente, quando o curso de mestrado acadêmico em direito da regulação se iniciaria – foi aprovado no concurso e participou da primeira turma.

Fruto das suas pesquisas no mestrado, Rafael escreveu uma dissertação que o destacou no ambiente acadêmico nacional – e também no campo advocatício – ao investigar a denominada "expropriação regulatória" (*regulatory takings*). Foi aprovado com mérito e indicação pela banca para a publicação da dissertação, o que ocorreu por esta Editora Fórum em 2016.

Com o título de mestre, e a publicação de livros e artigos científicos sempre sobre temas complexos, envolvendo a regulação de infraestruturas –, muitos citados em *leading cases* submetidos aos tribunais superiores – o caminho natural como pesquisador levou Rafael à aprovação para integrar a primeira turma de doutorado em Direito da Regulação da FGV Direito Rio, sendo, como dito, o primeiro a defender uma tese perante banca formada por ilustres juristas e especialistas na matéria, os professores Floriano de Azevedo Marques Neto, Flavio Amaral Garcia, Egon Bockmann Moreira e Marcos Nóbrega.

A tese enfrentou um tema dos mais complexos no campo da intervenção estatal no domínio econômico: o equilíbrio econômico-financeiro das concessões. Na tradição do direito administrativo nacional, a doutrina clássica adota a teoria das áleas (riscos) para tratar de situações em que o concessionário de serviços públicos enfrenta situações de desequilíbrio econômico-financeiro do contrato concessivo. Essa teoria, sob influência francesa, é sistematizada em álea administrativa, que abrange três modalidades: (i) prerrogativa de alteração unilateral do contrato administrativo pelo contratante; (ii) fato do príncipe; e (iii) fato da administração; e álea econômica, relacionada aos casos fortuitos, força maior e à teoria da imprevisão, atrelada a fatos supervenientes, excepcionais e imprevisíveis no momento do ajuste pactual, isto é, na assinatura do contrato de concessão e de suas alterações. Com base nessa teoria, prevista na legislação nacional que disciplina as licitações e os contratos administrativos, em caso de rompimento do equilíbrio econômico e financeiro do contrato concessivo pelas áleas administrativa ou econômica, o concessionário passa a ter o direito subjetivo à recomposição do equilíbrio econômico-financeiro nos termos originais.

Concessões de serviço público passaram a adotar técnicas de repartição de riscos em contratos incompletos, de longa duração e correlação com a teoria dos custos de transação, nos termos da legislação especial (Lei nº 11.445/2007 – art. 10-A). Valendo-se secundariamente da teoria das áleas, passaram a ser regidas por uma matriz de riscos que disciplina, de forma racional e objetiva, a repartição de riscos entre as partes contratantes de acordo com a maior ou menor capacidade das partes para mitigá-los; isto é, os riscos são alocados na parte mais apta a lidar com os prejuízos e minimizar os custos e impactos na execução do contrato.

Após Rafael investigar o equilíbrio econômico-financeiro das concessões (i) sob um olhar histórico, apontando a evolução da teoria das áleas, teoria da imprevisão e a partir de uma presunção de completude de uma matriz de riscos com base em concepções doutrinárias atreladas a um regime jurídico-administrativo, e (ii) empírico, com estudo de caso dos setores rodoviário, aeroportuário, portuário e ferroviário, com o exame das modelagens dos conceitos estruturantes da Análise Econômica do Direito – AED, propôs um novo regime jurídico para o equilíbrio econômico-financeiro das concessões à luz da Nova Economia Institucional (NEI) e da Teoria dos Contratos Incompletos.

A sofisticação da pesquisa pode ser constatada no desenvolvimento da obra, que se inicia com a investigação da confluência entre os modelos regulatórios da Europa Continental e dos Estados Unidos que influenciaram o regime jurídico do equilíbrio econômico-financeiro dos contratos de concessão no direito brasileiro. A partir da pesquisa histórica, a obra apresenta um dos trabalhos mais densos no âmbito do direito administrativo econômico sobre a estruturação do equilíbrio econômico-financeiro nos contratos de concessão de infraestrutura em subsistemas altamente complexos (rodovia, aeroportuária, portuária e ferroviária).

O autor analisou os regimes jurídicos dos equilíbrios econômico-financeiros dos contratos de concessão de logística, evidenciando a sua incompletude e mutabilidade, notadamente pela adoção de deflatores tarifários vinculados ao adimplemento pelo concessionário de obrigações de investimento e de desempenho (Fatores X, Q, C e A). A pesquisa avança, ainda, em tema em destaque no país, mas ainda pouco investigado com profundidade do ponto de vista científico. Trata-se dos equilíbrios econômico-financeiros das concessões atrelados a processos de grande impacto nas contratações públicas e privadas, envolvendo o novo regime de renegociação e extinção consensual de contratos de concessão por meio da Prorrogação Antecipada e da Relicitação. Considerando os achados do estudo dos casos, a tese examina as bases da regulação econômica dos contratos de concessão, concluindo pela sua incompatibilidade com o regime jurídico administrativo atual.

Nesse contexto, a tese apresenta alguns pontos de aguda importância para a compreensão da regulação econômica sobre os contratos de infraestrutura, incluindo as variáveis regulatórias que alcançam a entrada, saída, preço e monitoramento, além da Teoria Econômica dos Contratos. Sob as bases do sistema econômico que orientam a construção do novo regime jurídico, Rafael ingressa em tema fundamental para a compreensão da atual fase dos contratos concessivos e suas repercussões no equilíbrio econômico-financeiro, explorando conceitos de Fluxo de Caixa, Valor Presente Líquido (VPL), Taxa de Desconto, Taxa Interna de Retorno (TIR) e Custo Médio Ponderado de Capital (WACC), levando-o à reinterpretação teórica do equilíbrio econômico-financeiro clássico à luz do instrumental da Análise Econômica do Direito – AED.

Após todo esse trajeto, a partir do racional da Teoria dos Contratos Incompletos, da Regulação Experimental e da Teoria do Desenho de Mecanismo, Rafael formula uma nova teoria sobre o regime jurídico para o equilíbrio econômico-financeiro dos contratos de concessão, demonstrando a sua operacionalidade com a realidade normativa e contratual investigada, e que pode ser replicada para os contratos de concessão de outros setores regulados.

Seja pela importância do tema para o aperfeiçoamento das contratações públicas, seja pela qualidade e profundidade da obra, a teoria ora publicada pelo agora mestre e doutor Rafael Véras de Freitas é mais do que recomendada para todos aqueles que tenham interesse em pesquisar ou atuar profissionalmente nos setores de infraestrutura sujeitos à regulação estatal. Parabéns, Rafael, por essa brilhante contribuição para o desenvolvimento da doutrina do direito administrativo econômico.

Rio de Janeiro, agosto de 2023.

Sérgio Guerra
Diretor e professor titular de Direito Administrativo na FGV Direito Rio.

APRESENTAÇÃO

É com grande prazer e entusiasmo que tenho a honra de apresentar esta obra inovadora do renomado jurista Rafael Véras, intitulada "Equilíbrios Econômico-Financeiros das Concessões". Neste livro, Véras brinda-nos com uma abordagem profundamente enriquecedora sobre um tema de extrema relevância no cenário jurídico-administrativo contemporâneo.

A evolução do direito administrativo é um fenômeno constante e inevitável, moldado pelas transformações sociais, econômicas e tecnológicas que permeiam nosso mundo em constante mutação. Nesse contexto, o livro de Rafael Véras se destaca como um farol luminoso que desvenda o caminho da doutrina tradicional para novos horizontes de entendimento e aplicação.

Os manuais clássicos, que, por tanto tempo, foram pilares essenciais para a compreensão das concessões, merecem o devido reconhecimento por terem estabelecido os alicerces dessa área do direito. No entanto, a era da obsolescência gradualmente cede espaço à ascensão de uma nova geração de juristas, como o autor, que transcende as fronteiras entre a prática jurídica e o rigor acadêmico. A maestria com que Véras une essas esferas enriquece sobremaneira nossa compreensão sobre os equilíbrios econômico-financeiros das concessões.

O que encontramos nestas páginas é uma análise profundamente embasada e meticulosamente articulada, respaldada por uma rica bibliografia nacional e internacional. O olhar atento do autor para o futuro, em um mundo que demanda agilidade e adaptação, é um convite para a reflexão sobre os desafios que ainda estão por vir. A obra transcende as barreiras geográficas e se insere de maneira assertiva, no contexto global, contribuindo para o enriquecimento do debate acadêmico em um cenário de constante intercâmbio de ideias.

Rafael Véras nos conduz por uma jornada intelectual que abarca desde os fundamentos até as nuances mais complexas do equilíbrio econômico-financeiro das concessões, demonstrando uma habilidade excepcional para comunicar de forma clara e envolvente. Este livro não apenas enriquece a doutrina jurídica brasileira, mas também representa um convite à transformação da maneira como enfrentamos os desafios práticos e teóricos das concessões.

Do ponto de vista metodológico, o autor foge do lugar comum das dezenas de trabalhos sobre concessões de serviço público no Brasil. Esses outros trabalhos, em sua maioria, são estéreis em propor soluções e enredados em uma malha teórica que não consegue perceber os incentivos econômicos dos diversos atores para agirem dessa ou daquela forma. Desculpem-me o trocadilho, mas miram na árvore e não na floresta.

Essa obra decerto provocará nos leitores desconforto pela ruptura com os cânones da disciplina. Outros que tiverem contato com o texto apresentarão discordância. É fato, no entanto, que esse trabalho não provocará indiferença. O trabalho é inovador, merecendo ser apreciado, com atenção por todos os senhores, o que supõe, desde já, a sua capacidade de influenciar aqueles que laboram nesse setor.

Por fim, como leitor, convido você a mergulhar nas páginas deste livro com a mesma empolgação e curiosidade que eu experimentei ao acompanhá-lo em sua jornada de descoberta e reflexão. Acredito que, ao término desta obra, você se encontrará não apenas enriquecido em conhecimento, mas também inspirado a abraçar as complexidades e oportunidades que a interseção entre a prática jurídica e o rigor acadêmico pode proporcionar.

Parabéns a Rafael Véras por esta conquista notável, que, sem dúvida, será uma referência indispensável para estudiosos, profissionais e todos aqueles que buscam compreender e moldar o futuro do direito administrativo no Brasil e além.

Marcos Nóbrega
Professor da Faculdade de Direito do Recife – UFPE

INTRODUÇÃO

O equilíbrio econômico-financeiro corresponde a uma relação entre os encargos e a remuneração dos particulares nos contratos de concessão dos quais a Administração Pública é parte. O equilíbrio econômico-financeiro tem previsão na parte final do art. 37, XXI, da CRFB, de acordo com o qual se assegura ao contratado a manutenção das condições efetivas de "proposta" apresentada no âmbito da licitação. De acordo com o regime concessório, ao concessionário deve ser atribuído o risco ordinário, do negócio, ao passo que, ao Poder Público, deve ser alocado o risco albergado pela Teoria da Imprevisão, que materializa eventos extraordinários, de consequências imprevisíveis e incalculáveis. O equilíbrio econômico-financeiro dos contratos de concessão serve como uma garantia ao exercício de prerrogativas publicísticas pelo poder público. São proposições que reverberaram, na doutrina administrativa brasileira, nos últimos dois séculos, a partir de uma interpretação doutrinária do instituto do "equilíbrio econômico-financeiro dos contratos de concessão".

Tais premissas teóricas passaram a ser desafiadas, por algumas anomalias, nos últimos anos. A partir de uma provocação do Tribunal de Contas da União – TCU, nos idos de 2005, os setores de infraestrutura passaram a adotar a metodologia do Fluxo de Caixa Marginal, para fins de reequilíbrio econômico-financeiro dos contratos de concessão. Cuida-se de metodologia que, por criar um fluxo de caixa segregado ao evento desequilibrante (ao qual incidirá uma taxa de desconto fixa ou cambiável), divorcia-se da concepção tradicional segundo a qual o reequilíbrio econômico-financeiro seria reconduzível às condições econômicas da proposta comercial apresentada pelos licitantes. Na mesma direção, desde a Lei nº 11.079/2004, os módulos concessórios passaram a instrumentalizar o seu equilíbrio econômico-financeiro, por intermédio de uma matriz de riscos contratuais, modelo de regulação endógena que, ao provisionar os efeitos econômicos dos eventos desequilibrantes, suprimiu, em grande medida, a utilidade da Teoria da Imprevisão, na qualidade de um evento cujas consequências econômicas deveriam ser suportadas pelo poder público.

Na mesma direção, cite-se a necessidade de se renegociar contratos de concessão em vigor, que se tornaram inexequíveis, seja pela previsão de obrigações de investimentos que se mostram desnecessárias, como as previstas nos Contratos de Concessão de Rodovia, celebrados na 3ª Fase do Programa de Concessões de Rodovias Federais – PROCROFE, seja pelo elevado valor de outorga, que não pôde ser honrado, em razão da não efetivação da demanda projetada nos Estudos de Viabilidade Técnica, Econômica e Ambiental – EVTEAs, como se passou, nas Concessões Aeroportuárias, celebradas nos idos de 2014. Todo esse cenário importou na edição da Lei nº 13.448/2017, que disciplina as relicitações e as prorrogações antecipadas, nos setores rodoviário, ferroviário e aeroportuário da Administração Pública federal. A partir de então, o direito brasileiro teve de lidar com um novo regime de extinções consensuais de contratos de concessão. Tal regime normativo, de "renegociação de contratos de concessão", importou na construção de novos e distintos equilíbrios econômico-financeiros para os contratos de concessão. "Equilíbrios econômico-financeiros intermédios", por assim dizer, forjados para dar conta de regimes negociados de extinção prematura do contrato de concessão e extensão da sua variável econômica "prazo".

Mais recentemente, a partir de 2019, tais paradigmas sofreram novas anomalias relevantes. Em dezembro de 2019, autoridades chinesas constataram o contágio de cidadãos por uma nova modalidade de pneumonia decorrente de um novo tipo de vírus, que veio a ser designado SARS-CoV-2 (Coronavírus da Síndrome Respiratória Aguda Grave 2).[1]

---

[1] O agente infeccioso pertence a uma família de vírus cujos outros integrantes foram responsáveis por moléstias preocupantes e, muitas vezes, fatais, como a MERS (Síndrome Respiratória do Oriente Médio) e a SARS (Síndrome Respiratória Aguda Grave), que atingiram a humanidade (Cf. VIDALE, Guida. Por que idosos, hipertensos e diabéticos são grupos de risco? *Veja*, 23 mar. 2020. Disponível em: https://veja.abril.com.br/saude/por-que-idosos-hipertensos-e-diabeticos-sao-grupos-de-risco/. Acesso em: 30 maio 2022).

Em razão do seu elevado nível de contágio,[2] a Organização Mundial da Saúde – OMS, em 30 de janeiro de 2020, considerando o crescimento do número de casos não só na China, nos Estados Unidos, na Alemanha e em outros países, declarou Estado de Emergência de Saúde Pública.[3] Em 11 de março, em razão da disseminação do vírus, a OMS elevou o seu grau de periculosidade ao patamar de uma pandemia.[4]

Seguindo tal orientação, em 03 de fevereiro de 2020, o Ministério da Saúde editou a Portaria MS nº 188, por meio da qual declarou Estado de Emergência, no Brasil, a partir da constatação de casos no país, desde janeiro de 2020. Disso decorreu a edição da Lei Federal nº 13.979/2020, a qual dispõe sobre as medidas para o enfrentamento da emergência de saúde pública, de importância internacional, decorrente do Coronavírus (COVID-19). Foi, inclusive, necessária a aprovação, pelo Congresso Nacional, do Decreto Legislativo nº 6/2020, que reconheceu, para os fins do art. 65 da Lei Complementar nº 101/2000, a ocorrência do estado de calamidade pública, permitindo que o Poder Executivo extrapolasse os limites previstos na Lei de Responsabilidade Fiscal para custear ações de combate à pandemia. Nesse contexto, o Poder Público expediu diversas medidas de polícia sanitária, com o objetivo de evitar o crescimento da curva de propagação da pandemia. Foram medidas que, a despeito de resguardar a saúde da população, provocaram impactos econômico-financeiros diretos em diversos contratos de concessão.[5]

---

[2] OMS decreta pandemia do novo coronavírus. Saiba o que isso significa. *Abril*, 11 mar. 2020. Disponível em: https://saude.abril.com.br/medicina/oms-decreta-pandemia-do-novo-coronavirus-saiba-o-que-isso-significa/. Acesso em: 30 maio 2022.

[3] DANTAS, Caroline. Novo coronavírus é emergência de saúde internacional, declara OMS. *G1*, 30 jan. 2020. Disponível em: https://g1.globo.com/ciencia-e-saude/noticia/2020/01/30/novo-coronavirus-e-emergencia-de-saude-internacional-declara-oms.ghtml. Acesso em: 30 maio 2022.
CAMBRICOLI, Fabiana. OMS declara emergência de saúde pública global por surto de coronavírus. *Estadão*, 30 jan. 2020. Disponível em: https://saude.estadao.com.br/noticias/geral,oms-declara-emergencia-de-saude-publica-global-por-surto-de-coronavirus,70003178909. Acesso em: 30 maio 2022.

[4] Coronavírus: OMS declara pandemia. *BBC*, 11 mar. 2020. Disponível em: https://www.bbc.com/portuguese/geral-51842518. Acesso em: 30 maio 2022.

[5] Em caráter ilustrativo, citem-se o Decreto nº 64.881 de 2020 do Estado de São Paulo, o qual recomenda "que a circulação de pessoas no âmbito do Estado de São Paulo se limite às necessidades imediatas de alimentação, cuidados de saúde e exercícios de atividades essenciais." (art. 4º); o Decreto nº 525 de 2020 de Santa Catarina, o qual suspende o exercício de todas as atividades tidas como não essenciais, assim como a circulação de veículos (art. 7º, inciso I); o Decreto nº 40.539 de 2020, do Distrito Federal, que suspende o exercício de uma série de atividades, sobretudo as que ensejam aglomerações, nele listadas (art. 2º); entre outros normativos.

De fato, nas concessões de serviço público, tal impacto seria bem saliente, considerando o fato de que, em regra, os custos afundados nos ativos (*sunk costs*), em estruturas qualificadas como monopólios naturais, predicam, justamente, a sua amortização pelos recebíveis do projeto – gerando economias de escala e de escopo. Com a manutenção dos custos marginais para a operação dos ativos, aliada à redução da demanda, os projetos de infraestrutura, no curto prazo, tenderiam a se tornar deficitários.[6]

Nada obstante, o entendimento ainda doutrinariamente majoritário a propósito do tema é no sentido de que o equilíbrio econômico-financeiro dos contratos de concessão remonta à necessidade de revisão das suas bases econômicas, por ocasião da conflagração de eventos, imprevisíveis e de consequências incalculáveis, vinculados à proposta comercial apresentada pelos licitantes. De acordo com esse entendimento, justificar-se-ia o restabelecimento do reequilíbrio econômico-financeiro do contrato, diante da ocorrência de eventos imprevisíveis, ou previsíveis, porém de consequências incalculáveis, que tornem o ajuste excessivamente oneroso para um dos contratantes em comparação com o que foi originalmente pactuado entre as partes. De acordo com tal concepção, a manutenção do contrato deve se dar em outras bases, com vistas a assegurar a comutatividade entre as prestações inicialmente pactuadas.

Em suma, a Teoria da Imprevisão funciona como uma teoria relativizadora do cumprimento obrigatório dos contratos, na forma como inicialmente pactuados (*pacta sunt servanda*). De acordo com essa teoria, o contrato deve ser executado, conforme foi inicialmente pactuado, se mantidas as condições da época da sua celebração. Cuida-se, pois, de reconhecer a existência de uma drástica alteração no quadro econômico vigente, bem como um desproporcional desequilíbrio entre as obrigações pactuadas, em um ambiente no qual a racionalidade seria ilimitada, e não haveria assimetria de informações entre as partes. Daí que, para a caracterização de tal situação, se fixou o entendimento segundo o qual, para a revisão das bases econômicas dos contratos, teria de se configurar: (i) a ocorrência de fato imprevisível, ou previsível de consequências incalculáveis; e (ii) um ônus excessivo para qualquer

---

[6] São custos que são aportados e antecipados, pelos concessionários, para dar início à exploração de um ativo de infraestrutura, os quais serão amortizados, a partir do percebimento dos recebíveis do projeto.

das partes.[7] Nesse contexto, a revisão contratual, em decorrência da sua onerosidade excessiva para uma das partes, teria previsão, sob a ótica privatística, nos artigos 478 a 480 do Código Civil – CC. No direito administrativo, tal teoria encontraria amparo no art. 65, II, *d*, da revogada Lei nº 8.666/1993, por intermédio do qual é franqueado aos contratantes a possibilidade de, mediante acordo, restabelecerem a relação que foi inicialmente pactuada entre os encargos do contratado e a retribuição da Administração.

Assim é que, nos contratos administrativos regidos pelo referido diploma, ao particular teriam sido atribuídos os riscos atinentes à álea ordinária, empresarial, que representam os riscos do negócio. E, de outro lado, à Administração Pública teriam sido atribuídos os riscos relacionados aos eventos extraordinários (materializados pela álea administrativa e econômica), a exemplo do caso fortuito, da força maior, do fato do príncipe e do fato da administração. Tal vetusto entendimento encontra amparo nas clássicas lições de Hely Lopes Meirelles[8] e de Caio Tácito.[9] Nada obstante, esse ônus excessivo não poderia ter decorrido da atuação da própria parte, sob pena de a Teoria da Imprevisão ser utilizada, indevidamente, para amparar o contratante que tenha dado causa ao evento desequilibrante.[10]

Acontece que, como se pretende testar, no âmbito de tal pesquisa, tal concepção não se coaduna mais com os modelos concessórios que veiculam o trespasse de cometimentos públicos para particulares. É que, por intermédio de tais módulos concessórios, arquiteta-se, em primeiro lugar, um sistema de financiamento da provisão de utilidades públicas, pela produção de *Value for Money*[11] para o Poder Público. Ademais disso, por esse instrumento, é possível se forjar o estabelecimento de um regime tarifário, que: (i) induza o concessionário a repassar ganhos

---

[7] PEREIRA, Caio Mário da Silva. *Instituições de direito civil*: teoria geral das obrigações. Rio de Janeiro: Forense, 2015.p. 141.

[8] MEIRELLES, Hely Lopes. *Direito administrativo brasileiro*. 42. ed. São Paulo: Malheiros, 2016. p. 267-270.

[9] TÁCITO, Caio. O equilíbrio financeiro na concessão de serviço público. *Revista de Direito Administrativo*, Rio de Janeiro, v. 65, p. 1-25, maio 1961.

[10] GARCIA, Flávio Amaral. *Licitações e contratos administrativos*: casos e polêmicas. 2. ed. Rio de Janeiro: Lumen Juris, 2009. p. 270-271.

[11] Tal conceito está relacionado à produção de eficiências (externalidades positivas) que o projeto concessionado produzirá para sociedade, especialmente se comparado a uma contratação tradicional de obra pública. Sobre o tema, V. SARMENTO, Joaquim Miranda. As parcerias público privadas e a alocação do risco: uma revisão teórica. *Revista Brasileira de Infraestrutura*, Belo Horizonte, a. 5, n. 10, p. 23-34, jul./dez. 2016.

de eficiência para os usuários, por exemplo, por intermédio da fixação da metodologia de *price cap*[12] para a estruturação do regime tarifário; (ii) importe na redução da assimetria de informações entre o poder concedente e o concessionário, especialmente, durante a execução do contrato, pela fixação de descontos e acréscimos tarifários; (iii) institua um sistema de subsídios cruzados, que fomente a universalização dos serviços para os rincões e para populações mais desvalidas. Inequívoco, pois, que tal modelo de contratação veicula, em si, uma estrutura regulatória. Note-se, desde logo, que, em razão do seu prazo diferido, não se trata de uma estrutura econômica alheia aos câmbios experimentados em decorrência da execução contratual. Na realidade, os contratos de concessão são prenhes de oportunismos contratuais decorrentes de sua incompletude.

A partir dessas constatações, se pretende-se testar a seguinte hipótese: a que o regime jurídico ergótico atrelado ao equilíbrio econômico-financeiro dos contratos de concessão se encontra superado, suposição, a ser testada, empiricamente, nos setores de rodovias, aeroportos, portos e ferrovias e nos institutos da Prorrogação Antecipada e da Relicitação.

Mais que isso, a presente investida, em sendo confirmada a hipótese que lhe serve de móvel, pretende propor uma releitura do regime jurídico do equilíbrio econômico-financeiro dos contratos de concessão à luz do instrumental da Análise Econômica do Direito (*Law and Economics*), notadamente da Teoria dos Contratos Incompletos (*Incomplete Contracts Theory*).

Tal pesquisa se justifica, porquanto o direito brasileiro, em razão de circunstâncias históricas e de interpretações doutrinárias caudatárias do direito francês, sedimentou a Teoria do Equilíbrio Econômico-Financeiro (TEF) dos contratos de concessão, a partir da natureza contratual do título delegatório (e sua consequente vinculação à proposta apresentada pelos licitantes), mas não desconsiderou, durante diversos marcos normativos históricos, os conceitos extraídos da regulação tarifária norte-americana (v.g. "justa remuneração" e "custo do serviço). Tal hibridismo entre o modelo europeu continental

---

[12] Cuida-se de um modelo de regulação tarifária, por intermédio do qual o regulador estabelece, *ex ante*, o valor máximo das tarifas que serão cobradas dos usuários. O racional de tal modelo é de estimar os investimentos e os custos, que serão despendidos, pelo concessionário, no próximo ciclo tarifário, de modo a criar um sistema de incentivos direcionado à obtenção de exigências operacionais.

e o anglo-saxão vem produzindo anomalias na recondução do regime jurídico do equilíbrio econômico-financeiro dos contratos de concessão à aplicação da Teoria da Imprevisão e à vinculação à proposta comercial apresentada, pelos licitantes, notadamente em situações qualificadas como "incertezas".

Isso porque o regime jurídico do equilíbrio econômico-financeiro dos contratos de concessão foi forjado com base em concepções doutrinárias atreladas a um regime jurídico-administrativo. É dizer, mesmo se prevendo uma abertura jurídica à Teoria da Imprevisão, que se pretendeu construir um sistema, completo e previsível, no qual os eventos extracontratuais teriam de ser alocados como um risco alocado ao poder concedente. Mais que isso, forjou-se uma concepção, retrospectiva e remediativa, do equilíbrio econômico-financeiro de tais ajustes, segundo a qual eventos supervenientes ao contrato teriam de ser reconduzidos a um único equilíbrio econômico-financeiro construído, a partir da proposta comercial apresentada pelos licitantes. Porém, tal entendimento desconsidera premissas básicas que são inerentes a tais ajustes de longo prazo: (i) os agentes são parcialmente racionais (*bound rationality*) na celebração de contratos de concessão; e (ii) em razão da assimetria de informações entre partes e do longo prazo de vigência de tais contratos, esses ajustes são incompletos.

Assim, a presente investida deve ser entendida como uma proposta de alteração de Programa de Pesquisa Científica (PPC) a propósito do regime jurídico do equilíbrio econômico-financeiro dos contratos de concessão, nos moldes do proposto por Thomas Kuhn,[13] segundo a qual a mudança de paradigma decorre de momentos crise, no âmbito dos quais a comunidade científica acorde em sua superação.[14] Um paradigma é considerado bem-sucedido pelo tempo de

---

[13] Ao ver do autor "a tentativa de descobrir a fonte dessa diferença levou-me ao reconhecimento do papel desempenhado na pesquisa científica por aquilo que, desde então, chamo de 'paradigmas'". Considero "paradigmas" as realizações científicas universalmente reconhecidas que, durante algum tempo, fornecem problemas e soluções modelares para uma comunidade de praticantes de uma ciência. Quando esta peça do meu quebra-cabeça encaixou no seu lugar, um esboço preliminar deste ensaio emergiu rapidamente (KUHN, T. S. *The Structure of Scientific Revolutions*. 3. ed. Chicago: The University of Chicago Press, 1996. p. 12).

[14] Ainda em suas palavras, "A emergência de novas teorias é geralmente precedida por um período de insegurança profissional pronunciada, pois exige a destruição em larga escala de paradigmas e grandes alterações nos problemas e técnicas da ciência normal. Como seria de esperar, essa insegurança é gerada pelo fracasso constante dos quebra-cabeças da ciência normal em produzir os resultados esperados. O fracasso das regras existentes é o

sua dominância. Acontece que, com o passar do tempo, o paradigma é acometido por anomalias. É dizer por alguns resultados que não podem ser explicados por seu intermédio. Na maioria das vezes, tais anomalias são ignoradas, ou mesmo desconsideradas. Nada obstante, há momentos em que as anomalias começam a se acumular. Passam a ser notadas, por diversos pesquisadores, em vários foros de pesquisas acadêmicas. Nesse momento, a defesa da manutenção do paradigma pode perder o seu caráter científico; instalam-se, pois, as crises dos paradigmas. Cuida-se de um período de turbulência, que pode durar décadas, até séculos. Isso porque à comunidade científica é preferível manter-se afiliada a um paradigma – ainda que ele não se sustente mais – do que ficar sem qualquer novo lastro teórico. Assim é que a quebra de um paradigma se dá quando um modelo alternativo é proposto. Quando um modelo mais robusto é apresentado, capaz de corrigir as anomalias apresentadas pelo paradigma que se pretende superar. Dito em termos diretos: um paradigma só é deposto pelo surgimento de um novo paradigma. Daí o que justifica a presente investida (e o seu ineditismo) é o estabelecimento de uma relação direta entre o equilíbrio econômico-financeiro dos contratos de concessão, a regulação contratual (*Regulatory contracts*) e o instrumental da Análise Econômica do Direito (*Law and Economics*), endereçando, a partir das vicissitudes experimentadas pelo seu regime jurídico tradicional, uma proposta normativa de sua releitura à luz da Teoria dos Contratos Incompletos (*Incomplete Contracts Theory*), em complemento aos mais recentes escritos da doutrina jus administrativista a propósito do tema, que serão expostos no seu devir.

    A presente pesquisa justifica-se, ainda, na medida em que, de acordo com a literatura econômica, os contratos de concessão ilustram um problema de agência (*principal-agent problem*), considerando a miríade de atores que participam da arquitetura concessória, na qual o Poder Concedente ocupa a figura do Principal e o concessionário, a figura do Agente. Nesse sentido, a presente pesquisa tem por desiderato dar cabo, a partir do exame empírico das modelagens concessórias mais recentes e da regulação setorial, dos seguintes questionamentos: (i) o regime jurídico publicístico, importado da França, ainda é o que lastreia o regime jurídico do equilíbrio econômico-financeiro dos contratos de concessão?

---

    prelúdio para uma busca de novas regras (KUHN, T. S. *The Structure of Scientific Revolutions*. 3. ed. Chicago: The University of Chicago Press, 1996. p. 94).

(ii) em que medida o instrumental da Análise Econômica do Direito (AED) pode contribuir para a construção de um novo regime jurídico para o equilíbrio econômico-financeiro dos contratos de concessão?

Não se pretende, pois, questionar a Teoria das Áleas (o que já foi objeto de diversos escritos, e seria, no atual quadrante, rebarbativo).[15] Acontece que, mesmo com a sua parcial superação pela repartição de riscos contratuais, a doutrina ainda não dá conta de endereçar os lindes de um regime jurídico contemporâneo para o equilíbrio econômico-financeiro dos contratos de concessão.[16] É que, à medida que as partes possuem racionalidade limitada (decorrente da insuficiência e da assimetria de informações), os custos de transação de desenhar um contrato completo seriam proibitivos. Daí ser impossível prever, *ex ante*, todos os eventos que podem ocorrer no devir de um contrato de longo prazo.

Os métodos empregados, na presente pesquisa, são os descritivos e os normativos,[17] ou seja, pretende-se partir da comparação entre a doutrina consolidada sobre o tema e as modelagens veiculadas, pelos contratos de concessão, a propósito do equilíbrio econômico-financeiro de tais ajustes, para deduzir consequências aptas a serem testadas. O exame de tais modelagens e sua compatibilidade com os conceitos estruturantes da Análise Econômica do Direito – AED, especialmente da Teoria dos Contratos Incompletos, será utilizada, no que for pertinente, ao propósito de procurar evidências empíricas que comprovem – ou não – os contornos apresentados na análise teórica empreendida pela presente tese.[18] Como técnica de pesquisa, será utilizado o levantamento biblio-

---

[15] Tal entendimento vem, há muito, sendo desenvolvido (PEREZ, Marcos Augusto. *O risco no contrato de concessão de serviço público*. Belo Horizonte: Fórum, 2006. p. 115-118).

[16] SCHWANKA, Cristiane. Direito econômico e direito público: uma abordagem da análise econômica como método de interpretação dos contratos administrativos. *Revista de Direito Empresarial*, Belo Horizonte, a. 9, n. 2, p. 63-79, maio/ago. 2012. POSNER, E. A. Análise econômica do direito contratual após três décadas: sucesso ou fracasso? (primeira parte). *Revista de Direito Público da Economia*, Belo Horizonte, a. 6, n. 23, p. 75-108, jul./set. 2008. DIAS, Maria Tereza Fonseca. Os problemas da contratação pública brasileira sob a Análise Econômica do Direito (*Law and Economics*): em busca de propostas legislativas para sua superação. *Revista Brasileira de Direito Público*, Belo Horizonte, a. 15, n. 57, p. 85-111, abr./jun. 2017.

[17] GERRING, J. *Applied Social Science Methodology*. Cambridge: Cambridge Univeristy Press, 2017.

[18] Embora não exista uma metodologia universal para elaboração de um problema de pesquisa, procurou-se, a partir da análise de bibliografia publicada e inferência de documentos públicos, desenhar um problema de pesquisa, a partir de uma lacuna doutrinária, como sugerido em ALVESSON, M.; SANDBERG, J. Generating research questions through problematization. *The Academy of Management Review*, New York, v. 36, n. 2, p. 247-271, 2011.

gráfico (da doutrina nacional sobre o equilíbrio econômico-financeiro e nacional e estrangeira a propósito da Análise Econômica do Direito) e documental (de instrumentos contratuais e normativos de entidades reguladoras federais, nos setores de infraestrutura). A escolha pelo exame dos contratos de concessão e da regulação setorial Federal do setor de logística, a propósito do equilíbrio econômico-financeiro dos contratos de concessão, justifica-se, seja porque eles retratam, em grande medida, os avanços regulatórios experimentados pela delegação da infraestrutura estadual e municipal, seja porque as diversas rodadas, que materializam as delegações de infraestruturas de logística, congregam modelo similar de regulação contratual do equilíbrio econômico-financeiro de tais ajustes, o que reduz o risco do enviesamento seletivo das amostras (v.g. fases do PROCROFE, Rodadas de Concessão de Aeroportos, fases de arrendamentos portuários).

O presente livro está dividido em quatro capítulos. No capítulo 1, pretende-se investigar como a confluência entre os modelos regulatórios da Europa Continental e dos Estados Unidos (das *public utilities*) forjaram a construção de um regime jurídico para o equilíbrio econômico-financeiro dos contratos de concessão no direito brasileiro. Para tanto, serão apresentadas as previsões das Constituições Brasileiras e uma amostra de sua normatização infraconstitucional produzida, desde o Império até a Constituição de 1988, bem como os autores que interpretaram as suas disposições sobre o equilíbrio econômico-financeiro dos contratos de concessão, para o efeito de retratar o caminho percorrido para se chegar à sua concepção atual. O objetivo desse capítulo não é o de questionar se o equilíbrio econômico-financeiro das concessões tem, ou não, sede em tal ou qual dispositivo constitucional, mas o de investigar se o seu regime jurídico é resultado de uma imbricação entre os modelos francês e norte-americano de regulação tarifária.

No capítulo 2, pretende-se apresentar os atuais quadrantes do equilíbrio econômico-financeiro dos contratos de concessão de rodovias, aeroportos, portos e ferrovias. Tais setores guardam entre si o característico comum do trespasse da exploração de estruturas de rede da logística brasileira, o que permite a sua comparabilidade. Nesse capítulo, pretende-se analisar os vários regimes jurídicos dos equilíbrios econômico-financeiros dos contratos de concessão de logística, procurando evidenciar sua adaptabilidade e incompletude, notadamente pelo advento da metodologia de um Fluxo de Caixa Marginal atrelado à avaliação de um Custo Médio Ponderado de Capital – WACC (*Weighted Average Cost of Capital*);[19] do advento de deflatores tarifários atrelados ao adimplemento de obrigações de investimento e de desempenho, pelo concessionário (Fatores X, Q, C e A).[20] Para além disso, serão investigados os equilíbrios econômico-financeiros que são instituídos, a partir do advento dos institutos da Prorrogação Antecipada e Relicitação. O objeto deste capítulo é o de testar a hipótese segundo a qual o regime jurídico ergótico atrelado ao equilíbrio econômico-financeiro dos contratos de concessão se encontra superado. Mais que isso, pretende-se investigar se a concepção doutrinária, atrelada à Teoria da Imprevisão e à manutenção das condições apresentadas na proposta comercial do licitante ainda encontra amparo nas cláusulas contratuais e na regulação setorial.

No capítulo 3, pretende-se lançar mão da análise de temas centrais da regulação econômica de contratos de infraestrutura, que perpassam pela sua justificativa (atrelada ao conceito de "falhas de mercado"); as variáveis regulatórias incidentes sobre tais contratos (entrada, saída, preço e monitoramento); e a Teoria Econômica dos Contratos. O desiderato de tal investida é o de apontar as bases sob as quais é construída a regulação econômica dos contratos de concessão, de modo a se investigar a sua incompatibilidade com o regime jurídico administrativo. Ademais disso, esse capítulo pretende apresentar os atuais contornos do regime jurídico do equilíbrio econômico-financeiro, que é lastreado por conceitos mais financeiros do que jurídicos. Nessa quadra, será apresentada a atual visão econômica e financeira do equilíbrio econômico-financeiro dos contratos de concessão, a partir da exploração de conceitos como os de Fluxo de Caixa, Valor Presente Líquido (VPL), Taxa de Desconto, Taxa Interna de Retorno (TIR) e Custo Médio Ponderado de Capital (WACC). O propósito de tal capítulo é o de apresentar as variáveis econômicas que orientam a construção do regime jurídico do equilíbrio econômico-financeiro do contrato de concessão. A partir de tal aporte, pretende-se investigar se o equilíbrio econômico-financeiro dos contratos de concessão traduz variáveis econômicas, e não jurídicas, o que

---

[19] O Custo médio ponderado de capital é um valor percentual que incide, para cada setor, na qualidade de uma Taxa de Desconto, mutável, que incidirá, a partir de dados externos, para delinear a proporção do capital próprio, e de terceiro.

[20] Os deflatores são percentuais que incidem sobre a remuneração do concessionário, para mais ou para menos, nas hipóteses em que ele cumpre ou descumpre uma obrigação de investimento ou uma obrigação de desempenho.

sugere a necessidade de sua reinterpretação à luz do instrumental da Análise Econômica do Direito – AED.

No capítulo 4, pretende-se investigar se o regime econômico dos contratos não episódicos, de trato sucessivo, pode ser transposto para o contrato de concessão. Apesar da sua natureza publicística, o contrato de concessão é uma espécie, que tem como gênero os negócios jurídicos, os quais não prescindem de uma interpretação a partir da lógica dos incentivos. Ainda na oportunidade, serão apresentados os aspectos econômicos que lastreiam as renegociações dos contratos de concessão, a partir dos quais são forjados novos e distintos crivos de reequilíbrio para tal espécie de contrato. Por fim, em sendo confirmada a hipótese testada, propor-se-á, a partir do racional da Teoria dos Contratos Incompletos, da Regulação Experimental e da Teoria do Desenho de Mecanismo, um novo regime jurídico para o equilíbrio econômico-financeiro dos contratos de concessão, que seja operacionalizável e mais compatível com a realidade normativa e contratual, e possa ser replicável para os demais contratos concessão.

CAPÍTULO 1

O EQUILÍBRIO ECONÔMICO-FINANCEIRO DAS CONCESSÕES NO DIREITO BRASILEIRO: RETRATO DE UMA EVOLUÇÃO HISTÓRICA

O regime jurídico do equilíbrio econômico-financeiro dos contratos de concessão, no direito brasileiro, oscilou entre a concepção francesa de equilíbrio econômico-financeiro, construída, no âmbito da *concession de service public*, e a norte-americana, que lastreou a regulação das *public utilities*. De fato, uma análise do regime normativo do Período Imperial até a Constituição de 1998 evidencia um regramento que, ora consagra o tema do equilíbrio econômico-financeiro atrelado ao exercício de prerrogativas publicísticas, que é caudatário de um instrumento delegatório da concessão, ora pretende endereçar um sistema que garanta a "justa remuneração" do concessionário, a partir dos custos despendidos para a exploração de um cometimento público, consoante o modelo de regulação de preços das *public utilities*. Nesse sentido, o presente capítulo tem por objetivo investigar em que medida tais vertentes orientaram a construção do regime jurídico do equilíbrio econômico-financeiro das concessões no direito brasileiro.

1.1 A Concepção francesa de equilíbrio econômico-financeiro nos contratos de concessão

A transposição da concepção francesa dos serviços públicos, para o direito brasileiro, decorre da influência ideológica da Revolução Francesa para os países da Europa Continental – a qual produziu ecos nas colônias sul-americanas. Fugiria ao escopo da presente pesquisa apresentar todos os quadrantes da concepção francesa de serviços públicos.²¹ Nada obstante, para o fim de delimitar o conceito de equilíbrio econômico-financeiro dos contratos de concessão, que restou trespassado para o direito brasileiro, a apresentação de seus principais alicerces se mostra, nesse passo, adequada. Uma das primeiras vertentes do regime jurídico dos serviços públicos, na França, está atrelada ao poder império estatal. De fato, a primeira concepção a propósito dos serviços públicos, que lastreou tal conceito, extrai seu fundamento do exercício do poder extroverso estatal, Maurice Hauriou à frente.²² De acordo com o autor, o serviço público não se configura como um direito dos particulares a uma prestação estatal de ordem coletiva, mas decorre do poder de império estatal (*puissance publique*). Seguiu daí a construção do entendimento segundo o qual, em razão da supremacia do interesse público sobre o privado,²³ a autoridade pública legitimaria o exercício de prerrogativas publicísticas, por intermédio da prestação de serviços públicos à coletividade. Ao ver do autor, o exercício do poder extroverso estatal serviria ao propósito de manter a prestação de serviços públicos, de forma regular e contínua.

A principal antítese ao ideário de Maurice Hauriou foi materializada, pela Escola dos "Serviços Públicos" (ou "Escola de Bordeaux"), por intermédio da qual foram forjadas as concepções sociológicas e jurídicas dos serviços públicos. De acordo com a primeira, Léon Duguit à frente, a solidariedade social,²⁴ que justificou a criação do estado, justificaria, em igual medida, a obrigação do poder público de prestar

---

[21] Para uma precisa investigação dos autores franceses, v. ARAGÃO, Alexandre Santos de. A noção de serviço público. *In*: ARAGÃO, Alexandre Santos de. *Direito dos serviços públicos*. Belo Horizonte: Fórum, 2017.

[22] COMADIRA, Julio Rodolfo. El servicio público como título jurídico exorbitante. *Revista de Direito Administrativo e Constitucional*, Curitiba, a. 4, n. 15, p. 79-106, jan./mar. 2004.

[23] Cuida-se de vertente que engendrou a própria formação do direito administrativo, como bem destacado por Floriano de Azevedo Marques Neto, para quem tal ramo do direito "tem sido edificado sobre várias dicotomias, além da célebre oposição autoridade/liberdade: público-privado; indivíduo-coletividade; concentração-limitação do poder; legalidade-discricionariedade. Em termos bastante sintéticos, o direito administrativo equilibra-se entre várias polaridades, edifica-se sobre inúmeras contradições" (MARQUES NETO, Floriano de Azevedo. A bipolaridade do direito administrativo e sua superação. *In*: SUNDFELD, Carlos Ari; JURKSAITIS, Guilherme Jardim (Orgs.). *Contratos públicos e direito administrativo*. São Paulo: Malheiros Editores, 2015. v.1. p. 222).

[24] Cuida-se de uma concepção que ainda encontra eco na doutrina brasileira. Nesse sentido, veja-se Celso Antônio Bandeira de Mello, para quem serviço público seria "(...) toda atividade de oferecimento de utilidade ou comodidade material destinada à satisfação da coletividade em geral, mas fruível singularmente pelos administrados, que o Estado assume como pertinente a seus deveres e presta por si mesmo ou por quem lhe faça às vezes, sob um regime de Direito Público" (MELLO, Celso Antônio Bandeira de. *Curso de direito administrativo*. São Paulo: Malheiros Editores, 2004. p. 620).

serviços à coletividade.²⁵ Foi com Gaston Jezé²⁶ que a noção jurídica de serviço público ganhou notoriedade acadêmica. De acordo com o autor, no contexto permeado pelo advento de um Estado Social, toda vez que se estiver diante de uma atividade considerada serviço público, sobre ela incidirá um regime especial, um plexo de prerrogativas, voltado à sua regular execução.²⁷ Ainda para Jezé, esse regime jurídico especial pressuporia as seguintes características: (i) a titularidade de tais atividades pelo Estado; (ii) a interdição de sua prestação em regime de liberdade, só sendo admitida a sua prestação por particulares recebedores de uma outorga específica do poder público; e (iii) a sujeição de todos os prestadores a um regime jurídico único, fortemente regulado e pautado por prerrogativas publicísticas (*publicatio*).²⁸ De acordo com o autor, "nessa hipótese há serviço público, ou seja, para satisfazer regular e continuamente determinada categoria de necessidades de interesse público, há um regime *jurídico especial*, que sempre pode ser modificado pelas leis e pelos regulamentos".²⁹

Foi, justamente, a partir de tal vertente e da jurisprudência do Conselho de Estado Francês (*Conseil-état*) que se construiu o regime

---

[25] DUGUIT, L. *Las transformaciones generales del derecho*. Buenos Aires: Heliasta, 2001. p. 37. De acordo com o autor, os serviços públicos, nesta acepção, não seriam criados pelo Estado, mas, sim, pela própria sociedade que reconheceria a necessidade de determinada atividade atender às necessidades essenciais da coletividade. O critério material (interesse público) seria fundamental para caracterização do serviço público, mas não os critérios subjetivos (titularidade do serviço) e formal (regime jurídico). Estariam incluídas neste conceito ampliado de serviço público todas as atividades estatais (legislativas, jurisdicionais e administrativas), ainda que elas possuam diferenças fundamentais, o que retiraria a utilidade do conceito.

[26] V. JÈZE, Gaston. *Princípios Generales del Derecho Administrativo*. Tradução Julio N. San Millan Almargo. Buenos Aires: Depalma, 1948. t. II. v. 6.

[27] Porém, Gustavo Binenbojm bem alerta que "O surgimento do direito administrativo, e de suas categorias jurídicas peculiares (supremacia do interesse público, prerrogativas da Administração, discricionariedade, insindicabilidade do mérito administrativo, dentre outras), representou antes uma forma de reprodução e sobrevivência das práticas administrativas do Antigo Regime que a sua superação. A jurisdicização embrionária da Administração Pública não logrou subordiná-la ao direito; ao revés, serviu-lhe apenas de revestimento e aparato retórico para sua perpetuação fora da esfera de controle dos cidadãos" (BINENBOJM, Gustavo. Da supremacia do interesse público ao dever de proporcionalidade: um novo paradigma para o direito administrativo. *In*: SARMENTO, Daniel (Org.). *Interesses públicos versus interesses privados*: desconstruindo o princípio de supremacia do interesse público. Rio de Janeiro: Lumen Juris, 2005. p. 117-119).

[28] Para uma ampla contextualização das principais características dos serviços públicos, v. MARQUES NETO, Floriano de Azevedo; GAROFANO, Rafael Roque. Notas sobre o conceito de serviço público e suas configurações na atualidade. *Revista de Direito Público da Economia*, Belo Horizonte, a. 12, n. 46, abr./jun. 2014.

[29] JÈZE, Gaston. *Princípios Generales del Derecho Administrativo*. Tradução Julio N. San Millan Almargo. Buenos Aires: Depalma, 1948. t. II. v. 6. p. 241.

jurídico do equilíbrio econômico-financeiro dos contratos de concessão. O tema foi, originalmente, abordado, no célebre precedente *Ministre des Travaux Publics c. Compagnie Générale Française des Tramways*,[30] de 11 de março de 1910, por intermédio do qual se discutiu a possibilidade de o poder concedente determinar a realização de alterações unilaterais no contrato de concessão, a bem da sua atualização. Em tal precedente, o prefeito de *Bouches-du-Rhône*, por intermédio do Decreto de 23 de junho de 1903, exigiu o incremento do número de comboios para atender às necessidades da população durante o verão. Tal medida veio a ser questionada, pela *Compagnie Générale*, em razão dos custos que tal empresa teria de despender para aumentar o material rodante que oferecia aos usuários do serviço de transporte de passageiros, por bondes. Ao examinar o tema, o Conselho de Estado se manifestou no sentido de que, em razão da supremacia do interesse público sobre o privado, o poder público teria a prerrogativa de alterar, unilateralmente, os contratos, com a finalidade de atender à cambialidade dos serviços públicos.[31]

O Conselho de Estado reconheceu que tal exorbitância contratual não poderia ser ilimitada. Mais que isso, que tal prerrogativa deveria se compatibilizar com a remuneração percebida, pelo particular, para a exploração de um serviço ao qual subjaz um interesse público. De acordo com a decisão, a extensão dos encargos da parte contratada pode ser prevista, no próprio contrato, de modo que "o agravamento dos encargos iniciais constituirá, em benefício da concessionária, a depender de cada espécie de contrato, um direito à indenização ou, mais especificamente, o direito de reclamar 'uma retribuição adicional

---

[30] FRANÇA. Conseil d'État. *Tramways – Horaire des trains – Pouvoirs du préfet – Arhéte préfectoral imposant un service diferente de celdi prévu au cahier des charges – Demande en annulation – Procédure – Qualité de l'État pour défendre*. 11 mar. 1910. Disponível em: https://gallica.bnf.fr/ark:/12148/bpt6k57384664/f225.item. Acesso em: 01 set. 2021.

[31] "*Il est évident que les besoins auxquels um service public de cette nature doit satisfaire. et, par suíte, les nécessités de son explotation, n'ont pas um caractere invariable. Ces contrats de concession sout conclus pour des périodes de temps forcément étendues, puisque le concessionaire doit, em général, pouvoir amortir pendant cette période ses dépenses de premier établissement. Si judicieuses qu'aient été les prévisions premières du contrat, eles pervent être, eles sont presque toujors dépassées ou supreses par les faits qui se produiront au cours de cette longue suíte d'années. Et comme l'obligation primordiale du concessionnaire est, avant tout, d'assegurer au service public concede une execution suffisante, il s'ensuit que les charges initiales du concessionaire pourront s'accroitre avec les besoins de ce service*" (FRANÇA. Conseil d'État. *Tramways – Horaire des trains – Pouvoirs du préfet – Arhéte préfectoral imposant un service diferente de celdi prévu au cahier des charges – Demande en annulation – Procédure – Qualité de l'État pour défendre*. 11 mar. 1910. Disponível em: https://gallica.bnf.fr/ark:/12148/bpt6k57384664/f225.item. Acesso em: 01 set. 2021).

à sua remuneração'".[32] Cuida-se de um julgado relevante, em que se firmou o entendimento segundo o qual o concessionário teria direito a uma equivalência entre os seus encargos e a sua remuneração. A *ratio* do julgado não foi, propriamente, a de construir um entendimento a propósito de um regime jurídico do equilíbrio econômico-financeiro para os contratos de concessão, mas o de tutelar o cumprimento das obrigações contratuais pelo poder público.

No precedente *Compagnie Générale d'Éclairage de Bordeaux*, de 30 de março de 1916,[33] o Conselho de Estado, por sua vez, apreciou demanda resultante dos efeitos imprevisíveis e de consequências incalculáveis experimentados em decorrência da eclosão da 1ª Guerra Mundial. Mais especificamente, tratou-se de demanda administrativa, apresentada, pela *Compagnie Générale d'Éclairage de Bordeaux*, em face da Prefeitura de *Bordeaux*, que teve por objeto o aumento do preço do carvão – matéria-prima para a produção do gás – de 35 francos franceses, por tonelada, em janeiro de 1915, para 117 francos franceses, por tonelada, em março de 2016. Diante da negativa apresentada pela administração local, a Companhia levou seu pedido ao Conselho de Estado, para o fim de obter um incremento da sua remuneração compatível com o aumento do preço dos insumos, que lastreava sua atividade. O Conselho de Estado, então, considerou que, quando um acontecimento excepcional (no caso concreto, a guerra em curso) acarretar, para o contratante da Administração Pública, aumento considerável dos seus custos, a ele será devida uma correspondente indenização pelo seu incremento. De

---

[32] Trechos em tradução livre. No original: "*Cette extension des charges du cocnessionnaire au delà du forfait contractuel peut être prevue par le contrat lui-même. Elle peut – et c'est une première hypothèse – être posée comme un aléa que le concessionaire aura dû envisage, don't il aura dû faire entrer dans ses calculs, avant de conclure, la probabilité, l'imminence, l'impartance, et qui ne comportera puor lui aucune rémunération supplémentaire. A côté d'éléments certains, le contrat comprenait des éléments aléatoires, il comportait um risque pour l'avenir, risque que le concessionaire a connu et qu'il n'a couru que parce qu'il voulait le courir. Ou bien – et c'est la seconde hypothèse – la sujétion nouvelle qu'imposera le développement du service, bien que prévue par le contrat, n'est par rémunérée d'avance par lui. Et, dans ce cas, l'aggravation des charges initiales ouvrira, au profit du concessionaire, dans des conditions variables suivant chaque espèce, um droit à indemnité, ou, plus, exactement, le droit de réclamer um supplément de rémunération*" (FRANÇA. Conseil d'État. *Tramways – Horaire des trains – Pouvoirs du préfet – Arhéte préfectoral imposant un service diferente de celdi prévou au cahier des charges – Demande en annulation – Procédure – Qualité de l'État pour défendre*. 11 mar. 1910. Disponível em: https://gallica.bnf.fr/ark:/12148/bpt6k57384664/f225.item. Acesso em: 01 set. 2021).

[33] FRANÇA. Conseil d'État. *Éclairage au gaz – Contrat de concession – Hausse du prix du charbon – Guerre de 1914 – Économie du contrat bouleversee – service public, exécution, Convention provisoire, indemmité au concessionnaire*. 30 mar. 1916. Disponível em: https://gallica.bnf.fr/ark:/12148/bpt6k5622521h/f134.item. Acesso em: 02 set. 2021.

acordo com a decisão, existiria um descompasso entre o preço do carvão estimado, por ocasião da celebração do contrato, e o aumento real dos custos experimentados pelo contratado. Assim é que, apenas por meio de uma compensação seria possível ao contratante dar cabo dos novos encargos contratuais, sem soluções de continuidade ao serviço público.[34]

Como se pode evidenciar, a partir de tais precedentes, restaram construídos os principais alicerces da aplicação da Teoria da Imprevisão, na qualidade de um consectário do equilíbrio econômico-financeiro dos contratos de concessão. Alguns outros exemplos ilustram o ponto. Como se extrai de *Ministre des Travaux Publics c. Compagnie Générale Française des Tramways*, o Conselho de Estado teve em mira a necessidade de recompor os efeitos econômicos provocados por uma alteração unilateral do contrato administrativo, para o fim de evitar soluções de continuidade dos serviços públicos. Já em *Compagnie Générale d'Éclairage de Bordeaux*, é possível se depreender que os efeitos econômicos provocados por um evento superveniente, imprevisível e de consequências incalculáveis, estranho à vontade das partes, deve ser objeto de recomposição pelo poder público. Daí se pode evidenciar que, de acordo com jurisprudência administrativa do Conselho de Estado produzida no final do século XIX, o contratado da Administração Pública fará jus à recomposição do equilíbrio econômico-financeiro dos contratos de concessão se: (i) o poder público, lastreado na supremacia do interesse público sobre o privado, lançar mão de sua prerrogativa de alteração unilateral do contrato; e (ii) se fatos supervenientes, imprevisíveis e de consequências incalculáveis, provocarem um desbalanceamento entre os custos e os encargos dos contratados.

Como se pode perceber, a concepção francesa do equilíbrio econômico-financeiro dos contratos de concessão extrai seu fundamento

---

[34] *"Qu'à cet effet, il convient de décider, d'une part, que la compagnie est tenue d'assurer le service concédé et, d'autre part, qu'elle doit supporter seulement au cours de cette période transitoire, la part des conséquences onéreuses de la situation de force majeure ci-dessus rappelée que l'interprétation raisonnable du contrat permet de laisser à sa charge ; qu'il y a lieu, en conséquence, en annulant l'arrêté attaqué, de renvoyer les parties devant le conseil de préfecture auquel il appartiendra, si elles ne parviennent pas à se mettre d'accord sur les conditions spéciales dans lesquelles la compagnie pourra continuer le service, de déterminer, en tenant compte de tous les faits de la cause, le montant de l'indemnité à laquelle la compagnie a droit à raison des circonstances extracontractuelles dans lesquelles elle aura à assurer le service pendant la période envisagée"* (FRANÇA. Conseil d'État. *Éclairage au gaz – Contrat de concession – Hausse du prix du charbon – Guerre de 1914 – Économie du contrat bouleversée – service public, exécution, Convention provisoire, indemnité au concessionnaire.* 30 mar. 1916. Disponível em: https://gallica.bnf.fr/ark:/12148/bpt6k5622521h/f134.item. Acesso em: 02 set. 2021).

do regime jurídico-administrativo. Cuida-se de um modelo jurídico, que pressupõe a avocação de uma atividade à titularidade estatal (publicizando-a), bem como a vigência de uma relação jurídica verticalizada entre o poder público e o contratante privado (por intermédio do exercício de prerrogativas publicísticas). São premissas que vêm sendo questionadas, nos últimos anos, pela doutrina jus administrativista brasileira. A reserva de titularidade estatal dos serviços públicos vem dando lugar à instituição de assimetrias regulatórias concorrenciais entre prestadores de atividades de relevante interesse público, e não a "serviços públicos".[35] O princípio da supremacia do interesse público sobre o privado e a verticalização das relações público-privadas, da mesma forma, vem sendo questionado, pela doutrina especializada, há mais de dois lustros, especialmente em razão dos influxos da Constitucionalização do direito administrativo.[36] Daí já se percebe que os alicerces sob os quais se construiu o conceito francês de equilíbrio econômico-financeiro já se encontram, há muito, abalados pela produção doutrinária brasileira.

Nos Estados Unidos, o racional econômico-financeiro das atividades

---

[35] Como já tive a oportunidade de asseverar com Floriano de Azevedo Marques Neto: "em segmentos qualificados como serviços públicos. Assim como nos serviços de interesse econômico geral europeu, os serviços públicos previstos pelo ordenamento jurídico brasileiro não predicam a existência de um regime jurídico-administrativo único, que encerraria a subtração dessas atividades do regime de liberdade e da livre concorrência. É que, como se extrai da leitura dos artigos 21 e 175, o Estado tem a obrigação de prestar determinadas atividades essenciais (v.g. portos, telecomunicações, aeroportos), mas isso não significa que essas prestações tenham de ser levadas por efeito por meio de um regime jurídico único, dotado de prerrogativas para o Estado e excluído de um regime concorrencial" (MARQUES NETO, Floriano de Azevedo. Uber, WhatsApp, Netflix: os novos quadrantes da *publicatio* e da assimetria regulatória. *Revista de Direito Público da Economia*, Belo Horizonte, a. 14, n. 56, p. 75-108, out./dez. 2016).

[36] Nesse sentido, OSÓRIO, Fabio Medina. Existe uma supremacia do interesse público sobre o privado no Direito Administrativo brasileiro? *Revista de Direito Administrativo*, Rio de Janeiro, v. 220, p. 69-107, 2000; BORGES, Alice Gonzalez. Supremacia do interesse público: desconstrução ou reconstrução? *Interesse Público*, Belo Horizonte, v. 8, n. 37, p. 29-48, maio/jun. 2006; BARROSO, Luís Roberto. O Estado contemporâneo, os direitos fundamentais e a redefinição da supremacia do interesse público. Prefácio. *In*: SARMENTO, Daniel (Org.). *Interesses públicos versus interesses privados*: desconstruindo o princípio de supremacia do interesse público. Rio de Janeiro: Lumen Juris, 2005; SARMENTO, Daniel (Org.). *Interesses públicos versus interesses privados*: desconstruindo o princípio de supremacia do interesse público. Rio de Janeiro: Lumen Juris, 2005; ÁVILA, Humberto. Repensando o "princípio da supremacia do interesse público sobre o particular". *In*: SARMENTO, Daniel (Org.). *Interesses públicos versus interesses privados*: desconstruindo o princípio de supremacia do interesse público. Rio de Janeiro: Lumen Juris, 2005, p. 171-215; MOREIRA NETO, Diogo de Figueiredo. O futuro das cláusulas exorbitantes nos contratos administrativos. GARCIA, Flávio Amaral (Coord.). *Revista de Direito da Associação dos Procuradores do Novo Estado do Rio de Janeiro*: Parcerias Público Privadas. v. 17. Rio de Janeiro: Lumen Juris, 2005.

que veiculam interesses públicos não é lastreado em tal acepção, como será demonstrado no próximo item.

1.2 A concepção da regulação tarifária das *public utilities*

Nos Estados Unidos, o racional econômico-financeiro das atividades que veiculam interesses públicos é um tanto diverso do consagrado na França. Tal país veicula um sistema jurídico lastreado na *Common Law*, no qual tem lugar a regulação das *public utilities*, em que não há um conceito tradicional de serviços públicos – pautado pelo equilíbrio econômico-financeiro do contrato de concessão –, mas de atividades econômicas, que veiculam interesses públicos, as quais sofrem os influxos da regulação por agências. Naquele país, o exercício da função reguladora, decorrente do poder extroverso estatal, tem incidência não só nas atividades essencialmente privadas, como nas atividades privadas que veiculem relevantes interesses públicos.[37]

Nesse sentido, como assevera Alexandre Santos de Aragão[38], "As *public utilities* apresentam-se como atividades que se encontram (*are affected with*) com o interesse público e por isso se sujeitam a um controle de preços (para que se tenha um preço *reasonable*". De acordo com José Guilherme Giacomuzzi[39] existem certas atividades que "(i) em função de sua importância para a coletividade, ou (ii) em função do modo como são prestadas ao público, podem e devem ser submetidas

---

[37] Como bem esclarece Gustavo Kaercher Loureiro: "O direito norte-americano intensificou e potencializou antigas doutrinas da common law que, em certos casos, asseguravam ao Estado um poder de polícia tonificado, que desaguava em diferentes formas de regulação 'invasiva' (para os padrões liberais), como aquela concorrencial (de aplicação geral) e outra (de aplicação especial), incidente em algumas atividades econômicas particularmente sensíveis do ponto de vista social e que, contemporaneamente, apresentavam certas disfunções (estruturais ou conjunturais). De regra, a resposta norte-americana não consistia em 'publicizar' a atividade econômica em questão, mas em submetê-la a uma disciplina jurídica peculiar, que incluía controle de preços, padrões do serviço e fiscalização estrita e abrangente, realizada por entidades dotadas de poderes normativos, fiscalizatórios e quase jurisdicionais (as agências): era o modelo da regulation of public utilities, em desenvolvimento intenso desde o final do século XIX" (LOUREIRO, Gustavo Kaercher. "Monopólio" e "serviço público" nas Constituições brasileiras (1891-1934). *Revista de Direito Administrativo*, Rio de Janeiro, v. 256, p. 47-93, jan./abr. 2011).

[38] ARAGÃO, Alexandre Santos de. *Direito dos serviços públicos*. Belo Horizonte: Fórum, 2017. p. 97.

[39] GIACOMUZZI, José Guilherme. O serviço de táxi é serviço público? Em torno de conceitos e da esquizofrenia no direito administrativo brasileiro. *Revista de Direito Administrativo e Constitucional*, Curitiba, a. 25, n. 68, p. 209-250, abr./jun. 2017.

a uma regulamentação mais interventiva e restritiva do Estado; seriam elas, bastante genericamente, as *public utilities*".

O regime das *public utilities* – até mesmo pela origem histórica da colonização das 13 colônias pela Inglaterra – não veicula um regime jurídico de atividades de titularidade estatal, publicístico, antípoda à lógica de mercado e explorado em regime de exclusividade. Nem, tampouco, de atividades que sejam dotadas de prerrogativas publicísticas exorbitantes ao direito privado. Diante do que não há, naquele país, propriamente, um título habilitante delegatório, que veicule um racional econômico-financeiro. Daí não se concluí que não existam contratações com poder público naquele país. Nada obstante, enquanto, na França, tem lugar um sistema de regulação contratual (endógeno), nos Estados Unidos, as *public utilities* são enfeixadas por um plexo regulatório caudatário da função reguladora.[40] É dizer, não há que se falar no dever de remediar eventos, imprevisíveis de consequências incalculáveis, de modo a restaurar-se o *status quo ante* ao evento desequilibrante. Na verdade, o objetivo da regulação dos preços é o de evitar a cobrança de valores abusivos para os consumidores, corrigindo falhas de mercado.

Como bem apontado por Gustavo Kaercher Loureiro,[41] "em resumo, em comparação ao que se passa na França, há nos Estados Unidos um deslocamento absoluto dos termos que enquadram e depois definem o regime econômico-financeiro". Ao ver do autor, "em não havendo um contrato a proteger, a regulação econômica assume uma

---

[40] José Guilherme Giacomuzzi resume o ponto nos seguintes termos: Há, contudo, diferenças importantes entre os dois sistemas jurídicos. Cito duas: (i) a já referida tendência sistemática e teórica da doutrina francesa *versus* a falta de sistematicidade norte-americana; e principalmente (ii) o ponto de partida (e chegada) de cada um dos sistemas: no direito francês, a atividade cujo interesse público era robusto o suficiente para ser considerada "serviço público" seria em princípio atividade estatal, enquanto no direito dos EUA não há essa possibilidade. No ethos político norte-americano, que comanda o direito daquela (como de qualquer outra) nação, a atividade deve permanecer privada, e somente é tolerada maior regulação da matéria. O direito administrativo norte-americano desconhece uma titularidade estatal para o exercício de certas atividades de interesse coletivo (o que chamaríamos de "critério orgânico" ou "subjetivo"); nos EUA toda atividade de caráter econômico *lato sensu* constitui atividade de livre iniciativa – e sendo de livre iniciativa é exercida em regime de livre concorrência e competição no mercado. Assim, inexiste prévia "delegação" estatal a privados para a prestação de certos serviços ou atividades, inexistindo por consequência contratos de concessão ou de permissão (GIACOMUZZI, José Guilherme. O serviço de táxi é serviço público? Em torno de conceitos e da esquizofrenia no direito administrativo brasileiro. *Revista de Direito Administrativo e Constitucional*, Curitiba, a. 25, n. 68, p. 209-250, abr./jun. 2017).

[41] LOUREIRO, Gustavo Kaercher. *Estudos sobre o regime econômico-financeiro de contratos de concessão*. London: Laccademia Publishing, 2020. p. 73.

feição de futuro ('olha para a frente') e propositiva ('propõe melhorias'), ao invés de retrospectiva ('olha para trás') e reativa ('atua para reparar')". Daí poder-se constatar que a regulação de tais atividades é alicerçada em dois conceitos: "*prudent costs*" e "*fair return*". Ainda de acordo com o autor, tais conceitos podem ser resumidos pelos seguintes objetivos: (i) na necessidade de identificação da base (*fair value*) de retorno; (ii) na definição do que se deve entender, conceitualmente, por "propriedade", afetada à indústria; e (iii) na fixação da taxa de retorno adequada (*fair return*), que incidirá sobre a propriedade.[42] São vertentes extraídas, a partir de julgamentos da Suprema Corte Norte-Americana, as quais, ao reconhecerem a necessidade da incidência de influxos regulatórios sobre tais atividades, não desconsidera a "justa remuneração" a que faz jus o dono da propriedade, por explorar uma atividade de relevante interesse público.

Nesse sentido, é de destacar o precedente *Munn x Illinois*, de 29 de junho de 1872, que foi apreciado pela Suprema Corte Norte-Americana. Cuidou-se de demanda ajuizada, pelo Município de Illinois, em face da empresa *Munn & Scott*, que teve por objeto a atividade de armazenamento de grãos em determinado armazém (*Northwestern Elevator*). De acordo com a demanda ajuizada pelo Município, a empresa *Munn & Scott*: (i) armazenava grãos a granel, misturava grãos de diferentes proprietários e os transacionavam ilegalmente, sem obter a licença do *Circuit Court* do Condado, que permitisse realizar negócios, com almoxarifado público, nos termos da legislação estadual; e (ii) cobrava taxas pela estocagem e manuseio dos grãos em valor superior ao permitido pela legislação. Coube, pois, à Suprema Corte, decidir se o ato da assembleia geral[43] de Illinois e a sua Constituição, ao regularem a inspeção de grãos e seu armazenamento em armazéns públicos, ofendiam, ou não, a Constituição dos Estados Unidos, ao disciplinar o exercício do direito de propriedade privada.[44] Ao apreciar o tema,

---

[42] LOUREIRO, Gustavo Kaercher. *Estudos sobre o regime econômico-financeiro de contratos de concessão*. London: Laccademia Publishing, 2020. p. 76.

[43] Em 25 de abril de 1871, a Assembleia Geral de Illinois aprovou ato intitulado "Act to regulate public warehouses and the warehousing and inspection of grain, and to give effect to art. 13 of the Constitution of this State".

[44] "*The question to be determined in this case is whether the general assembly of Illinois can, under the limitations upon the legislative power of the States imposed by the Constitution of the United States, fix by law the maximum of charges for the storage of grain in warehouses at Chicago and other places in the State having not less than one hundred thousand inhabitants*" (ESTADOS UNIDOS DA AMÉRICA. U.S. Supreme Court. *Munn v. Illinois*, 94 U.S. 113 (1876), Justice

a corte se manifestou no sentido de que a função reguladora permite ao governo regular a conduta de seus cidadãos, bem como a maneira como cada um usa seus próprios bens. De acordo com a corte, tal intervenção regulatória (*regulation*) justifica-se na perspectiva de garantir a adequada utilização da propriedade privada (*public good*). Nesse passo, ressaltou-se que é comum, desde a primeira colonização dos EUA, regular balsas, transportes comuns, cais e, assim o fazendo, fixar um valor máximo, a ser cobrado pelos serviços prestados por particulares em atividades que congregam relevante interesse público. Ainda sobre o ponto, deixou-se assentado que "o dono da propriedade tem direito a uma indenização razoável (*reasonable compensation*) pelo seu uso, mesmo que seja revestido de um interesse público".[45] Estavam assentadas as premissas norte-americanas da regulação de serviços de utilidade pública, a partir das quais o proprietário faria jus a uma justa remuneração de seu capital (*regulation of public utilities*) para explorar atividades de relevante interesse público.

Na mesma direção, cite-se o precedente *Smyth v. Ames* (1898),[46] apreciado pela Suprema Corte dos Estados Unidos, no qual se questionava a constitucionalidade de dispositivo da Constituição do Estado do Nebraska, que fixava valores máximos para as tarifas de transporte de passageiros em estradas de ferro. Da maneira similar ao decidido em *Munn v. Illinois* (1876), a Suprema Corte assentou que uma ferrovia é uma utilidade pública, derivando sua existência de poderes do Estado (*powers from the state*). De acordo com o julgado, a empresa que administra uma ferrovia desempenha uma função de Estado, razão pela qual lhe foi franqueada a possibilidade de cobrança de contraprestação aos seus usuários. Diante de tal racional, a empresa privada, malgrado protegida pelas garantias constitucionais de proteção de sua propriedade, deve

---

Waite. Disponível em: https://supreme.justia.com/cases/federal/us/94/113/. Acesso em: 30 ago. 202).

[45] "*It is insisted, however, that the owner of property is entitled to a reasonable compensation for its use, even though it be clothed with a public interest, and that what is reasonable is a judicial, and not a legislative, question [...] Undoubtedly, in mere private contracts relating to matters in which the public has no interest, what is reasonable must be ascertained judicially. But this is because the legislature has no control over such a contract. So, too, in matters which do affect the public interest, and as to which legislative control may be exercised, if there are no statutory regulations upon the subject, the courts must determine what is reasonable*" (ESTADOS UNIDOS DA AMÉRICA. U.S. Supreme Court. *Munn v. Illinois, 94 U.S. 113 (1876), Justice Waite*. Disponível em: https://supreme.justia.com/cases/federal/us/94/113/. Acesso em: 30 ago. 2021).

[46] ESTADOS UNIDOS DA AMÉRICA. U.S. Supreme Court. *Smyth v. Ames, 169 U.S. 466 (1898), Justice Harlan*. Disponível em: https://supreme.justia.com/cases/federal/us/169/466//. Acesso em: 31 ago. 2021.

se submeter ao controle estatal. Para o que aqui importa, a corte deixou assentado que "a base de todos os cálculos quanto à razoabilidade das taxas a serem cobradas por uma empresa que mantém uma ferrovia deve ser o valor justo da propriedade sendo usada por ela para a conveniência do público". E conclui que "o que a empresa tem direito de pedir é um retorno justo sobre o valor daquilo que ela emprega para a conveniência do público".[47]

Na mesma direção, cite-se o precedente *Willcox v. Consolidated Gas Co.* (1909),[48] no âmbito do qual a Suprema Corte examinou as taxas de gás cobradas pela empresa exploradora de tal atividade, em Nova Iorque. Em breve resumo, a reclamante alegou a inconstitucionalidade de atos que supostamente haviam fixado taxas "tão baixas que chegavam a ser confiscatórias". Ao apreciar o tema, o Justice Peckham deixou assentado o entendimento segundo o qual o Poder Legislativo deve garantir que as empresas de gás tenham um reto justo (*fair return*) sobre a propriedade utilizada, ou seja, que tais contraprestações, quando fixadas por autoridade legislativa, devem permitir um retorno justo (*reasonable value*) sobre a utilização da propriedade privada.[49]

Ainda para os fins da presente investida, digno de nota é o precedente *Minnesota Rate Case* (1913),[50] por intermédio do qual a *Northern Pacific Railway Company*, da *Great Northern Railway Company* e da *Minneapolis & St. Louis Railroad Company* questionou, se os atos do poder público, ao estipularem taxas excessivamente baixas para o transporte de cargas e passageiros, não estaria expropriando a propriedade privada, o que violaria a Constituição Norte-Americana. Em breve resumo, a Suprema Corte se manifestou no sentido de que a propriedade privada não pode ser colocada à mercê do capricho legislativo, a quem não caberia reduzir drasticamente os justos valores devidos por sua exploração. De acordo com a corte, há uma proteção constitucional que

---

[47] ESTADOS UNIDOS DA AMÉRICA. U.S. Supreme Court. *Smyth v. Ames, 169 U.S. 466 (1898)*, Justice Harlan. Disponível em: https://supreme.justia.com/cases/federal/us/169/466//. Acesso em: 31 ago. 2021.

[48] ESTADOS UNIDOS DA AMÉRICA. U.S. Supreme Court. *Willcox v. Consolidated Gas Co., 212 U.S. 19 (1909)*, Justice Peckham. Disponível em: https://supreme.justia.com/cases/federal/us/212/19/. Acesso em: 31 ago. 2021.

[49] Razão pela qual restou assentado que *"legislative act will not be declared invalid by the courts unless the rates are so unreasonably low that their enforcement would amount to taking the property for public use without compensation"*.

[50] ESTADOS UNIDOS DA AMÉRICA. U.S. Supreme Court. *Minnesota Rate Case, 230 U.S. 352 (1913)*, Justice Hughes. Disponível em: https://supreme.justia.com/cases/federal/us/230/352/. Acesso em: 01 set. 2021.

se materializa no direito das empresas ferroviárias, que destinam sua propriedade ao uso público, de receberem uma justa compensação pelo serviço prestado aos consumidores (*right to receive just compensation for the service given to the public*). Lastreada em seus próprios precedentes,[51] a Corte apontou que tal direito à justa compensação deve ser avaliado, a partir dos seguintes fundamentos: (i) a base de cálculo é o "valor justo da propriedade" (*fair value of the property*) utilizada para conveniência do público; (ii) a apuração do valor justo não é controlada por regras; e (iii) quando o transporte é feito pela empresa em âmbito interestadual e intraestadual, a aferição do retorno justo (*fair return*) deve ser determinada, considerando, separadamente, o valor da propriedade empregada nas duas modalidades de transportes.

Na mesma esteira, é de se destacar *Galveston Elec. Co. v. Galveston* (1922),[52] que se configurou como um precedente forjado a partir de controvérsia a propósito do sistema ferroviário urbano de Galveston, Texas, que fora inaugurado por uma linha de vagões puxados a cavalo, em 1881. Por volta de 1890, tal sistema de transporte fora eletrificado, sendo, após um furacão de 1900, amplamente reconstruído. Daí que, em 1905, tal infraestrutura de transportes foi comprada pela *Galveston Electric Company*, que também fornecia aos habitantes da cidade energia elétrica. Durante a sua operação, a tarifa total da ferrovia havia sido superior a cinco centavos de dólar, exceto durante um período de oito meses, de 1918 a 1919, quando foram cobrados seis centavos, mediante autorização estatal, em virtude do aumento extraordinário dos preços experimentados em decorrência da 1ª Guerra Mundial. Acontece que, ao ter a sua tarifa reduzida, a empresa levou a questão ao tribunal, alegando que o seu valor seria confiscatório, em violação à Décima Quarta Emenda da Constituição Norte-Americana. Ao apreciar a demanda, a Suprema Corte afirmou, nos pontos que interessam ao

---

[51] A Corte citou como precedentes que confirmavam sua posição: Stone v. Farmers' Loan & Trust Co., 116 U.S. 307; Georgia Banking Co. v. Smith, 128 U. S. 174, 128 U.S. 179; Chicago &c. Ry. Co. v. Minnesota, 134 U.S. 418; Reagan v. Farmers' Loan & Trust Co., 154 U.S. 362, 154 U.S. 395; St. Louis & S.F. Ry. Co. v. Gill, 156 U.S. 649, 156 U.S. 652; Covington &c. Turnpike Road Co. v. Sandford, 164 U.S. 578, 164 U.S. 596-597; Smyth v. Ames, 169 U.S. 466; San Diego Land & Town Co. v. National City, 174 U.S. 739, 174 U.S. 754; San Diego Land & Town Co. v. Jasper, 189 U.S. 439, 189 U.S. 446; Stanislaus County v. San Joaquin Co., 192 U.S. 201, 192 U.S. 215; Knoxville v. Knoxville Water Co., 212 U.S. 1, 212 U. S. 17; Willcox v. Consolidated Gas Co., 212 U.S. 19, 212 U. S. 41.

[52] ESTADOS UNIDOS DA AMÉRICA. U.S. Supreme Court. *Galveston Elec. Co. v. Galveston, 258 U.S. 388 (1922)*, Justice Brandeis. Disponível em: https://supreme.justia.com/cases/federal/us/258/388/. Acesso em: 01 set. 2021.

presente trabalho, que a via férrea é um serviço de utilidade pública (*public utility*), motivo pelo qual o ato estatal só tem validade se, após as deduções apropriadas (por exemplo, despesas, encargos e todos os impostos que seriam pagos), a tarifa apresentar um retorno justo ao seu explorador.

A necessidade de que as autoridades estatais (*state authority*) fixem taxas que garantam um retorno justo (*fair return*) às companhias que prestam um serviço de utilidade pública (*public utility*) fora destacada, ainda, no precedente *Southwestern Bell Tel. Co. v. Public Svc. Comm'n* (1923).[53] No âmbito de tal precedente, restou assentado que "as taxas fixadas pela autoridade estadual para uma empresa de utilidade pública devem ser tais que produzam um retorno justo sobre o valor de sua propriedade dedicada ao serviço público". De outro trecho do julgado, extrai-se, para os fins da presente pesquisa, que "o que será um retorno justo não pode ser determinado avaliando a propriedade no passado, sem levar em consideração os custos muito elevados de mão de obra, suprimentos etc., prevalecentes no momento da investigação".[54] Por fim, cite-se o precedente *Georgia Railway & Power Co. v. Railroad Commission of Georgia* (1923),[55] em que a Suprema Corte foi instada a se manifestar a propósito das tarifas cobradas para o fornecimento de gás, em Atlanta. Citando, expressamente, os precedentes *Minnesota Rate Cases, Smyth v. Ames e Willcox v. Consolidated Gas Co.*, a Corte reafirmou a tese de que a regulação deve garantir um retorno justo sobre o valor que a empresa tem direito por empregar a utilização de sua propriedade para a conveniência do público.[56]

---

[53] Trata-se de caso em que a regulação das taxas cobradas por companhias telefônicas foi contestada com base na Décima Quarta Emenda. A Suprema Corte considerou que o ato impedia a companhia de obter um retorno justo sobre a quantia prudentemente investida. ESTADOS UNIDOS DA AMÉRICA. U.S. Supreme Court. *Southwestern Bell Tel. Co. v. Public Svc. Comm'n, 262 U.S. 276 (1923)*, Justice McReynolds. Disponível em: https://supreme.justia.com/cases/federal/us/262/276/. Acesso em: 02 set. 2021.

[54] Trecho em tradução livre. ESTADOS UNIDOS DA AMÉRICA. U.S. Supreme Court. *Southwestern Bell Tel. Co. v. Public Svc. Comm'n, 262 U.S. 276 (1923)*, Justice McReynolds. Disponível em: https://supreme.justia.com/cases/federal/us/262/276/. Acesso em: 02 set. 2021.

[55] A *Georgia Company* alegava que a taxa fixada era confiscatória, argumento rechaçado pela Suprema Corte. ESTADOS UNIDOS DA AMÉRICA. U.S. Supreme Court. *Georgia Ry. & Power Co. v. Railroad Commission of Georgia (1923)*, Justice Brandeis. Disponível em: https://caselaw.findlaw.com/us-supreme-court/262/625.html. Acesso em: 02 set. 2021.

[56] A despeito das nuanças que envolvem as atividades exploradas, pelos particulares, o racional dos julgados norte-americanos analisados nesse item visa impedir que os particulares tenham o seu direito de propriedade expropriado. Cuida-se razão de decidir similar a que congrega as *regulatory takings*. Sobre o tema, V. United States v. Causby 328 US 256 (1946);

São concepções que provocaram direta influência na regulação dos serviços públicos brasileiros. É que, como será doravante mais bem detalhado, com o advento da Constituição de 1891, que já trazia em seu nome (Estados Unidos do Brasil), a doutrina juspublicista brasileira, por intermédio de nomes como Rui Barbosa, Meirelles Teixeira, Bilac Pinto, pretendiam importar o conceito de atividades de relevante interesse público para o direito brasileiro.[57] Nesse sentido, Sérgio Guerra e Fernanda Martins lecionam que[58] "ao mesmo tempo em que se buscou inspiração no modelo de Estado francês, na criação do direito administrativo e na doutrina dos serviços públicos, o Brasil consentiu com a introdução de farta doutrina norte-americana dos serviços de utilidade pública".

São, pois, com base nessas duas premissas (francesa e norte-Americana), que vem sendo construído o regime jurídico de equilíbrio econômico-financeiro das concessões, no direito brasileiro. De fato, como assevera Floriano de Azevedo Marques Neto,[59] na verdade, o

---

United States v. Cress, 243 US 316 (1917); Hadacheck v. Sebastian, 239 US 394 (1915); Welch v. Swasey, 214 US 91 (1909); Pennsylvania Coal Co. v Mahon, 260 US 393 (1922); Penn Central Transportation Co. v New York City, 438 US 104; Agins v. Tiburon, 447 US 255, de 1980. Loretto v Teleprompter Manhattan CATV Corp. Igreja Evangélica Luterana de Glendale v Condado de Los Angeles, 482 US 304. No direito brasileiro, ver o meu FREITAS, Rafael Véras de. *Expropriações regulatórias*. Belo Horizonte: Fórum, 2016. Enquanto a regulação expropriatória diz com os efeitos expropriatórios de atos, genéricos e abstratos, a "justa remuneração" da exploração das atividades de relevante interesse público diz com os efeitos de atos concretos que produzem efeitos na exploração de determinada atividade de relevante interesse público. Nada obstante, os quadrantes teóricos anteriormente desenvolvidos podem servir de suporte para a construção de um novo regime jurídico do equilíbrio econômico-financeiro no direito brasileiro, temas que serão endereçados no devir da presente investida.

[57] PINTO, Olavo Bilac. *Regulamentação efetiva dos serviços de utilidade pública*. Rio de Janeiro: Forense, 1941. De acordo com Bilac Pinto "Relativamente ao controle e fiscalização dos serviços de utilidade pública, os processos conhecidos são de três ordens a saber: a) Regulamentação puramente contratual; b) Regulamentação efetiva por comissões; e c) Regulamentação direta pelo Poder Público. Desses processos de regulamentação, o último somente pode ter aplicação satisfatória nos regimes de economia mista e de propriedade pública, sendo aplicáveis os outros dois ao regime de concessão. Em face da determinação constitucional, sobre a fixação das tarifas e a fiscalização dos serviços concedidos, a nossa escolha terá fatalmente que fazer-se entre a regulamentação puramente contratual e a regulamentação efetiva por comissões (PINTO, Bilac. *Regulamentação efetiva dos serviços de utilidade pública*. 2. ed. Atualizada por Alexandre Santos de Aragão. Rio de Janeiro: Forense, 2002. p. 34-35).

[58] MARTINS, Fernanda; GUERRA, Sérgio. A influência do sistema norte-americano das *public utilities* nas concessões do serviço público brasileiro. *Interesse Público*, Belo Horizonte, a. 22, n. 113, p.155, jan./fev. 2019.

[59] MARQUES NETO, Floriano de Azevedo. O direito administrativo no sistema de base romanística e de common law. *Revista de Direito Administrativo*, Rio de Janeiro, n. 268, p. 55-81, 2015.

direito administrativo brasileiro é um benfazejo fruto de sincretismo entre os dois sistemas, o que se evidencia pelo histórico da disciplina normativa do equilíbrio econômico-financeiro das concessões, tema que será investigado nos próximos itens.

1.3 O equilíbrio econômico-financeiro das concessões no Período Imperial e na República Velha

O período imperial importou no trespasse da concepção portuguesa a propósito das concessões de serviços públicos para o direito brasileiro. Cuidava-se, pois, de uma concepção atrelada à técnica concessória, com características de prebenta, de exploração de determinada atividade, em regime de privilégio, consagrando o ápice de um Estado Liberal.[60] Nesse sentido, cite-se, por exemplo, antes mesmo de tal período, o Decreto nº 21 de janeiro 1817, por intermédio do qual se concedeu a "Guilherme Spense e outros privilégio exclusivo para navegação por meio de embarcações de vapor dentro do porto desta Cidade".[61] Malgrado a simplicidade da referida outorga, fato é que ela já congrega alguns elementos econômicos, a exemplo do prazo fixo e determinado para a exploração de utilidade pública, bem como a necessidade de sua exploração, em regime de exclusividade (o que remete

---

[60] Tal sistema político fora consagrado, por via das três grandes Revoluções Liberais (Revolução Gloriosa da Inglaterra, Revolução Francesa e Revolução da Virgínia, na América do Norte), o Estado Liberal, em que se primou pela soberania do povo, pelo jusnaturalismo e pela preponderância do princípio da legalidade como forma de assegurar grandes espaços individuais de liberdade, principalmente econômica (MACEDO, Ubiratan Borges de. *Liberalismo e justiça Social*. São Paulo: IBRASA, 1995.p. 23).

[61] Confira-se: "Havendo-me representado Guilherme Spense e Samuel Carlos Nicoll, negociantes Inglezes residentes nesta Côrte, que para maior commodidade dos transportes, que se fazem neste porto, se propunham construir uma embarcação para navegar dentro delle por machina de vapor, à maneira das que ha em Londres, Paris, e nos Estados-Unidos da America, pedindo-me para segurança dos interesses correspondentes ás avultadas sommas, que exige semelhante empreza, um privilegio exclusivo para que só elles, e ninguem mais, por tempo de 14 annos possa construir outra semelhante embarcação para navegar da barra para dentro; e attendendo á reconhecida utilidade deste estabelecimento, que deve poupar muitos braços, para serem empregados em outros e importantes trabalhos que offerece a riqueza natural deste paiz : Hei por bem deferir-lhes na fórma requerida com o privilegio exclusivo por tempo de 14 annos, para que ninguem possa dentro do referido tempo fazer navegar neste porto outra embarcação por machina de vapor ; ficando elles obrigados a realisar este seu projecto dentro de um anno, contado da data deste. A Real Junta do Commercio, Agricultura, Fabricas e Navegação deste Reino do Brazil e Dominios Ultramarinos o tenha assim entendido e lhes mande passar os despachos necessários". Disponível em: http://www4.planalto.gov.br/legislação/legislação-historica/decretos-do-imperio-1.

ao racional de Monopólio Natural,[62] que será mais bem explorado no devir da presente investida). Nesse sentido, Visconde do Uruguay[63] já percebia que "uma fonte, uma ponte, um canal exigem dispêndio de dinheiro e de tempo. O prazo que se marca para a percepção da taxa, não é mais do que a justa compensação do custo da obra.". Ainda nas palavras do autor, "Este segundo systema é o que se verifica na

---

[62] Mesmo racional trazido pelo 25 de outubro de 1819, o qual dispunha que "Attendendo no que me representou Antonio Gustavo Bjuderg, sobre as grandes despezas que demanda o estabelecimento do moinho impellido por machina de vapor, que elle se propõe trazer da Suecia, e collocar nesta Côrte, para moer trigo, outros grãos e legumes; e querendo por este respeito ampliar com mais mercês e isenções a minha Real Resolução de 21 de Junho do corrente anno, tomada em consulta da Real Junta do Commercio, Agricultura, Fabricas e Navegação deste Reino e Dominios Ultramarinos de 12 do mesmo mez e anno, afim de que não deixe de realisar-se um projecto de tanta vantagem para o abastecimento desta cidade, sem embargo de não ser de nova invenção e desconhecida a machina que se pretende introduzir: Hei por bem: 1º conceder-lhe o privilegio exclusivo, para que por tempo de oito annos nesta Côrte e seu Districto, só elle e mais ninguem possa usar o moinho impellido por vapor, á maneira do que elle pretende conduzir da Suecia, devendo comtudo collocal-o e pol-o prompto para laborar no prefixo termo de dous annos da data deste, e sendo tambem obrigado a deixar tirar delle, depois de assentado, os modelos que se quizerem, para que se torne de uso franco e publico, findo o periodo do seu privilegio, que terá principio desde o dia em que dito seu moinho começar a trabalhar, não comprehendendo o exclusivo, que para elle se lhe confere, os moinhos existentes, ou que se fabricarem, movidos por agua, vento ou por animaes, ou ainda por vapor, sendo o desenho dos que forem impellidos por machina de vapor, e o seu invento diverso do moinho de que se trata, ou melhorado este com mudança substancial, que o torne em nova machina: 2º que sejam livres de direitos da Alfandega todas as machinas, rodas, aparelhos, pedras, peneiras, e mais utensilios que vierem de fóra, e forem destinados para o mencionado moinho, até que elle seja montado, e principie a trabalhar; pois d'ahi em diante só gozarão de isenção aquellas cousas que ou não houverem aqui, ou não se possam aqui fazer pelos artifices desta Corte 3º finalmente que tambem seja franco de direitos todo o carvão de pedra que mandar vir por sua conta para o gasto da machina de vapor applicada ao moinho, mostrando perante a Real Junta do Commercio que o consomme todo naquelle uso, á qual requererá na fórma do Alvará de 28 de Abril de 1809, para lhe declarar a isenção dos direitos deste e dos outros generos, procedendo ás averiguações convenientes para se evitarem fraudes. A mesma Real Junta do Commercio, Agricultura Fabricas e Navegação, deste Reino e Dominios Ultramarinos o tenha assim entendido e faça executar com os despachos necessários".

[63] URUGUAY, Visconde do. *Estudos práticos sobre a administração das províncias no Brasil*. Rio de Janeiro: B. I. Garnier, Livreiro Editor, 1865. p. 105-107. Ainda nas palavras do autor, "A Secção do Conselho de Estado tomando depois em consideração os objectos para que V. Ex. diz que se tem solicitado privilégios a essa presidencia, a saber, a navegação em rios, e exploração de salinas, barcas de passagem e diversos ramos de industria; e examinando os privilegios para estradas, assim para carros movidos a vapor, como para vehiculos puxados por animaes, oferece algumas observações sobre cada uma dessas matérias nos cinco parágrafos constantes da copia junta e conclue o seu parecer com as seguintes advertencias. Muitas vezes tem sido autorisadas emprezas para certas e determinadas obras, com concessões de privilegios para sua execução; tal é a lei Provincial das Alagôas, que concedeu privilegio para encanamento de um riacho para a Cidade de Maceió".

concessão de percepção da taxa, a qual é paga por aquelles que tirão proveito immediato da obra".[64]

Também na mesma quadra, cite-se o Decreto nº 1, de agosto de 1817, por intermédio do qual se concedeu a Joaquim José de Mello o privilégio para o estabelecimento de transporte de passageiros até o sítio da Real Fazenda de Santa Cruz e ao Palácio da Real Quinta da Boa Vista. Tal normativo, por sua vez, trata o tema do equilíbrio econômico-financeiro de uma forma um tanto mais sofisticada. Em tal normativo, já se previu, em seu art. 5º, uma necessidade de contraprestação tarifária (ainda que não tenha se utilizado de tal nomenclatura), de modo que "Cada bilhete de uma pessoa se venderá por preço de 8$000 por viagem, no que não haverá differença, por não havel-a nos logares". Ainda na mesma época, digno de nota é o Decreto nº 8 de janeiro de 1836, por intermédio do qual se concedeu à "Companhia do Rio Doce o privilégio exclusivo da navegação no mesmo rio, por Barcos de Vapor, por quarenta annos". No referido normativo, já se instituía um regime jurídico permeado por uma regulação tarifária que, dentre outros aspectos, previa que: (i) o prazo de exploração do ativo seria limitado a 40 anos, o qual só poderia ter início, quando a infraestrutura de navegação restasse construída (o que remete ao racional de um projeto *greenfield* de concessão de serviço público precedida da execução de obra pública); (ii) ao concessionário só seria devida remuneração, pela exploração da utilidade, a partir "de haver estabelecidos meios sufficientes para o transporte dos generos e pessoas que se apresentarem".

Dotado de generalidade e abstração, é de se registrar o regime jurídico instituído, pelo Decreto nº 1.930, de 26 de abril de 1857, que teve por objeto aprovar o Regulamento para a fiscalização da segurança, conservação e polícia das estradas de ferro, em virtude do §14, do art. 1º, do Decreto nº 641 de 26 de junho de 1852, do qual se extraem interessantes previsões econômicas sobre o equilíbrio econômico-financeiro de tais concessões. Dentre as principais, para o que aqui importa, destacam-se: (i) a possibilidade de diferenciação tarifária entre usuários (art. 105); (ii) a atribuição da responsabilidade econômica pelo extravio das cargas para a administração da malha ferroviária (art. 115); (iii) que tal responsabilidade seria composta, tão somente, pelos danos emergentes, e não pelos lucros cessantes. Malgrado a tal concessão fosse aplicado o

---

[64] URUGUAY, Visconde do. *Estudos práticos sobre a administração das províncias no Brasil*. Rio de Janeiro: B. I. Garnier, Livreiro Editor, 1865. p. 105-107.

regime privatístico do Código Comercial então vigente, fato é que ela já traz, em si, um regime de responsabilidades atrelado ao seu equilíbrio econômico-financeiro. Note-se que o normativo prevê uma rudimentar matriz de riscos entre as partes, bem como explicita como o evento desequilibrante será calculado.

O setor portuário também foi objeto do trespasse de sua exploração, para o setor privado, no Período Imperial. O Decreto nº 1.746, de 13 de outubro de 1869, que teve por objeto autorizar o "Governo a contractar a construcção, nos differentes portos do Imperio, de dócas e armazens para carga, descarga, guarda e conservação das mercadorias de importação e exportação". A propósito do equilíbrio econômico-financeiro do ajuste, tal normativo dispôs que: (i) a remuneração do particular não poderá ser reduzida, unilateralmente, pelo poder público (art. 1º, § 1º); (ii) a empresa deverá formar um fundo de amortização, por meio de quotas deduzidas de seus lucros líquidos, e calculadas de modo a reproduzir o capital no fim do prazo da concessão (art. 1º, §4º); (iii) a tarifa será revista, pelo governo imperial, de cinco em cinco, mas a "reducção geral das taxas só poderá ter lugar quando os lucros liquidos da empreza excederem a 12 % (1º, §5º)". No mesmo período, é de destacar o Decreto nº 7.959, de 29 de dezembro de 1880, que teve por objeto uniformar os termos das concessões de estradas de ferro gerais no Império. A propósito do equilíbrio econômico-financeiro, tal normativo dispôs que: (i) os preços de transporte serão fixados em tarifas aprovadas, pelo Governo, as quais poderão ser revistas, a cada cinco anos; e que (ii) "logo que os dividendos excederem de 12 %, o Governo terá o direito de exigir a reducção das tarifas de transportes". Para além da limitação dos lucros das concessionárias, o normativo já reconhecia a necessidade da revisão da sua base econômico-financeira, a cada cinco anos. Mas, note-se, tais dispositivos não trazem qualquer obrigação remediativa de reconstituição do equilíbrio econômico-financeiro inicial do contrato. Na verdade, reconhecem a necessidade de regular os preços cobrados aos usuários (por intermédio da Cláusula Ouro então vigente), bem como reconhece a necessidade de revisão do seu equilíbrio econômico-financeiro a cada cinco anos.

Compatíveis com os ares do liberalismo econômico, as concessões do período Imperial são prenhes de dispositivos mais caudatários da regulação das *publics utitilies* do que das concessões de serviços públicos francesas. De fato, o perfil destacadamente liberal, que lastreou o advento da Constituição Republicana, não alterou o regime de privilégio das concessões até então celebradas, nem trouxe nenhuma previsão a propósito do equilíbrio econômico-financeiro de tais ajustes. Tanto é verdade que, como assevera Floriano de Azevedo Marques Neto,[65] "a Carta de 1891 não fazia menção ao instituto da concessão-delegação, apenas se reportando, em alguns artigos, ao instituto como mecanismo de atribuição de benefícios, graças ou distinções". E arremata: "afora isso, a Carta Republicana mencionava algumas atividades que poderíamos conceber como reservadas ao Estado, mas sem avançar sobre o regime de delegação". Nada obstante, como destacado pelo autor, com o advento da República, o poder público começou a se valer do instituto da concessão como o instrumento para a execução indireta de cometimentos públicos, o que justifica o exame dos característicos do equilíbrio econômico-financeiro de tais ajustes, em alguns de seus principais normativos.[66]

Nesse sentido, cite-se, por exemplo, o Decreto nº 849, de 11 de outubro de 1890, por intermédio do qual se concedeu à "Empresa Industrial de Melhoramentos no Brazil autorização para construcção de um caes de atracação entre a ponta do Arsenal de Marinha da Capital Federal". O normativo trouxe algumas disposições a propósito do equilíbrio econômico-financeiro de tais ajustes, dentre as quais: (i) a possibilidade da cobrança de valor pelos serviços prestados no âmbito da infraestrutura portuária; (ii) a instituição de diferenciações tarifárias, a serem aplicadas, a depender do volume e das características das embarcações. No mesmo período, é de destacar o Decreto nº 5.407, de 27 de dezembro de 1904, por intermédio do qual se disciplinou o aproveitamento de potenciais hidráulicos para transformação em energia elétrica aplicada a serviços Federais. Em seu art. 5º, se previu que "O capital do concessionario será fixado mediante a approvação do Governo e não poderá ser augmentado nem diminuido sem sua autorização". Já, em seu art. 6º, restou estipulado que seria fixada uma tarifa a reger os serviços prestados ao governo e aos particulares, bem como que tal tarifa seria revista de cinco em cinco anos. Para além disso, previu-se que "Além destas revisões periodicas, a reducção da tarifa terá logar sempre que os lucros liquidos da empreza excederem de 12 % ao anno sobre o capital de que trata o art. 5º".

---

[65] MARQUES NETO, Floriano de Azevedo. *Concessões*. Belo Horizonte: Fórum, 2015. p.220.
[66] MARQUES NETO, Floriano de Azevedo. *Concessões*. Belo Horizonte: Fórum, 2015. p.220.

Ao comentar o regime concessório de então, Bilac Pinto[67] assevera que "a influência francesa sobre o regime administrativo e jurídico de nossas concessões de serviço público foi predominante e poder-se-ia dizer exclusiva em todo o período imperial e na República".[68] Não nos parece que o diagnóstico do administrativo seja o mais adequado. A despeito da influência francesa constatada, nos títulos de natureza delegatório celebrados naquela quadra histórica, a análise dos normativos dá conta de que tais normativos congregam, igualmente, saliente influência da regulação das *public utilities*. Os normativos analisados sugerem que o regime econômico-financeiro das concessões daquele período visava constituir um sistema de regulação dos custos despendidos, pelos particulares, para prestação do serviço (v.g. por intermédio da instituição de revisões tarifárias periódicas), bem como um sistema regulatório de limitação da rentabilidade da remuneração do concessionário (*reasonable value*). Essa imbricação de influências (francesas e norte-americanas) continuou a lastrear a produção normativa a propósito do equilíbrio econômico-financeiro, nas concessões na Era Vargas e durante o Regime Militar, como será demonstrado no próximo item.

1.4 O equilíbrio econômico-financeiro das concessões na Era Vargas e no Período Militar

Os ares revolucionários que pairavam sobre o final da República Velha – lastreados pelo cenário da crise econômica experimentada pela

---

[67] PINTO, Olavo Bilac. Concessão de serviço público – sistema francês – sistema norte-americano – influência sobre o direito brasileiro – regras aplicáveis às concessões ou licenças a prazo indeterminado – transporte coletivo de passageiros em São Paulo. *Estudos de Direito Público*, Rio de Janeiro: Forense, 1953. p. 26-27.

[68] No mesmo sentido, Amaro Cavalcanti asseverou que "seria preciso accrescentar desde logo, que as regalias ou privilégios, concedidos pelos poderes públicos, quaesquer que sejam, só se justificando em vista do bem publico que deve provir da sua execução; é lógico, é consequente, que no poder concedente permaneça ininterrupto o seu direito de *regular* e *fiscalisar* o desempenho das obrigações, segundo as quaes o concessionário obteve, e terá de gosar dos respectivos privilégios". O referido autor aponta, ainda, uma visão econômica do contrato de concessão, segundo a qual "Certo, uma vez feita legalmente a concessão, seja de bens materiaes, seja de determinado privilegio para a exploração de industrias ou para o goso de certas regalias e faculdades (*a de conferir gráos académicos*, por exemplo), semelhante concessão deve ser respeitada e mantida pelo poder concedente, como um *direito adquirido* pelo concessionário; este ponto fica fora de duvida. Mas o que não menos importa, é definir, ou melhor dizendo, circumscrever os limites e condições, essenciaes ao exercício desse direito de natureza excepcional" (CAVALCANTI, Amaro. *Responsabilidade civil do Estado*. Rio de Janeiro: Laemmert & C., 1905. p. 570-571).

quebra da Bolsa de Nova Iorque, de 1929, e pelas Guerras Mundiais – trouxeram obrigações positivas ao aparato estatal. Nesse momento histórico, a burocracia estatal assumiu um papel saliente na reforma do aparato constitucional. Todos esses fatores resultaram na estruturação de uma ordem jurídica, que seria caudatária da avocação, pelo poder público, do exercício de cometimentos de interesse geral. É dizer, que lhe impunham obrigações positivas, para além da mera abstenção. Diante desse contexto da formação de um Estado Social,[69] foi disciplinado, pela primeira vez, em sede constitucional, o tema do equilíbrio econômico-financeiro dos contratos de concessão.

De fato, a Constituição da República dos Estados Unidos do Brasil, de 16 de julho de 1934, disciplinou o tema, em seu art. 137, segundo o qual "A lei federal regulará a fiscalização e a revisão das tarifas dos serviços explorados por concessão, ou delegação, para que, no interesse coletivo, os lucros dos concessionários, ou delegados, não excedam a justa retribuição do capital, que lhes permita atender normalmente às necessidades públicas de expansão e melhoramento desses serviços". Como se pode perceber, os conceitos-chave, previstos nos dispositivos constitucionais, eram os de garantia da "justa retribuição do capital" e da necessidade de "atender normalmente às necessidades públicas de expansão e melhoramento desses serviços". De acordo com Gustavo Kaercher Loureiro,[70] "o emprego da expressão justa retribuição no art. 137 é a senha que marca um decidido afastamento da Constituição de 1934, em tema de regime econômico-financeiro das concessões, da tradição francesa". Diante do que o referido autor deixou assentado que

---

[69] O intervencionismo estatal tem como marco inicial a legislação antitruste americana de 1890, mas foi apenas com o crash da Bolsa de Nova York e a grande depressão econômica subsequente que o movimento ganhou força, principalmente com a eleição do Presidente Franklin Roosevelt e a adoção do New Deal. Em suma, nesse período histórico, como apontado por Paulo Bonavides "confere, no Estado constitucional ou fora deste, os direitos do trabalho, da previdência, da educação, intervém na economia como distribuidor, dita o salário, manipula a moeda, regula os preços, combate o desemprego, protege os enfermos, dá ao trabalhador e ao burocrata a casa própria, controla as profissões, compra a produção, financia as exportações, concede o crédito, institui comissões de abastecimento, provê necessidades individuais, enfrenta crises econômicas, coloca na sociedade todas as classes na mais estreita dependência de seu poderio econômico, político e social, em suma, estende sua influência a quase todos os domínios que dantes pertenciam, em grande parte, à área da iniciativa privada (BONAVIDES, Paulo. *Do Estado Liberal ao Estado Social*. 15. ed. São Paulo: Malheiros, 2004.p. 208).

[70] LOUREIRO, Gustavo Kaercher. *Estudos sobre o regime econômico-financeiro de contratos de concessão*. London: Laccademia Publishing, 2020. p. 101.

"ela indica a adoção do modelo norte-americano da *regulation of public utilities* no ponto específico do arranjo econômico-financeiro do serviço". Tal afirmação é, por demais, peremptória. Em primeiro lugar, porquanto parte relevante dos normativos expedidos, para disciplinar a técnica concessória, do período Imperial até do fim da República, já consagraram conceitos decorrentes da regulação de custos, que é caudatária da regulação das *public utilities*. Em segundo lugar, porquanto a interpretação do dispositivo caminha no sentido de que a regulação tarifária de então teria de equilibrar dois valores, aparentemente, antagônicos: "a justa remuneração" do concessionário e o seu dever de "atender normalmente às necessidades públicas de expansão e melhoramento desses serviços"; o primeiro importado da regulação das *public utilities*; o segundo do regime jurídico-administrativo francês. Dito em outros temos, a análise histórica empreendida sugere a influência da *regulation of public utilities* na inclusão do conceito de "justa remuneração" na constituição, mas, igualmente, o dever da manutenção de obrigações que garantam condições mínimas de fruição, pelos usuários, se inspira na *publicatio* da concessão de serviço público francesa.[71]

Mas, de fato, não se pode questionar o embate entre as visões norte-americanas e francesas, que permearam o desenho normativo do tema, experimentadas no início do século XX. O mais relevante foi ilustrado pelo processo normativo, que resultou na edição do Decreto nº 24.643, de 10 de julho de 1934, o qual disciplina o Código de Águas (até hoje com dispositivos em vigor), o qual serviu de influência direta para o disposto no art. 137 da Constituição de 1934.[72] É que a sua exposição

---

[71] Tal concepção não passou Themístocles Brandão Cavalcanti. De acordo com suas palavras, "Si alguem comprou uma casa por $ 10.000 ha dez annos atraz, ninguem lhe poderá censurar por vendel-a agora por $ 20.000, desde que seja este o seu valor actual. O mesmo occorre com o seu valor locativo, que varia de accordo com a valorisação ou desvalorisação da propriedade. Si, por outro lado, a casa que fôr adquirida por $ 10.000 se desvalorizar a $ 5.000 ou $ 6.000, este será o seu valor actual pelo qual tem de se vender. Este será effectivamente o argumento usual, dentro do sentido estrictamente commercial. Mas, a nosso ver, repugna applical-o com relação aos serviços de utilidade publica. Aqui, torna-se mister indemnizar as emprezas do capital effectivamente dispendido, pelo que for realmente gasto. A medida do valor é, aqui, a moeda, e o capital empatado estará sujeito as fluctuações do valor monetário (CAVALCANTI, Themístocles Brandão. *Instituições de direito administrativo brasileiro*. Rio de Janeiro: Freitas Bastos, 1936. p. 275-277).

[72] Por ordem do então Ministro da Justiça Francisco Campos, foi formada uma Comissão de Juristas, capitaneada por Odilon Braga, com o desiderato de elaborar anteprojeto de lei sobre a fiscalização e revisão das tarifas dos serviços públicos explorados por concessão, nos termos do art. 147 da CF de 1937. O robusto documento produzido por essa comissão considerava o regime das *public utilities* como preponderantemente de direito privado. Nesse sentido, de acordo com o relatório da Comissão "talvez pudessem permanecer, sem

de motivos, elaborada por Alfredo Valladão,[73] dá conta de uma tentativa de se importar o modelo de regulação tarifária das *public utilities* norte-americanas para o direito brasileiro. De acordo com o autor, "no regular essa concessão, convenci-me cada vez mais de que era indispensável adotar no projeto, em tudo que com a mesma fosse compatível, aquele controle que se exerce nos Estados Unidos". Acontece que tal tentativa não restou, integralmente, plasmada no decreto editado por Getúlio Vargas.[74] De fato, como aponta Floriano de Azevedo Marques Neto,[75] "Talvez a principal diferença fosse encontrada numa interessante inflexão da influência do direito estrangeiro, que no projeto se pautava fortemente na regulação dos serviços de utilidade pública do direito americano". Mas que, segundo autor "no decreto migrou mais para a influência do direito europeu continental, com forte influência francesa".[76]

Assim é que, uma vez mais, percebe-se, no bojo do regime instituído pelo Código de Águas um hibridismo entre as influências norte-americanas e francesas sobre o equilíbrio econômico do contrato de concessão. Assim é que, se, de um lado, se mantém o regime concessório caudatário da Europa continental, de outro, o art. 178 do normativo regulamentar traz conceitos estruturais da regulação das *public utilities*, dentre os quais as diretrizes de se "fixar tarifas razoáveis" e de se garantir "a estabilidade financeira das empresas". Para além disso, o seu art. 180 traz um arsenal regulatório, que congrega uma modalidade de "regulação por custo" (*cost-plus*), típica da regulação norte-americana das utilidades públicas. De fato, o dispositivo engendra um modelo de regulação tarifária pelo "custo do serviço", diante do qual o concessionário deve comprovar: (i) todas as despesas e operações, impostos

---

maiores inconvenientes, sob o sistema de regulação contratual, mitigada pela contínua atuação de comissões do tipo americano. (...) Nunca, porém, os muitos mais importantes de portos e estradas de ferro. Devolver tais serviços à condição de serviços privados de utilidade pública seria, entre nós, retrogradar aos absurdos do liberalismo anterior a 1848 (BRAGA, Odilon. Serviços públicos concedidos. *Revista de Direito Administrativo*, Rio de Janeiro, v. 7, p. 36, 1947).

[73] VALLADÃO, Alfredo. *Regime jurídico das águas e da indústria elétrica*. São Paulo: Prefeitura Municipal de São Paulo, 1941. p. 25.

[74] Especificamente a propósito do equilíbrio econômico-financeiro dos contratos de concessão, Franciso Campos asseverava que "A equação econômica constitui o conteúdo da situação jurídica individual do concessionário, ou é, na nossa terminologia legal, um ato jurídico perfeito, ou um direito adquirido" (CAMPOS, Franciso. *Direito constitucional*. Rio de Janeiro: Freitas Bastos, 1956. v. I. p. 127).

[75] MARQUES NETO, Floriano de Azevedo. *Concessões*. Belo Horizonte: Fórum, 2015. p. 96.

[76] MARQUES NETO, Floriano de Azevedo. *Concessões*. Belo Horizonte: Fórum, 2015. p. 96.

e taxas de qualquer natureza, lançados sobre a empresa, excluídas as taxas de benefício; (ii) as reservas para depreciação; e (iii) a remuneração do seu capital. Nada obstante, o Decreto nº 24.643/1934 não se afastou de conceitos caudatários do regime especial francês das tradicionais concessões de serviços públicos, dentre os quais, os que veiculam as obrigações de serviços públicos de adequação e de atualidade (art. 178, a e 179), bem como o seu regime publicístico (art. 150 e ss.).[77]

As constituições de 1937 e 1946 seguiram a mesma linha de confluência entre os regimes regulatórios francês e norte-americano a propósito da disciplina do equilíbrio econômico-financeiro dos contratos de concessão. O art. 147, da Constituição de 1937, prescreve que "A lei federal regulará a fiscalização e revisão das tarifas dos serviços públicos explorados por concessão para que, no interesse coletivo, delas retire o capital uma retribuição justa ou adequada e sejam atendidas convenientemente as exigências de expansão e melhoramento dos serviços". No mesmo sentido, o parágrafo único, do art. 151 da Constituição de 1946, prescreve que "Será determinada a fiscalização e a revisão das tarifas dos serviços explorados por concessão, a fim de que os lucros

---

[77] Odilon Braga, expressamente, resistia a tal acepção, ao asseverar que "Mas, admitindo que o objeto da concessão não é o *serviço* em si, porque é a sua *exploração lucrativa*, mediante uso e *gôzo* dos bens, direitos e prerrogativas convenientes ao seu funcionamento, somos conseqüentemente forçados a considerar que ao poder concedente cabe a livre faculdade de estabelecer as condições que deverão ser observadas na sua execução, uma vez resguardados os lucros razoavelmente previstos para satisfação do concessionário (art. 8º). Ora o alcance prático dêsse objetivo exige, por um lado, que se dê à *exploração lucrativa* do serviço concedido uma posição conhecida e certa de equilíbrio (equilíbrio financeiro), garantida por um *contrato*; e, por outro lado, que o *capital* a remunerar ou a restituir em caso de resgate, ou reversão, seja o realmente invertido na sua execução. (...) Estabelecido que o serviço público concedido não se desprende da esfera de ação do Poder público para e da economia privada, pelo que não se equipara à 'public utility' americana, outro problema ficava igualmente resolvido: o da composição e competência dos órgãos prepostos à regulamentação do seu funcionamento e à sua fiscalização. Êstes não deveriam atuar como simples tribunais administrativos de caráter arbitral, de decisões não reformáveis, quando relativas a fatos, mas de julgamentos submetido à plena revisão dos tribunais judiciários comuns, a exemplo das 'public utilities comissions' americanas. Deveriam ser dependências técnicas e administrativas dos Poderes públicos, respectivamente, incumbidos da concessão, que os deveriam constituir como melhor lhes parecesse. Mas, sempre que as decisões tomadas pudessem influir no equilíbrio financeiro da concessão, a saber – no sistema vital integrante do 'negócio' contratado com o concessionário, êste deveria ter abertas diante de si as seguras vias do Poder Judiciário. Diremos, em segundo, que o projeto opera ex-vi legis a revisão dos contratos de serviços reversíveis ou resgatáveis porque, consoante provamos, o serviço público, mesmo quando explorado por concessão, não perde jamais a sua natureza específica, de serviço público, pelo que escapa às restrições contratuais, salvo no atinente ao equilíbrio financeiro da exploração, dependente do reconhecimento do capital do concessionário" (BRAGA, Odilon. Serviços públicos concedidos. *Revista de Direito Administrativo*, Rio de Janeiro, v. 7, p. 43, 1947).

dos concessionários, não excedendo a justa remuneração do capital, lhes permitam atender as necessidades de melhoramentos e expansão desses serviços". Malgrado a doutrina de então siga fazendo referência à incorporação unidirecional de aspectos da regulação das *public utilities*,[78] pela análise dos dispositivos constitucionais, é razoável inferir que os dispositivos constitucionais congregam um modelo híbrido regulatório, já que a "justa remuneração" do concessionário deve ser compatível com as obrigações de serviços públicos.[79]

No período de intervenção militar, como se tratou de um período de avocação estatal de atividades de relevante interesse público, não houve uma disciplina normativa pródiga a propósito do tema do equilíbrio econômico-financeiro dos contratos de concessão. Na segunda

---

[78] Nesse sentido, Themístocles Brandão Cavalcanti já lecionada que "Uma lei geral deve regular a matéria, lei que compreende toda a disciplina do regime das concessões, conhecida com o nome de regulamentação, tirado do americano regulation e que compreende as regras e normas legais e regulamentares e a sua execução pelos órgãos criados pela lei. (...) O sistema, como já dissemos, nos vem dos Estados Unidos" (CAVALCANTI, Themístocles Brandão. *A Constituição Federal comentada*. Rio de Janeiro: José Konfino, 1953. v. III. p. 325). No mesmo sentido, Bilac Pinto assevera que "A influência norte-americana em matéria de regulamentação dos serviços públicos concedidos assumiu, entretanto, importância decisiva quando saiu do âmbito da legislação ordinária para incorporar-se ao nosso direito constitucional" (PINTO, Olavo Bilac. Concessão de serviço público – sistema francês – sistema norte-americano – influência sobre o direito brasileiro – regras aplicáveis às concessões ou licenças a prazo indeterminado – transporte coletivo de passageiros em São Paulo. *Estudos de Direito Público*, Rio de Janeiro: Forense, 1953. p. 33.).

[79] Nesse sentido, Meirelles Teixeira lecionava que "Essa intangibilidade da situação financeira, supra-acenada, transforma a própria concessão, isto é o direito subjetivo de exercê-la, de explorá-la – porque se trata, aqui, verdadeiramente, como se viu, de uma atividade econômico-lucrativa – numa property, na velha linguagem dos tratadistas e dos tribunais norte-americanos, a constituir, para os concessionários, verdadeiros direitos adquiridos de origem contratual. (...) Uma vez efetuada a concessão, o Poder Público se acha vinculado às suas cláusulas com a mesma fôrça, o mesmo vigor e a mesma obrigatoriedade que o concessionário; assim como êste não pode faltar impunemente ao estipulado, aquêle não poderá, sob pretexto da sua qualidade, subtrair-se ao exato cumprimento das obrigações e compromissos assumidos no ato da concessão. A concessão, representada pelo complexo das suas vantagens, se integra no patrimônio do concessionário, e qualquer ato da Administração, que importe em atentado contra a sua integridade, resultará para êle no direito de se reintegrar à custa do patrimônio coletivo. A concessão é, portanto, o que os americanos chamam property (Abott, Municipal Corporation, vol. II, §751; Dillon, Municipal Corporation, vol. III), isto é, um direito incorporado no patrimônio do concessionário, e que não é lícito ao poder público revogar, anular, diminuir ou alterar, na qualidade, que é a sua, de direito adquirido pelo concessionário, a saber, integrado no conjunto ou no complexo de valores, protegidos pelo Direito, e que constituem o seu patrimônio. De fato, como sucede em toda violação de direito adquirido, o eventual desconhecimento do direito subjetivo do concessionário à equação financeira do contrato implicaria na obrigação de indenizar" (TEIXEIRA, J. H. Meirelles. Parecer. Serviço público – Concessão – Transporte coletivo – Tarifas – Competência do Poder Executivo – Harmonia e independência dos poderes. *Revista de Direito Administrativo*, Rio de Janeiro, v. 50, p. 422, 1957).

metade do século XX, o Estado brasileiro possuía um regime de atuação direta na economia, centrado na proteção do interesse público, notadamente mediante a assunção, pelo Estado, da exploração de atividades relevantes ou essenciais. Essa assunção era levada a efeito, seja pela criação de empresas estatais, seja pela monopolização de atividades consideradas estratégicas.

Nada obstante, antes do golpe militar de 1964, o tema do equilíbrio econômico-financeiro das concessões foi objeto de grande desenvolvimento, por intermédio da Lei nº 4.117, de 27 de agosto de 1962, que instituiu o Código Brasileiro de Telecomunicações – CBT. Tal como o Código de Águas, o CBT prescreve um modelo de regulação tarifária lastreada no "Custo do Serviço". Assim, por exemplo, cite-se o seu art. 43, o qual prescreve que "As tarifas devidas pela utilização dos serviços de telecomunicações prestados pela entidade serão fixadas pelo Conselho Nacional de Telecomunicações de forma a remunerar sempre os custos totais dos serviços, as amortizações do capital investido e a formação dos fundos necessários à conservação, reposição, modernização dos equipamentos e ampliações dos serviços". De acordo com o *Codex*, a formação da tarifa deveria ser serviente a endereçar as seguintes rubricas: (i) a cobertura das despesas de custeio; (ii) a justa remuneração do capital; e (iv) melhoramentos e expansão dos serviços. Mas, note-se, que o diploma não se divorciou, completamente, da regulação contratual francesa, ao exigir que os serviços de telecomunicações, que se configuram como "serviços público destinado ao uso geral", tenham como finalidade o atendimento de valores como os "de segurança, regularidade, orientação e administração dos transportes em geral" (art. 6º, a, 1). Tal concepção do equilíbrio econômico-financeiro dos contratos de concessão também pode ser extraída dos ensinamentos de Francisco Campos,[80] para quem "Se, portanto, vem a incidir sôbre a relação entre os têrmos da equação financeira um fator que a faça variar em detrimento do concessionário, nasce para o concedente a obrigação de restaurar a relação primitiva ou equilíbrio da economia da concessão".

O Decreto-lei nº 200, de 25 de fevereiro de 1967, por sua vez, que dispõe sobre a organização da Administração Federal, a despeito de estabelecer que a execução das utilidades públicas deverá primar pela descentralização da execução das atividades administrativas, por intermédio dos "contratos de concessões", não dispõe sobre o seu

---

[80] CAMPOS, Franciso. *Direito administrativo*. Rio de Janeiro: Freitas Bastos, 1958. v. I. p. 81-82.

equilíbrio econômico-financeiro. Nada obstante, a Constituição de 1967 (e a Emenda Constitucional nº1, de outubro de 1969), em seu art. 160, procurou prescrever um conceito que lastreasse a fixação de uma política tarifária nas concessões, no âmbito do qual as tarifas deveriam permitir "a justa remuneração do capital, o melhoramento e a expansão dos serviços e assegurem o equilíbrio econômico e financeiro do contrato".[81] É de se registrar, por relevante, que a ordem constitucional passou a veicular a necessidade de que fosse assegurado *equilíbrio econômico-financeiro dos contratos* de concessão. Mas não se descurou de plasmar a necessidade de ao concessionário ser devida "a justa remuneração do capital".

A expressão "equilíbrio econômico e financeiro do contrato" não veicula, em si, uma carga interpretativa no sentido de lastrear o entendimento segundo o qual, a partir da Constituição de 1967 (e da Emenda Constitucional nº 1, de outubro de 1969), o concessionário teria o direito à manutenção das condições econômicas de sua proposta comercial, nos moldes preconizados pela jurisprudência administrativa do Conselho de Estado. A análise da legislação constitucional até aqui empreendida dá conta de que a técnica concessória nunca se divorciou de uma noção de equilíbrio entre as obrigações de serviços públicos (típicas da *publicatio*) e do conceito de "justa remuneração" (construído a partir da regulação das *public utilities*). Na verdade, a cada instrumento delegatório coube endereçar uma regulação tarifária compatível com as características de cada setor que fora objeto do trespasse, por intermédio do instrumento concessório. Daí a razão pela qual, no âmbito da presente investida, busca-se testar a hipótese segundo a qual o fechamento do conceito de equilíbrio econômico-financeiro das concessões foi construído, a partir de ensinamentos doutrinários, e não por uma legislação genérica e abstrata (o tema será desenvolvido no próximo item).

A partir de tal dispositivo constitucional, a Lei nº 6.528, de 11 de maio de 1978, que criou o Plano Nacional de Saneamento Básico – PLANASA, já trouxe um conceito mais claro sobre o equilíbrio econômico-financeiro, que deveria lastrear a exploração do serviço pelas

---

[81] Confira-se, por relevante, o teor do dispositivo: "Art 160 – A lei disporá sobre o regime das empresas concessionárias de serviços públicos federais, estaduais e municipais, estabelecendo: I – obrigação de manter serviço adequado; II – tarifas que permitam a justa remuneração do capital, o melhoramento e a expansão dos serviços e assegurem o equilíbrio econômico e financeiro do contrato; III – fiscalização permanente e revisão periódica das tarifas, ainda que estipuladas em contrato anterior".

Companhias Estaduais de Saneamento (CESBs). É o que dispunha o seu art. 4º, segundo o qual "A fixação tarifária levará em conta a viabilidade do equilíbrio econômico-financeiro das companhias estaduais de saneamento básico e a preservação dos aspectos sociais dos respectivos serviços (...)". Nada obstante, igualmente aos normativos de então, o seu art. 2º, §2º dispunha que "As tarifas obedecerão ao regime do serviço pelo custo, garantindo ao responsável pela execução dos serviços a remuneração de até 12% (doze por cento) ao ano sobre o investimento reconhecido". Assim, é possível se asseverar que o dispositivo previa uma regulação tarifária pelo custo do serviço, no âmbito do qual as Companhias Estaduais de Saneamento (CESBs) deveriam comprovar os custos despendidos para explorar os serviços de saneamento, a serem remunerados por uma taxa de rentabilidade. Veja-se: por intermédio de tal modelo, sequer a exploração do serviço era precedida de procedimentos licitatórios, o que torna impossível configurar um equilíbrio econômico-financeiro reconduzível à proposta comercial apresentada pelos licitantes. São normativos e mais normativos que nunca retrataram a concepção atual de equilíbrio econômico-financeira, plasmada num pretenso ambiente ergótico, que é, de todo, inexistente, ainda mais no âmbito de contratos de longo prazo, como será desenvolvido no próximo item.

1.5 O equilíbrio econômico-financeiro das concessões a partir da Constituição de 1988

Na transição democrática, que antecedeu a promulgação da Constituição de 1988, não se promoveram significativas reformas dos títulos delatórios de exploração dos serviços públicos. À época, a sociedade brasileira não tinha noção da gravidade da crise pela qual o país atravessava, considerando que saía de um longo período ditatorial e tinha como principal preocupação o restabelecimento da ordem democrática. Segundo Bresser Pereira,[82] "havia uma espécie de euforia democrático-populista, uma ideia que seria possível voltar aos anos da democracia e do desenvolvimento dos anos". Daí a razão pela qual se levou a efeito uma profunda reforma regulatória, por intermédio da

---

[82] PEREIRA, Luiz Carlos Bresser. Da administração pública burocrática à gerencial. *In*: PEREIRA, Luiz Carlos Bresser; SPINK, Peter Kevin (Orgs.). *Reforma do Estado e administração pública gerencial*. 2. ed. Rio de Janeiro: FGV, 1998. p. 244.

qual o Estado passou a se demitir da execução de atividades que poderiam ser delegadas à execução privada, o que impôs um detalhamento normativo do instrumento concessório, na Constituição e na legislação infraconstitucional, bem como importou na normatização do seu equilíbrio econômico-financeiro.

A Constituição de 1988 não trouxe, propriamente, um regime jurídico explícito a propósito do equilíbrio econômico-financeiro das concessões. Nada obstante, boa parte dos administrativistas extrai seu fundamento da parte final do art. 37, XXI, da CRFB, segundo o qual o equilíbrio econômico-financeiro dos contratos administrativos deve ser forjado "com cláusulas que estabeleçam obrigações de pagamento, mantidas as condições efetivas da proposta".[83] Ao ver de tais autores, o crivo de equilíbrio econômico-financeiro dos contratos de concessão deveria ser orientado pela proposta comercial apresentada, pelos licitantes, por ocasião da realização do procedimento licitatório. No mesmo sentido, Caio Tácito[84] asseverava que tal conceito decorre "do poder regulamentar do concedente, superando a regra da inviolabilidade bilateral do pacto, reservando-se, em contrapartida, ao concessionário a sobrevivência da comutatividade do contrato com o direito ao equilíbrio financeiro". Para além disso, o regime jurídico do equilíbrio econômico-financeiro dos contratos de concessão se lastreia na aplicação da Teoria da Imprevisão, na qualidade de um risco, aprioristicamente,

---

[83] MUKAI, Toshio. Do reequilíbrio econômico-financeiro da proposta. *Fórum de Contratação e Gestão Pública*, Belo Horizonte, a. 19, n. 51, p. 6874-6876, mar. 2006. PEREIRA JÚNIOR, Jessé Torres; DOTTI, Marinês Restelatto. Alterações do contrato administrativo: releitura das normas de regência à luz do gerenciamento de riscos, em gestão pública comprometida com resultados. *Fórum de Contratação e Gestão Pública*, Belo Horizonte, a. 19, n. 88, p. 7-58, abr. 2009; PÉRCIO, Gabriela Verona; BRAGAGNOLI, Renila Lacerda. Da revisão para maior dos preços registrados em ata: breve análise, considerando as disposições do PL nº 4.253/20. *Fórum de Contratação e Gestão Pública*, Belo Horizonte, a. 19, n. 231, mar. 2021; ARAGÃO, Alexandre Santos de. Concessão de serviços públicos. In: ARAGÃO, Alexandre Santos de (Coord.). *Direito dos serviços públicos*. 2. ed. Belo Horizonte: Fórum, 2017; MODESTO, Paulo. Reforma do Estado, formas de prestação de serviços ao público e parcerias público-privadas: demarcando as fronteiras dos conceitos de serviço público, serviços de relevância pública e serviços de exploração econômica para as parcerias público-privadas. *Revista Brasileira de Direito Público*, a. 18, n. 10, p. 9-53, jul./set. 2005; ELIAS NETO, Abrahão; FERNANDES, Jorge Ulisses Jacoby. Reequilíbrio econômico-financeiro de contrato após o Plano Real. *Fórum Administrativo*, Belo Horizonte, a. 20, n. 5, p. 539-542, jul. 2001; MARQUES NETO, Floriano de Azevedo. Equilíbrio econômico nas concessões de rodovias – critérios de aferição. *Revista Brasileira de Direito Público*, Belo Horizonte, a. 18, n. 15, p. 191-200, out./ dez. 2006; MELLO, Celso Antônio Bandeira de. Concessão de serviço público e sua equação econômico-financeira. *Revista de Direito Administrativo*, n. 259, p. 251-272, jan./abr. 2012.

[84] TÁCITO, Caio. O retorno do pêndulo: serviço público e empresa privada. O exemplo brasileiro. *Revista de Direito Administrativo*, Rio de Janeiro, v. 202, p. 2, 1995.

atribuído ao Poder Público. Nada obstante, é possível se afirmar, com Marcos Nóbrega,[85] que a Teoria da Imprevisão "é inadequada para servir de base teórica para a recomposição do equilíbrio financeiro do contrato por conta não somente da sua defasada base volitiva, mas também por não considerar as assimetrias informacionais existentes entre o Poder Público contratante e o particular".

Porém, a doutrina administrativista segue forcejando a sua aplicação às concessões, lastreada no art. 65, II, *d*, da Lei nº 8.666/1993 – de aplicação subsidiária aos módulos concessórios, em razão do art. 124 da Lei nº 8.666/1993. Nesse sentido, Odete Medauar,[86] por exemplo, leciona que "a alínea d diz respeito à chamada Teoria da Imprevisão, que, em síntese, se expressa no seguinte: circunstâncias, que não poderiam ser previstas no momento da celebração do contrato, vêm modificar profundamente sua economia, dificultando sobremaneira sua execução, trazendo déficit ao contratado". No mesmo sentido, Marçal Justen Filho[87] assevera que a intangibilidade da equação econômico-financeira é aplicável não só nas hipóteses de alteração unilateral do contrato "incide ainda quando a relação original entre vantagens e encargos for afetada por eventos supervenientes imprevisíveis ou, embora previsíveis, de consequências incalculáveis (Lei nº 8.666, art. 65, inc. II, al. "d")". Alexandre Santos de Aragão[88] caminha na mesma direção, ao asseverar que "apenas o risco por fatos imprevisíveis (ex.: racionamento de energia que gere uma inesperada redução de energia) ou de responsabilidade do próprio Estado (ex.: aumento de tributos, alteração unilateral do contrato) são assumidos pelo poder concedente".

Com lastro em tais entendimentos, o Superior Tribunal de Justiça – STJ já teve a oportunidade de deixar assentado que o equilíbrio econômico-financeiro dos contratos de concessão deve ser mantido "em consonância com o estabelecido no art. 37, XXI,[89] da Constituição Federal, que garante a manutenção das condições efetivas da proposta

---

[85] NÓBREGA, Marcos. *Direito e economia da infraestrutura*. Belo Horizonte: Fórum, 2020. p.125.
[86] MEDAUAR, Odete. *Direito administrativo moderno*. 21. ed. Belo Horizonte: Fórum, 2018. p. 226.
[87] JUSTEN FILHO, Marçal. Algumas considerações acerca das licitações em matéria de concessão de serviços públicos. *Revista Brasileira de Direito Público*, Belo Horizonte, a. 2, n. 7, p. 153-154, out./dez. 2004.
[88] ARAGÃO, Alexandre Santos de. A evolução da proteção do equilíbrio econômico-financeiro nas concessões de serviços públicos e nas PPPs. *Revista de Direito Administrativo*, Rio de Janeiro, v. 263, p. 35-66, maio/ago. 2013. p. 324.
[89]

de contrato celebrado com a Administração". Em passagem ilustrativa da tese que se pretende confrontar, ao longo da presente investida, o Superior Tribunal de Justiça – STJ já deixou assentado que "a manutenção da equação financeira original do contrato de concessão é mais que uma orientação doutrinária vitoriosa, com respaldo jurisprudencial".[90]

A interpretação histórica e sistemática da Constituição não autoriza a prolação de tais inferências tão peremptórias a propósito do tema. Isto porque, de rigor, o art. 175 da CRFB previu que: (i) ato normativo disciplinaria o regime jurídico dos contratos de concessão (o que veio a ser endereçado pela Lei nº 8.987/1995); (ii) tal contrato será regido por um regime especial (no que atraiu a concepção *da vetusta publicatio* dos serviços públicos franceses); e (iii) tal contrato poderá prever uma "política tarifária", sem se descurar da obrigação de manter um serviço adequado. Como se pode notar, a Constituição de 1988 não adotou tal ou qual concepção a propósito do regime jurídico do equilíbrio econômico-financeiro dos contratos de concessão. Mas, na verdade, incorporou, como se depreende do exame do histórico legislativo sobre o tema examinado nos itens anteriores, a confluência das acepções francesas e norte-americanas sobre o tema.

O conceito de "política tarifária", por exemplo, visa compatibilizar "justa remuneração" do concessionário com a obrigação de atender a valores socialmente relevantes. Como é sabido, as políticas tarifárias podem ser calibradas, seja em razão da situação econômica do usuário (por exemplo, por meio de subsídios cruzados), seja para lhes fomentar a prática de comportamentos desejáveis. A estipulação de políticas tarifárias se afigura como uma decorrência da observância do princípio da isonomia, no âmbito na prestação dos serviços públicos.[91] Ou seja, foi a própria carta constitucional que determinou à lei o mister não só de dispor sobre o valor das tarifas, mas o dever de instituir uma política pública.[92] Tal política pública, nas palavras de Floriano de

---

[90] BRASIL. Superior Tribunal de Justiça STJ. RECURSO ESPECIAL: REsp nº 1248237 DF 2011/0075687-9.

[91] Sobre o referido princípio, já se tornou célebre o ensinamento de Celso Antônio Bandeira de Mello segundo o qual a discriminação instituída pela Administração Pública só é legítima em face da: (i) existência de diferenças nas situações de fato a serem reguladas pelo direito; (ii) adequação (correspondência) entre o tratamento discriminatório e as diferenças entre as situações de fato; e (iii) adequação (correspondência) entre os fins objetivados pelo discrímen e os valores consagrados pelo ordenamento jurídico (MELLO, Celso Antônio Bandeira de. *Conteúdo jurídico do princípio da igualdade*. 3. ed. São Paulo: Malheiros, 1993. p. 10).

[92] Um exemplo de fixação de tarifas diferenciais é a denominada "tarifa social", por meio da qual "aplicar-se-ia uma modalidade do princípio da capacidade contributiva, de molde a

Azevedo Marques Neto,[93] "deve se dar com observância dos princípios arrolados no artigo 170, dentre eles a redução das desigualdades sociais (CF, artigo 170, VII)". Razão pela qual o manejo da regulação tarifária, para atender a pautas de relevante interesse coletivo, em tudo se assemelha aos quadrantes regulatórios das *public utilities*. De outro lado, o seu regime especial, pautado por prerrogativas publicísticas e por obrigações de serviços públicos, dizem como as principais características da concessão de serviços públicos francesa. Como se pode notar, à semelhança das constituições anteriores, a CRFB de 1988 endereçou um modelo híbrido de regulação do equilíbrio econômico-financeiro do contrato de concessão.

Tal hibridismo entre os modelos franceses e norte-americano, igualmente, foi plasmado, pela Lei nº 8.987/1995 (Lei Geral de Concessões). O seu art. 9º, por exemplo, prescreve que "A tarifa do serviço público concedido será fixada pelo preço da proposta vencedora da licitação e preservada pelas regras de revisão previstas nesta Lei, no edital e no contrato". A despeito da sua confusa redação, não é possível dela se extrair um regime jurídico para o equilíbrio econômico-financeiro dos contratos de concessão. Na verdade, tal dispositivo apenas reconhece a função do leilão como um instrumento econômico, por intermédio do qual as partes revelam suas informações para ingressar em um ambiente de *concorrência por determinado mercado*.

---

que os desvalidos do destino recebessem tratamento mais favorecido". A outra vertente regulatória atrelada à fixação de tarifas diferenciadas está relacionada ao seu incremento progressivo em razão do aumento de consumo pelo usuário. O propósito dessa medida é regular o uso de bens escassos por meio da fixação de tarifas progressivas, como sói ocorrer nos setores de saneamento básico e de fornecimento de energia elétrica. Como já teve a oportunidade de reconhecer o STF: "O valor arrecadado como tarifa especial ou sobretarifa imposta ao consumo de energia elétrica acima das metas estabelecidas pela Medida Provisória em exame será utilizado para custear despesas adicionais, decorrentes da implementação do próprio plano de racionamento, além de beneficiar os consumidores mais poupadores, que serão merecedores de bônus. Este acréscimo não descaracteriza a tarifa como tal, tratando-se de um mecanismo que permite a continuidade da prestação do serviço, com a captação de recursos que têm como destinatários os fornecedores/concessionários do serviço. Implementação, em momento de escassez da oferta de serviço, de política tarifária, por meio de regras com força de lei, conforme previsto no artigo 175, III da Constituição Federal" (BRASIL. Supremo Tribunal Federal. *Ação Declaratória de Constitucionalidade nº 09/DF*. STF. Tribunal Pleno Relator: min. Néri da Silveira. Julgamento: 13.12.2001, DJ 03.09.2004).

[93] MARQUES NETO, Floriano de Azevedo. As políticas de universalização, legalidade e isonomia: o caso "Telefone Social". *Revista de Direito Público da Economia*, Belo Horizonte, v. 4, n. 14, p.145, abr./jun. 2006.

Note-se: o dispositivo fala em "valor da tarifa", e não em "equilíbrio econômico-financeiro". Daí já se percebe uma influência do modelo regulatório das *public utilities*. É que, como visto, a regulação tarifária, que interdita a cobrança de preços supracompetitivos dos consumidores, é um dos principais característicos da regulação norte-americana das *public utilities*. De outro lado, o art. 9º, §§3º 4º, da Lei nº 8.987/1995, prescreve hipótese específicas de alteração do valor da remuneração do concessionário, em razão do que, lastreado na jurisprudência administrativa do Conselho de Estado Francês, se convencionou denominar de fato do príncipe e de alteração unilateral dos contratos administrativos, conceitos fundantes da *publicatio* francesa. Por fim, o seu art. 10 prescreve que "sempre que forem atendidas as condições do contrato, considera-se mantido seu equilíbrio econômico-financeiro".

Cuida-se de racional, há muito, trazido pela Lei nº 11.079/2004 (Lei de Parcerias Público-Privadas), que, em seu art. 5º, impinge uma lógica econômica, e não jurídica ao equilíbrio econômico-financeiro de tais modalidades de concessões, por intermédio da necessidade de o contrato estabelecer: (i) *a repartição de riscos entre as partes*, inclusive *os referentes a caso fortuito, força maior, fato do príncipe e álea econômica extraordinária*; (ii) o compartilhamento, com a Administração Pública, *de ganhos econômicos efetivos do parceiro privado decorrentes da redução do risco de crédito dos financiamentos utilizados pelo parceiro privado*; (iii) os critérios objetivos de avaliação do desempenho do parceiro privado, *os quais devem estar atrelado à sua remuneração*, nos termos do art. 6º, § 1º, da Lei nº 11.079/2004; (iv) a prestação, pelo *parceiro privado, de garantias de execução suficientes e compatíveis com os ônus e riscos envolvidos.*

Toda essa arquitetura veio a ser transposta, inclusive, para o regime jurídico dos tradicionais contratos de empreitada, consoante o disposto na Lei nº 14.133, de 01 de abril de 2021 (Nova Lei Geral de Contratações Públicas). Assim, por exemplo, é de se destacar que os seus art. 6º, inciso XXVII e 103, os quais apontam que o contrato poderá identificar os riscos contratuais previstos e presumíveis e prever matriz de alocação de riscos, alocando-os entre contratante e contratado, mediante indicação daqueles a serem assumidos pelo setor público ou pelo setor privado ou daqueles a serem compartilhados. Nada obstante, a mais emblemática previsão trazida, pelo novel diploma, é o art. 124, II, *d*, da Lei nº 14.133/2021, dispositivo que substituiu o art. 65, II, *d*, da Lei nº 8.666/1993, que lastreava a aplicação da Teoria da Imprevisão e a alocação dos riscos atinentes à álea "extracontratual" ao poder público.

Tal dispositivo prescreve que os contratos administrativos poderão ser alterados, de comum acordo, para o efeito de "restabelecer o equilíbrio econômico-financeiro inicial do contrato em caso de força maior, caso fortuito ou fato do príncipe ou em decorrência de fatos imprevisíveis ou previsíveis de consequências incalculáveis, que inviabilizem a execução do contrato tal como pactuado, respeitada, em qualquer caso, a repartição objetiva de risco estabelecida no contrato".

De acordo com tal prescrição, é a matriz de risco do contrato que apontará quem será responsabilizado pelos efeitos econômicos produzidos por eventos reconduzíveis a casos "de força maior, caso fortuito ou fato do príncipe ou em decorrência de fatos imprevisíveis ou previsíveis de consequências incalculáveis". Mais que isso, o art. 103, §3º, prescreve que "A alocação dos riscos contratuais será quantificada para fins de projeção dos reflexos de seus custos no valor estimado da contratação". É dizer, se alocação dos riscos importará a precificação do valor do objeto, como ainda não há metodologia capaz de antecipar, com precisão, eventos futuros, isso importa dizer que não haverá propriamente um equilíbrio econômico-financeiro inicial a ser preservado, durante a sua vigência. Mas, sim, há de se considerar a existência de diversos equilíbrios, que serão aferidos, a partir dos efeitos econômicos produzidos por eventos futuros (qualificados como "riscos" e "incertezas"). Cuida-se de um reconhecimento da insuficiência de uma visão neoclássica, que aponta para um fechamento contratual do equilíbrio econômico-financeiro dos contratos administrativos.[94]

Razão pela qual o tema, nos últimos anos, vem sendo objeto de algumas novidadeiras investidas doutrinárias. Nesse sentido, configura-se como referencial teórico da presente obra as conclusões a que chegaram Gustavo Kaercher Loureiro e Marcos Nóbrega, no artigo "Equilíbrio econômico-financeiro de concessões à luz de um exame de caso: incompletude contratual, não ergodicidade e incerteza

---

[94] Floriano de Azevedo Marques Neto e Caio de Souza Loureiro, há muito, reconhecem tal especificidade "Se, então, restar demonstrado que o evento de desequilíbrio deve ser mitigado e, há muito, reconhecem tal especificidade, ao afirmarem que em processo de recomposição, resta apurar o impacto do evento, tomando como parâmetro o critério de apuração do equilíbrio. Aqui, o cerne da tarefa está, justamente, na verificação da formação do preço da concessão, a partir da pléiade de elementos e custos que integram a proposta apresentada e que afastam a consideração do equilíbrio da concessão das características do equilíbrio dos demais contratos administrativos" (MARQUES NETO, Floriano de Azevedo; LOUREIRO, Caio de Souza. A (re)afirmação do equilíbrio econômico-financeiro das concessões. *Revista de Direito Público da Economia*, Belo Horizonte, a. 12, n. 47, p. 125-151, jul./set. 2014).

estratégica",⁹⁵ no âmbito do qual deixaram assentado que "a teoria econômica neoclássica que está por trás da ideia de equilíbrio econômico-financeiro dos contratos complexos e relacionais no direito brasileiro é incapaz de oferecer respostas adequadas" aos desafios que têm lugar na execução de contratos de concessão. Isto porque, ao ver dos autores, "a falácia da restauração de um equilíbrio estabelecido no momento T0 é falaciosa e acaba por espraiar pela execução contratual uma plêiade de ineficiências e distorções".

A regulação, por contratos de concessão, por certo, não é um tema, de todo, novidadeiro⁹⁶ no direito brasileiro. Mais que isso, no que toca à sua incompletude e à sua vinculação à Análise Econômica do Direito (*Law and Economics*), são destacadas as contribuições de Egon Bockmann Moreira,⁹⁷ de Marcos Nóbrega⁹⁸ e de Fernando Vernalha Guimarães.⁹⁹ Algumas investidas também têm sido endereçadas, especificamente, com o desiderato de revisitar o tema do equilíbrio econômico-financeiro dos contratos de concessão. Nesse sentido, é de se destacar a pesquisa empreendida por Letícia Lins de Alencar,¹⁰⁰ que resultou na obra "Equilíbrio da concessão". A partir de uma pesquisa, histórica e sistemática, a autora chegou à conclusão de que o equilíbrio econômico-financeiro das concessões não teria assento na parte final do art. 37, XXI, da CRFB, o que justificaria a sua interpretação de acordo com os quadrantes estabelecidos no art. 175 da CRFB.

---

[95] O texto foi gentilmente disponibilizado pelos autores, no prelo, justamente para contribuir para a formação do referencial teórico à presente tese de doutoramento. No desenvolvimento da tese, veio a ser publicado em LOUREIRO, Gustavo Kaercher; NÓBREGA, Marcos. Equilíbrio econômico-financeiro de concessões à luz de um exame de caso: incompletude contratual, não ergodicidade e incerteza estratégica. *Revista Brasileira de Direito Público*, Belo Horizonte, a. 19, n. 75, p.293, out./dez. 2021. Agradeço aos professores Marcos Nóbrega e Gustavo Kaercher pela acolhida e constante troca de ideias sobre o tema da presente investida, sem as quais esse trabalho não poderia ter sido estruturado. Nada obstante, suas eventuais imperfeições são de minha exclusiva responsabilidade.

[96] GONÇALVES, Pedro António P. Costa. Regulação administrativa e contrato. *Revista de Direito Público da Economia*, Belo Horizonte, a. 9, n. 35, p. 105-141, jul./set. 2011; GARCIA, Flávio Amaral. A mutabilidade e incompletude na regulação por contrato e a função integrativa das agências. *Revista de Contratos Públicos*, Belo Horizonte, a. 3, n. 5, p. 59-83, mar./ago. 2014.

[97] MOREIRA, Egon Bockmann. *Direito das concessões de serviços públicos*. São Paulo: Malheiros, 2010; MOREIRA, Egon Bockmann. *O contrato administrativo como instrumento de governo*. Coimbra: Março, 2012.

[98] NÓBREGA, Marcos. Análise econômica do direito administrativo. *In*: TIMM, Luciano Benetti. *Direito e economia no Brasil*. São Paulo: Atlas, 2012. p. 404-416.

[99] GUIMARÃES, Fernando Vernalha. *Concessão de serviço público*. São Paulo: Saraiva, 2014.

[100] ALENCAR, Leticia Lins de. *Equilíbrio na concessão*. Belo Horizonte: Fórum, 2019. p. 127.

De acordo com a autora,[101] (i) o art. 175 da CRFB delegou à lei e aos instrumentos contratuais o estabelecimento de um regime jurídico do equilíbrio econômico-financeiro dos contratos de concessão, sendo uma norma especial em relação ao art. 37, XXI, da CRFB; (ii) o fato de a Constituição Federal de 1967[102] ter sido expressa em relação à existência de uma garantia do equilíbrio econômico-financeiro, especificamente aplicável aos contratos de concessão de serviços públicos, leva ao entendimento no sentido de que, na Constituição de 1988, houve um silêncio eloquente sobre o ponto; (iii) durante os debates da Assembleia Nacional Constituinte, transcritos na Ata Circunstanciada da 8ª Reunião Ordinária da Comissão de Redação, realizada em 20 de setembro de 1988, as referências às "condições da proposta" tiveram por objetivo interditar alterações unilaterais do contrato administrativo, pelo poder público, e não fazer qualquer vinculação ao equilíbrio econômico-financeiro das concessões.

No mesmo sentido, é de se registar a obra "Estudos sobre o regime econômico-financeiro de contratos de concessão", de Gustavo Kaercher Loureiro,[103] no âmbito da qual o autor, lastreado no histórico constitucional brasileiro, igualmente questiona o assento constitucional do equilíbrio econômico-financeiro dos contratos de concessão no art. 37, XXI, da CRFB. Para além disso, em sua obra, Gustavo Kaercher Loureiro já aponta a insuficiência da Teoria da Imprevisão para dar conta do regime jurídico do equilíbrio econômico-financeiro dos contratos de concessão. Em sentido semelhante, foi a tese de doutoramento "Uma proposta de releitura para o direito ao equilíbrio econômico-financeiro nos contratos administrativos", apresentada, na Faculdade de Direito da USP, por Guilherme Jardim Jurksaitis.[104] De acordo com o autor, a partir da análise da doutrina brasileira – tendo como referencial teórico a obra "Contrato administrativo", de Fernando Dias Menezes de

---

[101] ALENCAR, Leticia Lins de. *Equilíbrio na concessão*. Belo Horizonte: Fórum, 2019. p 172.

[102] "Art. 167 – A lei disporá sobre o regime das empresas concessionárias de serviços públicos federais, estaduais e municipais, estabelecendo: I – obrigação de manter serviço adequado; II – tarifas que permitam a justa remuneração do capital, o melhoramento e a expansão dos serviços e assegurem o equilíbrio econômico e financeiro do contrato; III – fiscalização permanente e revisão periódica das tarifas, ainda que estipuladas em contrato anterior".

[103] LOUREIRO, Gustavo Kaercher. *Estudos sobre o regime econômico-financeiro de contratos de concessão*. London: Laccademia Publishing, 2020.

[104] JURKSAITIS, Guilherme Jardim. *Uma proposta de releitura para o direito ao equilíbrio econômico-financeiro nos contratos administrativos*. 2019. Tese (Doutorado em Direito do Estado) – Faculdade de Direito, Universidade de São Paulo, São Paulo, 2019. Gentilmente disponibilizada pelo autor.

Almeida, e, empírico, de precedente da Agência Reguladora de Serviços Públicos Delegados de Transportes do Estado de São Paulo – ARTESP –, não seria possível vincular o crivo de reequilíbrio dos contratos de concessão à proposta comercial apresentada pelos licitantes.[105]

Também tangencia a presente investida – lhe servindo de referencial teórico estruturante – a obra "Mutabilidade nos contratos de concessão",[106] de Flavio Amaral Garcia, no âmbito da qual o autor identifica a lacuna e a necessidade de revisitação do tema do equilíbrio econômico-financeiro dos contratos, à luz da cambialidade saliente de tais ajustes. A seu ver, "a Teoria da Imprevisão é um espaço fértil para que se promova uma gestão negativa dos riscos, com a proposital e deliberada conformação de lacuna contratual".[107] Ainda trazendo perspectivas econômicas a propósito do equilíbrio econômico-financeiro das concessões, é de se destacar a obra "Concessões e PPPs – melhores práticas em licitações e contratos", de Maurício Portugal Ribeiro.[108] Em tal obra, o autor aponta, com bastante ênfase, que a matriz de risco dos contratos de concessão de parcerias público-privadas é o instrumento que delineia o seu equilíbrio econômico-financeiro.

---

[105] No mesmo sentido, José Anacleto Abduch Santos: "O direito do concessionário à manutenção das cláusulas econômicas deve ser interpretado, e exercido, em conformidade com os demais princípios e normas do sistema jurídico, principalmente em se considerando que a noção de interesse público é mutável, e que os contratos de concessão de serviço público, em regra, são celebrados por longo prazo. Se o objeto da concessão é o serviço público, e tendo em conta que o que o concessionário adquire quando da concessão não é o próprio serviço, mas tão somente, no dizer de Pedro Gonçalves, o 'direito de gerir a atividade em seu próprio nome', ou seja, a ele é 'conferida apenas a gestão do serviço público', parece evidente que o titular do serviço, o Poder Público, seja igualmente titular do dever-poder de promover toda e qualquer modificação destinada a reorientar a execução contratual em direção ao interesse público. A indispensabilidade desta prerrogativa de modificar as cláusulas contratuais com o fito de adequá-las ao interesse coletivo fica ressaltada na medida em que existem serviços públicos concedidos por prazos muito longos, chegando alguns contratos a ter prazo fixado em duas ou mais décadas" (SANTOS, José Anacleto Abduch. O equilíbrio econômico-financeiro dos contratos de concessão de serviços públicos – a manutenção das condições originais da proposta à luz da Lei nº 8.987/95. *Revista de Direito Público da Economia*, a. 13, n. 51, jul./set. 2015).

[106] GARCIA, Flávio Amaral. *A mutabilidade nos contratos de concessão*. São Paulo: Malheiros, 2021.

[107] GARCIA, Flávio Amaral. *A mutabilidade nos contratos de concessão*. São Paulo: Malheiros, 2021. p. 169.

[108] RIBEIRO, Maurício Portugal. *Concessões e PPPs* – melhores práticas em licitações e contratos. Disponível em: http://www.portugalribeiro.com.br/ebooks/concessoes-e-ppps/as-melhorespraticas-para-modelagem-de-contratos-de-concessoes-e-ppps-alinhando-os-incentivos-para-a-prestacao-adequada-e-eficientedos-servicos/distribuicao-de-riscos-e-equilibrio-economico-financeiro/. Acesso em: 30 maio 2022.

Maurício Portugal Ribeiro, em artigo intitulado "Comentários ao estudo sobre contratação incompleta de projetos de infraestrutura publicado por Nobrega, Véras e Turolla", assevera que: (i) em relação aos contratos de concessão e PPP nos setores de infraestrutura, há toda uma comunidade de especialistas, com cursos de formação (MBA PPPs, Metrado Profissional da FGV, curso Radar/FIPE, entre outros) e certificações internacionais específicas para trabalhar com esses contratos (*vide* o CP3P), de maneira que não me parece razoável supor que essas teorias, que são todas elas partes do que, sem dúvida, se chamaria de *mainstream* no mundo econômico, possam ser desconhecidas ou consideradas inovações para esses especialistas; (ii) se deveria trabalhar na definição mais detalhada das consequências do acionamento dessas cláusulas, estabelecendo de forma mais detalhada as regras de dimensionamento dos desequilíbrios nesses casos. Isso, porém, iria no sentido oposto à ideia de flexibilidade contratual, na medida em que levaria a uma especificação das consequências da incidência das cláusulas; (iii) tenho sustentado que a regra legal que atribui à Administração Pública o risco de eventos imprevisíveis e de efeitos extraordinários não pode ser afastada pela distribuição de riscos contratual. O meu entendimento é que em vista artigo 18, da Lei nº 8.987/955 e do artigo 124, da Lei nº 8.666/1993, aplica-se às concessões e PPPs todas as regras da Lei nº 8.666/1993 que não são incompatíveis com a natureza econômico-jurídica dos contratos de concessão e PPP; (iv) reequilíbrio e negociação não são atividades que se opõem. Todo reequilíbrio envolve alguma margem de negociação; (v) é importante notar que a maioria dos contratos de concessão vigentes no Brasil atualmente são contratos em que o reequilíbrio se dá por fluxo de caixa marginal. Ora, nesses contratos o parâmetro para reequilíbrio não é a volta ao seu momento inicial. Ao contrário, a metodologia do fluxo de caixa marginal trata os reequilíbrios como se fossem novos projetos, com taxas estimadas de desconto que emulam a rentabilidade do projeto no momento em que ocorre o evento de desequilíbrio.

Mais recentemente, Egon Bockmann Moreira, na segunda edição da sua obra "Direito das Concessões de Serviço Público", aponta novas premissas a propósito do equilíbrio econômico-financeiro dos contratos de concessão, que dialogam com o presente livro. De acordo com o autor, "os riscos do contrato são catalogados, precificados, sistematizados e subjetivamente alocados nessa 'matriz'. As incertezas são meramente imaginadas, sem possibilidade de quantificação presente".[109] Nesse sentido, a seu ver, "eventos globais como a trágica pandemia da Covid-19 desafiaram as tradicionais classificações para 'força maior', 'force majeure' e 'act of God'".[110]

Diante de tal cenário, o autor reconhece, inclusive, a possibilidade de alteração superveniente da matriz de riscos contratuais, desde que lastreada em alguns limites. Primeiro, a revisão da matriz de riscos é privativa das partes signatárias do contrato. A mesma autonomia de vontades que a definiu originalmente pode ser excepcionalmente reinstalada, de comum acordo. Em segundo lugar, o procedimento de revisão da matriz de riscos deve apresentar e demonstrar o nexo causal, cronologicamente adequado, entre o risco que se pretende realocar e o fato experimentado pelo contrato administrativo. Há de comprovar que o evento extraordinário está além da capacidade de as partes o administrarem. Em terceiro lugar, o procedimento há de ser transparente, por meio de prévia publicidade ativa na internet e redes sociais. Em quarto lugar, a solução não poderá beneficiar apenas a uma das partes, mas obedecerá ao escopo de preservação do contrato administrativo – e assim o demonstrar por meio de critérios acessíveis a terceiros. Em quinto lugar, a negociação poderá – se não deverá – ser inovadora, *out of the box*, mas sempre sob o manto da lei. Em sexto lugar, o termo aditivo que formalizar a revisão deve estabelecer prazo para sua reavaliação.[111]

Na mesma direção, cite-se, ainda, o entendimento de Ana Paula Peresi de Souza,[112] segundo o qual o atual regime jurídico do equilíbrio econômico-financeiro do contrato de concessão deve ser lastreado: (i) na ideia de maleabilidade da equação econômico-financeira; (ii) na noção de que a equação econômico-financeira original pode ser inteiramente descartada para, então, ser formada uma nova equação; de tempos em tempos no curso da concessão; (iii) na concepção de que eventos enquadráveis na álea ordinária podem ensejar a modificação

---

[109] MOREIRA, Egon Bockmann. *Direito das concessões de serviço público*. 2. ed. Belo Horizonte: Fórum, 2022. p. 124.
[110] MOREIRA, Egon Bockmann. *Direito das concessões de serviço público*. 2. ed. Belo Horizonte: Fórum, 2022. p. 128.
[111] MOREIRA, Egon Bockmann. *Direito das concessões de serviço público*. 2. ed. Belo Horizonte: Fórum, 2022.p. 130-133.
[112] SOUZA, Ana Paula Peresi de. Equilíbrio econômico-financeiro em contratos de concessão de serviço público. *In*: SOUZA, Ana Paula Peresi de. *Mecanismos de equilíbrio econômico-financeiro*: uma análise das concessões de rodovias federais. Belo Horizonte: Fórum, 2022. p. 30.

da equação contratual; (iv) na ideia de que o advento de certos eventos que se enquadrariam na teoria do fato do príncipe ou na Teoria da Imprevisão nem sempre precisam ensejar a repactuação integral, sendo possível às partes renegociarem os termos da avença a fim de partilhar esses riscos. Diante disso, a autora assevera que "O equilíbrio econômico-financeiro da concessão pode ser preservado por meio da recomposição da equação contratual, seja ela a originalmente existente, seja ela nova equação formada no curso da concessão".[113]

Por fim, é de registrar o entendimento de Gabriela Miniussi Engler Pinto Portugal Ribeiro,[114] em sua obra "Novos investimentos em contratos de parceria", no âmbito da qual a autora leciona que, não obstante a importância da modelagem dos investimentos contratualizados, é preciso reconhecer: (i) que nem todas as necessidades podem ser antecipadas com objetividade; e (ii) que a previsão dos investimentos contratualizados encontra limite na capacidade do responsável pela estruturação do projeto de definir minimamente os contornos do investimento que se pretende contratualizar, sob pena de se estar diante de obrigações genéricas, de exigibilidade duvidosa, tal como exemplificado pelas obrigações genéricas de manutenção da atualidade dos serviços que, no limite, podem ser consideradas obrigações nulas. Diante do que a autora, ao reconhecer a incompletude do equilíbrio econômico-financeiro dos contratos de concessão, notadamente em razão da realização de novos investimentos, sugere uma regulação contratual que discipline: (i) as hipóteses, ainda que genéricas, nas quais novos investimentos, ainda não contratualizados, podem ser exigidos, de modo a estabelecer lastro para eventual enquadramento futuro; e (ii) o procedimento para isso ocorrer, contemplando (ii.a) as regras de reequilíbrio contratual, (ii.b) os limites associados aos impactos que a inclusão de novos investimentos pode ter sobre a saúde financeira do projeto e (ii.c) a possibilidade de a concessionária se opor à inclusão de novos investimentos, quando o reequilíbrio dela decorrente for incompleto, ou quando elevar objetivamente o perfil de risco do projeto.

---

[113] SOUZA, Ana Paula Peresi de. Equilíbrio econômico-financeiro em contratos de concessão de serviço público. *In*: SOUZA, Ana Paula Peresi de. *Mecanismos de equilíbrio econômico-financeiro*: uma análise das concessões de rodovias federais. Belo Horizonte: Fórum, 2022. p. 246.

[114] RIBEIRO, Gabriela Miniussi Engler Pinto Portugal. *Novos investimentos em contratos de parceria*. São Paulo: Almedina, 2021. p. 160.

Em obra de natureza coletiva, é de se destacar, tendo em vista a sua relevância para o tema ora investigado, no direito brasileiro, o "Tratado do equilíbrio econômico-financeiro", coordenado por Egon Bockmann Moreira.[115] Em tal coletânea, dialogam com a presente investida os artigos de Sérgio Guerra,[116] Egon Bockmann Moreira,[117] Fernando Vernalha Guimaraes,[118] Floriano de Azevedo Marques Neto e Caio de Souza Loreiro,[119] Marcos Nóbrega,[120] Marçal Justen Filho,[121] Flavio Amaral Garcia,[122] Lucas Navarro Prado e Denis Austin Gamel[123]

---

[115] MOREIRA, Egon Bockmann (Coord.). *Tratado do equilíbrio econômico-financeiro*: contratos administrativos, concessões, parcerias público-privadas, taxa interna de retorno, prorrogação antecipada e relicitação. Belo Horizonte: Fórum, 2019.

[116] GUERRA, Sérgio. Concessões de serviços públicos: aspectos relevantes sobre o equilíbrio econômico-financeiro e a Taxa Interna de Retorno (TIR). *In*: MOREIRA, Egon Bockmann (Coord.). *Tratado do equilíbrio econômico-financeiro*: contratos administrativos, concessões, parcerias público-privadas, taxa interna de retorno, prorrogação antecipada e relicitação. Belo Horizonte: Fórum, 2019.

[117] MOREIRA, Egon Bockmann. Contratos administrativos de longo prazo: a lógica de seu equilíbrio econômico-financeiro. *In*: MOREIRA, Egon Bockmann. (Coord.). *Tratado do equilíbrio econômico-financeiro*: contratos administrativos, concessões, parcerias público-privadas, taxa interna de retorno, prorrogação antecipada e relicitação. Belo Horizonte: Fórum, 2019.

[118] GUIMARÃES, Fernando Vernalha. O equilíbrio econômico-financeiro nas concessões e PPPS: formação e metodologias para recomposição. *In*: MOREIRA, Egon Bockmann (Coord.). *Tratado do equilíbrio econômico-financeiro*: contratos administrativos, concessões, parcerias público-privadas, taxa interna de retorno, prorrogação antecipada e relicitação. Belo Horizonte: Fórum, 2019.

[119] MARQUES NETO, Floriano de Azevedo. O equilíbrio econômico e financeiro nas concessões: dinamismo e segurança jurídica na experiência brasileira. *In*: MOREIRA, Egon Bockmann (Coord.). *Tratado do equilíbrio econômico-financeiro*: contratos administrativos, concessões, parcerias público-privadas, taxa interna de retorno, prorrogação antecipada e relicitação. Belo Horizonte: Fórum, 2019.

[120] NÓBREGA, Marcos. Os limites e a aplicação da taxa interna de retorno. *In*: MOREIRA, Egon Bockmann (Coord.). *Tratado do equilíbrio econômico-financeiro*: contratos administrativos, concessões, parcerias público-privadas, taxa interna de retorno, prorrogação antecipada e relicitação. Belo Horizonte: Fórum, 2019.

[121] JUSTEN FILHO, Marçal. Considerações sobre a equação econômico-financeira das concessões de serviço público: a questão da TIR. *In*: MOREIRA, Egon Bockmann (Coord.). *Tratado do equilíbrio econômico-financeiro*: contratos administrativos, concessões, parcerias público-privadas, taxa interna de retorno, prorrogação antecipada e relicitação. Belo Horizonte: Fórum, 2019.

[122] GARCIA, Flávio Amaral. A imprevisão na previsão e os contratos concessionais. *In*: MOREIRA, Egon Bockmann (Coord.). *Tratado do equilíbrio econômico-financeiro*: contratos administrativos, concessões, parcerias público-privadas, taxa interna de retorno, prorrogação antecipada e relicitação. Belo Horizonte: Fórum, 2019.

[123] PRADO, Lucas Navarro; GAMELL, Denis Austin. Regulação econômica de infraestrutura e equilíbrio econômico-financeiro: reflexos do modelo de regulação sobre o mecanismo de reequilíbrio a ser adotado. *In*: MOREIRA, Egon Bockmann (Coord.). *Tratado do equilíbrio econômico-financeiro*: contratos administrativos, concessões, parcerias público-privadas, taxa interna de retorno, prorrogação antecipada e relicitação. 2. ed. Belo Horizonte: Fórum, 2019.

e Maurício Portugal Ribeiro.[124] Egon Bockmann Moreira, por exemplo, ao concluir seu texto, deixou, expressamente, assentado que a questão relativa ao equilíbrio econômico-financeiro, em contratos de longo prazo, "não é resolvida só pelo Direito, mas antes pela economia e pelas finanças". Maurício Portugal Ribeiro, na mesma direção, assevera que o tema do equilíbrio econômico-financeiro dos contratos de concessão, sob um aspecto econômico "lamentavelmente ainda está distante das nossas universidades e das nossas faculdades de direito, nas quais, apesar de se falar muito em transdisciplinaridade, a grande maioria dos professores simplesmente não tem formação econômica".

Note-se: vozes há, na doutrina administrativista, em escritos mais recentes, que já vêm reconhecendo a insuficiência do regime jurídico do equilíbrio econômico-financeiro das concessões em face de conceitos estruturantes da Análise Econômica do Direito. Nesse quadrante, a presente pesquisa visa dar contribuição, adicional e complementar, às conclusões apresentadas pelos autores, mas tendo como ineditismo a avaliação empírica de modelos contratuais específicos, bem como a proposição de um novo regime jurídico para o equilíbrio econômico-financeiro dos contratos de concessão.

O tema voltou à agenda de debates, em razão dos pleitos de reequilíbrio apresentados, por concessionárias de serviços públicos, em decorrência da pandemia provocada pela COVID-19, bem como pela instituição de um regime de renegociação de contratos de concessão federais. Ao comentar o tema, Maurício Portugal Ribeiro,[125] de forma enfática, deixou assentado que "a pandemia do coronavírus se caracteriza como evento de caso fortuito e força maior diante do que o risco da ocorrência de eventos extraordinários é alocado por lei (art. 65, II, d, da Lei nº 8.666/1993) e geralmente pelos contratos administrativos para a administração pública". Em sede doutrinária, já nos manifestamos no sentido da insuficiência da teoria da imprevisão para reequilibrar

---

[124] RIBEIRO, Maurício Portugal. O que todo profissional de infraestrutura precisa saber sobre equilíbrio econômico-financeiro de concessões e PPPs (mas os nossos juristas ainda não sabem). *In*: MOREIRA, Egon Bockmann (Coord.). *Tratado do equilíbrio econômico-financeiro*: contratos administrativos, concessões, parcerias público-privadas, taxa interna de retorno, prorrogação antecipada e relicitação. Belo Horizonte: Fórum, 2019. p. 701.

[125] RIBEIRO, Maurício Portugal. O ambiente privado para investimentos em infraestrutura e a urgente necessidade de superar a discussão sobre de quem é o risco dos impactos da pandemia nos contratos administrativos. *Agência iNFRA*, 13 ago. 2020. Disponível em: https://www.agenciainfra.com/blog/infradebate-o-ambiente-privado-para-investimentos-em-infraestrutura-e-a-urgente-necessidade-de-superar-a-discussao-sobre-de-quem-e-o-risco-dos-impactos-da-pandemia-nos-contratos-administrativos/. Acesso em: 30 maio 2022.

contratos de concessão, em situações de "incerteza".[126] Diante do que foi concluído que "assim, sem tomar partido de concessionárias ou do poder público, essa situação faz nascer um regime de renegociação de Contratos de Infraestrutura". É dizer, "por intermédio desse regime, instaurar-se-ia uma espécie de Fluxo de Caixa Marginal atrelado à pandemia. Nesse quadrante, as perdas de receitas e os incrementos dos custos deverão ser sopesados vis-à-vis os elementos econômicos dos contratos de concessão".[127]

Não se tratam, apenas, de conjecturas teórico-doutrinárias. Ao examinar pleitos concretos de revisões extraordinárias, apresentados por concessionárias de serviços públicos, entidades reguladoras e administrativas, por intermédio de suas procuradorias, se manifestaram, expressamente, no sentido da inadequação da aplicação irrestrita da Teoria da Imprevisão, como mote para reequilibrar os efeitos econômico-financeiros produzidos pela Covid-19 em contratos de concessão. Assim, por exemplo, é de se referenciar o multicitado Parecer nº 261/2020/CONJUR-MINFRA/CGU/AGU[128], da lavra da Consultoria Jurídica do Ministério da Infraestrutura, por intermédio do qual restou assentado que "pode-se concluir pela possibilidade de aplicação da teoria da imprevisão aos contratos administrativos, incluindo os contratos de concessão, neste caso respeitadas as suas características próprias e a alocação de riscos prevista explícita ou implicitamente no respectivo instrumento contratual". Como se pode perceber, umas das primeiras e

---

[126] FREITAS, Rafael Véras de. Coronavírus, equilíbrio econômico-financeiro em concessões, dever de renegociar: quem paga a conta pela teoria da imprevisão? *Coluna Direito da Infraestrutura*, 06 abr. 2020. Disponível em: https://www.editoraforum.com.br/noticias/coronavirus-equilibrio-economico-financeiro-em-concessoes-dever-de-renegociar-quem-paga-conta-pela-teoria-da-imprevisao-coluna-direito-da-infraestrutura/. Acesso em: 30 maio 2022.

[127] Em sentido diametralmente oposto ao que se veicula na presente tese de doutoramento, destaca-se o entendimento de Ana Luísa Q. M. Jacoby Fernandes, para quem "à luz da teoria da imprevisão, a ocorrência de evento superveniente e extraordinário, de consequências imprevisíveis e inevitáveis, que gere um desequilíbrio contratual, legitima o restabelecimento do equilíbrio contratual original. A preservação da equação econômico-financeira dos contratos administrativos, de modo geral, é garantida às partes contratantes pela Constituição Federal (art. 37, XXI) e pela Lei 8.666/93 (art. 65, II, "d") – que tornam obrigatória a manutenção, ao longo do período contratual, da relação entre encargos e vantagens estabelecida originalmente pelas partes. Certos, portanto, de que a pandemia de COVID-19 enseja o reequilíbrio dos contratos de concessão, passa-se a analisar quais instrumentos podem ser utilizados para a recomposição do equilíbrio" (FERNANDES, Ana Luiza Q. M. Jacoby. Contornando os efeitos da COVID-19 nas concessões de infraestrutura. *Fórum de Contratação e Gestão Pública*, Belo Horizonte, a. 19, n. 224, p. 121, ago. 2020).

[128] Disponível em https://www.gov.br/infraestrutura/pt-br/assuntos/conjur/outros-pareceres-relevantes-geral. Acesso em: 10 out. 2021.

das mais importantes manifestações jurídicas a propósito do tema dos "reequilíbrios Covid-19" prescreve que a Teoria da Imprevisão deve ser aplicada à luz da repartição de riscos, contratualmente, endereçada – o que, ao fim e ao cabo, relativiza a sua aplicação apriorística, bem como eventual entendimento no sentido de que os efeitos econômicos produzidos por tais eventos teriam de ser suportados pelo poder concedente.

Do mesmo modo, no Parecer nº 00143/2021/PROT/PFEANAC/PGF/AGU[129], de 11 de agosto 2021, solicitado pela Agência Nacional de Aviação Civil – ANAC, restou assentado que "a matriz de risco é, portanto, elemento nuclear do contrato de concessão. Por integrar a própria equação econômico-financeira do contrato [...] com a adoção dessa técnica, abandona-se, ainda, a serventia da teoria da imprevisão nos contratos de concessão.".

No mesmo sentido, cite-se, para os fins da presente pesquisa, o Parecer nº 00262/2020/PFANEEL/PGF/AGU, da Agência Nacional de Energia Elétrica – ANEEL, no qual restou assentado que "seguindo essas premissas e consideradas as peculiaridades das concessões, a Lei nº 8.666, de 1993 é de aplicação subsidiária (art. 124), o que nos remonta, mais uma vez, à ideia de centralidade do contrato e ao exercício da governança através do contrato e, portanto, da aplicação subsidiária da teoria da imprevisão". Segue daí a conclusão segundo a qual manifestações jurídicas concretas evidenciam as anomalias que servem de substrato para a construção da hipótese e do problema de pesquisa veiculado na presente obra.

Por fim, cite-se o Parecer nº 07/2020 PGE/PG-17/JVSM, de lavra do Procurador do Estado, José Vicente Santos de Mendonça, que estabeleceu os parâmetros para o eventual reequilíbrio econômico-financeiro das delegações de serviços públicos do Estado do Rio de Janeiro diante da Pandemia da COVID-19. Em seu pronunciamento, restou assentado que, após o advento da COVID-19: (i) a manutenção do equilíbrio econômico-financeiro não pode mais ser vista, ainda mais em contratos incompletos a exemplo das concessões, como uma estática manutenção da relação entre ônus e bônus estabelecida no momento inicial da concessão; (ii) o argumento de que o estado deve ter maiores responsabilidades nas delegações de serviços públicos em razão dos

---

[129] Disponível em https://www.anac.gov.br/acesso-a-informacao/reunioes-da-diretoria-colegiada/reunioes-deliberativas-da-diretoria/2022/2a-reuniao-deliberativa-da-diretoria-co legiada/00058-024590-2021-33-1/voto. Acesso em: 12 out. 2021.

seus poderes exorbitantes, nenhuma relação guarda com fatos imprevisíveis da natureza; (iii) na relação de delegação de serviços públicos, à exceção dos usuários, não há hipossuficientes. Ambas as partes são hiperssuficientes. Na verdade, via de regra, é o delegatário que possui condições técnicas, econômicas e de assimetria informacional muito mais favoráveis do que o Estado; (iv) não seria crível que as importantes evoluções pelas quais passa o direito administrativo se direcionassem apenas em favor de apenas uma das partes (a privada) da relação jurídico-administrativa. Avanços como proporcionalidade, razoabilidade, equilíbrio contratual dinâmico e consensualidade devem ser aplicados igualmente às duas partes das relações contratuais públicas.

Mais que isso, essa agenda de pesquisa justifica-se, considerando que, malgrado o histórico normativo analisado nos itens anteriores sugerir que há uma confluência entre os regimes franceses e norte-americano, na formação do regime jurídico do equilíbrio econômico-financeiro nas concessões no direito brasileiro, fato é que a doutrina administrativa brasileira se filiou à francesa. Tal escolha é bem ilustrada pelo entendimento clássico de Celso Antônio Bandeira de Mello,[130] segundo o qual "Equilíbrio econômico-financeiro (ou equação econômico-financeira) é a relação de igualdade formada, de um lado, pelas obrigações assumidas pelo contratante no momento do ajuste e, de outro lado, pela compensação econômica que lhe correspondera". De fato, essa escolha decorre do entendimento segundo o qual os contratos administrativos deveriam ser regidos por um regime jurídico único, que se divorcia da lógica da incidência diversa e distintas regulações a serem aplicadas às atividades de relevante interesse público. Dito em outros termos, tal diferença reside nas distintas concepções entre a regulação endógena de um serviço público e regulações exógenas de diversas atividades de relevante interesse público.

Tal entendimento importou no que Floriano de Azevedo Marques Neto designou de "Maldição do Regime Único".[131] É dizer, tal maldição teve lugar por intermédio da tentativa de, a partir da apartação entre Direito Público e Direito Privado, atribuir a todos os institutos do Direito Público um regime jurídico único, pautado na ideia de supremacia do interesse público. De acordo com o autor, isso se deu: (i) em razão de

---

[130] MELLO, Celso Antônio Bandeira de. *Curso de direito administrativo*. São Paulo: Malheiros Editores, 2004. p. 393.
[131] MARQUES NETO, Floriano de Azevedo. Do contrato administrativo à administração contratual. *Boletim de Licitações e Contratos*, Curitiba, v. 64, p. 726-732, 2010.

uma necessidade metodológica, que tem a ver com a afirmação do direito administrativo, bem como da necessidade vivida no fim do século XIX de demarcar seus lindes em relação a outros ramos do direito; (ii) em decorrência da influência do direito administrativo francês, em que a segregação entre o regime comum e administrativo era necessária à dualidade de jurisdição; e (iii) em razão da influência corporativa das mais distintas origens e propósitos, que sempre tendem a unificar o tratamento jurídico dos institutos e a rejeitar modificações de regimes.

Mas fato é que tal uniformização importou em suprimir do contrato a sua maior utilidade: permitir a celebração de negócios jurídicos customizados às particularidades de cada objeto, reduzindo os custos de transação. Na própria Lei nº 8.666/1993, foram excluídos desse regime jurídico único os contratos relativos às operações de mútuo, locação, seguro e outras espécies de prestação de serviços, denominados de "contratos privados da administração" (nos termos do seu art. 62, §1º, I). A primeira relativização do regime jurídico único foi da própria Lei Geral de Contratação Pública, na qual foi consagrada a Teoria de Segregação dos Contratos celebrados pela administração pública. Acontece que, na prática, a diferenciação entre os referidos módulos contratuais se mostrou tênue, ou mesmo despicienda,[132] sobretudo pela imprecisa incidência das cláusulas exorbitantes.[133]

Para além disso, aumenta-se os custos de transação nas contratações públicas. O que é uma contradição, à luz da Teoria dos Custos de Transação. É que, se o Direito, em geral, tem por objetivo reduzir os custos de transação na relação entre particulares (em transações que envolvam o direito de propriedade), com muito mais razão, o direito público, em particular, não poderia se prestar a outro fim (o de produzir contratações ineficientes), considerando tratar-se de um ramo voltado à

---

[132] Nesse sentido, estamos de acordo com o que Vitor Rhein Schirato leciona: "Daí verifica-se que a tentativa da doutrina de explicar a distinção dos regimes jurídicos dos diversos contratos celebrados pela Administração Pública a partir da apartação de contratos administrativos e contratos da Administração Pública nada mais é do que um exercício inútil, pois todos são contratos celebrados pela Administração Pública com mudanças de regimes jurídicos necessárias para o alcance de maior eficiência" (SCHIRATO, Vitor Rhein. Contratos administrativos e contratos da Administração Pública: pertinência da diferenciação? *Revista de Contratos Públicos*, Belo Horizonte, a. 2, n. 2, p. 177-186, set. 2012).

[133] Em razão da lacônica expressão "no que couber", prevista no art. 62, §3º, da Lei nº 8.666/1993: "Art. 62, §3º Aplica-se o disposto nos arts. 55 e 58 a 61 desta Lei e demais normas gerais, no que couber: (...)".

tutela do interesse público primário.[134] É o que vem ocorrendo.[135] Como se pôde perceber, uma das maiores mazelas do regime jurídico das contratações públicas é a sua pretensão de uniformização, seja a subjetiva (a de impor a sua incidência a todas as entidades administrativas, independentemente de suas características), seja a objetiva (que visa disciplinar todos os módulos contratuais celebrados pela Administração Pública). Essa "maldição" endereçou a forma por intermédio da qual o regime jurídico do equilíbrio econômico-financeiro dos contratos de concessão foi definido pela doutrina brasileira.

Diante do que se impõe a necessidade de sua revisão, à luz da realidade, que congrega, máxime em contratos de longo prazo, relevantes "custos de transação". De fato, para o que aqui importa, é de se destacar que o conceito de "custos de transação", oriundo da análise econômica do direito, também põe em xeque a manutenção de um regime jurídico único para equilíbrio econômico-financeiro dos contratos de concessão, sob o prisma da eficiência econômica. Nesse sentido, Carlos Ari Sundfeld e Jacintho Arruda Câmara[136] asseveram que "é muito provável que boa parte das generalizações contidas na chamada teoria do contrato administrativo – e que parecem fazer muito sentido no mundo abstrato – também não sejam capazes de resistir ao teste da realidade jurídica". É que, ao ver dos autores, "são generalizações que foram aceitas simplesmente por 'fazerem sentido', por soarem convincentes ao intelecto, por agradarem ao espírito sistematizador".

---

[134] Ainda é assente o entendimento de acordo com o qual o interesse público primário envolve a satisfação dos direitos fundamentais por meio de atividades administrativas prestadas à coletividade (serviços públicos, poder de polícia, fomento e intervenção na ordem econômica), ao passo que o interesse público secundário é o interesse do próprio Estado, como sujeito de direitos e obrigações, ligando-se fundamentalmente à noção de interesse do Erário. Nesse sentido, entre outros: OSÓRIO, Fabio Medina. Existe uma supremacia do interesse público sobre o privado no Direito Administrativo brasileiro? *Revista de Direito Administrativo*, Rio de Janeiro, v. 220, p. 69-107, 2000; BORGES, Alice Gonzalez. Supremacia do interesse público: desconstrução ou reconstrução? *Interesse Público*, Belo Horizonte, v. 8, n. 37, p. 29-48, maio/jun. 2006; BARROSO, Luís Roberto. O Estado contemporâneo, os direitos fundamentais e a redefinição da supremacia do interesse público. Prefácio. *In*: SARMENTO, Daniel (Org.). *Interesses públicos versus interesses privados*: desconstruindo o princípio de supremacia do interesse público. Rio de Janeiro: Lumen Juris, 2005.

[135] Um dos principais trabalhos nesse sentido foi realizado, em 2017, pela Controladoria Geral da União, atualmente vinculada ao Ministério da Transparência, tomando por base pregões efetuados pela União. Ele demonstrou que os custos das licitações analisadas são naturalmente elevados em função da burocracia e dos custos de mão de obra.

[136] SUNDFELD, Carlos Ari; CÂMARA, Jacintho Silveira Dias de Arruda. Uma crítica à tendência de uniformizar com princípios o regime dos contratos públicos. *Revista de Direito Público da Economia*, Belo Horizonte, a. 18, n. 41, p.185, jan./mar. 2013.

A construção de um conceito fechado de equilíbrio econômico-financeiro das concessões, a partir do embate entre as partes a propósito da configuração de um evento albergado pela Teoria da Imprevisão, produz toda a sorte de ineficiências para toda a relação contratual. Transforma-se o contrato de concessão em jogos repetitivos não cooperativos. Daí a necessidade de sua reinterpretação, por intermédio de instrumentos da análise econômica do direito, notadamente da sistemática dos contratos incompletos, temas que serão desenvolvidos nos capítulos que se seguem.

Conclusões parciais

Nesse passo, para o fim de encadeamento da construção da presente obra, é possível, após as pesquisas engendradas neste primeiro capítulo, apresentar suas conclusões parciais, por intermédio das seguintes proposições objetivas:

(i) O primeiro capítulo deu conta de que, de acordo com jurisprudência administrativa do Conselho de Estado produzida no século XX, o conceito jurídico de equilíbrio econômico-financeiro dos contratos de concessão foi construído a partir dos seguintes quadrantes: (i.i) o contratado da Administração Pública fará jus à recomposição do equilíbrio econômico-financeiro dos contratos de concessão, se o poder público, lastreado na supremacia do interesse público sobre o privado, lançar mão de sua prerrogativa publicística de alteração unilateral do contrato; e (i.ii) se fatos supervenientes, imprevisíveis e de consequências incalculáveis provocarem um desbalanceamento entre os custos e os encargos dos contratados;

(ii) Nos Estados Unidos, o regime remuneratório das atividades que veiculam a exploração de infraestruturas é um tanto diverso. Tal país, como se sabe, veicula um sistema jurídico lastreado na *Common Law*, no qual tem lugar a regulação das *public utilities*, em que não há um conceito tradicional de serviços públicos – pautado pelo equilíbrio econômico-financeiro do contrato de concessão –, mas de atividades econômicas, que veiculam interesses públicos, as quais sofrem os influxos da regulação por agências. Naquele país, a partir da análise de julgados da Suprema Corte Norte Americana, é possível se extrair que a regulação tarifária deve ser orientada de acordo com os seguintes referenciais: (ii.i) a base de cálculo é o "valor justo da propriedade" (*fair value of the property*) utilizada para conveniência do público; (ii.i) a apuração do valor justo não é controlada por regras artificiais;

(iii) Foi a confluência entre essas duas vertentes que forjou a construção normativa do equilíbrio econômico-financeiro das concessões no direito brasileiro. Nada obstante, a análise da legislação constitucional e infraconstitucional, que foi empreendida, dá conta de que a técnica concessória nunca se divorciou de um equilíbrio econômico-financeiro que conciliasse as obrigações de serviços públicos (típicas da *publicatio*) do conceito de "justa remuneração" (construído a partir da regulação das *public utilities*);

(iv) Os normativos analisados sobre o equilíbrio econômico-financeiro das concessões, no Período Imperial e na República Velha, sugerem que o regime econômico-financeiro das concessões daquele período visava disciplinar um sistema de regulação dos custos despendidos pelos particulares para prestação do serviço (v.g. por intermédio da instituição de revisões tarifárias periódicas), bem como por intermédio de um sistema regulatório de limitação da rentabilidade da remuneração do concessionário (*reasonable value*);

(v) Os normativos analisados sobre o equilíbrio econômico-financeiro das concessões, na Era Vargas e no Período Militar, sugerem, mais uma vez, a tentativa de se imbricar os regimes jurídicos do equilíbrio econômico-financeiro francês e norte-americano dos contratos, que veiculam a exploração de infraestruturas. É exemplo saliente de tal perspectiva o processo normativo, que resultou na edição do Decreto nº 24.643, de 10 de julho de 1934, que disciplina o Código de Águas (até hoje com dispositivos em vigor), o qual serviu de influência direta para o disposto no art. 137 da Constituição de 1934, artigo que, pela primeira vez, disciplinou o tema do equilíbrio econômico-financeiro, em sede constitucional;

(vi) Assim é que, uma vez mais, percebe-se, no bojo do regime instituído pelo Código de Águas, um hibridismo entre as influências norte-americanas e francesas sobre o equilíbrio econômico do contrato de concessão. De fato, se, de um lado, se mantém o regime concessório caudatário da Europa continental, de outro, o art. 178 do normativo regulamentar traz conceitos caros à regulação das *public utilities*, dentre os quais as diretrizes de se "fixar tarifas razoáveis" e de se garantir "a estabilidade financeira das empresas";

(vii) As constituições de 1937 e 1946 seguiram a mesma linha de confluência entre os regimes regulatórios francês e norte-americanos a propósito da disciplina do equilíbrio econômico-financeiro dos contratos de concessão. Nesse quadrante, o art. 147, da Constituição de 1937, prescreve que "A lei federal regulará a fiscalização e revisão das tarifas dos serviços públicos explorados por concessão para que, no interesse coletivo, delas retire o capital uma retribuição justa ou adequada e sejam atendidas convenientemente as exigências de expansão e melhoramento dos serviços". No mesmo sentido, o parágrafo único do art. 151 da

Constituição de 1946, prescreve que "Será determinada a fiscalização e a revisão das tarifas dos serviços explorados por concessão, a fim de que os lucros dos concessionários, não excedendo a justa remuneração do capital, lhes permitam atender as necessidades de melhoramentos e expansão desses serviços";

(viii) A Constituição de 1967 (e a Emenda Constitucional nº 1, de outubro de 1969), em seu art. 160, procurou forjar um conceito que lastreasse a fixação de uma política tarifária nas concessões, no âmbito do qual as tarifas deveriam permitir "a justa remuneração do capital, o melhoramento e a expansão dos serviços e assegurar o equilíbrio econômico e financeiro do contrato". É de se registrar, por relevante, que, a partir de tal ordem constitucional, se passou a veicular a necessidade de que fosse assegurado o equilíbrio econômico-financeiro do contrato dos contratos de concessão. Mas não se descurou de se plasmar a necessidade de ser garantida ao concessionário "a justa remuneração do capital" pelo emprego de seu capital.

(ix) A Constituição de 1988 não trouxe, propriamente, um regime jurídico explícito a propósito do equilíbrio econômico-financeiro das concessões. Nada obstante, boa parte dos administrativistas extrai seu fundamento da parte final do art. 37, XXI, da CRFB, segundo o qual os contratos administrativos devem ser forjados com "com cláusulas que estabeleçam obrigações de pagamento, mantidas as condições efetivas da proposta" e da aplicação da Teoria da Imprevisão, na qualidade de um risco aprioristicamente atribuído ao poder público;

(x) Cuida-se de concepção cunhada, a partir de postulados de um contrato neoclássico, completo, que não se coaduna com a realidade dos setores de infraestrutura. Segue daí a necessidade de sua revisão, à luz da realidade, que congrega, máxime em contratos de longo prazo, relevantes "custos de transação". Razão pela qual, no próximo capítulo, pretende-se investigar se a concepção doutrinária (importada do direito francês) coaduna-se com a realidade normativa e endocontratual dos setores de rodovias, aeroportos, portos e ferrovias.

CAPÍTULO 2

EQUILÍBRIO ECONÔMICO-FINANCEIRO NAS CONCESSÕES DE RODOVIAS, DE AEROPORTOS, NOS ARRENDAMENTOS PORTUÁRIOS E NAS CONCESSÕES DE FERROVIAS

O regime jurídico de equilíbrio econômico-financeiro do contrato de concessão lastreia-se na premissa de acordo com a qual as bases econômicas de tais contratos poderiam ser revistas, caso tal ajuste se tornasse, excessivamente, oneroso para alguma das partes, desde que fossem mantidas as condições comerciais apresentadas pelos licitantes. Tal concepção, ergótica e completa, embora sirva de modelo inicial para restabelecer as bases econômicas do pacto concessório, deve ser desafiada à luz das modelagens concessórias e da regulação setorial dos setores de infraestrutura.

Cuida-se de um paradigma conceitual, que vem experimentando anomalias, seja em razão das incompletudes de tais ajustes (lastreada em "riscos", "incertezas" e nas "assimetrias de informações entre as partes"), manejadas por intermédio de uma regulação de incentivos (consubstanciadas em deflatores tarifários, indicadores de desempenho e na metodologia de reequilíbrio do Fluxo de Caixa Marginal), seja em razão dos impactos provocados pela pandemia da COVID-19 em contratos de concessão. Tal hipótese será testada, no presente capítulo, por intermédio da análise empírica do regime jurídico dos equilíbrios econômico-financeiros dos contratos de concessão de rodovias, aeroportos, ferrovias e dos arrendamentos portuários (instrumentos congêneres). Para além disso, a investigação desenvolvida neste capítulo testará a hipótese objeto deste livro sobre os institutos da prorrogação antecipada e da relicitação. Para tanto, será empreendida uma análise empírica de instrumentos contratuais não exaustiva, mas, juridicamente, comparáveis. Não se trata de uma análise de todos os contratos de concessão de cada setor, o que fugiria ao escopo da presente investida (até porque diversos contratos ostentam o mesmo teor de cláusula sobre seu equilíbrio econômico-financeiro), mas buscou-se evitar vieses seletivos das amostras. O objetivo deste capítulo é o de verificar se o regime jurídico de equilíbrio econômico-financeiro das concessões, que foi encampado, em sede doutrinária no Brasil, encontra-se presente nas modelagens contratuais e normativa de tais setores regulados.

2.1 O equilíbrio econômico-financeiro nos contratos de concessão de rodovias

O contrato de concessão de serviço público, que é utilizado para a exploração de diversas infraestruturas públicas (*v.g.* ferroviária, portuária, aeroportuária), não raro, é interpretado a partir das bases econômicas e jurídicas estabelecidas pelo contrato de concessão de rodovias. De fato, como já asseverado,[137] a experiência amealhada pelas diversas questões enfrentadas no deslinde de controvérsias a propósito do contrato de concessão de rodovias vem servindo de norte interpretativo para a solução de outras contendas, nos demais setores regulados, que veiculam a prestação de comodidades fruíveis pela coletividade. Razão pela qual, nesse item, preliminarmente, serão apresentados os característicos do equilíbrio econômico-financeiro desta espécie de contratos de concessão, os quais foram transpostos para os setores de aeroportos, portos e ferrovias que serão doravante analisados.

O Programa de Concessões de Rodovias Federais – PROCROFE, até o presente momento, vem se desenvolvendo em quatro etapas. A 1ª Etapa contemplou a concessão de 856,4 km de rodovias federais, referente a trechos já submetidos ao pagamento de pedágio, cobrado, à época, pelo DNER. No âmbito desta 1ª Etapa, restaram delegadas, por intermédio de contratos de concessão, as Rodovias Presidente Dutra (Rio-São Paulo), Rio-Petrópolis-Juiz de Fora, Rio-Teresópolis-Além

---

[137] FREITAS, Rafael Véras de. *Concessão de rodovias*. Belo Horizonte: Fórum, 2017. p. 185.

Paraíba e Osório-Porto Alegre (acesso a Guaíba),[138] as quais são ilustradas pela tabela abaixo colacionada:

Tabela 1

Concessionária	Grupo	Rodovia	Extensão – km	Assinatura	Início	Prazo
CONCEPA	Encerrado	BR-290/RS	121	04/03/1997	04/07/1997	20 anos
CONCER	Triunfo e outras	BR-040/MG/RJ	179,9	31/10/1995	01/03/1996	25 anos
CRT	Invepar e outras	BR-116/RJ	142,5	22/11/1995	22/03/1996	25 anos
ECOSUL	Ecorodovias	BR-116/293/392/RS	623,8	15/07/1998	30/11/1998	15 anos
Nova Dutra	CCR	BR-116/RJ/SP	402	31/10/1995	01/03/1996	25 anos
Ponte	Encerrado	BR-101/RJ	13,2	29/12/1994	01/06/1995	20 anos

Fonte: BECK, 2021.

Cuidou-se de um modelo contratual, que foi sendo implementado, antes mesmo da edição da Lei nº 8.987/1995, razão pela qual o equilíbrio econômico-financeiro de tais ajustes era, de todo, similar ao equilíbrio econômico-financeiro de um contrato de obra pública. De fato, no que toca à disciplina do seu equilíbrio econômico-financeiro, tais instrumentos contratuais sequer estabeleciam uma matriz de riscos contratual que distribuísse os eventos desequilibrantes entre as partes, nem, propriamente, um sistema de incentivos redutor da assimetria de informações entre o poder concedente e o concessionário. Tais contratos só previam que o valor da Tarifa Básica de Pedágio – TBP seria preservado, pelas regras de reajuste e de revisão, de modo que fosse assegurado, em caráter permanente, a manutenção do equilíbrio econômico-financeiro inicial do contrato, que era lastreado pela manutenção da Taxa Interna de Retorno (TIR), estabelecida, por ocasião

---

[138] De acordo com os dados oficiais da ANTT, nesse sentido, ver: ANTT. Agência Nacional de Transportes Terrestres. *Estudo internacional de contratos de concessão rodoviária*. Disponível em: https://portal.antt.gov.br/documents/363688/389038/Estudo+Internacional+de+Contratos+de+Concess%C3%A3o+de+Rodovias.pdf/7756481f-e494-1761-916d-48dc37428514?t=1592175951190. Acesso em: 04 jan. 2022.

da apresentação da proposta apresentada pela licitante vencedora.[139] Cuidou-se da consagração contratual do entendimento, importado da França, no sentido de que o equilíbrio econômico-financeiro seria sempre reconduzido às condições da proposta comercial apresentada pelos licitantes. Mais que isso, o modelo contratual das concessões de rodovias dessa primeira fase pressupunha a possibilidade da conformação de um equilíbrio econômico-financeiro fechado, completo, que não seria turbado pelo devir da execução contratual. Dito em outras palavras, o equilíbrio econômico-financeiro dos contratos de concessão da 1ª Etapa do PROCROFE foi forjado, a partir de uma lógica segundo a qual o poder público direcionava os objetivos e os resultados dos contratos de concessão, tal como se passa com um contrato de obra pública regido pela Lei nº 8.666/1993. De fato, a ausência de uma experiência concessória, no Brasil, à época, militou para a construção de um equilíbrio econômico-financeiro retrospectivo (*backward-looking*) e ergótico. Buscava-se constituir a proposta comercial apresentada pelos licitantes, a partir do orçamento das obras que seriam realizadas, durante a vigência do contrato de concessão.

Nada obstante, em 2008 e 2009, foram celebrados, respectivamente, os contratos da segunda etapa do PROCROFE, Fases I e II.[140]

---

[139] Veja-se, por exemplo, as cláusulas do contrato de concessão da Concepa sobre o tema:
"Subseção III – Do Equilíbrio Econômico e Financeiro do Contrato
21. Constitui princípio fundamental que informa o regime jurídico da concessão o equilíbrio econômico e financeiro deste CONTRATO. 22. É pressuposto básico da equação econômica e financeira que preside as relações entre as partes, o equilíbrio, em caráter permanente, entre os encargos da CONCESSIONÁRIA, previstos no PROGRAMA DE EXPLORAÇÃO DA RODOVIA, e as receitas da concessão, expresso no valor inicial da TARIFA BÁSICA DE PEDÁGIO. 23. Qualquer alteração nos encargos da CONCESSIONÁRIA pode importar na revisão do valor da TARIFA BÁSICA DE PEDÁGIO, para mais ou para menos, conforme estabelecido neste CONTRATO. (...)
Seção IV – Do Sistema Tarifário
38. O valor de TARIFA BÁSICA DE PEDÁGIO é preservado pelas regras de reajuste e revisão previstas neste CONTRATO, com a finalidade de que seja assegurada, em caráter permanente, a manutenção do inicial equilíbrio econômico e financeiro do CONTRATO; sempre que forem atendidas as condições deste CONTRATO considera-se mantido seu equilíbrio econômico e financeiro.
Subseção II – Do Reajuste da Tarifa Básica de Pedágio
49. Para os fins de reajuste de que trata esta Seção são adotadas as seguintes definições:
a) TARIFA BÁSICA DE PEDÁGIO: é a tarifa de pedágio correspondente à Categoria 1 do Quadro constante deste CONTRATO;
b) valor inicial da TARIFA BÁSICA DE PEDÁGIO: é o valor constante da PROPOSTA DE TARIFA da Licitante vencedora da concorrência".
[140] Nesse sentido, ver: ANTT. Agência Nacional de Transportes Terrestres. *Estudo internacional de contratos de concessão rodoviária*. Disponível em: https://portal.antt.gov.br/documents/363688/389038/Estudo+Internacional+de+Contratos+de+Concess%C3%A3o+d

Em tais modelagens, o equilíbrio econômico-financeiro do contrato era, igualmente, definido pelo fluxo de caixa descontado, que assegurasse à concessionária a manutenção da Taxa Interna de Retorno (TIR) não alavancada pactuada, quando da assinatura do contrato de concessão. As concessões veiculadas, na 2ª Fase do PROCROFE, podem ser visualizadas, por intermédio da tabela abaixo colacionada:

Tabela 2

Concessionária	Grupo	Rodovia	Extensão – km	Assinatura	Inicio	Prazo
Aut. Femão Dias	Arteris	BR-381/MG/SP	562,1	14/02/2008	18/02/2008	25 anos
Aut. Fluminense	Arteris	BR-101/RJ	320,1	14/02/2008	18/02/2008	25 anos
Aut. Litoral Sul	Arteris	BR-116-376/PR-BR-101/SC	405,9	14/02/2008	18/02/2008	25 anos
Aut. Planalto Sul	Arteris	BR-116PR/SC	412,7	14/02/2008	18/02/2008	25 anos
Aut. Régis Bittencourt	Arteris	BR-I16/SP/PR	401,6	14/02/2008	18/02/2008	25 anos
Rodovia do Aço	K-Infra	BR-393/RJ	200,4	26/03/2008	28/03/2008	25 anos
Transbrasiliana	Triunfo	BR-153/SP	321,6	14/02/2008	18/02/2008	25 anos
ViaBahia	Roadis Part.	BR-116-324/BA	680,7	03/09/2009	20/10/2009	25 anos

Fonte: BECK, 2021.

Na fase II da 2ª Etapa do PROCROFE, destacam-se, para os fins da presente pesquisa, as concessões do Lote Rodoviário, composto pelas Rodovias Federais BR 116/BA (trecho Feira de Santana-Div. BA/MG), BR 324/BA (trecho Salvador-Feira de Santana), Rodovias Estaduais delegadas ao Governo Federal BA 526 (trecho Entr. BR 324-Entr. BA 528) e pela BA 528 (trecho Entr. BA 526 – Acesso à Base Naval de Aratu), lotes que foram concedidos à concessionária ViaBahia.[141] Em tal modelagem,

---

e+Rodovias.pdf/7756481f-e494-1761-916d-48dc37428514?t=1592175951190. Acesso em: 04 jan. 2022.

[141] Dados extraídos de RIBEIRO, Karisa. Concessões de infraestruturas de transportes no Brasil: identificação de empreendimentos, marcos legais e programas federais nos segmentos aeroportuário, ferroviário, portuário e rodoviário de 1990 a agosto de 2018. Karisa Maia

pela primeira vez, se inaugurou uma modelagem econômica que se dissocia do regime jurídico tradicional de equilíbrio econômico-financeiro consagrado pela doutrina administrativista brasileira.[142]

De acordo com o regime jurídico do equilíbrio econômico-financeiro veiculado em tal contrato, tal ajuste seria reequilibrado, por intermédio da implementação da metodologia do Fluxo de Caixa Marginal, a ser calculado, a partir do evento desequilibrante e não em consonância com o Plano de Negócios – PN, apresentado pelo licitante. Para além disso, o seu equilíbrio econômico-financeiro seria orientado pelos conceitos de "obras condicionadas ao volume de tráfego (gatilho)" e de "desconto de reequilíbrio". Assim é que, de acordo com o regime das cláusulas que veiculam "gatilhos de investimentos", toda vez que determinado parâmetro de demanda for atingido, um gatilho será acionado, a partir do qual o concessionário terá de adimplir com obrigações de investimentos pré-determinadas.[143] O objetivo de tal previsão é o de não exigir dos concessionários a realização de obrigações de investimento inexequíveis, que não serão financiadas pelo fluxo de receitas de exploração do ativo. Não faria sentido, para a sustentabilidade do projeto, por exemplo, que o concessionário tivesse a obrigação de duplicar o leito carroçável, nos primeiros anos de um projeto *greenfield*, sem que o fluxo de tráfego real justificasse tal dispêndio de recursos. A Cláusula de Desconto de Reequilíbrio, por sua vez, como

---

Ribeiro, Reinaldo Daniel Fioravanti, Rodrigo Rosa da Silva Cruvinel. p. cm. (Nota técnica do BID; 1532).

[142] Nos Estados Unidos, diferentemente, as contratações públicas são estudadas a partir de uma lógica de incentivos, como exposto por Patrick Bajari e Gregory Lewis "*Recently, state highway departments in the US have started to experiment with innovative contract designs that provide explicit time incentives. The most sophisticated is called A+B bidding. Here contractors submit a dollar bid for labor and materials, the 'A' part, and a total number of days to complete the project, the 'B' part. The bids are scored using both the A and the B bid and the project is awarded to the contractor with the lowest score. The winning contractor may also receive incentive payments (disincentives) for completing the project earlier (later) than the days bid. Standard highway contracts are 'A-only' contracts because they do not weight project completion time in selecting the winning contractor*" (BAJARI, P.; LEWIS, G. Procurement Contracting with Time Incentives: Theory and Evidence. *Quarterly Journal of Economics*, United Kingdom, v. 126, n. 3, p. 1, 2011).

[143] O TCU já reconheceu os benefícios dessa modelagem nos seguintes termos: "Ante o exposto, cabe determinar à ANTT que faça constar expressamente no Contrato de Concessão decorrente do Edital 001/2011-BR-101/ES/BA a obrigação de o concessionário realizar a infraestrutura (exceto o pavimento) das terceiras faixas do subtrecho homogêneo D juntamente com sua duplicação, sendo a execução da pavimentação do referido subtrecho condicionada ao atingimento do gatilho definido na Tabela 3.2 do Anexo 2 da minuta de contrato (PER), conforme registrado em seu Plano de Negócios e confirmado em resposta à diligência promovida pela Comissão de Outorga" (BRASIL. Tribunal de Contas da União. Acórdão nº 2.573/2012 – PLENÁRIO).

asseveram André Isper Rodrigues Barnabé, Rodrigo Pinto de Campos e Renata Perez Dantas,[144] introduzida, no contrato da ViaBahia, trazia consequências tarifárias não só pelo não atingimento dos parâmetros de desempenho, como originalmente concebido, mas também para (i) atrasos e exclusões de obras contratuais, como uma nova hipótese de incidência de desconto de reequilíbrio, e (ii) antecipações e aumento de escopo contratual, com a introdução do conceito de acréscimo de reequilíbrio. Dito em outros termos, o "desconto/acréscimo de reequilíbrio" configura-se como deflator tarifário contratual, que vincula a remuneração do concessionário ao cumprimento do PER. Por meio de tal mecanismo, institui-se uma lógica de incentivos que, se, por um lado, desonera o usuário nos casos de inadimplementos do concessionário, por outro, ressarce o operador privado, no caso de antecipação de investimentos de ampliação da malha rodoviária. Trata-se de mecanismo, expressamente, consagrado pelo artigo 35, inciso VIII, §1º, alínea *a*, da Lei nº 10.233/2001, dispositivo que torna mandatório que sejam adotados "aspectos relativos à redução ou desconto de tarifas", o qual reforça a natureza mais cambiável e incompleta do equilíbrio econômico-financeiro de tal modalidade de contrato de concessão.

A legalidade de tal sistema de incentivos, que altera os parâmetros originais do equilíbrio econômico-financeiro dos contratos de concessão, veio a ser reconhecida, pelo Superior Tribunal de Justiça (STJ), em 25.03.2022, ao apreciar a Suspensão de Liminar e de Sentença (SLS) nº 3.082/DF. Trata-se na ação originária, ajuizada pela ViaBahia Concessionária de Rodovias S.A, por intermédio do qual a concessionária postulou a declaração de inexigibilidade: (i) de obrigações não essenciais; e (ii) de penalidades aplicadas em razão de eventual descumprimento de tais obrigações fixadas no Programa de Exploração da Rodovia (PER), até a conclusão da primeira revisão quinquenal de seu contrato de concessão. Daí que, em razão do deferimento da medida liminar postulada pela concessionária, a ANTT apresentou a SLS nº 3.082/DF ao STJ. Em tal medida judicial, a ANTT postulou a suspensão liminar, ao argumento segundo o qual à medida que a tarifa estabelecida no contrato de concessão firmado com a concessionária decorre

---

[144] BARNABÉ, André Isper Rodrigues; CAMPOS, Rodrigo Pinto de; DANTAS, Renata Perez. Evolução dos mecanismos não sancionatórios de incentivo ao cumprimento de obrigações pelas concessionárias de rodovias federais. *In*: TOJAL, Sebastião Botto de Barros; SOUZA, Jorge Henrique de Oliveira (Coords.). *Direito e infraestrutura*: rodovias e ferrovias – 20 anos da Lei nº 10.233/2001. Belo Horizonte: Fórum, 2021. v. 2. p.132.

da relação entre as receitas da concessão e os seus custos, necessários para execução de melhorias, manutenção e conservação dos serviços oferecidos aos usuários do serviço, seria juridicamente válida a previsão contratual de um deflator tarifário. Nesse quadrante, a seu ver, caso a concessionária não execute os investimentos previstos no PER, estaria constituído um evento de desequilíbrio econômico-financeiro em seu favor, motivo pelo qual o desconto de reequilíbrio não se configuraria como penalidade, mas como mecanismo contratual de "manutenção do equilíbrio econômico-financeiro da concessão".[145]

Ao apreciar o tema, o STJ, sob a relatoria do ministro Humberto Marins, acolheu os argumentos da ANTT, manifestando-se no sentido de que o desconto de reequilíbrio, enquanto ferramenta de manutenção do equilíbrio econômico-financeiro, não é penalidade, mas um sistema de incentivos serviente ao cumprimento do contrato de concessão pelo concessionário. Isso porque, a seu ver, a formação da tarifa, cobrada do usuário, possuiria conceito ontológico distinto de uma penalidade administrativa por inexecução contratual. Ainda na oportunidade, o STJ deixou assentado que a tarifa, conceitualmente, seria a consequência direta do serviço colocado à disposição do usuário, motivo pelo qual, não sendo o serviço prestado em sua totalidade, com "a redução da tarifa não está punindo a concessionária por não cumprir obrigação da qual está isenta no momento; a redução está apenas reconhecendo a impossibilidade de se cobrar do usuário um valor total por serviço prestado a menor".[146] Cuida-se, pois, de manifestação jurisdicional que, ao reconhecer legalidade da alteração do valor da tarifa de pedágio, em razão do adimplemento ou não das obrigações de desempenho do concessionário, confirma uma das hipóteses veiculadas na presente obra no sentido da desvinculação do conceito atual de equilíbrio econômico-financeiro dos conceitos de "manutenção da proposta comercial apresentada pelos licitantes".

O contrato da ViaBahia previu que ele seria reequilibrado, por intermédio da aplicação da metodologia do Fluxo de Caixa Marginal, a ser calculado, a partir do evento desequilibrante, e não em consonância com o Plano de Negócios – PN, apresentado pelo licitante. Tal previsão decorreu do entendimento do Tribunal de Contas da União – TCU, manifestado no âmbito do Processo de Acompanhamento nº

---

[145] STJ. SLS nº 3.082/DF, rel. Min. Humberto Martins, j. 25.03.2022.
[146] STJ. SLS nº 3.082/DF, rel. Min. Humberto Martins, j. 25.03.2022.

008.896/2005-2 – que versava sobre os estudos que subsidiaram os editais da 2ª Etapa do PROCROFE –, no sentido de que os Planos de Negócios apresentados pelos licitantes não se prestavam a retratar, fielmente, os custos despendidos para a exploração da via concessionada. Primeiro, porque, de acordo com o TCU, haveria uma assimetria de informações entre poder concedente e concessionário, em razão da *expertise* que este detém na atuação em determinado mercado. Segundo, porque, ao ver da Corte de Contas, para além do risco de os valores dos custos apresentados pelo concessionário não serem fidedignos, o contrato de concessão de rodovia, por se tratar de pacto de prazo diferido, pode experimentar uma variação nos custos de seus insumos (provocados por alterações nos valores de mercado ou mesmo por evoluções tecnológicas), os quais podem não corresponder às informações previstas, no Plano de Negócios Original.

Na ocasião, constatou-se uma taxa interna de retorno de 8,95%, a qual era, substancialmente, menor do que as praticadas na 1ª Etapa do PROCROFE, que variavam de 17 a 24%. Diante disso, a Secretaria de Fiscalização de Desestatização (Sefid/TCU) daquele tribunal instaurou o Processo nº 026.335/007-4, com o objetivo de verificar as causas da substancial diferença entre as taxas de retorno fixadas nas duas primeiras etapas do programa de rodovias federais. Em razão desse pedido, o Tribunal de Contas da União – TCU, por meio do Acordão nº 2.154/2007, determinou à ANTT que averiguasse se as concessões de rodovias celebradas na 1ª Etapa do PROCROFE restavam desequilibradas em razão da sua elevada taxa interna de retorno. A referida agência se manifestou, por meio da Nota Técnica nº 004/2008/SUREF/SUINF, na qual deixou assentado "que estavam em equilíbrio econômico-financeiro os contratos da 1ª Etapa do PROCROFE, por serem objetos de revisão e reajuste tarifário, anualmente".

Malgrado a ANTT não tenha constatado que os contratos de concessão da 1ª Etapa do PROCROFE estivessem desequilibrados, ela editou a Resolução nº 3.651, de 07 de abril de 2011 (alterada pela Resolução nº 4.339/2014), que aprova a metodologia de Fluxo de Caixa Marginal para recomposição do equilíbrio econômico-financeiro dos contratos de concessão de rodovias Federais da 1ª Etapa, da 2ª Etapa (fase I) e do polo Pelotas, em decorrência de novos investimentos e serviços. Cuida-se de metodologia que, como será doravante mais bem desenvolvido, ao estabelecer um novo crivo de reequilíbrio econômico-financeiro marginal, se dissocia do conceito jurídico ergótico de equilíbrio econômico-financeiro consagrado pela doutrina brasileira. De fato, se o reequilíbrio é calculado, de acordo com a realidade econômica consentânea à produção do evento desequilibrante, o equilíbrio econômico-financeiro estabelecido, a partir da proposta comercial apresentada pelos licitantes, resta amplamente alterada. Na verdade, o que se passa é uma verdadeira atualização econômico-financeira da concessão, por assim dizer.

A 3ª Etapa do PROFROFE veio a ser implementada, por intermédio de um modelo de regulação endógeno de contratos de concessão um tanto distintos das fases anteriores.[147] No que toca o seu equilíbrio econômico-financeiro, são de se destacar, para os fins da presente pesquisa, as seguintes inovações regulatórias: (i) a substituição da taxa de remuneração baseada na TJLP e na inflação definida pelo CMN por uma taxa baseada na metodologia de WACC (*Weighted Average Cost of Capital*), no caso da utilização do Fluxo de Caixa Marginal; (ii) incorporação do Fator X, que é um redutor do reajuste da tarifa de pedágio, por intermédio do qual se propicia o compartilhamento, com os usuários da rodovia, dos ganhos de produtividade obtidos pela concessionária; (iii) incorporação do Fator Q, que é um redutor ou incrementador da TBP, utilizado como mecanismo de aplicação de desconto tarifário, provocado pelo não atendimento dos indicadores de qualidade previstos no PER (nível de acidentes e disponibilidade); (iv) incorporação do Fator C, que é um redutor ou incrementador da Tarifa Básica de Pedágio, utilizado como mecanismo de reequilíbrio do contrato aplicável sobre eventos que gerem impactos, exclusivamente, na receita e nas verbas indicadas; e pela (v) incorporação do Fator D, que é um redutor ou incrementador da Tarifa Básica de Pedágio, já referenciado, na qualidade de um mecanismo de aplicação do desconto de reequilíbrio relativo ao não atendimento aos parâmetros de desempenho, à inexecução de obras de ampliação de capacidade e à não manutenção do nível de serviço. A Tabela 3 abaixo ilustra os contratos de concessão celebrados na 3ª Etapa do PROFROFE:

---

[147] Tais contratos foram celebrados em um contexto econômico particular. Foram exigidos a realização de investimentos vultosos nos cinco primeiros anos de contrato, especialmente no que toca à duplicação do leito carroçável. Para além disso, a modelagem foi lastreada em uma carta de financiamento subsidiado do BNDES de até 70% do projeto. A produção da crise econômica de 2014, a operação Lava Jato, e a ausência de tal financiamento importaram na inexequibilidade de tais contratos, resultando em procedimentos arbitrais entre as partes e na própria edição da Lei nº 13.448/2017, que disciplina o procedimento de relicitação.

Tabela 3

Concessionária	Grupo	Rodovia	Extensão – km	Assinatura	Início	Prazo
CONCEBRA	Triunfo	BR-060/153/262/DF/GO/MG	1.176,50	31/01/2014	05/03/2014	30 anos
Eco050 (MGO)	Ecorodovias	BR-050/GO/MG	436,6	05/12/2013	08/01/2014	30 anos
EcolOl	Ecorodovias	BR-101/ES/B A	475,9	17/04/2013	10/05/2013	25 anos
Ecoponte	Ecorodovias	BR-101/RJ	13,2	18/05/2015	01/06/2015	30 anos
MSVia	CCR	BR-163/MS	847,2	12/03/2014	11/04/2014	30 anos
Rota do Oeste	Odebrecht	BR-163/MT	850,9	12/03/2014	21/03/2014	30 anos
Via 040	Invepar	BR-040/DF/GO/MG	936,8	12/03/2014	22/04/2014	30 anos

Fonte: BECK, 2021.

Ao comentar os aspectos atrelados ao equilíbrio econômico-financeiro de tais contratos, Laís Ribeiro de Senna[148] assevera que "as revisões deixaram de basear o controle da agência sobre o plano de negócios e passaram a fazê-lo a partir do fator de desconto – fator D e do fluxo de caixa marginal (FCM)". E conclui no sentido de que, para além da incidência dos deflatores tarifários, materializados nos fatores D, C e Q "outra inovação da terceira etapa foi a implementação do fator X, um fator de compartilhamento de produtividade do concessionário com usuário". Daí se pode inferir que, em igual medida, o equilíbrio econômico-financeiro dos contratos de concessão de rodovias, de acordo com o modelo contratual engendrado na 3ª Fase do PROCROFE, divorcia-se da concepção tradicional da doutrina questionada na presente pesquisa consoante a qual seria possível reconstituir um *status quo* do equilíbrio econômico-financeiro dos contratos de concessão. Na verdade, ele cria um sistema de inventivos endocontratual, por intermédio do qual se pretende reduzir a assimetria de informações entre o regulador e os concessionários. Tal modelo econômico-financeiro de tais concessões veicula um desenho de mecanismo, forjado a partir da

---

[148] SENNA, Laís Ribeiro de. Análise do desenvolvimento de modelagens contratuais no Programa de Concessões de Rodovias Federais. *In*: TOJAL, Sebastião Botto de Barros; SOUZA, Jorge Henrique de Oliveira (Coords.). *Direito e infraestrutura*: rodovias e ferrovias – 20 anos da Lei nº 10.233/2001. Belo Horizonte: Fórum, 2021. v. 2. p.125.

criação de incentivos para que o agente (concessionário) cumpra os objetivos apresentados pelo principal (poder concedente e regulador).[149]

A partir do malfado das modelagens veiculadas, no âmbito da 3ª Fase do PROCROFE (que resultou na declaração de caducidade[150] e na apresentação de pleitos de relicitação de ativos relevantes),[151] constitui-se uma força tarefa (composta por membros do Ministério da Infraestrutura, da ANTT, da Empresa de Planejamento e Logística-EPL, do International Finance Corporation – IFC, da AGU, dentre outros), para implementar profundas alterações no regime concessório das vias concessionadas. Tal modelo vem sendo forjado, na implementação da 4ª Fase do PROCROFE, notadamente, a partir dos temas que foram enderençados, pelo Acórdão nº 1.174/2018-TCU-Plenário, do Tribunal de Contas da União – TCU, no âmbito do qual se analisou a modelagem veiculada na Rodovia de Integração do Sul (RIS).[152]

---

[149] Em sentido similar, Thiago Marrara e Gustavo Gil Gasiola asseveram que "A previsão clausular dos meios de recomposição do equilíbrio econômico-financeiro também se iguala em todos os editais e contratos analisados na pesquisa. O reequilíbrio se dará pela variação da tarifa básica de pedágio (revisão tarifária); por pagamento pelo poder concedente; por alterações das obrigações contratuais; pelo estabelecimento ou remoção de cabines de bloqueio; pela alteração do local da praça de pedágio e pela prorrogação do contrato. Nota-se, com isso, que os contratos são abertos para permitir o reequilíbrio que mais favoreça a prestação de um serviço adequado em benefício de uma ponderação equânime dos interesses do concessionário, do poder concedente e dos usuários. Todavia, isso não garante que o regulador chegará à decisão ótima em todos os casos (GASIOLA, Gustavo Gil; MARRARA, Thiago. Concessão de rodovia: análise crítica da prática contratual brasileira. *Revista de Direito Público da Economia*, Belo Horizonte, a. 19, n. 52, p. 244, out./dez. 2015).

[150] É o que restou veiculado, por exemplo, pelo Decreto nº15, de agosto de 2017, cujo teor é o seguinte: "Art. 1º Fica declarada a caducidade da concessão de titularidade da Concessionária de Rodovias Galvão BR-153 SPE S.A. - BR-153/GO/TO por inexecução contratual por parte da referida Concessionária, nos termos do §4º do art. 38 da Lei nº 8.987, de 13 de fevereiro de 1995. Art. 2º Este Decreto entra em vigor na data de sua publicação".

[151] Para além da Lei nº 13.448/2017, a ANTT editou a Resolução nº 5296/2021, que estabelece diretrizes para encerramento, relicitação e extensão dos contratos de concessão de infraestrutura rodoviária sob competência da Agência Nacional de Transportes Terrestres. Para o aqui importa, já é de se destacar que tal expediente é mais um exemplo da impossibilidade de reconduzir às condições econômicas apresentadas no âmbito da proposta comercial apresentada pelo licitante, já que será celebrado um novo aditivo contratual, no âmbito do qual será fixada uma nova tarifa provisória. É o que dispõe o art. 3º do referido normativo regulatório, segundo o qual o art. 4º será celebrado termo aditivo para formalizar as obrigações assumidas pela concessionária em decorrência do processo de relicitação ou de extensão de prazo, o qual conterá, ao menos, as seguintes cláusulas: III - tarifa de pedágio a ser praticada; IV – tarifa calculada, no caso de relicitação.

[152] No âmbito do qual se deixou assentado que "Os argumentos, preocupações e riscos levantados pela unidade instrutiva são válidos e legítimos, especialmente diante do contexto fático que se verifica nas concessões rodoviárias vigentes. Por outro lado, as medidas alvitradas na instrução não me parecem ser completamente adequadas para resolver a questão. Diante desse cenário tratado, solução mais apropriada é aquela proposta pelo parquet, de admitir a inclusão de contornos apenas sob condições muito específicas e mediante a instituição de

A concessão da BR-116/RJ/SP e da BR-101/RJ/SP (Inova Dutra) é um exemplo saliente do que, aqui, se trata. As inovações regulatórias trazidas pelo maior projeto de Concessão de Rodovias do Brasil são resultado, em grande medida, da incorporação experimental de inovações contratuais bem-sucedidas em concessões licitadas pela ARTESP – de que é exemplo destacado o lote Panorama-Piracicaba ("lote Pipa"). Dentre as principais inovações, é de se destacar o denominado Modelo Híbrido de Leilão, por meio do qual se buscou, como critério de julgamento, combinar o critério de menor valor da tarifa com o de maior valor de outorga, a ser apresentado, a partir de um limitador ao deságio tarifário. Tal inovação regulatória tem por objetivo extrair do leilão as informações necessárias a garantir a sustentabilidade econômico-financeira do projeto. Busca-se, pois, uma sinalização dos licitantes de que o projeto é exequível, sem a realização de renegociações fora de um ambiente competitivo. É que o aporte de vultosos recursos iniciais, por agentes privados, pode incrementar o *enforcement* em face de eventuais condutas oportunistas (ensejadoras da extinção prematuras dos pactos concessórios). De acordo com Fernando Camacho *et al.*[153], esse modelo híbrido de leilão produz os seguintes incentivos: (i) a participação de licitantes com maior capacidade de financiamento e execução; (ii) o maior alinhamento de interesses em relação ao de menor tarifa, com relação à execução tempestiva dos investimentos e demais obrigações contratuais; (iii) a menor necessidade ou desnecessidade de atestados técnicos para habilitação de interessados, estimulando a atração de novos *players* para as concessões; (iv) a compatibilidade com a visão de rede e políticas sistêmicas (p. ex. política tarifária) para o segmento de transporte e logística.

---

regras rígidas e restritivas. O desafio está em delimitar esses contornos descritos pelo MPTCU. 649. A regra de inclusão de novos investimentos em obras restritas às revisões quinquenais, ou seja, com periodicidade definida e participação popular já qualifica substancialmente a discussão sobre a inclusão dos contornos. Mas ainda me parece insuficiente. É necessário aprimorar sobremaneira a análise dos EVTEA e dos projetos realizada pela ANTT (ou, eventualmente, atribuí-la a outro agente governamental), especialmente diante da assimetria de informações existentes entre o autor dos documentos técnicos e o poder público. É necessário combater a ideia de que a inclusão de investimentos em concessões possa ser feita sem uma análise acurada dos projetos executivos e dos respectivos orçamentos, notadamente quando se trata de investimentos que não passaram pelo crivo do processo competitivo" (Acórdão nº 1174/2018 – TCU – Plenário).

[153] CAMACHO, Fernando. *Inovações para as concessões de rodovias federais*. IFC International Finance Corporation. Consultoria formada pelo Lobo de Rizzo Advogados, com apoio do BNDES, BID e IFC. Estudo, gentilmente, disponibilizado pelos Consultores do Banco Mundial.

É possível se depreender que o racional econômico-financeiro de tal modelagem, materializado pela combinação de critérios de julgamento, previstos no art. 15 da Lei nº 8.987/1995, tem por desiderato evitar comportamentos oportunistas dos licitantes (*rent-seeking*), por intermédio da criação de vultosos compromissos financeiros *upfront*. Disponibilizados tais recursos, para além de demonstrar lastro econômico-financeiro na execução do projeto, o licitante terá menos incentivos para abandoná-lo. Cuida-se de mais uma demonstração de que o equilíbrio econômico-financeiro dos contratos de concessão se constitui como um sistema regulatório de incentivos decorrente de uma relação agente-principal, completamente divorciada da concepção jurídica defendida por relevante parcela da doutrina brasileira.

Outra inovação regulatória digna de nota, para os fins da presente pesquisa, diz respeito ao estabelecimento de uma Conta de Reserva de Outorga, que será composta por um percentual sobre a receita bruta obtida pela concessão e por parte do excedente ofertado no leilão. Cuida-se de um modelo regulatório, que tem o objetivo de criar uma espécie de "colchão de liquidez", por intermédio do qual se protegerá a sustentabilidade econômico-financeira do ativo em face do advento de efeitos, exógenos e endógenos. De acordo com a modelagem da InovaDutra, essa conta terá por objetivos: (i) reter diferenças tarifárias provocadas pela implementação do sistema *free flow*; (ii) estabelecer uma reserva econômico-financeira serviente a repartir o risco cambial entre o poder concedente e a concessionária; (iii) implementar reequilíbrios econômico-financeiros emergenciais – expediente que se mostrou necessário, máxime, após a pandemia da COVID-19; (iv) viabilizar o Desconto de Usuário Frequente (DUF); e (v) constituir o ajuste final de resultados, ao cabo da vigência da concessão, a lastrear o *quantum* indenizatório, a ser pago aos concessionários pelos investimentos realizados em bens reversíveis não amortizados.

Tal inovação regulatória tem por finalidade assegurar a existência de recursos para reequilibrar o contrato de concessão, de forma emergencial. Mais que isso, tem a finalidade de engendrar reequilíbrios materializados, no início da relação contratual (quando ainda não há fluxo de receitas), bem como garantir a implementação de proteções cambiais e de eventuais indenizações, a serem pagas aos concessionários, na hipótese de extinção antecipada dos contratos de concessão. Tal mecanismo regulatório faz com que, ao longo do contrato de concessão, sejam estabelecidos distintos equilíbrios econômico-financeiros, os quais, igualmente, não reproduzem o momento T0 de apresentação da proposta comercial pelos licitantes.

Também se importou, das modelagens da ARTESP, o já conhecido Acordo Tripartite, por meio do qual se visa criar um sistema de incentivos que reduza a assimetria de informações entre o financiador do projeto e o cumprimento das obrigações contratuais pelo concessionário[154] – especialmente vocacionado para estruturas de financiamento de ativos de infraestrutura na modalidade de *project finance*. Tal acordo veicula uma modalidade de regulação responsiva,[155] no âmbito da qual se estabelece um período em que o concessionário tem a oportunidade de sanear graves inadimplementos contratuais (período de cura). Caso não consiga, tal instrumento abre a possibilidade de o financiador do projeto administrar ou assumir o controle da concessão, temporariamente, com o desiderato de evitar a declaração de sua caducidade. Caso haja a assunção temporária, prevista no Acordo Tripartite, uma vez mais, se constituirá um equilíbrio econômico-financeiro temporário, marginal, que terá bases econômica-financeiras distintas das estabelecidas ao equilíbrio econômico-financeiro originário, formado a partir das propostas apresentadas pelos licitantes.

Cite-se, ainda, a investida da implementação de um Verificador Independente – VI na exploração da infraestrutura rodoviária. De acordo com o instrumento contratual, a concessionária deverá contratar um verificador acreditado como organismo de avaliação da conformidade, na forma da Portaria Inmetro nº 367, de 20 de dezembro de 2017, ou posterior regulamento aplicável sobre inspeção por organismo acreditado, e credenciado pela ANTT. Sob o aspecto econômico, não se pode desconsiderar que os módulos concessórios veiculam um problema de agente-principal. O VI busca colaborar para que o agente (concessionário) execute as metas qualitativas estabelecidas pelo principal (regulador),[156] cumprimento que, como visto, produzirá efeitos na

---

[154] LOFGREN, K. G.; PERSSON, T.; WEIBULL, J. W. Markets with Asymmetric Information: The Contributions of George Akerlof, Michael Spence and Joseph Stiglitz. *The Scandinavian Journal of Economics*, Hoboken, v. 104, n. 2, p. 195-211, jun. 2002.

[155] BALDWIN, R.; BLACK, J. Really Responsive Regulation. *The Modern Law Review*, United States, v. 71, n. 1, p. 59-94, 2008; BRAITHWAITE, J. The Essence of Responsive Regulation. *University of British Columbia Law Review*, Columbia, v. 44, n. 3, p. 475-520, 2011; PEREZ, O. Responsive Regulation and Second-order Reflexivity: on the limits of regulatory intervention. *University of British Columbia Law Review*, Columbia, v. 44, n. 3, p. 743-778, 2011.

[156] Os argumentos no sentido de que o VI usurparia competências regulatórias da ANTT e de que a sua contratação, pelo concessionário geraria a sua "captura" não procedem. A uma, posto que a natureza da atuação do VI é instrumental, e não decisória – o que é, de todo,

remuneração das concessionárias, importando em múltiplos equilíbrios econômico-financeiros, ao longo da vigência do contrato de concessão.

Por fim, é de se destacar a previsão segundo a qual o contrato de concessão poderá ser prorrogado, somente diante de situações extraordinárias, a critério exclusivo do poder concedente, por, no máximo, cinco anos, para fins de reequilíbrio econômico-financeiro, em decorrência de caso fortuito, força maior, fato da administração ou fato do príncipe. O racional de tal previsão – a exemplo da adoção do modelo híbrido de leilão – foi o de limitar renegociações supervenientes sobre os efeitos econômicos produzidos pelo advento de risco alocado ao poder concedente.[157] Também, com o objetivo de se coibir condutas oportunistas nos licitantes, se previu que a inclusão das obras de contorno alternativo está condicionada à demonstração de vantajosidade, comparativamente, à solução de travessia urbana, considerando, inclusive, custos referentes à restauração, manutenção, conservação e operação do trecho, conforme procedimento estabelecido no Programa de Exploração de Rodovias – PER. Para além disso, foram previstos os já referenciados deflatores tarifários (fatores D, A, E, C), de acordo com os quais a remuneração do concessionário (e, por conseguinte, o equilíbrio econômico-financeiro do contrato de concessão) será alterado em razão do cumprimento das suas obrigações de desempenho e de investimento.

Conclui-se esse item no sentido de que as quatro etapas do PROCROFE confirmam a hipótese testada na presente obra no sentido de que o equilíbrio econômico-financeiro dos contratos de concessão não se coaduna mais com uma concepção monolítica, ergótica, caudatária do regime francês de reequilíbrio, que fora transposta, para direito brasileiro, por intermédio de ensinamentos doutrinários de outrora.[158]

---

compatível com o ainda vigente entendimento a propósito da delegalidade de parcela do poder extroverso para o setor privado. A duas, porquanto a má-fé e captura não se presumem. Predicam, pois, de devida comprovação; do contrário, cairiam por terra todas as modelagens de soluções de conflitos (total ou parcialmente) custeadas por particulares – como a arbitragem, os *dispute boards* e a mediação.

[157] A preocupação, como sempre, tem relação com os achados em GUASCH, J. L. *Granting and Renegotiating Infrastructure Concessions*: Doing It Right. Washington: The World Bank, 2004.

[158] No mesmo sentido, Leandro Novais Silva e Vincenzo Demétrio Florenzano asseveram que: "No caso específico das rodovias, afirmou-se que, em função da penetração coletiva do serviço, e tendo em vista o benefício aos usuários, dever-se-ia sujeitar as empresas concessionárias ao regime de competição, como ocorre com a telefonia (em especial, a telefonia celular, ambiente de infraestrutura que comporta frenética concorrência), onde regulação eficiente de preço, como é o caso da energia elétrica ou dos transportes (setores de infraestrutura, em regime de quase monopólio e de altos custos, em que o cenário de

A regulação setorial sobre o tema caminha na mesma direção, como será demonstrado no próximo item.

2.2 A normatização regulatória do equilíbrio econômico-financeiro das concessões de rodovias

O equilíbrio econômico-financeiro das concessões de rodovias disciplinado pela regulação setorial, igualmente, desafia o entendimento doutrinário tradicional sobre a existência de um equilibro econômico-financeiro dos contratos de concessão, que seja reconduzível à proposta apresentada pelos licitantes. A Resolução ANTT nº 675/2004, com a redação dada pela Resolução ANTT nº 5859/2019, prevê três formas de reequilibrar contratos de concessão de rodovias. A primeira é denominada de Revisão Ordinária, assim considerada como aquela que visa dar conta da desvalorização do valor real da tarifa, em razão da inflação, a qual será realizada anualmente. A regulação setorial denomina de "Revisão Ordinária" o instrumento de reequilíbrio econômico-financeiro, usualmente, conhecido por "reajuste" dos valores da Tarifa Básica de Pedágio.

O tema predica de aprofundamentos. Quando o licitante formula a sua proposta comercial, em projetos de infraestrutura, ele precifica a sua remuneração pelos investimentos realizados e/ou previstos (*Capex Capital Expenditure* – CAPEX) e pelos custos operacionais incorridos e/ou previstos (*Operational Expenditure* – OPEX) para a exploração de um ativo, de acordo com o custo de oportunidade do negócio, ou seja, o WACC (*Weighted Average Cost of Capital* ou Custo Médio Ponderado de Capital). Acontece que tal valor provisionado, na proposta comercial do licitante, máxime em contratos de longo prazo, sofre os efeitos econômico-financeiros da inflação. Razão pela qual os pactos concessórios preveem que o reajuste é uma cláusula obrigatória em tais ajustes (art. 18, VII e 23, IV, da Lei nº 8.987/1995). Com a estabilização da economia experimentada, pelo advento do Plano Real, a Lei nº 10.192/2001

---

concorrência é complicado). (...) Da argumentação expendida, pudemos ainda concluir que, do ponto de vista estritamente econômico, portanto da análise econômica do direito, o financiamento privado (rodovias em ótimas condições de tráfego custeadas pela cobrança de pedágio) é a melhor opção de política pública (escolha pública), pois é a que gera maior eficiência alocativa" (SILVA, Leandro Novais; FLORENZANO, Vincenzo Demétrio. Regulação econômica das rodovias públicas na perspectiva dos direitos fundamentais e da análise econômica do Direito. *Revista de Direito Público da Economia*, Belo Horizonte, a. 19, n. 17, jan./mar. 2007).

explicitou que: (i) é admitida estipulação de correção monetária ou de reajuste por índices de preços gerais, setoriais ou que reflitam a variação dos custos de produção ou dos insumos utilizados nos contratos de prazo de duração igual ou superior a um ano; (ii) é nula de pleno direito qualquer estipulação de reajuste ou correção monetária de periodicidade inferior a um ano; e (iii) a periodicidade anual nos contratos dos contratos administrativos será contada a partir da data limite para apresentação da proposta ou do orçamento a que essa se referir (art. 2º e 3º).

No âmbito de tal procedimento disciplinado, pela regulação setorial (denominado de "Revisão Ordinária"), para além da aplicação da fórmula paramétrica setorial, aplicam-se deflatores tarifários, que alteram para mais e para menos a remuneração do concessionário. Nesse sentido, a Cláusula 19.8.1 da Nova Concessão da Via Dutra prescreve que a "Revisão Ordinária é a revisão anual realizada pela ANTT por ocasião do reajuste tarifário, observando-se as hipóteses de incidência e os procedimentos previstos na regulamentação da ANTT, com o objetivo de incluir os efeitos de ajustes previstos neste Contrato, mediante aplicação do Fator C, do Fator D, do Fator A e do Fator E, das adequações previstas no Fluxo de Caixa Marginal e da compensação do Desconto de Usuário Frequente".

O Fator D materializa o "desconto de reequilíbrio", fato que pode reduzir a remuneração da concessionária, se ela não atender a determinadas obrigações de desempenho. O Fator A, por sua vez, corresponde ao "acréscimo de reequilíbrio", deflator tarifário que enseja o incremento tarifário, que será experimentado, caso o concessionário conclua, de forma antecipada, os investimentos obrigatórios previstos no PER. O Fator E incorpora os efeitos econômicos das obras previstas no "estoque de melhorias", as quais podem ser solicitadas, caso a via concessionada necessite de investimentos não previstos, mas que eram previsíveis para a manutenção e operação do leito carroçável. E o Fator C terá lugar, quando o evento desequilibrante ensejar impactos, exclusivamente, na receita ou nas verbas utilizadas pela concessionária – tais como pela não utilização da totalidade das verbas anuais destinadas para segurança no trânsito; pela não utilização da totalidade das verbas com Recursos para Desenvolvimento Tecnológico – RDT; por alteração de receitas decorrentes de decisão judicial que impossibilite a cobrança parcial ou total da tarifa de pedágio. Daí se pode perceber o amplo espectro da denominada revisão ordinária pela regulação setorial.

Para além da incidência do índice de reajuste, a proposta comercial apresentada pelos licitantes, a depender da incidência de tais deflatores tarifários, poderá ser reduzida a partir do momento em que forem aferidos os indicadores de despenho. Um exemplo ilustra o ponto. Cogite-se que determinada concessionária se sagre vencedora de um lote de uma rodovia concessionada, ao apresentar a menor tarifa-teto no valor de R$13 por cabine de pedágio. Acontece que, no primeiro um ano de vigência do contrato, ela descumpre a obrigação de investimento de começar a duplicação do leito carroçável. Nessa hipótese, caso incida qualquer deflator tarifário, a sua proposta comercial restará alterada desde o início da execução do instrumento contratual, antes mesmo de eventual atualização monetária. Cuida-se de previsão, absolutamente, divorciada da concepção tradicional de equilíbrio econômico-financeira, que ora se questiona.

Ainda no referido normativo, é de destacar o seu art. 2º-A, com redação dada pela Resolução ANTT nº 5859/2019, o qual prescreve que o contrato de concessão será objeto de reequilíbrio econômico-financeiro, por intermédio de revisão extraordinária nos seguintes casos: (i) decorrentes, única e exclusivamente, de fato de força maior, caso fortuito, fato da administração, fato do príncipe ou alteração unilateral do contrato pelo poder concedente, em caráter emergencial, ou da ocorrência de outras hipóteses previstas expressamente no contrato de concessão; (ii) que resultem, comprovadamente, em alteração dos encargos da concessionária, ou que comprometa ou possa comprometer a solvência da concessionária e/ou continuidade da execução/prestação dos serviços previstos neste contrato. Como se pode notar, o normativo regulatório traz dois requisitos, a justificar a revisão das bases econômico-financeiras dos contratos de concessões de rodovias, em sede de revisão extraordinária: (i) nas estritas hipóteses de eventos que sejam alocados como risco alocado ao poder concedente; (ii) que resultem em comprometimento da continuidade dos serviços públicos.

Especificamente nesse modelo de regulação exógeno, os efeitos econômicos decorrentes da Teoria da Imprevisão foram alocados ao poder concedente – o que poderia não ter acontecido. À luz da regulação contratual delineada na modelagem dos contratos de concessão de rodovias, os efeitos decorrentes da Teoria da Imprevisão só poderão ser invocados pelo concessionário, para fins de reequilíbrio em sede de revisão extraordinária. Logo, há uma delimitação do que poderá estar albergado, ou não, pela Teoria da Imprevisão, bem como do instrumento procedimental adequado para veicular os seus efeitos econômicos. Dito em outras palavras, a regulação engendrada pela ANTT limita o tempo e modo de utilização da Teoria da Imprevisão, para fins de restauração do equilíbrio econômico-financeiro. De fato, tal teoria só será aplicada, na forma do disposto na regulação setorial e nos termos da matriz de risco delineada no contrato de concessão. Sujeita-se, pois, à regulação endógena e exógena. Trata-se, portanto, de previsão regulatória que é antípoda ao entendimento doutrinário no sentido de que o risco pela produção de eventos albergados, pelo conceito álea extracontratual, seria, aprioristicamente, alocado ao poder concedente.

A Resolução nº 3.651/2011, como adiantado, teve por finalidade instituir a recomposição do equilíbrio contratual, na hipótese de inclusão de obras ou serviços não previstos no Programa de Exploração da Rodovia – PER, por meio da adoção de um Fluxo de Caixa Marginal, projetado em razão do evento que ensejar a recomposição, considerando: (i) os fluxos dos dispêndios marginais resultantes do evento que deu origem à recomposição; e (ii) os fluxos das receitas marginais resultantes da recomposição do equilíbrio econômico-financeiro (art. 2º). De acordo com o art. 4º do referido normativo, no momento da recomposição do equilíbrio econômico-financeiro, o cálculo inicial a ser utilizado, para fins de dimensionamento da referida recomposição, considerará o tráfego real verificado nos anos anteriores e adotará as melhores práticas para elaboração da projeção de tráfego até o encerramento do prazo da concessão; e, anualmente, por ocasião da revisão ordinária, o cálculo referido no inciso I deste artigo será revisado com vistas a substituir o tráfego projetado pelo volume real de tráfego verificado no ano anterior. Cite-se, ainda, o disposto, no seu art. 8º, de acordo com o qual "A taxa de desconto a ser utilizada nos fluxos dos dispêndios e das receitas marginais para efeito de equilíbrio terá como base Custo Médio Ponderado de Capital – WACC (*Weighted Average Cost of Capital*)".

Os elementos econômicos "o tráfego real verificado nos anos anteriores" e as "melhores práticas para elaboração da projeção de tráfego" pressupõem uma aferição concreta e outra probabilística do despenho da via concessionada, cambiáveis, sujeitas a uma série de fatores, endógenos e exógenos. Tais projeções envolvem, em primeiro lugar, um diagnóstico da demanda pretérita da via concessionada durante os anos de vigência do contrato de concessão anteriores ao evento desequilibrante – a qual é influenciada por alterações macroeconômicas, pelo incremento do PIB, pela urbanização de áreas rurais, por questões de segurança pública, pela oscilação do preço de *commodities* (neste particular, que influenciam o sistema asfáltico, por exemplo). E, em segundo lugar, por uma prognose, a partir de uma análise comparativa do *benchmarking* setorial. Cuida-se, uma vez mais, de previsão extraída da regulação setorial, que infirma a possibilidade de se preservar uma projeção econômico-financeira realizada, quando da realização de procedimentos licitatórios, máxime em contratos de longo prazo, a exemplo dos contratos de concessão de rodovias. Tal confirmação desta hipótese restou definitivamente confirmada, nos âmbitos dos denominados "reequilíbrios COVID-19", tema que será objeto do próximo item.

2.3 O Reequilíbrio Covid-19 nas concessões de rodovias

Os setores de infraestrutura restaram, diretamente, afetados pela pandemia provocada pela COVID-19. Tal evento sanitário trouxe à agenda de debates questões jurídicas de elevada complexidade, as quais são, de todo, compatíveis com a presente pesquisa. A primeira referente à necessidade de se averiguar se a pandemia seria qualificada como um "evento extracontratual", albergado, pela Teoria da Imprevisão, que seria alocado como um risco, aprioristicamente, distribuído ao poder concedente. O segundo foi no sentido de que, considerando o vulto dos impactos produzidos nos projetos de infraestrutura e sua imprevisibilidade, se as partes teriam um direito e/ou um dever de renegociar suas bases objetivas. A relevância do tema resultou, por exemplo, na produção da pesquisa "Concessões, PPPs e o impacto da COVID-19", projeto realizado entre o Banco Interamericano de Desenvolvimento – BID, a FGV Direito SP, de autoria dos pesquisadores Isadora Chansky Cohen (*executive coordinator*), Gabriel Ribeiro Fajardo, Jéssica Loyola Caetano Rios, Juliana Bonacorsi De Palma e Pedro Giannini.[159] De acordo com os pesquisadores, "o referencial da proposta mais vantajosa ainda na fase de licitação para cálculo tarifário e equilíbrio econômico-financeiro pode perder o seu sentido com a COVID-19 em alguns cenários". Em prosseguimento, concluem que "por puro formalismo ou uma tentativa

---

[159] FAJARDO, Gabriel Ribeiro; RIOS, Jéssica Loyola Caetano; PALMA, Juliana Bonacorsi de; GIANNINI, Pedro. Concessões, PPPs e o impacto da Covid-19. COHEN, Isadora Chansky (*executive coordinator*). LEMBO, Carolina; SIQUEIRA, Marcos; SUÁREZ-ALEMÁN, Ancor; FIORAVANTI, Reinaldo; PAGLIUCA, Claudia Alvarez (Eds.). p. cm. Monografia do BID; 976. Texto gentilmente disponibilizado pelos pesquisadores.

infrutífera de sacralizar a licitação, erroneamente tomada no Brasil como antídoto à corrupção, pode-se exigir que continuemos a lidar com as concessões vigentes à luz do passado da proposta mais vantajosa".[160]

Sobre o tema, ainda no setor de concessão de rodovias, é de se destacar o texto *"Infrastructure: Global Toll Roads' Steep Climb Out Of COVID"*,[161] da S&P Global Ratings, no âmbito em que se chegou à conclusão segundo a qual tal setor deverá demorar, ao menos um ano, para se recuperar dos efeitos experimentados pela pandemia, o que produzirá decréscimos nas qualificações financeiras de diversos operadores privados. Ainda de acordo com a referida pesquisa, a depender da estruturação do tráfego da via concessionada, a perda de receitas importará uma redução de demanda entre 40% e 85%. Especificamente a propósito do tema da presente obra, é de se destacar o escrito *"Pandemics, public-private partnerships (PPPs), and force majeure | COVID-19 expectations and implications"*.[162] De acordo com o artigo, o evento de força maior, em contratos incompletos, sempre restou objeto de uma baixa densidade normativa, motivo pelo qual o escrito aponta que, de acordo com as melhores práticas internacionais, em concessões, os seus efeitos econômicos devem ser repartidos entre o poder concedente e os concessionários.

Como visto na introdução da presente obra, em 15 de abril de 2020, a Consultoria Jurídica do Ministério da Infraestrutura (MInfra) lavrou o Parecer nº 261/2020/CONJUR-MINFRA/CGU/AGU, que reconheceu a imprevisibilidade da pandemia da COVID-19, enquadrando-a como força maior ou caso fortuito, o que deverá ensejar o reequilíbrio econômico-financeiro dos contratos de concessão, na forma do disposto na matriz de riscos de cada instrumento contratual.[163]

---

[160] FAJARDO, Gabriel Ribeiro; RIOS, Jéssica Loyola Caetano; PALMA, Juliana Bonacorsi de; GIANNINI, Pedro. Concessões, PPPs e o impacto da Covid-19. *In*: COHEN, Isadora Chansky (*executive coordinator*). LEMBO, Carolina; SIQUEIRA, Marcos; SUÁREZ-ALEMÁN, Ancor; FIORAVANTI, Reinaldo; PAGLIUCA, Claudia Alvarez (Eds.). p. cm. Monografia do BID; 976. Texto gentilmente disponibilizado pelos pesquisadores. p. 4.

[161] S&P Global Ratings. Infrastructure: Global Toll Roads' Steep Climb Out Of COVID. *S&P Global Ratings*, 19 jun. 2020. Disponível em: https://events.inframationgroup.com/usp3/infrastructure. Acesso em: 05 jan. 2021.

[162] CASADY, C. B.; BAXTER, D. Pandemics, public-private partnerships (PPPs), and force majeure | COVID-19 expectations and implications. *Construction Management and Economics*, England, v. 38, n. 12, p. 1077-1085, 2020. Disponível em: https://www.tandfonline.com/doi/full/10.1080/01446193.2020.1817516. Acesso em: 05 jan. 2021.

[163] A ANTT, em 26 de março de 2020, editou a Resolução nº 5.879, que dispõe sobre a flexibilização de prazos para cumprimento de obrigações contratuais e regulatórias, em razão da Emergência de Saúde Pública de Importância Internacional decorrente do

Diante de tal cenário, o tema foi submetido à Análise de Impacto Regulatório – AIR, no âmbito do Processo nº 50500.075786/2020-16, a qual teve por estabelecer a metodologia do cálculo dos desequilíbrios extraordinários causados pela pandemia de coronavírus (COVID-19) e disciplinar a recomposição do equilíbrio econômico-financeiro, no âmbito dos contratos de concessão de infraestrutura rodoviária sob a competência da Agência Nacional de Transportes Terrestres. No âmbito da AIR, após acurado estudo jurídico e econômico-financeiro, a ANTT se deparou com três opções para dar cabo do referido problema regulatório: (i) manter a situação atual (que não resolveria os desequilíbrios e poderia importar em soluções de continuidade dos serviços); (ii) usar como parâmetro um ano típico; (iii) adotar metodologia de projeção de tráfego para um cenário sem pandemia. Ao apreciar as três alternativas regulatórias, a ANTT chegou à conclusão no sentido de que a perda de receita, a ser reequilibrada, será calculada pelo tráfego real verificado, no ano de 2020.

Tais conclusões foram incorporadas pela Resolução ANTT nº 5.954/2021, que estabelece a metodologia para o cálculo dos impactos causados pela pandemia de coronavírus (COVID-19) e para a recomposição do equilíbrio econômico-financeiro, no âmbito dos contratos de concessão de infraestrutura rodoviária sob competência da Agência Nacional de Transportes Terrestres. Tal normativo tem por objeto específico a ocorrência de desequilíbrio e a recomposição do equilíbrio econômico-financeiro no que toca aos efeitos produzidos, pela pandemia, nas concessões de rodovias, no período de março de 2020 a dezembro de 2020. De acordo com seu art. 3º, na aferição dos impactos causados pela pandemia de coronavírus, será considerada a diferença, a maior e a menor, verificada em cada mês para o total das praças de pedágio, entre o tráfego mensal projetado para o cenário hipotético em que a pandemia de coronavírus não houvesse ocorrido, e o tráfego real observado. Nos termos do seu art. 5º, "para as concessões dotadas de plano de negócios, a recomposição do equilíbrio econômico-financeiro será implementada pela alteração da tarifa básica de pedágio do fluxo de caixa original, através da consideração do montante de receita tarifária a ser reequilibrada verificada nos respectivos anos-concessão". O seu art.

coronavírus no âmbito da infraestrutura e serviço de transporte ferroviário de cargas e do transporte rodoviário de cargas e de passageiros, porém a referida resolução não tratou, especificamente, a propósito dos contratos de concessão de rodovia.

6º, por sua vez, dispõe que "Para as concessões desprovidas de plano de negócios, a recomposição do equilíbrio econômico-financeiro será implementada pela aplicação do Fator C", assim considerado como o montante de receita a ser reequilibrada por meio da multiplicação da perda de tráfego resultante da tarifa básica de pedágio contratual revisada, contemplando o reequilíbrio dos eixos suspensos isentos por lei.

Como se pode depreender de tais prescrições, será constituído um novo "Reequilíbrio Covid-19", por assim dizer. De fato, a alternativa regulatória escolhida pela ANTT vai no sentido de reequilibrar os contratos de concessão de rodovias, a partir da identificação de um "Fluxo de Caixa Pandêmico", dentro de um período previamente determinado. Em breve resumo, tal novo crivo de equilíbrio econômico-financeiro será formado a partir: (i) da aferição dos impactos da COVID-19 em cada concessão; (ii) a depender do disposto na matriz de risco contratual; e (iii) com lastro na diferença, a maior e a menor, verificada em cada mês para o total das praças de pedágio, entre o tráfego mensal projetado para o cenário hipotético em que a pandemia de coronavírus não houvesse ocorrido; tudo isso, a ser implementado, a depender da utilização do Plano de Negócios, para fins de reequilíbrio, ou do Fluxo de Caixa Marginal.

Diante de todo o exposto, é de concluir que o "Reequilíbrio COVID-19", nos contratos de concessão de rodovias, não se coaduna com o entendimento tradicional doutrinário sobre o regime jurídico de equilíbrio econômico-financeiro dos contratos de concessão. A uma, na medida em que, uma vez mais, a solução regulatória sugere a existência de múltiplos equilíbrios econômico-financeiros, cambiáveis, decorrentes da aferição de dados concretos e probabilísticos do projeto concessionado, e não da proposta comercial apresentada pelos licitantes. A duas, porquanto se estabeleceu um prazo temporal para assunção, pelo poder público, dos riscos do evento albergado pela Teoria da Imprevisão (pandemia), o que desconstrói o entendimento jurídico no sentido de sua atribuição, apriorística e atemporal, a determinada parte. Embora o tema ainda não tenha sido objeto de disciplina normativa específica, pela Anac, o racional que integra o regime jurídico de equilíbrio econômico-financeiro das concessões de rodovias também permeou a sua estruturação, no setor de concessão de aeroportos, tema dos próximos itens deste capítulo.

2.4 Os acordos de reequilíbrio nas concessões de rodovias

A tese veiculada neste livro também é confirmada pelos acordos de reequilíbrio realizados no Estado de São Paulo. Assim, por exemplo, cite-se, em 31 de março de 2022, o Estado de São Paulo e as Concessionárias ViaOeste, SPVias e Autoban celebraram o Termo Aditivo Modificativo Preliminar Coletivo nº 01/2021, no qual se assentou: a) O pagamento, pelas Concessionárias, ao Poder Concedente, da parcela do crédito regulatório decorrente da celebração dos TAMs de 2006; b) O encerramento das ações judiciais referentes aos TAMs 2006; c) O reconhecimento de um passivo regulatório de desequilíbrios a favor das Concessionárias pendentes de reequilíbrio econômico-financeiro; d) O reconhecimento das metodologias, premissas e diretrizes de cálculo para estabelecimento dos valores definitivos dos passivos de desequilíbrios e do recálculo de eventos de desequilíbrio; e) As condições para a quitação dos direitos das partes discutidos nos processos judiciais referentes aos TAMs 2006;

f) A compensação entre o restante do crédito do Poder Concedente com parcela do passivo de desequilíbrios em favor das Concessionárias; g) O oferecimento, pelas Concessionárias, de desconto regulatório para fins de cálculo do desequilíbrio decorrente da depreciação dos investimentos e amortização do ativo intangível e do ônus fixo, que representariam vantajosidade adicional ao Poder Concedente; h) O reconhecimento do direito da AutoBan de obter o reequilíbrio econômico-financeiro mediante prorrogação do prazo de vigência do contrato de concessão; i) O reconhecimento, pela ViaOeste, da responsabilidade de custear e executar as obras na Rodovia Castello Branco entre os kms. 23 e 32; j) A execução, pela Via Oeste, sem qualquer custo ao Poder Concedente ou reequilíbrio contratual, das obras de duplicação da Rodovia Lívio Tagliassachi, a título de doação de serviços; k) O compromisso, do Poder Concedente e da ARTESP, de avaliar tecnicamente a inclusão, ao Contrato de Concessão da ViaOeste, das obras de Novo Acesso ao Município de Osasco; Dispositivo do Sertanejo em Mairinque, Acesso ao Hospital Regional de Sorocaba e Marginais da Rodovia SP – 280, sem que tais investimentos constituíssem obrigações já assumidas pelas Concessionárias nos contratos de concessão; e l) A disciplina das medidas necessárias à concretização do Acordo Definitivo.

Por meio do TAM Preliminar nº 01/2021, as partes e a ARTESP reconheceram, de forma irrevogável e irretratável, a existência de eventos de desequilíbrio listados no ajuste. Os valores correspondentes a cada desequilíbrio seriam calculados pela ARTESP, conforme as premissas e diretrizes expressamente fixadas no aditivo contratual, medida necessária para que fosse possível proceder com a mensuração dos efeitos positivos, negativos ou neutros de cada um dos desequilíbrios.

O TAM Preliminar previu, ainda, que a sua eficácia estaria condicionada ao pagamento de valor total e bruto de R$1.200.000.000,00 (um bilhão e duzentos milhões de reais) pelas Concessionárias, como forma de adimplemento parcial do crédito que viesse a ser reconhecido a favor do Poder Concedente, por decorrência dos vícios atestados nos Termos Aditivos Modificativos celebrados em 2006.[164] Com base nesses preceitos, as partes estipularam que seriam encerradas as discussões em âmbito judicial e administrativo pendentes. Além disso, foi convencionada a compensação recíproca dos créditos regulatórios titularizados pelo Estado de São Paulo e detidos pelas Concessionárias até que houvesse a integral quitação do valor reconhecido em favor do Poder Concedente.[165]

No intuito de demonstrar a vantajosidade do acordo para o Poder Concedente, as Concessionárias ainda assumiram o compromisso, no aditivo preliminar, de conceder descontos regulatórios aos créditos correspondentes aos eventos de desequilíbrio a serem quantificados pela ARTESP. A ViaOeste, por exemplo, ofertou um desconto de R$370.000.000,00 (trezentos e setenta milhões de reais) para fins do cálculo do desequilíbrio decorrente da depreciação dos investimentos e

---

[164] 4.2. Para parcial adimplemento do crédito que vier a ser reconhecido na forma da Cláusula 4.1., serão pagos os valores abaixo pelas CONCESSIONÁRIAS em favor do PODER CONCEDENTE, em caráter definitivo, preservando-se os prazos dos CONTRATOS estabelecidos pelos TAMs 2006 e os prazos estabelecidos nos TAMs subsequentes aos TAMs 2006: I – R$352.000.000,00 (trezentos e cinquenta e dois milhões de reais) pela AutoBan; II – R$263.000.000,00 (duzentos e sessenta e três milhões de reais) pela SPVias; e III – R$585.000.000,00 (quinhentos e oitenta e cinco milhões de reais) pela ViaOeste.
4.2.1. A efetivação dos pagamentos acima ao PODER CONCEDENTE, totalizando o valor total e bruto de R$1.200.000.000,00 (um bilhão e duzentos milhões de reais), será considerada condição de eficácia para o presente ACORDO PRELIMINAR.

[165] 7.1. Além do pagamento disciplinado na Cláusula 4.2, as PARTES convencionam que ocorrerá a compensação com créditos regulatórios das CONCESSIONÁRIAS apurados na forma prevista na Cláusula Sexta, até a integral quitação do valor do crédito regulatório reconhecido em favor do Poder Concedente, apurado na forma da Cláusula 4.1 e das demais cláusula deste ACORDO PRELIMINAR, sendo referido crédito estimado pelas CONCESSIONÁRIAS no valor de R$7.626.000.000,00 (sete bilhões, seiscentos e vinte e seis milhões de reais), já descontado o pagamento realizado na forma da cláusula 4.2.

amortização do ativo intangível e do ônus fixo.[166] Já a AutoBan assumiu o compromisso de conceder um desconto regulatório de R$1.762.000.000,00 (um bilhão, setecentos e sessenta e dois milhões de reais), para fins do cálculo do desequilíbrio decorrente da depreciação dos investimentos e amortização do ativo intangível e do ônus fixo.[167]

Afora isso, como havia uma projeção de que o crédito regulatório a ser reconhecido em favor da AutoBan superaria o crédito regulatório titularizado pelo Estado do São Paulo, as partes acordaram, na Cláusula 7.1.2 do aditivo preliminar, que a parcela do desequilíbrio não compensado seria recomposta mediante a prorrogação do prazo do Contrato de Concessão da Concessionária.

No caso da ViaOeste, por sua vez, reconheceu-se, de pronto, a obrigação de a Concessionária realizar investimentos sem qualquer custo ao Poder Concedente. Além disso, previu-se também a possibilidade de o Executivo estadual exigir o aporte de novos investimentos por parte da Concessionária, o que, se concretizado, ensejaria o reequilíbrio econômico-financeiro do contrato de concessão por meio da prorrogação da vigência contratual, conforme se observa da Cláusula 9.2. do aditivo preliminar.

No intuito de impulsionar os atos preparatórios para a assinatura do aditivo definitivo, o TAM Preliminar nº 01/2021 fixou expressamente o prazo de 9 (nove) meses para a celebração de acordo definitivo, que poderia ser prorrogado de comum acordo entre as partes.

Ao apreciar os termos e condições do aditivo preliminar, a Procuradoria Geral do Estado de São Paulo, em sua unidade vinculada à ARTESP, afirmou, no PARECER: CJ/ARTESP nº 358/2021, que o acordo preliminar ostentaria natureza jurídica de contrato preliminar, estabelecendo os requisitos essenciais ao acordo definitivo que seria futuramente celebrado. Também assentou que "não se revela incompatível

---

[166] 6.2. – III. Desconto regulatório de R$370.000.000,00 (trezentos e setenta milhões de reais), na data-base VPL jul/2020 e ano 24 da concessão, concedido pela ViaOeste ao PODER CONCEDENTE, por mera liberalidade, decorrente da redução da TIR contratual de 19,327% a.a. para 16,58% a.a., para fins de cálculo do desequilíbrio econômico-financeiro da depreciação dos investimentos e amortização do ativo intangível e do ônus fixo, previsto no inciso II, acima.

[167] 6.4. – III. Desconto regulatório de R$1.762.000.000,00 (um bilhão, setecentos e sessenta e dois milhões de reais), na data-base VPL jul/2020 e ano 24 da concessão, concedido pela AutoBan ao PODER CONCEDENTE, por mera liberalidade, decorrente da redução da TIR contratual de 19.77735% a.a. para 16,78% a.a., para fins de cálculo do desequilíbrio econômico-financeiro da depreciação dos investimentos e amortização do ativo intangível e do ônus fixo, previsto no inciso II, acima.

com a natureza de contrato preliminar o estabelecimento de obrigações de caráter definitivo, adicionalmente à fixação de premissas e diretrizes voltadas a orientar a celebração de ajuste futuro".

Em atendimento ao TAM Preliminar, as partes adotaram as providências para o encerramento das ações judiciais em curso e a ARTESP apresentou pronunciamentos técnicos, reconhecendo que as obras previstas no ajuste eram adequadas e compatíveis com o interesse público. Assim, após Parecer da Consultoria Jurídica da Agência, seu Conselho Diretor ratificou e homologou a instrução dos respectivos processos administrativos, decidindo pela pertinência da inclusão dessas obras no contrato de concessão da ViaOeste. Em conjunto com tais medidas, a ARTESP concluiu a instrução processual e os cálculos necessários à precisa mensuração dos efeitos positivos, negativos ou neutros de cada um dos eventos de desequilíbrio contratual, viabilizando a celebração do acordo definitivo.

Em sequência, o Parecer CJ/ARTESP nº 231/2022 opinou pela viabilidade, do ponto de vista estritamente jurídico, da celebração do acordo definitivo e, por fim, o Conselho Diretor da ARTESP aprovou a minuta do aludido instrumento contratual.

Na mesma direção, cite-se que, em 31 de março de 2022, o Estado de São Paulo e as Concessionárias rodoviárias do Grupo CCR, com interveniência-anuência da ARTESP, celebraram o Termo Aditivo e Modificativo Coletivo nº 01/2022, o qual teve por objeto: a) Estabelecer os valores finais apurados nos cálculos realizados pela ARTESP dos desequilíbrios econômico-financeiros, reconhecidos de forma irrevogável e irretratável no TAM Preliminar Coletivo; b) Disciplinar as responsabilidades das partes e da ARTESP quanto às medidas necessárias para o encerramento das ações judiciais; c) Reconhecer o saldo de desequilíbrio em favor da AutoBan, e equacioná-lo mediante prorrogação do prazo de vigência; d) Promover, de forma irrevogável e irretratável, o reequilíbrio econômico-financeiro relativo a todos os eventos de desequilíbrio; e) Registrar a forma como foi disciplinada a responsabilidade da ViaOeste de custear e executar as obras da Rodovia Castello Branco; f) Registrar a forma como foi disciplinada a responsabilidade da ViaOeste pela execução, sem qualquer custo ao Poder Concedente ou reequilíbrio contratual, das obras de duplicação da Rodovia Lívio Tagliassachi, a título de doação; e g) Reconhecer as quitações recíprocas outorgadas pelas partes com relação a quaisquer litígios, presentes ou futuros, que tenham por objeto os eventos de desequilíbrio econômico-financeiro reequilibrados por meio do acordo preliminar e do próprio acordo definitivo.

No que concerne ao arbitramento dos desequilíbrios suportados pelas partes, o crédito remanescente em favor do Poder Concedente foi quantificado no valor de R$6.250.093.576,10 (seis bilhões, duzentos e cinquenta milhões, noventa e três mil, quinhentos e setenta e seis reais e dez centavos). Do lado das Concessionárias, a ARTESP reconheceu a existências dos seguintes créditos decorrentes de desequilíbrios materializados nas relações concessórias: a) ViaOeste – Crédito de R$1.875.302.086,24 (um bilhão, oitocentos e setenta e cinco milhões, trezentos e dois mil, oitenta e seis e vinte e quatro centavos); b) SPVias – Crédito de R$1.060.065,488,30 (um bilhão, sessenta milhões, sessenta e cinco mil, quatrocentos e oitenta e oito reais e trinta centavos); e c) AutoBan – Crédito de R$7.653.145.066,48 (sete bilhões, seiscentos e cinquenta e três milhões, cento e quarenta e cinco mil, sessenta e seis reais e quarenta e oito centavos).

No que concerne à assunção da obrigação quanto à realização de novos investimentos pelas Concessionárias, o Acordo Definitivo estabeleceu que seriam efetuados investimentos pelas Concessionárias referentes à manutenção dos níveis de serviço nos sistemas rodoviários, exclusivamente para a conservação especial de tais sistemas, bem como para a aquisição de veículos, equipamentos e sistemas vinculados à operação, durante todo o prazo compreendido entre o termo original de vigência e o termo final decorrente de prorrogações contratuais.

Tais investimentos, contudo, não ensejariam qualquer desequilíbrio aos Contratos de Concessão. Por outro lado, o TAM Definitivo destacou que a inserção posterior, no escopo contratual, de investimentos referentes aos aumentos de capacidade das vias, deveriam ser objeto de termo aditivo próprio, e dariam ensejo à necessidade de se promover a recomposição da equação econômico-financeira.

No caso da SPVias, foi celebrado, ainda, o TAM nº 14/2022, entre o Estado de São Paulo e a aludida Concessionária, novamente com interveniência-anuência da ARTESP. Nesse ajuste, as partes formalizaram a inclusão de novos investimentos no Contrato de Concessão, que impactaram a equação contratual, acarretando desequilíbrio da equação econômico-financeira, que foi recomposta por meio da extensão do prazo contratual. Medida idêntica foi adotada no arranjo da Concessionária ViaOeste. Por meio do TAM nº 23/2022, o Estado de São Paulo e a Concessionária acordaram em incluir novos investimentos no escopo do Contrato de Concessão, referentes às obras de implantação de dispositivo de acesso à Estrada do Sertanejo – km 65 + 250 – Trecho urbano do Município de Mairinque, que acarretaram a necessidade de recomposição do equilíbrio econômico-financeiro por meio da modalidade de prorrogação de contrato.

Ressalta-se que todos os TAMs mencionados se submeteram à análise da Consultoria Jurídica da ARTESP e à deliberação do Conselho Diretor da Agência. Frise-se, ainda, que os TAMs também dispuseram a respeito do valor dos investimentos e dos riscos, além dos novos investimentos no período de extensão do prazo da concessão, dentre outros aspectos específicos ao caso.

Como se vê, o Estado de São Paulo buscou a via consensual para sanar uma série de controvérsias existentes nas relações concessórias mantidas com concessionárias do Grupo CCR que, ao final, prejudicam a prestação do serviço público à coletividade. Por meio do termo aditivo preliminar, as partes assumiram uma série de compromissos prévios e indicaram as soluções que seriam endereçadas para sanar os conflitos postos. Cumpridos todos os compromissos constantes no aditivo preliminar, as partes pactuaram o Termo Aditivo e Modificativo ("TAM") Coletivo nº 01/2022, no qual se estabeleceu que o desequilíbrio existente em desfavor da AutoBan, na importância total de R$3.450.161.665,29 (três bilhões, quatrocentos e cinquenta milhões, cento e sessenta e um mil, seiscentos e sessenta e cinco reais e vinte e nove centavos), seria equacionado por meio da extensão da vigência contratual por pouco mais de 10 (dez) anos.

Ato seguinte, o Executivo paulista e as Concessionárias SPVias e ViaOeste celebraram novos aditivos contratuais, nos quais acordaram em inserir, no arranjo concessório, investimentos extraordinários cuja amortização se daria também por meio da prorrogação da vigência da Concessão. Ambos os ajustes denotam que a modalidade de prorrogação-reequilíbrio pode ser empregada para equacionar desequilíbrios já realizados, bem como amortizar os efeitos sob a equação econômico-financeira decorrentes da inserção de novos investimentos no arranjo concessório.

Como se pode perceber, no âmbito das concessões de rodovias estaduais, endereçam-se diversos equilíbrios econômico-financeiros, por intermédio da celebração de acordos.

2.5 O equilíbrio econômico-financeiro nas concessões de aeroportos

A exploração de aeroportos, de acordo com Cleveland Prates Teixeira, Frederico Aráujo Turrola e Alessandro Vinicius Marques,[168] "antes tratada como um monopólio natural típico, cuja função primordial era prover infraestrutura para receber carga e passageiro, hoje, em muitos lugares, é tratado como um modelo de negócio tipicamente comercial". Tal concepção começou a ser alterada, no idos da década de 1980, seja em razão da desregulação das companhias áreas, o que propiciou a criação de um ambiente de negociação entre estes e os operadores da infraestrutura aeroportuária, seja pelo surgimento das empresas de baixo custo (*Low Cost Carriers* – LCCs), as quais fomentaram a instauração de um ambiente concorrencial entre aeroportos, notadamente para a escolha de *hubs* aeroportos secundários.[169] Tais fatores importaram a privatização dos sete aeroportos britânicos – três na região de Londres (Heathrow, Gatwick e Stansted), além de Glasgow, Edinburgh, Aberdeen e Southampton).[170]

No Brasil, até o início do Programa de Concessões Federais de Infraestrutura Aeroportuária, tinha lugar um modelo de exploração pública monopólica, pela Empresa Brasileira de Infraestrutura

---

[168] TEIXEIRA, Cleveland Prates; TUROLLA, Frederico Araújo; OLIVEIRA, Alessandro Vinicius Marques de. As mudanças recentes e as perspectivas para o setor aeroportuário. In: PINHEIRO, Armando Castelar; FRISCHTAK, Cláudio. *Gargalos e soluções na infraestrutura dos transportes*. Rio de Janeiro: FGV, 2014. p. 173.

[169] De fato, como observam Floriano de Azevedo Marques Neto e Marina Fontão Zago, "Além da previsão normativa de competição no âmbito das políticas pública e regulatória, deve-se observar que os aeroportos efetivamente concorrem entre si em determinados nichos do mercado. Em relação ao transporte de pessoas, por exemplo, há certa substitubilidade entre os aeroportos de Guarulhos e Congonhas. No transporte de cargas, por sua vez, há concorrência entre Guarulhos, Viracopos e Confins. Nesse cenário fático, submeter os operadores desses aeroportos a regras diversas enseja efetivo risco de distorcer a concorrência" (MARQUES NETO, Floriano de Azevedo; ZAGO, Marina Fontão. Limites das assimetrias regulatórias e contratuais: o caso dos aeroportos. *Revista de Direito Administrativo*, Rio de Janeiro, v. 277, n. 1, p. 175-201, 2018).

[170] TRETHEWAY, M.; KINCAID, I. *Competition Between Airports*: Occurrence and Strategy. England: Routledge, 2010. p. 123. Nada obstante, no caso do Reino Unido, demonstrou-se que a privatização – pioneira em âmbito mundial – ocorreu em 1987, e a British Airport Authority – BAA foi vendida para um mesmo operador com os sete maiores aeroportos, responsáveis por 60% do total de passageiros naquele ano. Porém, posteriormente, ao analisar o desempenho da BAA, a Competition Comission – CC concluiu que a "propriedade de ativos com potencial de competição tendia a limitar investimentos em infraestrutura, diminuir a qualidade dos serviços, além de não prover incentivos adequados à redução dos custos de operação" (Acordão nº 2666/2013-TCU – Plenário).

Aeroportuária – INFRAERO. Nada obstante, tal modelo de exploração, por intermédio de uma empresa estatal, ao longo dos anos, passou a apresentar, como já asseverado,[171] as seguintes vicissitudes: (i) inadequação da infraestrutura à demanda (atual e futura) de passageiros e usuários; (ii) a maior parte dos investimentos no campo era dependente de aporte de recursos da União – recursos que, por sua vez, são provenientes de tributação; (iii) não havia, no âmbito da regulação jurídica aeroportuária, incentivos ao desenvolvimento de novas tecnologias; e (iv) a gestão centralizada da Infraero gerou uma política de subsídios cruzados entre os aeroportos, o que mascarava ineficiências alocativas no setor.

De fato, de acordo com o Estudo do Setor de Transporte Aéreo do Brasil, elaborado pela McKinsey & Company, em 2010, "a infraestrutura aeroportuária, em sua grande parte a cargo da Infraero, empresa que administra os aeroportos responsáveis por mais de 95% do tráfego aéreo civil, não cresceu no mesmo ritmo da demanda".[172] Diante do que a referida consultoria conclui que, à época, "dos 20 principais aeroportos nacionais, 13 já apresentam gargalos nos terminais de passageiros, com consequente redução no nível de serviço prestado aos usuários, sendo o caso mais crítico o de São Paulo, principal *hub* do País, com cerca de 25% do tráfego total".

Tais gargalos motivaram as investidas de delegação da exploração de tais infraestruturas à iniciativa privada, por intermédio de contratos de concessão. Dois eram os objetivos governamentais. O primeiro, estabelecer uma concorrência pelo mercado, por intermédio da qual se visa, no âmbito de diversas rodadas competitivas, extrair informações e gerar um valor eficiente para a exploração de um ativo. É que a instauração de um ambiente competitivo, ao revelar informações de seus concorrentes, sinaliza, *ex ante*, qual é o preço eficiente. O segundo objetivo, considerando a tendência mundial anteriormente apresentada, foi o de instituir um regime de competição no mercado,[173]

---

[171] GARCIA, Flavio Amaral; FREITAS, Rafael Véras de. Concessão de aeroportos: desafios e perspectivas. *Revista Brasileira de Direito Público*, Belo Horizonte, a. 10, n. 36, p. 9-36, jan./mar. 2012.

[172] MCKINSEY & COMPANY. *Estudo do setor de transporte aéreo do Brasil*: relatório consolidado. Rio de Janeiro: Mckinsey & Company, 2010. p.256.

[173] Cuida-se de uma sistemática que apresenta as seguintes eficiências, como apontado por Luis Guasch, para quem "Concessões de monopólios (quase) naturais oferecem várias vantagens. Primeiro, permitem a participação privada em sectores em que a propriedade privada é constitucionalmente, legalmente, ou politicamente insustentável. Em segundo

no âmbito do qual os operadores privados competiriam entre si, após a realização de procedimento licitatórios; nessa hipótese, o preço mais eficiente de exploração do ativo será formado, *ex post*, a ser aferido, de forma contínua, pelo regulador.[174]

Desde a escolha do modelo contratual das concessões, já se vislumbrava implementar um modelo de regulação endocontratual, por intermédio do qual seria instituído um sistema de incentivos redutor da assimetria de informações entre o poder público e os concessionários. De

---

lugar, se atribuídas de forma competitiva (o que tende a ser o caso), as concessões permitem a concorrência para o mercado (em oposição à concorrência no mercado) e deveria dissipar as rendas monopolistas – assegurando o operador mais eficiente e, em princípio, facilitando a supervisão regulamentar. Em terceiro lugar, as concessões podem encorajar eficiência de custos, particularmente quando concedidos ao abrigo de regulamentação de preços ou de taxa de retorno, se forem utilizados referenciais de custos. Nos termos da regulamentação de preços, os contratos de concessão especificam preços máximos para o conjunto quantidades de bens ou serviços, permitindo uma economia de custos para o concessionário, pelo menos entre revisões tarifárias. Finalmente, as concessões podem alcançar preços óptimos mesmo quando os custos afundados excluem a contestabilidade, porque a concorrência ocorre antes das empresas se comprometerem a investir" (GUASCH, J. L. *Granting and Renegotiating Infrastructure Concessions*: Doing It Right. Washington: The World Bank, 2004. p. 31).

[174] RENZETTI, Bruno Polônio. *Infraestrutura e concorrência*: concessão de aeroportos. Rio de Janeiro: Lumen Juris, 2019. p. 56. O tema, inclusive, foi objeto de diversos questionamentos no setor de concessão de aeroportos, destacadamente, por ocasião da restrição editalícia da propriedade cruzada de infraestruturas aeroportuárias. Tal restrição se deu, como dá nota a multicitada nota técnica 33/DERC/SPR/SAC-PR, porquanto: (i) há possibilidade de competição entre os aeroportos do Galeão e de Confins e os da rodada anterior (Guarulhos, Brasília e Viracopos), na maioria dos casos em relação a "tráfego de cargas" e "de conexão"; (ii) a experiência internacional corrobora a ideia de que é necessária a preservação da concorrência entre aeroportos localizados a grandes distâncias; (iii) é importante haver concessionárias independentes, sem propriedade comum, também para que o regulador identifique melhores práticas e soluções (*benchmarking*) e aprimore a qualidade das decisões regulatórias; em consequência, recomendou-se a manutenção da vedação de participação cruzada ou, no caso de sua flexibilização, limitar a propriedade cruzada a uma participação minoritária, com garantias contratuais efetivas para que o detentor de um dos aeroportos não integre o conselho de administração da concessionária de outro e detenha poder de influência nas decisões relevantes. Não é por outra razão que o art. 15 do Decreto nº 7.624/2021 prescreve que "A fim de assegurar as condições de concorrência, o poder concedente poderá estabelecer as seguintes restrições quanto à obtenção e à exploração da concessão, dentre outras, observadas as atribuições do Sistema Brasileiro de Defesa da Concorrência: I - regras destinadas a preservar a concorrência entre aeródromos. Ao examinar a sua validade, o Tribunal de Contas da União – TCU deixou assentado que a limitação à propriedade cruzada entre aeroportos está alinhada com práticas internacionais de concessões aeroportuárias em decorrência da possível competição nas frentes 'passageiros domésticos e internacionais', 'conexões domésticas e internacionais', 'carga doméstica e internacional' e 'contratos com empresas aéreas e outros prestadores de serviços; no caso brasileiro, é desejável que os principais aeroportos do país estejam sob propriedade e controle de grupos distintos para: i) induzir a competição direta ou indireta e comportamentos mais eficientes; e ii) permitir que o regulador tenha um conjunto de informações amplo, a fim de tornar possível a observação das melhores práticas e soluções e, dessa forma, melhorar a qualidade das decisões regulatórias" (Acordão nº 2666/2013 – Plenário).

fato, como dão conta Vinícius Yosimoto Rafael Chambarelli, Bernardo Mattos, Paulo Oliveira e Fernando Camacho e Henrique Pinto,[175] a escolha da delegação da exploração da infraestrutura aeroportuária, por meio de módulos concessórios, teriam as seguintes vantagens: (i) permitiria a criação de referenciais de qualidade (*benchmarking*); (ii) demandaria o aprimoramento regulatório do setor; (iii) geraria incentivos para a capacitação do setor público; e (iv) criaria condições para o aumento da concorrência.

Mais que isso, como se trata de contratos de concessão celebrados, a partir de 2008, o seu equilíbrio econômico-financeiro já congrega um racional mais voltado à lógica de incentivos, lastreado no racional da Análise Econômica do Direito. É o que se depreende, por exemplo, do Decreto nº 7.624, de 22 de novembro de 2011, que dispõe sobre as condições de exploração, pela iniciativa privada, da infraestrutura aeroportuária, por meio de concessão. Assim, por exemplo, cite-se o seu art. 6º, segundo o qual "o prazo de vigência será estabelecido pelo poder concedente, no edital e no contrato de concessão, e deverá ser compatível com a amortização dos investimentos, podendo ser prorrogado uma única vez, por até cinco anos, para fins de reequilíbrio econômico-financeiro decorrente da efetivação de riscos não assumidos pela concessionária no contrato, mediante ato motivado". Na mesma linha, é de destacar o art. 7º, §1º, segundo o qual "O regime tarifário dos contratos de concessão deverá prever a transferência de ganhos de eficiência e produtividade aos usuários, e considerar aspectos de qualidade na prestação de serviço". O art. 14, incisos I e II, prescreve que os contratos de exploração de infraestrutura aeroportuária devem prever: uma alocação de riscos entre o poder concedente e a concessionária; e as condições de manutenção do equilíbrio econômico-financeiro. Logo, é possível inferir que tal normativo-base da disciplina das concessões aeroportuárias, de largada, ao invés de prever que "A tarifa do serviço público concedido será fixada pelo preço da proposta vencedora da licitação e preservada pelas regras de revisão" (na forma do disposto no art. 9º, *caput*, da Lei nº 8.987/1995), prescreve que será implementada uma regulação tarifária, por incentivos – lastreada nas variáveis econômicas "prazo", "risco" e "eficiência".

---

[175] YOSIMOTO, Vinícius *et al*. A lógica atual do setor aeroportuário brasileiro. *Revista do BNDES*, Rio de Janeiro, n. 45, p. 243- 292, jun. 2016. p. 271.

Tal vertente que orientou a estruturação econômico-financeira de todas as rodadas das concessões que foram implementadas. Desde a celebração do Contrato de Concessão de São Gonçalo do Amarante (ASGA), incluído no PND, por intermédio do Decreto nº 6.373, de 14 de fevereiro de 2008, já se tinha por finalidade "disciplinar a aplicação de índices de qualidade de serviço, a aplicação de fatores de produtividade (fator X), a qualidade de investimentos, o modelo de plano de contas, entre outros temas, o que obriga à constante atualização do marco regulatório".[176] Mais que isso, o instrumento contratual, em sua cláusula 5.2.12 (cláusula cujo teor veio a ser reproduzido nas demais rodadas), dispõe que são riscos alocados ao poder concedente, que ensejarão o reequilíbrio econômico-financeiro em favor da concessionária, a "ocorrência de eventos de força maior ou caso fortuito, exceto quando a sua cobertura seja aceita por instituições seguradoras, no mercado brasileiro, à época da contratação do seguro". Isto importa dizer que, se tal evento for coberto por uma apólice, a responsabilidade econômica a propósito de tais eventos seria alocada ao concessionário. Portanto, é de se concluir que, já de acordo com primeira concessão de aeroportos do Brasil, não se intentou endereçar uma alocação apriorística de eventos albergados, pela Teoria da Imprevisão, para o Poder Público. Nem, muito menos, prescrever que "a tarifa do serviço público concedido será fixada pelo preço da proposta vencedora da licitação e preservada pelas regras de revisão". Assim como no setor de rodovias, no âmbito do procedimento de reajuste contratual dos contratos de concessão de aeroportos, já se poderá alterar o valor de sua tarifa, a partir da avaliação da produtividade do concessionário, que será trespassada para os

---

[176] YOSIMOTO, Vinícius et al. A lógica atual do setor aeroportuário brasileiro. *Revista do BNDES*, Rio de Janeiro, n. 45, p. 272, jun. 2016. A metodologia de cálculo do Fator X é composta de dois componentes com igual peso. O componente 'T' leva em consideração a taxa média de crescimento do tráfego de passageiros e o componente 'E' incorpora a média aritmética da proporção investimento de capital sobre o Lajida (Lucro Antes dos Juros, Impostos, Depreciação e Amortização) ou, sua sigla correspondente em inglês, Ebtida (Earning Before Interests, Taxes, Depreciation and Amortization). A relevância da estrutura desse deflator é tamanha para os contratos de concessão de aeroportos que o Tribunal de Contas da União – TCU, ao examinar a modelagem econômico-financeira no âmbito do 1º estágio da licitação do aeroporto de Guarulhos determinou "à Anac que estabeleça, para o regime tarifário do contrato de concessão, fórmula de reversão de ganhos de eficiência e de produtividade em favor dos usuários do serviço outorgado, de forma que a equação escolhida reflita de forma adequada o incremento de eficiência e de produtividade obtidos pela futura concessionária, a teor do que dispõe o inciso X do art. 29 da Lei Geral das Concessões c/c o art. 7º, §1º, do Decreto 7.624/2011" (Acórdão nº 3.232/2011).

usuários. É o que depreende de sua fórmula paramétrica, assim ilustrada, na cláusula 6.4 do instrumento contratual, abaixo colacionada:

Figura 1

> Onde:
>
> X_{ac} é o fator de produtividade acumulado, referente ao número de meses compreendido entre o início e o fim da FASE I. O fator X_{ac}, neste primeiro reajuste, tem seu valor determinado pela expressão:
>
> $$X_{ac} = (1 + X_m)^n - 1;$$
>
> na qual n é o número de meses que representa a duração da FASE I e X_m é o valor correspondente ao fator X mensal calculado pela expressão:
>
> $$X_m = [(1 + 0{,}0129)^{\frac{1}{12}} - 1] = 0{,}00106869595821268$$
>
> T_1 é o valor da Tarifa reajustada na data de início da FASE II;
> T_0 é o valor da Tarifa a preços correntes constantes do Anexo 4 - Tarifas;
> $IPCA_1$ é o índice referente ao IPCA do mês anterior ao primeiro reajuste;
> $IPCA_0$ é o índice referente ao IPCA do mês da publicação do Edital.

Após essa primeira licitação, tiveram início as rodadas de concessões aeroportuárias. Nas 2ª e 3ª Rodadas, nas quais foram licitados os aeroportos de Guarulhos (GRU), Viracopos (VCP), Brasília (BSB), Galeão e Confis (GIG e CNG), respectivamente, desenhou-se, igualmente, um equilíbrio econômico-financeiro, lastreado em um sistema de incentivos, considerando a existência de uma assimetria de informações entre o regulador e as concessionárias. Assim, por exemplo, cite-se a cláusula 6.6. do contrato de concessão do Aeroporto de Guarulhos, segundo o qual "o fator X poderá afetar de forma positiva ou negativa o resultado do reajuste anual dependendo da evolução das variáveis associadas à produtividade e eficiência da indústria aeroportuária e/ou do Aeroporto". Na mesma direção, cite-se a sua cláusula 6.15, consoante a qual se prevê que o reequilíbrio econômico-financeiro do contrato será revisto regularmente, considerando a revisão dos indicadores de qualidade do serviço (fatores X e Q), bem como a taxa de desconto, a ser utilizada no Fluxo de Caixa Marginal.

Na 4ª Rodada,[177] no âmbito da qual foram licitados os aeroportos de Fortaleza (CE), Salvador (BA), Florianópolis (SC) e Porto Alegre

---

[177] Nesta rodada, restou suprimida a obrigatoriedade de participação compulsória da Infraero no Acionista Privado. Assim é que, a fim de se reduzir as chances da apresentação de

(RS), também se veiculou uma regulação contratual lastreada em uma noção de equilíbrio econômico-financeiro mutável e compatível com a incompletude contratual que lhe é congênita. Considerando os malfadados das rodadas anteriores, produzidos, dentre outros fatores, por uma modelagem que previu a diluição do pagamento de uma outorga fixa, anualmente, pelo período de vigência do prazo do contrato de concessão, previu-se um percentual de outorga variável sobre a receita bruta de todos os ativos. Tal alteração se deu pelo "fato de a outorga fixa e seu ágio, nessas rodadas, estarem inseridos no fluxo de caixa do projeto, sem que seja necessário, a princípio, comprometer capital significativo com o projeto".[178] Nesse sentido, cite-se a cláusula 2.20 do contrato de concessão de Porto Alegre, de acordo com o qual "a Contribuição Variável corresponderá ao montante anual em reais resultante da aplicação de alíquota de 5% (cinco por cento) sobre a totalidade da receita bruta da Concessionária e de suas eventuais subsidiárias integrais".

Note-se que o pagamento de uma outorga variável é um exemplo destacado da hipótese testada neste capítulo. A uma, porquanto o próprio conceito de maior outorga já infirma a premissa de acordo com qual o equilíbrio econômico-financeiro do contrato de concessão será formado, a partir da proposta comercial apresentada pelos licitantes (racional aplicável, quando muito, nas licitações que se valem do critério de menor valor tarifa). A duas, na medida em que, se o concessionário pagará uma contribuição variável, que será aferida, a partir da demanda real da exploração do ativo, isso importa dizer que o crivo de equilíbrio do seu contrato de concessão será alterado a partir da *performance* da concessão – perspectiva, de todo, incompatível com

---

propostas inexequíveis, estabeleceu-se uma sistemática segundo a qual 25% da outorga fixa (adicionada a eventual ágio) seria paga, no ato de assinatura dos contratos, e os 75% restantes seriam pagos, a partir do sexto ano de vigência do contrato. Mais que isso, o restante do VPL seria pago na forma de uma contribuição variável lastreada no faturamento bruto anual das concessionárias. Tais alterações propiciaram a diminuição da assimetria de informações entre as partes, reduzindo os impactos da transferência de custos das obras e da outorga a uma empresa estatal (a Infraero), e garantindo-se a exequibilidade das propostas (tanto pelo pagamento antecipado, tanto pela instituição de uma carência nos anos mais pesados de investimentos das concessões). A rodada foi importante para a retomada da confiança de investidores estrangeiros no Brasil em um cenário pós Operação Lava-Jato e foi marcada por um resultado em que apenas consórcios contendo 100 % de capital estrangeiro lograram-se vencedores, o que confirmou a avaliação do governo de que o *rating* das empresas brasileiras estava afetando os custos de *project finance* naquele momento.

[178] MACHADO, Bernardo Vianna Zurli et al. A evolução recente do modelo de concessão aeroportuária sob a ótica da financiabilidade. The recent evolution of the airport's concession model from the financiability view. *BNDES Setorial*, Rio de Janeiro, v. 25, n. 50, p. 222, set. 2019.

o conceito ergótico de equilíbrio econômico-financeiro apregoado pela doutrina administrativista.

A 5ª Rodada,[179] no âmbito da qual foram licitados os aeroportos de Recife (PE), Maceió (AL), Aracaju (SE), João Pessoa (PB), Campina Grande (PB), Juazeiro do Norte (CE), Vitória (ES) e Macaé (RJ), e os aeroportos mato-grossenses de Várzea Grande (Cuiabá), Rondonópolis, Sinop e Alta Floresta, foi marcada por uma maior flexibilização regulatória. Na oportunidade, aprimorou-se a cláusula de "gatilhos de investimentos", de modo que as obrigações de investimento do concessionário só serão instituídas na hipótese do atingimento de determinado nível de demanda (sem a fixação de prazo limite, como ocorria nas rodadas anteriores), ou para o atendimento das obrigações de desempenho (que correspondem ao atendimento de um nível mínimo de conforto para os passageiros).

Por meio de previsão dessa ordem, reconhece-se incompletude de tais ajustes (*incomplete contracts*) e os problemas de incerteza (*uncertainty*), que permeiam a sua execução (a isso voltaremos doravante). Ainda nesta modelagem, previu-se um sistema de liberdade tarifária, no qual operadores que não detêm o potencial de exercer o poder de mercado têm a liberdade de fixar diferentes valores tarifários no que toca à aviação regular de passageiros (embarque, conexão, pouso e permanência), a exemplo do que já se passava no transporte aéreo de passageiros.

---

[179] Nessa rodada, procurou-se endereçar a questão da existência de aeroportos deficitários, por intermédio de uma modelagem de subsídio cruzado entre aeroportos dentro de cada bloco. Diante do que a exploração dos terminais superavitários viabilizaria os deficitários (evitando-se o *Cherry Picking*). A rodada foi marcada também por uma maior flexibilização regulatória e diminuição de investimentos prescritivos ou obrigatórios. Nesse quadrante, aprimorou-se a cláusula de "gatilhos de investimentos", de modo que as obrigações de investimento do concessionário só serão instituídas na hipótese do atingimento de determinado nível de demanda (sem a fixação de prazo limite, como ocorria nas rodadas anteriores), ou para o atendimento das obrigações de desempenho (correspondente ao nível mínimo de conforto para os passageiros, nível ótimo). Por meio de previsão dessa ordem, reconhece-se, pois, a incompletude de tais ajustes (*incomplete contracts*) e os problemas de incerteza (*uncertainty*), que permeiam a sua execução. Ainda nesta modelagem, previu-se um sistema de liberdade tarifária, no qual operadores que não detêm o potencial de exercer o poder de mercado tem a liberdade de fixar diferentes valores tarifários no que toca à aviação regular de passageiros (embarque, conexão, pouso e permanência), a exemplo do que já se passava no transporte aéreo de passageiros. Por sua vez, procurou-se endereçar a questão da existência de aeroportos deficitários, por intermédio de uma modelagem de subsídio cruzado entre aeroportos dentro de cada bloco. Diante do que a exploração dos terminais superavitários viabilizaria os deficitários (evitando-se o *Cherry Picking*).

Também nessa linha se delineou, em maiores detalhes, o instituto da Proposta Apoiada, por intermédio do qual são celebrados acordos entre operadores aeroportuários e as empresas aéreas, cujo objetivo é o estabelecimento de uma tarifa adequada, a ser submetida ao crivo do regulador – na linha do que recomenda a Organização da Aviação Civil Internacional – OACI. Tal instrumento é consagrado em outras experiências bem-sucedidas, como, por exemplo, no âmbito do regime tarifário aplicado no Aeroporto de Heathrow, na Inglaterra, por meio dos conhecidos institutos do *constructive engagement* e da *consultation conditions*. São cláusulas que visam reduzir a assimetria de informações entre o regulador e os regulados a propósito dos custos reais da firma, as quais podem possibilitar o ingresso no mercado de empresas de baixo custo (*low costs*). No contrato de concessão do Aeroporto de Recife, em sua cláusula 6.16, se definiu tal expediente como um "mecanismo de flexibilização regulatória cujo objetivo é permitir a manutenção do equilíbrio econômico-financeiro da concessão e da eficiência na gestão aeroportuária ao longo do período da concessão". De acordo com tal instrumento contratual, a concessionária poderá, apoiada pelas empresas aéreas, apresentar Proposta Apoiada, que terá por objetivo alterar valores de receita teto e tetos tarifários ou estabelecer modelos alternativos de tarifação. Dito em outros termos, tal instrumento tem por desiderato estimular o engajamento entre as partes, porquanto a concessionária e os usuários (especialmente as companhias aéreas) poderão definir, diretamente, entre eles, os parâmetros que nortearão a possibilidade de flexibilização dos tetos tarifários. Tal instituto sugere que serão produzidas soluções de mercado mais eficientes do que aquelas que poderiam advir do regulador, uma vez que tais atores, presumidamente, possuem melhores informações sobre as atividades que são desenvolvidas no âmbito da infraestrutura aeroportuária.[180]

Ainda no âmbito das inovações regulatórias de tal rodada atreladas ao equilíbrio econômico-financeiro, é de destacar a introdução de um novo critério de revisão extraordinária do contrato, por intermédio do qual só se permite a apresentação de tal pleito do reequilíbrio econômico-financeiro, se ocorrer um evento que cause impacto superior a

---

[180] De acordo com Tribunal de Contas da União – TCU, "Esse novo modelo abre espaço, por exemplo, para que a concessionária entre em acordo com uma companhia aérea de baixo custo – conhecidas como low costs – e ofereça um terminal mais simples para realização de voos mais baratos e com menos serviços disponibilizados. Se isso acontecer, serão possíveis alterações no contrato para incorporar esses casos" (Acordão nº 2.462/2018 – TCU).

1% da receita bruta de todo o bloco de aeroportos, sendo que, na hipótese de pedido que contemple mais de um evento, considerar-se-á esse percentual para cada evento, de forma isolada. Trata-se de expediente que, de acordo com a Anac,[181] importa em maior simetria de tratamento entre os eventos de desequilíbrio, desfavoráveis e favoráveis ao poder concedente, tendo em vista a assimetria de informação existente a favor da concessionária em relação aos diversos eventos que ocorrem, no dia a dia da concessão, sendo impossível detectar todos que ocorrem em favor do poder concedente (os quais, naturalmente, tendem a não ser relatados pela concessionária). De outro lado, tal expediente visa evitar uma *seleção adversa* dos pleitos de reequilíbrio econômico-financeiro, já que, nos pleitos infundados, não há cobrança dos ônus de sucumbência, diferentemente do que se passa, perante o Poder Judiciário.

Na 6ª Rodada, no âmbito da qual foram licitados os aeroportos Curitiba/PR, Foz do Iguaçu/PR, Londrina/PR, Bacacheri/PR, Navegantes/SC, Joinville/SC, Pelotas/RS, Uruguaiana/RS e Bagé/RS, Goiânia/GO, Palmas/TO, Teresina/PI, Petrolina/PE, São Luís/MA e Imperatriz/MA, de Manaus/AM, Tabatinga/AM, Tefé/AM, Rio Branco/AC, Cruzeiro do Sul/AC, Porto Velho/RN e Boa Vista/RR, não se previram inclusões de destaque no que toca ao equilíbrio econômico-financeiro, que não estivessem previstas nas rodadas anteriores. Tal rodada representa, pois, a consolidação de toda a regulação contratual anteriormente apresentada. Nada obstante, boa parte das previsões, aqui referenciadas, veio a ser incorporada pela Resolução nº 528, de 28 de agosto de 2019, que dispõe sobre procedimentos, formas de recomposição e as taxas de desconto dos fluxos de caixa marginais, a serem adotados nos processos de revisão extraordinária dos contratos de concessão de infraestrutura aeroportuária federal.

O art. 2º do referido normativo dispõe que a "metodologia e os procedimentos de que trata esta Resolução visam compensar as perdas ou ganhos da Concessionária, devidamente comprovados, em virtude da ocorrência dos eventos elencados como riscos do Poder Concedente no Contrato de Concessão, desde que impliquem alteração relevante dos custos ou das receitas da Concessionária, nas condições estabelecidas no Contrato". Cite-se, ainda, para o que importa, o disposto no art. 12, §6º, I, segundo o qual se estabelece que o Fluxo de Caixa Marginal será calculado a partir de duas vertentes: (i) no momento da recomposição

---

[181] Manifestação nos autos do Acordão nº 2.462/2018 – TCU.

do equilíbrio econômico-financeiro, o cálculo inicial para o dimensionamento da recomposição considerará a demanda real constatada nos anos anteriores e adotará as melhores práticas para projetar a demanda até o encerramento do prazo da Concessão; (ii) periodicamente, o referido cálculo inicial será revisado para substituir a demanda projetada pelos respectivos valores realizados.

Ante o exposto, é de se concluir esse item no sentido de que o equilíbrio econômico-financeiro do contrato de concessão de aeroportos, na realidade normativa e contratual, não é orientado pela proposta apresentada pelos licitantes e pela atribuição do risco da Teoria da Imprevisão para o Poder Público. Tal equilíbrio, na verdade, é estruturado: (i) a partir da repartição de riscos delineada no contrato de concessão;[182] (ii) de um Fluxo Marginal, que será calculado a partir a demanda real constatada nos anos anteriores e adotará as melhores práticas para projetar a demanda até o encerramento do prazo da Concessão; (iii) de uma tarifa, que poderá ser revista, ordinariamente, a partir do instituto da proposta apoiada, que é resultado de um processo dialógico instaurado entre a concessionária e as companhias aéreas, cujo objeto é a definição de parâmetros que nortearão a possibilidade de flexibilização dos tetos tarifários; (iv) da introdução de um critério de revisão extraordinária do contrato, no qual se permite o pleito para alteração contratual caso ocorra um evento que cause impacto superior a 1% da receita bruta de todo o bloco de aeroportos. São quadrantes que confirmam a hipótese, testada na presente tese, de que o conceito de equilíbrio econômico-financeiro, importado do direito francês, não se coaduna com a realidade, contratual e normativa, dos setores de infraestrutura. Nada obstante, assim como nas concessões de rodovias, a hipótese aqui testada se confirma, destacadamente, nos "pleitos de reequilíbrio COVID-19", tema que será objeto do próximo item.

---

[182] Nesse sentido, Bruno Aurélio assevera que: "todos os contratos analisados contêm duas premissas definidoras da contratação: (i) a Concessionária não fará jus à reposição do equilíbrio econômico-financeiro caso o risco materializado seja sob sua responsabilidade; (ii) ressalvados os riscos expressamente assumidos pelo poder concedente, a concessionária é exclusiva e integralmente responsável por todos os riscos alocados à concessão" (AURÉLIO, Bruno. *A exploração da infraestrutura aeroportuária no Brasil*: a Infraero e as concessionárias de serviço público. São Paulo: Contracorrente, 2017. p. 331).

2.6 O reequilíbrio econômico-financeiro COVID-19 nas concessões de aeroportos

O setor aéreo foi o mais atingido pela pandemia. Para tentar minimizar seus efeitos, foi editada a Medida Provisória nº 925, de 18 de março de 2020 que, posteriormente, foi convertida na Lei nº 14.034/2020, por intermédio da qual foram implementadas medidas emergenciais para a aviação civil brasileira – as quais, por evidente, produziram impactos nas concessões de aeroportos. Segundo a exposição de motivos da referida Medida Provisória,[183] foram adotados três eixos para dar às sociedades empresárias do setor aéreo, no curto prazo, algum espaço para o gerenciamento dos seus fluxos de caixa: (i) a postergação do pagamento das tarifas de navegação aérea, o que veio a ser veiculado, pelo Decreto nº 10.284/2020; (ii) a ampliação do prazo para o reembolso dos passageiros por cancelamentos de voo; e (iii) a postergação do pagamento das contribuições devidas pelas concessionárias ao poder concedente como contrapartida pelo direito de exploração dos aeroportos.[184]

Nada obstante, considerando o vulto dos impactos que foram experimentos pela perda de receitas dos ativos concessionados, foram apresentados diversos pleitos de reequilíbrio econômico-financeiro dos contratos de concessão aeroportuários, lastreados no evento COVID-19, os quais restam abaixo exemplificados:

---

[183] Disponível em: http://www.planalto.gov.br/ccivil_03/_ato2019-2022/2020/Exm/Exm-MP-925-20.pdf. Acesso em: 04 jan. 2022.

[184] Como restou assentado no Parecer nº 00182/2020/PROT/PFEANAC/PGF/AGU, juntado ao Processo nº 00058.028284/2020-95, em trâmite perante a Anac: "a MP serviu a autorizar a adoção de providência imediata e de feição simplificada para, de pronto, já endereçar o impacto advindo do cenário imposto pela pandemia do novo coronavírus. A pandemia ressoa na matriz de risco contratual, na medida em que os contratos de concessão de infraestrutura aeroportuária compreendem, nos riscos alocados ao Poder Concedente e que, consequentemente, ensejam e fundamentam a revisão extraordinária, a (i) restrição operacional decorrente de decisão ou omissão de entes públicos; e a (b) ocorrência de eventos de força maior ou caso fortuito, exceto quando a sua cobertura possa ser contratada junto a instituições seguradoras".

Tabela 4

	Ano	Número do processo
Contrato de Concessão do Aeroporto Internacional de Florianópolis	2020	00058.022660/2020-38
Contrato de Concessão do Aeroporto de Porto Alegre	2020	00058.018880/2020-67
	2021	00058.029735/2021-92
Contrato de Concessão do Aeroporto Galeão (Rio de Janeiro)	2020	00058.018827/2020-66
	2021	00058.024590/2021-33
Contrato de Concessão do Aeroporto de Fortaleza	2020	00058.020045/2020-97
	2021	00058.029758/2021-05
Contrato de Concessão do Aeroporto Internacional de Guarulhos	2020	00058.018824/2020-22
	2021	00058.026935/2021-93
Contrato de Concessão do Aeroporto de Brasília	2020	00058.024189/2020-12
	2021	00058.027573/2021-58
Contrato de Concessão do Aeroporto de Confins	2020	00058.018527/2020-87
	2021	00058.026599/2021-89
Contrato de Concessão do Bloco Nordeste	2020	00058.013084/2020-38
Contrato de Concessão do Aeroporto Internacional de Salvador	2020	00058.022332/2020-31
	2021	00058.038618/2021-10
Contrato de Concessão do Aeroporto Internacional de São Gonçalo do Amarante	2020	00058.024185/2020-34
Contrato de Concessão do Bloco Centro Oeste	2020	00058.029384/2021-74

Fonte: Elaboração própria, a partir de consulta ao SEI da Anac.[185]

No curso de tais procedimentos de reequilíbrio, a agência reguladora tratou a pandemia como um evento de força maior, cujos efeitos deveriam observar os lindes estabelecidos na matriz de riscos contratuais. A Anac buscou se afastar da aplicação, apriorística, da Teoria da Imprevisão. É o que se depreende, por exemplo, da Nota Técnica nº 59/2020/GERE/SRA, juntada ao processo de revisão extraordinária do contrato de concessão do Aeroporto Internacional do Galeão.[186] Na

---

[185] Disponível em: https://sei.anac.gov.br/sei/modulos/pesquisa/md_pesq_processo_pesquisar. php?acao_externa=protocolo_pesquisar&acao_origem_externa=protocolo_pesquisar&id_orgao_acesso_externo=0. Acesso em: 04 jan. 2022.

[186] Processo nº 00058.018827/2020-66 (SEI-4662852). Da mesma forma, a Nota Técnica nº 70/2020/ GERE/SRA, juntada ao Processo nº 00058.018880/2020-67 (SEI-4676737), que analisou o pleito de reequilíbrio do Contrato de Concessão do Aeroporto Internacional de Porto Alegre e a

referida nota, ficou estabelecido que a divisão entre riscos ordinários e extraordinários (no âmbito da qual se inclui a Teoria da Imprevisão), apesar de ser adequada aos contratos administrativos, de um modo geral, afigurar-se-ia simplista para solucionar os problemas advindos das concessões de serviços públicos, "cuja complexidade autoriza a discriminação mais precisa dos riscos assumidos por cada parte em uma matriz própria e específica".[187] Em igual medida, o Parecer nº 235/2020/PROT/PFEANAC/PGF/AGU, da lavra da Procuradoria Federal junto à Anac, chegou à mesma conclusão.[188] Em item específico denominado "da inaplicabilidade da Teoria da Imprevisão e do art. 65, II, 'd' da Lei n. 8.666/1993", a Procuradoria Federal refutou, expressamente, a Teoria da Imprevisão como um parâmetro de reequilíbrio econômico-financeiro de contratos de concessão, por sua "potencial nocividade para a segurança jurídica futura do contrato".

O parecer cita, ainda, a origem francesa da Teoria da Imprevisão, na conjuntura da Primeira Guerra Mundial, aduzindo que o Conselho de Estado Francês passou a permitir a relativização das obrigações oriundas de contratos celebrados entre particulares e Poder Público, em situações tais que o seu cumprimento se revelasse excessivamente oneroso, por força do contexto, atípico e imprevisível. E que, embora tal teoria tenha sido incorporada no Brasil,[189] o contrato terminaria por assumir o

---

Nota Técnica nº 72/2020/GERE/SRA, constante no Processo nº 00058.022660/2020-38 (SEI-4681600), referente ao contrato de concessão do Aeroporto Internacional de Florianópolis.

[187] Em sequência a Nota Técnica indica: "para fins deste pleito, entende-se que a observância da alocação contratual dos riscos é bastante e suficiente para, em prol da razoabilidade, assegurar a efetiva manutenção do equilíbrio econômico-financeiro da concessão. Afigura-se, por tais razões, desnecessário adentrar ao exame específico acerca da teoria da imprevisão".

[188] Processo nº 00058.018827/2020-66 (SEI-4916786). No mesmo sentido, ver: Parecer nº 3/2020/SUB/PFEANAC/PGF/AGU, juntada ao Processo nº 00058.022660/2020-38 (SEI-4916802), referente ao Contrato de Concessão do Aeroporto Internacional de Florianópolis e o Parecer nº 197/2021/PROT/PFEANAC/PGF/AGU (SEI-6418576), constante do Processo nº 00058.026935/2021-93, referente ao Contrato de Concessão do Aeroporto Internacional de Guarulhos.

[189] O Parecer nº 235/2020/PROT/PFEANAC/PGF/AGU realiza certa digressão sobre a incorporação da teoria pelo ordenamento jurídico brasileiro, por exemplo: "Muito pela forte influência do Direito francês no Brasil, a teoria da imprevisão não tardou a chegar ao país, embora sua aplicação tenha, nos primeiros momentos, assentado mais na equidade que na legislação, visto que nenhuma lei a consagrava para os contratos administrativos. Na verdade, foi a jurisprudência, inspirada pelas decisões do Conselho de Estado da França e respaldada pela doutrina, que acabou por consolidar o entendimento de que seria juridicamente admissível a revisão de ajustes administrativos em razão de fatos supervenientes e excessivamente onerosos para o contratado. Com efeito, embora seja possível divisar fundamento para a modificabilidade preconizada pela teoria da imprevisão em todas as constituições brasileiras, a contar da Carta de 1934, a questão só veio a ser

papel desempenhado pela Teoria da Imprevisão, consolidando-se como fonte imediata e assecuratória do equilíbrio econômico-financeiro das concessões, diante do "amplo espaço que lhe foi reservado pela Lei nº 8.987/1995". Segundo a procuradoria da ANAC, foi com o advento da Lei nº 8.987/1995 que o equilíbrio econômico-financeiro dos contratos de concessão deixou de ser pautado, diretamente, pela Teoria da Imprevisão, para se basear nas disposições contratuais pertinentes – o que teria se confirmado com a promulgação da Lei nº 11.079/2004 (Lei das Parcerias Público-Privadas), que tornou obrigatória a divisão, *ex ante*, dos riscos para as PPPs.

De acordo com a procuradoria, "sem olvidar da influência da Teoria da Imprevisão mesmo no quadro normativo atual, defende-se que a recomposição do equilíbrio econômico-financeiro das concessões deve ser pautada pelas disposições contratuais erigidas para esse fim". Ainda de acordo com o parecer, "a estipulação contratual da matriz de risco objetiva e antecipa as discussões quanto à responsabilidade financeira e material pelos eventos, incertos e futuros, que acometem a relação concessória". Face a tais premissas, e configurando-se a pandemia de COVID-19 como um evento de força maior, caberia ao Poder Concedente assumir os prejuízos causados pelo seu advento, assim como caberia às concessionárias suportar os riscos pela não efetivação da demanda projetada, dada a matriz de risco pactuada entre as partes.[190]

Ao analisar os pleitos de reequilíbrio econômico-financeiro, a Anac consolidou, pelo menos, os seguintes entendimentos: (i) os efeitos sociais, econômicos e de saúde pública, causados pela pandemia,

---

tratada de forma mais direta e elaborada no plano jurídico-positivo com o advento do Decreto-Lei nº 2.300/1986 – antigo marco legal de licitações. A vigente Lei nº 8.666/1993, que o sucedeu, também acolheu o âmago da teoria ao garantir ao contratado, em seu art. 65, II, "d", o direito ao reequilíbrio contratual nas situações em que a equação econômico-financeira do ajuste restasse gravemente comprometida por circunstâncias supervenientes, imprevisíveis e alheias às partes".

[190] Veja-se, em complemento, trecho retirado do Parecer nº 235/2020/PROT/PFEANAC/PGF/AGU: "Sendo esses os parâmetros contratuais vigentes, nada há no processo – razão plausível ou fundamento jurídico – que justifique a desconsideração da partilha de riscos previamente estabelecida em prol da teoria da imprevisão e da elevada carga de subjetividade que caracteriza sua aplicação. Do reconhecimento da pandemia decorrente do coronavírus como caso fortuito/força maior não resulta a atração das teorias das áleas contratuais e da imprevisão. Na mesma senda, também carece de lógica, com a devida vênia, o argumento de que a aplicabilidade da teoria no caso concreto seria consectário da excepcionalidade e da imprevisibilidade da situação, posto que os eventos de força maior – que, como dito, foram expressa e objetivamente alocados na matriz de risco – só são assim qualificados, dentre outros fatores essenciais, justamente por serem excepcionais e imprevisíveis, ou seja, por qualificarem-se como risco da concessão".

impactaram o setor aéreo, causando uma crise sem precedentes; (ii) em relação às concessões aeroportuárias, a pandemia de COVID-19 se caracteriza como um evento de força maior enquadrado na matriz de riscos dos contratos de concessões aeroportuárias federais;[191] e (iii) há disposição contratual no sentido de que os impactos no equilíbrio econômico-financeiro dos contratos de concessão, em virtude do advento qualificado como força maior, devem ser suportados, exclusivamente, pelo poder concedente.[192]

Especificamente sobre a forma de recomposição do equilíbrio econômico-financeiro dos contratos de concessão aeroportuários, a Anac aprovou tais revisões extraordinárias, por intermédio da aplicação da metodologia do Fluxo de Caixa Marginal, de maneira semelhante. Assim, por exemplo, cite-se que a recomposição do equilíbrio econômico-financeiro do contrato de concessão do Aeroporto Internacional do Galeão, para o ano de 2020, se deu mediante a revisão das contribuições fixa, variável e mensal devidas pela concessionária.[193] Na mesma direção, a recomposição do equilíbrio econômico-financeiro do contrato de concessão do Aeroporto Internacional de Porto Alegre, referente ao ano de 2020, se deu mediante: (i) a revisão das contribuições fixa e variável devidas pela Concessionária; e (ii) majoração temporária de 15 % de determinadas tarifas contratuais.[194]

De outro lado, as concessionárias dos aeroportos do Galeão, Brasília, Guarulhos e Confins apresentaram pleitos de revisão extraordinária, em virtude da pandemia de COVID-19 e seus efeitos,

---

[191] Nesse sentido, por exemplo, ver o Voto do Diretor Tiago Sousa Pereira, proferido no bojo do Processo nº 00058.022660/2020-38 (SEI-4982161): "Os efeitos sociais, econômicos e de saúde pública, decorrentes da pandemia do Covid-19 impactaram o setor aéreo e causou uma crise sem precedentes. No que tange às concessões aeroportuárias, a pandemia caracteriza-se como evento de força maior enquadrado na matriz de riscos dos contratos de concessões aeroportuárias federais".

[192] Nesse sentido, ver o Voto do Diretor Ricardo Bisinotto Catanant, proferido no bojo do Processo nº 00058.018880/2020-67 (SEI-4994371), em que é citada a Cláusula 5.2.8, do Contrato de Concessão do Aeroporto de Porto Alegre: "Restou demonstrado nos autos que os impactos no equilíbrio do Contrato de Concessão decorrentes da pandemia de COVID-19 se caracterizaram como risco suportado exclusivamente pelo Poder Concedente, discriminado no item 5.2.8 do Contrato de Concessão, qual seja: '5.2.8. *ocorrência de eventos de força maior ou caso fortuito, exceto quando a sua cobertura possa ser contratada junto a instituições seguradoras, no mercado brasileiro, na data da ocorrência ou quando houver apólices vigentes que cubram o evento*'".

[193] Decisão nº 396, de 18 de agosto de 2021, Processo nº 00058.018827/2020-66 (SEI-6099071).

[194] Decisão nº 394, de 18 de agosto de 2021, Processo nº 00058.018880/2020-67 (SEI-6098761).

compreendendo o período de 2021 até o fim dos contratos de concessão.[195] O tema foi remetido pela Superintendência de Regulação Econômica de Aeroportos para a Procuradoria Federal Especializada junto à Anac, que produziu o Parecer nº 143/2021, por meio do qual analisou a possibilidade de reequilíbrio econômico-financeiro de longo prazo, isto é, considerando o prazo restante de cada concessão.[196] É de se destacar que o referido parecer trata da Teoria da Imprevisão vis-à-vis a distribuição dos riscos do contrato de concessão. De acordo com a procuradoria, no bojo das concessões passadas, a distribuição dos riscos não se dava, contratualmente, mas surgia, casuisticamente, durante a execução dos contratos, a partir da aplicação da Teoria das Áleas, em que estava inserida a álea extraordinária, assumida pelo poder concedente e que "compreenderia a álea econômica, que se avizinha da teoria da imprevisão". Ocorre que, com a definição da matriz de risco como elemento nuclear da equação econômico-financeira do contrato concessório, abandonou-se "a serventia da Teoria da Imprevisão nos contratos de concessão".

Segundo a procuradoria, os termos da Teoria da Imprevisão acabaram sendo internalizados pela matriz de risco e definidos no próprio contrato. A partir do momento em que ocorre a distribuição dos riscos no contrato de concessão, a solução para os casos de alterações em suas condições é o dimensionamento ótimo dos riscos, sem espaço para a subjetividade que era caudatária da aplicação apriorística da Teoria da Imprevisão. De acordo com o parecer, que "o enquadramento da pandemia de Covid-19 como evento de força maior ou caso fortuito não arrasta a discussão acerca da sua acomodação no contrato de concessão para a via da teoria da imprevisão".[197]

---

[195] Os processos, já listados na tabela acima, são, respectivamente: 00058.024590/2021-33, 00058.027573/2021-58, 00058.026935/2021-93 e 00058.026599/2021-89.

[196] O parecer foi juntado ao Processo nº 00058.036297/2021-19, em trâmite na Anac.

[197] Veja-se o teor do Parecer nº 143/2021: "Na leitura da doutrina tradicional da teoria da imprevisão, os efeitos de fatos imprevisíveis ou previsíveis de efeitos incalculáveis que não tenham sido provocados pela Concessionária seriam imputados ao Poder Concedente. Com o endereçamento na base objetiva do contrato, a solução para o caso de alterações nas condições do contrato passa a ser dimensionada na distribuição ótima dos riscos que circundam a concessão, sem espaço para a obsoleta subjetividade da teoria da imprevisão. A matriz de risco incorpora-se à equação econômico-financeira do contrato e desonera o esforço de avaliação subjetiva nos pleitos de revisão extraordinária (...) Nessa linha, a Procuradoria Federal junto à ANAC já sedimentou o entendimento no sentido de que os contratos de concessão de infraestrutura aeroportuária não comportam a aplicação da teoria da imprevisão, uma vez que contém uma matriz de risco em cujo sistema se contemplam os eventos futuros e incertos que podem acometer a vida da concessão".

Lastreada em tais premissas, foi realizada uma diferenciação de tratamento da pandemia, em dois cenários distintos: (i) a própria pandemia, em curso, que, seja pela força maior ou caso fortuito, sejam pelas restrições operacionais, seria um risco alocado ao poder concedente, apto a ensejar o reequilíbrio econômico-financeiro dos contratos de concessão; e (ii) a vida pós-pandêmica, em que qualquer antecipação de alteração comportamental dos usuários implicaria na configuração de um típico risco de demanda, motivo pelo qual tal variação de demanda não poderia ser integralizada na extensão da recomposição pleiteada pelas concessionárias. Assim é que, embora os eventos de força maior ou caso fortuito (a pandemia) e as restrições operacionais impostas (medidas restritivas) sejam riscos alocados ao poder concedente, a eventual perda de demanda cogitada, em um cenário pós-pandemia, não deveria ser alocada como um risco da entidade contratante. E isso, por duas ordens de razões. Em primeiro lugar, porque a matriz de risco contratual estabelece que a perda de demanda ocasionada por restrições operacionais deve ser suportada pelas concessionárias. Em segundo lugar, na medida em que ainda não seria possível quantificar os impactos relevantes do cenário pós-pandemia.[198]

Por fim, outro argumento que obstaria as Revisões Extraordinárias de longo prazo, de acordo com o parecer, é que a celebração de termo aditivo implicaria em compensação de perdas e danos das concessionárias, em âmbito contratual, mas sem respaldo na matriz de risco e sem quantificação comprovada de impacto. Ou seja, caso os cenários cogitados não se confirmassem, apresentando-se um cenário menos gravoso do que o antevisto, não poderia ser realizada uma "revisão da revisão" e, dado que o risco da demanda é alocado às concessionárias, restaria interditado o reequilíbrio econômico-financeiro dos contratos em favor do poder concedente.

Como se pode perceber, no âmbito dos pleitos de reequilíbrio COVID-19 nas concessões de aeroportos, refutou-se, de forma expressa, a aplicação, apriorística, da Teoria da Imprevisão. Deixou-se vincado o entendimento segundo o qual existiriam vários equilíbrios econômico-financeiros, durante a vigência dos contratos de concessão, diante

---

[198] Foi citada a decisão do Tribunal de Contas da União, que analisou os documentos da 6ª Rodada de Concessões Aeroportuárias, para afirmar a tese segundo a qual a variação de demanda é risco da Concessionárias e que há ausência de previsibilidade quanto às projeções futuras da demanda. O Acórdão do TCU é o de número 4.064/2020 – Plenário, rel. Min. Augusto Nardes, j. 08 dez. 2020.

do que seria mais adequado restringir os seus efeitos a determinado período. Diante disso, é de se concluir esse item no sentido de, assim como nas concessões de rodovias anteriormente examinadas, o equilíbrio econômico-financeiro das concessões de aeroportos, de forma ainda mais saliente, confirma a hipótese testada neste capítulo no sentido de que, para além da existência de múltiplos crivos de equilíbrio do contrato de concessão, não há que se falar na aplicação da Teoria da Imprevisão, na qualidade de um risco, atribuído, aprioristicamente, ao poder concedente. Cuidam-se de premissas que também ilustram o equilíbrio econômico-financeiro no setor portuário, tema do próximo item.

2.7 O equilíbrio econômico-financeiro nos arrendamentos portuários

Os arrendamentos portuários qualificam-se como uma modalidade de concessão de parcela do serviço de exploração do Porto Organizado.[199] Nesse quadrante, os arrendamentos portuários, por mais que atuem em regime concorrencial assimétrico, ainda ostentam os característicos de monopólio natural. De fato, como observado por Luiz Fernando Soggia Soares da Silva,[200] nesse setor: (i) há uma escassez de fatores necessários para o desenvolvimento de ativos portuários, e

---

[199] Sobre o tema, v. MOREIRA, Egon Bockmann. Portos brasileiros e seus regimes jurídicos. *In*: MOREIRA, Egon Bockmann (Coord.). *Portos e seus regimes jurídicos*: A Lei nº 12.815/2013 e seus desafios. Belo Horizonte: Fórum, 2014; GARCIA, Flávio Amaral; FREITAS, Rafael Véras de. Portos brasileiros e a nova assimetria regulatória – Os títulos habilitantes para a exploração da infraestrutura portuária. *Revista de Direito Público da Economia*, Belo Horizonte, a. 19, n. 47, p. 85-124, jul./set. 2014; SCHWIND, Rafael Wallbach. Modificações na regulamentação do setor portuário – as novidades introduzidas pelo Decreto nº 9.048. *In*: PEREIRA, Cesar; SCHWIND, Rafael Wallbach (Coords.). *Direito portuário brasileiro*. Belo Horizonte: Fórum, 2019; BONFIM, Anderson Medeiros. Concorrência entre os terminais portuários de uso público e de uso privado. *Revista Trimestral de Direito Público*, São Paulo, a. 9, n. 59, out./dez. 2014; PEREIRA, Cesar Augusto Guimarães. A Medida Provisória nº 595 – mudanças no marco regulatório do setor portuário no Brasil. *Interesse Público*, Belo Horizonte, a. 23, n. 77, nov./dez. 2012; SCHWIND, Rafael Wallbach. Modificações na regulamentação do setor portuário – as novidades introduzidas pelo Decreto nº 9.048. *In*: PEREIRA, Cesar; SCHWIND, Rafael Wallbach (Coords.). *Direito portuário brasileiro*. Belo Horizonte: Fórum, 2019; MOREIRA, Egon Bockmann. A nova Lei dos Portos e os regimes de exploração dos portos brasileiros. *In*: RIBEIRO, Leonardo Coelho; FEIGELSON, Bruno; FREITAS, Rafael Véras de (Coords.). *A nova regulação da infraestrutura e da mineração*: portos, aeroportos, ferrovias, rodovias. Belo Horizonte: Fórum, 2015.
[200] SILVA, Luiz Fernando Soggia Soares da. *Metodologia de reequilíbrio econômico-financeiro aplicada a contratos de arrendamento do setor portuário brasileiro*. 2015. Dissertação (Mestrado em Engenharia) – Escola Politécnica da Universidade de São Paulo, Universidade de São Paulo, São Paulo, 2015. p. 47.

suprir a falta de algum dos fatores é muito dispendioso, o que significa que há uma grande barreira de entrada; (ii) a atividade portuária apresenta retornos positivos à escala, o que significa que é usualmente mais eficiente do ponto de vista econômico ampliar instalações existentes do que gerar novas instalações; (iii) uma localização privilegiada de um porto significa possuir extensão de frente de água; águas abrigadas; calado profundo ou facilmente dragável; proximidade de centros de produção/ consumo de mercadorias; proximidade de eixos de acesso terrestre; (iv) a estrutura de custos de terminais portuários possui alta participação de custos fixos, que diluirão com crescente ocupação e terão retorno à escala para ampliações; (v) os ciclos operacionais usualmente incluem etapas cujos tempos aumentam menos do que proporcionalmente o aumento do lote; (vi) sistemas logísticos estão sujeitos a choques e imprevistos que criam variabilidade de taxas e tempos de atendimento em cada elo; (vii) o compartilhamento de ativos comuns – por exemplo, aquaviários e acessos logísticos – geram economias de escopo, sendo usualmente mais vantajoso realizar ampliações dentro de portos já existentes do que criar novos portos; (viii) o crescimento de escala também viabiliza a implantação de ativos complementares que reforçam a atratividade da instalação portuária, gerando um ciclo virtuoso de economias de aglomeração; (ix) os custos de capital com equipamentos crescem em fatores proporcionalmente menores em relação a suas capacidades.[201]

Razão pela qual o equilíbrio econômico-financeiro de tais contratos é sujeito a uma regulação tarifária de incentivos, a qual, assim como nas concessões de rodovias e de aeroportos, é antípoda ao regime jurídico do equilíbrio econômico-financeiro consagrado pela doutrina tradicional sobre o tema.[202] No setor portuário, não há uma distribuição

---

[201] No mesmo sentido, Marçal Justen Filho traz uma concepção jurídica sobre o tema, de acordo com o qual "Um aspecto essencial no tocante à competição entre terminais públicos e privados reside na infraestrutura inerente à atividade portuária. Os terminais públicos encontram-se em áreas públicas, que são circundadas de uma pluralidade de investimentos públicos. O porto organizado é constituído a partir de recursos públicos (em vista do modelo atual), o que implica o investimento de quantias muito elevadas. Ainda que incumba aos arrendatários arcar com investimentos (vultosos) em determinados setores, há despesas essenciais e indispensáveis que correm por conta da União" (JUSTEN FILHO, Marçal. O regime jurídico das atividades portuárias e seus reflexos sobre a delimitação do porto organizado. In: PEREIRA, Cesar; SCHWIND, Rafael Wallbach (Coords.). Direito portuário brasileiro. Belo Horizonte: Fórum, 2019. p. 296).

[202] Em sentido contrário, é de destacar a opinião de Joel de Menezes NieBuhr, segundo a qual "Antes do próprio contrato, por ocasião da licitação, forma-se a equação econômico-financeira, que consiste na relação de proporção, instaurada por ocasião da licitação, entre

de riscos aleatória ou desvinculada do crivo de equilíbrio do contrato de arrendamento portuário. Todo esse racional veio a ser consagrado, pela Resolução Antaq nº 3.220/2014, que estabelece procedimentos para a elaboração de projetos de arrendamentos e recomposição do equilíbrio econômico-financeiro dos contratos de arrendamento de áreas e instalações portuárias nos portos organizados. Assim, por exemplo, cite-se o seu art. 8º, segundo o qual "A arrendatária ou o poder concedente poderão solicitar a revisão contratual para recomposição do equilíbrio econômico-financeiro nos casos em que vierem a se materializar quaisquer dos riscos expressamente assumidos pelo poder concedente, nos termos previstos no contrato de arrendamento e com reflexos econômico-financeiros para alguma das partes".

Daí se evidencia que só ensejarão o reequilíbrio econômico-financeiro, em favor das arrendatárias, situações que forem, previamente, alocadas, em contrato, como um risco do poder concedente. Só terá direito ao reequilíbrio a arrendatária que comprovar, por intermédio de relatório técnico ou laudo pericial, o impacto econômico-financeiro verificado ou projetado, bem como se tais impactos foram provocados por eventos alocados com um risco do Poder Concedente. É o que dispõe o art. 80, da Portaria nº 530 do MInfra, segundo o qual "O poder concedente promoverá a recomposição do equilíbrio econômico-financeiro dos contratos de arrendamento portuário sempre que vier a ocorrer evento que implique impacto no fluxo de caixa do empreendimento e cujo risco tenha sido assumido pela Administração Pública".

Os novos contratos de arrendamento já consagram tal sistemática. Assim, por exemplo, cite-se a Cláusula 14.1.1 da minuta de arrendamento do Leilão nº 05/2018, cujo objeto foi o arrendamento de área e infraestrutura pública para a movimentação e armazenagem de granéis líquidos, especialmente combustíveis, localizada na área do Porto Organizado de Cabedelo, no Estado da Paraíba, segundo a qual "a Arrendatária poderá solicitar a recomposição do equilíbrio econômico-financeiro nos casos em que, após a celebração deste Contrato,

---

os custos e o retorno prospectados pelo licitante. O inc. XXI do art. 37 da Constituição Federal, versando sobre os contratos administrativos, estabelece que devem ser 'mantidas as condições efetivas das propostas'. É dizer que os contratantes gozam do direito ao equilíbrio econômico-financeiro, que a equação econômico-financeira deve ser mantida durante todo o transcurso do contrato" (NIEBUHR, Joel de Menezes. O Direito dos arrendatários ao reequilíbrio econômico-financeiro provocado pela assimetria concorrencial e pelo novo Marco Regulatório do Setor Portuário. *In*: PEREIRA, Cesar; SCHWIND, Rafael Wallbach (Coords.). *Direito portuário brasileiro*. Belo Horizonte: Fórum, 2019. p. 478).

vier a se materializar quaisquer dos riscos expressamente assumidos pelo Poder Concedente nos termos deste Contrato, com reflexos econômico-financeiros negativos para a Arrendatária".

Não há um regime único disciplinador da equação econômico-financeira de todos os contratos de arrendamento portuário. Caberá a cada contrato delinear os seus aspectos econômicos, para o que deverão ser avaliados os escopos do ajuste, os riscos atribuídos às partes, as suas obrigações e o prazo do contrato. Isso porque, por se tratar de contratos de longa duração, sujeitos a uma série de influências, é impossível conhecer, *ex ante*, todos os eventos imprevisíveis e extraordinários que alterarão a sua economia.[203] Essa equação pressupõe que o arrendatário deva ser remunerado pelos investimentos realizados (com capital próprio ou de terceiros) para a operação de determinada infraestrutura portuária. Assim, enquanto na empreitada tradicional, o contratado é remunerado concomitantemente com a execução dos serviços – de acordo com os custos unitários por ele apresentados –, no contrato de arrendamento, diversamente, o arrendatário terá de antecipar recursos para, depois de construída a infraestrutura, ser remunerado pelos utentes do serviço. Nessa direção, advertem Floriano de Azevedo Marques Neto e Caio de Souza Loureiro[204] que, em contratos dessa natureza, a obrigação de despender recursos sem perceber a "remuneração equivalente de imediato transforma os custos e despesas do concessionário em investimentos, que pressupõem a necessidade de antecipar recursos cuja contrapartida não caracteriza propriamente uma remuneração, mas, sim, a amortização". Daí se pode afirmar que o equilíbrio econômico-financeiro dos contratos de arrendamento se lastreia na manutenção da sua base objetiva,[205] tendo em vista o disposto no art. 7º da Resolução Antaq nº 3.220/2014, segundo o qual

---

[203] É que, como assevera Licínio Lopes Martins, "Não se pode comparar a simplicidade de uma mera prestação de serviços à dimensão econômica e jurídica de um contrato global, incluindo-se neste conceito os contratos através dos quais a Administração 'delega' no cocontratante a responsabilidade pela execução/realização de múltiplas tarefas públicas, em geral relacionadas com a construção e/ou gestão de infraestruturas, abrangendo a generalidade das prestações inerentes a tais atividades – concepção, construção, gestão/ exploração e financiamento" (MARTINS, Licínio Lopes. O equilíbrio econômico-financeiro do contrato administrativo: algumas reflexões. *Revista de Contratos Públicos*, Belo Horizonte, a. 1, n. 1, p. 199-240, mar./ago. 2012).

[204] MARQUES NETO, Floriano de Azevedo; LOUREIRO, Caio de Souza. A (re)afirmação do equilíbrio econômico-financeiro das concessões. *Revista de Direito Público da Economia*, Belo Horizonte, a. 12, n. 47, p. 141, jul./set. 2014.

[205] LARENZ, K. *Base del negocio jurídico y cumplimiento de los contratos*. Tradução Carlos Fernández Rodríguez. Granada: Comares, 2002.

"Considera-se mantido o equilíbrio econômico-financeiro sempre que for comprovado o atendimento às condições estabelecidas no contrato e mantida a alocação de riscos nele estabelecida".[206] Nada obstante, a regulação setorial reconhece a adaptabilidade e a incompletude de tal equilíbrio econômico-financeiro.[207] Nesse sentido, a Nota Técnica nº 7/2014/GRP/SPO/ANTAQ/SEP prescreve que um contrato de arrendamento portuário predicará de recomposição do seu crivo de reequilíbrio caso: (i) se materialize um risco expressamente assumido pelo poder concedente; (ii) tenha lugar uma determinação ou autorização para a realização de novos investimentos pelo poder concedente; (iii) ocorra a alteração da área do arrendamento; e (iv) extensão do prazo contratual. A partir de tal qualificação, o *quantum* de desequilíbrio, de acordo com o Manual de Procedimentos de Análise de Estudo de Viabilidade Técnica, Econômica e Ambiental – EVTEA de Arrendamentos Portuários, deverá ser estimado, a partir do Fluxo de Caixa Contratual, do Fluxo de Caixa Marginal e do Fluxo de Caixa Total. O primeiro tem lugar a partir da proposta comercial apresentada, pelos licitantes, considerando os fluxos dos dispêndios e receitas

---

[206] Cuida-se de racional previsto nos atuais contratos de arrendamento portuário. Assim, por exemplo, cite-se a Cláusula 14.1.1, do Contrato de Leilão nº 04/2020-Antaq, para o arrendamento de área e infraestrutura pública para a movimentação e armazenagem de granéis minerais, especialmente fertilizantes e adubos, concentrado de cobre, minério de manganês e coque de petróleo, localizadas dentro do porto organizado de aratu, denominada Atu12, cujo teor é o seguinte: "Qualquer uma das partes poderá solicitar a recomposição do equilíbrio econômico-financeiro somente nos casos em que, após a celebração deste Contrato, vierem a se materializar quaisquer dos riscos expressamente assumidos pela outra parte nos termos deste Contrato, com reflexos econômico-financeiros negativos para a solicitante".

[207] Nesse sentido, Egon Bockmann Moreira, ao comentar o regime jurídico do contrato de arrendamento portuário leciona que "a questão do risco do negócio exige reflexão mais apurada, que demanda a definição qualitativa e quantitativa de eventos, futuros e possíveis, que porventura possam ser previamente detectados como viáveis de afetar a execução do contrato (e seu equilíbrio econômico-financeiro). Afinal, o que há em todas as iniciativas de investimento são níveis de risco, maiores ou menores, cuja prospecção pode ser mais barata, mais cara ou muitíssimo cara. E não há garantia alguma quanto a decisões isentas para o futuro – o crescimento da bolha cultural-tecnológica apenas amplia a superfície do risco. Na justa medida em que não há decisões empresariais em regime de certeza absoluta (nem sob o manto de leis probabilísticas), sobretudo em vínculos de longo prazo (25 anos), supõe-se que o investidor somente deva aplicar seu dinheiro num projeto quando conseguir esquadrinhar o grau do risco assumido (e sua respectiva definição, especificação, quantificação e alocação), a fim de desenvolver instrumentos que sejam capazes de mitigar os efeitos daninhos dele (seguros, coberturas contratuais etc.) – os quais, além de não terem o condão de extinguir o risco, integrarão os custos do projeto" (MOREIRA, Egon Bockmann. Portos brasileiros e seus regimes jurídicos. In: MOREIRA, Egon Bockmann (Coord.). *Portos e seus regimes jurídicos*: A Lei nº 12.815/2013 e seus desafios. Belo Horizonte: Fórum, 2014. p.145).

do empreendimento, devendo conter informações a partir da data de assinatura do contrato até o encerramento do primeiro período de vigência contratual. O segundo deve ser projetado, em razão do evento que ensejou a recomposição do equilíbrio econômico-financeiro do contrato de arrendamento, considerando os fluxos dos dispêndios e receitas marginais, por intermédio da apuração das informações do evento que gerou o desequilíbrio econômico-financeiro do contrato ou da data de referência da solicitação de reequilíbrio.[208] E o terceiro se configurará, por intermédio da consolidação dos Fluxos de Caixa Contratual e Marginal. Diante do que deverá restar demonstrado que o evento superveniente importou na produção de um Valor Presente Líquido (VPL) negativo para o arrendamento portuário.

Além disso, não se pode desconsiderar que os arrendamentos portuários caminham na firme trilha da adoção de um regime de liberdade tarifária.[209] Como ressaltam Rafael Wallbach Schwind

---

[208] Sobre tema, o TCU já se manifestou no sentido de que: "O fluxo de caixa marginal é metodologia aprovada pela Resolução ANTT 3.651/2011 para recomposição do equilíbrio econômico-financeiro dos contratos de concessão de rodovias federais quando forem incluídos novas obras e serviços não previstos originalmente no PER. Decorreu de representação formulada no TCU, no âmbito do TC 026.335/2007-4, em que foram arguidos prejuízos aos usuários em razão das elevadas taxas de rentabilidade das concessionárias da 1ª Etapa do Programa de Concessões Rodoviárias e o impacto sobre as tarifas básicas de pedágio dos novos investimentos a serem incluídos no PER. O instrumento deve ser aplicado, por meio de aditivos contratuais, aos contratos da 1ª Etapa e da 1ª fase da 2ª Etapa do Programa de Concessões Rodoviárias. Desse fluxo de caixa farão parte os dispêndios e as receitas marginais, ou seja, que decorram do novo investimento ou serviço. Para cálculo da receita, será considerado, de pronto, o volume de tráfego real verificado nos anos anteriores ao evento que der causa à formulação do fluxo de caixa marginal, estimando-se o crescimento até o final da concessão. Ano a ano, por ocasião da revisão tarifária ordinária, o tráfego estimado será substituído pelo real verificado. A taxa de desconto a ser utilizada no fluxo de caixa marginal será calculada de acordo com a fórmula do Custo Médio Ponderado de Capital (WACC, em inglês), descrita no art. 8º da Resolução ANTT nº 3.651/2011. O fluxo marginal fica vinculado à taxa de desconto calculada no momento em que for formulado, até o final da concessão". (Acordão nº 2.759/2012).

[209] Sobre o tema, como ensina Jacintho Arruda Câmara, "o poder concedente admite que o próprio concessionário estabeleça o valor da remuneração que vai ser cobrada do usuário passando a exercer, em relação à matéria, basicamente uma função fiscalizadora". Cuida-se de regime previsto no art. 104 da Lei nº 9472/1997 (Lei Geral de Telecomunicações) segundo o qual "Transcorridos ao menos três anos da celebração do contrato, a Agência poderá, se existir ampla e efetiva competição entre as prestadoras do serviço, submeter a concessionária ao regime de liberdade tarifária"; na concessão de transporte aéreo de passageiros, na forma do art. 48, §1º, da Lei nº 11.182/2005, segundo o qual "No regime de liberdade tarifária, as concessionárias ou permissionárias poderão determinar suas próprias tarifas, devendo comunicá-las à ANAC, em prazo por esta definido" (CÂMARA, Jacintho Arruda. O regime tarifário como instrumento de políticas públicas. In: *Revista de Direito Público da Economia*, Belo Horizonte, a. 3, n. 12, p. 95-127, out./dez. 2005).

e Cesar Pereira,[210] "parece-nos muito mais clara a necessidade de os arrendatários disporem de mais e maior flexibilidade na exploração das instalações portuárias arrendadas – por exemplo, contando com ampla liberdade na instituição de boa parte dos preços que cobram dos usuários". Trata-se de tendência que se mostra ainda mais saliente com edição da Lei nº 14.047/2020, que, em seu art. 5º-A, prescreve que os "contratos celebrados entre a concessionária e terceiros, inclusive os que tenham por objeto a exploração das instalações portuárias, serão regidos pelas normas de direito privado, não se estabelecendo qualquer relação jurídica entre os terceiros e o poder concedente, sem prejuízo das atividades regulatória e fiscalizatória da Antaq".

Na mesma direção, destaca-se a relevante inclusão do inciso VI, ao art. 3º, da Lei nº 12.815/2013, o qual impõe que os arrendamentos portuários observem a "liberdade de preços nas operações portuárias, reprimidos qualquer prática prejudicial à competição e o abuso do poder econômico". O novel diploma teve por desiderato pôr fim à controvérsia a propósito da obrigatoriedade da inclusão de um *price cap* aos valores cobrados pelos arrendatários.[211] Cuida-se de entendimento que restou consagrado, no Acórdão nº 1077/2015, do Tribunal de Contas da União – TCU, em sede de pedido de apreciação formulado pela extinta SEP, no sentido de se determinar a "retirada da exigência de utilização da regulação por tarifa-teto, porquanto esta se mostra como uma dentre as opções de metodologias de regulação tarifária aplicáveis à modelagem dos arrendamentos a serem leiloados, sendo da competência do poder concedente a escolha da metodologia a ser utilizada".

Nesse sentido, a obrigatoriedade da fixação de tarifa-teto em todos os arrendamentos portuários, desconsidera: (i) a assimetria de informações entre o regulador e o regulado, o que pode importar na

---

[210] PEREIRA, Cesar; SCHWIND, Rafael Wallbach. O Marco Regulatório do setor portuário brasileiro. *In*: PEREIRA, Cesar; SCHWIND, Rafael Wallbach (Coords.). *Direito portuário brasileiro*. Belo Horizonte: Fórum, 2019. p.222.

[211] No âmbito da regulação dos contratos de concessão, é recorrente a adoção da metodologia de *price cap*, por intermédio da qual à remuneração do concessionário incidem deflatores tarifários, que visam repassar eficiências operacionais dos concessionários para os usuários (JAMISON, M. A. Regulation: price cap and revenue cap. *In*: CAPEHART, Barney L. (Ed.). *Encyclopedia of energy engineering and technology*. Boca Raton: CRC Press, 2007; JOSKOW, P. L. Incentive regulation in theory and practice: electricity distribution and transmission networks. *In*: ROSE, Nancy L. (Ed.). *Economic regulation and its reform*: what have we learned? Cap. 2. Cambridge: NBER, 2011; LAFFONT, J. J.; TIROLE, J. *A theory of incentives in procurement and regulation*. Cambridge: MIT Press, 1993; LITTLECHILD, S. C. *Regulation of British telecommunications' profitability*: report to the secretary of State. London: Department of Industry, 1983.

fixação de tetos elevados; (ii) a discricionariedade do poder concedente em se valer do critério de julgamento de "maior valor de outorga", no âmbito do qual tal metodologia seria inaplicável ou de qualquer modelagem econômico financeira; (iii) a possibilidade de se cogitar da delegação de arrendamentos *brownfield*, sem investimentos, ativo sobre o qual essa metodologia se mostraria inaplicável. Tal regime tarifário, igualmente, previsto no art. 104 da Lei nº 9.472/1997 (Lei Geral de Telecomunicações) segundo o qual "Transcorridos ao menos três anos da celebração do contrato, a Agência poderá, se existir ampla e efetiva competição entre as prestadoras do serviço, submeter a concessionária ao regime de liberdade tarifária". E, na concessão de transporte aéreo de passageiros, na forma do art. 48, §1º, da Lei nº 11.182/2005, segundo o qual "No regime de liberdade tarifária, as concessionárias ou permissionárias poderão determinar suas próprias tarifas, devendo comunicá-las à ANAC, em prazo por esta definido".[212]

O regime jurídico da liberdade tarifária é antípoda à tradicional concepção de equilíbrio econômico-financeiro dos contratos de concessão. Isso porque, ao invés de preservar as bases econômicas apresentadas, na proposta comercial dos licitantes, o regime de liberdade tarifária tem por nota característica uma cambialidade decorrente das oscilações naturais da oferta e da demanda dos serviços prestados em infraestruturas portuárias. Além disso, como se depreende da regulação setorial, o equilíbrio econômico-financeiro dos arrendamentos portuários é constituído a partir da consolidação dos Fluxos de Caixa Contratual e Marginal, conceitos que se divorciam do racional econômico delineado na proposta comercial dos licitantes.

---

[212] Nesse sentido, Nota Técnica nº 151/2021/CGMP-SNPTA/DNOP/SNPTA, que veicula o Ato Justificatório para a modelagem do Programa de Arrendamentos Portuários do Governo da Licitação da área POA01, no Porto Organizado de Porto Alegre/RS, prescreve que: "Já no setor portuário, mais especificamente nos Contratos de Arrendamento, a remuneração na maioria das vezes ocorre por intermédio de preços livres e, ainda mais, essa não é a única fonte de remuneração da Arrendatária. Mesmo quando há definição de price-cap, é feito em parte dos serviços prestados, e, como o nome mesmo já diz, trata-se de um teto onde a Arrendatária poderá, de acordo com a sua estratégia comercial, conceder descontos. Diferente das concessões, onde há um monopólio natural nos Terminais portuários e, em sua maioria, há concorrência e os preços dos serviços prestados são definidos pelo mercado, sendo somente necessária a intervenção da Agência Reguladora em caso de abuso. Não se vislumbra, portanto, problemas de ordem prática que justifique a revisão ordinária dos Contratos de Arrendamento, e o pior, tal prática poderia até trazer danos ao erário ao acabar compartilhando com a Arrendatária possíveis problemas de gestão do mesmo, ou até uma queda na demanda pelo uso do seu Terminal, lembrando que uma das premissas básicas do setor portuário é que o risco de demanda é alocado à Arrendatária".

Por fim, para os fins da presente pesquisa, é de se destacar, no âmbito dos arrendamentos portuários, as inovações regulatórias trazidas pelo Decreto nº 9.048/2017, que reconhecem a cambialidade do equilíbrio econômico-financeiro de tais ajustes. Assim, por exemplo, cite-se o art. 19 do referido ato regulamentar, segundo o qual "Os contratos de concessão e de arrendamento terão prazo determinado de até trinta e cinco anos, prorrogável por sucessivas vezes, a critério do poder concedente, até o limite máximo de setenta anos, incluídos o prazo de vigência original e todas as prorrogações". Tal previsão considera que o prazo é um elemento econômico, e não jurídico do contrato de arrendamento portuário, diante do que prevê a possibilidade de prorrogação por sucessivos e distintos prazos, no âmbito dos quais serão estabelecidos distintos crivos de equilíbrio do contrato de arrendamento.

Na mesma linha, cite-se o art. 19-A, §4º, do referido normativo, segundo o qual "os investimentos que o arrendatário tenha se obrigado a realizar poderão ser escalonados ao longo da vigência do contrato, conforme o cronograma físico-financeiro previsto no estudo de viabilidade" apresentado em sede de prorrogação antecipada. Tal previsão denota uma espécie de abertura à adaptabilidade do reequilíbrio econômico-financeiro de tais contratos.[213] Afinal, o manejo das "obrigações de investimentos" alterará, por completo, o equilíbrio econômico-financeiro contratual. Cite-se, ainda, o disposto no art. 42-A, segundo o qual "Nos casos de arrendamento portuário, o poder concedente poderá autorizar investimentos, fora da área arrendada, na infraestrutura comum do porto organizado, desde que haja anuência da administração do porto". Do exame de tal dispositivo, depreende-se que, em razão da necessidade da realização de investimentos para o acesso da infraestrutura essencial de acesso das embarcações (v.g. obras de dragagem), o equilíbrio econômico-financeiro de tais contratos poderá ser alterado para dar conta de objetivos comuns de exploradores portuários, no âmbito da infraestrutura do Porto Organizado.[214]

---

[213] Nada obstante, o art. 12 da Portaria nº 539/2019 prescreve que "Previamente à análise de reequilíbrio econômico-financeiro, a Antaq avaliará se os investimentos propostos por arrendatário de instalação portuária constituem ou não obrigação contratual preexistente, comunicando sua decisão ao arrendatário".

[214] Eis a regulamentação do dispositivo pela Portaria nº 539/2019, segundo a qual " O poder concedente poderá aprovar que arrendatários de instalações portuárias realizem investimentos fora da área arrendada, na infraestrutura comum do porto organizado, mediante recomposição da equação econômico-financeira do contrato".

Ainda no setor portuário, na qualidade de exemplo da constituição de novos e distintos crivos de reequilíbrio econômico-financeiro, cite-se possibilidade de unificação de contratos de arrendamento de que trata art. 84, §2º, da Resolução ANTAQ nº 2.240/2011. De acordo com o racional empregado no diploma regulatório, as autoridades portuárias teriam a possibilidade de promover a unificação de contratos de arrendamento independentes e titularizados por um mesmo arrendatário, como forma de regularizar ou otimizar o desempenho da atividade portuária. Abriu-se, assim, a possibilidade de arrendatário titular de contratos de arrendamento, em áreas próximas ou contíguas, pleitear a unificação desses contratos, junto ao Poder Concedente e à ANTAQ, de modo que as áreas passassem a ser regidas por um mesmo contrato de arrendamento.

Cuida-se de tema que restou apreciado Na Representação nº 033.114/2011-0, a Corte de Contas federal avaliou a existência de possíveis irregularidades na operação de transferência de titularidade, seguida de unificação de contratos de arrendamento portuário, pela Companhia Docas do Estado de São Paulo (atual Autoridade Portuária de Santos), autorizada pela ANTAQ, por meio da Resolução nº 2.189/2011). Cuidou-se Contrato de Arrendamento CO nº 04/1993, celebrado entre a CODESP e a empresa Citrovita Agroindustrial Ltda, e o Contrato de Arrendamento nº 12/1991, de titularidade da empresa Rodrimar S/A Terminais Portuários e Armazéns Gerais. No acordo fixado entre as empresas arrendatárias, a Citrovita transferiu à Rodrimar a titularidade do Contrato de Arrendamento CO nº 04/1993, cuja vigência perduraria até 18 de abril de 2013.

Nesse quadrante, pelo fato de o arrendamento transferido ter por objeto uma área contígua àquela que é objeto do Contrato de Arrendamento nº 12/1991, a Rodrimar solicitou à ANTAQ que fosse autorizada a unificação dos instrumentos contratuais. Por meio da Resolução nº 2.189/2011, a ANTAQ autorizou a transferência de titularidade, bem com a unificação dos contratos de arrendamento. Também fixou que a vigência do contrato unificado deveria ser aquela prevista originalmente no Contrato de Arrendamento nº 04/1993 (18 de abril de 2013) e não o termo final contido no Contrato de Arrendamento nº 12/1991, previsto para 30 de outubro de 2011.

Transcorrido o período de apresentação de informações pelos interessados, a 1ª Secretaria de Fiscalização de Desestatização e Regulação do Tribunal de Contas da União expediu instrução na qual destacou, em síntese, que: (i) com a unificação, o Contrato nº 12/1993 foi prorrogado por 18 meses, até 18 de abril de 2013, para se adequar ao termo final do Contrato CO nº 04/1993; (ii) a fiscalização da área técnica do TCU visa evitar que as operações de unificação e prorrogação sejam utilizadas para estender demasiadamente a vigência de avenças, em desrespeito ao princípio da licitação; (iii) o PDZ prevê arrendar as áreas objetos dos contratos unificados em conjunto, como uma área única; e (iv) em razão da transitoriedade da solução empregada, pode-se admitir, em caráter excepcional, a prorrogação concedida ao contrato de arrendamento da empresa Rodrimar.

Seguindo o opinativo da sua área técnica, a Corte de Contas federal exarou o Acórdão nº 428/2018 – Plenário, por meio do qual destacou que: (i) os debates em torno da revisão do Plano de Desenvolvimento e Zoneamento (PDZ) do Porto de Santos previam a diretriz de que fosse licitado o menor número possível de terminais, agrupando-se as áreas existentes; (ii) em decorrência dos diferentes vencimentos de contratos, há a necessidade de aguardar o fim da vigência de alguns deles para que ocorra a licitação dos terrenos unificados; (iii) o contrato celebrado com a Citrovita englobava área relativamente pequena e de pouca utilização, ao contrário da área contígua arrendada à Rodrimar, cuja extensão era quatro vezes maior; e (iv) a unificação em debate representava a prorrogação por dezoito meses do contrato realizado com a Rodrimar, período curto que, ao final, permitirá a licitação das áreas em conjunto.

Ao se debruçar sobre as características e condicionantes desta ferramenta de gestão de contratos de arrendamento, a Unidade Técnica classificou a unificação dos contratos como uma alternativa que poderia resultar em melhorias da eficiência dos serviços prestados. Contudo, a sua efetivação, nos casos dos contratos de arrendamento, deveria observar as seguintes diretrizes ou condicionantes: (i) as atividades empreendidas nos diferentes arrendamentos possuam algum tipo de interdependência entre si; (ii) as cláusulas dos contratos originais sejam compatíveis; (iii) Os arrendamentos a serem consolidados sejam de titularidade da mesma arrendatária; (iv) A unificação seja imprescindível para tornar a operação das áreas mais eficiente; (v) o prazo máximo do contrato unificado seja fixado levando em conta o menor prazo de vigência remanescente.

Sobre o último aspecto, a área técnica defendeu o entendimento de que, nos casos em que os contratos de arrendamento unificados projetassem prazos distintos para o fim da vigência contratual, o contrato unificado deveria incorporar o prazo com menor tempo restante de vigência. Além disso, a SeinfraHidroFerrovia ainda se manifestou no sentido de que eventual prorrogação do prazo do contrato unificado estaria limitada à vedação contida na legislação, que restringe a extensão contratual dos arrendamentos portuários a uma única vez, observado o prazo máximo de 50 anos para contratos no setor.

Disso se extrai que, na compreensão do TCU (No Acórdão nº 1879/2016 – Plenário), a unificação dos contratos de arrendamento portuário só poderia tomar curso nos casos em que: (i) as atividades portuárias desempenhadas sejam interdependentes; (ii) as cláusulas dos instrumentos contratuais sejam compatíveis; (iii) os arrendamentos sejam titularizados pela mesma empresa; e (iv) a unificação resultar em um ganho de eficiência na operação portuária. Junto a isso, o instrumento contratual unificado deverá também prever como termo final o menor prazo remanescente entre os contratos agrupados.

Parte destes parâmetros foi incorporada pela ANTAQ em seus diplomas regulatórios. A Resolução Normativa nº 7/2016 trouxe, no seu art. 2º, XXVI, um conceito para a unificação contratual, definindo-a como sendo o "procedimento por meio do qual escolhe-se um dentre os contratos a serem unificados, ao qual aglutinam-se os demais contratos, seguido da necessária recomposição do equilíbrio econômico-financeiro, conforme metodologia definida em normativo próprio editado por esta Agência.

O dever de recompor a equação econômico-financeira também foi ressaltado no art. 3º, parágrafo único, da Resolução Normativa nº 7/2016 que, além de prever a unificação apenas para contratos de arrendamento que tenham como titulares um mesmo arrendatário, ainda fixou que o processo deve abranger o reequilíbrio econômico-financeiro e o prazo de encerramento contratual unificado.

Ainda no âmbito da ANTAQ, a unificação de contratos de arrendamento também foi definida pela Resolução nº 85/2022, a qual dispõe que a unificação contratual constitui um "procedimento por meio do qual se consolidam dois ou mais contratos de arrendamento de um titular em um único instrumento jurídico".[215] Essa mesma definição consta no art. 2º, II, da Portaria MINFRA nº 530/2019, diploma que

---

[215] Art. 2º, IX – unificação contratual: procedimento por meio do qual se consolidam dois ou mais contratos de arrendamento de um mesmo titular em um único instrumento jurídico.

trouxe normas para alterações em contratos de arrendamento portuário e dedicou uma seção inteira à figura da unificação contratual. Seguindo de perto o entendimento assentado pelo TCU no Acórdão nº 1879/2016, o art. 48, da Portaria, fixou que a unificação dos contratos só pode ser realizada quando: (i) os contratos digam respeito às áreas contíguas que já operem ou devam passar a operar de modo integrado; e quando (ii) a operação integrada gerar ganho de eficiência ao serviço portuário. Também em sintonia com a Corte de Contas federal, o art. 49, parágrafo único, da Portaria, consolidou o entendimento de que o prazo de vigência do contrato unificado "não será superior ao menor prazo de vigência remanescente dos contratos unificados".[216]

Por fim, o *caput* deste dispositivo procedimentalizou a unificação do contrato de modo que ocorra por meio da incorporação das áreas envolvidas ao contrato de maior relevância econômica, ensejando-se a celebração de aditivo contratual.[217] Significa dizer que o instrumento contratual oriundo da unificação não conterá uma mescla dos contratos originais, mas deverá usar como base um instrumento contratual específico (de maior relevância econômica) que será aditado para incorporar ao seu escopo as áreas dos outros contratos unificados.

Em síntese, portanto, a Portaria ministerial incorporou os seguintes requisitos traçados pela Corte de Contas: (i) as atividades portuárias desempenhadas devem ser interdependentes; (ii) as cláusulas dos instrumentos contratuais precisam ser compatíveis; (iii) os arrendamentos são titularizados pela mesma empresa; (iv) a unificação resulta em um ganho de eficiência na operação portuária; e (v) o prazo de vigência do instrumento unificado deve corresponder ao menor prazo remanescente de vigência nos contratos agrupados.

Diante do exposto, é de se concluir este item no sentido de que o equilíbrio econômico-financeiro dos contratos de arrendamento portuário se divorcia, por completo, da visão ergótica, que lastreia o regime jurídico de equilíbrio econômico-financeiro dos contratos de concessão consagrado pela doutrina tradicional. A uma, porquanto a metodologia de reequilíbrio estabelecida na regulação setorial e nas minutas contratuais aponta no sentido de que existem diversos crivos

---

[216] Art. 49. parágrafo único. O prazo de vigência do contrato unificado não será superior ao menor prazo de vigência remanescente dos contratos unificados.

[217] Art. 49. A unificação de contratos de arrendamento se dará mediante a incorporação das áreas envolvidas ao contrato de maior relevância econômica e ensejará a celebração de aditivo contratual.

de equilíbrio, os quais são forjados, a partir da consolidação dos Fluxos de Caixa Contratual e Marginal. A duas, pois que a paulatina adoção de um regime de liberdade tarifária, pelos arrendamentos portuários, máxime a partir da Lei nº 14.047/2020, tem por nota característica uma cambialidade decorrente das oscilações naturais da oferta e da demanda dos serviços prestados em infraestruturas portuárias, o que dissocia a sua estrutura econômica da proposta comercial apresentada pelos licitantes. A três, na medida em que os institutos jurídicos trazidos pelo Decreto nº 9.048/2017 (prorrogação por prazos desiguais, alteração das obrigações de investimentos e realizações de investimentos fora da área do Porto Organizado) reforçam o rompimento da noção estática de equilíbrio econômico-financeiro dos contratos de concessão. Tais característicos podem ser extraídos, igualmente, do equilíbrio econômico-financeiro das concessões de ferrovias, tema que será abordado no próximo item.

2.8 O equilíbrio econômico-financeiro nas concessões de ferrovias

As concessões de ferrovias envolvem, tal como as anteriormente abordadas, infraestruturas de redes, por intermédio das quais se veiculam o transporte terrestre de bens e de pessoas, entre um ponto de origem e um ponto de destino. Tais característicos induzem à obtenção de economias de escala e de escopo, no âmbito da exploração de tal infraestrutura, que ainda tem parte de seus segmentos caracterizada como um monopólio natural.[218]

Mais que isso, o setor ferroviário produz: (i) grandes economias de densidade de tráfego, ou seja, um grande número de veículos que ocupam uma unidade de comprimento da via de tráfego; e (ii) custos irrecuperáveis ou afundados, também chamados de *sunk costs*, os quais

---

[218] Nesse sentido, Sebastião Botto de Barros Tojal e Bruna Souza da Rocha asseveram que "A evidente falha de mercado existente no setor ferroviário hoje – monopólio natural –, que aumenta custos e dificulta o desenvolvimento socioeconômico do país, demandou a implementação de estratégias regulatórias para fomentar o acesso e o compartilhamento da infraestrutura a um maior número de players com a mais ampla interconexão entre as malhas, considerando o setor ferroviário como uma essential facility, cujos recursos são indispensáveis para o acesso ao mercado por outros agentes econômicos" (TOJAL, Sebastião Botto de Barros; ROCHA, Bruna Souza da. Aspectos regulatórios e concorrenciais do operador ferroviário independente: análise da Resolução nº 5.920/2020 – ANTT. *In*: TOJAL, Sebastião Botto de Barros; SOUZA, Jorge Henrique de Oliveira (Coords.). *Direito e infraestrutura*: rodovias e ferrovias – 20 anos da Lei nº 10.233/2001. Belo Horizonte: Fórum, 2021. v. 2. p.156).

predicam de uma amortização ao longo da vigência do contrato de longo prazo; (iii) ativos específicos, que não podem ser utilizados para outros desideratos,[219] os quais acabam por orientar os incentivos para o cumprimento do contrato e endereçam os quadrantes econômicos de suas renegociações.

Como asseveram Armando Castelar e Leonardo Coelho Ribeiro,[220] "é papel da regulação definir as tarifas que as empresas podem cobrar de seus clientes". Segundo os autores, "A origem do problema é simples de entender: deixado à vontade, o monopolista vai fixar uma tarifa que maximiza seu lucro e, nesta tarifa, e na quantidade consumida resultante, o bem-estar da sociedade não é maximizado". Nada obstante, como apontam os autores, o estabelecimento de uma regulação tarifária, no setor de ferrovias, deve considerar que: (i) na presença de economias de escala, o preço que maximiza o bem-estar social gera prejuízos para a empresa; (ii) uma empresa ferroviária, como ocorre com a maioria das empresas de infraestrutura, não comercializa apenas um, mas vários produtos, o que importa em uma dificuldade adicional em estabelecer qual tarifa será adequada para cada qual; (iii) há uma assimetria informacional entre o regulador e a empresa, que faz com que aquele não conheça o custo de produção desta, nem quanto esforço a concessionária está fazendo para minimizá-lo.[221]

Ao longo dos anos, o Brasil se valeu de um modelo de exploração de transporte ferroviário verticalizado, considerado como aquele no qual a operadora é responsável, seja pela operação de manutenção da infraestrutura, seja pela provisão dos serviços de transportes de bens e passageiros. Daí que, assim como se passou nos setores de aeroportos, o setor de ferrovias caminhou de um modelo de exploração monopólica pública, por intermédio de empresas estatais (a Rede Federal

---

[219] De fato, como observa Marcos Juruena Villela Souto "No entanto, nem sempre é possível falar em competição; há situações em que é inviável, tanto do ponto de vista físico como econômico, criar estruturas competitivas para permitir esse direito à liberdade de escolha no mercado. É o que ocorre quando se fala em infraestrutura, tal como no caso das ferrovias. Nem sempre é viável a manutenção de toda a malha pelo monopolista ou, em sentido diverso, a criação de malha de infraestrutura alternativa. Além dos aspectos urbanísticos e ambientais, que podem impedir a ampliação, há situações em que o retorno de longo prazo e, portanto, de alto risco, não animam os investimentos" (SOUTO, Marcos Juruena Villela. Formas consensuais de composição de conflitos para a exploração de ferrovias. *Revista de Direito Administrativo*, Rio de Janeiro, v. 253, p. 321, jan./abr. 2010).

[220] PINHEIRO, Armando Castelar; RIBEIRO, Leonardo Coelho. *Regulação das ferrovias*. Rio de Janeiro: FGV Editora, 2017. p. 82.

[221] PINHEIRO, Armando Castelar; RIBEIRO, Leonardo Coelho. *Regulação das ferrovias*. Rio de Janeiro: FGV Editora, 2017. p. 83.

Ferroviária S.A. – RFSA e pela Ferrovia Paulista S.A. – FEPASA), para um modelo de exploração de concessória, para o setor privado.[222] Tal modelo veio a ser implementado, de forma mais estruturada, a partir das concessões celebradas, na década de 90, que podem ser visualizadas na figura abaixo colacionada:

Figura 2

Malhas Regionais	Data do Leilão	Concessionária Vencedora	Início da Operação	Extensão (km)
Oeste	05.03.96	Ferrovia Novoeste S.A.	01.07.96	1.621
Centro-Leste	14.06.96	Ferrovia Centro-Atlântica S.A.	01.09.96	7.080
Sudeste	20.09.96	MRS Logística S.A.	01.12.96	1.674
Tereza Cristina	26.11.96	Ferrovia Tereza Cristina S.A.	01.02.97	164
Sul	13.12.96	ALL-América Latina Logística do Brasil S.A	01.03.97	6.586
Nordeste	18.07.97	Companhia Ferroviária do Nordeste	01.01.98	4.238
Paulista	10.11.98	Ferrovias Bandeirantes S.A.	01.01.99	4.236
Total				25.599

Fonte: TAKASAKI, 2014, p. 127.[223]

Por intermédio de tais modelagens, veiculou-se uma estrutura de coligação contratual,[224] que era composta, dentre outros ajustes, pelo:

---

[222] Nesse sentido, Raimunda Souza e Haroldo Prates asseveram que "Concluiu-se que a melhor forma seria a União outorgar a concessão do serviço de transporte ferroviário de carga e a RFFSA arrendar os bens vinculados à operação desse serviço e vender os bens de pequeno valor. (...) dessa forma, através dos leilões realizados, o licitante vencedor se tornaria titular do direito de prestar o serviço público, que é a concessão. Para poder exercer esse direito, ele passaria, simultaneamente, a operar os ativos da RFFSA ligados ao serviço" (SOUSA, Raimunda Alves de; PRATES, Haroldo Fialho. O processo de desestatização da RFFSA: principais aspectos e primeiros resultados. *Revista do BNDES*, Rio de Janeiro, v. 4, n. 8, p. 124, 1997).

[223] TAKASAKI, Ely Arima. *O novo modelo brasileiro de exploração ferroviária*. 2014. 135 f. Dissertação (Mestrado em Economia) – Departamento de Economia da Universidade Brasília, Universidade de Brasília, Brasília, 2014. p. 127.

[224] A coligação contratual, nas palavras de Eduardo Takemi Kataoka tem lugar quando "acontecimentos de um contrato produzirão efeitos sobre os outros" (KATAOKA, Eduardo Takemi. *A coligação contratual*. Rio de Janeiro: Lumen Juris, 2008. p. 62). Segundo a doutrina civilista, neste ponto compatível com o regime de coligação contratual veiculada pelo projeto concessório, "nos contratos coligados, as partes desejam a pluralidade de contratos no sentido de um conjunto econômico, criando entre eles uma dependência de caráter bilateral ou unilateral, conforme os contratos se subordinem reciprocamente, ou se apenas um ou

(i) contrato de concessão principal delegatório da infraestrutura ferroviária; e (ii) Contrato de gestão e administração do material rodante, empregado na via férrea, pela concessionária. De outro lado, é de se destacar, como asseverado por Paulo Pessoa Guerra Neto,[225] que as ferrovias outorgadas à Companhia Vale do Rio Doce (CVRD), dentre as quais, as concessões da Estrada de Ferro Carajás (EFC), com 892 km de extensão, e da Estrada de Ferro Vitória-Minas (EFVM), que possui 898 km de linhas, foram incluídas como objeto integrante do processo de privatização da referida estatal, cujo leilão ocorreu em maio de 1997. Esta modelagem pressupunha a privatização em sentido estrito de uma empresa estatal cumulada com celebração de contratos de concessão com a iniciativa privada.

Ao comentar as características dos contratos de concessão de ferrovias, celebrados na década de 1990, Leonardo Coelho Ribeiro[226] leciona que: (i) os contratos de concessão de serviço público de transporte ferroviário celebrados no contexto da desestatização da década

---

alguns se vinculam aos demais (...) Nos contratos coligados estes são desejados como um todo, pois isoladamente cada contrato não viabilizaria o interesse dos contratantes. Os contratos condicionam-se reciprocamente em sua existência e validade e, agregados, formam uma unidade econômica". No mesmo sentido, são as lições de Orlando Gomes, para quem "Os contratos coligados são queridos pelas partes contratantes como um todo. Um depende do outro de tal modo que cada qual, isoladamente, seria desinteressante" (GOMES, Orlando. *Contratos*. 26. ed. Rio de Janeiro: Forense, 2007. p. 121-122.) Diego Jacome Valois Tafur apresenta hipótese similar de contratos coligados ou conexos no âmbito de relações que versam sobre a prestação de serviços públicos, que têm lugar na estruturação de um *Project Finance*: "A extensa cadeia de contratos, caracterizados por partes e objetos distintos, não obstante, requer unicidade quanto à finalidade abstrata comum, ou seja, o esforço conjunto para que a operação a ser desenvolvida pela SPE alcance os resultados predefinidos, com a consequente quitação do serviço da dívida (pagamento do empréstimo) e manutenção das margens de rentabilidade (Taxa Interna de Retorno – TIR) que as partes entendem compatível com os riscos assumidos. Para tanto, será fundamental que cada um desses contratos seja cumprido não apenas considerando o seu escopo principal e particular, mas, com igual importância, o seu escopo abstrato, condizente com as metas traçadas para a operação de *project finance*. Do 'escopo abstrato' emergem os 'contratos conexos' e os efeitos legais que advêm deste conceito, seja em relação à teoria geral dos contratos, especificamente a observância do 'princípio da relatividade', seja no aspecto prático, que atinge a todos os integrantes da rede de contratos" (TAFUR, Diego Jacome Valois. Contratos conexos no âmbito do project finance. *Revista Brasileira de Infraestrutura*, Belo Horizonte, a. 2, n. 4, p. 197-227, jul./dez. 2013).

[225] NETO GUERRA, Paulo Pessoa. *Evolução dos contratos das concessões de ferrovias*. 2019. Trabalho de Conclusão de Curso (Pós-Graduação em Auditoria Financeira) – Instituto Superior do Tribunal de Contas da União, Tribunal de Contas da União, Rio de Janeiro, 2019. p. 23.

[226] RIBEIRO, Leonardo Coelho. Reformando marcos regulatórios de infraestrutura – primeiras notas ao caso das ferrovias. *Revista de Direito Público da Economia*, Belo Horizonte, v. 12, n. 45, p. 77-110, jan./mar. 2014. Na mesma direção, COSTA, Adriano Soares da. A relação regulamentar-contratual e os reflexos na regulação ferroviária. *Revista Brasileira de Direito Público*, Belo Horizonte, v. 18, n. 68, p. 171-211, jan./mar. 2020.

de 1990 o foram por longo prazo de vigência; (ii) a modernização e a ampliação da prestação do serviço restaram, contratualmente, fixados como direitos do concessionário, devido à titularidade do serviço pertencer ao concedente, bem como para assegurar o equilíbrio econômico-financeiro da concessão, tendo em vista o valor final da tarifa e sua modicidade; (iii) a forte expansão da carga mineral e agrícola transportada não havia sido contemplada na projeção levada em conta quando da celebração dos contratos; e (iv) a fiscalização do contrato, pelo poder concedente, não parece ter sido adequada, como costuma ocorrer nos contratos administrativos em geral, aliás – até porque não se tem notícia de que os contratos de concessão tenham sido reequilibrados à luz da demanda acima da projetada, o que poderia implicar novas obrigações ao concessionário em contrapartida, e também porque se tem notícia de que parte da malha concedida caiu em desuso e abandono, devido ao desinteresse dos concessionários e à falta de fiscalização do concedente.[227]

Cuidavam-se de contratos mais simples, que não dispunham, propriamente, de uma matriz de riscos entre o poder concedente e a concessionária, nem de uma regulação endógena de incentivos formadora do crivo de reequilíbrio do instrumento contratual. Nada obstante, tais instrumentos contratuais já prescreviam uma abertura econômica à incompletude e à adaptabilidade.[228] Assim, por exemplo,

---

[227] Especificamente no caso do setor ferroviário, além de operar com déficit operacional crescente, a dívida era muito grande e a integração entre RFFSA e FEPASA não ocorria de forma eficiente, também dessa forma afastando potenciais clientes. Entre outras razões, a má situação financeira das ferrovias derivava de as tarifas ferroviárias serem reajustadas abaixo da inflação, e não refletirem as diferenças de custo entre trechos, as empresas estarem com excesso de pessoal, haver muita interferência política nas decisões gerenciais e as empresas serem obrigadas a prestar serviços universais, atendendo a locais remotos com pouco tráfego. (DURÇO, Fábio Ferreira. *A regulação do setor ferroviário brasileiro*: monopólio natural, concorrência e risco moral. 2011. Dissertação (Mestrado em Economia) – Escola de Economia de São Paulo da Fundação Getulio Vargas, Fundação Getulio Vargas, São Paulo, 2011).

[228] Em 12 de maio de 1989, a malha ferroviária foi delegada à Ferrovia Norte do Brasil (Ferronorte S.A.), por intermédio do Decreto nº 97.739. Tal ato regulamentar teve por objeto "a construção, operação, exploração e conservação de estradas de ferro ligando a Cidade de Cuiabá, Estado de Mato Grosso, e as Cidades de Uberaba e Uberlândia, Estado de Minas Gerais; Santa Fé do Sul, na margem direita do Rio Paraná, Estado de São Paulo; Porto Velho, Estado de Rondônia, e Santarém, Estado do Pará, bem assim, em sua área de influência, os ramais que se fizerem necessários à viabilidade dessas ferrovias". Em prosseguimento, em 19 de maio de 1989, foi celebrado contrato de concessão entre a União e a Ferronorte S.A. De acordo com instrumento contratual, a concessão teria por objeto "a construção, operação, exploração e conservação de ramais, em sua área de influência, que se fizerem necessários ao pleno atendimento das demandas previstas, desde que submetidas pela Ferronorte à

cite-se a Cláusula 8.1 do contrato de concessão da malha Centro-oeste, segundo o qual "Sem prejuízo do reajuste referido em 8.1, as tarifas de referência poderão ser revistas, para mais ou para menos, caso ocorra alteração justificada de mercado e/ou custos, de caráter permanente, que modifique o equilíbrio econômico-financeiro deste contrato, por solicitação da Concessionária, a qualquer tempo, ou por determinação da Concedente, a cada cinco anos".

Note-se que tal contrato já prevê uma revisão das suas bases econômicas, a cada cinco anos, do que se já se depreende um viés não ergótico de seu equilíbrio econômico-financeiro. De fato, o próprio característico regulatório das tradicionais revisões ordinárias, no âmbito das quais têm lugar uma ampla renegociação das variáveis econômicas do módulo concessionário (v.g. recomposição dos custos, alteração de indicadores de desempenho, intuição de novos percentuais de reversão de receitas extraordinárias) detonam a desvinculação dos novos crivos de equilíbrio da proposta comercial apresentada pelos licitantes.

Nada obstante, Carlos Ari Sundfeld,[229] ao comentar o equilíbrio econômico-financeiro de tais contratos de concessão de ferrovias, assevera que alguns doutrinadores minoritários vêm se manifestando no sentido de que não haveria um equilíbrio econômico-financeiro, a ser garantido, com lastro na Constituição de 1998. Ao ver do autor, tal "argumento se escorou na diferença textual, contida na própria Constituição de 1988, entre o dispositivo relativo às contratações ordinárias da administração (obras, serviços, compras e alienações), o art. 37, XXI, e o das concessões de serviço público, o art. 175". Contudo, ainda seu ver, "se a concessão tem caráter contratual, como diz o art. 175, as condições efetivas da proposta (que foi vencedora da licitação e deu base à concessão) estão sim estabilizadas e preservadas durante toda a relação contratual, como ocorre com outros contratos públicos, nomeados no art. 37, XXI".

Tal entendimento não se coaduna mais com o regime jurídico do equilíbrio econômico-financeiro, que tem lugar na regulação, endógena e exógena, atual dos contratos de concessão. Como se depreende do

---

aprovação da UNIÃO, na época em que for constatada sua necessidade" (§3º, da Cláusula Primeira).

[229] SUNDFELD, Carlos Ari. Concessões ferroviárias e jus variandi das concessionárias. *In*: TOJAL, Sebastião Botto de Barros; SOUZA, Jorge Henrique de Oliveira (Coords.). *Direito e infraestrutura*: rodovias e ferrovias – 20 anos da Lei nº 10.233/2001. Belo Horizonte: Fórum, 2021. v. 2.

exame contratual dos equilíbrios econômico-financeiros das concessões de rodovias, aeroportos e dos arrendamentos portuários, a aplicação da metodologia de Fluxo de Caixa Marginal, de deflatores tarifários, o estabelecimento de uma repartição de riscos, dentre outros característicos de tais pactos concessórios, engendram a formação de um equilíbrio econômico-financeiro cambiável, aberto, que se adequa à incompletude dos contratos de concessão. Tal racional, igualmente, foi transposto para as concessões de ferrovias. Nesse sentido, mais recentemente, em consonância com tal perspectiva, citem-se as Cláusulas 22.5 e 22.3.1 dos contratos de subconcessão para a construção e a prestação do serviço público de transporte ferroviário de cargas associado à exploração da infraestrutura ferroviária da EF-334, no trecho compreendido entre Ilhéus/BA e Caetité/BA (FIOL 1), vazados nos seguintes termos:

> 22.5.1 Sempre que atendidas as condições do Contrato e respeitada a alocação de riscos nele estabelecida, considera-se equacionado seu equilíbrio econômico-financeiro
> 22.3 Revisão Extraordinária
> 22.3.1 É o reequilíbrio econômico-financeiro da Subconcessão, na ocorrência de risco cuja responsabilidade foi atribuída ao Poder Concedente, nos termos da subcláusula 26.2.

Além disso, é de se destacar, nessa modelagem, que o Anexo III ao instrumento contratual dispõe que o processo de reequilíbrio econômico-financeiro será realizado de forma que seja nulo o valor presente líquido do Fluxo de Caixa Marginal projetado em razão do evento que ensejou recomposição, considerando (i) os fluxos dos dispêndios marginais resultantes do evento que deu origem à recomposição; (ii) os fluxos das receitas marginais resultantes do evento que deu origem à recomposição. Ainda de acordo com o instrumento contratual, os fluxos dos dispêndios das receitas marginais referidos serão descontados, pela Taxa de Desconto do Fluxo de Caixa Marginal, a ser determinada, pela ANTT, apurada pela metodologia do WACC (*Weighted Average Cost of Capital* ou Custo Médio Ponderado de Capital). Ainda para os fins da presente investida, destaca-se que: (i) no momento do reequilíbrio econômico-financeiro, o cálculo inicial para dimensionamento do reequilíbrio considerará demanda real constatada, nos anos anteriores, e adotará as melhores práticas para projetar a demanda até encerramento do prazo de vigência do Contrato de Subconcessão; e (ii) periodicamente, o referido cálculo inicial será revisado para substituir demanda projetada pelos respectivos valores de demanda efetivamente realizados. Como se pode notar, a aferição do reequilíbrio econômico-financeiro, com lastro na "demanda real" e na "demanda projetada", importam na desvinculação do racional econômico-financeiro da proposta comercial apresentada pelos licitantes, bem como na existência de diversos crivos de reequilíbrio do contrato de concessão de ferrovias.

Na mesma direção, cite-se o 2º Termo Aditivo ao Contrato de Concessão para exploração e desenvolvimento do serviço público de transporte ferroviário de cargas na Malha Oeste, datado de 01 de julho de 1996, originalmente, celebrado entre a União, por intermédio do Ministério dos Transportes, posteriormente sucedido pela ANTT, na qualidade de Poder Concedente, e a Ferrovia Novoeste S.A., posteriormente sucedida pela Rumo Malha Oeste S.A. – RMO. Em tal aditivo, que teve objeto o estabelecimento das condições operacionais e econômicas para a relicitação do ativo, se previu, em sua Cláusula 4ª, §1º, que "Até o início da vigência da Tabela Tarifária do Anexo 1, permanecerá em vigor a Tabela Tarifária decorrente do Contrato de Concessão Original".

Cite-se, ainda, o acordo de Obrigações de Investimento, anexo ao 3º Termo Aditivo ao contrato de concessão original da Estrada de Ferro Vitória a Minas, datado de 30 de junho de 1997, celebrado entre a União, por intermédio do Ministério dos Transportes, e a Companhia Vale do Rio Doce S.A., antiga denominação da Vale S/A., a qual estabeleceu obrigações de investimento relativas aos Projetos de Infraestrutura da FICO e da FIOL, com fundamento na Lei nº 13.448/2017. De acordo com sua cláusula 7.2, "Para fins deste Anexo, com exceção dos riscos expressamente alocados ao Poder Concedente na subcláusula 7.1, a Concessionária é integral e exclusivamente responsável por todos os riscos relacionados às Obrigações de Investimento, inclusive, mas não se limitando, aos seguintes". É de se notar que tais instrumentos contratuais, ao disciplinarem as relações jurídicas transitórias, decorrentes do procedimento de relicitação, estabeleceram novos regimes tarifários e uma nova matriz de riscos contratuais (atrelada à realização de novos investimentos), bases econômicas, completamente distintas das, originalmente, pactuadas entre o poder concedente e o concessionário.

A regulação setorial, embora não seja exaustiva sobre o tema, bem retrata a completa cambialidade do equilíbrio econômico-financeiro nas concessões de ferrovias. Assim, por exemplo, cite-se o art. 1º da Resolução ANTT nº 5.925, de 28 de janeiro de 2021, o qual teve por objeto "Atualizar o *Weighted Average Cost of Capital* (WACC) regulatório para o setor de ferrovias para 10,85 % a.a, cujo cálculo consta na Nota Técnica SEI nº 5727/2020/GEMEF/SUCON/DIR, anexa a esta Resolução".

É de se observar que o tema do equilíbrio econômico-financeiro das concessões das ferrovias, ao prever, expressamente, a atualização do *Weighted Average Cost of Capital* (WACC) e um distinto equilíbrio econômico-financeiro, aos termos aditivos celebrados, em sede de procedimentos de relicitação, confirmam a existência de distintos crivos de reequilíbrio também nesta modalidade de concessão.

Por fim, é de se registrar que tal setor, malgrado não disponha de uma normatização robusta a propósito do seu equilíbrio econômico-financeiro, nos idos de 2012, experimentou uma reforma regulatória que, igualmente, confirma a hipótese testada no presente capítulo. Em janeiro de 2012, a Agência Nacional de Transportes Terrestres (ANTT), por meio da Deliberação nº 289/2011, instituiu a Consulta Pública nº 001/2011 ("Consulta Pública"), para colher sugestões para a proposta de "Metodologia e Revisão das Tabelas Tarifárias das Concessionárias de Serviço Público de Transporte Ferroviário de Cargas", com a finalidade de obter dos interessados "subsídios e informações adicionais para o aprimoramento do ato regulamentar, a ser expedido pela ANTT". Essa foi a metodologia que deu origem aos valores fixados pelas Resoluções nº 3.888 a 3.897 da ANTT.[230] Tais resoluções tiveram a sua validade amplamente questionada pelos agentes setoriais. Nesse sentido, de acordo com o questionamento realizado pela Associação Nacional dos Transportadores Ferroviários – ANTF "a ANTT reinterpretou essa cláusula para estabelecer que essa revisão deveria ocorrer de forma ordinária e periódica (a cada cinco anos). Assim, a Agência teria partido da pressuposição de que lhe é facultado rever as tarifas a cada cinco anos, independentemente de identificar previamente a 'alteração de mercado e/ou custos' ou 'justificá-la'". Ainda de acordo com ANTF, o "processo de revisão tarifária em curso busca estabelecer um novo reposicionamento tarifário, onde serão estabelecidas tarifas compatíveis com a cobertura dos custos operacionais existentes para um dado nível de qualidade do serviço e com uma remuneração justa e adequada sobre investimentos realizados pelas concessionárias". E conclui que "a ANTT teria criado um 'verdadeiro novo contrato de

---

[230] Informações extraídas de PINHEIRO, Armando Castelar; RIBEIRO, Leonardo Coelho. *Regulação das ferrovias*. Rio de Janeiro: FGV Editora, 2017. p. 83.

concessão no que tange ao aspecto remuneratório, em substituição ao anterior'''.

O tema foi objeto de judicialização. Tratou-se de ação ajuizada, pela ALL – América Latina Logística Malha Sul S.A., ALL – América Latina Logística Malha Oeste S.A., ALL – América Latina Logística Malha Norte S.A. e ALL – América Latina Logística Malha Paulista S.A. em face da Agência Nacional de Transportes Terrestres – ANTT e da União, que teve como pedidos a declaração da: (i) perfeição, validade e eficácia dos contratos de concessão de serviço público; (ii) da validade do valor das tarifas, tais como como as constituídas pelo edital e pelos contratos de concessão; (iii) a manutenção do direito das autoras à manutenção do equilíbrio econômico-financeiro dos contratos, condenando-se a ré (e a União, caso opte por contestar a ação) à obrigação de respeitar tal equação, tal como originalmente configurada endocontratualmente.

Ao sentenciar o processo, o juízo a *quo* julgou improcedente o pedido formulado pela autora, deixando assentado que "quanto às premissas de direito e em que pese os argumentos deduzidos pela parte autora, entendo que a Agência Nacional de Transportes Terrestres ANTT detém competência para revisar os tetos tarifários, ainda que os contratos em apreço tenham sido firmados antes da Lei nº 10.233/01". O tema foi levado, por intermédio dos recursos de Apelação Cível nº 5033413-96.2012.4.04.7000/PR, à apreciação do Tribunal Regional da 4ª Região – TRF4, sob a relatoria do Desembargador Federal Rogerio Favreto.

Ao apreciar o tema, o TRF4 se manifestou no sentido da manutenção da sentença de primeiro grau, aos seguintes argumentos: (i) sendo o contrato de concessão de longa duração e execução diferida no tempo, evidentemente, não há espaço para negar à agência reguladora, criada exatamente para tal fiscalização, que a exerça por meio de revisão de tarifas; (ii) o contrato administrativo é regido por normas de direito público, que conferem à Administração Pública prerrogativas que a coloca numa posição diferenciada em relação aos contratados, eis que imantados pelas cláusulas exorbitantes; (iii) a rigor, não se está diante de pedido de revisão de contrato administrativo, mas, sim, de manutenção dos termos firmados quanto à "política tarifária", visando, porém, ao restabelecimento do equilíbrio econômico-financeiro; (iv) embora com críticas técnicas compreensíveis e que são coerentes com os determinados pontos os quais, no entender da perita, escaparam à agência, o fato é que a perita concluiu que a metodologia *Weighted*

Average Cost of Capital – WAAC, associada ao *Capital Asset Pricing Model* – CAPM, é reconhecida e aplicada. A despeito da atecnia da decisão, já que se baralharam o exercício do poder extroverso da entidade reguladora com a manutenção do equilíbrio econômico-financeiro do contrato de concessão, o Poder Judiciário reconheceu a possibilidade de uma alteração completa do equilibro econômico-financeiro do contrato de concessão, em razão da sua incompletude congênita. Trata-se de relevante precedente que confirma a hipótese testada no presente livro.

Ainda no setor de ferrovias, confirma a hipótese testada na presente obra o expediente da cisão dos contratos de concessão. Explica-se.

Em 03.08.1999, a Ferrovia Centro Atlântica S.A. ("FCA") e a Ferrovia Sul Atlântica S.A. ("FSA"), sucedida pela América Latina Logística do Brasil S.A. ("ALL") externaram, junto ao Poder Concedente, o interesse em explorar trechos ferroviários específicos, explorados pela Ferrovia Bandeirantes S.A. ("Ferroban"), na qualidade de concessionária do serviço público de transporte ferroviário de cargas na Malha Paulista.

De acordo com a FCA e a ALL,[231] determinados trechos da Malha Paulista seriam mais bem aproveitados no bojo de suas próprias concessões. A vantagem comparativa na exploração desses trechos decorria do fato de que a FCA e a ALL exploravam áreas contíguas às da Ferroban, cuja malha ferroviária interliga a Malha Centro-Leste e a Malha Sul, de que eram concessionárias a FCA e a ALL, respectivamente.

As concessionárias também ressaltaram o fato de que, em benefício da qualidade do transporte ferroviário, a FCA e a ALL celebraram acordos com a Ferroban para operar os trechos ferroviários onde suas malhas se interligavam. A operação desses trechos era garantida por um "acordo de operação propriamente dito e por contrato de cessão do material rodante relativo aos trechos relevantes, celebrado em 10.11.98 entre a Ferroban e a FCA e entre a Ferroban e a FSA." Diante desse cenário, as duas concessionárias solicitaram que o Ministério dos Transportes se manifestasse sobre a "eventual existência de obstáculos à pretendida cisão", sem prejuízo "da oportuna submissão do pedido de aprovação da cisão":

Em 11.01.2000, a Ferroban, a ALL e a FCA protocolaram carta conjunta no Ministério de Transportes, solicitando anuência prévia do Poder Concedente, para realizar as cisões de trechos ferroviários

---

[231] Carta nº 019/FCA/99 e Carta s/nº da Ferrovia Sul Atlântico S.A., autuadas sob o nº 50000.015598/99, pelo Ministério de Transportes.

integrantes do contrato da Ferroban. A operação foi justificada com os seguintes argumentos: a) O acréscimo da qualidade do transporte ferroviário de cargas nas Malhas Sul, Paulista e Centro-Leste, visando ao atingimento, por cada concessionária, da prestação do serviço adequado (art. 6º, da Lei nº 8.987/1995); b) A vantagem comparativa técnica, operacional e comercial, da FCA e da ALL, para operar os trechos de interesse; c) A vocação geoeconômica natural dos trechos da Malha Paulista operados pela ALL e pela FCA, tendo a exploração maximizada, quando conjugada e integrada à operação das Malhas Sul e Centro-Leste; e d) O foco principal da Ferroban na exploração da linha-tronco da Malha Paulista, consistente no trecho ferroviário que liga a Novoeste ao Porto de Santos.

Nesse sentido, as concessionárias apontaram a cisão parcial da concessão, prevista no art. 26, da Lei nº 9.074/1995, como a "alternativa mais adequada e eficiente a permitir que as Malhas Sul, Paulista e Centro-Leste atinjam e desenvolvam a destinação natural referida". O pleito foi acompanhado de uma descrição dos termos e condições gerais em que a autorização estava sendo solicitada, bem como do compromisso das concessionárias[232] em cumprir com todas as obrigações legais e contratuais relacionadas com os trechos cindidos.

O Departamento de Transportes Ferroviários ("DTF"), da Secretaria de Transportes Terrestres ("STT"), do Ministério de Transportes, analisou o requerimento, por intermédio da Nota Técnica nº 06/STF/STT/MT. A manifestação identificou a possibilidade, em tese, de deferimento do pedido. Nada obstante, o corpo técnico não se mostrou favorável à realização da operação, naquele momento, por considerar que "uma vez celebrada a cisão referida, poderia (...) haver uma intensa concentração econômica, tanto pelo lado norte, onde a FCA já possui valores a 7.000 Km de linha, sendo a maior malha em território nacional, quanto pelo lado sul, onde a ALL além de possuir toda a malha da região sul do país, ainda é proprietária da estrutura ferroviária argentina".

---

[232] "A ALL e a FCA se comprometem a, efetivada a Cisão, cumprir todas e cada uma das obrigações legais e contratuais relacionadas com os Trechos Relevantes e os bens a eles afetos, particularmente aquelas constantes da Cláusula Nona do Contrato de Concessão e da Cláusula Quarta do Contrato de Arrendamento. Permaneceriam com a Ferroban os demais bens, direitos e obrigações, na forma do Contrato de Concessão, do Contrato de Arrendamento, do Contrato de Compra e Venda e do Contrato de Transição, não transferidos para a ALL e para a FCA, restando, portanto, inalterada a concessão dos demais trechos da Malha Paulista cuja exploração foi outorgada à Ferroban".

O requerimento foi, então, submetido ao Conselho Administrativo de Defesa Econômica ("CADE"), bem como à Consultoria Jurídica do Ministério dos Transportes ("Conjur/MT"), para análise acerca de eventual concentração econômica e dos aspectos jurídicos envolvidos. O CADE não se manifestou formalmente sobre a cisão, em razão da ausência de informações suficientes sobre a operação.[233] Ato contínuo, a Conjur/MT, por meio da Informação nº 928/2000, mostrou-se favorável ao deferimento do pleito em relação à ALL, por considerar que todos os requisitos técnicos e jurídicos estavam presentes para a sua efetivação. Em relação ao trecho a ser cindido e vertido para a FCA, a Conjur/MT sugeriu o sobrestamento do feito, até que fosse realizado estudo mais aprofundado sobre os impactos no mercado, em caso de efetivação da autorização solicitada.[234]

Nesse sentido, a cláusula 2.1, do 1º Termo Aditivo ao Contrato de Concessão da Malha Sul, celebrado pela Rumo Malha Sul S.A., sucessora da ALL, trouxe como um dos objetos aditivados: "alterar a Cláusula Primeira do Contrato de Concessão, para incluir os trechos Pinhalzinho/Apiaí – Iperó e Presidente Epitácio – Rubião Junior, no Estado de São Paulo, com extensão total de 845,64 km, transferidos da RMP (ex-Ferroban) para a RMS (ex-ALLMS), por ocasião da cisão da Malha Paulista, autorizada pelo Despacho do Ministro dos Transportes de 20 de dezembro de 2000".

Após submissão da proposta de cisão parcial à Audiência Pública, na modalidade de intercâmbio documental (Deliberação ANTT nº 169/2003), a ANTT aprovou a operação de cisão do trecho ferroviário

---

[233] O DTF, por seu turno, indicou que não foram constatadas relações verticais e horizontais entre as concessionárias envolvidas.

[234] "É do conhecimento geral que a Ferrovia Centro Atlântica – FCA operadora da maior malha ferroviária e tem com acionista majoritário a Companhia Vale do Rio Doce – CVRD, sendo que esta última detém ainda as seguintes participações no sistema: Ferroban, ora em análise Estrada de Ferro Carajás; Estrada de Ferro Vitória Minas; e na Companhia Ferroviária do Nordeste; o que demonstra uma gigantesca área de influência, além do fato de que não procede a informação prestada pela COREF/DTF/STT, quanto a inexistência de participações cruzadas neste caso. Saliente-se, ainda, que a já mencionada CVRD vem sendo questionada pelo CADE quanto a atos de concentração em todas as suas áreas de atuação, dentre elas a do setor ferroviário.
Por sua vez, a empresa América Latina Logística do Brasil S.A. – ALL praticamente mantém como área de atuação o projeto de privatização originário do Governo Federal, uma vez explora a denominada malha sul da Rede Ferroviária Federal S.A. – RFFSA, e detém uma participação minoritária de 25% do capital social da Ferrovia Paraná S.A. – Ferropar, subconcessionária da Ferrovia Paraná Oeste S.A. – Ferroeste. Verifica-se, neste caso, que a informação prestada pelo órgão técnico procede, visto que realmente inexiste a participações cruzadas com outras concessionárias do sistema".

entre Araguari e Boa Vista, pertencente à Ferroban, com versão do trecho cindido para a FCA, nos termos do art. 1º, da Resolução ANTT nº 1.009/2005.[235] A cisão parcial da Ferroban também foi analisada pelo Tribunal de Contas da União, por meio do Acórdão nº 1010/2004.[236]

Como se pode perceber, assim como nas concessões de rodovias, de aeroportos e nos arrendamentos portuários, as concessões de ferrovias engendram um equilíbrio econômico-financeiro desvinculado das premissas econômicas, que lastrearam a proposta comercial apresentada pelos licitantes. Embora tal setor ainda não tenha uma regulação madura sobre o tema, é de destacar que os novos contratos de concessão de transporte ferroviário de cargas (notadamente, por intermédio de subconcessão) utilizam-se da metodologia do Fluxo de Caixa Marginal, para fins de reequilíbrio econômico, a partir da incidência de um WAAC, inclusive sobre os contratos já celebrados, como se passou com o episódio da Revisão Tarifária de 2012. Se não bastassem as previsões investigadas neste capítulo, outro instituto – mais novidadeiro – que confirma a hipótese testada aqui é a prorrogação antecipada, tema do próximo item.

2.9 As prorrogações antecipadas e a pactuação de um novo equilíbrio econômico-financeiro para os contratos de concessão

Nos idos dos anos de 2014, foram licitados, pelo Governo Federal, ativos que vieram a se tornar inexequíveis, como, por exemplo, as modelagens previstas nos contratos de concessão de rodovia celebrados na 3ª Fase do Programa de Rodovias Federais – PROCROFE e nas 2ª e 3ª Fases das Concessões de Infraestrutura Aeroportuária. Tal inexequibilidade restou reconhecida, inclusive, pela instituição de um regime normativo para disciplinar a relicitação de tais ativos, por intermédio da edição da Lei nº 13.448/2017. Produziu-se um regime jurídico para dar conta das denominadas "concessões em crise" (v.g. da Concessão da Rodovia BR-040, da Concessão da Rota do Oeste,

---

[235] "Art. 1º Aprovar a operação de cisão do trecho ferroviário compreendido entre Araguari (MG) e Boa Vista Nova (SP), pertencente à Ferrovia Bandeirantes S.A. - FERROBAN, com versão do trecho cindido para a Ferrovia Centro Atlântica S.A. - FCA, nos termos em que foi proposta no Memorando de Entendimento de 25 de fevereiro de 2002".

[236] TCU – Acórdão nº 1010/2004 – Plenário – Rel. Min. Marcos Vinicios Vilaça – J. 21.07.2004.

da Concessão da Infraestrutura aeroportuária do Galeão). Exemplo saliente desse cenário se materializou pelo Decreto sem número, de 15 de agosto de 2017, por intermédio do qual se declarou a caducidade da concessão de titularidade da Concessionária de Rodovias Galvão BR-153 SPE S.A. – BR – 153/GO/TO. No âmbito da Lei nº 13.448/2017, se previu, expressamente, os institutos da "prorrogação antecipada" e da "relicitação", por intermédio dos quais se pretende, a partir da criação de um sistema de incentivos para todas as partes (evitando-se a prática de condutas oportunistas), fomentar a realização de novos investimentos em contratos de concessão e estabelecer um regime de extinção amigável, respectivamente. Tais institutos conformam um novo equilíbrio econômico-financeiro aos contratos de concessão, seja do contrato que terá o seu prazo antecipadamente ampliado, seja por intermédio da formação de um equilíbrio econômico-financeiro intermédio até a sua extinção.

O primeiro ponto será demonstrado neste item. Como se sabe, à luz do artigo 175, *caput*, da Constituição da República Federativa do Brasil de 1988 (CRFB), em regra, a outorga de concessão de serviço público deverá ser precedida de procedimento licitatório[237] – razão pela qual o referido dispositivo se utiliza do advérbio "sempre". Todavia, não se pode interpretar esse normativo como óbice à prorrogação de contratos de concessão. Na verdade, é o próprio dispositivo constitucional o qual, em seu parágrafo único, determina que a lei disporá sobre "o regime das empresas concessionárias e permissionárias de serviços públicos, o caráter especial de seu contrato e de sua prorrogação, bem como as condições de caducidade, fiscalização e rescisão da concessão ou permissão".[238]

---

[237] Parte das ideias aqui desenvolvidas teve origem em FREITAS, Rafael Véras de; RIBEIRO, Leonardo Coelho. O prazo como elemento da economia dos contratos de concessão: as espécies de "prorrogação". *In*: MOREIRA, Egon Bockmann. *Contratos administrativos, equilíbrio econômico-financeiro e taxa interna de retorno*: as lógicas das concessões e das parcerias público-privadas. Belo Horizonte: Fórum, 2016. p. 253-282.

[238] Ressalte-se que Código da Contabilidade Pública da União, previsto no Decreto nº 4.536, de 28 de janeiro de 1922, já previa a possibilidade de prorrogação dos contratos administrativos, condicionando-os aos mesmos pressupostos de validade dos contratos administrativos descritos no artigo 54 dessa norma. Do mesmo modo, o Decreto-Lei nº 2.300/1986 previa a possibilidade de prorrogação em seu artigo 47. Por fim, cite-se o Código de Água, Decreto nº 24.643, de 1934, que estipulou, "b" do artigo 162 que nos contratos de concessão figurariam, entre outras, as seguintes cláusulas: prazos para o início e a execução das obras, prorrogáveis a juízo do governo.

Assim é que, se, por um lado, o texto constitucional exige a realização de procedimento licitatório para a outorga de concessões, por outro, admite a sua prorrogação, sem a realização desse processo de seleção. Daí porque o argumento de acordo com o qual a extensão do prazo contratual seria uma burla ao procedimento licitatório não tem fundamento, seja porque o próprio art. 175 prevê a possibilidade de prorrogação, seja porque a incompletude desses ajustes impõe a constante adaptação desses contratos. Além disso, não se pode olvidar que a licitação – tal como a concorrência – não é um fim em si, mas um instrumento[239] para que a Administração selecione a melhor proposta no mercado. Nesse sentido, se a melhor proposta, consubstanciada no melhor padrão do serviço, é a que vem sendo executada pelo concessionário, seria antípoda ao interese público interditar a extensão de seu prazo. Em termos coloquiais: não seria minimante razoável "licitar por licitar".

Na verdade, o instituto da prorrogação está relacionado à definição do prazo do "projeto concessionário".[240] Na esteira dos ensinamentos de Pedro Gonçalves,[241] conceitua-se a prorrogação "como o prolongamento da sua vigência, que determina o protelamento do termo da concessão". Aliás, é da essência desses contratos a sua temporariedade – interditando-se delegações em caráter perpétuo. Por isso, a própria Lei nº 8.987/1995, ao definir esse título habilitante, impõe que se trate de delegação "por prazo determinado", bem como estabelece que o prazo dessa modelagem seja indicado no edital de licitação e no contrato (arts. 2º, II e III c/c, 18, I, e 23, I, todos da Lei nº 8.987/1995).

---

[239] Marçal Justen Filho, da mesma forma, ressalta a instrumentalidade da licitação em JUSTEN FILHO, Marçal. *Comentários à Lei de Licitações e Contratos Administrativos*. 15. ed. São Paulo: Dialética, 2012. p. 74. No mesmo sentido, afirma Flavio Amaral Garcia: "A licitação é um procedimento que visa selecionar a proposta mais vantajosa para a Administração Pública, observada a igualdade de condições entre todos os licitantes. Decorre do princípio da indisponibilidade do interesse público, eis que o administrador público é gestor de interesse alheio. A licitação revela um caráter instrumental, eis que se trata apenas de um meio para o atingimento de uma finalidade pública maior, que é a própria contratação administrativa" (GARCIA, Flávio Amaral. *Licitações e contratos administrativos*: casos e polêmicas. 2. ed. Rio de Janeiro: Lumen Juris, 2009).

[240] Expressão cunhada por Egon Bockmann Moreira, que retrata a natureza consensual nessa relação jurídica de longo prazo (MOREIRA, Egon Bockmann. *Direito das concessões de serviços públicos*. São Paulo: Malheiros, 2010).

[241] GONÇALVES, Pedro. *A concessão de serviços públicos*. Coimbra: Almedina, 1999. p. 328.

Acontece que a fixação do prazo das concessões não é matéria de lei;[242] ao ato normativo caberá, tão somente, fixar os prazos máximos e mínimos (v.g. art. 57 da Lei nº 8.666/1993 e art. 5º, I, da Lei nº 8.987/1995) desses contratos de longo prazo. Essa competência é privativa do poder concedente, que, ao examinar o empreendimento que será delegado à iniciativa privada, estipulará um prazo que integre a equação econômico-financeira nesses ajustes, prazo esse suficiente para que o concessionário obtenha o retorno econômico projetado quando da apresentação de sua proposta na licitação.[243] Daí a razão pela qual o artigo 23, inciso XII, da Lei nº 8.987/1995, ao especificar as cláusulas essenciais dos contratos de concessão, exigiu que esse ajuste estabeleça "as condições para prorrogação do contrato". E mais não disse. De rigor, nem poderia, na medida em que a referida cláusula deverá ser formatada de acordo com as especificidades de cada empreendimento. Não se trata de uma questão, exclusivamente, jurídica, mas de índole predominantemente econômica.

Por tais motivos, a Lei nº 13.448/2017 redesenhou, especificamente, tal instituto, no âmbito dos setores rodoviário, ferroviário e aeroportuário. Para esse fim, foram previstas duas hipóteses de "prorrogação": a prorrogação contratual premial[244] e a prorrogação antecipada mediante a realização de novos investimentos. A prorrogação premial é aquela por meio da qual o pacto concessório estabelece, *ex* ante, os critérios que orientarão a Administração Pública na decisão de ampliar o vínculo contratual. Mais especificamente, trata-se de modalidade em que se divide o módulo contratual em duas ou mais partes, possibilitando que o poder concedente, ao final de cada uma delas, avalie se

---

[242] Não cabe à lei, mas aos contratos disciplinares a sua modelagem: "O objeto deste ensaio foi deixar assentado que a distribuição de riscos nos contratos administrativos, por se tratar de matéria atinente à economia dos contratos, não pode ser delimitada, *a priori*, pelo Poder Legislativo. É preciso que o tema seja equacionado na seara técnica da regulação (jurídica ou contratual), levando-se em conta as peculiaridades de cada objeto" (FREITAS, Rafael Véras de. A repartição de riscos nos contratos administrativos regulados: os contratos de partilha de produção e de concessão da infraestrutura aeroportuária. *Revista de Direito Público da Economia*, Belo Horizonte, v. 10, n. 39, p. 139-157, jul./set. 2012).

[243] Embora não se desconheça que o Poder Judiciário venha placitando prorrogações por intermédio de atos normativos. No âmbito do transporte coletivo de passageiros, o Superior Tribunal de Justiça (STJ), ao apreciar o Recurso Especial nº 686.969, entendeu que "não é ilegal a prorrogação dos contratos de concessão de serviço público de transporte coletivo, prevista em lei municipal".

[244] Essa expressão não é nossa, mas é de Lino Togal (TORGAL, Lino. Prorrogação dos contratos de obras públicas e serviços públicos. Prorrogação do prazo de concessões de obras públicas e de serviços públicos. *Revista de contratos públicos*, Lisboa, n.1, p.219-263, jan./abr. 2011).

o concessionário preencheu os requisitos previamente estabelecidos contratualmente.[245] Nesse quadrante, essa espécie de alteração do prazo contratual não poderá ser levada a efeito sem previsão editalícia e contratual e deverá respeitar o prazo máximo previsto para todos os blocos contratuais (art. 4º, I), ambas as diretrizes sob pena de violação ao princípio da vinculação ao instrumento convocatório.

O que se impõe, para utilização de tal expediente, é a apresentação de uma motivação mediante a qual se demostre que "prorrogar" é mais vantajoso do que licitar, seja a bem da continuidade do serviço público, seja em razão dos custos de um novo procedimento licitatório. Daí a determinação para que a entidade competente apresente estudo técnico, que fundamente a extensão do prazo contratual, contendo: o programa dos novos investimentos, quando previstos; as estimativas dos custos e das despesas operacionais; as estimativas de demanda; a modelagem econômico-financeira; as diretrizes ambientais, quando exigíveis, observado o cronograma de investimentos; as considerações sobre as principais questões jurídicas e regulatórias existentes; os valores devidos ao poder público pela prorrogação, quando for o caso.

A prorrogação antecipada mediante a realização de novos investimentos, por sua vez, objeto específico deste item, terá lugar nas hipóteses em que, por razões econômicas, o poder concedente, em vez de esperar o termo do contrato de concessão, incentiva que o concessionário realize investimentos não previstos nas suas obrigações originárias, tendo como contrapartida a ampliação da vigência do prazo da concessão (art. 4º, II). A referida modalidade encontra, ao menos, dois exemplos: no artigo 1º, §1º, inciso III, da Lei nº 12.783/2013[246] (que trata de renovação das concessões de geração, transmissão e distribuição

---

[245] Cite-se, como exemplo, o artigo 99 da Lei Geral de Telecomunicações: "Art. 99. O prazo máximo da concessão será de vinte anos, podendo ser prorrogado, uma única vez, por igual período, desde que a concessionária tenha cumprido as condições da concessão e manifeste expresso interesse na prorrogação, pelo menos, trinta meses antes de sua expiração. §1º A prorrogação do prazo da concessão implicará pagamento, pela concessionária, pelo direito de exploração do serviço e pelo direito de uso das radiofrequências associadas, e poderá, a critério da Agência, incluir novos condicionamentos, tendo em vista as condições vigentes à época".

[246] Eis o disposto: "Art. 1º A partir de 12 de setembro de 2012, as concessões de geração de energia hidrelétrica alcançadas pelo art. 19 da Lei nº 9.074, de 7 de julho de 1995, poderão ser prorrogadas, a critério do poder concedente, uma única vez, pelo prazo de até 30 (trinta) anos, de forma a assegurar a continuidade, a eficiência da prestação do serviço e a modicidade tarifária. §1º A prorrogação de que trata este artigo dependerá da aceitação expressa das seguintes condições pelas concessionárias: [...] III - submissão aos padrões de qualidade do serviço fixados pela Aneel".

de energia elétrica) e no artigo 57[247] da Lei nº 12.815/2013 (novo marco regulatório do setor portuário). Trata-se de expediente vantajoso para o poder público, na medida em que: (i) possibilita a realização de novos investimentos, de forma imediata, em infraestruturas públicas, que teriam de ser adiados até o final da vigência das concessões; (ii) tais investimentos serão realizados sem o aporte de recursos públicos (subsídios) ou, tampouco, de aumento de tarifário; e (iii) os bens que forem incorporados à prestação do serviço público serão revertidos ao patrimônio público.[248] Mais que isso, de acordo com Floriano de Azevedo Marques Neto,[249] são três as grandes matrizes e finalidades das prorrogações antecipadas: (i) adaptar tais contratos às boas práticas de regulação; (ii) exigir a realização imediata de investimentos na infraestrutura ferroviária; e (iii) desenvolver o compartilhamento da infraestrutura ferroviária entre os operadores.

O novel diploma previu, ainda, que a prorrogação antecipada ocorrerá apenas no contrato de parceria cujo prazo de vigência, à época da manifestação da parte interessada, encontrar-se entre 50% e 90% do prazo originalmente estipulado (art. 6º). Trata-se de previsão que direciona a utilização desse expediente para contratos que já tenham ultrapassado a metade de sua vigência, mas que ainda não chegaram integralmente ao seu termo, período no qual tais projetos predicam a realização de vultosos investimentos, muitas vezes impossíveis de serem amortizados durante o prazo originalmente previsto. Mais do que isso, tal limitação visa evitar a prática de comportamentos oportunistas de licitantes, que possam se valer da assimetria de informações para com o poder público, apresentando propostas sabidamente inexequíveis, que ultimarão em prorrogações antecipadas.

Para o que aqui importa, é de se destacar que as prorrogações antecipadas refundam, integralmente, o equilíbrio econômico-financeiro

---

[247] "Art. 57. Os contratos de arrendamento em vigor firmados sob a Lei nº 8.630, de 25 de fevereiro de 1993, que possuam previsão expressa de prorrogação ainda não realizada, poderão ter sua prorrogação antecipada, a critério do poder concedente".

[248] Um aprofundamento sobre as vantagens dessa extensão do contrato de arrendamento portuário pode ser encontrado em artigo do sempre brilhante Rafael Wallbach Schind: SCHWIND, Rafael Wallbach. Prorrogação dos contratos de arrendamento portuário. *In*: PEREIRA, Cesar; SCHWIND, Rafael Wallbach (Orgs.). *Direito portuário brasileiro*. São Paulo: Marcial Pons, 2015.

[249] MARQUES NETO, Floriano de Azevedo. Prorrogações antecipadas – caso ferrovias, malha paulista. *In*: MARQUES NETO, Floriano de Azevedo; MOREIRA, Egon Bockmann; GUERRA, Sérgio (Coords.). *Dinâmica da regulação*: estudos de casos da jurisprudência brasileira. Belo Horizonte: Fórum, 2021.

dos contratos de concessão. A partir do deferimento da prorrogação antecipada, é entabulado um novo equilíbrio econômico-financeiro, composto por novas obrigações de investimentos atreladas a novos quadrantes regulatórios contratuais e regulatórios. Tal racional veio a ser reconhecido, pelo Supremo Tribunal Federal (STF), por ocasião do julgamento da Ação Direta de Inconstitucionalidade (ADI) nº 5.991/ DF, ajuizada pela Procuradoria-Geral da República (PGR), visando à declaração de inconstitucionalidade de determinados dispositivos da Lei nº 13.448/2017, por suposta violação ao art. 37, *caput* e inciso XXI e art. 175, parágrafo único, inciso IV, da CRFB.

Em tal oportunidade, a PGR suscitou, em linhas gerais, a inconstitucionalidade: (i) material do art. 6º, §2º, inciso II, da Lei nº 13.448/2017,[250] uma vez que a prorrogação dos contratos de concessão autorizada pela Constituição não poderia ocorrer em desacordo com os ditames constitucionais, que norteiam a Administração, em especial a eficiência, a moralidade, a impessoalidade, a razoabilidade e a regra da licitação; (ii) do art. 25, §§3º, 4º e 5º, porquanto os dispositivos abrandavam critérios para prorrogação antecipada de contratos ineficientes e beneficiavam concessionárias, ao permitir o incremento do seu patrimônio privada com a livre disposição do patrimônio público, o que violaria o art. 37, da CRFB;[251] e (iii) do art. 25, §1º e do art. 30, §2º, pois a permissão para que

---

[250] "Art. 6º A prorrogação antecipada ocorrerá por meio da inclusão de investimentos não previstos no instrumento contratual vigente, observado o disposto no art. 3º desta Lei. (…) §2º A prorrogação antecipada estará, ainda, condicionada ao atendimento das seguintes exigências por parte do contratado: (…) II – quanto à concessão ferroviária, a prestação de serviço adequado, entendendo-se como tal o cumprimento, no período antecedente de 5 (cinco) anos, contado da data da proposta de antecipação da prorrogação, das metas de produção e de segurança definidas no contrato, por 3 (três) anos, ou das metas de segurança definidas no contrato, por 4 (quatro) anos".

[251] "Art. 25. O órgão ou a entidade competente é autorizado a promover alterações nos contratos de parceria no setor ferroviário a fim de solucionar questões operacionais e logísticas, inclusive por meio de prorrogações ou relicitações da totalidade ou de parte dos empreendimentos contratados. (…) §3º Nos termos e prazos definidos em ato do Poder Executivo, as partes promoverão a extinção dos contratos de arrendamento de bens vinculados aos contratos de parceria no setor ferroviário, preservando-se as obrigações financeiras pagas e a pagar dos contratos de arrendamento extintos na equação econômico-financeira dos contratos de parceria. §4º Os bens operacionais e não operacionais relacionados aos contratos de arrendamento extintos serão transferidos de forma não onerosa ao contratado e integrarão o contrato de parceria adaptado, com exceção dos bens imóveis, que serão objeto de cessão de uso ao contratado, observado o disposto no §2º deste artigo e sem prejuízo de outras obrigações. §5º Ao contratado caberá gerir, substituir, dispor ou desfazer-se dos bens móveis operacionais e não operacionais já transferidos ou que venham a integrar os contratos de parceria nos termos do §3º deste artigo, observadas as condições relativas à capacidade de transporte e à qualidade dos serviços pactuadas contratualmente".

a concessionária faça investimentos em malhas de interesse da União viola, porém, duplamente o dever de licitação imposto pela Constituição. Primeiro, porque essa nova obrigação contratual, travestida de mero equilíbrio econômico-financeiro, altera substancialmente o objeto da concessão. Segundo, porque transfere a obrigação de investimento do Poder Público para a concessionária, que poderá realizá-lo diretamente, com a consequente burla ao procedimento licitatório.[252]

Em 07 de dezembro de 2020, o STF julgou improcedente todos os pedidos formulados pela PGR.[253] A Ministra Cármen Lúcia, relatora da ação e autora do voto vencedor, destacou que a prorrogação contratual ocorre quando, previsto no contrato de concessão e atendidos os requisitos nele estabelecidos, o contrato tem sua duração alongada no limite temporal, a critério do poder concedente, que define as condições técnico administrativas e econômico-financeiras necessárias para a adoção de tal expediente. Razão pela qual, ao ver da relatora, a prorrogação antecipada, trazida pela Lei nº 13.448/2017, pode ocorrer pela inclusão de investimentos não previstos, originalmente, no contrato de concessão. De acordo com a ministra, o STF reconhece que a prorrogação do prazo contratual está inserida "no espaço de discricionariedade da Administração Pública. A ela cabe analisar e concluir sobre a oportunidade e a conveniência da prorrogação, observados os limites legais e sempre em consonância com os princípios e normas constitucionais".

---

[252] "Art. 25. (...) §1º O órgão ou a entidade competente poderá, de comum acordo com os contratados, buscar soluções para todo o sistema e adotar medidas diferenciadas por contrato ou por trecho ferroviário que considerem a reconfiguração de malhas, admitida a previsão de investimentos pelos contratados em malha própria ou naquelas de interesse da administração pública. (...) Art. 30. São a União e os entes da administração pública federal indireta, em conjunto ou isoladamente, autorizados a compensar haveres e deveres de natureza não tributária, incluindo multas, com os respectivos contratados, no âmbito dos contratos nos setores rodoviário e ferroviário. (...) §2º Os valores apurados com base no caput deste artigo poderão ser utilizados para o investimento, diretamente pelos respectivos concessionários e subconcessionários, em malha própria ou naquelas de interesse da administração pública."

[253] Veja-se trecho da ementa: "1. O parâmetro temporal e material estabelecido pelo inc. II do §2º do art. 6º da Lei n. 13.448/2017 não compromete, em tese, a adequação do serviço público, não se comprovando inconstitucionalidade da previsão legal de prorrogação antecipada do contrato. (...) 5. A imutabilidade do objeto da concessão não impede alterações no contrato para adequar-se às necessidades econômicas e sociais decorrentes das condições do serviço público concedido e do longo prazo contratual estabelecido, observados o equilíbrio econômico-financeiro do contrato e os princípios constitucionais pertinentes. 6. No investimento cruzado, não há alteração do objeto da concessão, mas alteração contratual para adequação do ajuste às necessidades mutáveis do interesse público. Ação direta de inconstitucionalidade julgada improcedente" (STF. ADI nº 5.991/DF, rel. Min. Cármen Lúcia, j. 07 dez. 2020).

Nesse sentido, caberia, a seu ver, ao órgão competente realizar estudo técnico prévio que fundamente, de modo objetivo e expresso, a vantagem da prorrogação do contrato e "acolher, em cada caso, com motivação e transparência, a possibilidade do elastecimento do prazo contratual sem necessidade de nova licitação". Nesse quadrante, não haveria que se falar de inconstitucionalidade dos parâmetros, temporais e materiais, estabelecidos pela Lei nº 13.448/2017, pois ela não compromete, em tese, a regra constitucional de garantia de serviço adequado.[254]

O tema do equilíbrio econômico-financeiro, igualmente, foi discutido na análise da constitucionalidade da realização de investimentos cruzados.[255] Segundo o STF, a imutabilidade do objeto da concessão não é um fator impeditivo para alterações contratuais, que visem adequar o contrato às necessidades econômicas e sociais decorrentes do dinamismo do serviço público e do longo prazo contratual, desde que observados o equilíbrio econômico-financeiro do contrato e os princípios constitucionais pertinentes (...) o investimento cruzado está compreendido na autonomia política do ente federado, ao qual compete avaliar a vantagem ou não da substituição da outorga pelo pagamento em dinheiro sobre novos investimentos na infraestrutura.

Na mesma direção, no âmbito do setor portuário, é ilustrativo se destacar que o Tribunal de Contas da União (TCU), ao apreciar a validade da prorrogação antecipada, apontou a ligação entre a prorrogação antecipada e o equilíbrio econômico-financeiro do contrato de arrendamento portuário. Tratou-se do processo TC nº 024.882/2014-3, destinado ao acompanhamento realizado pela Secretaria de Fiscalização de Infraestrutura Portuária, Hídrica e Ferroviária (SeinfraHidroferrovias) com o objetivo de avaliar os procedimentos adotados pela Secretaria de Portos da Presidência da República (SEP/PR) e pela Agência Nacional de Transportes Aquaviários (ANTAQ) em relação à prorrogação antecipada de contratos de arrendamento portuários, instituída pelo art.

---

[254] "Embora o instituto da antecipação da prorrogação contratual previsto na Lei nº 13.448/2017 não tenha sido impugnado nesta ação direta de inconstitucionalidade, não se pode deixar de advertir que os princípios da Administração Pública previstos no caput do art. 37 da Constituição da República devem sempre nortear o procedimento de avaliação da conveniência e da oportunidade de prorrogação da concessão pública, assim como a elaboração dos termos aditivos de prorrogação do contrato, sob pena de nulidade dos provimentos administrativos pela mácula de inconstitucionalidade que os acometeria".

[255] "Pelas normas impugnadas, os concessionários são autorizados, como contrapartida, a realizar investimentos em malha ferroviária própria ou nas de interesse da Administração Pública, substituindo-se a obrigação de pagar por obrigação de fazer: é o denominado investimento cruzado".

57, da Lei nº 12.815/2013. O voto condutor, proferido pela ministra Ana Arraes, expressamente, indicou que, para recompor o equilíbrio econômico-financeiro do contrato, como forma de compensar os novos investimentos e os eventuais aportes já realizados e ainda não incidentes na equação do ajuste, o contrato pode ser estendido pelo prazo necessário ao correto balanceamento das despesas e receitas totais. De modo que, a consideração "de todos esses elementos no fluxo de caixa total, submetidos a determinada taxa de desconto, indica o tempo de prorrogação do ajuste".[256]

Não é diferente no setor ferroviário. Os acórdãos referentes aos processos de acompanhamento dos atos e procedimentos preparatórios para as prorrogações antecipadas dos contratos de concessão da Estrada de Ferro Carajás (EFC) e da Estrada de Ferro Vitória a Minas (EFVM), expressamente, determinaram que a Agência Nacional de Transportes Terrestres (ANTT) adotasse providências para que a base de ativos das ferrovias, incluídas na modelagem econômico-financeiro, considerasse, em alguma medida, os critérios de risco e de materialidade, "facultando-lhe o juízo de conveniência e oportunidade quanto ao momento de efetuar essa avaliação, desde que condicionada à inclusão de regras contratuais objetivas quanto ao reequilíbrio econômico-financeiro, na hipótese de o fazer após a celebração do termo aditivo de prorrogação".[257]

Por fim, destaca-se a relação entre a formação de um novo equilíbrio econômico-financeiro, que é forjado a partir da renegociação dos termos da prorrogação antecipada, como se depreende de suas próprias motivações, apresentadas por Felipe Montenegro Viviani Guimarães,[258] extraídas dos setores de energia, rodoviário e ferroviário, constantes, respectivamente, das exposições de motivos das MP nº 579 e 595/12 e 752/16, posteriormente convertidas nas Leis nº 12.783/2013, 12.815/2013 e 13.448/2017. Veja-se: (i) da EMI nº 37/MME/MF/AGU (que acompanhou a MP nº 579/2012), consta que a finalidade da prorrogação antecipada das concessões do serviço público de energia elétrica consiste em "viabilizar a redução do custo da energia elétrica", mediante a "antecipação da captura do benefício da amortização dos investimentos" em bens

---

[256] E completa: "há de se registrar que a dilação do prazo contratual é instrumento de recomposição do equilíbrio econômico-financeiro já reconhecido pela doutrina". TCU. Acórdão nº 2.200/2015 – Plenário, rel. Min. Ana Arraes, j. 02 set. 2015.
[257] TCU. Acórdão nº 1.946/2020 – Plenário, rel. Min. Bruno Dantas, j. 29 jul. 2020 e TCU. Acórdão nº 1.947/2020 – Plenário, rel. Min. Bruno Dantas, j. 29 jul. 2020.
[258] GUIMARÃES, Felipe Montenegro Viviani. Da constitucionalidade da prorrogação antecipada das concessões de serviço público. *Revista de Direito Administrativo*, Rio de Janeiro, v. 279, n. 3, p. 200, set./dez. 2020.

reversíveis, "buscando, assim, não apenas promover a modicidade tarifária (...) como também tornar o setor produtivo ainda mais competitivo"; (ii) da EMI nº 00012-A-SEP-PR/MF/MT/AGU (que acompanhou a MP nº 595/2012), depreende-se que o objetivo da prorrogação antecipada dos arrendamentos portuários é "garantir novos investimentos" no setor portuário, com vistas a promover a "redução dos custos" e, consequentemente, a "expansão (...) da competitividade do País" no "cenário internacional"; e (iii) da EMI nº 00306/2016 MP/MTPA (que acompanhou a MP nº 752/2016), extrai-se que a prorrogação antecipada das concessões dos serviços públicos rodoviário e ferroviário busca, por um lado, "viabilizara realização imediata de novos investimentos" "em importantes setores de infraestrutura", investimentos que são "condição *sine qua non* para a retomada do crescimento econômico no Brasil", e, por outro lado, "modernizar tais contratos com a inclusão de novas cláusulas de desempenho, metas objetivas para os parceiros privados e punições mais eficazes em caso do seu descumprimento", aprimora, assim, no nível de serviços prestado à população.

Como se pode perceber, o regime jurídico instalado, no âmbito da prorrogação antecipada, é mais uma manifestação de um novel instituto no sentido da completa desvinculação do crivo de reequilíbrio da proposta comercial apresentada pelos licitantes. Assim também se passa com o regime jurídico engendrado pelo instituto da relicitação, como será demonstrado no próximo item.

2.10 As relicitações e os novos "equilíbrios econômico-financeiros intermédios" das concessões em sede de devolução amigável

O instituto da relicitação configura-se como hipótese de extinção consensual do contrato de concessão, em substituição ao procedimento administrativo de caducidade (previsto no art. 38 da Lei nº 8.987/1995). Por meio desse instituto, o concessionário inadimplente com as suas obrigações, em vez de se submeter a um procedimento administrativo de extinção anômala do contrato de concessão culposa, entabula a sua extinção consensual com o poder concedente, por intermédio da celebração de termo aditivo.[259] O que se exige, como apontado por Cesar

---

[259] FREITAS, Rafael Véras de. As prorrogações e a relicitação previstas na lei nº 13.448/2017: um novo regime jurídico de negociação para os contratos de longo prazo. *Revista de Direito Público da Economia*, Belo Horizonte, a. 18, n. 59, p. 175-199, jul./set. 2017.

Pereira,[260] é o inadimplemento de qualquer das partes e, no caso do inadimplemento do concessionário, esse pode ser atual ou potencial. Não há a necessidade de já se haver caracterizado o inadimplemento, apenas de se comprovar que o concessionário demonstra incapacidade de continuar cumprindo o contrato ou as obrigações financeiras. Dito em outras palavras, a relicitação compreende o procedimento de extinção amigável do contrato de parceria firmado entre o Poder Público e o parceiro privado,[261] seguido da celebração de um novo ajuste negocial para o empreendimento, por intermédio do qual sejam veiculadas novas condições contratuais, com novos contratados, mediante licitação promovida especialmente para esse fim.[262] Configurando-se como forma amigável de extinção contratual, a relicitação deve ocorrer de comum acordo entre as partes, cabendo ao poder concedente avaliar a pertinência da instauração do processo de relicitação, tendo em vista os aspectos operacionais, econômico-financeiros e a continuidade do serviço público. No bojo da Exposição de Motivos da Medida Provisória nº 752/2016, posteriormente convertida na Lei nº 13.448/2017, já se veiculava a ideia de que a relicitação era alternativa de "devolução coordenada e negociada" da concessão, que buscava evitar o processo

---

[260] PEREIRA, Cesar. A relicitação na Lei nº 13.448: previsão de relicitação nos contratos de parceria dos setores de rodovias, ferrovias e aeroportos. *Portal Jota*, 30 jun. 2017. Disponível em: https://jota.info/colunas/coluna-do-justen/a-relicitacao-na-lei-13-448-30062017. Acesso em: 29 jul. 2022.

[261] Compreendidos como os contratos destinados à execução de empreendimentos públicos de infraestrutura e de outras medidas de desestatização, tais como a concessão comum, a concessão patrocinada, a concessão administrativa, a concessão regida por legislação setorial, a permissão de serviço público, o arrendamento de bem público, a concessão de direito real e outros negócios público-privados que, em função de seu caráter estratégico e de sua complexidade, especificidade, volume de investimentos, longo prazo, riscos ou incertezas envolvidos, adotem estrutura jurídica semelhante, nos termos do art. 1º, *caput* e §2º da Lei nº 13.334/2016.

[262] Nesse sentido, Bernardo Strobel Guimarães e Heloisa Conrado Gaggiano se posicionam no sentido de que "A relicitação pressupõe o abandono da lógica sancionatória associada ao inadimplemento contratual no âmbito das concessões – que apenas incrementa custos para as partes. Em regra, inadimplementos geram sanções, a culminar com a caducidade. Reconhecendo que essas soluções de autoridade às vezes são mais retóricas do que efetivas, a Lei cria um procedimento consensual de extinção que conduz a uma espécie de anistia. Em termos simples, reconhece-se que o inadimplemento está amparado em fatos alheios à margem de controle dos investidores originários e permite-se uma tentativa negociada de restabelecer o ambiente anterior à licitação. Nesse sentido, eventuais processos sancionatórios instalados (cf. art. 14, §3º) ficam suspensos, assim como a possibilidade de se implementar a recuperação judicial (cf. art. 14, §4º) (GUIMARÃES, Bernardo Strobel; CAGGIANO, Heloísa Conrado. Prorrogação contratual e relicitação nº 13.448/17 – perguntas e respostas. *In*: MOREIRA, Egon Bockmann (Coord.). *Tratado do equilíbrio econômico-financeiro*: contratos administrativos, concessões, parcerias público-privadas, taxa interna de retorno, prorrogação antecipada e relicitação. Belo Horizonte: Fórum, 2019. p. 627).

de caducidade, muitas vezes demorado e com longa disputa judicial, o que, ao cabo, prejudicava os próprios usuários do serviço público.

O referido instituto poderá ter lugar em duas hipóteses: a primeira delas terá lugar quando o concessionário não mantiver as condições subjetivas que autorizaram a sua contratação (seja pela perda de capacidade financeira, seja pela perda de capacidade de técnica) – ou seja, quando viola o disposto no artigo 55, inciso III, da Lei nº 8.666/1993, de acordo com o qual o contratado tem a obrigação de "manter, durante toda a execução do contrato, em compatibilidade com as obrigações por ele assumidas, todas as condições de habilitação e qualificação exigidas na licitação". A segunda hipótese tem lugar quando o concessionário incorre no descumprimento de suas obrigações contratuais, sejam as de investimentos, sejam as de desempenho. É possível se cogitar, no que respeita à segunda hipótese, por exemplo, eventuais (i) descumprimentos das obrigações de regularidade e de continuidade do serviço público; (ii) descumprimentos das diretrizes regulamentares e fiscalizatórias do poder concedente; (iii) violações ao direito dos usuários; e (iv) não reversões de parcela das receitas extraordinárias para o atendimento do princípio da modicidade tarifária.

Para tal desiderato, o concessionário terá de: (i) renunciar ao prazo para corrigir eventuais falhas e transgressões e para garantir o enquadramento previsto no §3º do artigo 38 da Lei nº 8.987, de 13 de fevereiro de 1995, caso seja posteriormente instaurado ou retomado o processo de caducidade; e (ii) renunciar, expressamente, participar no novo certame ou no futuro contrato de parceria. Trata-se de uma espécie de novação (prevista no art. 360 do Código Civil de 2002 – CC), na medida em que as partes, de comum acordo (*animus novandi*), extinguem obrigações existentes, por intermédio da constituição de novas obrigações (*aliquid novi*), as quais podem ser adimplidas, inclusive, por outro concessionário (novação subjetiva).

O referido procedimento pressupõe, em essência, a celebração, com o atual contratado, de termo aditivo, do qual constarão, entre outros elementos julgados pertinentes pelo órgão ou pela entidade competente: (i) suspensão das obrigações de investimento vincendas a partir da celebração do termo aditivo e estabelecimento das condições mínimas em que os serviços deverão continuar sendo prestados pelo atual contratado até a assinatura do novo contrato de parceria, garantindo-se, em qualquer caso, a continuidade e a segurança dos serviços essenciais relacionados ao empreendimento; e (ii) celebração de compromisso arbitral entre as partes, com previsão de que sejam submetidas à arbitragem (ou a outro mecanismo privado de resolução de conflitos admitido na legislação aplicável) as questões que envolvam o cálculo das indenizações pelo órgão ou pela entidade competente. A suspensão das obrigações de investimentos e a manutenção das condições em que o serviço será prestado são peças-chave desse procedimento. Isso porque desobrigam o contratado de continuar a realizar investimentos aos quais ele não pode fazer frente, sem prejudicar a adequada prestação do serviço público, até a alteração do concessionário.

Ademais disso, o termo aditivo relicitatório deve indicar as obrigações essenciais a serem mantidas, alteradas ou substituídas no âmbito do pacto concessório. Como se depreende do art. 3º, §3º, do Decreto nº 9.957/2019, que regulamentou o procedimento de relicitação, os investimentos de ampliação de capacidade ou novos investimentos somente podem ser considerados essenciais caso sejam relacionados à segurança ou sejam imprescindíveis à prestação do serviço público. É de se ressaltar, para os fins da presente investida, que o art. 6º, §1º do Decreto nº 9.957/2019 aduz que a deliberação favorável ao requerimento de relicitação "não implica o reconhecimento pelo Poder Público da procedência de questões suscitadas pelo contratado originário no âmbito do contrato de parceria, especialmente quanto a eventuais desequilíbrios econômico-financeiros". Note-se que o instituto da relicitação não importa no reconhecimento aos concessionários de um direito ao reequilíbrio econômico-financeiro de seus contratos. Mas fato é que instala um "equilíbrio econômico-financeiro intermédio", que terá lugar até a devolução consensual do ativo, como será desmontado, a partir de uma análise empírica do instituto.

Assim, por exemplo, cite-se o procedimento de relicitação da Concessionária BR 040 S.A. do contrato de concessão para exploração da infraestrutura da rodovia federal BR-040/DF/GO/MG, no trecho entre o Distrito Federal e Juiz de Fora/MG, que foi protocolizado em 20.08.2019. Tal procedimento foi aprovado, pela Agência Nacional de Transportes Terrestres – ANTT, por intermédio da Deliberação nº 1.015/2019, a qual atestou a viabilidade técnica e jurídica do requerimento de relicitação. E, em 18.02.2020, por meio do Decreto nº 10.248, a Rodovia 040 foi qualificada, no âmbito do Programa de Parcerias de Investimentos – PPI, para fins de relicitação.

Em prosseguimento, foi celebrado, pela ANTT e pela concessionária, do 1º Termo Aditivo ao Contrato de Concessão da Rodovia 040, cujo objeto é "estabelecer as condições de prestação dos serviços de manutenção, conservação e monitoração, e da execução dos Investimentos Essenciais contemplados no Contrato de Concessão Originário", assim como endereçar "as responsabilidades durante o período de transição e na transferência da concessão", a fim de garantir a continuidade e a segurança dos serviços essenciais da concessão, durante a relicitação, na forma da Cláusula 2.1 do 1º Termo Aditivo. Tal instrumento estabelece que a concessionária deve prestar os serviços de manutenção, conservação, operação e monitoração da rodovia e executar apenas os investimentos essenciais na concessão. Nada obstante, caso seja apurada, durante a vigência do termo aditivo, a existência de interesse na realização de investimentos não essenciais, a ANTT pode, a seu critério, propor que o investimento seja implementado pela concessionária, "assegurada a manutenção do equilíbrio econômico-financeiro".[263] Nos termos da Cláusula 3.2, "(ii)" e 3.2.1 do 1º Termo Aditivo, o próprio poder concedente poderá providenciar a implementação dos investimentos não essenciais. Nesse caso, a transferência à concessionária, de quaisquer obrigações correlacionadas ao investimento não essencial implementado pelo Poder Concedente, é condicionada ao reequilíbrio econômico-financeiro contratual.

Em relação ao regime tarifário, a relicitação da Rodovia 040 estabeleceu que o valor da tarifa de pedágio deveria ser praticado de acordo com o fixado pela ANTT, no âmbito das revisões ordinárias e extraordinárias já realizadas. Nada obstante, o 1º Termo Aditivo previu uma tarifa calculada a título de excedente tarifário, considerando a contabilização do impacto econômico-financeiro da suspensão de investimentos não essenciais. Nesse sentido, segundo a Cláusula 5.2, do 1º Termo Aditivo,[264] "a Tarifa Calculada considerando a suspensão das

---

[263] De acordo com a Cláusula 3.2, do 1º Termo Aditivo ao Contrato de Concessão da Rodovia 040:
"3.2. Caso seja apurada, durante a vigência deste Termo Aditivo, a existência de interesse público na realização de investimentos não previstos no Anexo I, a ANTT poderá, a seu critério:
(i) propor que a referida obrigação seja implementada pela Concessionária, assegurada a manutenção do equilíbrio econômico-financeiro, mediante sua expressa concordância; ou
(ii) providenciar que a referida obrigação seja realizada por órgão ou entidade da Administração Pública federal, hipótese em que todos os ônus e responsabilidades relacionados ao referido investimento ficarão a cargo do Poder Concedente.
3.2.1. Na hipótese do item (ii) da subcláusula 3.2, o Poder Concedente poderá transferir à Concessionária, mediante concordância desta, a realização das obrigações de manutenção, conservação, operação e monitoração, assegurada a manutenção do equilíbrio econômico-financeiro".

[264] Posteriormente, a concessionária e a ANTT celebraram o 3º Termo Aditivo ao Contrato de Concessão da Rodovia 040, tendo por objeto prorrogar o prazo de vigência da relicitação pelo prazo de dezoito meses, a contar de 19.02.2022. Nada obstante, não houve alterações substanciais na sistemática contratual prevista pelo 1º Termo Aditivo. Veja-se, a título exemplificativo, que a Cláusula 3.2, do 3º Termo Aditivo apenas atualizou o valor do excedente tarifário: "3.2. Para fins do disposto no inciso III do art. 11 do Decreto nº 9.957/2019, a tarifa calculada considerando a suspensão das obrigações de investimentos não essenciais, que

obrigações de investimentos não essenciais, que servirá de base para o cálculo do excedente tarifário, é de R$2,53803 (dois reais, cinquenta e três mil, oitocentos e três centésimos de milésimos de centavos), com data-base de abril/2020". No cálculo do excedente tarifário, a ANTT considerou percentuais pré-determinados de desconto de reequilíbrio, de modo a descontar da tarifa todos os investimentos não essenciais.

No período de vigência do 1º Termo Aditivo da Concessão da Rodovia 040, a Procuradoria Federal, junto à ANTT, foi instada a se manifestar sobre os quadrantes interpretativos do excedente tarifário, bem como sobre a forma de cálculo do Fator D, tendo em vista a alteração das obrigações contratuais por meio da relicitação.[265]

No bojo do Parecer nº 00091/2022/PF-ANTT/PGF/AGU,[266] a Procuradoria assentou o entendimento de que o Contrato de Concessão da Rodovia 040 contém expressa previsão de aplicação de descontos de reequilíbrio, incidente sobre a tarifa básica de pedágio, com o objetivo de manter a equivalência contratual entre os serviços prestados e a sua remuneração. Disso resulta, nos termos do referido parecer, que a partir da assinatura do termo aditivo de relicitação, as obrigações da concessionária são "diferentes daquelas inicialmente previstas, impedindo a aplicação de fator D em relação às obrigações cuja exigibilidade foi suspensa pelo termo aditivo". Diante do que "no momento da relicitação foi realizado o cálculo da tarifa devida, considerando as obrigações cumpridas e a cumprir pela concessionária, naquele momento, refletindo na tarifa calculada o valor tarifário equivalente para as obrigações devidas a partir dali".

Daí ser possível se concluir que o caso de relicitação da Rodovia 040 veiculou um novo equilíbrio econômico-financeiro contratual, a partir da celebração do 1º Termo Aditivo, composto por: (i) novas obrigações de investimento atreladas apenas aos investimentos essenciais; (ii) um regime tarifário que leve em conta o excedente decorrente da ausência de investimentos não essenciais; e (iii) alteração da forma de

---

servirá de base para o cálculo do excedente tarifário, é de R$3,72641 (três reais, setenta e dois mil, seiscentos e quarenta e um milésimos de centavos), com data-base de setembro/2021".

[265] A Cláusula 1.1.1, item "(xx)", do Contrato de Concessão da Rodovia 040, define o Fator D como "redutor ou incrementador da Tarifa Básica de Pedágio, utilizado como mecanismo de aplicação do Desconto de Reequilíbrio relativo ao não atendimento aos Parâmetros de Desempenho, às Obras de Ampliação de Capacidade e de Manutenção do Nível de Serviço, ou como Acréscimo de Reequilíbrio no caso de antecipação na entrega de obras, conforme previsto no Anexo 5".

[266] O Parecer nº 00091/2022/PF-ANTT/PGF/AGU foi juntado ao Processo nº 50500.008937/2021-01, em trâmite perante a ANTT (SEI nº 10884200).

cálculo das alterações tarifárias realizadas após a relicitação, em razão da nova configuração contratual.

As demais relicitações do setor rodoviário foram empreendidas, de forma semelhante ao precedente colacionado, como demonstra a tabela abaixo colacionada, elaborada com base no 2º Termo Aditivo ao Contrato de Concessão da Autopista Fluminense,[267] no 2º Termo Aditivo ao Contrato de Concessão da Concebra,[268] no 1º Termo Aditivo ao Contrato de Concessão da MS Via[269] e no 4º Termo Aditivo ao Contrato de Concessão da Rota do Oeste:[270]

Tabela 5 – Relicitações no setor rodoviário federal

	Autopista Fluminense	Concebra	MS Via	Rota do Oeste
Redução dos investimentos	Sim (Cláusula 3.1)	Sim (Cláusula 3.1)	Sim (Cláusula 3.1)	Sim (Cláusula 3.1)
Possibilidade de reequilíbrio em caso de investimentos não essenciais	Sim (Cláusula 3.2)	Sim (Cláusula 3.2)	Sim (Cláusula 3.2)	Sim (Cláusula 3.2)
Tarifa calculada a título de excedente tarifário	Sim (Cláusula 5.2)	Sim (Cláusula 5.2)	Sim (Cláusula 5.2)	Sim (Cláusula 5.2)
Alteração da forma de cálculo nas revisões tarifárias	Sim (Cláusula 5)	Sim (Cláusula 5)	Sim (Cláusula 5)	Sim (Cláusula 5)

Fonte: elaborada pelo autor.

De fato, nesse sentido, a Cláusula 5.2.1, do 2º Termo Aditivo ao Contrato de Concessão da Autopista Fluminense prescreve, inclusive, que, em virtude do reajuste anual, poderão incidir revisões ordinárias

---

[267] O Decreto nº 11.005/2022 qualificou, no âmbito do PPI, a Rodovia BR-101/RJ, compreendida entre a divisa do Rio de Janeiro e o Espírito Santo e a Ponte Presidente Costa e Silva, para fins de relicitação.

[268] O Decreto nº 10.864/2021 qualificou, no âmbito do PPI, o setor rodoviário BR-060/153/262/DF/GO/MG, no trecho entre Brasília, Distrito Federal, e os Municípios de Fronteira/MG e Betim/MG, para fins de relicitação.

[269] O Decreto nº 10.647/2021 qualificou, no âmbito do PPI, o setor rodoviário BR-163/MS, no trecho entre a divisa de Mato Grosso e Mato Grosso do Sul e a divisa de Mato Grosso do Sul e Paraná, para fins de relicitação.

[270] O Decreto nº 11.122/2022 qualificou, no âmbito do PPI, a Rodovia BR-163/MS, no trecho entre a divisa de Mato Grosso, do Mato Grosso do Sul e do entroncamento com a Rodovia MT-220, para fins de relicitação.

e extraordinárias, referentes a fatos posteriores à celebração do instrumento relicitatório, desde que incidentes as hipóteses previstas no contrato de concessão ou no seu 2º Termo Aditivo.[271] Dito em outros termos, os procedimentos relicitatórios forjaram um novo reequilíbrio econômico-financeiro contratual, que terá por desiderato dar conta dos efeitos econômicos dos eventos desequilibrantes que teriam lugar, após a instauração do procedimento de relicitação. De tais precedentes, é possível se extrair que foram construídos "equilíbrios econômico-financeiros intermédios", por assim dizer, o que, por mais essa razão, confirma a impossibilidade de se manter a ergocidade tradicional ao regime jurídico do equilíbrio econômico-financeiro dos contratos de concessão.[272]

Na mesma direção, cite-se que, no setor aeroportuário, o Decreto nº 10.427, de 16 de julho de 2020, qualificou, no âmbito do PPI, o Aeroporto Internacional de Viracopos para fins de relicitação. Seguiu-se daí a celebração, pela Agência Nacional de Aviação Civil – Anac e pela Concessionária Aeroportos Brasil Viracopos S.A., do 2º Termo Aditivo ao Contrato de Concessão do Aeroporto Internacional de Viracopos. Por intermédio do 2º Termo Aditivo, restou pactuado a condição de prestação do serviço público concedido durante a relicitação, até a completa transferência das operações aeroportuárias a um novo concessionário. De acordo com a Cláusula 4.1, do 2º Termo Aditivo, durante toda a relicitação, restarão suspensas: (i) as obrigações de investimento em infraestrutura relacionadas à melhoria da infraestrutura aeroportuária do Plano de Exploração Aeroportuária – PEA; e (ii) a atualização do Plano de Gestão de Infraestrutura – PGI, pela Concessionária, assim como qualquer vinculação aos investimentos do PGI vigente.

Ainda do referido instrumento, a concessionária ficou obrigada a apresentar e implementar um Programa de Desmobilização Operacional à Anac, com os seguintes objetivos: (i) garantir o cumprimento dos requisitos regulamentares aplicáveis à segurança operacional, ruído aeronáutico, à segurança da aviação civil contra atos de interferência ilícita e à facilitação do transporte aéreo até a completa transferência

---

[271] Igual disposição está prevista pela Cláusula 5.2.2, do 2º Termo Aditivo ao Contrato de Concessão da Concebra, bem como pela Cláusula 5.2.3, do 4º Termo Aditivo ao Contrato de Concessão da Rota do Oeste.

[272] RIBEIRO, Maurício Portugal; SANDE, Felipe. *Estudo quantitativo e probabilístico sobre a combinação entre as noções de previsibilidade de eventos e extraordinariedade dos seus impactos*: contribuição para a compreensão da função e aplicação das regras sobre equilíbrio econômico-financeiro de contratos administrativos. 10 out. 2022. Disponível em: https://papers.ssrn.com/sol3/papers.cfm?abstract_id=4251145. Acesso em: 26 out. 2022.

das operações aeroportuárias ao novo operador; (ii) assegurar a transferência ininterrupta das operações aeroportuárias, de acordo com um cronograma de implementação; e (iii) assegurar a manutenção e conservação de todas as instalações, bens, equipamentos existentes e implementados no complexo aeroportuário (Cláusula 5.3, do 2º Termo Aditivo). Apesar das disposições do 2º Termo Aditivo que buscam afastar qualquer possibilidade de reequilíbrio econômico-financeiro em virtude da relicitação,[273] fato é que a alteração de toda a sistemática de investimentos da concessão aeroportuária é uma manifestação da desvinculação do equilíbrio contratual, formado a partir da proposta comercial originalmente apresentada pela concessionária. O mesmo racional pode ser extraído da relicitação do Aeroporto Internacional de São Gonçalo do Amarante, pactuada pelo 7º Termo Aditivo ao Contrato de Concessão de Aeroporto nº 001/ANAC/2011-SBSG. Neste caso, inclusive, diferente do que se passou com o Aeroporto Internacional de Viracopos, restaram suspensas as obrigações de pagar outorga e contribuições mensais, durante a relicitação, conforme Cláusula 2.1 do 7º Termo Aditivo.[274]

No setor ferroviário, na linha dos termos de relicitação investigados, o 2º Termo Aditivo ao Contrato de Concessão da Malha Oeste teve por objeto estabelecer as condições de prestação do serviço público, bem como as obrigações assumidas pela Concessionária e pela ANTT,

---

[273] Cite-se, como exemplos, as seguintes cláusulas do 2º Termo Aditivo ao Contrato de Concessão do Aeroporto Internacional de Viracopos:
"3.12. Qualquer negativa à solicitação de autorização prévia de que trata o item 3.9 não enseja, em qualquer hipótese, recomposição do equilíbrio econômico-financeiro do contrato de concessão (...).
6.1. As Partes reconhecem que este Termo Aditivo não afeta o equilíbrio econômico-financeiro do Contrato de Concessão e, consequentemente, renunciam a quaisquer direitos decorrentes da presente alteração contratual especificamente no que respeita a eventual pleito de revisão extraordinária objetivando sua recomposição".

[274] Veja-se o inteiro teor da Cláusula: "2.1. Sem prejuízo do reajuste dos valores dispostos no item 2.12 do Contrato de Concessão, durante a vigência do presente Termo Aditivo, ficam suspensas as obrigações de pagar Outorga e Contribuição Mensal, observado o disposto no item 6.5.2.1". Da mesma forma como ocorreu no caso do Aeroporto Internacional de Viracopos, a Cláusula 3.25 do 7º Termo Aditivo inclui os valores oriundos de processos de reequilíbrio no cálculo da indenização, nos seguintes termos: "3.25. Serão também considerados no cálculo da indenização de que trata o item 3.22, para fins de desconto ou acréscimo, conforme o caso, eventuais valores oriundos de processos de reequilíbrio econômico-financeiro do Contrato, aprovados pela Diretoria da ANAC, e que não tenham sido objeto de recomposição até o momento da indenização, em especial eventuais valores devidos em razão da devolução antecipada da Estação Prestadora de Serviços de Telecomunicações Aeronáuticas e de Tráfego Aéreo (EPTA) do Aeroporto".

por ocasião da qualificação da Malha Oeste para fins de relicitação, por meio do Decreto nº 10.633/2021.

De forma similar ao que se passou em outros setores, durante a relicitação, a concessionária ferroviária se obrigou apenas a prover os investimentos essenciais, necessários ao atingimento das metas de produção e de segurança, e à manutenção dos bens da concessão (Cláusula Quarta, do 2º Termo Aditivo). Além disso, a Cláusula Décima Quarta, do 2º Termo Aditivo, também definiu a aplicação de uma nova tabela tarifária, a partir da vigência do termo aditivo relicitatório.[275] Para os fins da presente pesquisa, é de se destacar o item 5.6, do Anexo III, do 2º Termo Aditivo ao Contrato de Concessão da Malha Oeste, o qual estabelece que "para os passivos demonstrados como anteriores à assinatura do Contrato de Concessão, a Concessionária poderá, de comum acordo com a ANTT, responsabilizar-se pela solução dos problemas, ressalvando-se a eventual necessidade de reequilíbrio do Contrato".

Daí se concluir que a relicitação da malha ferroviária instalou um novo equilíbrio econômico-financeiro contratual,[276] composto pela redução significativa das obrigações de investimentos, por uma nova tabela tarifária adequada aos novos quadrantes contratuais e pela possibilidade de, eventualmente, arcar com passivos anteriores à data de assunção, desde que respeitada a recomposição do equilíbrio contratual.

Some-se a isso o fato de que a própria legislação do setor ferroviário introduziu um fator de desequilíbrio nos pactos relicitatórios. É que o art. 65, da Lei nº 14.273/2021 (Lei das Ferrovias) prorrogou por 12 meses, em virtude da pandemia de COVID-19, "todas as obrigações não financeiras assumidas em decorrência da Lei nº 13.448, de 5 de junho de 2017, e da Lei nº 8.987, de 13 de fevereiro de 1995, por

---

[275] "Cláusula Décima Quarta – Do Reajuste. A aplicação da Tabela Tarifária do Anexo 1 terá início a partir da vigência deste 2º Termo Aditivo.
§1º Até o início da vigência da Tabela Tarifária do Anexo 1, permanecerá em vigor a Tabela Tarifária decorrente do Contrato de Concessão Original (...).
§3º A Tabela Tarifária terá o seu primeiro reajuste 12 (doze) meses contados a partir do início da vigência deste 2º Termo Aditivo, dispensada a apresentação de pleito ou verificação de condição de regularidade da Concessionária.
§4º A data-base para os reajustes seguintes da Tabela Tarifária será a data do primeiro reajuste, de forma que nos anos posteriores os reajustes serão realizados sempre no mesmo dia e mês em que foi realizado o primeiro, dispensada a apresentação de pleito ou verificação de condição de regularidade da Concessionária".

[276] Embora o 2º Termo Aditivo expressamente afaste a possibilidade de reequilíbrio, conforme Cláusula Vigésima, §3º, vazada nos seguintes termos: "a Concessionária se abstém de requerer o reequilíbrio econômico-financeiro da Concessão em virtude das obrigações assumidas neste 2º Termo Aditivo".

concessionárias ferroviárias federais".[277] Dessa forma, uma vez que o instituto da relicitação está incluído na Lei nº 13.448/2017, houve a prorrogação de todas as obrigações não financeiras assumidas por pactos relicitatórios ferroviários.

Ao examinar o tema, a Procuradoria Federal junto à ANTT, por intermédio do Parecer nº 00064/2022/PF-ANTT/PGF,[278] deixou assentado que o art. 65, da Lei nº 14.273/2021 estabeleceu "uma benesse e não impôs qualquer restrição quanto ao seu destinatário, além de ser ele concessionário ferroviário federal", razão pela qual quis o legislador fazer com que a prorrogação alcançasse todas as obrigações não financeiras, assumidas pelas concessionárias que tiveram seus contratos prorrogados antecipadamente ou que aderiram ao processo de relicitação, na forma da Lei nº 13.448/2017. Como exposto pela Procuradoria da ANTT, que a Lei das Ferrovias, por ser lei posterior, acabou por estender, ainda que por vias transversas, o prazo de 24 (vinte e quatro) meses de vigência dos aditivos de relicitação, o que, por certo, provocou alterações no equilíbrio econômico-financeiro estabelecido.

Por fim, mas não menos relevante, cite-se precedente da lavra do Tribunal de Contas da União – TCU que, ao se manifestar sobre a desistência do procedimento de relicitação, confirma a hipótese testada neste livro, seja pela formação de novos reequilíbrios, seja pelo viés de sua renegociação.

Em sessões realizadas nos dias 05.07.2023 e 02.08.2023, o Tribunal de Contas da União deliberou o Processo TC nº 008.887/2023-8, no âmbito do qual foi apresentada consulta, formulada pelo ministro de Portos e Aeroportos, Márcio Luiz França Gomes, e pelo ministro dos Transportes, José Renan Vasconcelos Calheiros Filho, acerca da interpretação dos arts. 14, §2º, inciso III e 15, inciso I, da Lei nº 13.448/2017 (Lei de Relicitações), os quais prescrevem que a adesão ao processo relicitatório é condicionada à apresentação, pelo contratado, "de declaração formal quanto à intenção de aderir, de maneira irrevogável e irretratável, ao processo de relicitação do contrato de parceria" e, ainda, que o termo

---

[277] O §1º do art. 65, da Lei nº 14.273/2021 prevê que "é vedada a prorrogação de prazos ou a renegociação de valores referentes ao pagamento de outorgas".

[278] O 00064/2022/PF-ANTT/PGF foi juntado ao Processo nº 50500.011910/2022-79, em trâmite perante a ANTT.

aditivo relicitatório deve conter cláusula de aderência irrevogável e irretratável à relicitação do empreendimento.[279]

Em síntese, os órgãos ministeriais questionaram se é possível interpretar os dispositivos de modo que se considere "a irretratabilidade e a irrevogabilidade" do procedimento apenas em relação à concessionária e, em caso positivo, se haveriam balizas técnicas a serem aplicadas para o encerramento do processo de relicitação, por iniciativa do Poder Concedente. Nesse quadrante, convém destacar os dois questionamentos submetidos à apreciação do tribunal: (i) há alguma objeção do Tribunal de Contas da União ao entendimento de que o caráter irrevogável e irretratável da relicitação se restringe à iniciativa do concessionário? (ii) quais as balizas técnicas que o gestor deve apontar na sua motivação para o encerramento do processo de relicitação, por iniciativa do Poder Concedente?

Para os fins da presente investida, faz-se necessário compreender como a Corte de Contas julgou o tema, por intermédio do Acórdão nº 1593/2023, fixando o entendimento de que o processo de relicitação, como também a sua desistência, submete os contratos de concessão, invariavelmente incompletos e de longo prazo, ao estabelecimento de novos equilíbrios econômico-financeiros. Nesse sentido, o corpo técnico do Tribunal de Contas destacou, em linha com o decidido pelo Supremo Tribunal Federal, no bojo da ADI nº 5991/DF, que a imutabilidade do objeto da concessão não impede alterações no contrato, de forma a promover adequações às necessidades econômicas e sociais, decorrentes das condições do serviço público concedido, bem como do longo prazo contratual dos ajustes concessórios.

Dessa forma, o ministro relator, Vital do Rêgo, respondeu ao primeiro questionamento no sentido de que a declaração formal, exarada pelo parceiro privado, quanto à intenção de aderir ao procedimento de relicitação, apenas se reveste de caráter irrevogável e irretratável para a concessionária. Significa dizer que os atributos de irrevogabilidade e irretratabilidade, referenciados pelos arts. 14, §2º, inciso III, e 15, inciso I, da Lei nº 13.448/2017, não atingem o Poder Concedente, por serem

---

[279] Antes de ser debatido pelo Plenário do TCU, o tema foi examinado pelo auditor da Unidade de Auditoria Especializada em Infraestrutura Rodoviária e de Aviação Civil ("AudRodoviaAviação"), pelo diretor da Subunidade Técnica e pelo Ministério Público junto ao Tribunal de Contas (MPTCU). O ministro Relator, Vital do Rêgo, manifestou concordância com a essência do parecer elaborado pela Subunidade Técnica, bem como com os ajustes e complementações sugeridas pelo MPTCU.

exclusivos da fase inicial do processo de relicitação, em que a concessionária apresenta o requerimento, acompanhado da declaração que atesta a submissão ao regime jurídico relicitatório.

Em decorrência disso, o Poder Concedente é autorizado a desfazer a relicitação, desde que a concessionária manifeste interesse em prosseguir na prestação do serviço público, bem como concorde em celebrar novo termo aditivo, com a finalidade de repactuar o ajuste e encerrar o processo de relicitação. Já, no que tange ao segundo questionamento, a Corte de Contas considerou que as balizas técnicas para o encerramento do processo de relicitação devem guardar compatibilidade com as disposições da Lei nº 13.448/2017 e com as hipóteses de desqualificação do empreendimento, no âmbito do Programa de Parcerias de Investimentos (PPI). Nesse sentido, o art. 20, §1º e §2º, da Lei nº 13.448/2017 prescreve três hipóteses para o encerramento do procedimento de relicitação.

A primeira hipótese ocorre "no curso normal da relicitação", ou seja, há o exaurimento do processo, dentro de prazo fixado, com a celebração de novo contrato de concessão e, por consequência, encerra-se o contrato de parceria vigente de forma amigável. Tal foi a hipótese ocorrida, no âmbito do setor aeroportuário, com a relicitação do Aeroporto Internacional de São Gonçalo do Amarante, cujo objetivo foi assegurar a continuidade da prestação do serviço público e a retomada de investimentos necessários para a alavancagem do módulo concessório.

A segunda hipótese está relacionada ao desinteresse de potenciais licitantes, na forma do art. 20, §1º, da Lei nº 13.448/2017, ao passo que a terceira hipótese se dá com o transcurso do prazo máximo de relicitação, sem que o procedimento tenha sido finalizado. Em ambos os cenários, o órgão ou a entidade competente deverá adotar as medidas contratuais e legais pertinentes, a fim de instaurar ou dar prosseguimento a processo de caducidade.

Por seu turno, o art. 8º, incisos XII e XIII, do Decreto nº 9.957/2019 prevê apenas que o descumprimento do termo aditivo de relicitação enseja a sua desqualificação, no âmbito do PPI, implicando na instauração imediata ou na retomada de processo de caducidade, além do retorno às condições inicialmente pactuadas. De acordo com o TCU, as balizas legais para o encerramento do processo de relicitação impõe ao Poder Concedente a obrigação de verificar se as hipóteses de encerramento, prescritas no art. 20, da Lei nº 13.448/2017, são aplicáveis aos atuais procedimentos relicitatórios, inclusive verificando se houve ilegalidades ou desvios de finalidade, no bojo do conjunto de atos preparatórios que motivaram a relicitação, situação que "conduz à nulidade do correspondente termo aditivo da relicitação".

Assim, o encerramento do processo relicitatório, de modo consensual, só é possível se não restar caracterizada nenhuma das hipóteses legais de extinção da relicitação e não tenha havido nenhuma ilegalidade no ajuste relicitatório. De qualquer modo, o TCU considerou que o encerramento do processo, por acordo de vontade entre as partes, deveria respeitar determinadas condicionantes, ou balizas técnicas. A primeira condicionante estipulada pela Corte de Contas diz respeito à demonstração do interesse público e da vantajosidade de celebrar um acordo de "readaptação do contrato de concessão vigente", ao invés de prosseguir com o processo relicitatório, guardada a observância dos princípios da legalidade e da continuidade do serviço público.[280]

Na visão do ministro relator, a "imutabilidade do objeto da concessão" deve ser interpretada dentro da lógica de resolução consensual, aplicada aos contratos de concessão, no âmbito da qual se insere a possibilidade de aprimoramento do instrumento contratual. É dizer, a repactuação da relicitação deve ser interpretada de acordo com a mutabilidade inerente dos contratos de concessão.

Não por outra razão, a Agência Nacional de Transportes Terrestres, no âmbito do contrato de concessão da BR-163/MT (Rota do Oeste),

---

[280] O ministro relator sintetizou suas conclusões da seguinte forma: "(i) o contratado (concessionário) manifeste formalmente o interesse em permanecer prestando o serviço público objeto do contrato de concessão vigente, tendo em vista o disposto nos arts. 78, inciso XII, e 79, inciso I, da Lei 8.666/1993, arts. 137, inciso VIII, e 138, inciso I, da Lei 14.133/2021, e art. 26 da Lei 13.655, de 2018 (Lei de Introdução às Normas do Direito Brasileiro – Lindb); (ii) a demonstração do interesse público e a aderência ao princípio da legalidade, destacando-se, em especial, os objetivos e os princípios que regem o Programa de Parcerias de Investimentos, previstos nos arts. 2º e 3º da Lei 13.334/2016, o princípio da continuidade da prestação do serviço público, estabelecido no art. 13 da Lei 13.448/2017, e o disposto no art. 26 da Lei 13.655, de 2018 (Lei de Introdução às Normas do Direito Brasileiro – Lindb); (iii) a desqualificação do empreendimento, tendo em vista o disposto no art. 1º, §1º, inciso I, e §2º, da Lei 13.334/2016, e no art. 7º, caput, do Decreto 9.957/2019; (iv) a formalização, mediante novo termo aditivo, de comum acordo e amigável entre as partes, concomitantemente à desconstituição do processo de relicitação e em substituição ao termo aditivo até então vigente, de solução para o equacionamento das novas condições, em prazo razoável, garantindo-se o equilíbrio econômico-financeiro do novo acordo e mantendo-se os princípios norteadores adotados na alocação de riscos do contrato de concessão vigente que fundamentou a matriz de riscos, a fim de mitigar a necessidade de adoção de medidas destinadas a instaurar ou dar seguimento a processo de caducidade que eventualmente se encontrasse em curso antes da qualificação do empreendimento para relicitação, à luz do disposto no art. 15 da Lei 13.448/2017 e no art. 7º, inciso I, do Decreto 9.957/2019" (TCU. Acórdão nº 1593/2023 – Plenário, rel. Min. Vital do Rêgo, j. 02 ago. 2023).

considerou possível a celebração de acordos, tanto no curso do processo de caducidade quanto no decorrer do processo de relicitação. Cuida-se de solução viável, tendo em vista os alicerces que sustentam o acordo entre as partes, notadamente a consensualidade e a extinção amigável. Disso decorre que "caso o Poder Concedente entender, de forma motivada na busca de solução que melhor represente o interesse público, que a manutenção do atual contrato de parceria é possível, ou seja, que o atual contrato de concessão não precisa ser extinto amigavelmente, há que se observar idênticos atributos que levaram à formação do procedimento de relicitação para percorrer o caminho inverso, isto é, para seu desfazimento ou encerramento prematuro".

Nesse sentido, tem-se que o encerramento do processo de relicitação, por iniciativa do Poder Concedente, predica de um novo acordo entre as partes, em que a atual concessionária manifeste seu interesse em continuar prestando os serviços públicos contratados.[281] Nesse quadrante, a Corte de Contas ressaltou a imprescindibilidade de pactuação ou formalização de novo termo aditivo, por comum acordo entre as partes, para o encerramento da relicitação, "tendo em vista que se trata de um novo acordo em que *pode vir a ser modificada a configuração do contrato de concessão vigente, em termo de perfil de pagamento de outorga, de demanda e de investimentos, entre outras medidas, a perdurar pelo prazo contratual remanescente*".

De acordo com o ministro relator, a preservação da equação econômico-financeira e da matriz de riscos previstas, no contrato originalmente celebrado, deveria ser interpretada no sentido de garantir o equilíbrio do novo ajuste a ser celebrado, para encerramento da relicitação, bem como manter os princípios norteadores adotados na alocação de riscos do contrato original, que "fundamentou a matriz de riscos". Dito em outros termos, o TCU fixou o entendimento de que a "preservação da equação econômico-financeira", garantida no instrumento contratual original, não está sujeita às mesmas condições do contrato inicialmente celebrado, mas apenas à manutenção dos mesmos princípios norteadores da modelagem inicial, em face da repactuação contratual promovida pelo encerramento da relicitação.

---

[281] Além disso, o ministro relator destacou que "não faria sentido o Poder Concedente encerrar o procedimento de relicitação, fora das hipóteses previstas no art. 20 da Lei nº 13.448/2017, e dar prosseguimento ao processo de caducidade, pois estar-se-ia trocando a extinção amigável pela extinção litigiosa do contrato de parceria" (TCU. Acórdão nº 1593/2023 – Plenário, rel. Min. Vital do Rêgo, j. 02 ago. 2023).

O relator observou, ainda, que a possibilidade de repactuação das condições originalmente contratadas está prevista em atos normativos vigentes. Nesse sentido, o art. 18, incisos II, III e IV, do Decreto nº 7.624/2011[282] revela a possibilidade de equalizar as condições econômicas, financeiras e operacionais de contratos de concessão, no setor aeroportuário, de modo que a continuidade de sua vigência seja atrativa, tanto para o parceiro público, quanto para o parceiro privado.

Além disso, a decisão manifestada pelo TCU abriu a possibilidade de revisitar outro aspecto intrinsecamente relacionado ao equilíbrio econômico-financeiro: o cronograma de pagamentos da outorga devida. É dizer, exarou-se o entendimento de que há a necessidade de se verificar, de antemão e casuisticamente, se é possível readaptar as condições do contrato de parceria pelo prazo contratual restante, podendo ser considerado, inclusive, o prazo de prorrogação já fixado e o parcelamento das outorgas vencidas e não pagas e do débito ainda pendente relativo a multas contratuais e/ou moratórias. Caso haja possibilidade de readaptação das condicionantes inicialmente contratadas, o Poder Concedente deverá observar "que a eventual reprogramação de pagamentos de contribuição a ele devida, caso adotada, deve ser efetuada por meio de critérios fixados por normativos legais que, entre outros aspectos, assegure a manutenção do valor presente líquido das outorgas originalmente assumidas, o restabelecimento integral do pagamento de outorgas vencidas e não pagas (ou eventual parcelamento) e a quitação (ou eventual parcelamento) de multas contratuais e/ou moratórias ainda pendentes, e, no caso de postergação de pagamentos, preveja a anuência prévia do Ministério da Fazenda".

O Tribunal de Contas da União também destacou que não há, de forma apriorística, informações a respeito da vantajosidade de celebrar acordos de readaptação do contrato vigente, em detrimento de se prosseguir com o processo de relicitação. Daí porque a vantajosidade do acordo de encerramento da relicitação deve ser comprovada, a título de fato superveniente, devendo-se adotar os seguintes elementos mínimos, previstos no art. 17, §1º, incisos I a IV, da Lei nº 13.448/2017, como

---

[282] Confira-se o teor do dispositivo: "art. 18. Sem prejuízo do disposto no art. 7º, caberá ao poder concedente estabelecer a forma pela qual será recomposto o equilíbrio econômico-financeiro do contrato de concessão, em favor do poder concedente ou do concessionário, podendo ser utilizadas as seguintes medidas, individual ou conjuntamente, sem a exclusão de outras cabíveis: (...) II – alteração do prazo da concessão, observado o disposto no art. 6º [cinco anos]; III – alteração das obrigações contratuais da concessionária; IV - revisão da contribuição devida pelo concessionário, no caso de concessão comum".

balizas para o estudo de vantajosidade: (i) cronograma de investimentos previstos; (ii) estimativas de custos e das despesas operacionais; (iii) estimativas de demanda; e (iv) modelagem econômico-financeira. Além disso, o órgão julgador asseverou que eventos econômicos, financeiros e sociais, ocorridos durante a execução dos contratos de concessão, podem modificar a configuração original da concessão. Dessa forma, sob a ótica da mutabilidade e da resolução consensual, o encerramento da relicitação poderia ensejar um novo perfil de investimentos, a perdurar até o final do tempo remanescente do contrato. Por essa razão, a corte considerou ser dispensável a comprovação, pela concessionária, previamente à assinatura do acordo, da capacidade de retomada dos investimentos suspensos, haja vista que estes podem não mais "serem atinentes à nova configuração".

O ministro relator consignou, ainda, que o Brasil passou por cinco anos de crise econômica e financeira, com geração de efeitos negativos na economia, bem como crises extemporâneas, imprevisíveis e de longa duração, que impactaram a execução contratual dos setores rodoviário e aeroportuário. Daí porque "a revisão de condições inicialmente pactuadas não é novidade no âmbito de contratos de concessão", tendo em vista que "essa previsão existe nos próprios contratos e é aderente às melhores práticas regulatórias, à doutrina sobre mutabilidade da concessão e à possibilidade de resolução consensual". Na visão do tribunal, a previsão de revisão é relevante, na medida em que as condições econômicas, financeiras e sociais, subjacentes ao contrato, sofrem alterações ao longo do transcurso de 20, 25 ou 30 anos de vigência contratual.

À luz de tais fundamentos, o voto do relator utilizou o exemplo do Aeroporto Internacional de Viracopos para indicar os possíveis impactos produzidos, por eventos externos, no equilíbrio econômico-financeiro contratual. É que, nesse caso, os estudos de mercado referenciados para o ano de 2022 demonstraram que o terminal de passageiros do aeroporto possui capacidade para atender 25 milhões de passageiros. De outro lado, o estudo de demanda referente ao procedimento relicitatório previu o atendimento de 21,6 milhões de passageiros para o ano de 2052. Isso porque "não se trata de contrassenso, tampouco de erro dos estudos que referenciaram a licitação originária. Tais números refletem, a meu ver, o efeito das crises econômicas de 2014-2016 e da pandemia do coronavírus de 2020-2022".

É dizer, a lógica de mutabilidade e incompletude contratual, apta a forjar um novo equilíbrio ao módulo concessório, a partir da relicitação, é demonstrada pela comparação entre os estudos de demanda. Veja-se que o estudo de demanda da licitação original do Aeroporto Internacional de Viracopos indicou 90 milhões de passageiros, ao passo que o estudo da relicitação apontou 21,6 milhões de passageiros para o ano de 2052. Nesse quadrante, a "revisão da demanda corresponde a uma redução de 75% em relação ao estudo originário", o que, na visão do TCU, gera impactos nas "estimativas de investimentos mínimos necessários, de custos operacionais e de receitas tarifárias e comerciais do empreendimento".[283]

Daí porque os novos estudos para fundamentar o processo relicitatório passam por uma adequação ou reavaliação das condições inicialmente contratadas, na forma do art. 17, da Lei nº 13.448/2017. Tais estudos têm por objetivo garantir a viabilidade técnica, econômico-financeira e operacional do novo contrato de concessão, apta a ensejar "uma nova configuração e perfil de serviço a partir da revisitação de todos os elementos que constituíram o estudo original do contrato de concessão vigente, a perdurar, no máximo, até o final do prazo restante do contrato de parceria vigente", bem como a refletir, "na verdade, uma nova concessão com prazo idêntico ao do contrato de parceria originário".

Destaca-se, ainda, que a Corte de Contas se posicionou no sentido de que o estudo técnico necessário para relicitar o ativo, previsto no art. 17, da Lei nº 13.448/2017, visa "assegurar que o novo contrato de concessão a ser licitado seja viável em termos econômicos, financeiros e operacionais". Outro aspecto destacado pelo voto é a necessidade de utilização da metodologia de fluxo de caixa marginal, para fins de recomposição do equilíbrio econômico-financeiro dos contratos de parceria relacionados aos setores submetidos à relicitação, cabendo ao Poder Concedente estabelecer as diretrizes necessárias sobre o tema.

No que tange às possibilidades de alterações das condições contratuais, dentro do escopo relicitatório, o ministro Vital do Rêgo observou que há formas distintas de se promover as alterações, tais como: (i) TAC; (ii) acordo consensual homologado pelo TCU; e (iii)

---

[283] E prossegue o relator no sentido de que "a demanda da infraestrutura aeroportuária, em regra, advém da demanda por transporte aéreo, seja de passageiros, seja de carga e mala postal. O aumento da movimentação de aeronaves pode induzir serviços de engenharia referentes à pista de pouso e decolagem, principalmente, mas não implica aumento na movimentação de passageiros ou de cargas e mala postal, pois depende do grau de lotação das aeronaves associado ao desembarque e ao embarque no respectivo aeroporto" (TCU. Acórdão nº 1593/2023 – Plenário, rel. Min. Vital do Rêgo, j. 02 ago. 2023).

repactuação contratual mediante termo aditivo, dentro do que se denomina resolução contratual.

Nesse sentido, o contrato de concessão da BR-163/MT, celebrado originalmente pela Concessionária Rota do Oeste S.A., demonstra o âmbito de abrangência possível para a formalização de ajustes que alterem as condições contratuais. Isso porque o TAC firmado, pela Rota do Oeste, se configura como um "ato excepcional que modificou as condições do contrato de concessão vigente da BR-163/MT, em especial a fixação de prazo de oito anos para sanear as inexecuções contratuais e a imediata retomada dos investimentos".

Apesar disso, o Tribunal de Contas da União asseverou que a alteração das condições do contrato de concessão original não pode ser tão substancial a ponto de "rasgar o atual contrato oriundo de processo licitatório competitivo para substituí-lo por um novo contrato sem licitação". É que a tarifa básica de pedágio, ofertada nos leilões de concessões de infraestrutura rodoviária federal, como também o valor de outorga oferecido nos leilões de concessões de infraestrutura aeroportuária, foram os critérios estabelecidos para julgamento das propostas dos licitantes à época dos respectivos certames.

No caso do setor rodoviário, o resultado obtido nos leilões foi a menor tarifa básica de pedágio, em razão do deságio ofertado à época, de modo que essa tarifa compõe a equação do equilíbrio econômico-financeiro do contrato. Já, no caso do setor aeroportuário, o resultado obtido nos leilões foi o maior valor de outorga em decorrência do ágio ofertado, de modo que o equilíbrio decorrente do valor da outorga deve ser mantido ao longo da duração do contrato de concessão.

Dessa forma, a eventual alteração das condições contratuais, no escopo relicitatório, não poderia servir de fundamento para descaracterizar o contrato de concessão oriundo do certame competitivo, no sentido de que "eventual renegociação/repactuação entre Poder Concedente e concessionários não pode alterar as premissas que sustentam o critério de julgamento das licitações realizadas, ou seja, a tarifa básica de pedágio, no caso do setor rodoviário, e o valor de outorga, no caso do setor aeroportuário, obtidos nos respectivos leilões, pois alterar tais premissas afrontará o ordenamento jurídico em vigor, em especial o disposto nos arts. 37, inciso XXI, e 175 da Constituição Federal".

Fixadas tais premissas, o TCU respondeu aos questionamentos formulados, para atestar a possibilidade de desfazimento do processo de relicitação, por iniciativa do Poder Concedente, desde que de comum acordo entre as partes, tendo em vista que o termo aditivo de relicitação foi construído com base no acordo consensual e, para desfazê-lo, é obrigatória a formalização de outro acordo entre concessionária e Poder Concedente. Nada obstante, tal desfazimento deve observar as condicionantes estipuladas pelo Tribunal de Contas da União, no âmbito do Acórdão nº 1593/2023, as quais estão sumariadas, na forma da tabela abaixo colacionada:

Tabela 6

(continua)

	Condicionante
1	O concessionário: (i) não pode ter descumprido Termos de Ajustamento de Conduta firmados com o Poder Concedente; e (ii) deve manifestar formalmente o interesse em permanecer prestando o serviço público objeto do contrato de concessão vigente;
2	A demonstração do interesse público e da aderência ao princípio da legalidade, destacando-se, em especial, os objetivos e os princípios que regem o PPI, o princípio da continuidade da prestação do serviço público e o disposto no art. 26, da Lei nº 13.655/2018 (LINDB);
3	A desqualificação do empreendimento no PPI, para fins de relicitação;
4	A formalização de novo termo aditivo, de comum acordo e amigável entre as partes, em substituição ao termo aditivo de relicitação, para o equacionamento da retomada, em prazo razoável, da contratação original de obrigações de investimento e de níveis de prestação de serviço, adaptando-os, ainda que sob novo perfil ou configuração, para levar em consideração o período em que as obrigações estiveram suspensas, o excedente tarifário cobrado e a tarifa básica de pedágio oferecida e o valor de outorga oferecido nos respectivos leilões, mantendo-se, em relação ao contrato em vigor, a natureza do objeto contratual, o equilíbrio econômico-financeiro e os princípios norteadores que fundamentaram a matriz de riscos, durante o prazo remanescente do contrato de concessão em vigor, a fim de mitigar a necessidade de adoção de medidas destinadas a instaurar ou dar seguimento a processo de caducidade que eventualmente se encontrasse em curso antes da qualificação do empreendimento para relicitação;
5	A eventual reprogramação de pagamentos de contribuição devida ao Poder Concedente, caso adotada, deve ser efetuada por meio de critérios fixados por normativos legais que, entre outros aspectos, assegure o restabelecimento integral do pagamento de outorgas vencidas e não pagas (ou eventual parcelamento), e leve em consideração a manutenção do valor presente líquido das outorgas originalmente assumidas e a quitação (ou eventual parcelamento) de multas contratuais e/ou moratórias ainda pendentes;
6	A realização, para os setores ferroviário, rodoviário e aeroportuário, de estudos para demonstrar a vantajosidade de celebrar um novo termo aditivo de readaptação do contrato de concessão vigente em vez de prosseguir com o processo de relicitação, tendo em vista o disposto no art. 26 da Lei nº 13.655/2018 (LINDB) e, no caso do setor aeroportuário, observar, também, os dispositivos especificamente aplicáveis para esse setor (Decreto nº 6.780/2008 e Decreto nº 7.624/2011).

(conclusão)

	Condicionante
7	A garantia de viabilidade econômica, financeira e operacional de novo termo aditivo ao contrato de concessão vigente, considerando, em relação aos elementos que constarão do estudo de vantajosidade, pelo menos, aqueles previstos no art. 17, caput, e §1º, incisos I a VI, da Lei nº 13.448/2017, de maneira que fique demonstrada a capacidade econômico-financeira do concessionário originário para adimplir todas as obrigações do novo termo aditivo ao contrato de concessão vigente, inclusive com o reestabelecimento das garantias contratuais a serem exigidas do concessionário originário durante o período restante do contrato de parceria;
8	A aderência do novo termo aditivo ao contrato de concessão vigente à manutenção dos objetivos da concessão original e ao escopo da política pública formulada para o setor pelo ministério competente, considerada a necessária isonomia de tratamento em relação aos demais detentores de contratos de parceria do mesmo setor;
9	A inclusão, no novo termo aditivo que vier a readaptar o contrato de concessão vigente, de cláusula de: (i) renúncia aplicada ao concessionário à rediscussão de controvérsias anteriores à assinatura do termo aditivo da relicitação, no caso desta ser desfeita, a exemplo de demandas judiciais e arbitrais, sem afastar a possibilidade de que tais demandas sejam tratadas em uma possível resolução consensual entre o Poder Concedente e o concessionário originário; (ii) de impedimento aplicada ao concessionário ao requerimento de novo processo de relicitação;
10	A avaliação acerca de incorporação de mecanismo para amortização de empreendimentos geradores de receitas não tarifárias, no âmbito do estudo de vantajosidade e dos estudos atinentes ao processo de relicitação;
11	A avaliação de utilização da metodologia do fluxo de caixa marginal no estudo de vantajosidade para fins de garantia de equilíbrio econômico-financeiro dos contratos de parceria;
12	Em relação às particularidades do setor aeroportuário, deve-se avaliar a repercussão sobre as receitas da Infraero;
13	Os estudos de vantajosidade e o novo termo aditivo ao contrato de concessão vigente deverão ser encaminhados ao TCU;

Há, portanto, de se concluir esse item no sentido de que o regime jurídico instalado, no âmbito da relicitação, é mais uma manifestação de um novel instituto no sentido da completa desvinculação do crivo de reequilíbrio da proposta comercial apresentada pelos licitantes. Dito em outras palavras, seja no âmbito da prorrogação antecipada, seja no âmbito da relicitação, serão forjados distintos crivos de equilíbrio. Na prorrogação antecipada, serão estabelecidos incentivos para que o concessionário realize novos (e urgentes) investimentos, a partir do momento que lhe seja conferida a banda contratual que lhe foi antecipada; na relicitação, por sua vez, tem-se a formação dos "equilíbrios econômico-financeiros intermédios" das concessões, em sede devolução amigável. Tal abertura do equilíbrio econômico-financeiro à influência de eventos, endógenos e exógenos, também terá lugar nas hipóteses de incorporação de novas tecnologias aos contratos de concessão, tema que será investigado no próximo e derradeiro item deste capítulo.

2.11 A incorporação de novas tecnologias aos contratos de concessão e seu equilíbrio econômico-financeiro

Em razão do longo prazo, as concessões são, diretamente, impactadas pelo advento de novas tecnologias, o que exige a realização de novos investimentos – a exemplo do que se passou, de forma saliente, em vias de extinção, com o Serviço de Telefonia Fixo Comutado – STFC. Tal obrigação tem previsão no art. 6º, §2º, da Lei nº 8.987/1995, que consagra o dever de atualidade, o qual é compreendido pela: (i) utilização de técnicas modernas no que diz respeito aos equipamentos e às suas instalações; (ii) conservação dos direitos já adquiridos pelo concessionário; (iii) melhoria da qualidade dos serviços durante a vigência do ajuste; e (iv) sua expansão para as pessoas ainda não beneficiadas pelo serviço. Nada obstante, não se pode olvidar que o equilíbrio econômico-financeiro dos contratos de concessão é, justamente, forjado, a partir de uma relação direta entre a sua remuneração tarifária, o adimplemento de suas "obrigações de investimentos" e de suas "obrigações e desempenho" e pelos efeitos econômico-financeiros decorrentes de eventos desequilibrantes, qualificados como "riscos" ou "incertezas".

Um exemplo de atualização tecnológica que vem sendo implementada nos contratos de concessão é a utilização da sistemática do *Free Flow* de cobrança tarifária (também conhecido como modelo *stop & go*), assim considerada como a modalidade de cobrança eletrônica da Tarifa de Pedágio, por intermédio de pórticos fixos, que consideram o trecho, efetivamente, utilizado, pelo usuário (tecnologia há muito já utilizada, nas rodovias chilenas, como se extrai das modelagens veiculadas na Autopista Central, Costanera Norte, Vespucio Accesso Nororiente e Túnel San Cristóbal Cristóbal).[284]

Trata-se de modelo de cobrança tarifária que vem sendo utilizado, no âmbito das concessões reguladas pela Agência de Transporte do Estado de São Paulo – ARTESP, a exemplo do que se passou nas

---

[284] Disponível em: https://web.costaneranorte.cl/autopista/nuevas-obras/mejoramiento-conexion-costanera-norte-autopista-central/. Acesso em: 04 maio 2022.

rodovias Santos Dumont (SP-75), em Indaiatuba; Governador Doutor Adhemar Pereira de Barros (SP-340), em Jaguariúna; Professor Zeferino Vaz (SP-332), em Paulínia, e Engenheiro Constâncio Cintra (SP-360). De acordo com aquela agência reguladora, tal metodologia de cobrança apresenta-se vantajosa, na medida em que o usuário paga o valor mais próximo ao trecho efetivamente percorrido na rodovia. A cobrança é feita eletronicamente, sem a manipulação de dinheiro. Assim, melhora-se as condições operacionais das rodovias, proporcionando fluidez, além de reduzir o tempo das viagens, consumo de combustível e a emissão de gases poluentes na atmosfera. É um sistema mais moderno, prático e justo[285].

Tal modelagem também foi conceituada, pela Cláusula 1.1.1. do Contrato de Concessão da RIS, como o "sistema de cobrança sem necessidade de desaceleração dos veículos, ou seja, em fluxo livre, sem praças de pedágio". Por intermédio desse modelo, a cobrança de pedágio é desenvolvida por três fases: (i) pela passagem de veículo sob os pórticos instalados nas rodovias, sujeitando os usuários ao pagamento de pedágio; (ii) a cada passagem, os veículos são detectados e categorizados e o sistema efetua a leitura da placa do veículo; e (iii) o sistema de informações centralizado processa os dados de trânsito e calcula as tarifas de pedágio a serem aplicadas.

Nesse quadrante, sob o aspecto do delineamento do equilíbrio econômico-financeiro, é de se indagar a quem seria distribuído "risco pela atualização tecnológica no pacto concessório". Para Ronaldo José de Andrade,[286] "O risco de atualização tecnológica do objeto concedido deve ser alocado ao parceiro privado, pela singela razão de que ele é o detentor da expertise necessária para o seu gerenciamento, atendendo desta forma à racionalidade econômica da distribuição dos riscos".[287]

---

[285] Disponível em: http://www.artesp.sp.gov.br/Style%20Library/extranet/rodovias/sistema-ponto-a-ponto.aspx. Acesso em: 04 maio 2022.

[286] ANDRADE, Ronaldo José de. *Incorporação de novas tecnologias em contratos de concessão*: estudo de caso do setor rodoviário paulista. Belo Horizonte: Fórum, 2021. p. 88.

[287] No âmbito dos contratos mais antigos, que são regulados, pela Agência de Transportes do Estado de São Paulo – ARTESP, a obrigação de incorporar novas tecnologias foi disciplinada pela Cláusula Décima Quinta, do Contrato de Concessão do Sistema Rodoviário ViaPaulista, celebrado em 23.10.2017. A referida cláusula trata, de forma genérica, dos "mecanismos para preservação da atualidade na prestação dos serviços", indicando que é responsabilidade da concessionária a atualidade na execução das obras e dos serviços, caracterizando-se atualidade como a "modernidade dos equipamentos, das instalações e das técnicas de prestações dos serviços de operação e manutenção do Sistema Rodoviário, com a absorção dos avanços tecnológicos advindos ao longo do prazo de concessão, inclusive no que se refere à sustentabilidade ambiental, que agreguem valor e representem benefícios e

Dito em outros termos, de acordo com o autor, caso a obrigação de implementar um sistema de cobrança *free flow* esteja inserida, desde a licitação, para dar cabo dos atendimentos das obrigações de desempenho, tal risco deverá ser alocado ao concessionário.

Caso, porém, tal inovação tecnológica tenha de ser implementada, a pedido do poder público, tal risco deverá lhe ser alocado, o que ensejaria um dever de revisão do equilíbrio econômico-financeiro do módulo concessório.[288] Nesse sentido, Ronaldo José de

---

qualidade aos serviços concedidos, elevando o nível dos serviços oferecidos aos usuários". A incorporação de novas tecnologias foi tratada, também, pela Cláusula 15.2, no bojo da qual se atribui à Concessionária o dever de empregar, durante todo o prazo concessório, padrões de desempenho motivados pelo surgimento de inovações tecnológicas, devendo-se implementar sistemas "tecnologicamente atualizados" e que permitam a automatização das operações, tanto para elevar o nível de serviço oferecido aos usuários, quanto para tornar mais eficiente a consecução dos serviços não delegados. A Subcláusula 15.2.1 prevê, inclusive, que a Concessionária deve manter compatibilidade com as tecnologias empregadas pela ARTESP, de forma a permitir o compartilhamento de informações e dados gerados com a agência reguladora, para fins regulatórios e fiscalizatórios. No que tange à alocação de riscos, a Cláusula Décima Nona, itens "xvi" e "xxiii", do Contrato de Concessão da ViaPaulista aloca à Concessionária os riscos pela: (i) prestação do serviço adequado, incluindo variações nos investimentos, custos ou despesas, e inovações tecnológicas necessárias para o atendimento aos indicadores de desempenho; e (ii) necessidade de realização de investimentos para a implantação de sistema de cobrança de pedágio, bem como pela necessidade de adequação de sua tecnologia.

[288] De outro lado, por intermédio do Contrato de Concessão nº 0409/ARTESP/2020, firmado em 15.05.2020, tendo por objeto o Sistema Rodoviário do EixoSP, a ARTESP alterou, de forma significativa, as obrigações relacionadas à incorporação de novas tecnologias. Neste contrato, a Cláusula Décima Quinta passou a dispor sobre os "mecanismos para preservação da atualidade na prestação dos serviços e incorporação de novas tecnologias", sendo a Concessionária obrigada a observar a atualidade tecnológica na execução das obras e serviços, assim caracterizados pela preservação da modernidade e atualização dos equipamentos e "também das técnicas da prestação dos serviços de operação e manutenção do Sistema Rodoviário, desde que a atualidade tecnológica seja necessária diante da (i) obsolescência dos bens da Concessão previstos na Cláusula Décima Segunda ou (ii) necessidade de cumprimento dos indicadores de desempenho e demais exigências estabelecidas no Contrato e Anexos". O Contrato conceitua a obrigação de atualidade tecnológica como as situações nas quais a Concessionária, com a finalidade de atender os indicadores de desempenho, realiza atualizações e melhorias nos bens da concessão, quando disponibilizadas pelos respectivos fabricantes (Cláusula 15.4). Por seu turno, considera-se "obsolescência tecnológica dos bens da concessão" quando for constatado, no decorrer do prazo concessório, a perda relevante das funções iniciais que o bem deveria cumprir, ou a incapacidade para o pleno atendimento aos indicadores de desempenho e as demais exigências contratuais, na forma da Cláusula 15.5. O Contrato de Concessão do EixoSP exclui qualquer direito de indenização ou reequilíbrio econômico-financeiro decorrente da necessidade de atualização tecnológica, nos termos da Cláusula 15.7, vazada nos seguintes termos: "as despesas e investimentos da Concessionária que tenham sido realizadas com o objetivo de garantir a atualidade da concessão, incluindo o atendimento dos indicadores de desempenho e demais exigências estabelecidas no Contrato e nos Anexos deverão estar amortizadas dentro do prazo da Concessão, não fazendo a Concessionária jus a qualquer direito de indenização ou reequilíbrio econômico-financeiro". Nada obstante, o referido contrato estabeleceu uma distinção entre atualização tecnológica e inovação tecnológica ao

Andra-de[289] leciona que "No que diz respeito ao risco de inovação tecnológica, que se refere à incorporação de tecnologia de natureza disruptiva no respectivo setor, a literatura nacional e internacional recomenda a sua alocação ao parceiro público". Tal alocação tem a ver com a imprevisibilidade ligada ao surgimento de tecnologias disruptivas. Mais que isso, como destaca o autor,[290] "O posterior advento de novas tecnologias que devam ser incorporadas à prestação dos serviços deve estar subordinado à recomposição desta equação, cuja garantia as boas práticas recomendam que deva se dar nas revisões ordinárias por meio da metodologia do fluxo de caixa marginal".

Foi o que restou veiculado, igualmente, na Cláusula 6.7.4 do Contrato de Concessão Patrocinada da Concessão Patrocinada do VLT de Salvador, segundo a qual "A eventual solicitação do CONCEDENTE que envolva a incorporação de inovação tecnológica em padrões superiores ao dever da CONCESSIONÁRIA de prestar serviços com atualidade será hipótese de recomposição do equilíbrio econômico-financeiro da CONCESSÃO, desde que essa incorporação resulte em alteração dos custos ou dos investimentos projetados para o CONTRATO". E, na Cláusula 15.11 do Contrato de Concessão nº 01/2019, segundo a qual

---

dispor, por meio da Cláusula 15.8, que a obrigação de manter a atualidade tecnológica "não se confunde com a possibilidade de adoção e incorporação de inovações tecnológicas pela Concessionária, a seu critério ou por determinação do Poder Concedente e/ou da ARTESP". Segue daí o estabelecimento de um regime contratual específico para a incorporação de inovações tecnológicas, compreendidas como "as tecnologias que, à época de sua eventual adoção e incorporação pela Concessionária, constituam o estado da arte tecnológica e não tenham uso difundido no setor de infraestrutura rodoviário nacional, e cuja utilização, não obstante tenha potencial de proporcionar ganhos de eficiência e produtividade no âmbito da Concessão, seja prescindível para o atendimento dos indicadores de desempenho e demais elementos inicialmente previstos no Contrato e respectivos Anexos" (Cláusula 15.9). Nos termos contratuais, a Concessionária tem ampla liberdade de incorporar, ao longo da concessão, as inovações tecnológicas que entender cabíveis ao objeto contratual, desde que observe a alocação de riscos. Por outro lado, a incorporação de inovações tecnológicas pela Concessionária, quando determinada pela ARTESP ou pelo Poder Concedente, enseja a recomposição do equilíbrio econômico-financeiro do contrato, conforme metodologia do Fluxo de Caixa Marginal (Cláusulas 15.11 e 19.2, item "xiv", do Contrato de Concessão do EixoSP). Para além disso, a incorporação de inovações tecnologias por determinação do Poder Concedente ou da agência reguladora: (i) somente poderão ser propostas no âmbito das revisões ordinárias ou extraordinárias, ensejando "a prévia recomposição do equilíbrio econômico-financeiro", na forma da Cláusula 15.12, sendo que (ii) os indicadores de desempenho deverão ser atualizados, de modo a contemplar as melhorias de performance relacionadas à incorporação da inovação determinada, conforme Cláusulas 15.11.1 e 24.2.3.

[289] ANDRADE, Ronaldo José de. *Incorporação de novas tecnologias em contratos de concessão*: estudo de caso do setor rodoviário paulista. Belo Horizonte: Fórum, 2021. p. 88.

[290] ANDRADE, Ronaldo José de. *Incorporação de novas tecnologias em contratos de concessão*: estudo de caso do setor rodoviário paulista. Belo Horizonte: Fórum, 2021. p. 89.

"A incorporação de inovações tecnológicas pela CONCESSIONÁRIA quando por determinação da ARTESP ou PODER CONCEDENTE ensejará a recomposição do equilíbrio econômico-financeiro da CONCESSÃO, conforme a metodologia do Fluxo de Caixa Marginal, nos termos da subcláusula 22.3.2, observado o disposto na subcláusula 15.14".

O referido autor traz alguns limites à imposição de alterações unilaterais, que versem a propósito da incorporação de novas tecnologias ao contrato de concessão,[291] a saber: (i) a boa-fé que rege a relação entre as partes configura limite objetivo a essa pretensão, que vem a lume por meio dos critérios da razoabilidade e da proporcionalidade; (ii) a segurança jurídica sob o binômio determinação cognoscibilidade configura uma garantia de que a concessionária possua ampla clareza dos encargos que poderão vir a ser a ele determinados pelo Poder Público contratante para fins de incorporação de novas tecnologias, previamente à celebração do contrato de concessão; (iii) ainda a segurança jurídica, agora sob a ótica dúplice da intangibilidade-confiabilidade: novos investimentos que não tenham sido originalmente previstos à época da licitação, a pretexto de incorporação de novas tecnologias no curso da execução contratual encontram o limite da intangibilidade da equação econômico-financeira da relação jurídica contratual firmada no pacto concessionário e da proteção à expectativa da dimensão dos encargos que lhe serão imputados durante a vigência do contrato e devem, portanto, implicar a recomposição desta equação; (iv) por fim, a segurança jurídica a partir do vértice previsibilidade-calculabilidade se projeta nas relações jurídicas concessionais especificamente pelo seu segundo aspecto (calculabilidade), que constitui uma garantia a partir da qual se infere uma proibição implícita dirigida ao Poder Público concedente de agir unilateralmente em campo que extravase a esfera de limitada de sua discricionariedade previamente conhecida pela concessionária. Em decorrência desta projeção, novos investimentos que não tenham sido originalmente considerados em seu plano de negócios não podem ser a ela carreados sem a devida recomposição da equação econômico-financeira (EEF).

Os deveres genéricos de garantir a "adequação" e a "atualidade" (art. 6º, §1º e §2º, da Lei nº 8.987/1995) não criam uma obrigação genérica e indeterminada para as concessionárias. A concessionária só é obrigada

---

[291] ANDRADE, Ronaldo José de. *Incorporação de novas tecnologias em contratos de concessão*: estudo de caso do setor rodoviário paulista. Belo Horizonte: Fórum, 2021. p. 64.

a responder pelos "objetos" e "metas" previamente previstos no edital, nos termos do art. 18, I, da Lei nº 8.987/1995. E, do mesmo modo, a fazer frente ao atendimento de obrigações previamente delineadas no instrumento contratual (art. 23, V, da Lei Estadual nº 8.987/1995). Dito em termos diretos: as contraprestações da concessionária devem estar definidas nos quadrantes do racional econômico de cada contrato. De fato, para fazer frente a tal dispêndio, a concessionária deve provisionar, por ocasião da apresentação de sua proposta na licitação, uma estimativa dos custos que seriam suportados para fazer frente à prestação de um serviço adequado e atual na vigência do contrato de concessão. Para cumprir as obrigações atreladas à adequada prestação do serviço público, como bem destacado por Carlos Ari Sundfeld e Jacintho Arruda Câmara,[292] o concessionário terá de dar cabo de encargos programados e de encargos adicionais.

Os encargos programados são aqueles que já foram previstos, de forma individualizada, desde a celebração do instrumento contratual. Não é por outra razão que tal espécie de encargo se constitui como uma cláusula essencial do contrato de concessão, a teor do art. 23, V, da Lei nº 8.987/1995, de acordo com o qual se prevê a obrigatoriedade do estabelecimento de "direitos, garantias e obrigações do Poder Concedente e da concessionária, inclusive os relacionados às previsíveis necessidades de futura alteração e expansão do serviço e consequente modernização, aperfeiçoamento e ampliação dos equipamentos e das instalações". Os encargos adicionais, por sua vez, são aqueles que não foram, originalmente, previstos na modelagem econômico-financeira dos contratos de concessão – mas que, pela sua incompletude, são estabelecidos, posteriormente, seja pelo poder concedente, seja pela agência reguladora setorial.

Para fazer frente ao custeio de tais encargos, o concessionário terá de realizar o que Gabriela Miniussi Engler Pinto Portugal Ribeiro[293] denomina de investimentos contingentes não precificados para a atualização dos serviços,[294] os quais serão exigíveis quando for verificada

---

[292] SUNDFELD, Carlos Ari; CÂMARA, Jacintho Arruda. Atualidade do serviço público concedido e reequilíbrio da concessão. *Revista de Direito Público da Economia*, Belo Horizonte, a. 16, n. 61, p. 41-54, jan./mar. 2018.
[293] RIBEIRO, Gabriela Miniussi Engler Pinto Portugal. Novos investimentos em concessões de PPPs: contornos de limites. In *Infraestrutura fluminense*: um panorama dos atuais desafios. Comissão de Infraestrutura da OAB-RJ. No prelo.
[294] Para ilustrar, citam-se como exemplo as seguintes cláusulas do contrato de concessão de rodovias do estado de São Paulo com mecanismo *free flow*, fruto do edital de concorrência

determinada condição. De acordo com a autora, tais investimentos, usualmente, têm lugar nas seguintes situações: (i) ou são investimentos que, a rigor, deveriam ter sido previstos inicialmente à época da licitação do projeto como investimentos contingentes e não o foram, sobretudo pela dificuldade que é modelar esse tipo de obrigação e precificá-la adequadamente; ou (ii) são investimentos decorrentes de inovações tecnológicas, naturalmente imprevisíveis, mas necessárias para agregar confiabilidade na operação e conforto aos usuários na prestação dos serviços.

Por conseguinte, nos casos de encargos não programados, relacionados ao atendimento de obrigações de desempenho, não terá lugar um aporte adicional de recursos da concessionária, o qual predicará de uma amortização no tempo. Do contrário, estar-se-ia estipulando "obrigações em branco", as quais teriam de ser sempre adimplidas, durante toda a vigência do contrato de concessão. Cuidar-se-ia de prescrição violadora do art. 104, II, do Código Civil, o qual, tratando da validade do negócio jurídico, exige que o seu objeto seja "determinado" (ou "determinável").

Por fim, é de destacar os limites apontados por Gabriela Miniussi Engler Pinto Portugal Ribeiro,[295] que devem lastrear a realização de novos investimentos (inclusive os que tem por objeto a incorporação de novas tecnologias) no pacto concessório: (i) o estabelecimento de limites quantitativos para inserção de novos investimentos, definidos, em alguns casos, em 15% do montante inicial total de investimentos sob a responsabilidade da concessionária;[296] (ii) a definição de limites

---

internacional nº 03/2016: "24.13. A ARTESP definirá a necessidade de readequação do PLANO DE INVESTIMENTOS vigente e/ou elaboração de novo(s) PLANO(S) DE INVESTIMENTO(S), que passará(ão) a vigorar, após aprovado(s), sendo vinculativos para a CONCESSIONÁRIA nos anos subsequentes. (...) 24.15 Após o processamento de cada uma das etapas anteriormente descritas neste Capítulo, as PARTES procederão ao cálculo do desequilíbrio, se for o caso, considerando eventuais compensações de haveres e ônus devidos por cada uma das PARTES e, conforme o regramento estabelecido por este CONTRATO, à recomposição do equilíbrio econômico-financeiro".

[295] RIBEIRO, Gabriela Miniussi Engler Pinto Portugal. *Novos investimentos em contratos de parceria*. São Paulo: Almedina, 2021. p. 154.

[296] Contrato de Concessão do Lote Centro-Oeste Paulista: "Cláusula 24.2. Os novos investimentos, não previstos inicialmente no PLANO ORIGINAL DE INVESTIMENTOS, e eventualmente implementados em função do conjunto de ciclos de REVISÃO ORDINÁRIA, não poderão, em seu conjunto, acarretar revisão do PRAZO DA CONCESSÃO que enseje o acréscimo de prazo superior a 15 (quinze) anos e/ou supere, em seu conjunto, o montante de 15 % (quinze por cento) do montante inicial total de investimentos sob a responsabilidade da CONCESSIONÁRIA, de acordo com os valores e marcos de obra definidos no ANEXO XXI. 24.2.1. Os investimentos limitados ao valor de 15 % do montante inicial, descritos na

à inclusão de investimentos adicionais associados à saúde financeira da concessionária, sua capacidade de manter os *covenants* dos financiamentos existentes e de contrair financiamentos adicionais; e (iii) o detalhamento de procedimentos para inclusão de novos investimentos.[297]

A repartição do risco pela incorporação de novas tecnologias não é uma peculiaridade do direito brasileiro. O *Global Infrastructure Hub* (GI Hub),[298] por exemplo, recomenda que o risco pelo surgimento dessas tecnologias seja compartilhado (entre poder concedente e concessionário), de modo que os custos com as atualizações tecnológicas sejam suportados pela parte que solicitou a alteração das especificações contratuais. Assim é que, se a incorporação da nova tecnológica for provocada pelo poder concedente, os seus efeitos econômico-financeiros

---

cláusula 24.2, apenas serão obrigatórios se a avaliação da hipótese de sua realização não apontar para a queda da nota de classificação de risco obtida pela concessão, ou, no caso de nova emissão de valores mobiliários ou obtenção de nova dívida bancária, a eventual consequência não seja nota inferior àquela obtida pela emissora ou mutuária original, sendo que esta nota, em escala nacional, será emitida pela Fitch ou, em escala equivalente, pela Standard and Poor's (S&P) ou Moody's".

[297] Cite-se, nesse sentido, a Cláusula 53 do Monotrilhos da Linha 15, 53.1. "Tanto o PODER CONCEDENTE, em decorrência de sua competência para realizar a fiscalização e o planejamento do SISTEMA METROFERROVIÁRIO, quanto a CONCESSIONÁRIA, em sua obrigação de melhor executar o SERVIÇO CONCEDIDO, poderão propor a realização de INVESTIMENTOS ADICIONAIS. 53.2. Caberá ao PODER CONCEDENTE autorizar a realização, pela CONCESSIONÁRIA, de INVESTIMENTOS ADICIONAIS, na forma prevista neste CONTRATO. 53.3. O PODER CONCEDENTE poderá, independentemente de concordância por parte da CONCESSIONÁRIA, realizar investimentos que poderiam ser caracterizados como INVESTIMENTOS ADICIONAIS, nos termos do CONTRATO, por si, por outras entidades do ESTADO, ou mediante contratações de terceiros, desde que técnica e economicamente seja mais vantajoso ao interesse público, sem que disto decorra qualquer direito à CONCESSIONÁRIA, respeitando as diretrizes de convivência previstas na Cláusula 8 e no ANEXO XVI – DIRETRIZES DE CONVIVÊNCIA. Nesta hipótese, caso da realização dos investimentos decorra desequilíbrio econômico-financeiro do CONTRATO, conforme previsto no CAPÍTULO X, poderá a CONCESSIONÁRIA pleitear a recomposição do equilíbrio econômico-financeiro do CONTRATO. 53.4. Quando a CONCESSIONÁRIA julgar oportuno ou necessário, poderá apresentar requerimento para a realização de INVESTIMENTOS ADICIONAIS, contendo os seguintes requisitos: (i) justificativas para a realização do INVESTIMENTO ADICIONAL, contendo obrigatoriamente as melhorias esperadas na qualidade, regularidade, continuidade, eficiência, efetividade, segurança, atualidade, generalidade, transparência e cortesia na prestação do serviço público decorrentes da intervenção; (ii) demonstração da compatibilidade do investimento proposto com a Cláusula 52.1 deste CONTRATO; (iii) detalhamento do investimento a ser realizado, incluindo impactos técnicos e econômico-financeiros na CONCESSÃO, bem como cronograma de execução, prazos e custos para implantação da intervenção; e (iv) apresentação do respectivo projeto básico, projeto funcional ou termo de referência".

[298] O GI Hub aponta, ainda, que a previsão de mecanismos contratuais pré-acordados sobre atualização tecnológica que reconheçam a mutabilidade inerente dos contratos pode evitar contestações de terceiros, baseadas na ideia de que as alterações foram tão substanciais que se deva relicitar o contrato existente.

devem ser por ele suportados. Por outro lado, se a concessionária sugerir uma mudança tecnológica, que não seja estritamente necessária, deverá suportar os encargos financeiros daí decorrentes.

Na Espanha, a Lei nº 9/2017, que foi responsável por transpor ao seu ordenamento jurídico as Diretivas nº 2014/23/UE e 2014/24/UE, exaradas pelo Parlamento Europeu e pelo Conselho da União Europeia,[299] em seu art. 259.4, prescreve que: "a concessionária deverá manter as obras de acordo com as normas técnicas, ambientais, de acessibilidade, de remoção de barreiras e de segurança ao usuário, aplicáveis em cada momento e de acordo com o progresso da ciência".[300] Cuida-se, pois, da denominada "Cláusula de Progresso".[301]

O surgimento da Cláusula de Progresso na Espanha pode ser ilustrado pela disputa que envolveu a Câmara Municipal de Sevilha (*Ayuntamiento de Sevilla*) e a Sociedade Catalã de Iluminação a Gás (*Sociedad Catalana para el Alumbrado del Gas*). Em 1842, a Sociedade Catalã de Iluminação a Gás foi criada com o desiderato de prestar o serviço de iluminação pública. O serviço era prestado com base em "direitos exclusivos", ou seja, a concessionária obtinha o direito de iluminar ruas e prédios públicos, e as Câmaras Municipais não poderiam firmar novas concessões localizadas a determinada distância da tubulação de gás. Ocorre que o surgimento – e posterior expansão – da iluminação elétrica forçou a revisão do contrato firmado, com o objetivo de permitir anulá-lo, se a concessionária não introduzisse as inovações que,

---

[299] ESPANHA. *Ley 9/2017, de 8 de noviembre*, de Contratos del Sector Público, por la que se transponen al ordenamiento jurídico español las Directivas del Parlamento Europeo y del Consejo 2014/23/UE y 2014/24/UE, de 26 de febrero de 2014. Disponível em: https://www.boe.es/eli/es/l/2017/11/08/9/con. Acesso em: 16 nov. 2022.

[300] Tradução livre. No original: "*Artículo 259. Uso y conservación de las obras. (...) 4. El concesionario deberá mantener las obras de conformidad com lo que, en cada momento y según el progreso de la ciencia, disponga la normativa técnica, medioambiental, de accesibilidad y eliminación de barreras y de seguridad de los usuarios que resulte de aplicación*". A mesma disposição já estava contida no art. 244.4 da Lei espanhola nº 13/2003, que regulamentava o contrato de concessão de obras públicas.

[301] Ao analisar as origens da cláusula de progresso no direito espanhol, a Nuria Magaldi Mendaña conclui que a cláusula emergiu na segunda metade do século XIX, por ocasião do desenvolvimento científico e técnico derivado da revolução industrial. Nesse período, houve a necessidade de prover serviços públicos como água, transporte e eletricidade para centros urbanos em expansão. Esses serviços, originalmente prestados por concessionárias privadas, tiveram de ser garantidos pela Administração Pública. Nesse sentido, a administração tentou corrigir as disfunções da gestão privada por meio de diferentes instrumentos, dentre os quais, a cláusula de progresso (MENDAÑA, Nuria Magaldi. *La aparición de la "cláusula de progreso"*: de la iluminación por gas a la iluminación eléctrica. Asociación Española de Historia Económica. Disponível em: https://www.aehe.es/wp-content/uploads/2016/01/Nuria-Magaldi.pdf. Acesso em: 16 nov. 2022).

de acordo com os padrões tecnológicos da época, gerariam reduções da tarifa e benefícios públicos.³⁰² Em prosseguimento, teve lugar a celebração de novo contrato, em 29 de setembro de 1882, entre a Câmara Municipal de Sevilha e a Sociedade Catalã de Iluminação a Gás, no âmbito do qual, em sua Cláusula 25, dispunha se, no decorrer deste contrato, for descoberto um sistema de iluminação diferente do gás, aplicável ao serviço público, cujo resultado prático, material e econômico seja de conveniência possível e comprovada, e que tenha sido adotado em Madri ou Barcelona, a Câmara também poderá adotá-lo, em acordo com a concessionária, que será preferida a qualquer outra empresa de iluminação pública. Se, mesmo com esse direito, a concessionária, dentro de um período de três meses, declarar que não pode ou não quer estabelecer o novo sistema, ou permitir que o período transcorra sem aceitar a obrigação de implementá-lo, o contrato será rescindido sem o direito de a concessionária solicitar qualquer tipo de compensação. A concessionária também será obrigada a adotar, na fabricação de gás, os avanços da ciência e da prática introduzidos e aceitos com sucesso pelas fábricas de gás de igual importância da Sevilha.³⁰³

De acordo com Nuria Magaldi Mendaña,³⁰⁴ a disputa entre a Câmara Municipal de Sevilha e a Sociedade Catalã de Iluminação a Gás demonstra a necessidade de o serviço público se adaptar aos avanços tecnológicos. A cláusula de progresso, como instrumento arbitrado,

---

[302] MENDAÑA, Nuria Magaldi. *La aparición de la "cláusula de progreso"*: de la iluminación por gas a la iluminación eléctrica. Asociación Española de Historia Económica. Disponível em: https://www.aehe.es/wp-content/uploads/2016/01/Nuria-Magaldi.pdf. Acesso em: 16 nov. 2022; LÓPEZ, Tomás Quintana. Algunas cuestiones sobre la cláusula de progreso en el contrato de concesión de obras públicas. *Revista española de derecho administrativo*, España, v. 131, p. 421-444, 2006.

[303] Tradução livre. No original: *"Si durante el curso de este contrato se descubriese un sistema de alumbrado distinto del gas aplicable al servicio público, cuyo resultado práctico, material y económicamente acuse conveniencia posible y probada y se haya adoptado en Madrid o Barcelona, el Ayuntamiento podrá adoptarlo también poniéndose de acuerdo con 'La Catalana'; la cual será preferida a cualquier otra empresa para el alumbrado público. Si aún con esta ventaja La Catalana en el término de tres meses manifestara no poder o no querer establecer el nuevo sistema o dejara transcurrir el plazo sin aceptar la obligación de planteado, quedará rescindido el contrato sin derecho por parte de la Empresa a pedir indemnización alguna. La sociedad se obligará igualmente a adoptar en la fabricación de gas de hulla los adelantos de la ciencia y la práctica que introducirán con buen éxito y acepten las fábricas de gas de igual importancia de la de Sevilla".*

[304] MENDAÑA, Nuria Magaldi. *La aparición de la "cláusula de progreso"*: de la iluminación por gas a la iluminación eléctrica. Asociación Española de Historia Económica. Disponível em: https://www.aehe.es/wp-content/uploads/2016/01/Nuria-Magaldi.pdf. Acesso em: 16 nov. 2022.

a partir do direito administrativo, permitiu que os efeitos econômicos do progresso tecnológico fossem internalizados nos contratos de concessão. Mais que isso, a introdução da cláusula de progresso deve, por desiderato, equacionar duas pautas aparentemente antagônicas: o dever de atualidade e a manutenção do equilíbrio econômico contratualmente estabelecido.

Sobre o tema, o espanhol Tomás Quintana López[305] assevera que a cláusula de progresso carece de uma formulação geral no sistema jurídico espanhol, o que veio a ser endereçado pelo normativo de 2017. Isso porque, na ausência de previsão *ex contratual*, o progresso tecnológico, frequentemente, teve de ser entendido como uma manifestação do *ius variandi* exorbitante da Administração na esfera contratual ou, até mesmo, como uma cláusula implícita no contrato de concessão. Nada obstante, tal cláusula visa criar uma abertura contratual que permita a incorporação, *ex post*, de novas e disruptivas tecnologias, sem que se descure da manutenção do equilíbrio econômico-financeiro.

Por seu turno, Alejandro Huergo Lora[306] leciona que a cláusula do progresso atribui ao concessionário[307] o risco de agravamento da onerosidade do contrato, em virtude da necessidade de implementação de novidades derivadas do progresso da ciência e da tecnologia. Para contingenciar o risco da cláusula de progresso, o artigo 270.4, item "b", da Lei nº 9/2017, que trata da manutenção do equilíbrio econômico contratual, prevê o direito de a concessionária rescindir o contrato quando: (i) a incorporação dos progressos técnicos seja extraordinariamente onerosa; e (ii) a disponibilização de tais progressos no mercado tenha ocorrido após a formalização do contrato com o Poder Concedente.[308]

---

[305] LÓPEZ, Tomás Quintana. Algunas cuestiones sobre la cláusula de progreso en el contrato de concesión de obras públicas. *Revista española de derecho administrativo*, España, v. 131, p. 421-444, 2006.

[306] LORA, Alejandro Huergo. El riesgo operacional en la nueva Ley de Contratos del Sector Público. *Documentación Administrativa*: Nueva Época, España, n. 4, p. 33, 2017.

[307] Ressalta-se que o artigo 197 da Lei nº 9/2017 atribui genericamente ao concessionário a responsabilidade pelos riscos advindos na execução contratual: "*Artículo 197. Principio de riesgo y ventura. La ejecución del contrato se realizará a riesgo y ventura del contratista, sin perjuicio de lo establecido para el contrato de obras en el artículo 239*".

[308] Nos termos da Lei espanhola nº 9/2017: "*Artículo 270. Mantenimiento del equilibrio económico del contrato. (...) 4. El contratista tendrá derecho a desistir del contrato cuando este resulte extraordinariamente oneroso para él, como consecuencia de una de las siguientes circunstancias: (...) b) Cuando el concesionario deba incorporar, por venir obligado a ello legal o contractualmente, a las obras o a su explotación avances técnicos que las mejoren notoriamente y cuya disponibilidad en el mercado, de acuerdo con el estado de la técnica, se haya producido con posterioridad a la formalización del contrato*".

Não se trata de racional desconhecido, por exemplo, no direito brasileiro. No âmbito do setor de telecomunicações, o Serviço Telefônico Fixo Comutado ("STFC") afigura-se como o exemplo típico de serviço impactado pelo advento de novas tecnologias, as quais não poderiam ser desconsideradas pelo regulador. De acordo com o art. 18, inciso III, da Lei nº 9.472/1997 ("Lei Geral de Telecomunicações"), os serviços de telecomunicações prestados no regime público, como o STFC, deveriam ser progressivamente universalizados. Para viabilizar a universalização, a União adotou como política setorial a delegação do STFC, para prestadores privados, assim como o estabelecimento de Planos Gerais de Metas para a Universalização do STFC ("PGMU"), por intermédio de Decretos exarados pelo Poder Executivo Federal.

Ocorre que as inovações tecnológicas do setor de telecomunicações, ao longo dos últimos 25 (vinte e cinco) anos, provocaram a necessidade de alterar os objetivos e as metas plasmadas no PGMU. Daí porque a regulação discricionária, exercida pela Agência Nacional de Telecomunicações ("Anatel"), teve de ser adaptada aos novos quadrantes das políticas setoriais, visando: (i) adaptar os serviços aos novos padrões de comportamento dos usuários do serviço; (ii) promover incentivos adequados para que os prestadores do serviço investissem na adaptação da infraestrutura; e (iii) garantir que as alterações tecnológicas fossem consideradas, no âmbito das revisões tarifárias ordinárias e, de forma excepcional, em processos de reequilíbrio extraordinários.[309]

É o que se depreende do Informe nº 388/2009-PBCPA/PBCP/SPB, de acordo com o qual a regulação do equilíbrio econômico-financeiro foi alterada, a partir dos contratos aprovados pela Resolução ANEEL nº 341/2003, que inseriu a figura da revisão quinquenal ordinária aos contratos concessórios do STFC. A introdução do sistema de revisão contratual teve como objetivo não só comportar os impactos de alterações da regulação, mas também das novas condições de mercado que regiam a prestação do serviço. Nos termos do referido informe, as revisões contratuais, em intervalos quinquenais, deveriam investigar a necessidade de realizar uma revisão de condições contratuais de natureza econômica, inclusive tarifária, com a intenção de "garantir a manutenção da situação econômica do contrato, conforme a nova

---

[309] A título exemplificativo, o art. 18, do Decreto nº 10.610/2021, que aprovou o PGMU V, alterou as metas para a implantação de infraestrutura de banda larga (backhaul), visando compatibilizar a infraestrutura já implantada com o advento da tecnologia.

realidade econômica do mercado, as novas regras e metas impostas, as novas tecnologias e a previsão comportamental dos usuários".

Nesse sentido, o estudo promovido pela área técnica da Anatel indicava que a simples aferição da equação de tarifas, custos e remuneração do capital "pode não ser suficiente para garantir a situação econômica durante todo o período de concessão", haja vista que o setor de telecomunicações está sujeito a "constantes inovações tecnológicas e competição direta de outros serviços ofertados no mercado (e.g., SMP e SME), o Serviço Telefônico Fixo Comutado (STFC), prestado em regime público, sofreu pesadas obrigações de expansão, modernização e universalização das redes assim como metas de ganho de produtividade".

Tal racional veio a ser acatado, pela Anatel, por intermédio do Voto nº 85/2015-GCIF, proferido pelo Diretor relator, Igor Vilas Boas de Freitas, no bojo do processo que discutiu o Plano de Ações para o aperfeiçoamento do processo de avaliação e manutenção econômica dos contratos de concessão do STFC.[310] No referido voto, a Anatel considerou que a evolução da tecnologia e dos hábitos dos usuários gerava dúvidas sobre a sustentabilidade da oferta de STFC no longo prazo. Nesse sentido, o exame da sustentabilidade operacional das concessionárias deveria ser complementado por uma avaliação que incorporasse, entre outros aspectos, uma projeção realista da demanda do STFC, os investimentos necessários à atualização tecnológica da prestação do serviço e o cumprimento das obrigações de qualidade.

Em seu voto, o diretor relator consignou que a conceituação do equilíbrio econômico-financeiro deveria ser compatibilizada com o papel das revisões quinquenais dos contratos de concessão do STFC. Isso porque o "mero acompanhamento do equilíbrio econômico-financeiro não é suficiente para subsidiar o pleno exercício das competências legais da Anatel no que se refere à gestão dos contratos de concessão do STFC", tendo em vista que independentemente da identificação de eventos "desequilibrantes pontuais e extraordinários, processos graduais de mudança associados a evoluções tecnológicas, comportamento do consumidor e dinâmicas de mercado podem alterar substancialmente as condições de execução do contrato ao longo de sua vigência".

Tais fenômenos (evoluções tecnológicas, comportamentos de usuários e dinâmicas de mercado), na visão do diretor, poderiam comprometer a capacidade de atração de capitais da concessão, ameaçando

---

[310] Processo nº 53500.004493/2009.

o cumprimento de metas associadas ao serviço concedido. Por essa razão, fazia-se necessário que, de "forma sincronizada com os ciclos de alteração do contrato de concessão e do PGMU, sejam feitas avaliações prospectivas da sustentabilidade da concessão, de forma a subsidiar não só a formulação de propostas de novos condicionamentos e metas de qualidade e universalização, como também eventuais sugestões de alteração das políticas públicas de telecomunicações".

Nesse quadrante, recomendou-se que o acompanhamento da execução dos contratos de concessão do STFC passasse a adotar as seguintes modalidades de avaliação: (i) acompanhamento do equilíbrio econômico-financeiro do contrato: tendo como objeto eventos pontuais e extraordinários potencialmente desequilibrantes; com a finalidade de recompor a relação inicial de encargos e retribuições do contrato; com periodicidade esporádica e associada às revisões quinquenais do contrato; (ii) análise de sustentabilidade da concessão: tendo como objeto projeções futuras de demanda, receitas, custos e investimentos requeridos pelo contrato e demais normas de regência; com a finalidade de garantir a capacidade de atração de capitais da concessão e subsidiar decisões sobre manutenção ou alteração da política em que se baseia a concessão; com periodicidade sincronizada com o ciclo de revisão do contrato e do PGMU; e (iii) acompanhamento econômico-financeiro da concessionária: tendo como objeto indicadores de desempenho econômico-financeiro da concessionária; com a finalidade de identificar riscos à continuidade do serviço e permitir a adoção tempestiva de medidas preventivas e corretivas; com periodicidade sistemática e permanente.

Diante disso, as análises da Anatel passaram a incorporar as alterações tecnológicas em cada ciclo, no âmbito das revisões do PGMU e dos contratos de concessão do STFC. Nesse sentido, por exemplo, cite-se que, após a aprovação do PGMU IV pelo Decreto nº 9.619/2018, as concessionárias foram obrigadas a implementar atualizações tecnológicas em sistemas de acesso sem fio. Em específico, o plano indicou que deveria ser viabilizado tecnicamente a oferta de conexão por meio de tecnologia de quarta geração (4G) ou superior, para as Concessionárias Telefônica Brasil S.A., Telemar Norte Leste S.A., Oi S.A. e Algar Telecom S.A., bem como tecnologia de terceira geração (3G) ou superior, no caso exclusivo da Sercomtel S.A.

Em razão de tal exigência de atualização tecnológica, houve a necessidade de reelaborar a precificação do Valor Presente Líquido ("VPL") das metas contratuais, relacionadas à obrigação de incorporar a tecnologia de 4G e de 3G.[311] Como descrito no âmbito do Processo nº 53500.012737/2019-19, dedicado à revisão das metas, foram adotados os seguintes parâmetros na metodologia de cálculo do VPL dos fluxos de caixa descontados das concessões: (i) instalação de uma estação rádio-base 4G em cada uma das 1.473 localidades do Anexo IV do PGMU IV; (ii) viabilidade técnica para a oferta de conexão, em regime de exploração industrial, por meio de tecnologia de quarta geração; (iii) cronograma de implantação com início em 2019 e término em 2023; e (iv) inclusão no cálculo de valores relativos aos equipamentos, às redes de transporte implantadas especificamente para o cumprimento da meta.

Após a instrução processual, restou demonstrado que o somatório dos fluxos de caixa do projeto, descontados pelo WACC, em razão da incorporação tecnológica, resultava nos seguintes valores: (i) Telefônica: foi estimado em -R$50.182.643,79 a valores reais de 2019; (ii) Oi Telemar: foi estimado em -R$153.568.803,74 a valores reais de 2019; (iii) Oi S/A: foi estimado em -R$58.493.575,04 a valores reais de 2019; (iv) Algar: foi estimado em -R$556.110,16 a valores reais de 2019; e (v) Sercomtel: foi estimado em -R$706.369,37 a valores reais de 2019.

Ressalta-se que, embora o setor de telecomunicações tenha passado a considerar determinados avanços da tecnologia no bojo das revisões tarifárias, há casos que demonstram que a Anatel se omitiu de considerar os impactos, de forma global, nos contratos concessórios. Assim, por exemplo, cite-se que a Brasil Telecom S.A. sofreu diversas transformações societárias e passou a integrar o grupo Oi S.A., que enfrentou, recentemente, o regime de recuperação judicial. Na decisão que recebeu o pedido de recuperação judicial da companhia, o Poder Judiciário fez constar que os deveres de atualidade tecnológica, exigidos pela legislação e pela regulação do setor de telecomunicações, aliado à ausência de reequilíbrios pela agência reguladora, conduziu ao excesso de encargos assumidos pela concessionária. No bojo da referida decisão, o Poder Judiciário destacou os efeitos dos ônus decorrentes do quadro regulatório setorial, desde a outorga das concessões do setor de telecomunicações, em que houve considerável evolução tecnológica que refletiu nos padrões de consumo dos usuários do sistema, com notória redução da atratividade do serviço de telefonia fixa frente aos serviços móveis. Por seu turno, "o regime de concessões de serviço de telefonia fixa estabelece, para as concessionárias, diversas obrigações

---

[311] Processo nº 53500.012737/2019-19.

estabelecidas na Lei Geral de Telecomunicações, que estão direcionadas a uma universalização da telefonia fixa em toda a estrondosa amplitude do território nacional, vale dizer, são investimentos sem retorno financeiro adequado".[312]

Diante de todo o exposto, é de se concluir que a realização de novos investimentos, que têm por objeto a incorporação de novas tecnologias ao pacto concessionário (não provisionados, quando da formulação das propostas pelos licitantes), faz exsurgir um novo equilíbrio econômico-financeiro para os contratos de concessão, marginal, que não foi provisionado, por nenhuma das partes. Logo, cuida-se, na verdade, de um evento qualificado não como um "risco", mas como uma "incerteza". Daí a razão pela qual as modelagens mais novidadeiras e as melhores práticas internacionais procuram implementar a denominada "cláusula de progresso" que, ao primar pela flexibilidade, demonstra a necessidade de revisão do regime jurídico ergótico, fechado, do equilíbrio econômico-financeiro dos contratos de concessão, o que se pretende endereçar nos próximos capítulos.

Conclusões objetivas

(i) O objetivo deste segundo capítulo foi o de testar, em setores regulados, a hipótese veiculada, na presente obra, no sentido de que o regime jurídico de equilíbrio econômico-financeiro das concessões encontra-se superado, seja em razão das incompletudes de tais ajustes (lastreada em "riscos", "incertezas" e nas "assimetrias de informações entre as partes"), seja em razão dos impactos que lhe foram provocados pela pandemia da COVID-19;

(ii) Na fase II, da 2ª Etapa do PROCROFE, notadamente a partir da concessão do Lote Rodoviário, composto pelas Rodovias Federais BR 116/BA (trecho Feira de Santana – Div. BA/MG), BR 324/BA (trecho Salvador – Feira de Santana), Rodovias Estaduais delegadas ao Governo Federal BA 526 (trecho Entr. BR 324 – Entr. BA 528) e pela BA 528 (trecho Entr. BA 526 – Acesso à Base Naval de Aratu), que foram concedidos à concessionária ViaBahia, se forjou um equilíbrio econômico-financeiro que se dissocia do regime jurídico tradicional de equilíbrio econômico-financeiro consagrado pela doutrina administrativista brasileira;

(iii) De acordo com o regime jurídico do equilíbrio econômico-financeiro veiculado em tal contrato, tal ajuste seria reequilibrado, por intermédio

---

[312] Decisão prolatada, em 29.06.2016, pela 7ª Vara Empresarial do Tribunal de Justiça do Estado do Rio de Janeiro (Processo nº 0203711-65.2016.8.19.0001).

da implementação da metodologia do Fluxo de Caixa Marginal, a ser calculado, a partir do evento desequilibrante, e não em consonância com o Plano de Negócios – PN, apresentado pelo Licitante. Para além disso, o seu equilíbrio econômico-financeiro seria orientado pelos conceitos de "obras condicionadas ao volume de tráfego (gatilho)"; e de "desconto de reequilíbrio". Assim é que, se, a partir de tal modelagem, o reequilíbrio é calculado de acordo com a realidade econômica consentânea à produção do evento desequilibrante, o equilíbrio econômico-financeiro estabelecido, a partir da proposta comercial apresentada pelos licitantes, resta, amplamente, alterada. O que se passa é a criação de distintos crivos de equilíbrio, por assim dizer;

(iv) Na 3ª Etapa do PROCROFE, no que toca ao seu equilíbrio econômico-financeiro, são de se destacar, para o que aqui importa, as seguintes inovações regulatórias: (i) a substituição da taxa de remuneração baseada na TJLP e na inflação definida pelo CMN por uma taxa baseada na metodologia de WACC (*Weighted Average Cost of Capital*), no caso da utilização do Fluxo de Caixa Marginal; (ii) incorporação do Fator X, que é um redutor do reajuste da tarifa de pedágio, por intermédio do qual se propicia o compartilhamento, com os usuários da rodovia, dos ganhos de produtividade obtidos pela concessionária; (iii) incorporação do Fator Q, que é um redutor ou incrementador da TBP, utilizado como mecanismo de aplicação de desconto tarifário, provocado pelo não atendimento dos indicadores de qualidade previstos no PER (nível de acidentes e disponibilidade); (iv) incorporação do Fator C, que é um redutor ou incrementador da tarifa básica de pedágio, utilizado como mecanismo de reequilíbrio do contrato aplicável sobre eventos que gerem impactos, exclusivamente, na receita e nas verbas indicadas; e pela (v) incorporação do Fator D, que é um redutor ou incrementador da tarifa básica de pedágio, já referenciado, na qualidade de um mecanismo de aplicação do desconto de reequilíbrio relativo ao não atendimento aos parâmetros de desempenho, à inexecução de obras de ampliação de capacidade e à não manutenção do nível de serviço.

(v) Diante disso, é possível inferir-se que, em igual medida, o equilíbrio econômico-financeiro dos contratos de concessão de rodovias, no modelo contratual engendrado na 3ª Fase do PROCROFE, divorcia-se da concepção tradicional da doutrina questionada na presente obra consoante a qual seria possível reconstituir um *status quo* do equilíbrio econômico-financeiro dos contratos de concessão. Na verdade, ele cria um sistema de inventivos endocontratual, por intermédio do qual se pretende reduzir a assimetria de informações entre o regulador e os concessionários;

(vi) Na 4ª fase do PROCROFE, previu-se o denominado Modelo Híbrido de Leilão, por meio do qual se buscou, como critério de julgamento, combinar o critério de menor valor tarifa com o de maior valor de outorga, a ser apresentado, a partir de um limitador ao deságio tarifário; o estabelecimento de uma Conta de Reserva de Outorga, que será composta por um percentual sobre a receita bruta obtida pela concessão e por parte do excedente ofertado no leilão. Cuida-se de um modelo regulatório, que tem o objetivo de criar uma espécie de "Colchão de Liquidez", por intermédio do qual se protegerá a sustentabilidade econômico-financeira do ativo em face do advento de efeitos, exógenos e endógenos, dentre outras inovações regulatórias, que confirmam a hipótese testada na presente obra no sentido de que o equilíbrio econômico-financeiro dos contratos de concessão não se coaduna mais com uma concepção monolítica, ergótica, caudatária do regime francês de reequilíbrio, que fora transposta, para direito brasileiro, por intermédio de ensinamentos doutrinários de outrora;

(vii) A regulação setorial dá conta de que, no setor de rodovias, por ocasião da incidência do índice de reajuste, a proposta comercial apresentada pelos licitantes, a depender da incidência de tais deflatores tarifários, poderá ser reduzida a partir do momento em forem aferidos os indicadores de despenho. Um exemplo ilustra o ponto. Cogite-se que determinada concessionária se sagre vencedora de um lote de uma rodovia concessionada, ao apresentar a menor tarifa-teto no valor de 13 reais por cabine de pedágio. Acontece que, no primeiro ano de vigência do contrato, ela descumpre a obrigação de investimento de começar a duplicação do leito carroçável. Nessa hipótese, caso incida qualquer deflator tarifário, a sua proposta comercial restará alterada, desde o início da execução do instrumento contratual, antes mesmo de sua atualização monetária. Cuida-se de previsão, absolutamente, divorciada da concepção tradicional de equilíbrio econômico-financeira, que ora se questiona;

(viii) Foi editada a Resolução ANTT nº 5.954/2021, que estabelece a metodologia para o cálculo dos impactos causados pela pandemia de coronavírus (COVID-19) e para a recomposição do equilíbrio econômico-financeiro, no âmbito dos contratos de concessão de infraestrutura rodoviária sob competência da Agência Nacional de Transportes Terrestres. De acordo com seu art. 3°, na aferição dos impactos causados pela pandemia de coronavírus, será considerada a diferença, a maior e a menor, verificada em cada mês para o total das praças de pedágio, entre o tráfego mensal projetado para o cenário hipotético em que a pandemia de coronavírus não houvesse ocorrido, e o tráfego real observado. Nos termos do seu art. 5°, "para as concessões dotadas de plano de negócios, a recomposição do equilíbrio econômico-financeiro será implementada pela alteração da tarifa básica de pedágio do fluxo de caixa original, através da consideração do montante de receita tarifária a ser reequilibrada verificada nos respectivos anos-concessão".

(ix) Assim, é de concluir-se que o "Reequilíbrio COVID-19", nos contratos de concessão de rodovias, não se coaduna com o entendimento tradicional doutrinário sobre o regime jurídico de equilíbrio econômico-financeiro dos contratos de concessão. A uma, na medida em que, uma vez mais, a solução regulatória sugere a existência de múltiplos equilíbrios econômico-financeiros, cambiáveis, decorrentes da aferição de dados concretos e probabilísticos do projeto concessionado, e não da proposta comercial apresentada pelos licitantes. A duas, porquanto se estabeleceu um prazo para assunção, pelo Poder Público, dos riscos do evento albergado pela Teoria da Imprevisão (pandemia), o que desconstrói o entendimento jurídico no sentido de sua atribuição, apriorística e atemporal, a determinada parte;

(x) O equilíbrio econômico-financeiro dos contratos de concessão de aeroportos já congrega um racional mais voltado à lógica de incentivos, lastreado no instrumental da Análise Econômica do Direito, tal como o que se propõe na presente tese de obra. É o que se depreende, por exemplo, do Decreto nº 7.624, de 22 de novembro de 2011, que dispõe sobre as condições de exploração, pela iniciativa privada, da infraestrutura aeroportuária, por meio de concessão. Assim, por exemplo, cite-se o seu art. 6º, segundo o qual "o prazo de vigência será estabelecido pelo poder concedente, no edital e no contrato de concessão, e deverá ser compatível com a amortização dos investimentos, podendo ser prorrogado uma única vez, por até cinco anos, para fins de reequilíbrio econômico-financeiro decorrente da efetivação de riscos não assumidos pela concessionária no contrato, mediante ato motivado". Na mesma linha, é de se destacar o art. 7º, §1º, segundo o qual "O regime tarifário dos contratos de concessão deverá prever a transferência de ganhos de eficiência e produtividade aos usuários, e considerar aspectos de qualidade na prestação de serviço". O art. 14, incisos I e II prescrevem que os contratos de exploração de infraestrutura aeroportuária devem prever: uma alocação de riscos entre o poder concedente e a concessionária; e as condições de manutenção do equilíbrio econômico-financeiro. Portanto, é possível inferir-se que tal normativo-base da disciplina das concessões aeroportuárias, de largada, ao invés de prever que "A tarifa do serviço público concedido será fixada pelo preço da proposta vencedora da licitação e preservada pelas regras de revisão" (na forma do disposto no art. 9º, *caput*, da Lei nº 8.987/1995), prescreve que será implementada uma regulação tarifária, por incentivos – lastreada nas variáveis econômicas "prazo", "risco" e "eficiência;

(xi) O exame das rodadas das concessões aeroportuárias dá conta de que o equilíbrio econômico-financeiro de tais ajustes são forjados a partir da incompletude de tais ajustes (*incomplete contracts*) e dos problemas de incerteza (*uncertainty*), que permeiam a sua execução (a isso voltaremos doravante). Nesse sentido, previu-se, por exemplo, um sistema de liberdade tarifária, no qual operadores que não detêm o potencial de exercer o poder de mercado têm a liberdade de fixar diferentes valores tarifários no que toca à aviação regular de passageiros (embarque, conexão, pouso e permanência), a exemplo do que já se passava, no transporte aéreo de passageiros.

(xii) E, também nessa linha, se delineou, em maiores detalhes, o instituto da proposta apoiada, por intermédio do qual são celebrados acordos entre operadores aeroportuários e as empresas aéreas, cujo objetivo é o estabelecimento de uma tarifa adequada, a ser submetida ao crivo do regulador – na linha do que recomenda a Organização da Aviação Civil Internacional – OACI. São cláusulas que visam reduzir a assimetria de informações entre o regulador e os regulados a propósito dos custos reais da firma, possibilitando o ingresso no mercado de empresas de baixo custo (*Low Costs*);

(xiii) Daí ser possível concluir esse item no sentido de que o equilíbrio econômico-financeiro do contrato de concessão de aeroportos, na realidade normativa e contratual, não é orientado pela proposta apresentada pelos licitantes e pela atribuição do risco da Teoria da Imprevisão para o Poder Público. Tal equilíbrio, na verdade, é estruturado: (i) a partir da repartição de riscos delineada no contrato de concessão; (ii) de um Fluxo Marginal, que será calculado, a partir da demanda real constatada nos anos anteriores e adotará as melhores práticas para projetar a demanda até o encerramento do prazo da Concessão; (iii) de uma tarifa, que poderá ser revista, ordinariamente, a partir do instituto da proposta apoiada, que é resultado de um processo dialógico instaurado entre a concessionária e as companhias aéreas, cujo objeto é a definição de parâmetros que nortearão a possibilidade de flexibilização dos tetos tarifários; (iv) da introdução de um critério de revisão extraordinária do contrato, no qual se permite o pleito para alteração contratual, caso ocorra um evento que cause impacto superior a 1% da receita bruta de todo o bloco de aeroportos;

(xiv) Ao se analisar os pleitos de reequilíbrio COVID-19, a Anac se manifestou no sentido de que os termos da Teoria da Imprevisão acabaram sendo internalizados pela matriz de risco e definidos no próprio contrato. A partir do momento em que ocorre a distribuição dos riscos no contrato de concessão, a solução para os casos de alterações em suas condições é o dimensionamento ótimo dos riscos. Como se pode perceber, no âmbito dos pleitos de Reequilíbrio COVID-19 nas concessões de aeroportos, refutou-se, de forma expressa, a aplicação, apriorística, da Teoria da Imprevisão. Mais que isso, deixou-se vincado o entendimento segundo o qual existiriam vários equilíbrios econômico-financeiros, durante a vigência dos contratos de concessão, diante do que seria mais adequado restringir os seus efeitos a determinado período;

(xv) No setor portuário, não há uma distribuição de riscos aleatória ou desvinculada do crivo de equilíbrio do contrato de arrendamento portuário. Todo esse racional veio a ser consagrado pela Resolução ANTAQ nº 3.220/2014, que estabelece procedimentos para a elaboração de projetos de arrendamentos e recomposição do equilíbrio econômico-financeiro dos contratos de arrendamento de áreas e instalações portuárias nos portos organizados. Assim, por exemplo, cite-se o seu art. 8º, segundo o qual "A arrendatária ou o poder concedente poderão solicitar a revisão contratual para recomposição do equilíbrio econômico-financeiro nos casos em que vierem a se materializar quaisquer dos riscos expressamente assumidos pelo poder concedente, nos termos previstos no contrato de arrendamento e com reflexos econômico-financeiros para alguma das partes";

(xvi) Diante de tal regime jurídico, evidencia-se que só ensejarão o reequilíbrio econômico-financeiro, em favor das arrendatárias, situações que forem, previamente, alocadas, em contrato, como um risco do poder concedente. Nesse sentido, a Nota Técnica nº 7/2014/GRP/SPO/ANTAQ/SEP prescreve que um contrato de arrendamento portuário predicará de recomposição do seu crivo de reequilíbrio, caso: (i) se materialize um risco expressamente assumido pelo poder concedente; (ii) tenha lugar uma determinação ou autorização para a realização de novos investimentos pelo poder concedente; (iii) ocorra a alteração da área do arrendamento; e (iv) extensão do prazo contratual. A partir de tal qualificação, o *quantum* de desequilíbrio, de acordo com o Manual de Procedimentos de Análise de Estudo de Viabilidade Técnica, Econômica e Ambiental – EVTEA de Arrendamentos Portuários, deverá ser estimado, a partir do Fluxo de Caixa Contratual, do Fluxo de Caixa Marginal e do Fluxo de Caixa Total;

(xvii) Para além disso, o regime jurídico da liberdade tarifária, que tem lugar, preponderantemente, nos arrendamentos portuários, é antípoda à tradicional concepção de equilíbrio econômico-financeiro dos contratos de concessão. É que, ao invés de preservar as bases econômicas apresentadas, na proposta comercial dos licitantes, o regime de liberdade tarifária tem por nota característica uma cambialidade decorrente das oscilações naturais da oferta e da demanda dos serviços prestados em infraestruturas portuárias;

(xviii) Pelo exposto, conclui-se que o equilíbrio econômico-financeiro dos contratos de arrendamento portuário divorcia-se, por completo, da visão ergótica do regime jurídico de equilíbrio econômico-financeiro dos contratos de concessão consagrado pela doutrina tradicional. A uma, porquanto a metodologia de reequilíbrio estabelecida na regulação setorial e nas minutas contratuais apontam no sentido de que existem diversos crivos de equilíbrio, os quais são forjados a partir da consolidação dos Fluxos de Caixa Contratual e Marginal. A duas, pois que a paulatina adoção de um regime de liberdade tarifária, pelos arrendamentos portuários, máxime a partir da Lei nº 14.047/2020, tem por nota característica uma cambialidade decorrente das oscilações naturais da oferta e da demanda dos serviços prestados em infraestruturas portuárias, o que dissocia a sua estrutura econômica da proposta comercial apresentada pelos licitantes. A três, na medida em que os institutos jurídicos trazidos pelo Decreto nº 9.048/2017 (prorrogação por prazos desiguais, alteração das obrigações de investimentos e realizações de investimentos fora da área do porto organizado) reforçam o rompimento da noção estática de equilíbrio econômico-financeiro dos contratos de concessão;

(xix) No setor de ferrovias, o equilíbrio econômico-financeiro de suas concessões será aferido em razão do evento que ensejou recomposição, considerando (i) os fluxos dos dispêndios marginais resultantes do evento que deu origem à recomposição; (ii) os fluxos das receitas marginais resultantes do evento que deu origem à recomposição. Ainda de acordo com o instrumento contratual, os fluxos dos dispêndios das receitas marginais referidos serão descontados, pela Taxa de Desconto do Fluxo de Caixa Marginal, a ser determinada, pela ANTT, apurada pela metodologia do *WACC Weighted Average Cost of Capital* (Custo Médio Ponderado de Capital);

(xx) Como se pode notar, a aferição do reequilíbrio econômico-financeiro, com lastro na "demanda real" e na "demanda projetada", importam na desvinculação do racional econômico-financeiro da proposta comercial apresentada pelos licitantes, bem como na existência de diversos crivos de reequilíbrio do contrato de concessão de ferrovias;

(xxi) A regulação setorial, embora não seja exaustiva sobre o tema, bem retrata a completa cambialidade do equilíbrio econômico-financeiro nas concessões de ferrovias. Assim, por exemplo, cite-se o art. 1º da Resolução ANTT nº 5.925, de 28 de janeiro de 2021, o qual teve por objeto "Atualizar o *Weighted Average Cost of Capital* (WACC) regulatório para o setor de ferrovias para 10,85% a.a, cujo cálculo consta na Nota Técnica SEI nº 5727/2020/GEMEF/SUCON/DIR, anexa a esta Resolução". Note-se que o tema do equilíbrio econômico-financeiro das concessões das ferrovias, ao prever, expressamente, a atualização do *Weighted Average Cost of Capital* (WACC) e um distinto equilíbrio econômico-financeiro, aos termos aditivos celebrados, em sede de procedimentos de relicitação, confirmam a existência de distintos crivos de reequilíbrio também nesta modalidade de concessão;

(xxii) No âmbito da Lei nº 13.448/2017, se previu, expressamente, o instituto da "prorrogação antecipada", por intermédio do qual se pretende, a partir da criação de um sistema de incentivos, fomentar a realização de novos investimentos em contratos de concessão. Cuida-se de instituto que confirma a existência de um novo equilíbrio econômico-financeiro aos contratos de concessão, que tiveram a antecipação da prorrogação do elemento econômico "prazo" da segunda banda contratual, o que confirma a hipótese veiculada na presente obra e justifica a proposição de um novo conceito jurídico para tema, o que será explorado, doravante, nos próximos capítulos 3 e 4.

CAPÍTULO 3

REGULAÇÃO ECONÔMICA: A UTILIZAÇÃO DO INSTRUMENTAL DA ANÁLISE ECONÔMICA DO DIREITO (AED) PARA A CONSTRUÇÃO DE UM NOVO REGIME JURÍDICO PARA O EQUILÍBRIO ECONÔMICO-FINANCEIRO NAS CONCESSÕES

O regime jurídico do equilíbrio econômico-financeiro das concessões, no setor de logística, divorcia-se do regime jurídico predominantemente defendido pela doutrina brasileira. Conceitos e metodologias utilizadas, em âmbito setorial, tais como os de Fluxo de Caixa Marginal, de deflatores tarifários, de repartição de riscos engendram um regime jurídico cambiável, aberto, que é constituído a partir do estabelecimento de um sistema de incentivos. Em igual medida, os denominados "Reequilíbrios COVID" também evidenciaram a formação de um reequilíbrio parcial, anualizado, e que se lastreia em projeções de demanda reais (retrospectivas e prospectivas). O regime jurídico do equilíbrio econômico-financeiro nas concessões, na verdade, é permeado por conceitos econômicos, e não só jurídicos.

Daí a razão pela qual, no presente capítulo, pretende-se expor as razões econômicas, e não jurídicas, que justificam a regulação tarifária, nos setores de infraestrutura, com o propósito de se apresentarem os alicerces teóricos para a proposição de um novo regime jurídico ao equilíbrio econômico-financeiro dos contratos de concessão.

3.1 Por que regular setores de infraestrutura?

A doutrina administrativa brasileira encampou uma concepção francesa de equilíbrio econômico-financeiro das concessões, forjada a partir da necessidade da recomposição do equilíbrio inicial do contrato e da distribuição, apriorística, para o poder público, dos riscos pela produção de eventos reconduzíveis à Teoria da Imprevisão. Trata-se de um regime jurídico que desconsidera a adequada (e realista) concepção de acordo com a qual o livre mercado é dotado de imperfeições, que justificam a intervenção do direito. Dito em outros termos, cuida-se de uma concepção de equilíbrio econômico-financeiro que desconsidera que os conceitos de concorrência perfeita e de simetria de informações entre os agentes econômicos não têm lugar no mundo dos fatos (como defendido pela Teoria Neoclássica, pela crença na existência de "uma economia de lousa"). E isso se dá em razão de dois pressupostos básicos que devem orientar as relações econômicas: o da racionalidade limitada e o do oportunismo entre as partes. O primeiro está relacionado à impossibilidade de os atores humanos racionalizarem todas as suas escolhas (ponderando os custos e benefícios de suas ações), seja pela escassez de informações, seja por fatores exógenos ao seu comportamento (v.g. a edição de normas jurídicas) ou endógenos (v.g. a busca de satisfação). O segundo tem a ver com o fato de que cada parte, ao maximizar seus próprios interesses, pode se utilizar da assimetria de informações com a contraparte, de modo a obter um excedente de renda (o que importa é uma situação subótima).[313]

Segue daí a necessidade da incidência de influxos regulatórios, que visem tutelar tais vicissitudes que se mostram ainda mais salientes em delegação de infraestruturas. É dizer, a regulação, por se tratar de uma forma de intervenção do Estado na economia, predica de justificativas e deve incidir sobre a variável regulatória estrita que deve tutelar. Trata-se de racional que dialoga, diretamente, com a presente investida, que pretende confirmar a insuficiência conceitual doutrinária a propósito do regime jurídico do equilíbrio econômico-financeiro dos contratos de concessão, considerando que sua concepção atual encontra-se divorciada de concepções econômicas basilares, que tem lugar, no mundo dos fatos. Para tanto, é de se investigar, no presente

---

[313] CATEB, Alexandre Bueno; GALLO, José Alberto Albeny. Breves considerações sobre a teoria dos contratos incompletos. UC Berkeley: Berkeley Program in Law and Economics, 2007. Disponível em: http://escholarship.org/uc/item/1bw6c8s9. Acesso em: 11 ago. 2023.

capítulo, por que e como se regulam setores de infraestrutura, para o efeito de se alicerçarem os quadrantes regulatórios, endógenos e exógenos que incidem sobre tais contratos.

3.2 A regulação dos monopólios naturais em setores de infraestrutura

A intervenção reguladora do Estado do domínio econômico não é neutra. De fato, ela produz externalidades positivas e negativas em diversos segmentos da sociedade. Não é por outra razão que, ao longo tempo, se desenvolveram diversos parâmetros justificadores de sua atuação na economia, especialmente, considerando-se que, em sistemas econômicos capitalistas (como o brasileiro), o mercado é o *lócus* legado ao setor privado. Por este motivo, num momento preambular, a base teórica sob a qual se alicerçou a regulação econômica era no sentido da sua desnecessidade, em decorrência da primazia das liberdades individuais. Dito em outros termos, de acordo com tal vertente, a liberdade econômica seria a regra, enquanto a intervenção estatal, a exceção.[314]

De acordo com a vertente cunhada por Adam Smith[315] (e, posteriormente, reforçada por todo o cabedal da economia neoclássica e ergótica), o sistema econômico deveria se basear em duas premissas: (i) a da racionalidade ilimitada dos agentes econômicos, e (ii) a da infalibilidade do mercado. A racionalidade ilimitada aponta no sentido de que os agentes econômicos sempre atuariam no mercado, de forma racional, em busca da maximização de seus próprios interesses. De acordo com tal vertente, existiria um *homos economicus*, que sempre buscaria atingir seus objetivos mediante uma lógica de incentivos (*fundante da Rational Choice Theory*).[316] De outro lado, a infalibilidade

---

[314] No Brasil, v. GUERRA, Sérgio. *Discricionariedade, regulação e reflexividade*. 6. ed. Belo Horizonte: Fórum, 2021. BRASIL. Ministério da Transparência. *Nota Técnica nº 1081/2017/CGPLAG/DG/SFC*. Disponível em: http://www.cgu.gov.br/noticias/2017/07/cgu-divulga-estudo-sobre-eficiencia-dos-pregoes-realizados-pelo-governo-federal/nota-tecnica-no-1-081-2017-cgplag-dg-sfc-1.pdf. p. 1. Acesso em 05 dez. 2017. ARAÚJO, Paula Mara Costa de; JESUS, Renata Gomes de. Processo licitatório tipo menor preço e eficiência em compras públicas: um estudo de caso. *Revista Principia*, João Pessoa, n. 41, p. 24-38, 2018.

[315] SMITH, Adam. *A riqueza das nações*: investigação sobre sua natureza e suas causas. Tradução Luiz João Baraúna. São Paulo: Abril Cultural, 1983. p. 379.

[316] O homem econômico como formulado pelos economistas neoclássicos é uma construção ideal, um conceito que descreve um agente "perfeitamente racional e onisciente que, ao tomar uma decisão, conhece todas as alternativas de forma que pode escolher com precisão e assim maximizar os resultados de sua decisão. Ele conhece todos os meios que, em cada

do mercado pressupunha que o mercado seria um instituto perfeito, dentro do qual ocorreria a produção e a circulação de riquezas. Diante da autossuficiência das leis do mercado, a sua regulação deveria ser calibrada em consonância com a lógica da lei da oferta e da demanda. Nesse sentido, a Teoria da Regulação Econômica, cunhada no direito estadunidense, George Joseph Stigler[317] e Richard Posner[318] à frente, lastreou-se no entendimento segundo o qual a regulação estatal seria desnecessária, seja porque tal intervenção incrementaria os custos de transação, seja porque ela já nasceria capturada, para atender os interesses privados ou de burocratas.[319]

---

situação de fato, o levam a atingir seus objetivos" (FONSECA, Eduardo G. Comportamento individual: alternativas ao homem econômico. *Revista Novos Estudos*, São Paulo, CEBRAP, p. 160, 1989). "O homem econômico é um agente dotado de preferências completas e bem ordenadas, amplo acesso à informação e poderes de processamento de informações irrestritos. Estas condições permitem ao agente realizar todos os cálculos necessários para escolher a ação que satisfaz suas preferências melhor do que qualquer alternativa. O agente é racional, no sentido de que ele maximiza de modo consciente uma função objetiva" (SIMON, Herbert. *El comportamiento administrativo*: estudio de los procesos decisorios en la organización administrativa. Buenos Aires: Aguilar, 1988. p. 84).

[317] STIGLER, G. J. The theory of economic regulation. *In*: STIGLER, George J. (Org.). *The citizen and the State*: essays on regulation. Chicago; London: The University of Chicago Press, 1971.p. 114. Nesse sentido, Marçal Justen Filho asseverá que: "A doutrina cunhou a expressão 'captura' para indicar a situação em que a agência se transforma em via de proteção e benefício para setores empresariais regulados. A captura configura quando a agência perde a condição de autoridade comprometida com a realização do interesse coletivo e passa a produzir atos destinados a legitimar a realização dos interesses egoísticos de um, alguns ou todos os segmentos empresariais regulados. A captura da agência se configura, então, como mais uma faceta do fenômeno de distorção de finalidades dos setores burocráticos estatais" (JUSTEN FILHO, Marçal. *O direito das agências reguladoras independentes*. São Paulo: Dialética, 2002. p. 97).

[318] POSNER, R. Teorias da regulação econômica. *In*: MATTOS, Paulo (Coord.). *Regulação econômica e democracia*: o debate norte americano. Tradução Mariana Mota Prado. São Paulo: Ed. 34, 2004. p. 49. Em sentido complementar, V. PELTZMAN, Sam. *Theory of regulation after a decade of deregulation*. Political participation and government regulation. Chicago: University of Chicago Press, 1989/1998. p. 286-323.

[319] É que casos há em que a captura decorre de atos praticados pela própria burocracia estatal. Trata-se de uma decorrência da Public Choice Theory, segundo a qual os atores políticos só agem para maximizar seus próprios benefícios. De acordo com a referida teoria, os indivíduos seriam maximizadores de suas próprias utilidades. Isto é, na qualidade de homens econômicos, seriam seres racionais e autointeressados, dotados de capacidades intelectuais que lhes permitiriam buscar as melhores soluções para os seus interesses particulares. Nesse quadrante, a referida teoria passa a considerar os agentes estatais como agentes econômicos que, como tal, irão direcionar seu comportamento de modo a maximizar seus próprios benefícios. De acordo com essa teoria, o processo político é concebido como "um processo dinâmico em que cada agente político persegue o seu próprio interesse" (V. BUCHANAN, J. M. Politics without romance: a sketch of positive public choice theory and its normative implications. *In*: BUCHANAN, J. M.; TOLLINSON, R. D. (Orgs.). *The theory of public choice*. v. II. Ann Arbor: The University of Michigan Press, 1984. No direito

Nada obstante, o paradigma da "infalibilidade do mercado" começou a ser desconstruído, a partir da crise econômica de 1929, por ocasião da quebra da Bolsa de Nova Iorque de 1929 – a qual decorreu da interrupção de uma política de exportação para os países europeus então devastados pela Primeira Guerra Mundial. E, mais recentemente, em 2008, pela crise dos *subprimes*, nos Estados Unidos, resultante da concessão de empréstimos hipotecários de alto risco por bancos (importando na queda do índice Dow Jones). A partir de tais eventos, fortaleceram-se as Teorias do Interesse Público (*Public Interest Theories*) legitimadoras da intervenção reguladora, de acordo com as quais o regulador deve buscar a legitimidade de sua atuação, em diferentes matizes, sobretudo para garantir o bem-estar da sociedade. Mais especificamente, de que sua função tem por desiderato corrigir "falhas de mercado", gênero composto pelas seguintes espécies: (i) a configuração da possibilidade de abuso do poder econômico (mercados não competitivos), seja pela configuração de monopólios naturais (decorrentes da obtenção de economias de escala ou de escopo), ou criados por instrumentos jurídicos (impostos pelo regime constitucional e legal); (ii) a existência de bens públicos, tais como os que se caracterizam como não-rivais e não excludentes, que geram problemas de coordenação atrelados à "Tragédia dos Comuns"; (iii) a existência de assimetria de informações entre as partes, característica das relações econômicas, que incrementa os seus custos de transação (por meio da configuração do risco moral, da seleção adversa e do efeito *hold-up*); (iv) a produção de externalidades negativas, situação em que os efeitos produzidos pelas condutas de agentes econômicos produzem efeitos sobre terceiros, estranhos à relação jurídica originária.[320]

---

brasileiro, BAGATIN, Andreia Cristina. *Captura das agências reguladoras independentes*. São Paulo: Saraiva, 2013. p. 138).

[320] Nesse sentido, dentre inúmeros outros: SUNSTEIN, C. Paradoxes of the Regulatory State. *The University of Chicago Law Review*, Administering the Administrative State, v. 57, n. 2, p. 407-441, Spring 1990; SUNSTEIN, Cass. As funções das normas reguladoras. *Revista de Direito Público da Economia*, Belo Horizonte, a. 1, n. 3, p. 33-65, jul./set. 2003; STIGLITZ, Joseph; WALSH, Carl. *Introdução à microeconomia*. Rio de Janeiro: Campus, 2003; POSNER, R. Teorias da regulação econômica. *In*: MATTOS, Paulo (Coord.). *Regulação econômica e democracia*: o debate norte americano. Tradução Mariana Mota Prado. São Paulo: Ed. 34, 2004; PELTZMAN, Sam. A teoria econômica da regulação depois de uma década de desregulação. *In*: MATTOS, Paulo Todescan Lessa (Coord.). *Regulação econômica e democracia*: o debate norte-americano. São Paulo: Ed. 34, 2004; OGUS, A. I. *Regulation*: Legal Form and Economic Theory. Oxford: Hart Publishing, 2004; MARQUES NETO, Floriano de Azevedo. A nova regulação estatal e as agências independentes. *In*: SUNDFELD, Carlos Ari (Org.). *Direito administrativo econômico*. Rio de Janeiro: Renovar, 2000.

São vicissitudes que merecem uma intervenção reguladora ainda mais destacada, em setores, ancestralmente, excluídos da liberdade de iniciativa, a exemplo dos serviços públicos. É que tais serviços possuem, historicamente, uma configuração de monopólio natural. É dizer, na prestação de tais serviços, só poderá haver um prestador, uma vez que os custos iniciais são elevados (*sunk costs*) e os custos para sua utilização, por cada novo usuário, são baixos (custos incrementais). Assim, para que a atividade se torne economicamente viável, deve-se retirá-la da esfera da concorrência para a obtenção de economias de escala e de economias de escopo, sob pena de a competição por utentes impossibilitar a amortização dos investimentos afundados. A economia de escala é aquela que terá lugar quando, já tendo o operador privado incorrido em um alto custo fixo para o desenvolvimento da atividade (v.g. construção de uma rodovia), não tem significativos custos marginais (variáveis) em virtude do aumento da quantidade de usuários. A economia de escopo, por sua vez, terá lugar quando o operador econômico conseguir se valer da mesma infraestrutura para desempenhar mais de uma atividade (v.g. a utilização da mesma rede de telefonia para prestar serviços de curta e de longa distância). Em tal hipótese, haverá diluição do custo fixo investido na construção da infraestrutura, justamente pela otimização do uso da rede pela exploração de outras atividades. Razão pela qual qualquer tentativa de aumentar o número de produtores dessa indústria importará na presença de uma ou mais plantas de escala subótima. Para além disso, serviços prestados sob tais infraestruturas veiculam obrigações de continuidade e de regularidade (decorrentes da *vetusta publicatio*), o que impõe um viés ainda mais sistêmico à regulação dessas atividades.

Diante de tal situação, num contexto da existência de um só prestador, a regulação se mostra ainda mais necessária, de modo a tentar corrigir as falhas de mercado produzidas pela existência de uma estrutura de mercado monopolista.[321] São condições necessárias para que a firma possa exercer poder de mercado:[322] tanto a existência de

---

[321] DEMSETZ, H. Why regulate utilities? *Journal of Law and Economics*, Chicago, v. 11, n. 1, p. 55-65, 1968.

[322] Sobre o tema, veja-se o conceito extraído da Resolução nº 20/2009 do CADE: "As restrições verticais são anticompetitivas quando implicam a criação de mecanismos de exclusão dos rivais, seja por aumentarem as barreiras à entrada para competidores potenciais, seja por elevarem os custos dos competidores efetivos, ou ainda quando aumentam a probabilidade de exercício coordenado de poder de mercado por parte de produtores/ofertantes, fornecedores ou distribuidores, pela constituição de mecanismos que permitem a superação de obstáculos à coordenação que de outra forma existiriam".

barreiras à entrada, quanto à baixa substitutibilidade dos serviços. Isso porque, em mercados que se aproximam do modelo de monopólio, os preços são ditados, unilateralmente, pelo produtor, o qual, dentro de uma perspectiva racional maximizadora, termina por fixá-los em níveis superiores aos que se vislumbrariam em uma realidade competitiva, restringindo a sua oferta. Nessa situação, tem lugar uma perda de bem-estar total para a sociedade (o "*dead weight loss*"). Nesse sentido, Stiglitz e Walsh[323] aludem a quatro "grandes fontes de ineficiência" dos monopólios e demais situações de concorrência imperfeita, quais sejam: (i) a restrição no volume produzido; (ii) a acomodação gerencial, (iii) a redução dos níveis ou negligência nos investimentos em pesquisa, e (iv) a busca de renda supracompetitiva.

Mais que isso, a ineficiência alocativa resulta da capacidade dos produtores em estabelecer preços superiores ao custo marginal de produção do bem. Nessas hipóteses, os produtores logram participar da distribuição da renda econômica, obtendo uma parcela maior do que sua contribuição efetiva, à custa dos consumidores. De fato, em um mercado em ambiente de monopólio não regulado, o produtor único tem a prerrogativa de definir o preço que será praticado. Dito em outras palavras, a ausência de competição é um incentivo para que este não seja eficiente na sua operação, refletindo em uma oferta que estará abaixo do ponto de equilíbrio, se comparada com uma situação de competição perfeita. Consequentemente, o preço torna-se excessivamente elevado para cumprir o objetivo de maximizar o lucro do produtor, causando redução dos excedentes dos consumidores e produzindo efeitos líquidos negativos.[324]

Um exemplo ilustra o exposto: suponha-se que determinada concessionária tenha despendido vultosos recursos na construção de uma infraestrutura rodoviária. Nesse cenário, a concessionária terá o mesmo

---

[323] STIGLITZ, Joseph; WALSH, Carl. *Introdução à microeconomia*. Rio de Janeiro: Campus, 2003. p. 223.

[324] É que, como asseveraram Robert Baldwin, Martin Cave e Martin Lodge, "Onde ocorre monopólio, o mercado 'falha' porque a concorrência é deficiente. Do ponto de vista do interesse público, o problema com uma empresa que ocupa uma posição monopolista é que, ao maximizar os lucros, restringirá a sua produção e fixar o preço acima do custo marginal. Fá-lo-á porque cobrar um único preço do seu produto, as vendas adicionais só serão conseguidas através da redução do preço em toda a produção. O monopolista renunciará às vendas na medida em que as receitas perdidas com menos vendas serão compensadas por receitas mais elevadas derivado do aumento do preço das unidades ainda vendidas. Os efeitos do monopólio, em comparação com a concorrência perfeita, são produção reduzida, preços mais altos, e transferência de rendimentos dos consumidores para os produtores (BALDWIN, R.; CAVE, M.; LODGE, M. *Understanding Regulation*: Theory, Strategy, and Practice. New York: Oxford University Press, 2013. p. 16).

custo da construção da via (custo X), independentemente de trafegarem 100 ou 10.000 veículos pelo leito da rodovia (Custo Marginal). Assim, quanto mais utentes se valerem da infraestrutura rodoviária, mais o concessionário conseguirá amortizar seus investimentos iniciais (*sunk costs*), cobrando tarifas mais baixas. Porém, se tal projeto for submetido à exploração em regime concorrencial (ou seja, se outro explorador também ingressar nesse mercado), ele não conseguirá diluir os custos fixos (custo X), pois que os 10.000 usuários hipotéticos serão divididos entre os dois operadores. Nesse cenário, duas situações poderão ter lugar: essa divisão de utentes entre as operadoras não possibilitará a cobrança de tarifas módicas; ou nem sequer será viável a exploração da infraestrutura rodoviária para ambos os operadores, porquanto não será possível recuperar os custos afundados despendidos por tais agentes.

A economia de escopo, por sua vez, terá lugar, quando o operador econômico conseguir se valer da mesma infraestrutura para desempenhar mais de uma atividade. Em tal hipótese, assim como nas de economia de escala, haverá diluição do custo fixo investido na construção da infraestrutura, justamente pela otimização do uso da rede (ou via) pela exploração de outras atividades econômicas. Suponha-se a mesma concessionária de rodovias que incorreu em vultosos recursos na construção de uma infraestrutura rodoviária (custo X). Caso o poder público lhe franqueie autorização, na mesma outorga (aqui considerada como uma espécie genérica de título habilitante), para o transporte de passageiros, ela poderá contar, por exemplo, com 5.000 utentes utilizando a rodovia e 5.000 se valendo do transporte de passageiros. Isto é, os 10.000 utentes que seriam necessários, num contexto de exploração monopólica, para diluir os custos iniciais afundados (custo X). Nessas situações, a introdução da concorrência não se apresenta como a escolha mais eficiente. Isso porque a exploração concorrencial, em monopólios naturais, não se mostra, realisticamente, possível (sendo, pois, eliminada pelo próprio mercado em face da sua insustentabilidade econômica) ou será ineficiente, uma vez que importará na cobrança de elevadas tarifas aos usuários (em violação ao princípio da modicidade tarifária).

Cuida-se, pois, de uma falha de mercado, a ser tutelada pela intervenção reguladora.[325] Mais especificamente, nessas hipóteses, a regulação

---

[325] Atualmente, entre as situações de mercado comuns em que prevalece a concorrência imperfeita, destacam-se, do lado da oferta, o monopólio (no qual um único produtor determina toda a oferta e exerce grande poder sobre o preço) e o oligopólio (em que há um pequeno número de vendedores, como o mercado de automóveis, por exemplo, controlado

deve incidir sobre a variável "preço", de modo a se estabelecer preços máximos como uma forma de se tutelar a probabilidade do exercício do "poder de mercado" na cobrança de preços supracompetitivos,[326] e, na variável "qualidade", de modo a se evitar que esse "poder de mercado" importe na prestação de serviços qualitativamente insuficientes[327] aos usuários.

De fato, à luz da teoria econômica, demanda e oferta têm relações distintas com o preço, mantendo-se outras variáveis constantes. Dito em outros termos, a demanda aumenta quando o preço diminui (e vice-versa). A oferta, por sua vez, desloca-se na mesma direção do preço. Em um mercado competitivo, o preço de equilíbrio é determinado no ponto em que a quantidade demandada é igual à quantidade ofertada, razão pela qual o preço é uma informação extremamente importante em uma economia de mercado. Assim é que consumidores e produtores tomam suas decisões em resposta, principalmente, às oscilações observadas nos preços. Essas flutuações permitem avaliar se um determinado mercado está (ou não) em equilíbrio. Forte nessas premissas, de acordo com José Claudio Linhares Pires e Maurício Serrão Piccini,[328] a regulação tarifária, nos segmentos de infraestrutura, deve ter as seguintes finalidades: (i) buscar a eficiência econômica, garantindo o serviço ao menor custo para o usuário; (ii) evitar o abuso do poder de monopólio, assegurando a menor diferença entre preços e custos, de forma compatível com os níveis desejados de qualidade do serviço; (iii) assegurar o serviço universal; (iv) assegurar a qualidade do serviço prestado; (v) estabelecer canais para atender a reclamações dos usuários ou consumidores sobre a prestação dos serviços; (vi) estimular a inovação (identificar oportunidades de novos serviços, remover obstáculos e promover políticas de incentivo à inovação); (vii) assegurar

---

por poucas e poderosas empresas); e, do lado da demanda, o monopsônio (em que um único comprador determina toda a demanda e exerce grande influência sobre os preços) e o oligopsônio (no qual um pequeno grupo de compradores controla o mercado e influi decisivamente sobre os preços) (SANDRONI, Paulo. *Novíssimo dicionário de economia*. 14. ed. São Paulo: Best Seller, 2004. p. 378-379).

[326] Conforme sintetizaram Stiglitz e Walsh "o preço e a quantidade de equilíbrio em um mercado competitivo levam ao nível mais alto possível de excedente total" (STIGLITZ, Joseph; WALSH, Carl. *Introdução à microeconomia*. Rio de Janeiro: Campus, 2003. p. 169).

[327] RAGAZZO, Carlos Emmanuel Joppert. *Regulação jurídica, racionalidade econômica e saneamento básico*. Rio de Janeiro: Renovar, 2011. p. 138-139.

[328] PIRES, Jose Claudio Linhares; PICCININI, Maurício Serrão. A regulação dos setores de infraestrutura no Brasil. *In*: GIAMBIAGI, Fabio; MOREIRA, Maurício Mesquita (Org.). *A economia brasileira dos anos 90*. Rio de Janeiro: BNDES, 1999.

a padronização tecnológica e a compatibilidade entre equipamentos; e (viii) garantir a segurança e proteger o meio ambiente.

Como destacado por Harold Demsetz,[329] como é irreal se estabelecer uma exploração concorrencial, no âmbito de um mercado caracterizado como monopólio natural, por intermédio de uma regulação contratual (antecedida por um leilão), seria incentivada a produção de eficiências que teriam lugar num ambiente competitivo. De acordo com autor, as revelações das informações seriam obtidas, por meio de lances sucessivos do leilão – até que seja escolhido um prestador de serviço mais eficiente.

Há, portanto, de se concluir esse primeiro item no sentido de que existe uma lógica econômico-financeira, que lastreia a regulação dos contratos veiculadores da exploração de infraestruturas. Não se trata, propriamente, de uma questão jurídica, ou doutrinária, mas da necessidade concreta de se mitigar as externalidades negativas, que podem ser experimentadas pela exploração monopólica de um ativo. Daí a razão pela qual tais negócios jurídicos sofrem os influxos regulatórios, nas suas variáveis "preço", a partir da qual se arquiteta uma regulação tarifária; e "qualidade", por intermédio da qual se endereça parâmetros qualitativos, que norteiam o conceito de serviço adequado – o qual também pode produzir impactos na remuneração do concessionário. Ambas as variáveis que serão influenciadas por diversos "riscos" e "incertezas" terão lugar durante a execução contratual. Na verdade, trata-se, como será doravante aprofundado, de um sistema de incentivos corretivos de falhas de mercado específicas, que deve ser reconstruído, a partir da incidência de eventos provisionados, ou não, na relação jurídica concessória. É, sob tal mirada, que ganha destaque a existência de assimetrias de informações entre as partes, na construção de um novo conceito jurídico para o equilíbrio econômico-financeiro dos contratos de concessão.

3.3 A regulação das assimetrias de informações nos setores de infraestrutura

Para além da existência de estruturas de monopólios naturais (ao menos, em alguns segmentos da cadeia de infraestruturas), e dos

---

[329] DEMSETZ, H. Why regulate utilities? *Journal of Law and Economics*, Chicago, v. 11, n. 1, p. 55-65, 1968.

desafios engendrados por ambientes concorrenciais assimétricos, a missão regulatória ainda é revestida de outra grande complexidade, em razão da assimetria de informações entre o poder concedente e as firmas reguladas (o que poderá ensejar a prática de comportamento oportunistas), incrementado os "custos de transação". Os custos de transação ocorrem sempre que os agentes econômicos recorrem ao mercado, tanto pela necessidade de negociar, redigir e garantir o cumprimento de cada contrato, como, também, por outros elementos de custo de oportunidade relevantes associados ao contrato. A abordagem dos custos de transação incorpora, ainda, a presença de ativos específicos, os quais geram incertezas e riscos de adaptação ao ambiente contratual.

É, sob tal aspecto, que a regulação de infraestruturas predica da confluência de duas espécies de regulação. Da regulação setorial (dos setores de transportes, saneamento, energia etc.), que é veiculada, por intermédio de entidades reguladoras independentes, de forma genérica e abstrata, para todo o setor regulado – uma regulação exógena. E, de uma regulação contratual, que tem por objetivo lançar mão de um sistema de incentivos contratualizado, que sirva a orientar a execução do contrato de concessão. De fato, é, por meio da regulação contratual que se pretende garantir um maior *Value for Money*[330] do projeto para o setor público, seja pela produção de externalidades positivas para o desenvolvimento econômico *(efeito crowding out)*, seja pela redução dos dispêndios de recursos do tesouro, seja pela transferência parcial dos riscos e incertezas do projeto para os concessionários. É dessa modalidade de regulação que trata o presente livro.

Aqui, se valerá, para fins metodológicos, do viés da regulação contratual apontado por Chistopher Decker,[331] na qualidade de um instrumento que decorre da "necessidade de alguma forma de administração do relacionamento de longo prazo entre consumidores e produtores de serviços de utilidade pública". Razão pela qual, nas suas palavras, "a regulação não se baseia só na necessidade de um regulador determinar preços eficientes", "mas na necessidade de um órgão administrar ou governar os termos de troca durante uma relação

---

[330] Sobre o tema, ver: GRIMSEY, D.; LEWIS, M. K. Accounting for Public Private Partnerships. *Accounting Forum*, v. 26, p. 245-270, nov. 2002; SHAOUL, J. SHAOUL, J. A critical financial analysis of the Private Finance Initiative: selecting a financing method or allocating economic wealth? *Critical Perspectives on Accounting*, v. 16, p. 441-471, 2005.

[331] DECKER, C. *Modern Economic Regulation*: An Introduction to Theory and Practice. Cambridge: Cambridge University Press, 2015. p. 45.

contratual de longo prazo entre uma empresa de serviços públicos e seus clientes, em circunstâncias em que há incerteza e o relacionamento é complexo e multidimensional".

O desenvolvimento teórico dessa concepção justifica-se, considerando a confluência de regimes regulatórios que incidem sobre tais atividades no Brasil, de modo a resultar em um modelo que congrega os principais conceitos da regulação contratual francesa e da regulação das *public utilities* norte-americanas. É que não se pode olvidar que os modelos contratuais de contratos de concessão no Brasil, cada vez mais, vêm se valendo da regulação tarifária estadunidense das *public utilities*,[332] que tem por finalidade criar um sistema de incentivos, o qual alie produção de eficiências e a justa remuneração do prestador (pela instituição dos regimes do *rate of return, price cap, yardstick competition*).[333] Mais que isso, sob o aspecto econômico, o contrato de concessão deve ser qualificado como uma das estratégias de desintegração vertical realizada pelo poder público, por intermédio da qual se pretende reduzir os custos de transação na gestão do ativo.

Nada obstante, se, de um lado, ele reduz os custos de financiamento do ativo, de outro, ele aumenta o custo regulatório do poder público de direcionar as condutas da firma. Com efeito, na intervenção direta do estado no domínio econômico, por meio de empresas estatais, por exemplo, o poder público tem um baixo custo de influenciar as decisões da firma, já que pode lançar mão de nomeações políticas para os seus cargos de direção ou se valer do seu poder hierárquico.[334]

---

[332] No regime das *public utitilies* norte-americanas, em que não há um conceito tradicional de serviços públicos – pautado pelo equilíbrio econômico-financeiro do contrato de concessão –, as atividades econômicas que veiculam interesses públicos são protegidas em face de expropriações levadas a efeito pelo poder de polícia estatal. Exemplo dessa discussão foi o caso Smith vs Ames (1898), apreciado pela Suprema Corte dos Estados Unidos, no qual se questionava dispositivo da Constituição do Estado do Nebrasca que fixava valores máximos para as tarifas de transporte de passageiros em estradas de ferro. Na ocasião, esse dispositivo fora declarado inconstitucional, por ter se configurado como uma restrição ao direito de propriedade, sem a observância do devido processo legal, garantido pela Décima Quarta Emenda à Constituição daquele país.

[333] Para a comparação entre os modelos, V. TÁCITO, Caio. O equilíbrio econômico-financeiro na concessão de serviço público. *Revista de Direito Administrativo*, Rio de Janeiro, v. 63, p. 1-15, 1961 (panorama no direito francês); TÁCITO, Caio. O equilíbrio econômico-financeiro na concessão de serviço público. Revista de Direito Administrativo, Rio de Janeiro, v. 64, p. 15-35, 1961 (panorama no direito norte-americano).

[334] Como é cediço, até o início da década de 80, o Estado brasileiro possuía um regime de atuação direta na Economia, centrado na proteção do interesse público, notadamente mediante a assunção, pelo Estado, da exploração de atividades relevantes ou essenciais. Essa assunção era levada a efeito, seja pela criação de empresas estatais, seja pela monopolização

Diversamente, quando da celebração de um contrato de concessão, o custo regulatório de se criar um sistema de incentivos para firma privada mostra-se muito mais saliente. Nesse sentido, Armando Castelar e Jairo Saddi[335] lecionam que tal modelo de delegação só será exitoso, se: (i) os objetivos do governo estão bem alinhados com os da sociedade; (ii) se o grau de assimetria de informação entre o regulador e a firma delegada não produzir ineficiências; (iii) se o modelo de regulação, a ser formatado, conseguir influenciar a conduta das firmas concessionadas. Daí a necessidade de se endereçar um sistema de regulação, que reduza a assimetria de informações entre as partes.

Ronald Coase, em dois textos seminais, o primeiro, publicado em 1937, denominado "The Nature of The Firm", e o segundo, em 1960, cujo título é "The Problem of Social Cost" desenvolveu a Teoria dos Custos de Transação. Em breves palavras, a teoria formulada pelo autor consagra o entendimento de acordo com o qual "quando os direitos de propriedade são bem definidos e o custo de transação é igual a zero, a solução final do processo de negociação entre as partes será eficiente, independentemente da parte a que se atribuam os direitos de propriedade". O núcleo desse teorema está no conceito de "custos de transação". Tal conceito está atrelado à adequada (e realista) concepção de acordo com a qual o livre mercado é dotado de imperfeições, que justificam a intervenção do direito. Dito em outros termos, considera-se que conceitos como o de concorrência perfeita e de simetria de informações entre os agentes econômicos não têm lugar no mundo dos fatos (como defendido, pela Teoria Neoclássica).

Tal conceito, sob a perspectiva da assimetria informacional, veio a ser desenvolvido por George Akerlof, em 1970, no artigo "The Market

---

de atividades consideradas estratégicas. À época, tinha-se uma agenda de atuação, por meio de empresas estatais, constituídas para prestar serviços públicos, ou para explorar monopólios legais. Nesse formato, essas entidades acumulavam, a um só tempo, as funções de regulador e de prestador de serviços de utilidade pública, notadamente a partir da edição do II Plano Nacional de Desenvolvimento de 1974. Essa forma de atuação na economia tinha como beneficiário principal o próprio Estado. Dito em outros termos, os interesses do administrado eram, pois, em decorrência dos interesses do Poder Público – o qual era, constantemente, redefinido, de acordo com os interesses políticos de ocasião. Nesse período, por exemplo, as revisões tarifárias das prestadoras de serviços públicos eram utilizadas para o atendimento de pautas de interesse nacional (v.g. para redução da inflação, para fins eleitoreiros).

[335] PINHEIRO, Armando Castelar; SADDI, Jairo. *Direito, economia e mercados*. Rio de Janeiro: Elsevier, 2005. p. 254.

for Lemons: quality uncertainty and the Market Mechanism".[336] Segundo Akerlof, no mercado de venda de carro usados (os *lemons*), o vendedor tem mais informações a propósito dos carros usados, o que importa na presunção, para os compradores, de que todos os carros usados são de baixa qualidade. Segue daí que tal assimetria de informações resulta em duas consequências: (i) na queda dos preços dos carros usados; e (ii) no fato de os carros usados de boa qualidade serem excluídos do mercado (seleção adversa).

São circunstâncias que não podem ser desconsideradas, na celebração de negócios jurídicos. Em resumo, a assimetria de informações tem lugar, primeiramente, na medida em que as partes costumam ter maiores informações a propósito dos próprios negócios (no que toca ao volume de demanda, custos fixos e variáveis, informações que podem colaborar para a elaboração de um fluxo da caixa para firma), razão pela qual o poder concedente não consegue prever, com segurança, como a contraparte se portará durante a celebração e a execução dos negócios jurídicos. É dizer, ainda que a contraparte revele determinadas informações (no âmbito do procedimento de barganha, por exemplo), isso não importa que todas essas informações serão absorvidas e compreendidas.[337] Ademais, essa assimetria de informações poderá importar na prática de condutas oportunistas pelo detentor das informações, valendo-se delas para extrair renda de tal vantagem (*informational rent*). Todo esse racional resulta na constatação econômica de que os contratos – especialmente os de longo prazo – são incompletos. Assim, no âmbito de uma relação contratual, tal incompletude materializa-se pela assimetria de informações entre as partes, *ex ante*, e na impossibilidade

---

[336] AKERLOF, G. The Market for Lemons: quality uncertainty and the Market Mechanism. *Quarterly Journal of Economics*, United Kingdom, n. 84, p. 488-500, 1970.

[337] É que, de acordo com Robert Baldwin, Martin Cave e Martin Lodge, "O mercado pode, no entanto, não produzir informação adequada e pode falhar para um certo número de razões: a informação pode custar dinheiro para produzir (por exemplo, porque a investigação os efeitos de um produto, tal como um medicamento, podem revelar-se caros). Os produtores de informação, no entanto, não podem ser compensados por outros que utilizam essa informação (por exemplo, outros fabricantes do medicamento). O incentivo para produzir informação pode, por conseguinte, ser baixo. Pode também haver incentivos para falsificar informação - onde, por exemplo, os consumidores do produto estão mal posicionados para contestar a falsificação e procurar reparações por danos sofreram ou onde enfrentam custos elevados para o fazer. Áreas em que os consumidores compram um tipo de produto muito pouco frequentemente pode dar origem a este problema. A informação produzida pode, além disso, não ser de ajuda suficiente ao consumidor, por exemplo, porque o consumidor carece de conhecimentos necessários para tornar os dados técnicos úteis" (BALDWIN, R.; CAVE, M.; LODGE, M. *Understanding Regulation*: Theory, Strategy, and Practice. New York: Oxford University Press, 2013. p. 18).

(e na onerosidade) em se prever todas as suas contingências, *ex post*. Segue daí a necessidade de se endereçar uma estrutura regulatória contratual, que congregue e harmonize esses dois regimes regulatórios (a isso voltaremos doravante).[338]

É, diante de tal perspectiva, que se insere o contrato de concessão, na qualidade de um instrumento de regulação, com o objetivo de minorar os efeitos da exploração monopólica e da assimetria de informações entre os diversos agentes que integram a relação concessionária. Serve, pois, como um móvel para a revelação das informações das partes, de modo que elas possam maximizar seus próprios interesses, sem descurar dos interesses públicos enredados na exploração do ativo. Cuida-se de uma arquitetura regulatória endógena, que tem por objetivo minorar os efeitos do risco moral (*moral hazard*), da seleção adversa e do efeito *hold up*.[339] O risco moral tem lugar quando o concessionário passa a adotar uma conduta oportunista, após a celebração do contrato (*ex post*). Nesse sentido, Marcos Nóbrega[340] leciona que tal fenômeno ocorreria, por exemplo, nas hipóteses "de uma empresa começar a executar um contrato e ir baixando a qualidade do insumo utilizado, com o fito de reduzir os seus custos". A seleção adversa, porém, tem lugar em momento anterior, em razão da assimetria de informações, *ex ante*, que pode importar na contratação de firmas ineficientes.[341] E o efeito *hold up*

---

[338] AURONEN, Lauri. Asymmetric Information: Theory and Applications, 2003. Disponível em: https://pdfs.semanticscholar.org/cdc1/10d48cfa54659f3a09620d51240f09cf1acc.pdf?_ga=2.253811336.1459188436.1591190186-239455523.1591190186. Acesso em: 03 jun. 2020.

[339] O mesmo entendimento restou plasmado no trabalho de Alexandre Forchy Arigoni que, a despeito de desconsiderar as amplas pesquisas realizadas pelo autor da presente tese de doutoramento, merece ser transcrito "A licitação é um importante instrumento para minimizar esse risco, permitindo que, por meio da disputa pelos bens escassos, os agentes privados sejam incentivados a apresentarem a proposta mais vantajosa para o interesse público. Posteriormente, como o preço é fixado no contrato, o concessionário tem incentivo para ser mais eficiente, reduzindo custos para maximizar seu retorno. Diante dessa grande assimetria informacional, as formas e os valores realmente necessários para fins de reequilíbrio do contrato são de difícil previsão em cada contrato pelo poder público. A administração pública não dispõe dos dados necessários acerca dos custos dos serviços prestados. Em tais casos, 'a realidade das relações econômicas mostra uma tendência relativamente forte de aproveitamento de informações em benefício próprio, na busca das chamadas rendas informacionais'" (ARIGONY, Alexandre Foch. A recomposição do equilíbrio econômico-financeiro nas concessões: custos, riscos e consequências do grau de determinação da norma. *Fórum de Contratação e Gestão Pública*, Belo Horizonte, a. 18, n. 214, p. 22-38, out. 2019).

[340] NÓBREGA, Marcos. Análise econômica do direito administrativo. *In*: TIMM, Luciano Benetti. *Direito e economia no Brasil*. São Paulo: Atlas, 2012. p. 404-416.

[341] Nesse sentido, Lauren Auronen Akerlof argumenta que esta assimetria de informação incentiva o vendedor a vender produtos de qualidade inferior à média do mercado. A qualidade média dos bens no mercado irá então diminuir, tal como a dimensão do mercado. (…) Akerlof observa uma semelhança entre este modelo, em que os maus carros expulsam os

aplica-se, segundo Patrícia Sampaio e Thiago Araújo,[342] "especialmente a contratos de longa duração e que requeiram investimentos em ativos específicos por uma das partes contratantes, gerando uma situação de dependência econômica de um dos agentes com a relação contratual". São variáveis que devem orientar o desenho regulatório e o equilíbrio econômico-financeiro desses instrumentos contratuais.

Tal modelo de regulação contratual tem por objetivo reduzir a assimetria de informações entre regulador e regulado. É que, como assevera Karl-Gustaf Lofgren, Torsten Persson e Jorgen Weibull[343] "os agentes econômicos informados em tais mercados podem ter incentivos para tomar medidas observáveis e dispendiosas para sinalizar, de forma crível, as suas informações privadas aos agentes não informados". Em prosseguimento, os autores concluem que "esses modelos têm sido utilizados para explicar a emergência de muitas instituições sociais que combatem os efeitos negativos das assimetrias de informação".[344] Nada obstante, como visto, a assimetria de informações entre as partes impede que todas essas informações sejam reveladas, *ex ante*,[345] diante do que se predica do desenho de mecanismos regulatórios *ex post*.

Nesse passo, já possível se apontar que a estrutura regulatória endógena econômica de um contrato de concessão, para além de ser vocacionada a tutelar as externalidades negativas produzidas por infraestruturas ou segmentos que ainda ostentem o característico do monopólio natural, visa endereçar as assimetrias de informações existentes entre o poder concedente (e o regulador) e a concessionária. Daí ser possível se fixar a segunda premissa teórica que se busca extrair do presente capítulo no sentido de que o equilíbrio econômico-financeiro

---

bons carros, e a lei de Gresham, mas observa que no modelo dos carros esta situação se deve à informação assimétrica. O processo relativo aos piores exemplares (automóveis) começarem a dominar o mercado é designado por seleção adversa" (AURONEN, Lauri. Asymmetric Information: Theory and Applications, 2003. Disponível em: https://pdfs.semanticscholar.org/cdc1/10d48cfa54659f3a09620d51240f09cf1acc.pdf?_ga=2.253811336.1459188436.1591190186-239455523.1591190186. Acesso em: 03 jun. 2020).

[342] V. SAMPAIO, Patrícia; ARAÚJO, Thiago. Previsibilidade ou resiliência? Notas sobre a repartição de riscos em contratos administrativos. *Revista de Direito da Procuradoria Geral*, Rio de Janeiro, edição especial: Administração Pública, risco e segurança jurídica, p. 311-333, 2014.

[343] LOFGREN, K. G.; PERSSON, T.; WEIBULL, J. W. Markets with Asymmetric Information: The Contributions of George Akerlof, Michael Spence and Joseph Stiglitz. *The Scandinavian Journal of Economics*, Hoboken, v. 104, n. 2, p. 195-211, jun. 2002.

[344] LOFGREN, K. G.; PERSSON, T.; WEIBULL, J. W. Markets with Asymmetric Information: The Contributions of George Akerlof, Michael Spence and Joseph Stiglitz. *The Scandinavian Journal of Economics*, Hoboken, v. 104, n. 2, p. 195-211, jun. 2002.

[345] CRASWELL, R. The "incomplete contracts" literature and efficient precautions. *Case Western Reserve Law Review*, Cleveland, v. 56, n. 1, p. 151-168, 2005-2006.

do contrato de concessão, para além de corrigir as vicissitudes da exploração monopólica de ativos, tem por objetivo estabelecer um sistema de incentivos que reduza a assimetria de informações entre o poder concedente (e o regulador) e os concessionários. Para tanto, a moldura do racional econômico-financeiro de contratos de concessão incide sobre diversas variáveis, como será demonstrado no próximo item.

3.4 Variáveis regulatórias nos setores de infraestrutura: o que regular?

Uma das justificativas da regulação, em setores de infraestrutura, é a qualificação de determinados segmentos de infraestruturas como um monopólio natural. É que, como o ambiente de concorrência perfeita entre exploradores de utilidades públicas não é factível, a regulação contratual apresenta-se como um *second best*, a tutelar as externalidades produzidas pela exploração monopólica. Dito em outros termos, são modelos regulatórios que devem ser forjados em mercados que não são livremente contestáveis, seja pelas economias de escala e de escopo já referidas, seja pelos custos afundados (*sunk costs*), seja pelos investimentos em ativos específicos. Cuida-se de característicos que incrementam as barreiras à entrada e à saída nesses mercados, bem como induzem a um sistema de preços inflexível. Claro que essas barreiras à entrada e à saída, em segmentos de infraestrutura, não devem ser tratadas como uma "falha de mercado", *per se*, (considerando as eficiências da exploração monopólica), mas como uma vertente a partir da qual tais setores devem ser regulados.

A regulação de entrada, em contratos de concessão, tem por objetivo extrair *ex ante* eficiências de um mercado que será explorado de forma monopólica. Para tanto, uma das primeiras formas de regulação incidente sobre tais mercados é a realização de um leilão (*franchise bidding*), por intermédio do qual se pretende, num ambiente de pressão competitiva, estabelecer um regime de competição pelo mercado. Por intermédio dos leilões, no âmbito da instauração de uma competição *ex ante*, se garantiria os melhores preços *ex post* (tal modalidade de regulação dará origem à regulação contratual, doravante desenvolvida).[346]

---

[346] PHILLIPS JR., C. F. *The regulation of public utilities:* theory and practice. Arlington, VA: Public Utilities Report Inc., 1993; DEMSETZ, H. Why regulate utilities? *Journal of Law and Economics*, Chicago, v. 11, n. 1, p. 55-65, 1968.

Um segundo objetivo é o de garantir a manutenção das eficiências decorrentes da exploração monopólica de uma utilidade pública, impedindo que cada agente, maximizando os seus próprios interesses, ingresse em um mercado que não comporta sua exploração em regime concorrencial (o que configuraria uma falha de mercado decorrente de problemas de coordenação). Daí a importância regulatória da licitação nas concessões (prevista no art. 14 da Lei nº 8.987/1995), bem como do estabelecimento do seu regime concorrencial, na forma do art. 16 da Lei nº 8.987/1995, segundo o qual "A outorga de concessão ou permissão não terá caráter de exclusividade, salvo no caso de inviabilidade técnica ou econômica justificada no ato a que se refere o art. 5º desta Lei".

A regulação de entrada também será serviente a impedir a prática de subsídios cruzados quando firmas multiprodutos pretenderem privilegiar as atividades mais rentáveis (*cream skimming*) em determinados segmentos, aproveitando-se da condição de monopolista em outros. Nesse sentido, a regulação de entrada será serviente, justamente, a preservar a viabilidade econômico-financeira dos monopólios naturais. Assim, por exemplo, cogite-se da hipótese em que uma concessionária de transmissão de energia elétrica se valha da condição de monopolista, nesse segmento, para subsidiar condutas anticoncorrenciais nos segmentos da geração e da comercialização por ela explorados.

Outra utilidade desse instrumento é o estabelecimento de um regime de transição entre um ambiente monopolista e um ambiente competitivo. Nessas hipóteses, a regulação de acesso terá por objetivo reduzir as vantagens competitivas que o monopolista consolidado tem no setor, seja pela detença da propriedade das redes, seja pelo acesso aos consumidores cativos (*bottleneck*). Tal se dá, por intermédio do controle estrutural das firmas (*unbundling*), ou da variável "preço" na interconexão. Nesse sentido, cite-se, por exemplo, o que se passou, no setor de telecomunicações, no âmbito do qual, quando de sua abertura nos idos da década de 90, foram criados regimes concorrenciais assimétricos entre as denominadas "empresas espelho", que detinham todos os ativos do Sistema Telebrás, e os novos entrantes. Por fim, é de se destacar a função da regulação de saída, que tem por desiderato interditar soluções de continuidade dos serviços prestados à população. Não é por outra razão que o art. 39 da Lei nº 8.987/1995 prescreve que o "contrato de concessão poderá ser rescindido por iniciativa da concessionária, no caso de descumprimento das normas contratuais pelo poder concedente, mediante ação judicial especialmente intentada para esse fim". Cuida-se de prescrição que interdita que o concessionário interrompa os serviços prestados na hipótese de inadimplemento contratual do poder concedente.[347]

Outra modalidade de regulação incidente sobre tais infraestruturas, que está no eixo central da presente pesquisa, é a regulação tarifária, por intermédio da qual se pretende equacionar o menor valor da tarifa com os melhores níveis de eficiência produtiva. Para a equalização desses vetores, dois conceitos terão de ser compatibilizados: o de tarifa módica e o de rentabilidade do concessionário. O primeiro (de tarifa módica) está atrelado ao custo para a disponibilização do serviço, o qual servirá, inclusive, de controle do acesso de utentes. Não há um parâmetro fixo para se calcular um valor de exploração do ativo que atenda à modicidade. Nada obstante, a Lei nº 7.418/1985 (Lei do Vale-Transporte), em seu art. 4º, parágrafo único, prescreve que "o empregador participará dos gastos de deslocamento do trabalhador com a ajuda de custo equivalente à parcela que exceder a 6% (seis por cento) de seu salário básico"; valor este que pode servir como um indicativo.[348]

Porém, não se pode desconsiderar que tal conceito terá natureza relacional, considerando a capacidade econômica do usuário e a essencialidade do serviço público.[349] O segundo (da rentabilidade do serviço) está relacionado à taxa de retorno projetada para o pacto concessório, composto pelas receitas e por seus custos, trazido a um valor presente líquido, que deve compor o seu equilíbrio econômico-financeiro. São exemplos de modalidade de regulação desta vertente a adoção do Plano

---

[347] Assim é que, como bem observado por Bernardo Strobel Guimarães "em um primeiro ângulo de aproximação, a continuidade configura um verdadeiro dever do Estado que tem na sua contraface um direito subjetivo do usuário que lhe garante exigir acesso ao serviço público" (GUIMARÃES, Bernardo Strobel. Princípio da continuidade do serviço público e dever de licitar (Comentários a acórdão do STF). *Revista de Direito Público da Economia*, Belo Horizonte, a. 5, n. 18, p. 221-252, abr./jun. 2007). Nesse sentido, o Superior Tribunal de Justiça – STJ já teve oportunidade de referendar ponderação dessa ordem, quando deixou assentado que "admitir o saneamento de uma irregularidade contratual, para possibilitar a continuidade dos referidos serviços, *in casu*, essenciais à população, a última opção conspira em prol do interesse público" (Superior Tribunal de Justiça – STJ. Especial nº 950.489-DF).

[348] CARVALHO, Carlos Henrique Ribeiro de et al. *Tarifação e financiamento do transporte público urbano*. Brasília: Ipea, jul. 2013. (Nota Técnica, nº 2).

[349] Nesse sentido, Cesar A. Guimarães Pereira assevera que "Os serviços menos essenciais admitem tarifas menos afetadas pela modicidade; os mais essenciais podem exigir até mesmo subsídios públicos destinados a tornar mais acessível a tarifa (PEREIRA, Cesar Augusto Guimarães. A posição dos usuários e a estipulação da remuneração por serviços públicos. *Revista Brasileira de Direito Público*, Belo Horizonte, n. 15, a. 4, p. 27-72, out./dez. 2006).

de Negócios – PN[350] ou do Fluxo de Caixa Marginal[351] para reequilibrar contratos de concessão, conceitos econômicos que servem de base para a revisão do conceito jurídico de equilíbrio econômico-financeiro das concessões.

A regulação tarifária também poderá se prestar, como dito, à implementação de políticas públicas. Nessa qualidade, terá por desiderato promover políticas de variação do seu valor, em razão da situação econômica dos usuários (por exemplo, por meio de subsídios cruzados), bem como fomentar a prática de comportamentos desejáveis,[352] para o que poderá se utilizar das tarifas diferenciadas de que trata o art. 13 da Lei nº 8.987/1995.[353] De acordo com Carlos Henrique Ribeiro

---

[350] Em breve resumo, por intermédio de tal metodologia, pretende-se vincular o equilíbrio econômico-financeiro do contrato de concessão às premissas econômico-financeiras (formadas pelo CAPEX e pelo OPEX) utilizadas pela concessionária, quando da realização do procedimento licitatório. Nesse modelo, na hipótese de reequilíbrio, deverá ser ajustado o fluxo de caixa, para compensar o evento causador de desequilíbrio, de modo a manter a Taxa Interna de Retorno – TIR da proposta comercial. São exemplos de contratos que se valeram dessa metodologia os contratos de Concessão Rodoviárias da 1ª e 2ª Etapas do PROCROFE.

[351] O Fluxo de Caixa Marginal é uma metodologia por meio da qual se reequilibra o contrato de concessão pela construção de um fluxo de receitas apartado específico para o evento desequilibrante, pioneiramente utilizado para novos investimentos, nos termos do recomendado pelo Tribunal de Contas da União – TCU (Acórdãos nºs 2.154/2007, 1.055/2011 e 2.927/201). Tal metodologia tem previsão na Resolução nº 3.651/2011 da Agência Nacional de Transportes Terrestres – ANTT e na Resolução nº 355/2015 da Agência Nacional de Aviação Civil – Anac.

[352] Como já teve a oportunidade de reconhecer o STF: "O valor arrecadado como tarifa especial ou sobretarifa imposta ao consumo de energia elétrica acima das metas estabelecidas pela Medida Provisória em exame será utilizado para custear despesas adicionais, decorrentes da implementação do próprio plano de racionamento, além de beneficiar os consumidores mais poupadores, que serão merecedores de bônus. Este acréscimo não descaracteriza a tarifa como tal, tratando-se de um mecanismo que permite a continuidade da prestação do serviço, com a captação de recursos que têm como destinatários os fornecedores/concessionários do serviço. Implementação, em momento de escassez da oferta de serviço, de política tarifária, por meio de regras com força de lei, conforme previsto no artigo 175, III, da Constituição Federal" (Ação Declaratória de Constitucionalidade nº 09/DF. STF. Tribunal Pleno, Relator: min. Néri da Silveira. Julgamento: 13.12.2001, DJ 03.09.2004).

[353] Segue daí que a estipulação de tarifas diferenciadas se afigura como a observância do princípio da isonomia no âmbito na prestação dos serviços públicos. Isonomia essa que decorre da própria Constituição, que, em seu artigo 175, parágrafo único, inciso III, prevê, expressamente, que a remuneração dos serviços públicos será instrumento de uma política pública. Ou seja, foi a própria carta constitucional que determinou a lei o mister não só de dispor sobre o valor das tarifas, mas o dever de instituir uma política pública. Tal política pública, nas palavras de Floriano de Azevedo Marques Neto, deve se dar com observância dos princípios arrolados no artigo 170, dentre eles a redução das desigualdades sociais (CF, artigo 170, VII) (MARQUES NETO, Floriano de Azevedo. As políticas de universalização, legalidade e isonomia: o caso "Telefone Social". *Revista de Direito Público da Economia*, Belo Horizonte, v. 4, n. 14, p. 75-115, abr./jun. 2006).

de Carvalho,[354] a regulação tarifária poderá ter: (i) objetivos sociais, relacionados às questões de equidade, como redistribuição da renda e melhoria das oportunidades para os grupos menos favorecidos; (ii) objetivos ambientais e de desenvolvimento urbano ligados ao desestímulo aos movimentos em áreas de risco ambiental ou de proteção ao patrimônio histórico, à redução do congestionamento de tráfego e dos acidentes, à redução da poluição sonora e do ar, entre outros; (iii) objetivos econômico-financeiros, os quais se referem à cobertura dos custos dos sistemas, ao estímulo ao uso mais intenso da capacidade instalada e à economia de escala; e (iv) objetivos operacionais, voltados à facilidade de arrecadação e controle da receita, à aquisição e cancelamento de créditos, à redução da evasão de receitas e de fraudes e ao incentivo à melhoria do desempenho operacional da rede de transporte.

Todo esse racional pode ser evidenciado, por exemplo, na Lei nº 12.587/2012 (Lei da Mobilidade Urbana), a qual estabelece que: (i) a tarifa pública pode ser diferenciada da tarifa de remuneração do operador; (ii) a remuneração do operador pode variar conforme metas de qualidade e desempenho a serem atingidas (art. 10, III); (iii) a tarifa de remuneração pode ser constituída pela tarifa pública somada à receita oriunda de outras fontes de custeio, inclusive subsídios cruzados intrassetoriais e intersetoriais (art. 9º, §5º); e (iv) os beneficiários indiretos podem contribuir para o custeio dos serviços de transporte (Art. 8º, inciso IV), inclusive os criadores de externalidades negativas, por meio da criação de fontes vinculadas (art. 23, III).

Ainda no âmbito da regulação tarifária, o modelo de regulação contratual pode se valer da regulação por taxa de retorno ou do custo do serviço (*rate of return*), metodologia por meio da qual se garante ao agente regulado a manutenção da Taxa Interna de Retorno – TIR do projeto em face dos custos por ele despendidos.[355] Trata-se de metodologia regulatória que tende a evitar o risco moral, porquanto, na medida em

---

[354] CARVALHO, Carlos Henrique Ribeiro de. *Aspectos regulatórios e conceituais das políticas tarifárias dos sistemas de transporte público urbano no Brasil.* Texto para discussão / Instituto de Pesquisa Econômica Aplicada. Brasília: Rio de Janeiro: Ipea, 1990. Disponível em: http://repositorio.ipea.gov.br/bitstream/11058/6635/1/td_2192.pdf. Acesso em: 11 ago. 2023.

[355] Cuida-se de modelo contratual previsto da regulação do saneamento básico, na regulação exercida pelas empresas estaduais de saneamento. É o que dispõe o art. 2º da Lei nº 6.528/1978, cuja redação é a seguinte: "Art. 2º – Os Estados, através das companhias estaduais de saneamento básico, realizarão estudos para fixação de tarifas, de acordo com as normas que forem expedidas pelo Ministério do Interior. §2º As tarifas obedecerão ao regime do serviço pelo custo, garantindo ao responsável pela execução dos serviços a remuneração de até 12 % (doze por cento) ao ano sobre o investimento reconhecido".

que o valor de exploração do ativo é fixado no leilão, considerando a pressão competitiva, a firma tem maiores dificuldades para, valendo-se da assimetria de informações com o regulador, apresentar custos irreais. Do mesmo modo, tal metodologia poderá evitar a seleção adversa, na medida em que, como o preço é definido do leilão, o valor ofertado pela exploração do ativo tende a ser o mais próximo de uma firma eficiente. Acontece que, malgrado se trate de modelo, habitualmente, utilizado em projetos de infraestrutura, a sua desvantagem consiste nos incentivos gerados pelo superdimensionamento da base de ativos, considerando a garantia de uma rentabilidade fixa (*Efeito Averch-Johnson*)[356] para o concessionário.[357]

O regulador também poderá se valer de um preço-teto (*price cap*), metodologia por intermédio da qual, ao se fixar um preço máximo para a tarifa, pretende-se criar incentivos para que o concessionário aumente a sua rentabilidade, pela gestão eficiente de seus custos.[358] De acordo com Mario Luiz Possas, João Fagundes Pondé e Jorge Fagundes, tal metodologia "Compreende uma regra de reajuste por índice público de preços, acompanhada de previsão de redução de custos por aumento de produtividade, com o objetivo de estimular, de forma muito simples e transparente, a busca de aumento de eficiência microeconômica".[359] Daí que, de acordo com Lucas Navarro Prado e Denis Agustin Gamell,[360] essa metodologia tem o efeito positivo de "Minimização do risco moral.

---

[356] AVERCH, H.; JOHNSON, L. L. Behavior of the firm under regulatory Constraint. *American Economic Review*, v. 52, n. 5, p. 1052-1070, 1962.

[357] POSSAS, Mario Luiz; PONDÉ, João Luiz; FAGUNDES, Jorge. *Regulação da concorrência nos Setores de Infraestrutura no Brasil*: elementos para um quadro conceitual, 2004.

[358] V. JAMISON, M. A. Regulation: price cap and revenue cap. *In*: CAPEHART, Barney L. (Ed.). *Encyclopedia of energy engineering and technology*. Boca Raton: CRC Press, 2007. p. 1.245-1.251; JOSKOW, P. L. Incentive regulation in theory and practice: electricity distribution and transmission networks. *In*: ROSE, Nancy L. (Ed.). *Economic regulation and its reform*: what have we learned? Cap. 2. Cambridge: NBER, 2011; LAFFONT, J. J.; TIROLE, J. *A theory of incentives in procurement and regulation*. Cambridge: MIT Press, 1993; LITTLECHILD, S. C. *Regulation of British telecommunications' profitability*: report to the secretary of State. London: Department of Industry, 1983.

[359] POSSAS, Mario Luiz; PONDÉ, João Luiz; FAGUNDES, Jorge. *Regulação da concorrência nos Setores de Infraestrutura no Brasil*: elementos para um quadro conceitual, 2004; CÂMARA, Jacintho Arruda. O regime tarifário como instrumento de políticas públicas. *In*: *Revista de Direito Público da Economia*, Belo Horizonte, a. 3, n. 12, p. 95-127, out./dez. 2005.

[360] PRADO, Lucas Navarro; GAMELL, Denis Austin. Regulação econômica de infraestrutura e equilíbrio econômico-financeiro: reflexos do modelo de regulação sobre o mecanismo de reequilíbrio a ser adotado. *In*: MOREIRA, Egon Bockmann (Coord.). *Tratado do equilíbrio econômico-financeiro*: contratos administrativos, concessões, parcerias público-privadas, taxa interna de retorno, prorrogação antecipada e relicitação. 2. ed. Belo Horizonte: Fórum, 2019. p. 251-269.

Como o preço que cobre os custos eficientes estimados é constante até a próxima RTP e os ganhos de produtividade são compartilhados em razão do Fator X, qualquer ganho de produtividade/eficiência acima de X é incorporado à margem de lucro da empresa regulada".

No setor de distribuição de energia elétrica, por exemplo, as modelagens mais recentes passaram a adotar a regulação por *price cap*. Nos quadrantes dessa modelagem, dividiu-se o valor da tarifa em duas partes, a saber: na parcela A, incluíram-se os custos sobre os quais os concessionários não têm ingerência (a exemplo de encargos setoriais), custos esses que serão repassados integralmente para o valor da tarifa; e a parcela B, que é composta pelos custos gerenciáveis pelo concessionário (a exemplo dos custos de operação e de remuneração dos investimentos), sobre os quais incidirá o percentual de eficiência (fator X, composto pela variação dos custos operacionais, por um índice de satisfação do consumidor e por um componente específico de mão de obra). No setor de telecomunicações, houve alteração no que toca à regulação tarifária, passando do "custo do serviço" para a sistemática de *price cap*. Sob a vigência da Lei nº 4.117/1962 (Código Brasileiro de Telecomunicações), vigia o modelo de remuneração pelo custo do serviço (o qual era fixado em 12% ao ano, nos termos da revogada Resolução nº 43/1966 do Conselho Nacional de Desestatização). Já, no contexto da Lei nº 9.472/1997 (Lei Geral de Telecomunicações), para o Serviço Telefônico Fixo Comutado (STFC), optou-se por um modelo de *price cap*, com o repasse de produtividade para os usuários.[361]

Também poderá se valer o regulador da denominada regulação por desempenho (*yardstick competition*), por meio da qual se coletam as

---

[361] É o que dispõe o artigo 86, inciso I, da Lei nº 9.472/1997: "Art. 86. A concessão somente poderá ser outorgada a empresa constituída segundo as leis brasileiras, com sede e administração no País, criada para explorar exclusivamente serviços de telecomunicações. (Redação dada pela Lei nº 12.485, de 2011) [...] I - garantia dos interesses dos usuários, nos mecanismos de reajuste e revisão das tarifas, mediante o compartilhamento dos ganhos econômicos advindos da racionalização decorrente da prestação de outros serviços de telecomunicações, ou ainda mediante a transferência integral dos ganhos econômicos que não decorram da eficiência ou iniciativa empresarial, observados os termos dos §§2º e 3º do art. 108 desta Lei; (Incluído pela Lei nº 12.485, de 2011)". O Decreto nº 4.733/2003 vai no mesmo sentido: "Art. 7º A implementação das políticas de que trata este Decreto, quando da regulação dos serviços de telefonia fixa comutada, do estabelecimento das metas de qualidade e da definição das cláusulas dos contratos de concessão, a vigorarem a partir de 1º de janeiro de 2006, deverá garantir, ainda, a aplicação, nos limites da lei, das seguintes diretrizes: [...] II - a definição do reajuste das tarifas de público será baseada em modelo de teto de preços com a adoção de fator de produtividade, construído mediante a aplicação de sistema de otimização de custos a ser implementado pela agência reguladora".

informações de diversas firmas reguladas (ou de uma empresa espelho), com o objetivo de estabelecer índices de produtividade e a redução dos custos das firmas.[362] Sobre o tema, Gabriel Godofredo Fiuza de Bragança e Fernando Tavares Camacho[363] lecionam que "o objetivo do regulador seria obter alguma base de comparação simples para avaliar o potencial da firma regulada, ao invés do desempenho passado ou presente da própria". E concluem que, "conforme posto por Dassler, Parker e Saal (2009), desde que o regulador seja capaz de identificar ao menos uma firma de referência (*benchmark*), ele pode usá-la para diminuir significativamente a assimetria de informação".

Ademais, é de se destacar que, em contratos de concessão, tem lugar uma regulação de monitoramento, por meio da qual é estabelecido um sistema de fiscalização do cumprimento das obrigações de desempenho e das obrigações de investimentos pelos concessionários. Cuida-se de uma modalidade de regulação, usualmente, implementada por indicadores de desempenho.[364] É de se registrar, porém, que "a abordagem clássica da Teoria da Regulação indica uma diferenciação entre análise de desempenho e fiscalização, visto que é necessário diferenciar supervisão e monitoramento do contrato de concessão". É que "o papel do monitoramento do desempenho é certificar o nível de serviço e a supervisão pode reduzir pressões competitivas durante a operação da concessão".[365]

Tal vertente econômica, no direito brasileiro, materializa-se nas obrigações nucleares que estão incursas no dever de prestação de um

---

[362] IRASTORZA, V. Benchmarking for distribution utilities: a problematic approach to defining efficiency. *The Electricity Journal*, v. 16, n. 10, p. 30-38, 2003.

[363] BRAGANÇA, Gabriel Godofredo Fiuza de; CAMACHO, Fernando Tavares. Uma nota sobre o repasse de ganhos de produtividade em setores de infraestrutura no Brasil (fator x). *Radar*, Brasília, n. 22, p. 12, nov. 2012. Disponível em: https://www.ipea.gov.br/portal/images/stories/PDFs/radar/121114_radar22.pdf. Acesso em: 11 ago. 2023.

[364] PIZA, Francisco J. T.; PAGANINI, Wanderley. Uma proposta de indicadores. *In*: GALVÃO JÚNIOR, Alceu de Castro; SILVA, Alexandre Caetano. *Regulação*: indicadores para a prestação de serviços de água e esgoto. Fortaleza: Expressão Gráfica e Editora Ltda., 2006. p. 123-144; RIBEIRO, Maurício Portugal; RIBEIRO, Gabriela Miniussi Engler Pinto Portugal. *Aumento da eficiência operacional de infraestrutura existente versus a sua expansão*: e se o concessionário conseguir cumprir os indicadores de serviço contratuais sem fazer aquela obra que o Poder Concedente ou a agência reguladora imaginava necessária? 2015. Disponível em: http://www.portugalribeiro.com.br/wpp/wp-content/uploads/eficiencia-operacional-vs-expansao-de-infraestrutura-final-publicado.pdf. Acesso em: 30 maio 2022.

[365] SANTOS, E. M.; ARAGÃO, J. J. G.; CAMARA, M. T.; COSTA, E. J. S. C.; ALDIGUERI, D. R.; YAMASHITA, Y. Análise de desempenho em contratos de concessão rodoviária. *In*: *XIX Congresso de Pesquisa e Ensino em Transportes*, 2005, Recife. Panorama Nacional da Pesquisa em Transportes 2005. Rio de Janeiro: ANPET, 2005. v. I. p. 120-131.

serviço adequado, assim considerado, nos termos do art. 6º, §1º da Lei nº 8.987/1995, como aquele "que satisfaz as condições de regularidade, continuidade, eficiência, segurança, atualidade, generalidade, cortesia na sua prestação e modicidade das tarifas". E, no dever de atualidade, previsto no §2º, do mesmo dispositivo, consoante o qual "A atualidade compreende a modernidade das técnicas, do equipamento e das instalações e a sua conservação, bem como a melhoria e expansão do serviço". Isso importa dizer que o concessionário tem como encargos normativos as obrigações de prestar um serviço adequado aos utentes da infraestrutura e de atualizar (de acordo com o advento de tecnologias) os serviços que lhe foram cometidos. Acontece que o poder concedente, quando lança mão da delegação de um serviço público para um concessionário privado, não dispõe das necessárias informações que garantam que tais obrigações serão adimplidas, em contratos de longo prazo, que podem durar 20, 30, 40 anos.

Não é por outra razão que as melhores práticas internacionais, em concessões e parcerias público-privadas, recomendam, no âmbito de sua gestão, que sejam: (i) bem definitivas as instâncias contratuais que irão disciplinar o seu monitoramento; (ii) estabelecidas formas de monitorar e fazer cumprir as obrigações de desempenho do serviço pelo concessionário.

Como visto, a assimetria de informações entre poder concedente e concessionário faz com que o principal tenha de estabelecer um sistema de incentivos, que sirva para que o agente revele informações a propósito da adequada prestação do serviço público que lhe foi delegado. Tal se passa, por intermédio do estabelecimento de um caderno de encargos, o qual se deve definir, com objetividade e tecnicidade, os requisitos de exploração do ativo.[366] Assim é que, a despeito das especificidades do projeto de infraestrutura, o caderno de encargos deve conter, ao menos, informações a propósito: (i) da definição do objeto e do prazo da concessão; (ii) do enquadramento legal que irá reger o contrato de concessão; (iii) das obrigações e direitos de ambas as partes

---

[366] A tese de doutoramento de Rodrigo Bomfim de Andrade apresenta tais conclusões nos seguintes termos: *"the problem of designing a procurement mechanism under limited knowledge about the contracting environment. The principal was assumed to have partial knowledge about the shape of asymmetric information, restricted to the first two moments of the distribution of project intrinsic costs. In that sense, the principal was said to be non-Bayesian, in that the design criterion searched for mechanisms that perform well under worst-case scenarios for the type-distribution"* (ANDRADE, Rodrigo Bomfim. *Essays on concession design*. 2019. 134 f. Tese (Doutorado em Economia e Finanças) – Fundação Getulio Vargas, Rio de Janeiro, 2019).

(poder concedente e concessionária); (iv) da alocação de riscos; (v) das regras de apresentação, revisão, apreciação e aprovação de projetos; (vi) dos mecanismos de remuneração, de incentivos e de penalidades; e (vii) dos princípios gerais relativos à qualidade e segurança na concepção, construção e exploração do ativo concessionado.

Os itens (vi) e (vii) materializam as cláusulas de desempenho do contrato de concessão, as quais devem ser delineadas por intermédio de especificações técnicas que definam a qualidade e a quantidade dos serviços que serão disponibilizados pelo concessionário.[367] Daí se poder afirmar que a especificação dos resultados (como a qualidade da superfície de uma rodovia) é uma das principais características de um contrato de concessão. Tais cláusulas devem ser aferidas, por meio de *key performance indicators* (KPIs), os quais estabelecem o nível mínimo de qualidade contratada, a serem monitorados, a partir de métricas pré-estabelecidas. Assim, por exemplo, citem-se os principais indicadores de desempenho trazidos pela doutrina especializada:[368]

---

[367] Nesse sentido, Bruno Miguel Ribeiro Lima conclui que *"The analysis of several case studies allows to conclude that all of the concession contracts establish a performance monitoring system. This system incorporates essentially all data records relating to the performance of the various services provided by the concessionaire, the PMS developed and implemented by the concessionaire (based on KPIs) and approved by the grantor, and a set of mechanisms to report compliance with the KPIs to grantor. Finally, based on the literature review conducted, in particular the studies prepared by the authors Yuan et al. (2009) and Ismail (2009), and based on the analysis of the concession contracts, it was possible to conceive the model presented in chapter 4. This model comprises a very varied set of KPIs, which denotes, therefore, the need for a very diverse set of technical skills for its definition, and subsequently for to ensure its fulfillment. It should also be noted that was introduced a new group of indicators (relational KPIs), that must, just as the other groups, be integral part of the concession contracts"* (LIMA, Bruno Miguel Ribeiro. Definition of Indicators for Monitoring of Concessions. 2013. Dissertação (Master Dissertation in Civil Engineering) – Técnico Lisboa, Lisboa, 2013. p. 11).

[368] YUAN, J.; ZENG, A. Y.; SKIBNIEWSKI, M. J.; LI, Q. Selection of performance objectives and key performance indicators in public-private partnerships projects to achieve value for money. *Construction Management and Economics*, United Kingdom, v. 27, n. 3, p. 253-270, 2009.

Figura 4

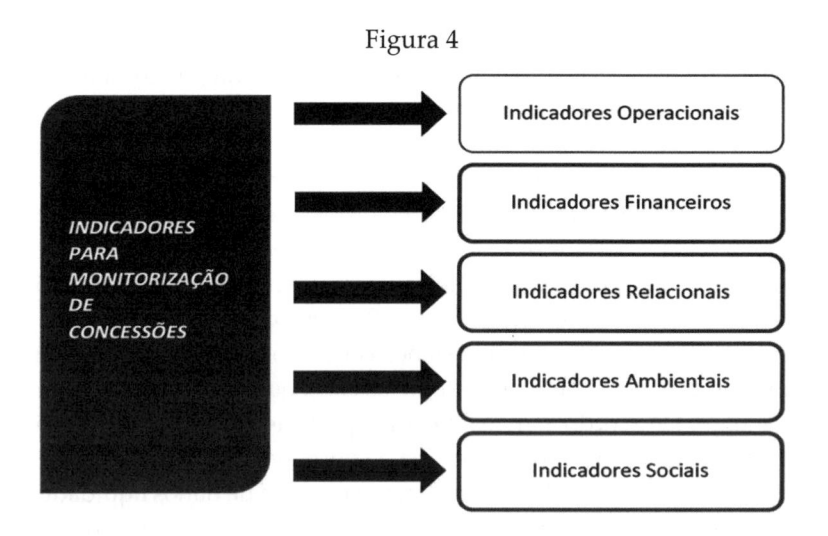

INDICADORES PARA MONITORIZAÇÃO DE CONCESSÕES
- Indicadores Operacionais
- Indicadores Financeiros
- Indicadores Relacionais
- Indicadores Ambientais
- Indicadores Sociais

Cada indicador deverá estar atrelado a um objetivo, que seja contratualizado, por intermédio do contrato de concessão. Nesse quadrante, os indicadores de desempenho devem possuir as seguintes características: (i) a primeira diz com a sua compatibilidade com o objetivo de interesse público contratualizado; tais indicadores devem ser específicos, mensuráveis, realizáveis e realistas; (ii) o segundo diz com a credibilidade das métricas estabelecidas, as quais podem decorrer da seleção de dados históricos do projeto, bem como da transparência de seu monitoramento; e (iii) o terceiro diz com clareza e a comparabilidade dos indicadores, os quais devem ser compreensíveis e comparáveis com os dados históricos do ativo concessionado.[369]

Nesse sentido, de acordo com *o Guidance on PPP Contractual Provisions* do *World Bank*,[370] com o desiderato de garantir que o ativo seja explorado, de forma adequada, durante a vigência do contrato de concessão, o poder público exigirá que o concessionário atenda às obrigações de manutenção dos pactos concessórios. Tal modalidade de obrigação, que está incluída nas obrigações de desempenho do presente contrato, tem por desiderato impedir que o ativo atinja a sua vida útil,

---

[369] GARVIN, M.; MOLENAAR, K.; NAVARRO, D.; PROCTOR, G. Key Performance Indicators in Public-Private Partnerships A State-of-the-Practice Report. Disponível em: https://rosap.ntl.bts.gov/view/dot/41358/dot_41358_DS1.pdf?. Acesso em: 20 jul. 2021.

[370] WORLD BANK. *Guidance on PPP Contractual Provisions, 2019*. Disponível em: https://consultations.worldbank.org/consultation/guidance-ppp-contractual-provisions. Acesso em: 11 jul. 2021.

bem como garantir que ele reverterá, em condições adequadas, para o poder público. De acordo com o referido documento, os contratos de concessão são forjados por obrigações de manutenção "leve" e de manutenção "pesada". As primeiras são as vocacionadas a manter padrões adequados de operabilidade de via concessionada. As segundas são destinadas à substituição de ativos-chave (conhecidos como "ativos de ciclo de vida"), substituição essa que será especificada pelos Estudos de Viabilidade Técnica e Econômica que lastrearam o projeto. Mas não é só, de acordo com o *Public-Private Partnerships Reference Guide*,[371] o contrato de concessão deverá estabelecer como tais indicadores serão monitorados, bem como quais serão as consequências do seu inadimplemento. De acordo com as melhores práticas internacionais, o não atendimento de tais indicadores pelo concessionário poderá ensejar: (i) o pagamento de multas, bem como a cobrança de danos liquidados; ou (ii) o pagamento por desempenho insatisfatório (ou bônus por bom desempenho), incorporadas ao mecanismo de pagamento, na qualidade de um deflator tarifário.

Por fim, é de se destacar que a variável econômica "prazo" é determinante para formação do equilíbrio econômico-financeiro dos contratos de concessão.[372] Afinal de contas, o prazo não é um elemento aleatório ao regime concessório.[373] Na verdade, cuida-se do período

---

[371] WORLD BANK. *Public-Private Partnerships Reference Guide*, 2017. Disponível em: https://ppp.worldbank.org/public-private-partnership/library/ppp-reference-guide-3-0. Acesso em: 20 jul. 2021.

[372] Nesse sentido, o art. 18, DIRETIVA nº 23/2014/UE DO PARLAMENTO EUROPEU E DO CONSELHO de 26 de fevereiro de 2014, relativa à adjudicação de contratos de concessão, se encontra vazado nos seguintes termos: As concessões têm uma duração limitada. Uma autoridade adjudicante ou uma entidade adjudicante calcula a duração em função das obras ou serviços solicitados ao concessionário.
2. Para as concessões de prazo superior a cinco anos, a duração máxima não pode ser superior ao prazo o qual um concessionário pode recuperar razoavelmente os investimentos realizados para a exploração das obras ou dos serviços, a par da duração do capital investido, levando em consideração os investimentos necessários para atingir os objetivos contratuais específicos.

[373] Tanto é verdade que Carlos Oliveira Cruz e Rui Cunha Marques exemplificam que "Os contratos de duração flexível não são novos e têm sido usados em alguns países, por exemplo, a rodovia Santiago – Valparaíso (Rota 68) no Chile, a primeira concessão LPVR desenvolvida neste país. O princípio é mitigar a exposição ao risco de demanda. Como o retorno da concessionária é indexado ao volume de tráfego acumulado, a duração do contrato é função dessa variável. Se os volumes de tráfego forem menores do que o esperado, o contrato será mais longo e, se os volumes forem maiores do que o previsto, a duração será menor. Alguns autores (Engel *et al.* 1997; e Albalate e Bel 2009) argumentam que esse modelo permite controlar a apropriação excessiva de aluguéis pelas concessionárias e, ao mesmo tempo, diminuir a exposição do setor público ao risco de demanda e às renegociações excessivas que acabarão por comprometer o interesse público" (CRUZ, Carlos Oliveira;

serviente a equilibrar a amortização dos investimentos realizados, em determinado ativo, com a rentabilidade que justifica a sua exploração privada.³⁷⁴ Diante disso, a fixação de um prazo em um projeto de infraestrutura tem de lidar com um *trade-off* entre, de um lado, modelar um ativo, economicamente, de modo que seja interessante à exploração privada, mas, de outro lado, não estabelecer um período superior, que gere menos eficiência do que o estabelecimento de uma nova pressão competitiva para a sua exploração, por intermédio de um concurso entre concorrentes (produzindo um adequado *Value for Money*).³⁷⁵

Daí a razão pela qual, por intermédio de uma análise econômica da concessão, o prazo de exploração do ativo deverá resultar de uma engenharia econômico-financeira, que considere: (i) o *break-even* operacional, assim considerado como o marco temporal no qual as receitas

---

MARQUES, Rui Cunha. *Infrastructure Public-Private Partnerships*: decision, management and development. Berlin: Springer, 2013).

³⁷⁴ Afinal, como leciona E. R. Yescombe *"The concession is granted for a fixed period of time, during which the Contracting Authority agrees not to allow the construction of competing concessions (or only to allow them under specific conditions including payment of compensation to the Project Company)"* (YESCOMBE, E. R. *Public-private partnerships*: principles of policy and finance. Oxford, UK: Butterworth-Heinemann, 2011. p. 84.) No mesmo sentido, Carlos Álvares da Silva Campos Neto e Ricardo Pereira Soares em estudo do Instituto de Pesquisa Econômica Aplicada (Ipea) a propósito do setor de rodovias, asseveram que o prazo está "relacionado com o volume de investimentos necessários, com a taxa de retorno do empreendimento e a demanda (fluxo de veículos) que participa do cálculo do tempo necessário para recuperar os investimentos iniciais do projeto (*payback*)". É, portanto, com base nesses fatores que o poder concedente deverá manejar os prazos dos contratos de concessão – razão por que cada hipótese de alteração desse prazo deve ser tratada de forma distinta, a depender da modelagem necessária para viabilizar exploração da infraestrutura pública (CAMPOS NETO, Carlos Álvares da Silva; SOARES, Ricardo Pereira. *A eficácia do Estado e as concessões rodoviárias no Brasil*: preocupação com o valor do pedágio e sugestões para operacionalizar a modicidade das tarifas. Brasília: Ipea, jun. 2007. (Texto para Discussão nº 1.286).

³⁷⁵ Nesse sentido, CRUZ, Carlos Oliveira; MARQUES, Rui Cunha. *Infrastructure Public-Private Partnerships*: decision, management and development. Berlin: Springer, 2013. p. 23. Não se cuida de acepção estritamente doutrinária. Assim, por exemplo, cite-se *Artículo 29 Ley 9/2017, de 8 de noviembre, de Contratos del Sector Público, por la que se transponen al ordenamiento jurídico español las Directivas del Parlamento Europeo y del Consejo 2014/23/UE y 2014/24/UE, de 26 de febrero de 2014, cuja redação é a seguinte: Artículo 29. Plazo de duración de los contratos y de ejecución de la prestación. 1. La duración de los contratos del sector público deberá establecerse teniendo en cuenta la naturaleza de las prestaciones, las características de su financiación y la necesidad de someter periódicamente a concurrencia la realización de las mismas, sin perjuicio de las normas especiales aplicables a determinados contratos. 2. El contrato podrá prever una o varias prórrogas siempre que sus características permanezcan inalterables durante el período de duración de estas, sin perjuicio de las modificaciones que se puedan introducir de conformidad con lo establecido en los artículos 203 a 207 de la presente Ley.*
La prórroga se acordará por el órgano de contratación y será obligatoria para el empresario, siempre que su preaviso se produzca al menos con dos meses de antelación a la finalización del plazo de duración del contrato, salvo que en el pliego que rija el contrato se establezca uno mayor. Quedan exceptuados de la obligación de preaviso los contratos cuya duración fuera inferior a dos meses.

exploratórias começam a cobrir os custos operacionais; (ii) o valor residual de exploração do ativo, que deve orientar, inclusive, as metodologias, a partir das quais serão calculadas as indenizações que serão devidas nas hipóteses de sua extinção prematura; (iii) um período de tempo no qual seja possível amortizar os investimentos e custos (CAPEX e OPEX) e gerar um maior valor acumulado de *cash flows*, produzindo eficiências produtivas; e (iv) prescrever uma avaliação de quanto tempo seria mais eficiente deixar um ativo concessionado, sem submetê-lo a uma nova pressão competitiva.[376]

Diante de todo exposto, é possível se concluir esse item no sentido de que os contratos de concessão sofrem influxos regulatórios nas variáveis econômicas entrada e saída, regulação tarifária (preço), desempenho (qualidade) e prazo. São todos esses espectros que formam o que se convencionou denominar, juridicamente, de equilíbrio econômico-financeiro dos contratos de concessão. Tal regime jurídico é também lastreado, a partir de modelos de regulação tarifária, bem como dos efeitos econômicos da incompletude contratual, temas que serão desenvolvidos na sequência da presente obra.

3.5 Regulação contratual de projetos de infraestrutura: como regular?

Para além da regulação setorial, os contratos de concessão são objeto de uma intensa regulação contratual (endógena), por intermédio da qual se pretende vocacionar tal contrato ao atendimento de finalidades públicas e à produção de eficiência. Daí a complexidade de se disciplinar modelos de regulação contratual que equilibrem todos os interesses enredados na relação jurídica concessionada, mediante a

---

[376] Não é por outra razão que, em diversos países, vem se buscando endereçar modelagens contratuais que sejam flexíveis e compatíveis com viabilidade econômico-financeira dos projetos, a exemplo da utilização do critério de Menor Valor Presente Líquido (VPL) de Receitas (que é utilizado, no Reino Unido, no Chile, na Colômbia e Portugal) para selecionar concessionários. Assim, por exemplo, cite-se o artículo 7º, i, da Ley de Concesiones do Chile, segundo a qual a licitação de concessões poderá ter por base a "oferta del oponente de reducción de tarifas al usuario, de reducción del plazo de la concesión o de pagos extraordinarios al Estado cuando la rentabilidad sobre el patrimonio o activos, definida ésta en la forma establecida en las bases de licitación o por el oponente, exceda un porcentaje máximo preestablecido" (ENGEL, E.; FISCHER, R. D.; GALETOVIC, A. When and how to use public-private partnerships in infrastructure: lessons from the international experience. National Bureau of Economic Research: Working Paper 26766. Disponível em: nber.org/papers/w26766. Acesso em: 11 jul. 2021).

harmonização de uma rede de relações jurídicas coligadas e interdependentes. Nos contratos de concessão, a relação contratual veicula um plexo de objetos que terão de ser executados pelo concessionário, tais como o planejamento, o financiamento, a manutenção e a operação do ativo. Há, portanto, nesses ajustes, uma aglutinação de objetos e de relação jurídicas, o que os diferencia dos tradicionais contratos de empreitada (nos quais são fragmentados os contratos de elaboração de projeto, de construção e de aquisição de insumos, por exemplo). Daí a necessidade de uma adequada regulação contratual, que veicule um sistema de incentivos para as partes, durante todo o ciclo de duração do projeto – identificação do ativo, avaliação, estruturação, contratação e, para o que aqui importa, execução do seu objeto.

Nessa direção, Pedro Gonçalves[377] conceitua a regulação do contrato como "o processo jurídico de formulação e/ou de implementação de normas regulatórias através de um contrato celebrado entre a autoridade pública responsável por organizar a regulação de um mercado ou a autoridade reguladora (agência) deste mercado e uma ou várias empresas que nele exercem uma atividade económica". Essa modalidade de regulação justifica-se, sobretudo nessa espécie de contratos, ainda nas palavras do autor, na medida em que "as relações entre os reguladores e os regulados assumem uma natureza continuada, permanente e duradoura: também isto contribui para a analogia com as relações fundadas em contratos de longa duração". No mesmo sentido, Joan Prats[378] assevera que "a nível micro, o regulamento PPP está incorporado no contrato entre a concessionária e o Estado, e na própria estrutura contratual que rege a PPP (contrato de empréstimo, construção, serviço, financiamento, seguros e outros)."

Daí a importância, segundo o World Bank,[379] de a regulação contratual endereçar, ao menos, os seguintes aspectos: (i) requisitos

---

[377] GONÇALVES, Pedro António P. Costa. Regulação administrativa e contrato. *Revista de Direito Público da Economia*, Belo Horizonte, a. 9, n. 35, p. 105-141, jul./set. 2011.

[378] PRATS, J. *La gobernanza de las alianzas público-privadas*. Un análisis comparado de América Latina. Sector de Instituciones para el Desarrollo División de Mercados de Capital e Instituciones Financieras. Disponível em: https://publications.iadb.org/publications/spanish/document/La-gobernanza-de-las-alianzas-p%C3%BAblico-privadas-Un-an%C3%A1lisis-comparado-de-Am%C3%A9rica-Latina.pdf. Acesso em: 30 maio 2022.

[379] WORLD BANK. International Bank for Reconstruction and Development. *Public-Private Partnerships*: Reference Guide Version 3. Disponível em: https://openknowledge.worldbank.org/handle/10986/29052. Acesso em: 30 maio 2022.

de desempenho, por intermédio dos quais são aferidas a qualidade requerida e quantidade de bens e serviços prestados; (ii) mecanismos de pagamento, por meio do qual será definida a remuneração do concessionário, por meio de cobranças de utilização, pagamentos governamentais baseados em utilização ou disponibilidade da infraestrutura, ou uma combinação, bem como pela possibilidade de inclusão de bônus e penalidades; (iii) procedimentos de resolução de controvérsias, por meio do qual serão definidos mecanismos institucionais de resolução de controvérsias contratuais, especificando os papeis do regulador, dos tribunais e dos peritos; (iv) um regime de rescisão do contrato que veicule o termo e as prescrições de devolução do ativo; e (v) mecanismos de ajuste, a partir dos quais serão estabelecidas ferramentas contratuais para lidar com mudanças, tais como revisões extraordinárias de tarifas, ou alteração dos requisitos de serviço.

Diante de tal racional, tem lugar o surgimento de duas modalidades de regulação de infraestruturas: a regulação discricionária (*discretionary regulation*), predominantemente realizada pela entidade reguladora; e a regulação por contrato (*regulation by contract*). A regulação discricionária (*discretionary regulation*) tem por finalidade estabelecer uma estrutura de custos para o agente regulado, a ser remunerada por determinada taxa de rentabilidade. Utilizando-se de tal metodologia, estabelece-se uma remuneração pelos investimentos realizados e/ou previstos (*Capex Capital Expenditure – CAPEX*) e pelos custos operacionais incorridos e/ou previstos (*Operational Expenditure – OPEX*). Trata-se de uma modalidade de regulação que tem por objetivo primeiro interditar que o agente monopolista cobre preços supracompetitivos, por intermédio da simulação de um mercado competitivo (*Competition in the Market*).[380]

A regulação por contrato (*Regulation by Contract*),[381] por sua vez, tem lugar pelo estabelecimento, *ex ante*, após a realização do leilão, dos custos que serão incorridos pela firma. Em resumo, essa modalidade de regulação contratual estabelece, desde a modelagem inicial, uma variação do preço obtido no âmbito do procedimento licitatório: (i)

---

[380] O principal risco da regulação discricionária é a captura dos reguladores e as condutas oportunistas dos agentes regulados (GOMEZ-IBANEZ, J. *Regulating infrastructure*: monopoly, contracts and discretion. Cambridge, MA: Harvard University Press, 2003).

[381] BAKOVIC, T.; TENENBAUM, B.; WOOLF, F. *Regulation by Contract*: a new way to privatize electricity distribution? Washington, DC: The World Bank, 2003. (World Bank Working Paper, n. 14 – Energy and Mining Sector Board Discussion).

pelo reajuste anual; (ii) pelo estabelecimento de uma adequada matriz de riscos contratuais; (iii) pelo estabelecimento de níveis qualitativos de serviços; (iv) pela previsão de obrigações de investimentos, dentre outros arranjos contratuais.[382] Por meio dessa modalidade, estabelece-se que a formação do "preço" se dará pela exploração do monopólio natural, diante da competição pelo mercado (*Competition for the Market*).[383] São modelos regulatórios que partem de um maior ou de um menor juízo probabilístico. Na regulação discricionária, presume-se que os custos apresentados pelo concessionário serão lineares e não exorbitantes. Mais que isso, presume-se que a taxa de rentabilidade para a exploração do ativo permanecerá adequada no longo prazo. De modo que, caso tais premissas sejam desfeitas, terá lugar um pleito de equilíbrio econômico-financeiro. Do mesmo modo, na regulação contratual, esquadrinha-se uma matriz de riscos[384] e obrigações contratuais, valendo-se de juízos prospectivos e probabilísticos, que comporão o equilíbrio econômico-financeiro do contrato. Destarte, materializado um risco alocado a uma das partes, mas que produza impactos econômico-financeiros à outra, exsurgirá o direito de reequilíbrio contratual.

Acontece que tais modelos regulatórios, por evidente, não têm o condão de disciplinar todas as variáveis de uma relação jurídica de longo prazo. Mais que isso, os custos de transação dessa investida seriam insuportáveis. Daí ser possível se reiterar a afirmação corrente no sentido de que os contratos de concessão são, por essência, incompletos.[385] Essa

---

[382] GOMEZ-IBANEZ, J. *Regulating infrastructure*: monopoly, contracts and discretion. Cambridge, MA: Harvard University Press, 2003.

[383] CAMACHO, Fernando Tavares; RODRIGUES, Bruno da Costa Lucas. Regulação econômica de infraestrutura: como escolher o modelo mais adequado? *Revista do BNDES*, Rio de Janeiro, n. 41, p. 285-287, jun. 2014.

[384] MARQUES NETO, Floriano de Azevedo. Algumas notas sobre a concessão de rodovias. *Boletim de Direito Administrativo*, São Paulo, v. 17, n. 4, p. 248, abr. 2001; MOREIRA, Egon Bockmann. Riscos, incertezas e concessões de serviço público. *Revista de Direito Público da Economia*, Belo Horizonte, a. 5, n. 20, p. 35-50, out./dez. 2007; SUNDFELD, Carlos Ari. Guia jurídico das parcerias público-privadas. *In*: SUNDFELD, Carlos Ari (Coord.). *Parcerias público-privadas*. São Paulo: Malheiros, 2005. p. 39; PEREZ, Marcos Augusto. *O risco no contrato de concessão de serviço público*. Belo Horizonte: Fórum, 2006. p. 156; CAGGIANO, Heloísa Conrado. Alocação de riscos em contratos de concessões de rodoviárias federais no Brasil: análise do caso da BR 153/TO/GO. *Revista de Direito Público da Economia*, Belo Horizonte, v. 15, p. 25-50, 2017.

[385] HART, O. Incomplete Contracts and Control. *American Economic Review*, Pittsburgh, v. 107, n. 7, p. 1731-1752, 2017.; HART, O. Rethinking incomplete contract, 2010. Disponível em: https://canvas.harvard.edu/courses/61264/files/9004020. Acesso em: 06 set. 2021; GUASCH, J. L.; LAFFONT, J. J.; STRAUB, S. *Renegotiation of Concession Contracts in Latin America*. Washington, DC: The World Bank (Policy Research Working Paper n. 3011), 2003.

incompletude decorre da impossibilidade (decorrente da racionalidade limitada) e dos elevados custos de transação de se tentar redigir um contrato completo. Nesse sentido, Egon Bockmann Moreira[386] assevera que "em tempos pós-modernos, nada mais adequado do que afirmar que a segurança advém da certeza da mudança".

Contudo, tal racional, em razão de o direito brasileiro ter sido caudatário do Direito da Europa Continental, não foi transposto para o regime jurídico dos contratos de concessão. No Brasil, ainda se invoca, diante das incompletudes dos contratos de concessão, a aplicação, apriorística, da Teoria da Imprevisão (e da onerosidade excessiva),[387] que tem previsão nos artigos 478 a 480 do Código Civil. E, no direito administrativo, no art. 65, II, 'd', da Lei nº 8.666/1993,[388] por intermédio do qual é franqueado aos contratantes a possibilidade de, mediante acordo, restabelecerem a relação que foi inicialmente pactuada entre os encargos do contratado e a retribuição da Administração.[389]

---

[386] MOREIRA, Egon Bockmann. *O contrato administrativo como instrumento de governo.* Coimbra: Março, 2012.

[387] Nas palavras de Arnoldo Wald que, ao discorrer sobre a Teoria da Imprevisão, aponta tratar-se de uma nova leitura da anterior cláusula *rebus sic stantibus*: "A teoria da imprevisão não extingue a autonomia da vontade; consiste numa interpretação construtiva do conteúdo desta vontade. À lei e ao juiz cabe a função de garantir os direitos individuais dentro dos limites a que podem ser exercidos no interesse superior da sociedade. E a teoria da imprevisão realiza a superior conciliação do interesse individual e da necessidade social, da justiça e da segurança, que são as finalidades precípuas do direito" (WALD, Arnoldo. *Curso de direito civil.* 12. ed. São Paulo: Revista dos Tribunais, 1995. p. 212).

[388] "Art. 65. Os contratos regidos por esta Lei poderão ser alterados, com as devidas justificativas, nos seguintes casos: (...) II – por acordo das partes: (...) d) para restabelecer a relação que as partes pactuaram inicialmente entre os encargos do contratado e a retribuição da administração para a justa remuneração da obra, serviço ou fornecimento, objetivando a manutenção do equilíbrio econômico-financeiro inicial do contrato, na hipótese de sobrevirem fatos imprevisíveis, ou previsíveis porém de consequências incalculáveis, retardadores ou impeditivos da execução do ajustado, ou, ainda, em caso de força maior, caso fortuito ou fato do príncipe, configurando álea econômica extraordinária e extracontratual".

[389] Como se pode extrair dos julgados, adiante citados, do Supremo Tribunal Federal e do Superior Tribunal de Justiça: (i) no Eg. Supremo Tribunal Federal: STF. AI nº 652.858/GO. Agravante: Sementes Selecta LTDA. Agravado: Aristeu Yassuo Takahashi e outros. Relator: Min. Menezes Direito. Brasília. Julgamento: 04.08.2009; STF; AI nº 719.841/PB. Agravante: Banco do Nordeste do Brasil S/A. Relator: Min. Menezes Direito. Brasília. Julgamento: 17.02.2009; STF. AI nº 604.904/RS. Agravante: Banco BMG S/A e Outros. Agravado: Clélia Maria Oliveira Ferreira. Relator: Min. Gilmar Mendes. Brasília. Julgamento: 12.09.2006; e (ii) no Eg. Superior Tribunal de Justiça: STJ. EDcl no AgRg no Ag nº 1.087.123/MG. Embargante: Sudoeste Serviços Gerais LTDA., Embargado: Município de Betim, Relator: Min. Luiz Fux. Brasília. Data do Julgamento 18.08.2009; STJ. AgRg no Ag nº 1.104.095/SP. Agravante: Construtora Guimarães Castro LTDA. Agravado: Serviço Social da indústria SESI. Relator: Min. Massami Uyeda. Brasília. Data do Julgamento 12.05.2009; STJ. REsp nº 46.532/MG. Recorrente: São Bento Mineração S/A. Recorrido: CAP – Participação LTDA. e outros. Relator: Min. Aldir Passarinho Júnior. Brasília. Data do Julgamento 05.08.2005;

Ou, mais recentemente, se forjou o entendimento segundo o qual os riscos deveriam ser esquadrinhados nos contratos de concessão (sobretudo a partir do disposto no art. 5º, III, da Lei nº 11.079/2004). Tal entendimento lastreia-se no fato de que, durante o seu prazo de vigência, esse pacto está sujeito à incidência dos mais variados riscos (políticos, regulatórios, judiciais, tecnológicos, de financiamento).[390] Também nessa linha restou assente o entendimento no sentido de que, caso sejam repassados todos os riscos para o concessionário (inclusive aqueles para cujo gerenciamento a um menor custo ele não detém expertise), este contratará um seguro, repassando o custeio da referida apólice para o poder concedente e, por conseguinte, para os usuários. Assim é que, se, porventura, não houver modalidade de seguro disponível para fazer frente a tais eventos, tal valor será embutido na sua proposta (ou, mais tecnicamente, provisionado em seu plano de negócios), o que, uma vez mais, importará no pagamento de uma tarifa mais cara pelos utentes do serviço.

Desse modo, as melhores práticas recomendam que os riscos os quais não sejam controláveis pelas partes sejam alocados ao poder concedente, de modo que, caso tal evento venha a ocorrer, a entidade estatal arque com os impactos econômicos deles decorrentes. Isso porque, caso ele não se materialize, nem o poder concedente, nem os usuários serão onerados.[391] De acordo com tal entendimento, cada risco deverá ser distribuído à parte que tenha maior capacidade de evitá-lo ou, ainda, de absorvê-lo, no caso de sua ocorrência, da forma mais econômica possível.[392] Nesse sentido, Marcos Barbosa Pinto[393] aduz que "alocar riscos para a parte que pode suportá-los a um custo mais baixo gera grandes economias, seja no setor público, seja no setor privado".

STJ. REsp nº 614.048/RS. Recorrente: Moinhos de Trigo Indígena S/A. Recorrido: União e Banco Central do Brasil – BACEN. Relator: Min. Luiz Fux. Data do Julgamento 15.03.2005; STJ. REsp nº 549.873/SC. Recorrente: Textil Renaux S/A, Recorrido: Banco Central do Brasil – BACEN. Relator: Luiz Fux. Brasília. Data do Julgamento 10.08.2004.

[390] PEREZ, Marcos Augusto. *O risco no contrato de concessão de serviço público*. Belo Horizonte: Fórum, 2006. p. 115-118.

[391] RIBEIRO, Maurício Portugal; PRADO, Lucas Navarro. *Comentários à lei de PPP* – parceria público-privada: fundamentos econômico-jurídicos. São Paulo: Malheiros, 2007. p. 117.

[392] V. Global Infrastructure Hub (GIH). Trata-se de organização constituída em 2014 a partir do G20, cuja finalidade é compartilhar e sistematizar experiências em projetos de infraestrutura para melhorar o ambiente de contratação e a qualidade dos investimentos nesse setor. Mais informações podem ser obtidas em: http://globalinfrastructurehub.org/about. Acesso em: 16 ago. 2023.

[393] PINTO, Marcos Barbosa. Repartição de riscos nas parcerias público-privadas. *Revista do BNDES*, Rio de Janeiro, v. XIII, n. 25, p. 158-159, jun. 2006.

Não se discorda desse entendimento. Mas casos há – e isso é inevitável em contratos de concessão – que o ajuste será impactado não por "riscos", mas por "incertezas".[394] Os riscos são precificáveis, quando da estruturação do projeto, enquanto as incertezas se encontram alheias ao campo de visão das partes e do regulador.[395] Nesse sentido, Marcos Nóbrega assevera que "muitos ainda misturam o entendimento de risco e incerteza e persiste de fato certa indeterminação semântica sobre isso". Segue daí a importância dos ensinamentos de Dizikes,[396] ao fazer referência à distinção de risco e incerteza trazida por Frank Knight, quando afirma que "o risco se aplica a ocasiões em que não sabemos o resultado de uma determinada situação, mas podemos medir com precisão as probabilidades". Por sua vez, a incerteza, ainda nas suas palavras, "se aplica a situações em que não podemos conhecer todas as informações de que precisamos para estabelecer probabilidades precisas em primeiro lugar". Em prosseguimento,[397] ainda em suas palavras, "um risco conhecido é facilmente convertido em uma certeza efetiva, enquanto a verdadeira incerteza, como Knight a chamou, não é suscetível à medição".[398] No mesmo sentido, Kleber Luiz Zachim[399] assevera que "enquanto o risco informa até onde pode-se enxergar na aleatoriedade, a incerteza posiciona-se fora do campo de visão das partes".

---

[394] CAMPOS, Marcelo Mallet Siqueira; CHIARINI, Tulio. Incerteza e não ergodicidade: crítica aos neoclássicos. *Revista de Economia Política*, São Paulo, v. 34, n. 2 (135), p. 294-316, abr./jun. 2014.

[395] CAMPOS, Marcelo Mallet Siqueira; CHIARINI, Tulio. Incerteza e não ergodicidade: crítica aos neoclássicos. *Revista de Economia Política*, São Paulo, v. 34, n. 2 (135), p. 294-316, abr./jun. 2014.

[396] DIZIKES, P. Explained: Knightian uncertainty. *MIT NEWS*, 02 jun. 2010. Disponível em: http://news.mit.edu/2010/explained-knightian-0602. Acesso em: 22 jul. 2020.

[397] DIZIKES, P. Explained: Knightian uncertainty. *MIT NEWS*, 02 jun. 2010. Disponível em: http://news.mit.edu/2010/explained-knightian-0602. Acesso em: 22 jul. 2020.

[398] Nesse sentido, Carlos Oliveira Cruz e Rui Cunha Marques, para quem "Risco e incerteza são conceitos frequentemente usados como sinônimos. No entanto, eles não são exatamente os mesmos. A incerteza é uma característica intrínseca dos sistemas. Existem mudanças na natureza e nos contextos econômicos e sociais que não são previsíveis. Quem pode fazer suposições precisas sobre os níveis de consumo de combustível nos próximos 10 anos? Como vão se comportar as taxas de juros no próximo ano? Os especialistas podem ter ideias razoáveis e fornecer algumas soluções, mas sempre há um alto grau de incerteza" (CRUZ, Carlos Oliveira; MARQUES, Rui Cunha. *Infrastructure Public-Private Partnerships*: decision, management and development. Berlin: Springer, 2013. p. 17).

[399] ZANCHIN, Kleber Luiz. *Contratos de parcerias público-privada (PPP)* – risco e incerteza. São Paulo: Quartier Latin, 2012. p. 184.

Na mesma direção, Flavio Amaral Garcia[400] leciona que ter como pressuposto inarredável que a alocação de riscos é uma obra perfeita, acabada, completa, exaustiva e indene de qualquer dúvida ou posterior interpretação é negar a própria incompletude dos contratos concessionais". Em prosseguimento, o referido autor assevera que "A alocação contratual de riscos resolve muitos, mas não todos os problemas dos contratos concessionais, sendo rigorosamente impossível calcular, de antemão, a extensão de todos os efeitos dos riscos e as suas consequências para o equilíbrio econômico-financeiro do contrato". E conclui que "a partir desta perspectiva, constata-se que os contratos concessionais são dinâmicos, flexíveis, inacabados e incompletos. Por mais exauriente e eficiente que seja o planejamento prévio à contratação, existirão lacunas e espaços a serem integrados pelas partes".

Tal conceito de incerteza equipara-se ao que o estatístico Nassim Nicholas Taleb[401] denomina de "Cisne Negro", ou seja, "um Outlier, pois está fora do âmbito das expectativas comuns, já que nada no passado pode apontar convincentemente para a sua possibilidade". Ainda de acordo com o autor "ele exerce um impacto extremo. (...) apesar de ser um outlier, a natureza humana faz com que desenvolvamos explicações para sua ocorrência após o evento, tornando-o explicável e previsível". Daí porque, como bem observado pelo autor, "tal combinação de baixa previsibilidade e grande impacto transforma o Cisne Negro em um grande quebra-cabeça. (...) Não estou me referindo apenas a você, seu primo Joey e a mim, e sim a quase todos os 'cientistas sociais' que, por mais de um século, operaram sob a crença falsa de que as ferramentas deles poderiam medir a incerteza".

Trata-se de um racional que deve ser considerado no desenho regulatório do equilíbrio econômico-financeiro dos contratos de concessão. Isso porque tais contratos são mais suscetíveis a incertezas, por quatro características, que lhe são salientes: (i) o aporte de grandes investimentos (irrecuperáveis), significando grandes custos de construção e grandes dívidas (públicas e/ou privadas); (ii) alta sensibilidade a variações de procura/estimativas, particularmente em projetos *greenfield*;

---

[400] GARCIA, Flávio Amaral. A imprevisão na previsão e os contratos concessionais. *In*: MOREIRA, Egon Bockmann (Coord.). *Tratado do equilíbrio econômico-financeiro*: contratos administrativos, concessões, parcerias público-privadas, taxa interna de retorno, prorrogação antecipada e relicitação. Belo Horizonte: Fórum, 2019. p. 119, 120 e 123.

[401] TALEB, Nassim Nicholas. *A lógica do cisne negro*: o impacto do altamente improvável. Tradução Marcelo Schild. 13. ed. Rio de Janeiro: BestBusiness, 2017.

(iii) grande exposição aos mercados financeiros (devido às grandes dívidas); e (iv) vulnerabilidade à instabilidade política.[402]

No atual estado da arte, há um consenso de que, nesses contratos, sempre existirá uma grande imprevisibilidade, seja nos custos operacionais e de manutenção no longo prazo, seja no que respeita às expectativas de recebíveis do projeto (atrelados, sobretudo, ao risco de demanda, notadamente em projetos *greenfield*).[403] Mais que isso, a própria existência dessas incertezas deve ser considerada para o fim de trazer opções de flexibilidade nesses contratos.[404] Em contratos de longo prazo, embora os "riscos" possam ser esquadrinhados, no bojo da regulação contratual, as "incertezas" predicam de um regime jurídico diferenciado de endereçamento contratual. Como se pode perceber, as falhas de mercado e as assimetrias de informações, intrínsecas aos contratos de concessão, devem ser equacionadas à luz de eventos exógenos ao pacto concessório, que irritam o crivo de equilíbrio de tais ajustes. Dito em outros termos, é possível se evidenciar, nesta quadra da presente obra, o imbricamento entre as variáveis econômicas que integram a regulação de infraestruturas e o regime jurídico de equilíbrio econômico-financeiro dos contratos de concessão que se pretende propor.

3.6 Teoria Econômica dos Contratos

Para os fins do presente capítulo, é de se apresentar, para além das variáveis econômicas dos setores de infraestrutura, alguns aportes da economia dos contratos. Cuida-se de acepção que se encontra, diretamente, vinculada com a construção de um novo regime jurídico de equilíbrio econômico-financeiro das concessões, nos moldes do que será proposto, no próximo e derradeiro capítulo deste livro.

Nesse sentido, é de se avançar a propósito do conceito econômico, e não jurídico de contrato. Diferentemente do conceito jurídico, que se lastreia em uma vinculação entre direitos e obrigações, o

---

[402] CRUZ, Carlos Oliveira; MARQUES, Rui Cunha. *Infrastructure Public-Private Partnerships*: decision, management and development. Berlin: Springer, 2013. p. 127.

[403] CHIARA, N.; GARVIN; M. J.; VECER, J. Valuing simple multiple exercise options in infrastructure projects. *Journal of Infrastructure Systems*, United States, v. 13, n. 2, p. 97-104, 2007.

[404] ATHIAS, L.; SAUSSIER, S. Are public private partnerships that rigid? And why? Evidence from price provisions in French toll road concession contracts. *Transportation Research*, Part A: Policy and Practice, Elsevier, v. 111, p. 174-186, 2018.

conceito econômico de contrato, notadamente a partir de Coase (1960), lastreia-se em um sistema de incentivos, por intermédio do qual serão equacionados os objetivos estratégicos das partes, em um contexto de informação assimétrica.[405] De acordo com doutrina especializada, "como as transações apresentam custos diversos, um contrato que atenue esses custos resulta em uma melhora de desempenho econômico das firmas e mercados, com implicações diretas ao desenvolvimento econômico e social".[406]

Mais que isso, sob o aspecto econômico, o contrato funda-se na ideia de promessa. É dizer, para que indivíduos façam investimentos (notadamente em ativos específicos), a relação contratual deve disciplinar um sistema de governança, que preveja os custos do inadimplemento contratual – seja trazendo incentivos à continuidade da relação econômica, seja estabelecendo mecanismos de performance, seja pela valorização de aspectos reputacionais e sancionatórios. De acordo

---

[405] Eric Brousseau e Jean-Michel Glachant asseveraram que "*This success is essentially attributable to the analytical power of the notion of contract. On the one hand, the idea of contract focuses attention on elementary social structures, those that regulate coordination at a bilateral level. On the other hand, despite its simplicity as a concept, the contract allows us to examine a number of key issues. We can point to at least four: First, the analysis of contracts allows us to reexamine the exact nature of difficulties associated with economic coordination, while deepening our understanding of the functioning and the basis of coordination mechanisms. Second, this approach illuminates the details of various provisions for coordination: routines, incentives, the authority principle, means of coercion, conflict resolution, etc. Third, analysis of the origins of contracts sheds light on how agents conceptualize the rules and decision-making structures that frame their behavior. Finally, studying the evolution of contractual mechanisms helps us understand changes in the structures that frame economic activity*" (BROUSSEAU, E.; GLACHANT, J. M. *The Economics of the Contracts*: Theories and Applications. Cambridge: Cambridge University Press, 2002).

[406] ZYLBERSZTAJN, Décio; SZTAJN, Rachel. *Direito & economia*: análise econômica do direito e das organizações. Rio de Janeiro: Elsevier, 2005. De acordo com Eric Brousseau e Jean-Michel Glachant "A economia contratual nasceu em 1970, a partir de um duplo movimento de insatisfação em relação à teoria walsariana do mercado: i) num nível teórico, foram necessárias novas ferramentas de análise para explicar como os agentes econômicos determinam as propriedades, quantidades e preços dos recursos que trocam em encontros cara-a-cara (...) ii) num nível empírico, problemas associados à regulação da competição levaram a uma renovação do pensamento econômico. A análise de certos tipos de contratos entre firmas, tais como acordos de distribuição seletiva, acordos de cooperação a longo prazo, etc. (...) Essa origem dupla explica o notável desenvolvimento das teorias contratuais e sua contribuição chave para uma mudança fundamental na conformação de todas as áreas da análise econômica (...). Esse sucesso é atribuível ao poder analítico da noção de contrato. Por um lado, a ideia de contrato dá atenção apenas a estruturas sociais elementares, aquelas que regulam a coordenação num nível bilateral. Por outro, apesar de sua simplicidade como conceito, o contrato nos permite analisar diversas questões chave". Tradução livre do original: BROUSSEAU, E.; GLACHANT, J. M. The economics of contracts and the renewal of economics. *In*: BROUSSEAU, E.; GLACHANT, J. M. *The Economics of contracts*: Theories and Applications. Cambridge: Cambridge University Press, 2002. p. 4-5.

com Robert Cooter e Thomas Ulen,[407] a teoria econômica do direito contratual tem as seguintes finalidades: (i) possibilitar que as pessoas cooperem, convertendo jogos com soluções não cooperativas em jogos com soluções cooperativas; (ii) incentivar a divulgação de informações eficientes, no âmbito da relação contratual; (iii) assegurar que o contrato seja cumprido; (iv) minimizar os custos de transação fornecendo condições e regulamentações eficientes; e (v) promover relações duradouras e de confiança que sejam menos colmatadas pelos tribunais. No mesmo sentido, de acordo com Armando Castelar Pinheiro e Jairo Saddi,[408] "A força coercitiva de um dos agentes do contrato traz maior cooperação. É por isso que podemos afirmar que a troca e a cooperação são encorajadas pela possibilidade de cumprimento".

Segue daí a razão pela qual a economia dos contratos lastreia-se em três pilares: (i) na promoção e na alocação eficiente do risco da informação (no âmbito da formação da Teoria da Agência); (ii) em promover e desenhar o esquadrinhamento de incentivos eficientes para as partes; e (iii) em reduzir os custos de transação *ex ante* e *ex post*. De acordo com Eric Brousseau e Jean-Michel Glachant,[409] a análise econômica do contrato: (i) permite reexaminar a natureza exata das dificuldades associadas à coordenação econômica; (ii) ilumina os detalhes de várias disposições de coordenação, rotinas, incentivos, princípio da autoridade, meios de cooperação e resolução de conflitos; e (iii) estrutura as regras de tomada de decisão, que enquadram o comportamento dos agentes econômicos.[410]

A Teoria da Agência, que serve de referencial teórico para a presente obra, reconhece a impossibilidade de se desenhar relações contratuais eficientes, em razão da assimetria de informações entre as

---

[407] COOTER, R.; ULEN, T. *Direito & Economia*. 5. ed. Porto Alegre: Brokman Companhia Editora, 2010. p. 237.
[408] PINHEIRO, Armando Castelar; SADDI, Jairo. *Direito, economia e mercados*. Rio de Janeiro: Elsevier, 2005. p. 145.
[409] BROUSSEAU, E.; GLACHANT, J. M. *The Economics of the Contracts*: Theories and Applications. Cambridge: Cambridge University Press, 2002. p. 5.
[410] É que, como asseverarm Cooter e Ulen "Fazer um contrato implica buscar parceiros, negociar as condições, redigir o contrato e fazer com que seja cumprido. A busca exige esforço; a negociação toma tempo; a redação requer conhecimento de causa; e fazer com que o contrato seja cumprido exige perseverança. Em muitos contratos, esses custos de transação são pequenos em comparação com o excedente resultante da cooperação. De fato, às vezes esses custos de transação são suficientemente altos em comparação com o excedente a ponto de impedir a cooperação" (COOTER, R.; ULEN, T. *Direito & Economia*. 5. ed. Porto Alegre: Brokman Companhia Editora, 2010. p. 231).

partes. O seu racional diz com a existência de interesses conflitantes entre o principal e o agente, os quais têm de ver com os custos despendidos pela observabilidade (e monitoramento) e pelos distintos graus de aversão ao risco. É que a detença de uma elevada assimetria de informações, por uma das partes, pode importar na celebração de relações contratuais pouco eficientes. Segue daí a razão pela qual a economia dos contratos deve endereçar um sistema de incentivos lastreado na interação estratégica (Teoria dos Jogos) entre as partes, segundo a qual a maximização dos interesses individuais poderá importar na coletivização de ineficiências.[411]

De acordo com Vinicius Klein,[412] a partir da Teoria dos Incentivos, "tem-se uma estrutura onde um indivíduo, usualmente chamado de principal, depende de outros indivíduos, denominados agentes, para realizar determinado objetivo, sendo que os interesses em questão não são coincidentes". Por essa razão, ainda nas palavras do autor, "cabe à teoria econômica identificar mecanismos capazes de alinhar esses objetivos, sendo que a escolha dos conjuntos de incentivos é trivial em um cenário de informação perfeita e de indivíduos racionais maximizadores". O exemplo do franqueador e do franqueado[413] bem ilustra o quanto exposto. No âmbito de uma relação de franquia, é de grande interesse do franqueador que sua marca continue a veicular informações qualitativas sobre os seus produtos e serviços. Nada obstante, os custos de manutenção de tais parâmetros são incorridos pelo franqueado (tais como os despendidos para a aquisição de insumos, manter instalações limpas e manter a prestação adequada de atendimento aos clientes).

---

[411] Eric Brousseau e Jean-Michel Glachant pontuam ponto no sentido de que *"The information available to these agents is "complete" in the sense that, even though they cannot precisely anticipate a future that remains stochastic, they do know the structure of all the problems that may occur. What they cannot know, where applicable, is what issues will in fact arise, nor in what sequence. Thus, they envision the future on the basis of probabilities (objective or subjective). This links to the notion of risk, as described by Knight (1921) (even though Knight did not account for subjective probabilities). Given this theoretical framework, agents imagine the most efficient solutions as functions of the different possible states of nature and compute their expected values. These calculations are possible since agents are endowed with unlimited abilities in this area. In other words: calculating costs them nothing in terms of time or resources. Finally, since agents' preference functions are complete and stable over time, they effectively choose optimal solutions"* (BROUSSEAU, E.; GLACHANT, J. M. *The Economics of the Contracts*: Theories and Applications. Cambridge: Cambridge University Press, 2002).

[412] KLEIN, Vinicius. *A economia dos contratos*: uma análise microeconômica. Curitiba: CRV, 2015. p. 103.

[413] ZYLBERSZTAJN, Décio; SZTAJN, Rachel. *Direito & economia*: análise econômica do direito e das organizações. Rio de Janeiro: Elsevier, 2005. p. 117.

Acontece que, se as partes não endereçarem um regime de cooperação, as duas experimentarão perdas significativas. Mas fato é que a construção de um adequado racional econômico da contratação passaria pelo incremento do monitoramento das obrigações do franqueado, mas lhe transferindo parte dos valores relativos à valorização da marca; com isso, criar-se-ia uma relação de cooperação entre as partes redutora dos custos de transação.[414]

Daí a necessidade de que os contratos, ao endereçarem os problemas decorrentes da assimetria de informações (seleção adversa, risco moral e efeito *hold up*), servirem de móvel para a revelação de informações entre as partes. Nesse sentido, Vinicius Klein[415] assevera que "o princípio da revelação afirma que, para contratar sob assimetria de informações, é suficiente oferecer um contrato para cada tipo de agente, desde que ele represente um mecanismo de revelação direta que incentive o agente a escolher apenas o contrato destinado a ele".

Acontece que, no direito administrativo brasileiro, não é possível oferecer um menu de contratos de concessão, a serem escolhidos pelos particulares. Muito ao contrário, a rigidez dos procedimentos de contratação pública, decorrentes do histórico legislativo que permeou o processo legislativo de contratações públicas,[416] impõe a contratação de

---

[414] Armando Castelar Pinheiro e Jairo Saddi lecionam que "Os custos de transação compreendem, portanto, os custos com a realização de cinco atividades que tendem a ser necessárias para viabilizar a concretização de uma transação. Primeiro, a atividade da busca pela informação sobre regras de distribuição de preço e qualidade das mercadorias; sobre insumos de trabalho e a busca por potenciais compradores e vendedores, assim como de informação relevante sobre o comportamento desses agentes e a circunstância em que operam. Segundo, a atividade da negociação, que será necessária para determinar as verdadeiras intenções e os limites de compradores e vendedores na hipótese de a determinação dos preços ser endógena. Terceiro, a realização e a formalização dos contratos, inclusive o registro nos órgãos competentes, de acordo com as normas legais, atividade fundamental do ponto de vista do direito privado, já que é o que reveste o ato das garantias legais. Quarto, o monitoramento dos parceiros contratuais com o intuito de verificar se aquelas formas contratuais estão sendo devidamente cumpridas, e a proteção dos direitos de propriedade contra a expropriação por particulares ou o próprio setor público. Finalmente, a correta aplicação do contrato, bem como a cobrança de indenização por prejuízos às partes faltantes ou que não estiverem seguindo corretamente suas obrigações contratuais, e os esforços para recuperar o controle de direitos de propriedade que tenham sido parcial ou totalmente expropriados" (PINHEIRO, Armando Castelar; SADDI, Jairo. *Direito, economia e mercados*. Rio de Janeiro: Elsevier, 2005. p. 62).

[415] KLEIN, Vinicius. *A economia dos contratos*: uma análise microeconômica. Curitiba: CRV, 2015. p. 108.

[416] Como dá conta André Rosilho "A Lei Geral de Licitações e Contratos vigente seguiu o caminho da superlegalização. O Legislativo, em 1993, optou por transferir para a lei federal boa parte das decisões que poderiam ter sido tomadas, no plano abstrato ou concreto, por outras instâncias e atores – seja pelo Legislativo dos Estados e Municípios, seja pela

particulares quase que em um "regime de contrato de adesão", por assim dizer. Malgrado a sofisticação das modelagens veiculadas, em contratos de concessão, fato é que não há, propriamente, uma negociação, *ex ante*, entre o poder concedente e concessionário a propósito do equilíbrio econômico-financeiro dos contratos. Nesse sentido, Marcos Nóbrega[417] leciona que "os modelos clássicos de Agente-Principal determinam que o contrato deve ser estabelecido na base 'pegar ou largar'. Isso também ocorre no caso de contratos administrativos porque o contrato já é conhecido antes mesmo da seleção do contratante". Ainda de acordo com o autor, "pela razão que esses contratos, no direito brasileiro, têm uma natureza de contrato de adesão". Isso importa dizer que o desenho do equilíbrio econômico-financeiro da contratação é realizado, majoritariamente, pelo poder público – ainda que o direito admita a realização de pedidos de esclarecimentos, a apresentação de impugnações em editais de licitação e, até mesmo, a participação privada, na construção de modelagens, por intermédio dos Procedimentos de Manifestação de Interesse (PMIs). Por essa razão, os custos de transação a propósito do equilíbrio econômico-financeiro são concentrados, *ex post*, no âmbito do procedimento de renegociação dos contratos de concessão, tais como os que são despendidos em pleitos de reequilíbrio econômico-financeiro (em sede regulatória, arbitral ou perante o Poder Judiciário).[418]

Em face de tais premissas, o equilíbrio econômico-financeiro dos contratos de concessão, para além de dar conta da incompletude

---

própria Administração Pública das três esferas federativas (editando se regulamentos ou, eventualmente, produzindo atos administrativos). Dessa forma, por meio de uma lei rígida e minuciosa, reduziu-se significativamente a margem de discricionariedade do gestor público, amarrando-o ao que fora previamente definido nas normas. Procurou-se criar afigura do gestor boca da lei na expectativa de que a corrupção – cujo epicentro, segundo o diagnóstico da época, estaria na liberdade gozada pela administração para decidir como melhor contratar – fosse reduzida" (ROSILHO, André Janjácomo. As licitações segundo a Lei nº 8.666 – um jogo de dados viciados. *Revista de Contratos Públicos*, Belo Horizonte, a. 10, n. 2, set./fev. 2012).

[417] NÓBREGA, Marcos. Contratos incompletos e infraestrutura: contratos administrativos, concessões de serviço público e PPPs. *Revista Brasileira de Direito Público*, Belo Horizonte, a. 19, n. 25 abr./ jun. 2009.

[418] Segundo Robert E. Scott e George G. Triantis *"The ability of the parties to effect such improvement has further repercussions in our analysis. If the parties reduce the back-end cost-per-incentive effect, they should then substitute more back-end for front-end contracting investment. This substitution leads to further reduction in the cost-per-incentive effect and allows the parties to achieve even more efficient contract incentives. As noted above, the parties can substitute back-end for front-end costs by including more vague terms and leaving proxy choice to the enforcement process"* (SCOTT, R. E.; TRIANTIS, G. G. Anticipating Litigation in Contract Design. *The Yale Law Journal*, Yale, v. 115, n. 814, p. 814-879, 2005. p. 856).

dos contratos de concessão, deve endereçar um sistema de regulação endógeno, que reduza a possiblidade da prática de comportamentos oportunistas (ou subótimos").[419] Claro que, em razão da assimetria de informações entre principal e agente, considerando que a observabilidade plena é materialmente impossível (*first best*), predica-se a instituição de um equilíbrio econômico-financeiro que veicule um *second best*, a partir da criação de um sistema de monitoramento que gere incentivos para que o contrato esteja em estado de equilíbrio,[420] razão pela qual Marcos Nóbrega[421] conclui que "a teoria da agência estabelece que a implementação de uma auditoria e a imposição de regras de transparência servirão como mecanismos reveladores de informação". E arremata que "isso aliado a um modelo de avaliação baseado na performance, decreto, contribuirá para a diminuição das assimetrias inerentes aos contratos em análise". Ainda na esteira do autor, "a dinâmica dos contratos incompletos demanda uma nova abordagem para sua análise e interpretação. A síntese clássica (e neoclássica) resta incapaz de

---

[419] Marcos Nóbrega *et al.* asseveram que "Os equilíbrios de expectativas racionais foram concebidos, pelo menos em parte, para abranger informações assimétricas. No entanto, embora tenham oferecido insights importantes sobre a revelação de informações por meio de preços, o tratamento das informações assimétricas e incompletas não se mostrou adequado. Pode-se esperar que o agente econômico que possui informações privadas tente manipular essas informações, uma vez que ele tem, na verdade, o monopólio de sua própria informação privada. Se quisermos levar isso em consideração, os modelos clássicos de equilíbrio geral não são satisfatórios, motivo pelo qual precisamos recorrer a outras ferramentas e, em particular, às ferramentas da teoria dos jogos e das informações" (CAMELO, Bradson; NÓBREGA, Marcos; TORRES, Ronny Charles L. de. As licitações como um jogo: teoria dos leilões. *In*: CAMELO, Bradson; NÓBREGA, Marcos; TORRES, Ronny Charles L. de. *Análise econômica das licitações e contratos*: de acordo com a Lei nº 14.133/2021 (nova Lei de Licitações). Belo Horizonte: Fórum, 2022. p. 210).

[420] Marcos Nóbrega, em outra obra de natureza doutrinária, assevera que "a incompletude contratual (deliberada ou não) repercutirá durante a execução contratual, imputando a resolução dos conflitos para o conceito de equilíbrio econômico-financeiro, ou seja, na concepção arcaica do regime jurídico administrativo da supremacia do Poder Público sobre o particular teria o condão de imputar todos os riscos ao contratante privado. É uma saída encontrada, mas traduz uma falsa premissa de que os riscos deverão ser alocados *ex post*, e não quando da elaboração contratual. A melhor solução, no nosso entender, lastreada, inclusive, nos princípios que regem a administração pública no Brasil, refere-se à possibilidade de uma partilha de riscos *ex ante* (durante a elaboração contratual) entre as partes, com lastro no disciplinamento legal de contratos administrativos no direito administrativo brasileiro" (NÓBREGA, Marcos. *Direito e economia da infraestrutura*. Belo Horizonte: Fórum, 2020).

[421] NÓBREGA, Marcos. Contratos incompletos e infraestrutura: contratos administrativos, concessões de serviço público e PPPs. *Revista Brasileira de Direito Público*, Belo Horizonte, a. 19, n. 25 abr./jun. 2009.

traduzir todas as necessidades e tensões que convergem para a seara contratual".[422]

Nesse sentido, como assevera Marcos Nóbrega et al.,[423] "apesar de a doutrina tradicional dos contratos administrativos ter origem no direito francês, a prática jurisprudencial de reequilíbrio de contrato, devido ao avanço natural do mercado, se nutre mais das teorias inglesas e americanas". E concluem que "embora o direito administrativo brasileiro ainda seja muito influenciado pelas matrizes do direito francês, os conceitos modernos que estão associados à operacionalização do equilíbrio econômico de contratos de concessão não são derivados daquele direito". Em outra passagem, os autores são enfáticos, ao afirmarem que "os conceitos da jurisprudência norte-americana se misturam na operacionalização da regulação por incentivos, e isso foi finalmente adaptado na forma do artigo 37, XXI da Constituição c/c o artigo 175 e posteriormente na Lei nº 8.987/95, depois também na Lei nº 8.666/1993, na Lei nº 11.079/04 e na Lei nº 14.133/2021".

Assim é que, a partir dos conceitos de racionalidade limitada (*bounded rationality*), segundo o qual os agentes não são intencionalmente racionais, mas limitados em termos de cognoscibilidade, e de custos de transação (existentes em todas as fases das transações econômicas), pretende-se propor uma reinterpretação do regime jurídico de equilíbrio econômico-financeiro das concessões à luz da Teoria Econômica dos Contratos. Cuida-se de uma das principais vertentes da Economia dos Custos de Transação (ECT), sob a ótica de Oliver Williamson,[424] que será doravante mais bem aprofundada no capítulo 4.[425] Tais premissas teóricas

---

[422] NÓBREGA, Marcos. Contratos incompletos e infraestrutura: contratos administrativos, concessões de serviço público e PPPs. *Revista Brasileira de Direito Público*, Belo Horizonte, a. 19, n. 25 abr./ jun. 2009.

[423] CAMELO, Bradson; NÓBREGA, Marcos; TORRES, Ronny Charles L. de. As licitações como um jogo: teoria dos leilões. In: CAMELO, Bradson; NÓBREGA, Marcos; TORRES, Ronny Charles L. de. *Análise econômica das licitações e contratos*: de acordo com a Lei nº 14.133/2021 (nova Lei de Licitações). Belo Horizonte: Fórum, 2022. p. 208-209.

[424] Tal espécie de interpretação econômica se alicerça, dentre outros, nos seguintes escritos: WILLIAMSON, O. E. *The Mechanisms of Governance*. New York: Oxford University Press, 1996; WILLIAMSON, O. E. *The Economic Institutions of Capitalism*. New York: Free Press, 1985; WILLIAMSON, O. E. *Markets and hierarchies*: analysis and antitrust implications. New York: Free Press, 1975.

[425] De fato, como bem pontuado por Joaquim de Sousa Ribeiro "Ora, para que entre o jurídico e o econômico se estabeleça a 'interação circular' necessária estabilidade e equilíbrio geral do sistema, a intervenção constitutiva e reguladora do direito nas estruturas e processos de transações deve fazer-se na sua linguagem própria, sem abandonar suas próprias valorações. Só assim desempenhará, com eficácia, a sua função de instância mediadora entre exigências sociais contraditórias" (RIBEIRO, Joaquim de Sousa. Direito dos contratos e regulação de

informam o atual regime jurídico do equilíbrio econômico-financeiro dos contratos de concessão, como será demonstrado no próximo item.

3.7 A visão econômica e atual do equilíbrio econômico-financeiro dos contratos de concessão: um primeiro confronto com o conceito doutrinário dominante

Na prática concessória, atualmente, dois são os eventos que se constituem como justificadores do reequilíbrio econômico-financeiro dos contratos de concessão. O primeiro diz com a exigência para que o concessionário realize novos investimentos que não estavam provisionados em sua proposta comercial. Tal obrigação decorre, seja da já referida incompletude de tais ajustes, seja do dever de atualidade previsto, no art. 6º, §3º, da Lei nº 8.987/1995. O segundo evento diz com a materialização de um evento alocado como um "risco" de uma parte, mas que produz efeitos sobre outra.

Em finanças, o risco consiste na probabilidade de se suportar um retorno – superior ou inferior – de investimento diferente do esperado. Não é por outra razão que o poder público e o parceiro privado dispõem de distintos vieses sobre a percepção dos riscos do projeto. De fato, enquanto o poder público lança mão de uma análise mais otimista (*optimist bias*), considerando o lastro em receitas públicas correntes, o concessionário, considerando o racional da maximização de sua rentabilidade, tende a lastrear suas projeções, de forma mais conservadora. Não é por outra razão que a identificação dos riscos, a sua distribuição e o seu tratamento econômico integram o *Value for Money* (VfM) do projeto.[426]

Cuida-se de racional que integra o equilíbrio econômico-financeiro de contratos não episódicos, a exemplo dos contratos concessão.

---

mercado. In: RIBEIRO, Joaquim de Souza. *Direito dos contratos*: estudos. Coimbra: Almedina, 2007. p. 74).

[426] Nesse sentido, Carlos Oliveira Cruz e Rui Cunha Marques lecionam que "*As mentioned earlier, for this to happen, it is necessary that the private sector is entrusted with significant risks, particularly those related to construction. This happens in most PPP projects. The private sector is the main, or the only, sector responsible for the construction risk. Construction cost overruns are well known all over the world. Traditionally, public work contracts cost significantly more than expected, usually without compliance with deadlines (Flyvbjerg et al. 2003)*" (CRUZ, Carlos Oliveira; MARQUES, Rui Cunha. *Infrastructure Public-Private Partnerships*: decision, management and development. Berlin: Springer, 2013).

É dizer, nos contratos *spot* (ou instantâneos), a relação econômica se consuma com a entrega do bem e com respectivo pagamento do preço. Nos contratos de trato sucessivo, a lógica de sua comutatividade é tanto diversa. Os contratantes submetem-se a diversas (e repetidas) jogadas, diante das quais experimentam incentivos de cooperação. Segue daí a necessidade da previsão de uma regulação contratual dos riscos aos quais os contratos podem ser submetidos.

Tal temática é objeto de preocupação das melhores práticas internacionais, em concessões e parcerias público-privadas. Assim, por exemplo, cite-se a "Ferramenta de Alocação de Riscos em PPPs", publicada no ano de 2020, pelo Global Infrastructure Hub, que fornece bases robustas para a compreensão das melhores práticas internacionais adotadas para a divisão da matriz de riscos em projetos de infraestrutura.[427] O estudo contém um conjunto de matrizes de alocação de riscos entre parceiros públicos e privados para 18 tipos de projetos, de diversos setores, incluindo infraestrutura econômica (transporte, saneamento etc.) e infraestrutura social (escolas, hospitais, dentre outros). Para cada projeto, o estudo aponta os principais riscos e sua adequada alocação. Ainda de acordo com o documento, a alocação de riscos, de modo eficiente, é determinante para que o Poder Público justifique: (i) a necessidade que motivou o processo licitatório; e (ii) o *Value for Money* do projeto.[428]

O princípio elementar da alocação de riscos é a sua distribuição para a parte que possui melhores condições de suportá-lo, o que perpassa por identificar: (i) os riscos e a probabilidade de sua ocorrência; e (ii) a parte mais capaz de gerenciar os riscos e seus impactos.[429] Nesse sentido, o Poder Público deve assumir os riscos que consegue gerir, de modo mais eficiente, bem como os que não podem ser, realisticamente, avaliados, de modo adequado ou eficientemente precificado, pelo setor privado. Nesse quadrante, a definição da matriz de riscos tem início

---

[427] Para maiores informações, ver: https://ppp-risk.gihub.org/. Acesso em: 20 set. 2021.
[428] GI HUB. Global Infrastructure Hub. Ferramenta de Alocação de Riscos em PPP: edição 2019. p. 5.
[429] Sobre essa questão, escrevem Rodrigo Castro e Fernando Menegat que os riscos não devem ser objeto de uma alocação aleatória, mas sim "alocados de forma racional e eficiente, de acordo com a maior ou menor capacidade de cada um dos parceiros de mitigá-los" (CASTRO, Rodrigo Pironti Aguirre de; MENEGAT, Fernando. Matriz de risco nas contratações estatais e o rompimento da "teoria das áleas" no direito administrativo. *In*: REIS, Luciano Elias; JUNIOR, Laerzio Chiesorin (Orgs.). *Lei das empresas estatais*: responsabilidade empresarial e o impacto para o desenvolvimento econômico nacional. Curitiba: OAB, 2017).

na fase de estruturação do projeto, por meio da análise e identificação detalhada de riscos que orientará a elaboração do contrato.[430] Para tanto, deve-se ter em mente as características individuais de cada setor da infraestrutura, o que impossibilita a tentativa de se criar modelos fechados de alocação (*one-size-fits-all*). Há de ser considerada, ainda, as individualidades de cada contrato, por exemplo: sua localização, natureza, seus ativos e os serviços envolvidos.[431]

Do ponto de vista da Administração Pública, é relevante realizar, tempestivamente, consultas técnicas, jurídicas, financeiras, de seguro e de práticas de mercado no setor envolvido. Igualmente, faz-se necessário ouvir as partes interessadas, para garantir que os riscos prováveis possam ser corretamente identificados.[432] A identificação, alocação e gestão contínua dos riscos não pode desconsiderar, ainda, o lapso temporal do projeto licitado.[433] Da mesma forma, o *Guidance on PPP Contractual Provisions*, de 2019, elaborado pelo Banco Mundial, prescreve que a correta avaliação e distribuição dos riscos tem o condão de reduzir o custo geral e melhorar a relação custo-benefício dos projetos de infraestrutura. De acordo com o guia, a alocação de riscos é influenciada por fatores como a maturidade do mercado, a experiência dos participantes e o nível de competição entre os licitantes.[434]

De acordo com tal perspectiva, o contrato de concessão terá de disciplinar os efeitos econômicos de eventos futuros, que poderão

---

[430] Exatamente por esse motivo a Lei nº 14.133/2021, em seu art. 22, prevê que a matriz de alocação de riscos, se necessária, deverá estar prevista no edital de licitação, o que pressupõe que os estudos acerca dos riscos na contratação e a decisão sobre a melhor alocação ocorreram na fase preparatória, isto é, na fase de estruturação da licitação.

[431] Marcos Nóbrega *et al.*, sobre o tema, asseveram que "A partilha ótima dos riscos será dada pelo grau de aversão ao risco dos contratantes. Caso haja aversão mútua ao risco, este será partilhado igualmente. Caso o agente seja risco neutro e o principal risco avesso, a melhor opção seria, por exemplo, um contrato que pagasse por resultado obtido, por produtividade. Em termos de um programa do governo, seria como entregar os recursos mediante comprovação de produção de um determinado bem ou resultado. Por outro lado, caso o agente seja risco avesso e o principal risco neutro, a teoria do contrato ótimo apontaria para um contrato de valor fixo, invariável com o resultado" (CAMELO, Bradson; NÓBREGA, Marcos; TORRES, Ronny Charles L. de. As licitações como um jogo: teoria dos leilões. *In*: CAMELO, Bradson; NÓBREGA, Marcos; TORRES, Ronny Charles L. de. *Análise econômica das licitações e contratos*: de acordo com a Lei nº 14.133/2021 (nova Lei de Licitações). Belo Horizonte: Fórum, 2022. p. 213).

[432] A análise e identificação detalhada de riscos permite que o poder público considere suas obrigações de pagamento, eventuais passivos compensatórios e obrigações contingentes.

[433] GI HUB. Global Infrastructure Hub. Ferramenta de Alocação de Riscos em PPP: edição 2019. p. 7.

[434] Disponível em: https://consultations.worldbank.org/consultation/guidance-ppp-contractual-provisions. Acesso em: 20 set. 2021.

ocorrer durante a vigência dessa espécie de ajuste. Isso porque a qualidade e a quantidade dos serviços prestados, pelos contratados, podem ser impactadas por eventos supervenientes a tal avença, em razão do rompimento do seu equilíbrio econômico-financeiro. Segue daí a importância do estabelecimento de uma matriz de riscos contratuais, que será responsável por definir a qual parte contratual caberá suportar os efeitos econômicos decorrentes de determinado evento, além do modo como deverão ser realizadas as respectivas compensações econômicas à contraparte que por ele não se responsabilizou.

De acordo com doutrina especializada,[435] a estipulação de uma matriz de riscos apresenta as seguintes vantagens: (i) são elaboradas de forma relativamente rápida; (ii) promovem discussões em workshops de risco; (iii) permitem a rápida classificação e comparação de riscos; (iv) podem ser usadas para ajudar a desenvolver um entendimento comum dos níveis de risco em uma organização (criação de um perfil de risco da organização); (v) permitem a combinação de consequências e probabilidades a serem representadas graficamente, fornecendo uma representação de fácil compreensão de diferentes níveis de risco; (vi) mostram graficamente se um risco está fora do apetite de risco de uma organização; (vii) mostram graficamente os critérios de risco (os "termos de referência contra os quais a importância de um risco é avaliada" [Guia ISO 73]); e (viii) permitem que os tomadores de decisão se concentrem nos riscos de maior prioridade com alguma consistência.

Todavia, malgrado se vislumbre uma série de eventos que podem ter lugar durante a vigência de contratos concessão, não há uma repartição de riscos ideal entre as partes em todos esses ajustes.[436]

---

[435] COOK, R. *Simplifying the creation and use of the risk matrix*. Paper presented at the Safety-critical Systems Symposium, Bristol organised by Safety and Reliability Society, 2008; FRANKS, A. A simplified approach to estimating individual risk. Research Report 300-2017-r03 for Health and Safety Executive. Sudbury: HSE Books, 2004. Disponível em https://www.hse.gov.uk/research/misc/vectra300-2017-r03.pdf. Acesso em: 20 set. 2021; JULIAN, T. What's right with risk matrices? A great tool for managers. Disponível em https://www.juliantalbot.com/post/2018/07/31/whats-right-with-risk-matrices. Acesso em: 20 set. 2021.

[436] De fato, como assevera J. Luis Guasch "Um elemento-chave da concepção da concessão é a identificação dos riscos associados e a sua distribuição adequada. Esta última tem um grande impacto nos custos de níveis de capital e tarifas. Uma vez que a concepção da concessão visa estabelecer um equilíbrio financeiro para o concessionário, o risco atribuído de forma inadequada levanta ambos. Os dois princípios que orientam a atribuição de riscos são (a) a parte que é responsável ou tem mais controlo sobre o factor de risco deve suportar o risco, e (b) a parte mais capaz de suportar o risco (menos avesso ao risco) deve ser atribuído o risco)" (GUASCH, J. L. *Granting and Renegotiating Infrastructure Concessions*: Doing It Right. Washington: The World Bank, 2004. p. 121).

Cada empreendimento terá um plexo de riscos que lhe será inerente, a depender da estrutura econômica de cada projeto. Assim é que caberá ao contrato esquadrinhar os riscos à parte que tem mais capacidade (econômica, física e técnica) para absorvê-lo. O instrumento contratual também deverá alocar os riscos à parte que tenha maior capacidade de diminuir as consequências produzidas pelo evento que os originou, seja pelos seus próprios meios, seja por meio da contratação de seguros para esse fim.[437]

Nada obstante, é de se ressaltar que se trata de uma ilusão acreditar que a mera transferência integral dos riscos do poder público para o contratado privado produzirá maiores eficiências. Assim é que, na disciplina dos contratos, de maneira geral, o preço atribuído a uma prestação contratual leva consigo embutido o risco com o qual se terá de arcar; precifica-se a proposta, levando em consideração não só as certezas, mas, também, as incertezas que podem afetar a futura execução do contrato.[438] A dúvida quanto à titularidade de determinado risco faz com que o particular tenha de considerá-lo como seu, situação

---

[437] Isto porque, como observado por Egon Bockmann Moreira "A despeito de todas as decisões econômicas serem projetadas para o futuro, no caso das concessões de serviço público (sobretudo as que exigem execução de obra pública) o componente risco se incrementa não só porque o prazo é muito extenso e o aporte de capital é maciço num primeiro momento, mas também devido ao componente ético ínsito à prestação de serviços essenciais. Um projeto de concessão de serviços públicos não apenas convive com os riscos e as incertezas inerentes a empreendimentos com forte carga socioeconômica, mas igualmente produz outros tantos. A decisão de investimentos em projetos públicos de 15, 20 ou 30 anos exige mecanismos superlativos (de inibição e de reparação), que assegurem não só a estabilidade do serviço, mas também a dos rendimentos. Afinal de contas, "é inevitável encarar-se uma relação contratual duradoura como uma fonte de incertezas e riscos, que atingem a onerosidade e até a bilateralidade dos nexos obrigacionais, reclamando das partes supervisão mútua, reajustamentos, reforço de garantias, revisão de expectativas ou índices de realização ou de satisfação, eventualmente até renegociação da base contratual" (MOREIRA, Egon Bockmann. Riscos, incertezas e concessões de serviço público. *Revista de Direito Público da Economia*, Belo Horizonte, a. 5, n. 20, p. 35-50, out./dez. 2007).

[438] Nesse sentido, Louis Anthony Cox Jr. assevera que "*The question of how risk matrices ideally should be constructed to improve risk management decisions has no simple answer, both because risk matrices are typically used as only one component in informing eventual risk management decisions and also because their performance depends on the joint distribution of the two attributes, Probability and Consequence, as illustrated in the above examples. Since risk matrices are commonly used when quantitative data are limited or unavailable, this joint distribution is typically unknown or very uncertain. This knowledge gap implies that the actual performance of a risk matrix and whether it is helpful, no better than random, or worse than useless may be unknown. It also prevents easy application of traditional decision-analytic, statistical, artificial intelligence, and engineering methods for similar problems (e.g., for optimal classification and for discretization of multivariate relations) that require the joint distribution of the attributes as an input*" (COX JUNIOR, L. A. What's wrong with risk matrices? *Risk Analysis*, Herndon, v. 28, n. 2, p. 497-512, 2008. p. 500).

que, inevitavelmente, levará a um aumento do preço ofertado, no procedimento licitatório.[439] Por isso, são importantes o planejamento, a identificação, a distribuição e a gestão eficiente dos riscos, que devem ser alocados, caso a caso, amoldando-se à hipótese específica. A alocação de riscos é fator de importante economia contratual, pois que a partilha dos riscos leva em consideração a capacidade de sua gestão por cada uma das partes. Cada risco, portanto, deverá ser distribuído à parte que tenha maior capacidade de evitá-lo ou, ainda, de absorvê-lo, no caso de sua ocorrência, da forma mais econômica possível. Como bem observado por Marcos Barbosa Pinto, "alocar riscos para a parte que pode suportá-los a um custo mais baixo gera grandes economias, seja no setor público, seja no setor privado".[440] Em outras palavras, caso todos os riscos fossem alocados, aprioristicamente, ao contratado, tal repartição seria por ele "precificada", de modo que, na ponta, quem arcaria com tal custeio seria toda a sociedade. Mais especificamente, caso sejam repassados indistintamente todos os riscos para o particular (inclusive aqueles para cujo gerenciamento a um menor custo ele não detém expertise), este contratará um seguro, repassando o custeio da referida apólice para o poder público.[441]

---

[439] De fato, como se asseveram Eduardo Engel, Ronald D. Fischer e Alexander Galetovic "A alocação de risco é uma das principais funções do contrato de PP. Seguindo Irwin (2007), podemos classificar os riscos em oito categorias: (a) risco de construção, incluindo falhas de projeto, estouros de custo e atrasos; (b) operação e manutenção; (c) disponibilidade nos termos acordados no contrato; (d) valor residual no final do contrato de PPP; (e) política, variando de incerteza macroeconômica a ações governamentais que afetam o projeto; (f) demanda; (g) financeiros (por exemplo, taxas de juros e flutuações nas taxas de câmbio); e (h) político (por exemplo, tomadas regulatórias ou expropriação)" (ENGEL, E.; FISCHER, R. D.; GALETOVIC, A. When and how to use public-private partnerships in infrastructure: lessons from the international experience. National Bureau of Economic Research: Working Paper 26766. Disponível em: nber.org/papers/w26766. Acesso em: 11 jul. 2021).

[440] PINTO, Marcos Barbosa. Repartição de riscos nas parcerias público-privadas. *Revista do BNDES*, Rio de Janeiro, v. XIII, n. 25, p. 158-159, jun. 2006.

[441] No âmbito da União Europeia, o risco integra o próprio conceito do contrato concessão. Nesse sentido, o Livro Verde sobre como parcerias público-privadas e comunitárias em matérias de contratos públicos e direitos de concessões prescreve que "O modo de financiamento do projeto assegurado em parte pelo setor privado, por vezes através de montagens jurídicas-financeiras através de diversos intervenientes. Aos financiamentos privados, entretanto, complementar-se financiamentos públicos, por vezes, as quantias az estatísticas de montantes A distribuição dos riscos entre o parceiro do setor público e o setor privado, para o qual são parceiros os riscos habitualmente suportados pelo setor público. Contudo, como o PPP não implica necessariamente o parceiro do setor privado assuma todos os riscos, ou a parte mais importante dos riscos decorrentes da operação. A administração dos riscos executar-se-á, em função das partes responsáveis a administrar em caso de avaliação".

Além disso, se, porventura, não houver modalidade de seguro disponível para fazer frente a tais eventos, tal valor será embutido na sua proposta (ou, mais tecnicamente, provisionado em seu plano de negócios), o que, uma vez mais, importará em um contrato mais oneroso para o poder público. Por essa razão, as melhores práticas recomendam que os riscos que não sejam controláveis pelas partes sejam alocados ao poder público, de modo que, caso tal evento venha a ocorrer, a entidade estatal arque com os impactos econômicos deles decorrentes. Isso porque, caso ele não se materialize, nem o poder público, nem a população serão onerados. No mais, é importante se estabelecer a intensidade dos riscos que serão suportados pelas partes. Nesse quadrante, cite-se a classificação de riscos do Ministério do Planejamento, Desenvolvimento e Gestão, que, por sua vez, foi baseada no documento *The audit comittee's role in control and management of risk*,[442] por intermédio da qual se aponta a intensidade de cada risco:

Figura 5

Impacto		Probabilidade				
		1 Muito baixa	2 Baixa	3 Possível	4 Alta	5 Muito alta
Catastrófico	5	Risco Moderado	Risco Alto	Risco Crítico	Risco Crítico	Risco Crítico
Grande	4	Risco Moderado	Risco Alto	Risco Alto	Risco Crítico	Risco Crítico
Moderado	3	Risco Pequeno	Risco Moderado	Risco Alto	Risco Alto	Risco Crítico
Pequeno	2	Risco Pequeno	Risco Moderado	Risco Moderado	Risco Alto	Risco Alto
Insignificante	1	Risco Pequeno	Risco Pequeno	Risco Pequeno	Risco Moderado	Risco Moderado

Fonte: NÓBREGA, 2022.

Daí o desafio de se arquitetar um sistema de incentivos que reduza a assimetria de informações entre o regulador e a concessionária, por

---

[442] KPMG; MIOD – Mauritius Institute of Directors. The audit comittee's role in control and management of risk, 2015.

intermédio uma estrutura de equilíbrio econômico-financeiro desenhada, a partir da estruturação de sua matriz de riscos. Nesse sentido, é possível se afirmar que o equilíbrio econômico-financeiro das concessões é dinâmico no que respeita às variáveis que lhe são incidentes, mas ele é construído a partir das bases objetivas do contrato. Não é por outra razão que o art. 10 da Lei nº 8.987/1995 prescreve que "Sempre que forem atendidas as condições do contrato, considera-se mantido seu equilíbrio econômico-financeiro". De fato, o crivo de equilíbrio do contrato de concessão só será mantido se forem observadas as condições do contrato, e não as condições das propostas apresentadas pelos licitantes no leilão – como se poderia inferir de uma intepretação isolada do art. 9º da Lei nº 8.987/1995 c/c art. 37, XXI, *in fine*, da CRFB.

O equilíbrio econômico-financeiro dos contratos de concessão lastreia-se na manutenção da base objetiva dos contratos[443] (as quais podem vir a ser renegociadas) e, não necessariamente, na proposta formulada pelos licitantes (a exemplo do que se passa com os contratos regidos pela Lei nº 8.666/1993). Ademais, é de se destacar que as únicas exceções à construção contratual do equilíbrio econômico-financeiro de tais ajustes, nos quais são atribuídos, aprioristicamente, riscos ao poder concedente, dizem respeito às hipóteses de ocorrência de eventos que se configurem como fato do príncipe (art. 9º, §3º, da Lei nº 8.987/1995), ou como uma alteração unilateral do contrato (art. 9º, §4º, da Lei nº 8.987/1995). De fato, fora a distribuição legal de tais riscos, caberá a cada contrato, a partir da aprendizagem adquirida pelas experiências concretas (por intermédio da aferição da demanda real do ativo, dos impactos econômico-financeiros que lhe subjazem) construir, mediante a aferição dos influxos regulatórios e contratuais, distintos crivos de reequilíbrio.

A partir de tais conceitos que se desenvolveram todas as controvérsias jurídicas-econômicas a propósito da função do Plano de Negócios apresentado, pelo concessionário, para fins de reequilíbrio econômico-financeiro. Em breve palavras, o Plano de Negócios se configura como um documento econômico-financeiro, por intermédio do qual são apresentadas as informações necessárias para a exploração de um ativo no longo prazo. De acordo com o Comitê de Pronunciamentos Contábeis – CPC, no Pronunciamento Técnico CPC 03 (r2), "o fluxo

---

[443] LARENZ, K. *Base del negocio jurídico y cumplimiento de los contratos*. Tradução Carlos Fernández Rodríguez. Granada: Comares, 2002.

de caixa de uma entidade é útil para proporcionar aos usuários das demonstrações contábeis uma base para avaliar a capacidade de a entidade gerar caixa e equivalentes de caixa, bem como as necessidades da entidade de utilização desses fluxos de caixa". Como se pode perceber, cuida-se de um instrumento revelador das informações financeiras do projeto concessionado, que serve para reduzir a assimetria de informações entre partes e a seleção adversa.[444]

De fato, por intermédio de tal documento, visa-se, de um lado, contribuir para que o poder público discipline a forma por meio da qual o contrato será executado e, de outro, impedir que sejam apresentadas propostas sabidamente inexequíveis pelos licitantes. É que o concessionário, utilizando-se de uma informação que o poder concedente não dispõe, poderá ter incentivos para apresentar um valor no leilão que sabe, *ex ante*, que poderá se apresentar como inexequível, durante a execução do contrato. Dito em outros termos, pretender deslocar a diferença da renda obtida no Leilão (ágio) para fase de execução do contrato – o que, a depender do fluxo de receitas do projeto, poderá importar na sua inexequibilidade.

Segue daí a conclusão segundo a qual o Plano de Negócios, apresentado pelo licitante, no âmbito da modelagem econômico-financeira de uma concessão, pode ter as funções de: (i) lastrear a elaboração de um Estudos de Viabilidade Técnica, Econômica e Ambiental (EVTEA), na forma do disposto no art. 18, XV, da Lei nº 8.987/1995, a partir, por exemplo, da análise das projeções econômico-financeiras realizadas por um particular, em sede de procedimento de manifestação de interesse; (ii) parametrizar o reequilíbrio econômico-financeiro dos contratos de concessão, seja no que toca a novos investimentos (como se passou com adoção da metodologia do Fluxo de Caixa Marginal nas concessões de

---

[444] No mesmo sentido, Maurício Portugal Ribeiro leciona que "a) a assimetria de informações entre o Poder Concedente e os participantes da licitação (por meio desse mecanismo o Poder Público transfere a informação sobre o custo estimado para lidar com os problemas relacionados ao projeto); e, o que é mais importante, b) a assimetria de informações entre os participantes da licitação, de modo a evitar a seleção adversa na licitação – evita que participantes que estudem mais profundamente o problema percam a competitividade por incluírem em suas respectivas propostas o custo de lidar com o problema, que participantes que não realizaram esforço para obter as informações não considerarão nas respectivas propostas e, por isso, esses últimos terão propostas mais competitivas" (RIBEIRO, Mauricio Portugal. *Erros e acertos no uso do Plano de Negócios*. Disponível em: https://portugalribeiro.com.br/erros-e-acertos-no-uso-do-plano-de-negocios-e-da-metodologia-do-fluxo-de-caixa-marginal/. Acesso em: 01 out. 2021. No mesmo sentido, V. ANDRADE, Rodrigo Bomfim. *Essays on concession design*. 2019. 134 f. Tese (Doutorado em Economia e Finanças) – Fundação Getulio Vargas, Rio de Janeiro, 2019).

rodovias), seja no que toca a eventos previstos, desde o início da concessão (como delineado, desde as primeiras rodadas de concessão de aeroportos); (iii) servir de móvel para aferição da exequibilidade das propostas apresentadas pelos licitantes.[445] Em razão de tais conceitos, é possível se aferir, uma vez mais, a inadequação da concepção jurídica de vinculação do equilíbrio econômico-financeiro à proposta comercial apresentada pelos licitantes, no âmbito das concessões, já que essa proposta (materializada num Plano de Negócios) não será, necessariamente, utilizada para efeito do reequilíbrio econômico-financeiro do contrato de concessão.

Tal desvinculação do Plano de Negócios, para fins de reequilíbrio de contratos de concessão, resultou na aplicação do critério do Fluxo de Caixa Marginal, por meio do qual o equilíbrio econômico-financeiro é aferido, tendo-se em conta o momento econômico em que se exige dos concessionários a realização de novos investimentos. Mais especificamente, ele tem lugar, na medida em que, como os novos investimentos podem ser realizados muitos anos depois do início da vigência do contrato, é possível que tenha havido substanciais mudanças no contexto macroeconômico do projeto, o que justifica a observância dos custos atuais, e não dos pretéritos. Para fazer frente às novas obrigações (ainda não provisionadas no fluxo de despesas do concessionário), o regulador se valerá de uma taxa de mercado prefixada pelo instrumento contratual, ou a ser por ele arbitrada para dimensionar os custos operacionais e de investimentos atuais para reequilibrar o racional econômico do contrato de concessão. Cuida-se de metodologia que, como

---

[445] Nesse sentido, o Tribunal Pleno do Tribunal de Contas do Estado de São Paulo, ao analisar o Edital de Concorrência Internacional nº 8274080011 (TC nº 25059/026/09), visando à Concessão do Serviço Seletivo Especial de Transporte Ferroviário Metropolitano de Passageiros (Expresso Aeroporto), em sessão realizada em 26/8/2009, se manifestou no sentido de que "Considerando a magnitude do Projeto, que prevê investimentos do futuro concessionário na ordem de R$ 1.570.216.628,00 (um bilhão, quinhentos e setenta milhões, duzentos e dezesseis mil e seiscentos e vinte e oito reais), conforme estimativa constante do Estudo Econômico-Financeiro da Concessão, boa parte deles, cerca de 1,4 bilhões a serem concretizados nos primeiros anos da Concessão, penso que não subsistem as alegações de impropriedade atinentes ao subitem 8.3 que exige a apresentação de Declaração de instituição financeira, nacional ou estrangeira, atestando que examinou o edital, seus anexos e Planos de Negócios da Licitante e que considera viável a concessão dos financiamentos necessários ao cumprimento das obrigações da concessionária. Na situação apresentada, o aludido documento busca resguardar a solidez da proposta que será encaminhada, assegurando ao Poder Público que o licitante possui condições financeiras de assumir o Projeto, excetuando-se, neste caso específico, a incidência da Súmula nº 15 deste Tribunal, ante as peculiaridades do caso concreto, como bem assentaram aqueles que funcionaram na instrução do presente feito".

visto no capítulo 2, tem previsão na Resolução ANTT nº 3.651/2011, na Resolução ANTAQ nº 3.220/2014 e na Resolução Anac nº 528/2019. E que tem previsão no art. 24 da Lei nº 13.448/2017, de acordo com o qual "O Poder Executivo estabelecerá as diretrizes para a utilização da metodologia do fluxo de caixa marginal para fins de recomposição do equilíbrio econômico-financeiro dos contratos de parceria relacionados aos setores de que trata esta Lei".

Para além disso, são de destacar os conceitos Fluxo de Caixa; Valor Presente Líquido (VPL), Taxa de desconto; Taxa Interna de Retorno (TIR) e Custo Médio Ponderado de Capital (WACC), os quais, a depender do setor e da modelagem concessionária veiculada, servirão de base para a aferição do crivo de reequilíbrio de contratos de concessão. São conceitos financeiros, e não jurídicos, que se divorciam, em igual medida, da concepção francesa de equilíbrio econômico-financeiro adotado pela doutrina pátria. De acordo com Marcio Fernandes Gabrielli,[446] "Por fluxo de caixa se entende a quantidade de dinheiro gerada pelo projeto, o que não é a mesma coisa que o lucro gerado pelo mesmo, pois o lucro refere-se à receita menos as despesas/custos; porém, todos os investimentos não estão ali contemplados". Ainda de acordo com o mesmo autor, "Ao se realizar a projeção de fluxos de caixa futuros, devem ser considerados apenas os fluxos de caixa incrementais, ou seja, os fluxos de caixa extras que são gerados por um determinado projeto de investimento. (…) Isto é, todos os fluxos que já existiram independentemente da realização ou não do novo investimento não devem ser considerados, pois não são relacionados a esse projeto especificamente".[447] Tais conceitos é que irão lastrar os reequilíbrios econômico-financeiros dos contratos de concessão estruturados, a partir da vinculação ao Plano de Negócios Originário – PNO ou ao Fluxo de Caixa Marginal – FCM, que será calculado.

O Valor Presente Líquido – VPL, por sua vez, constitui-se como a soma de todas as receitas que serão produzidas, no âmbito do contrato de concessão, trazidas a um valor presente. Assim é que é, se o VPL for positivo, as receitas produzidas superarão os seus custos; se, de outro

---

[446] GABRIELLI, Marcio Fernandes. Análise de investimentos. *In*: SHENG, Hsia Hua (Coord.). *Introdução às finanças empresariais*. Série GVLaw – Direito, Gestão e Prática. São Paulo: Saraiva, 2012. p. 268.

[447] GABRIELLI, Marcio Fernandes. Análise de investimentos. *In*: SHENG, Hsia Hua (Coord.). *Introdução às finanças empresariais*. Série GVLaw – Direito, Gestão e Prática. São Paulo: Saraiva, 2012. p. 272-273.

lado, o VPL for negativo, os desembolsos superarão as receitas – o que poderá importar na necessidade de aportes de recursos públicos, por exemplo. Para efeito de sua estipulação, se levará em conta determinada Taxa de Desconto, que deve trazer a valor presente os recebíveis do projeto. A Taxa Interna de Retorno – TIR, de outro bordo, corresponde "à rentabilidade projetada para certo empreendimento – sinaliza a taxa necessária para igualar o valor de um investimento (valor presente) com seus respectivos retornos futuros, justificando (ou não) que o empresário assuma o risco do investimento".[448] Cuida-se de um valor de investimento, que não se relaciona com fatores exógenos ao projeto (a exemplo da dinâmica de mercado). Daí o racional de que a TIR materializa os méritos do projeto, se ultimando, no último ano de vigência do contrato de concessão. Ao se asseverar que a TIR de um projeto será 15% ao ano, isso não importa em dizer que, em cada ano de concessão, o investidor obterá esse resultado, mas que tal percentual será obtido ao cabo de sua vigência – considerando que, como é sabido, nos primeiros anos, costuma-se ter mais dispêndios do que mais receitas.

Por fim, é de se destacar o conceito financeiro de WAAC (*Weighted Average Cost of Capital* ou Custo Médio Ponderado de Capital), o qual, de acordo com o Guia Metodologia de Cálculo do WAAC de Concessões Públicas Federais,[449] "tem vista que o capital de uma empresa é constituído do capital de terceiros, que representam os empréstimos recebidos e do capital próprio, que são os recursos aportados pelos sócios. (…) Portanto, custo de capital reflete o custo da dívida e do capital próprio na proporção utilizada para financiar o investimento". De acordo com modelo de CAPM, o retorno esperado de um ativo é dado pela soma entre o retorno do ativo livre de risco e o prêmio de risco do negócio. Assim, o prêmio de risco do negócio é composto pelo prêmio de risco de mercado e um fator de ponderação desse risco, denominado Beta (β). Logo, o prêmio (histórico) de risco de mercado é definido como a diferença entre o retorno histórico da carteira de mercado e o retorno histórico do ativo livre de risco. Assim é que, dentro dos limites jurídicos do presente livro e da qualificação de subscritor, é possível se aferir que cada setor de infraestrutura terá um WAAC diferenciado, a depender

---

[448] MOREIRA, Egon Bockmann. *Direito das concessões de serviços públicos*. São Paulo: Malheiros, 2010. p. 402.
[449] BRASIL. Ministério da Fazenda. *Metodologia de Cálculo do WACC*. Brasília, 2018. p. 5.

das características da formação de seu capital, como se depreende da seguinte tabela veiculada por Aswath Damodaran:[450]

Tabela 7

Setor de interesse	Número de Empresas	Beta Desalavancado
Aeroportos	155	0,5962
Ferrovias	51	0,7560
Portos	342	0,8818
Rodovias	235	0,9278
Energia Elétrica	563	0,5533

Fonte: Damodaran, 2015.

Resumindo o até aqui exposto, é possível se assentar o entendimento de que o equilíbrio econômico-financeiro dos contratos concessão, de acordo com a prática regulatória, não se lastreia mais em conceitos jurídicos indeterminados, como "onerosidade excessiva", "Teoria da Imprevisão", "relação entre encargos e remuneração do contratado", mas nos efeitos econômicos decorrentes de sua matriz de riscos, seja ela explícita, ou implícita e sobre os eventos qualificados como "incertezas", que não restaram provisionados no pacto concessório. Mais que isso, tais contratos poderão ser reequilibrados, por intermédio de metodologias econômico-financeira distintas, o que desafia o entendimento tradicional da doutrina brasileira (importado do direito francês) de que o equilíbrio econômico-financeiro dos contratos de concessão seria reconduzível à proposta comercial apresentada, pelos licitantes. Assentadas tais premissas específicas a propósito deste racional econômico, e não jurídico, sobre o equilíbrio econômico-financeiro nas concessões, buscar-se-á apontar os principais riscos que podem incidir sobre tais contratos, com o desiderato de mostrar a cambialidade de tal instituto, bem como a necessidade de se endereçar um novo regime jurídico adaptável às suas incertezas.

---

[450] DAMODARAN, A. *Equity Risk Premiums (ERP)*: Determinants, Estimation and Implications – The 2015 Edition, 14 mar. 2015. Disponível em: https://ssrn.com/abstract=2581517. Acesso em: 11 ago. 2023.

3.8 A repartição de riscos em espécie em contratos de concessão: um segundo confronto com o seu regime jurídico tradicional

Como se pode depreender do exposto até aqui do presente livro, o equilíbrio econômico-financeiro da realidade não se coaduna com o entendimento consagrado pela doutrina do direito administrativo sobre o tema. Na verdade, o exame das modelagens concessórias, nos setores de rodovias, aeroportos, portos e ferrovias e da Teoria Econômica da regulação das infraestruturas, dão conta de que, durante a vigência do contrato de concessão, são construídos distintos crivos de reequilíbrio. Mais que isso, é de se destacar que, de acordo com o estabelecimento de uma matriz de riscos contratual, a Teoria da Imprevisão passa por um profundo questionamento endereçado pelos atuais modelos de contratos concessão. Para além disso, tal teoria, no âmbito de contratos de concessão, passa a sofrer anomalias decorrentes dos eventos qualificados como "incertezas".

Daí a necessidade de se apresentarem os principais riscos aos quais os contratos de concessão se submetem, riscos estes que formam parcela relevante do equilbro econômico-financeiro dos contratos de concessão. Tal análise visa demonstrar que o equilíbrio econômico-financeiro dos contratos de concessão é forjado a partir da distribuição específica de riscos, o que esvazia concepções, legalistas e indeterminadas, tais como a que tem origem, a partir da aplicação da Teoria da Imprevisão. Para tanto, se empreenderá a análise de Documentos Internacionais, que ilustram o *benchmarking* sobre o tema, e são referências para a modelagem das concessões brasileiras.

Nesse sentido, se utilizará, em primeiro lugar, da "Ferramenta de Alocação de Riscos de PPP", documento que serve como um guia fundamental para compreender os principais tipos de riscos, suas formas de mitigação e para quem eles devem ser, preferencialmente, alocados. Tal ferramenta, desenvolvida pelo Global Infrastructure Hub (GI Hub), tem o objetivo de servir de *benchmarking* para a identificação, alocação e gestão contínua de matrizes de riscos,[451] a partir da análise de

---

[451] A "Ferramenta de Alocação de Riscos de PPP" foi originalmente publicada em 2016. Em 2019, o GI Hub promoveu a sua atualização. De acordo com o órgão, a ferramenta "contém matrizes que mostram a alocação de riscos entre os parceiros públicos e privados em operações típicas de PPP para 18 tipos diferentes de projetos, incluindo tanto infraestrutura econômica (como projetos de transporte, energia, telecomunicações e água) como infraestrutura social

18 projetos de infraestrutura, divididos entre os seguintes setores: Setor de Transportes (rodovia, aeroporto, veículo leve sobre trilhos, veículo pesado sobre trilhos e portos); Setor de Energia (usina solar fotovoltaica, energia hidrelétrica e transmissão de energia); Setor de Comunicação (cabo submarino); Setor de Água e Resíduos (dessalinização de água, distribuição de água e usina de resíduos para energia); Setor de Infraestrutura Social (escola, hospital, habitação social, prisão e escritórios governamentais); e outros (parque industrial).

Tal ferramenta serve aos propósitos da presente pesquisa, na medida em que contém uma lista indicativa, mas não exaustiva, dos principais riscos que deveriam ser considerados em projetos de infraestrutura, bem como a sua alocação entre poder concedente e concessionária. O intuito é se valer da sistematização dos riscos, elaborada pelo GI Hub, como um ponto inicial para entender a atual configuração do equilíbrio econômico-financeiro dos projetos de infraestrutura.[452]

O risco de disponibilidade de terras, de acesso e de local (*land availability, access and site risk*) está associado a fatores, como, por exemplo, a escolha de locais adequados para o desenvolvimento do projeto, a obtenção de um título de propriedade livre de quaisquer ônus, ao tratamento das áreas indígenas, a obtenção de todas as licenças e aprovações para a execução de obras ou prestação dos serviços. De acordo com o GI Hub, o poder concedente, em regra, assume o risco de selecionar e adquirir os locais exigidos para o projeto, uma vez que possui poderes específicos para impor a sua vontade (por exemplo, a desapropriação).[453]

(como projetos escolares e hospitalares). Para cada setor, há também uma identificação das principais áreas de risco e uma discussão sobre as tendências de alocação de riscos. Cada matriz é acompanhada por comentários, explicando a justificativa para as alocações, medidas mitigadoras e possíveis arranjos de apoio governamental". Os documentos da ferramenta estão disponíveis em: https://www.gihub.org/resources/publications/ferramenta-de-aloca%C3%A7%C3%A3o-de-riscos-em-ppps-ppp-risk-allocation-tool-portuguese/. Acesso em: 14 mar. 2022.

[452] Nesse ponto, cabe fazer uma ressalva: a alocação de riscos envolve circunstâncias específicas de cada projeto e a regulação incidente, de modo que não existe uma lista fechada ou alocação no modelo *one-size-fits-all*. O próprio GI Hub reconhece que "as circunstâncias individuais de um projeto e sua jurisdição influenciarão a alocação contratual de risco apropriada e podem existir riscos adicionais que precisam ser considerados".

[453] Além disso, a definição do local é do interesse do poder concedente na medida em que o ativo se reverterá ao poder público no término do contrato: "It is also in the Contracting Authority's interest because on expiry of the contract the asset will typically revert to public ownership and operation (and/or the contract will be subsequently re-tendered)". (GI HUB. Global Infrastructure Hub. *PPP Risk Allocation Tool 2019 Edition – Transport*, 2019. p. 23. Disponível em: https://cdn.gihub.org/umbraco/media/3017/gih_rat_transport_art_web.pdf. Acesso em: 14 mar. 2022).

Dito em outros termos, o poder público deve assumir o risco de fornecer um local acessível, sem qualquer problema fundiário, para a construção e a operação do ativo, condição essencial para a exploração de infraestruturas de rede (por exemplo, rodovias e ferrovias).

Nesse sentido, o poder concedente deve realizar, no bojo dos estudos técnicos produzidos durante a fase licitatória, avaliações detalhadas das propriedades relevantes, garantindo que possui uma compreensão completa dos riscos envolvidos na aquisição dos locais afetados pela construção e operação do projeto, tais como a consideração de questões como servidão de passagem, acordos que afetem o uso ou descarte e questões históricas de invasão que podem onerar o terreno, bem como a forma como a Autoridade Contratante estiver abordando tais questões e em que medida os licitantes são obrigados a precificar certos riscos. Tais informações podem ser divulgadas aos licitantes, que irão precificar os riscos e, em alguns casos, compartilhá-los com o poder concedente.[454]

De acordo com o estudo do GI Hub, a alocação do risco relacionado à segurança do local (*site security*) nas fases de construção e de operação depende de um conjunto de fatores, como o clima político local, a oposição ao projeto e o estágio em que ele se encontra. De um modo geral, tanto o poder concedente quanto a concessionária devem ter como objetivo comum a compreensão completa dos riscos envolvidos em garantir a segurança física do local, sendo a segurança do dia a dia de responsabilidade da concessionária, enquanto o poder concedente é responsável por garantir a segurança geral, valendo-se de meios legais (polícia e despejos) e, em alguns casos, fornecendo segurança adicional durante a operação.

O risco social (*social risk*) está relacionado ao impacto que o projeto pode ter sobre propriedades adjacentes sobre comunidades lindeiras, o qual pode se manifestar pela realização de greves e protestos. Cuida-se de "risco" alocado ao poder concedente.[455] No caso específico do risco

---

[454] "*Some Contracting Authorities will guarantee only correctness of data provided, not completeness or interpretation*" (GI HUB. Global Infrastructure Hub. *PPP Risk Allocation Tool 2019 Edition – Transport, 2019*. p. 23. Disponível em: https://cdn.gihub.org/umbraco/media/3017/gih_rat_transport_art_web.pdf. Acesso em: 14 mar. 2022).

[455] "*During the feasibility stage, the Contracting Authority should have considered the impact on habitat, (social) infrastructure and communities generally, as well as on adjacent properties and industries*" (GI HUB. Global Infrastructure Hub. *PPP Risk Allocation Tool 2019 Edition – Transport, 2019*. p. 27. Disponível em: https://cdn.gihub.org/umbraco/media/3017/gih_rat_transport_art_web.pdf. Acesso em: 14 mar. 2022).

de greve e manifestações (*industrial action*), o GI Hub recomenda que a concessionária assuma os riscos de litígios trabalhistas e ações de greve que afetem a concessão. Contudo, se a manifestação trabalhista configurar um risco político, no sentido de greves nacionais ou setoriais que reivindiquem políticas amplas, o poder concedente pode assumir completamente o risco ou compartilhá-lo.

O risco ambiental é alocado, de formas distintas, a depender do tipo de evento analisado. Por exemplo, a poluição ambiental pré-existente (*pre-existing environmental pollution*) é um risco tipicamente alocado ao poder concedente, com exceção dos casos em que a poluição era conhecida e foi precificada pela concessionária. Algumas remediações ambientais também podem ser custosas, de modo que a alocação final do risco pode depender de circunstâncias específicas do projeto. De outro lado, o risco de manter a conformidade com a legislação ambiental e de obter (e manter atualizadas) as anuências ambientais (*compliance with environmental consents and laws*) é tipicamente um risco alocado à concessionária. Embora o impacto ambiental provocado no *habitat* e nas comunidades deva ser cuidadosamente administrado por ambas as partes, a concessionária deve manter e cumprir todas as licenças, alvarás e autorizações ambientais exigidos para o projeto.[456] Por isso, eventuais danos causados pelo projeto (*environmental conditions caused by the project*) devido ao descumprimento de licenças, leis e obrigações contratuais ambientais serão de responsabilidade da concessionária.[457]

Por fim, a alocação dos riscos de eventos ambientais externos (*external environmental events*) será alocado, a depender da responsabilidade pela produção do evento, nos seguintes termos: (i) o risco por eventos que se encontrem fora da responsabilidade do poder concedente e da concessionária serão compartilhados entre ambas. É o caso, por exemplo, de um vazamento químico acidental de uma fábrica que acabe afetando uma rodovia; e (ii) o risco por eventos sob responsabilidade geral, e não contratual do Poder Público, naturalmente, serão alocados

---

[456] "*The parties should ensure that change in law provisions adequately address changes in (mandatory) environmental standards and laws to avoid disputes as to which party bears the consequences of any requirements imposed after contract signature*" (GI HUB. Global Infrastructure Hub. *PPP Risk Allocation Tool 2019 Edition – Transport*, 2019. p. 29. Disponível em: https://cdn.gihub.org/umbraco/media/3017/gih_rat_transport_art_web.pdf. Acesso em: 14 mar. 2022).

[457] Estão incluídos os danos que afetem o próprio projeto e, também, os que afetam terceiros (GI HUB. Global Infrastructure Hub. *PPP Risk Allocation Tool 2019 Edition – Transport*, 2019. p. 29. Disponível em: https://cdn.gihub.org/umbraco/media/3017/gih_rat_transport_art_web.pdf. Acesso em: 14 mar. 2022).

ao poder concedente. Trata-se dos casos nos quais, por exemplo, o evento ambiental poluente foi causado pela ausência de fiscalização adequada do Poder Público.[458]

O risco de desenho do projeto (*design risk*) se relaciona aos casos em que o desenho não é adequado para alcançar as finalidades do projeto que será licitado, bem como nas hipóteses em que há alterações do projeto orginalmente licitado. Embora o poder concedente busque transferir os riscos do projeto à Concessionária, o GI Hub destaca que o poder concedente assumirá tanto mais riscos quanto maior for o seu envolvimento com as especificações e as exigências do projeto no processo licitatório.[459]

O aumento de custos de construção (*cost increases*), isto é, os custos que excedem aqueles projetados no modelo inicial do projeto, pode ter causas variadas (erros nas estimativas, aumento do custo dos insumos, atrasos no cronograma de execução). Nesse sentido, a concessionária assumirá tal risco de construção, bem como o de atrasos na conclusão de obras (*works completion delays*),[460] na medida em que eles não sejam causados por eventos de força maior, fato do príncipe ou fato da administração.

O risco operacional (*operating risk*) é o risco de "eventos afetarem o desempenho ou aumentarem os custos além dos custos modelados, normas de desempenho e preço e disponibilidade de insumos ou

---

[458] Os riscos associados a mudanças climáticas são compartilhados ou assumidos pelo Poder Concedente: "*Market practice is developing with greater focus on events caused by climate change and the Contracting Authority should consider the risk and impact of climate risk events on the infrastructure (both one-off external weather events and more gradual effects, such as rising sea levels or temperatures). It may be appropriate to treat certain events as force majeure events if they occur beyond certain thresholds (e.g. temperatures outside certain ranges). Design resilience is also an important mitigating factor, for example, for projects with seasonal weather such as monsoon or where earthquakes are common*" (GI HUB. Global Infrastructure Hub. *PPP Risk Allocation Tool 2019 Edition – Transport, 2019*. p. 69. Disponível em: https://cdn.gihub.org/umbraco/media/3017/gih_rat_transport_art_web.pdf. Acesso em: 14 mar. 2022).

[459] GI HUB. Global Infrastructure Hub. *PPP Risk Allocation Tool 2019 Edition – Transport, 2019*. p. 30-31. Disponível em: https://cdn.gihub.org/umbraco/media/3017/gih_rat_transport_art_web.pdf. Acesso em: 14 mar. 2022.

[460] "As consequências para a Concessionária de atrasos na data de conclusão de obras relevantes são a perda de receitas esperadas que podem ocorrer na data pertinente e custos de construção e financiamento em curso" (GI HUB. Global Infrastructure Hub. *PPP Risk Allocation Tool 2019 Edition – Transport, 2019*. p. 72. Disponível em: https://cdn.gihub.org/umbraco/media/3017/gih_rat_transport_art_web.pdf. Acesso em: 14 mar. 2022). Como regra, também são assumidos pela concessionária os riscos associados (i) à responsabilidade por mortes, lesões corporais e danos patrimoniais durante a construção; (ii) à obtenção de licenças pertinentes e violações de propriedade intelectual; e (iii) a vandalismo.

recursos".⁴⁶¹ A alocação do risco de aumento dos custos operacionais depende de cada caso, dado que pode ter uma variedade de causas, tais como erros em estimativa, variações dos custos de manutenção e mudanças climáticas extremas. O risco de desempenho e preço (*performance/price risk*) é assumido pela concessionária, a quem compete "cumprir a especificação de desempenho segundo o contrato (ou seja, assegurando que as obras e o desempenho operacional são da qualidade e do nível necessários)".⁴⁶² O risco de insumos ou de recursos operacionais (*operational resources or input risk*) é assumido, igualmente, pela concessionária, porque é dela a responsabilidade primária de garantir o fornecimento de recursos ininterruptos para o projeto e de gerenciar os seus custos. Contudo, em alguns casos, o risco precisará ser compartilhado, por exemplo, em relação à disponibilidade de fornecimento de energia elétrica.

A concessionária também é responsável pelos riscos associados ao cumprimento das normas de manutenção (*maintenance standards*), assim consideradas como aquelas vocacionadas a garantir que a infraestrutura permaneça, continuamente, robusta e possa ser revertida na condição esperada, seja na hipótese de rescisão antecipada ou no término da concessão. Tal atividade inclui "a manutenção rotineira do dia a dia, bem como a manutenção do ciclo de vida e reposição de ativos específicos. A falta de manutenção dos ativos de acordo com a especificação de desempenho acarretará deduções de pagamento e, quando significativo, potencialmente inadimplência".⁴⁶³

Segundo o GI Hub, o risco de demanda (*demand risk*) é uma área em contínua evolução e, apesar de ser possível apontar princípios gerais, a solução para a alocação de tal risco depende de cada projeto específico e da experiência em projetos semelhantes. Quando o poder

---

[461] GI HUB. Global Infrastructure Hub. *PPP Risk Allocation Tool 2019 Edition – Transport, 2019*. p. 35. Disponível em: https://cdn.gihub.org/umbraco/media/3017/gih_rat_transport_art_web.pdf. Acesso em: 14 mar. 2022.

[462] E o estudo continua: "*In an availability-based payment structure the Private Partner's payment may be subject to abatement if availability criteria and performance-based standards are not met. For example, availability criteria may be linked to the number of lanes open and operational in particular periods and performance standards may be linked to traffic flow key performance indicators or accident response measures*" (GI HUB. Global Infrastructure Hub. *PPP Risk Allocation Tool 2019 Edition – Transport, 2019*. p. 35. Disponível em: https://cdn.gihub.org/umbraco/media/3017/gih_rat_transport_art_web.pdf. Acesso em: 14 mar. 2022).

[463] GI HUB. Global Infrastructure Hub. *PPP Risk Allocation Tool 2019 Edition – Transport, 2019*. p. 37. Disponível em: https://cdn.gihub.org/umbraco/media/3017/gih_rat_transport_art_web.pdf. Acesso em: 14 mar. 2022.

concedente estiver considerando alocar o risco de demanda à concessionária, deverá fazer uma avaliação completa do risco como parte integrante de seus estudos de viabilidade. De outro lado, quando o risco de demanda esteja contratualmente alocado às concessionárias, os licitantes devem realizar a sua própria avaliação do risco, para fins de precificação das propostas.[464]

Quando a demanda é maior do que o previsto, a concessionária, em geral, terá a vantagem da flutuação se estiver suportando tal risco. O aumento da demanda, intuitivamente, deveria aumentar as receitas, mas existem questões práticas que precisam ser consideradas, tais como as de que: (i) o aumento da demanda, possivelmente, também afetará os custos, em especial, os de manutenção, tendo em vista a redução do ciclo de vida dos componentes da infraestrutura, na medida em que o seu uso aumenta; (ii) se a demanda real for superior à projetada, pode haver problemas de percepção pública, diante do que a população poderá passar a acreditar que a concessionária está tendo um lucro superior ao previsto (mesmo que, na prática, ela esteja enfrentando custos maiores com manutenção). Tal percepção pode causar problemas à concessionária, se os usuários começarem a boicotar o sistema, bem como pode ser "politicamente incômodo para o Poder Concedente".[465] Por outro lado, se a demanda for menor do que a prevista, pode ser mais bem alocada ao poder concedente, em determinados casos, por exemplo, no setor rodoviário, cita-se: a construção de infraestruturas concorrentes, a mudança no tráfego circundante e nas condições da

---

[464] *"If any demand risk is to be allocated to the Private Partner, bidders should want to carry out their own assessment of the risk and extensive traffic analysis in order to price their bids. The contract should appropriately address and allocate the risk for all factors that impact on demand, including social issues, and the parties should develop a comprehensive strategy to deal with the implementation of the project (...) Where the Private Partner is relying on demand revenues for the project to be financially viable, this will be a key risk"* (GI HUB. Global Infrastructure Hub. *PPP Risk Allocation Tool 2019 Edition – Transport*, 2019. p. 39. Disponível em: https://cdn.gihub.org/umbraco/media/3017/gih_rat_transport_art_web.pdf. Acesso em: 14 mar. 2022)

[465] Como mecanismo de mitigação do risco, o GI Hub sugere que *"the parties may want to ensure the contract addresses such possibilities. For example, there may need to be a mechanic to update the output specification so that maintenance is adequately funded if revenue/use is above a certain level. Equally, there may need to be a mechanism for sharing the profit above a certain level (having taken into account increased costs), either through payment to the Contracting Authority or by reduction in user tolls. This might be particularly appropriate where the Contracting Authority has provided some form of subsidy or revenue support or if the reason for the higher demand is due to a Contracting Authority action which was not anticipated at the time of bidding"* (GI HUB. Global Infrastructure Hub. *PPP Risk Allocation Tool 2019 Edition – Transport*, 2019. p. 39-40. Disponível em: https://cdn.gihub.org/umbraco/media/3017/gih_rat_transport_art_web.pdf. Acesso em: 14 mar. 2022).

rodovia ou mudanças demográficas e macroeconômicas. No caso do setor portuário, o poder concedente pode assumir a responsabilidade pelo decréscimo da demanda no caso de construção de portos concorrentes ou alteração nas condições das áreas marítimas ou portuárias circundantes.[466]

O risco associado ao mercado financeiro (*financial markets risk*), tais como os relacionados à inflação, à flutuação da taxa de câmbio e à flutuação nas taxas de juros são, na maior parte das vezes, considerados na proposta vencedora da licitação e, portanto, assumidos pela concessionária. Entretanto, o risco pode ser compartilhado, caso ocorra alterações abruptas e imprevisíveis, como também nos casos em que as taxas de juros forem alteradas, pelo Poder Concedente, fora do período normal ou contratualmente estipulado. O risco estratégico da parceria (*strategic/partnering risk*), tal como o risco de insolvência da concessionária,[467] lhe é alocado, já que ela assume o risco de não possuir capacidade técnica e financeira para desenvolver o projeto. Nada obstante, as consequências do advento desse risco podem levar à interrupção do serviço público, atingindo o poder concedente e os usuários. Por isso, cabe ao poder concedente realizar avaliações completas de cada licitante, para garantir a seleção daquele que tenha condições de entregar e desenvolver o projeto no longo prazo.

A possibilidade de surgimento de uma tecnologia disruptiva (*disruptive technology risk*), emergente, que torne obsoleta uma tecnologia estabelecida ou os equipamentos e materiais utilizados no projeto, é um risco compartilhado, pois depende das circunstâncias específicas de cada projeto. Nesse quadrante, a obrigação da Concessionária limita-se

---

[466] GI HUB. Global Infrastructure Hub. *PPP Risk Allocation Tool 2019 Edition – Transport*, 2019. p. 201. Disponível em: https://cdn.gihub.org/umbraco/media/3017/gih_rat_transport_art_web.pdf. Acesso em: 14 mar. 2022.

[467] Dentro da categoria dos riscos estratégicos da parceria, destaca-se o risco de litígios entre Concessionária e poder concedente, que deve ser compartilhado: "*The risk of disputes is a shared risk and the consequences will depend on the outcome of the dispute. To minimise the risk of uncertain and costly outcomes, the contract should expressly include a clear governing law (typically the domestic law of the Contracting Authority's jurisdiction) and choice of dispute resolution forum (courts or arbitration). Efficient and fair dispute resolution processes should be included which provide for an escalated procedure where matters cannot be resolved between the parties' senior management, resolution of technical disputes by an independent expert, and recourse to the chosen forum. If the contract does not contain appropriate procedures this is likely to deter potential bidders and their lenders as efficient dispute resolution is a key bankability issue. A failure by the Contracting Authority to follow contractually agreed processes may also have an adverse effect on private sector interest in other PPP projects in that jurisdiction*" (GI HUB. Global Infrastructure Hub. *PPP Risk Allocation Tool 2019 Edition – Transport*, 2019. p. 46. Disponível em: https://cdn.gihub.org/umbraco/media/3017/gih_rat_transport_art_web.pdf. Acesso em: 14 mar. 2022).

a atender às especificações editalícias e contratuais definidas para o ativo. Caso isso não seja possível pela obsolescência dos equipamentos e materiais, é provável que sofra deduções em sua remuneração e, no limite, ocorra a rescisão contratual. Releva notar que o poder concedente não pode exigir a substituição da tecnologia acordada, a menos que exista mecanismos contratuais para tal (mecanismos contratuais pré-acordados, para alterações da tecnologia). É possível cogitar, ainda, que o poder concedente solicite atualizações na tecnologia empregada, mediante o compartilhamento de custos apropriado.

Os eventos fora do controle razoável das partes que impedem uma ou ambas de executar, no todo ou em parte, as suas obrigações contratuais, são conhecidos como força maior (*force majeure risk*). Tal risco é, normalmente, compartilhado, pois, em determinados eventos, nenhuma das partes está mais bem posicionada para administrar as suas consequências. De acordo com o GI Hub, após o poder concedente definir cuidadosamente os acontecimentos qualificados como força maior, o risco pode ser alocado à concessionária ou compartilhado pelos primeiros meses "e subsequentemente se tornar um risco compartilhado ou risco da Autoridade Contratante (com direito a rescisão se o evento de força maior persistir por mais de um período de tempo definido)".[468]

O risco de ações governamentais materialmente adversas (*material adverse government action risk*, que, no Brasil, se assemelha ao fato do príncipe) é assumido pelo poder concedente, uma vez que as ações que estão dentro de seu poder decisório podem afetar as obrigações contratuais da concessionária ou o equilíbrio econômico-financeiro do contrato. Por último, cabe referenciar que os riscos de mudanças legislativas (*change in law risk*) são assumidos pelo poder concedente, pois a concessionária foi contratada para fornecer um projeto dentro de um ambiente jurídico conhecido, possuindo meios limitados de compensar consequências adversas advindas de alterações legislativas inesperadas. Por outro lado, o risco de que os ativos não sejam entregues na forma contratualmente estipulada ao poder concedente, quando da reversão (*condition at handback risk*) é alocado para a concessionária, uma vez que a obrigação de manutenção dos ativos é uma de suas responsabilidades contratuais.

---

[468] GI HUB. Global Infrastructure Hub. *PPP Risk Allocation Tool 2019 Edition – Transport, 2019*. p. 47-48. Disponível em: https://cdn.gihub.org/umbraco/media/3017/gih_rat_transport_art_web.pdf. Acesso em: 14 mar. 2022.

O estudo do Banco Mundial, intitulado *Public-Private Partnerships Reference Guide* também fornece o conceito dos principais riscos associados aos projetos de PPP, bem como um *benchmarking* para a sua alocação eficiente.[469] Segundo o estudo, existem dez principais categorias de risco comuns a várias PPPs. Em primeiro lugar, existe o risco de local (*site*), associado com a disponibilidade e qualidade do local do projeto, bem como ao custo e tempo necessário para a sua aquisição. Também estão incluídos nessa categoria o risco de efeitos geológicos sobre o local e o custo de cumprir as normas ambientais vigentes. Em segundo lugar, o risco de projeto, construção e comissionamento (*design, construction and commissioning*) está relacionado aos casos em que a construção leva mais tempo ou custa mais caro que o esperado, ou quando o desenho do projeto ou qualidade da construção não está de acordo com os requisitos definidos para o projeto. Em terceiro lugar, o risco de operação (*operation*) inclui os riscos de interrupção no serviço público ou na disponibilidade do ativo, assim como o risco de que o custo de operação e manutenção do ativo seja diferente do esperado.

Em quarto lugar, o risco de demanda e outros riscos comerciais (*demand, and other commercial risk*) tem lugar quando o uso do serviço público é diferente do que o esperado ou quando as receitas não são recolhidas como projetado. Em quinto lugar, o risco regulatório ou político (*regulatory or political*) é o risco de que decisões regulatórias ou políticas afetem, adversamente, o projeto, o que inclui, por exemplo, a falha para renovar aprovações, licenças e alvarás ou, no limite, a própria violação ao contrato ou expropriações.

Em sexto lugar, o risco de alteração legal ou do quadro regulador (*change in legal or regulatory framework*) tem relação com o quanto alterações legislativas podem afetar o projeto, tais como alterações gerais na tributação e nas regras de conversão da moeda. Em sétimo lugar, tem-se o risco de *default*, ou seja, o risco de que a parte privada revele não ser financeira ou tecnicamente capaz de implementar o projeto. Em oitavo lugar, o risco econômico ou financeiro (*economic or financial*) é aquele relacionado a mudanças adversas nas taxas de juros, nas taxas de câmbio ou na inflação, capazes de afetar os resultados do projeto. Em nono lugar, o risco de força maior (*force majeure*) é o risco de eventos

---

[469] WORLD BANK. *Public-Private Partnerships Reference Guide*, 2017. p. 142. Disponível em: https://ppp.worldbank.org/public-private-partnership/library/ppp-reference-guide-3-0. Acesso em: 20 jul. 2021.

externos, além do controle das partes, que abalam o equilíbrio contratual, como desastres naturais não seguráveis, guerra ou perturbação civil. Por último, o risco associado com a propriedade dos ativos (*asset ownership*), o qual inclui o risco de que tecnologias se tornem obsoletas ou que o valor dos bens, ao fim do contrato, seja diferente do esperado.

Ainda segundo o Banco Mundial, após a identificação completa dos riscos do projeto a ser licitado, deverá ocorrer um processo de mitigação, em que, baseado em uma análise de custo-benefício, algumas características do projeto precisarão ser ajustadas, por exemplo, mediante a realização de estudos geológicos ou de tráfego adicionais aos já realizados, visando reduzir a incerteza e conter os custos da licitação. O estudo também destaca que "os requisitos de desempenho que não sejam essenciais para o sucesso do projeto e que possam gerar riscos inaceitáveis para os operadores privados podem ser eliminados".[470]

A alocação do risco significa decidir que parte do contrato irá suportar o custo ou colher o benefício de eventuais mudanças nos resultados do projeto decorrentes de cada fator de risco. Nesse quadrante, a alocação eficiente do risco do projeto é uma das principais formas de conseguir melhorar a relação de custo-benefício. Tal alocação cumpre, pelo menos, dois objetivos: (i) criar incentivos para que as partes possam gerir bem o risco e, assim, melhorar os benefícios do projeto e reduzir os custos; e (ii) reduzir o custo global do risco do projeto, segurando as partes contra os riscos que cada qual esteja disposta a suportar.[471] O princípio central da alocação de riscos é que cada risco deve ser atribuído para a parte que melhor consiga geri-lo, o que significa que o risco deve ser atribuído à parte: (i) que tenha maior capacidade de controlar a probabilidade de o risco ocorrer; (ii) mais capacidade de controlar o impacto do risco nos resultados do projeto; e (iii) que consiga absorver o risco com menor custo.[472] Por outro lado, constituem limites à forma como os riscos podem ser alocados em um

---

[470] Trecho em tradução livre. No original: "*Performance requirements that are not critical to project success and may create unacceptable risk to private operators may be eliminated*" (WORLD BANK. *Public-Private Partnerships Reference Guide*, 2017. p. 141. Disponível em: https://ppp.worldbank.org/public-private-partnership/library/ppp-reference-guide-3-0. Acesso em: 20 jul. 2021).

[471] WORLD BANK. *Public-Private Partnerships Reference Guide*, 2017. p. 141-142. Disponível em: https://ppp.worldbank.org/public-private-partnership/library/ppp-reference-guide-3-0. Acesso em: 20 jul. 2021

[472] WORLD BANK. *Public-Private Partnerships Reference Guide*, 2017. p. 142-143. Disponível em: https://ppp.worldbank.org/public-private-partnership/library/ppp-reference-guide-3-0. Acesso em: 20 jul. 2021

projeto: (i) o nível de detalhamento da alocação do risco; (ii) o fato de que determinados riscos não podem ser transferidos; e (iii) a própria incompletude contratual.[473]

O Conselho da Organização para a Cooperação e Desenvolvimento Econômico (OCDE) já proferiu recomendações de princípios de governança pública para PPP.[474] Para os propósitos do presente trabalho, destacam-se as Recomendações nº 5 e 6. A Recomendação nº 5 pugna que o Estado investigue cuidadosamente qual o método de investimento que possivelmente renderá mais *Value for Money*, o que, necessariamente, perpassa por avaliar os principais fatores de risco e características de projetos específicos, mediante a realização de um pré-teste de opção de compra.[475]

Nesse sentido, no bojo da investigação dos métodos de investimento que podem render mais *Value for Money*, o Estado deve ser capaz de investigar e responder perguntas como: (i) os riscos do projeto podem ser claramente definidos, identificados e medidos? (ii) o projeto envolve qualquer transferência de riscos para outras partes interessadas, incluindo trabalhadores e comunidades locais? (iii) quais são os riscos de fracasso do projeto associados a outros projetos similares? (iv) quais são os custos para o Poder Público associados a tais falhas? (v) os riscos, custos e compensações podem ser quantificados e gerenciados pelo Poder Público?

A Recomendação nº 6, por sua vez, indica que os riscos devem ser transferidos para aqueles que os gerenciam melhor. Nesse sentido, o risco deve ser definido, identificado, medido e transferido para a parte que irá despender o menor custo para evitar que o risco se concretize (*ex*

---

[473] "*Even well-designed contracts may suffer from the absence of certain necessary provisions. While PPP contracts cannot provide solutions for every possible situation, they should provide rules (templates or formulas) for the range of foreseeable scenarios, and a decision-making methodology for any other situation*" (WORLD BANK. *Public-Private Partnerships Reference Guide*, 2017. p. 143-144. Disponível em: https://ppp.worldbank.org/public-private-partnership/library/ppp-reference-guide-3-0. Acesso em: 20 jul. 2021).

[474] OCDE. Organização para a Cooperação e Desenvolvimento Econômico. *Recommendation of the Council on Principles for Public Governance of Public-Private Partnerships*, 2012. Disponível em: https://www.oecd.org/governance/oecd-recommendation-public-privatepartnerships. htm. Acesso em: 11 mar. 2022.

[475] "*A procurement option pre-test should enable the government to decide on whether it is prudent to investigate a Public-Private Partnerships option further*" (OCDE. Organização para a Cooperação e Desenvolvimento Econômico. *Recommendation of the Council on Principles for Public Governance of Public-Private Partnerships*, 2012. Disponível em: https://www.oecd.org/governance/oecd-recommendation-public-privatepartnerships.htm. Acesso em: 11 mar. 2022).

ante risk management) ou para quem custa menos lidar com a consequência de um risco realizado (*ex post risk management*).[476] A OCDE destaca que o risco não pode e nem deve ser transferido para a concessionária a qualquer preço, mas apenas nos casos em que a transferência garantir a obtenção de um tratamento econômico desejável. Não obstante, o documento também destaca a dificuldade inerente de saber se os riscos de um determinado projeto podem ser definidos, identificados e medidos. Quanto menos o Poder Público conseguir sistematizar os riscos de um projeto, mais espaço haverá para conflitos sobre o contrato, particularmente, quando o risco se concretizar. Além disso, os potenciais licitantes podem não estar dispostos, por um preço aceitável, a assumir riscos que não estejam claramente definidos, identificados e medidos.[477]

Segundo a OCDE, os riscos que podem ser gerenciados em grau significativo são chamados de endógenos, enquanto os riscos incontroláveis, pelo menos para uma das partes, mas mensuráveis, são riscos exógenos. Um exemplo de risco exógeno é a força maior que não pode ser segurada e que afete todas as partes. Determinados riscos podem ser, ainda, endógenos para uma parte e exógenos para a contraparte como, por exemplo, o risco político e fiscal (exógeno para a concessionária e endógeno para o Poder Público). Como regra, as partes são melhores para gerir os riscos que são endógenas a elas.[478] Os riscos jurídicos e políticos são, tipicamente, exógenos às concessionárias, mas endógenos ao Poder Público e, dessa forma, provavelmente serão mais bem geridos por esse. Os riscos macroeconômicos são exógenos para ambas as partes, mas pode ser esperado que a concessionária leve em

---

[476] "*6. Transfer the risks to those that manage them best. Risk should be defined, identified and measured and carried by the party for whom it costs the least to prevent the risk from realising or for whom realised risk costs the least*" (OCDE. Organização para a Cooperação e Desenvolvimento Econômico. *Recommendation of the Council on Principles for Public Governance of Public-Private Partnerships, 2012*. Disponível em: https://www.oecd.org/governance/oecd-recommendation-public-privatepartnerships.htm. Acesso em: 11 mar. 2022).

[477] "*There should be clear methods in the contract by which risks can be apportioned when they materialise. This is particularly important in cases where risk is difficult to measure*" (OCDE. Organização para a Cooperação e Desenvolvimento Econômico. *Recommendation of the Council on Principles for Public Governance of Public-Private Partnerships, 2012*. Disponível em: https://www.oecd.org/governance/oecd-recommendation-public-privatepartnerships.htm. Acesso em: 11 mar. 2022).

[478] Mas o Conselho da OCDE destaca: "*However, it is difficult to determine a clear list of which risks should be borne by whom as this will often depend on an assessment of the concrete case*" (OCDE. Organização para a Cooperação e Desenvolvimento Econômico. *Recommendation of the Council on Principles for Public Governance of Public-Private Partnerships, 2012*. Disponível em: https://www.oecd.org/governance/oecd-recommendation-public-privatepartnerships.htm. Acesso em: 11 mar. 2022).

conta os movimentos naturais do ciclo comercial no gerenciamento do projeto. O risco de demanda pode ser exógeno ou endógeno para o Poder Público, dependendo se a demanda é baseada nas preferências dos usuários ou na necessidade de consumo daquele setor público específico.[479]

Há que se concluir esse item no sentido de que as diversas formas de repartição de riscos esvaziam a aplicação de conceitos abertos ensejadores do reequilíbrio econômico-financeiro dos contratos de concessão. Para além disso, é de se observar que, malgrado o equilíbrio econômico-financeiro seja formado pelo desenho de sua distribuição de riscos, fato é que existe uma zona cinzenta a propósito da caracterização de determinado "risco" e uma lacuna a propósito da providência jurídica que será endereçada, no caso de se materializar um evento qualificado como uma "incerteza". Segue daí a necessidade de se propor um novo conceito jurídico de equilíbrio econômico-financeiro que seja mais compatível com essas caraterísticas econômicas, tema que será o objeto do capítulo 4.

Conclusões parciais

Para o fim do encadeamento da construção da tese ora apresentada, é possível, após as pesquisas engendradas neste capítulo 3, apresentar suas conclusões parciais, por intermédio de proposições objetivas:

> (i) O racional que justifica o desenho de uma regulação tarifária (estruturante do equilíbrio econômico-financeiro da concessão) não diz com conceitos jurídicos, mas com a necessidade de se reduzir as vicissitudes produzidas por estruturas qualificadas como monopólios naturais;
> (ii) Não se trata, propriamente, de uma questão jurídica ou doutrinária, mas da necessidade concreta de se mitigar as ineficiências, que podem ser experimentadas pela exploração monopólica de um ativo. Por tal razão, tais negócios jurídicos sofrem os influxos regulatórios nas suas variáveis "preço", a partir da qual se arquiteta uma regulação tarifária; e "qualidade", por intermédio da qual se endereça parâmetros qualitativos que norteiam o conceito de serviço adequado – o qual também pode produzir impactos na remuneração do concessionário, ambas as variáveis

---

[479] OCDE. Organização para a Cooperação e Desenvolvimento Econômico. *Recommendation of the Council on Principles for Public Governance of Public-Private Partnerships, 2012*. Disponível em: https://www.oecd.org/governance/oecd-recommendation-public-privatepartnerships.htm. Acesso em: 11 mar. 2022.

que serão influenciadas por diversos "riscos" e "incertezas", as quais terão lugar, durante a execução contratual. Como já se pode notar, o racional econômico-financeiro de um contrato de concessão, sob o aspecto econômico, não se presta a tutelar os efeitos do exercício de prerrogativas publicísticas, preservar os exatos termos da proposta apresentada na licitação, nem endereçar um sistema de tutela de eventual onerosidade excessiva das partes;

(iii) Daí que, para além da existência de estruturas de monopólios naturais (ao menos, em alguns segmentos da cadeia de infraestruturas), a missão regulatória ainda é revestida de outra grande complexidade, em razão da assimetria de informações entre o poder concedente e as firmas reguladas (o que poderá ensejar a prática de comportamento oportunistas), incrementado os "custos de transação";

(iv) Nesse quadrante, é possível se fixar a segunda premissa teórica que se busca extrair do presente capítulo no sentido de que o equilíbrio econômico-financeiro do contrato de concessão, para além de endereçar corrigir as vicissitudes da exploração monopólica de ativos, tem por desiderato estabelecer um sistema de incentivos que reduza a assimetria de informações entre o regulador e os concessionários;

(v) Por esses motivos, tais contratos sofrem influxos regulatórios econômicos em diversas variáveis. A regulação de entrada, em contratos de concessão, tem por objetivo extrair, *ex ante* eficiências de um mercado que será explorado de forma monopólica. Para tanto, uma das primeiras formas de regulação incidente sobre tais mercados é a realização de um leilão (*franchise bidding*), por intermédio do qual se pretende, num ambiente de pressão competitiva, estabelecer um regime de competição pelo mercado;

(vi) Tal modalidade de regulação também será serviente a impedir a prática de subsídios cruzados, quando firmas multiprodutos pretendam privilegiar as atividades mais rentáveis (*cream skimming*) em determinados segmentos, aproveitando-se da condição de monopolista em outros. Nessas hipóteses, a regulação de acesso terá por objetivo reduzir as vantagens competitivas que o monopolista consolidado tem no setor, seja pela detença da propriedade das redes, seja pelo acesso aos consumidores cativos (*bottleneck*). Tal se dá, por intermédio do controle estrutural das firmas (*unbundling*), ou da variável "preço" na interconexão;

(vii) Outra modalidade de regulação incidente sobre tais infraestruturas que está no eixo central de investigação da presente investida é a regulação tarifária, por intermédio da qual se pretende equacionar o menor valor da tarifa com os melhores níveis de eficiência produtiva;

(viii) Ademais, é de se destacar que, em contratos de concessão, tem lugar uma regulação de monitoramento, por meio da qual é estabelecido um sistema de fiscalização do cumprimento das obrigações de desempenho e das obrigações de investimentos pelos concessionários. Cuida-se de uma modalidade de regulação, usualmente, implementada por indicadores de desempenho que influenciam, diretamente, na remuneração do concessionário;

(xi) Além disso, é de se destacar que a variável econômica prazo é determinante para formação do equilíbrio econômico-financeiro dos contratos de concessão, afinal, o prazo não é um elemento aleatório ao regime concessório. Na verdade, cuida-se do período serviente a equilibrar a amortização dos investimentos realizados, em determinado ativo, com a rentabilidade que justifica a sua exploração privada;

(x) Para os lindes da presente investida, é de se avançar a propósito do conceito econômico, e não jurídico de contrato. Diferentemente do conceito jurídico, que se lastreia em uma vinculação entre direitos e obrigações, o conceito econômico de contrato, notadamente a partir de Coase (1960), caminha na firme trilha de endereçar um sistema de incentivos, por intermédio do qual serão equacionados os objetivos estratégicos das partes, em um contexto de informação assimétrica;

(xi) A economia dos contratos se lastreia em três pilares: (i) na promoção e na alocação eficiente do risco da informação (no âmbito da formação da Teoria da Agência); (ii) em promover e desenhar o esquadrinhamento de incentivos eficientes para as partes; e (iii) em reduzir os custos de transação *ex ante* e *ex post*;

(xii) Nesse sentido, a Teoria da Agência, que serve de referencial teórico para o presente livro, reconhece a impossibilidade de se desenhar relações contratuais eficientes, em razão da assimetria de informações entre as partes. O seu racional diz com a existência de interesses conflitantes entre o principal e o agente, os quais têm a ver com os custos despendidos pela observabilidade (e monitoramento) e pelos distintos graus de aversão ao risco. É que a detença de uma elevada assimetria de informações, por uma das partes, pode importar na celebração de relações contratuais pouco eficientes. Segue daí a razão pela qual a economia dos contratos deve endereçar um sistema de incentivos lastreado na interação estratégica (Teoria dos Jogos) entre as partes, segundo a qual a maximização dos interesses individuais poderá importar na coletivização de ineficiências;

(xiii) Daí a necessidade de que os contratos, ao endereçarem os problemas decorrentes da assimetria de informações (seleção adversa, risco moral e efeito *hold up*), servirem de móvel para a revelação de informações entre as partes. Nesse quadrante, a partir dos conceitos de racionalidade limitada (*bounded rationality*), segundo o qual os agentes não são intencionalmente racionais, mas limitados em termos de cognoscibilidade e de custos de transação (existentes em todas as fases das transações econômicas), pretende-se propor uma reinterpretação do conceito jurídico de equilíbrio econômico-financeiro das concessões à luz da Teoria Econômica dos Contratos;

(xiv) O equilíbrio econômico-financeiro dos contratos de concessão lastreia-se na manutenção da base objetiva dos contratos (as quais podem vir a ser renegociadas), e não, necessariamente, na proposta formulada pelos licitantes (a exemplo do que se passa com os contratos regidos pela Lei nº 8.666/1993). Ademais, é de se destacar que as únicas exceções à construção contratual do equilíbrio econômico-financeiro de tais ajustes, nos quais são atribuídos, aprioristicamente, riscos ao poder concedente, dizem respeito às hipóteses de ocorrência de eventos que se configurem como fato do príncipe (art. 9º, §3º, da Lei nº 8.987/1995), ou como uma alteração unilateral do contrato (art. 9º, §4º, da Lei nº 8.987/1995);

(xv) É possível se assentar o entendimento de que o equilíbrio econômico-financeiro dos contratos concessão, de acordo com a prática regulatória, não pode ser lastreado mais em conceitos jurídicos indeterminados, como "onerosidade excessiva", "Teoria da Imprevisão", "relação entre encargos e remuneração do contratado", mas nos efeitos econômicos decorrentes de sua matriz de riscos, seja ela explícita ou implícita e sobre os eventos qualificados como "incertezas", que não restaram provisionados no pacto concessório;

(xvi) É de destacar que, de acordo com o estabelecimento de uma matriz de riscos contratual, a Teoria da Imprevisão passa por um profundo questionamento endereçado pelas atuais modelagens de contratos dos contratos de concessão. Para além disso, tal Teoria, no âmbito de contratos de concessão, passa a sofrer anomalias decorrentes dos eventos qualificados como "incertezas";

(xvii) Segue daí a necessidade de se propor um novo regime jurídico do equilíbrio econômico-financeiro que seja mais compatível com essas caraterísticas econômicas, tema que será o objeto do capítulo 4.

CAPÍTULO 4

UM NOVO REGIME JURÍDICO PARA O EQUILÍBRIO ECONÔMICO-FINANCEIRO DAS CONCESSÕES À LUZ DA NOVA ECONOMIA INSTITUCIONAL (NEI) E DA TEORIA DOS CONTRATOS INCOMPLETOS

Os contratos de concessão engendram uma regulação endógena que se consubstancia nas diversas nuances de seus aspectos econômicos (assimetria de informações, relação agente-principal, regulação de entrada, de monitoramento e o estabelecimento da variável econômica "prazo"), razão pela qual o seu equilíbrio econômico-financeiro deve ser reinterpretado à luz da Teoria dos Contratos Incompletos e de sua abertura à adaptabilidade.[480] Por tais motivos, os conceitos de "vinculação à proposta comercial", "relação entre encargos e remuneração" e

---

[480] Nesse quadrante, Carlos Oliveira Cruz e Joaquim Miranda Sarmento asseveram que "As PPPs são assim um principal-agent problem (De Bettignies & Ross, 2009), dado a multiplicidade de agentes que participam no processo, sobretudo o governo (*as principal*) e o privado (*as agent*). Isso porque se assume que o governo tem como objetivo a defesa do interesse público/comum, e o privado tem como objetivo o interesse de maximizar os ganhos/lucros. De acordo com Martimort and Pouyet (2012), os custos de agência são menores sob uma PPP quando existe uma externalidade positiva entre construir e gerir ativos em comparação com os custos de aquisição. (...) as PPPs introduzem assim uma relação que não existe na contratação tradicional, entre o *sponsor* (concedente) (acionista privado que detém a SPV – ver capítulo 1) e a entidade pública (concessionário). Essa relação tem naturalmente potencial para conflito, o que pode afetar o funcionamento e a sustentabilidade financeira do projeto, constituindo uma preocupação para os financiadores, sobretudo os de dívida. Por essa razão, existem aspectos contratuais que afetam o *rating* do projeto, o custo da dívida e o retorno dos acionistas, criando um 'prémio' por custos de agência. Naturalmente, a experiência do operador privado, as cláusulas e garantias contratuais, os mecanismos de penalização, além do ambiente institucional do país (ver mais à frente) influenciam esse prémio de agência" (CRUZ, Carlos Oliveira; SARMENTO, Joaquim Miranda. *Manual de parcerias público-privadas e concessões*. Belo Horizonte: Fórum, 2019. p. 64).

"Teoria da Imprevisão", majoritariamente, consagrados pela doutrina juspublicista brasileira, como fundantes ao regime jurídico do equilíbrio econômico-financeiro das concessões, atualmente, apresentam-se como insuficientes para delimitar o conceito jurídico de tal instituto. E isso tem lugar, em primeiro lugar, na medida em que, sob o aspecto financeiro, os contratos de concessão caracterizam-se como uma modalidade de "empréstimo" de longo prazo, por intermédio do qual o poder público financia a execução de uma dívida contratada junto aos concessionários, a partir dos recebíveis do projeto. Cuida-se de uma inversão financeira de recursos, que serão amortizados durante a vigência do contrato de concessão. Acontece que tal empréstimo é submetido aos influxos de diversos "riscos" e "incertezas", o que impõe a sua constante renegociação entre as partes, como visto no capítulo anterior.

Daí a necessidade da construção de um novo regime jurídico do equilíbrio econômico-financeiro para os contratos de concessão, permeado por aspectos econômicos. Para tanto, temos como essencial a reinterpretação de tal conceito à luz dos conceitos fundantes da Nova Economia Institucional (NEI), que tem, no desenvolvimento da Teoria dos Custos de Transação, por Oliver Williamson, o seu principal alicerce teórico.[481] A Nova Economia Institucional (NEI) configura-se como uma vertente alternativa à economia Neoclássica, segundo a qual se busca interpretar os fenômenos econômicos, a partir de vertentes organizacionais, sociológicas, políticas e antropológicas.[482] Pretende-se, pois, superar o dogma da racionalidade ilimitada, caudatária da economia neoclássica de Chicago. Tal vertente consagra o entendimento segundo o qual a eficiência deverá ser aferida, a partir da análise das instituições.

Cuida-se de terminologia que teve lugar, a partir dos escritos de Oliver Williamson, que, lastreado nos escritos de Ronald Coase[483] e

---

[481] WILLIAMSON, O. E. *The Economic Institutions of Capitalism*. New York: Free Press, 1985.

[482] Nesse sentido, Oliver Williamson assevera que "Mais genericamente, o argumento é o de que os perigos negociais não variam só de acordo com os atributos da referida transação, mas também com o ambiente negocial no qual estão inseridos. (...) Na realidade, ambientes institucionais que proporcionam dispositivos de segurança genéricos abastecem a necessidade de auxílio específico para aquela transação. Da mesma maneira, transações que sejam viáveis num ambiente institucional que proporcione dispositivos fortes podem ser inviáveis em outros ambientes que sejam fracos - porque não é rentável para as partes ter um cuidado inteiramente específico para aquela transação nessas condições". Tradução livre do original: WILLIAMSON, O. E. *The Mechanisms of Governance*. New York: Oxford University Press, 1996. p. 267.

[483] COASE, R. H. O problema do custo social. *The Latin American and Caribbean Journal of Legal Studies*, University of Chicago, v. 3, n. 1, art. 9, p. 1-35, 2008.

Douglas North,[484] aprofundou as Teorias dos Custos de Transação e a Função Econômica das Instituições. Mais que isso, o autor empreendeu uma conexão entre tais conceitos econômicos com a lógica econômica das relações contratuais. Tal vertente econômica lastreia-se em três pilares: (i) nos custos despendidos para realização de transações econômicas, os quais serão decisivos no estabelecimento dos direitos de propriedade; (ii) no ambiente institucional, que será construído, a partir das "regras do jogo", assim consideradas como o arcabouço normativo (formal e informal), que estabelecerá direitos e deveres para as partes contratantes; (iii) nas estruturas de governança, notadamente os contratos de longo prazo e nas formas da integração vertical. São temas que engendram o substrato teórico, que alicerça a intepretação econômica dos contratos de longo prazo (de que é exemplo o contrato de concessão, objeto do presente livro). Daí a sua utilidade para a construção de um novo conceito jurídico para o equilíbrio econômico-financeiro dos contratos de concessão, razão pela qual o tema será desenvolvido, nos próximos itens, a partir do pensamento de Williamson e dos autores que com ele dialogam.

4.1 A Nova Economia Institucional (NEI) e as relações contratuais por Oliver Williamson

Os escritos de Williamson, lastreados na concepção coseana no sentido de que as relações econômicas geram fricções que devem ser precificadas pelas partes, convergem para o entendimento segundo o qual, ao se veicular a um sistema de incentivos, as relações econômicas devem ser analisadas sob perspectivas mercadológicas, hierárquicas e, para o aqui importa, contratual, a partir de sua obra seminal *The Economic Institutions of Capitalism*. De acordo com o autor, o ponto central da Nova Economia Institucional (NEI) diz com a produção de eficiências, por intermédio das relações contratuais e das operações de integração vertical. Nesse quadrante, a seu ver, a literatura de alinhamento de incentivos tem por objeto criar incentivos, *ex ante*, de modo que a execução do contrato produza eficiências, *ex post*. Nesse contexto,

---

[484] De acordo com tal concepção, pretende-se veicular um método indutivo, lastreado nas seguintes premissas: (i) as instituições são parte relevante nas análises econômicas; (ii) as regras do jogo devem sofrer uma influência recíproca com o desenvolvimento das instituições (NORTH, D. C. Economic Performance Through Time. *The American Economic Review*, v. 84, n. 3, p. 359-368, jun. 1994).

novas formas de direitos de propriedade, bem como a celebração de contratos complexos, devem ser considerados como instrumentos para corrigir a rota de incentivos estabelecidas entre as partes.

De acordo com o autor, o principal, ao endereçar a contratação de agentes, deve criar um sistema de incentivos que sirva a reduzir a assimetria de informações entre eles, por ocasião da execução contrato. Cuida-se de uma literatura que foca na criação de incentivos, *ex ante*, a qual veio a ser qualificada, mais recentemente, como uma "Teoria de Desenho de Mecanismo" (tema que será doravante desenvolvido). O racional do autor é no sentido de que os mecanismos de incentivos devem equilibrar a barganha entre os custos experimentados, *ex ante* e *ex post*. Nesse quadrante, Oliver Williamson[485] asseverou que os "custos de transação", nos negócios jurídicos, têm lugar porque os agentes econômicos não adquirem bens, tão somente, por conta dos custos de produção, mas porque a todos eles estão agregados os custos de negociação (barganha), que são aqueles necessários à formação e à manutenção dos ajustes. Ainda de acordo com o autor, esses custos podem se materializar, *ex ante*, na fase pré-contratual; ou, *ex post*, posteriormente, à sua celebração. Na fase pré-contratual, os custos de transação podem ser exemplificados: (i) pela redação do contrato; (ii) pelas negociações para obtenção de melhores condições e obrigações contratuais; e (iii) pelo estabelecimento de garantias para se mitigar os riscos da ocorrência de fatos supervenientes. Já os custos, na fase pós-contratual, por sua vez, terão lugar, por exemplo: (i) na fiscalização do contrato; (ii) na manutenção das condições originalmente acordadas; e (iii) na sua renegociação pela ocorrência de fatos supervenientes.[486]

Nesse sentido, a seu ver, o contrato, sob o aspecto econômico, deve ser esquadrinhado por intermédio dos seguintes aspectos: planejamento; promessa, competição e governança (ou ordenamento privado). De acordo com o autor, as relações econômicas (que tem no contrato

---

[485] WILLIAMSON, O. E. Economics of Organization: The Transaction Cost Approach. *American Journal of Sociology*, Chicago, v. 87, n. 3, p. 552, 1981.

[486] De acordo com Robert Cooter: *"The basic idea of the (Coase) theorem is that the structure of the law which assigns property rights and the liability does not matter so long as transaction costs are nil; bargaining will result in an efficient outcome no matter who bears the burden of liability. The conclusion may be drawn that the structure of law should be chosen so that transaction costs are minimized, because this will conserve resources used up by the bargaining process and also promote efficient outcomes in the bargaining itself"* (COOTER, R. The Cost of Coase. *Journal of Legal Studies*, v. XI, jan. 1982. Disponível em: http://works.bepress.com/robert_cooter/97. Acesso em: 15 mar. 2020).

seu principal alicerce), devem ser lastreadas nos seguintes quadrantes: (i) a transação e os seus custos devem corresponder à unidade básica de análise dos contratos; (ii) os conflitos contratuais entre as partes podem ser resolvidos à luz da Teoria dos Custos de Transação; (iii) as economias em custos de transação são realizadas pela designação das transações (que diferem em seus atributos), bem como pelas estruturas de governança (que são as estruturas organizacionais no âmbito das quais a integridade de uma relação contratual é decidida); e, especialmente relevante, para o aqui importa (iv) o contrato resulta de um intenso planejamento, *ex ante*, o qual terá de endereçar três características inarredáveis das relações econômicas: as partes possuem uma racionalidade limitada; as partes, ao maxixarem seus próprios interesses, possuem incentivos para a prática de comportamentos oportunistas; os contratos de longo prazo, que disciplinam a exploração de ativos específicos, são permeados por "riscos" e "incertas". Tais temas são centrais para o objeto da presente livro.

De acordo com Oliver Williamson, a racionalidade limitada é o pressuposto para o desenvolvimento da economia dos custos de transação. Isso não significa dizer, por exemplo, que os agentes são racionais, ou irracionais, considerando, necessariamente, um viés comportamental. Na verdade, a seu ver, tal conceito tem de ver com a impossibilidade de os agentes econômicos expressarem todas as variáveis que integrarão as suas relações econômicas.[487] Sob o aspecto da economia neoclássica, os agentes econômicos sempre realizariam transações econômicas eficientes e maximizadoras dos seus próprios interesses. Tal concepção, contudo, leva em consideração a produção de eficiências apenas para um dos contratantes. Nada obstante, para Williamson, a relação contratual será eficiente, se for instituído um regime de governança que produza os melhores resultados para ambas as partes. De fato, em Williamson, a ausência de capacidade de os agentes econômicos preverem os acontecimentos que terão lugar durante a execução do contrato, impõe a construção de um modelo de governança contratual que equacione os efeitos econômicos os quais serão produzidos *ex post*.

Dito em outras palavras, não se busca, pois, por intermédio do estabelecimento de uma governança contratual, racionalizar as escolhas dos agentes econômicos. O que propugna o autor é que as

---

[487] WILLIAMSON, O. E. *The Economic Institutions of Capitalism*. New York: Free Press, 1985. p. 34.

relações contratuais não podem desconsiderar tais aspectos.[488] Tal se dá em razão de os agentes econômicos tomarem decisões distorcidas (e ou influenciadas), por fatores outros, tais como objetivos pessoais e indiretos, crenças, aspectos de ordem psíquico social e, principalmente, para o que aqui importa, no âmbito de um cenário de assimetria de informações entre partes, como visto no capítulo 3 desta obra.

Tal assimetria de informações gera uma busca pela maximização dos interesses de uma parte em face da outra, postura que Williamson denomina como "oportunismos contratuais". De acordo com autor, "o oportunismo *ex ante* e *ex post* é reconhecido na literatura de seguros sob os títulos de seleção adversa e risco moral, respectivamente. O primeiro é uma consequência da inabilidade dos seguradores em distinguir entre riscos e a relutância dos riscos ruins em revelar sua condição real de risco". E o segundo, "a falha dos segurados em se comportar de forma plenamente responsável e executar as ações mitigatórias do risco apropriadas dá lugar a problemas de execução *ex post*".[489] A seu ver, "o oportunismo se refere à revelação incompleta ou distorcida da informação, especialmente aos esforços calculados de enganar, distorcer, disfarçar, ofuscar, ou de outra forma confundir)", motivo pelo qual, de acordo com o autor, "se não fosse pelo oportunismo, todo comportamento poderia ser governado por regras".

Nesse contexto, de acordo com o autor, tais vicissitudes deverão ser endereçadas pelas partes, por intermédio do estabelecimento de um

---

[488] A visão de Oliver Williamson é adequadamente interpretada por Eric A. Posner, para quem: "Economistas rejeitam argumentos de racionalidade limitada por duas razões. A primeira é metodológica: eles não conseguem concordar em uma formulação padrão e matematicamente tratável de racionalidade limitada. Isto pode ser uma boa razão para economistas, mas é uma péssima razão para advogados. A segunda é empírica: se as suposições de racionalidade da Economia são próximas o bastante do raciocínio dos indivíduos, ou do raciocínio institucionalizado implementado pelas firmas, então as conclusões dos modelos econômicos são também boas o suficiente para objetivos normativos e descritivos. Minha visão é que a falha dos contratos em incluir os mecanismos identificados pela literatura dos contratos incompletos é prova que as presunções de racionalidade não são boas o bastante. Outros podem discordar, alegando tanto que custos de transação, isto é, altos custos de escrita do contrato, severas assimetrias de informação etc. explicam a falta destes mecanismos, ou que melhores modelos irão levar para conclusões diferentes no futuro. Isto parece para mim um ardil, especialmente na falta de um teste empírico do papel dos custos de transação em prevenir o uso dos mecanismos. Mas isto não pode ser perdido de vista. A questão, então, é se se deve ter otimismo ou pessimismo sobre as pesquisas futuras" (POSNER, E. A. Análise econômica do direito contratual após três décadas: sucesso ou fracasso? (segunda e última parte). *Revista de Direito Público da Economia*, Belo Horizonte, v. 7, n. 24, out./dez. 2008).

[489] WILLIAMSON, O. E. *The Economic Institutions of Capitalism*. New York: Free Press, 1985. p. 43.

sistema de incentivos e de salvaguardas desenhadas *ex ante*. Assim é que "os incentivos podem ser realinhados, e/ou podem ser elaboradas estruturas superiores dentro das quais se organizam as transações".[490] Daí que, segundo o autor, "a teoria do desenho de mecanismos combina uma variante de racionalidade ilimitada com o oportunismo. A variante de racionalidade é esta: existe uma condição de repercussão da informação, onde o agente e o principal têm conhecimento das informações diferentes e essencialmente privadas e realizam uma contratação complexa".[491] Diante do que o autor propugna que as transações econômicas devem ser realizadas, por intermédio da consideração da especificidade de ativos, da incerteza e da frequência com que são realizadas as transações; todas as especificidades que integram o racional econômico-financeiro de um contrato (gênero do qual o contrato de concessão é espécie). A especificidade de ativos tem de ver com a impossibilidade (provocada pelo elevado custo de transação) de se utilizar os ativos empregados em determinada relação contratual em outras utilidades, que é experimentada pela especialização e pela sua localização, razão pela qual a identidade específica das partes para uma transação, claramente, importa nessas circunstâncias, bem como o fato de que tais relações se protraem no tempo. Diante disso, devem ser constituídas salvaguardas contratuais e organizacionais em suporte a transações deste tipo, que venham a reduzir os custos de transação.[492]

---

[490] WILLIAMSON, O. E. *The Economic Institutions of Capitalism*. New York: Free Press, 1985. p. 44.

[491] WILLIAMSON, O. E. *The Economic Institutions of Capitalism*. New York: Free Press, 1985. p. 46.

[492] Ao analisar os escritos, Vinicius Klein assevera que "A ECT identificou três dimensões chaves das transações: especificidade de ativos (*asset specificity*), incerteza (*uncertainty*) e frequência (*frequency*). A especificidade dos ativos é a dimensão de maior relevância, sendo definida como o grau pelo qual um ativo pode ser realocado em usos alternativos sem o sacrifício do seu valor produtivo. De forma exemplificativa, o autor cita ao menos seis tipos de especificidade de ativos: física, humana, locacional, ativos dedicados, ativos relacionados a marcas e a especificidade temporária. A incerteza é incorporada à ECT como uma incerteza comportamental derivada do homem contratual e da sua principal consequência, que é a incompletude dos contratos. Essa situação é agravada quando adicionada à especificidade dos ativos, o que gera diversos riscos (*hazards*) para as transações. Afinal, se as partes não conseguem acordar todos os eventos e os agentes são oportunistas, tem-se necessariamente alguma incerteza comportamental. A terceira dimensão é a frequência, que diz respeito à quantidade de vezes que as transações ocorrem. A outra ponta do processo de alinhamento é a dos modos de governança, que são tratados como um *continuum* com dois extremos, ocupados pelos mercados de um lado e pela hierarquia do outro, havendo diversas formas híbridas no espaço intermediário" KLEIN, Vinicius. *A economia dos contratos*: uma análise microeconômica. Curitiba: CRV, 2015. p. 145).

Ainda de acordo com o autor, existem quatro modalidades de especificidade de ativos, a saber: (i) a especificidade local é uma condição decorrente da imobilidade de ativos, a qual importa em elevados custos de instalação e/ou relocalização; (ii) a especificidade de ativos físicos, a seu turno, tem de ver com a especialização e a tecnicidade do bem, o que poderá gerar um sistema de disputa entre as partes, *ex post*; (iii) a especificidade de capital humano materializa-se, por intermédio do grau de aprendizado dos trabalhadores em determinada relação contratual; e (iv) a especificidade de ativos dedicados está relacionada com a destinação de determinado bem ao incremento de uma planta ou de determinada infraestrutura. Acontece que, de acordo com o autor, "a especificidade de ativos só se reveste de importância em conjunto com a racionalidade limitada/oportunismo e na presença de incerteza".[493] Daí se pode depreender que, em Williamson, a contratação de longo prazo encerra, em si, um sistema de incentivos, que visa reduzir os custos de transação, notadamente, os despendidos para a realização de ativos específicos. Assim, é de se concluir que os conceitos estruturantes da análise econômica dos contratos, em Williamson, são aplicáveis aos modelos de equilíbrio econômico-financeiro dos contratos de concessão na atualidade, afinal, tal equilíbrio é forjado, a partir do fluxo de receitas e despesas, que são, constantemente, recalculados para efeito da manutenção de crivos qualitativos pré-estabelecidos, pelo Poder Público, de um nível de obrigações de investimento (CAPEX) e de obrigações de desempenho (OPEX). Tais obrigações envolvem a realização de investimento na construção e na manutenção de bens afetados à prestação dos serviços públicos (v.g. bens reversíveis, que, sob o aspecto econômico, são considerados ativos específicos). Segue daí a utilidade de todo o ferramental trazido por Williamson, para o efeito da reinterpretação do conceito jurídico de equilíbrio econômico-financeiro, que se proporá ao final deste capítulo.

A incerteza, em Williamson, com lastro em Hayek,[494] diz com o problema intrínseco às sociedades atuais que congregam salientes graus de cambialidade. Diante disso, o autor formula os seguintes questionamentos: (i) à medida que os contratos serão impactados por incertezas, seria mais eficiente o estabelecimento das condições

---

[493] WILLIAMSON, O. E. *The Economic Institutions of Capitalism*. New York: Free Press, 1985. p. 86.

[494] WILLIAMSON, O. E. *The Economic Institutions of Capitalism*. New York: Free Press, 1985. p. 51.

contratuais, ou endereçar um regime de adaptação, que amorteceria os impactos daí decorrentes *ex post*? (ii) seria possível desenhar uma estrutura de governança que atenuasse os efeitos econômicos de tais incertezas? Diante desse cenário, em um ambiente de incertezas e de ativos específicos, a constante interação entre as partes (em relações de longo prazo), sugere que elas terão incentivos para entabular um sistema de cooperação, que pode se materializar, por intermédio de procedimentos de renegociação. Nada obstante, segundo o autor, "tal renegociação seria desnecessária, é claro, se as partes do contrato pudessem acordar, no começo, de lidar com eventos não antecipados e resolver conflitos empregando uma regra conjunta de maximização de lucros, dividindo os ganhos da adaptação.[495]

Tais premissas, igualmente, servem para lastrear o regime econômico-financeiro de um contrato de concessão. Como visto no capítulo 3, os contratos de concessão são impactados por "riscos" e por "incertezas". Isso importa dizer que aqueles fazem parte do provisionamento das consequências econômicas que podem ter lugar durante a execução do contrato. Essas, por sua vez, não podem ser provisionadas, por nenhuma das partes (poder concedente e concessionária), razão pela qual predicam do estabelecimento de uma adequada governança contratual, que sirva a repartir os seus efeitos. Mas, note-se, a ambiência de governança sugerida pelo autor não deve ser desenhada, de forma exaustiva, mas como um mecanismo revelador de informações pelas partes contratantes; afinal, de acordo com a concepção econômica dos contratos, não há que se falar na justeza ou não do inadimplemento contratual, mas na sua produção de eficiências. São a partir de tais alicerces que são construídos os regimes contratuais e regulatórios do equilíbrio econômico-financeiro dos contratos de concessão, nos setores de rodovias, portos, aeroportos e ferrovias, anteriormente examinados. Nesse sentido, nos próximos itens, serão expostos os conceitos teóricos que lastreiam essa governança econômica contratual e, na ponta, o novo conceito jurídico de equilíbrio econômico-financeiro que será proposto.

---

[495] WILLIAMSON, O. E. *The Economic Institutions of Capitalism*. New York: Free Press, 1985. p. 333.

4.2 Regulação contratual de concessão em situações de incerteza: a abertura à adaptabilidade

O presente item tem por finalidade apresentar dois dos principais alicerces ao novo regime jurídico do equilíbrio econômico-financeiro dos contratos de concessão, que se proporá na presente obra: (i) a lógica econômica dos contratos incompletos; e (ii) abertura à flexibilidade dos contratos de concessão.

4.2.1 A lógica econômica dos contratos incompletos

Como visto, há situações, nos contratos de concessão, nas quais têm lugar eventos albergados pelo conceito de "incerteza", e não pelo conceito de "risco". Nessas situações, a tentativa de esquadrinhamento contratual de todos os eventos futuros, por importar na sua rigidez, poderá produzir ineficiências. Diante do que se propõe que a governança contratual (valendo-se do racional de Williamson) lance mão de uma modelagem contratual mais aberta e flexível que seja capaz de reduzir os custos de transação e de propiciar o amortecimento dos efeitos econômicos produzidos pelas "incertezas" (tal como a pandemia provocada pela COVID-19 ou por outros eventos que não integrem a matriz de risco contratada entre as partes). Trata-se de proposta que vai ao encontro do afirmado por Michael Roos[496] que, ao se referir a uma conjuntura de complexidade, leciona que "dada a dificuldade de prever o comportamento dos agentes e dos sistemas, Colander e Kupers também apelam para a experimentação pelos criadores de políticas públicas, que está em claro contraste com o desejo dos economistas de derivar políticas teoricamente ótimas". Isso porque, como destacado por David Kelsey e John Quiggin,[497] "a incerteza associada às decisões de investimento de longo prazo é tal que essas decisões não podem ser baseadas em uma otimização racional, mas apenas em um conjunto de expectativas que são essencialmente de natureza convencional".[498]

---

[496] ROOS, M. W. M. The macroeconomics of radical uncertainty. *Ruhr Economic Papers*, Rheinisch-Westfälisches Institut für Wirtschaftsforschung (RWI), n. 592, nov. 2015. Disponível em: https://www.econstor.eu/bitstream/10419/125212/1/844233013.pdf. Acesso em: 11 ago. 2023.

[497] KELSEY, D.; QUIGGIN, J. Theories of Choice Under Ignorance and Uncertainty. *Journal of Economic Surveys*, v. 6, n. 2, p. 133-153, jun. 1992.

[498] É que, como asseveram Robert Baldwin, Martin Cave e Martin Lodge, "o controle sobre os atos delegados é limitado, uma vez que nem todos os estados possíveis do mundo podem ser previstos, todos os contratos são inerentemente incompletos, e o controle dos

Nesse sentido, no texto seminal *Incomplete Contracts and Control*, Oliver Hart discorre sobre a origem do seu pensamento a propósito dos contratos incompletos, bem como sobre os principais fundamentos de sua teoria. A gênese do seu pensamento partiu dos seguintes questionamentos: por que uma empresa compraria outra em vez de conduzir negócios com outras empresas, por meio da celebração de um contrato? Quais são os limites dos contratos? Ao aprofundar as suas reflexões sobre tais questões, Hart se manifestou no sentido de que tais questionamentos não poderiam ser endereçados, no âmbito de um mercado permeado por contratos completos.[499] Segundo o autor, contratos completos "são contratos onde tudo o que pode acontecer está escrito. Pode haver algumas restrições de incentivo decorrentes de risco moral ou informação assimétrica, mas não há contingências imprevistas". Nada obstante, a seu ver, os contratos reais não são assim, como os advogados já perceberam, há muito tempo.[500] A partir disso, uma questão crucial em um contrato incompleto é saber quem possui o direito de decidir sobre as coisas que faltam no contrato, direito esse chamado de controle residual (*residual control*), ou direito de decisão (*decision right*).[501]

Posteriormente, o autor relacionou a incompletude contratual com o da propriedade. De acordo com o autor, cogite-se do exemplo de uma empresa adquirindo ativos. Se a empresa A e a empresa B assinarem um contrato entre sociedades independentes (incompleto), o proprietário da empresa A terá direitos de controle residuais sobre os

---

atores é inerentemente dispendioso e imperfeito. Isto significa que o controle regulatório é intrinsecamente limitado, e esta limitação aplica-se de duas maneiras. Uma relaciona-se com a política controlo das agências reguladoras em quem os políticos delegaram funções de supervisão" (BALDWIN, R.; CAVE, M.; LODGE, M. *Understanding Regulation*: Theory, Strategy, and Practice. New York: Oxford University Press, 2013. p. 55.)

[499] HART, O. Incomplete Contracts and Control. *American Economic Review*, Pittsburgh, v. 107, n. 7, p. 1.731-1.732, 2017.

[500] Trecho em tradução livre, no original: "*These are contracts where everything that can ever happen is written into the contract. There may be some incentive constraints arising from moral hazard or asymmetric information but there are no unanticipated contingencies. Actual contracts are not like this, as lawyers have realized for a long time. They are poorly worded, ambiguous, and leave out important things. They are incomplete*" (HART, O. Incomplete Contracts and Control. *American Economic Review*, Pittsburgh, v. 107, n. 7, p. 1732, 2017).

[501] Não é por outra razão que Fernando Araújo, deixou assentado que "Em termos de eficiência, dir-se-á que o inacabamento contratual se encara como uma deliberação assente numa ponderação de custos, os custos do contrato completo, de um acordo em que tivessem sido levadas em conta, no clausulado final, todas as variáveis que podem ter impacto nas condições da relação entre as partes pela duração do acordo" (ARAÚJO, Fernando. *Teoria Económica do Contrato*. Coimbra: Almedina, 2007. p. 151.)

ativos A e o proprietário da empresa B terá direitos residuais de controle sobre os ativos B. Em contraste, se, digamos, a empresa A comprar a empresa B, então o proprietário da empresa A terá direitos de controle residuais sobre os ativos de A e B".[502] Entender a quem pertence o direito de controle residual é relevante, na medida em que há uma alocação ótima deles, como qualquer outro bem. É que há casos em que será mais eficiente para um proprietário deter todos os direitos de controle residuais, ao passo que, em outras situações, será mais eficiente dividir esse controle residual entre vários agentes.[503]

Para ilustrar a teoria, o autor apresenta o seguinte exemplo: suponha uma usina elétrica localizada próxima a uma mina de carvão, com o objetivo de queimar carvão para gerar eletricidade. Uma das formas de regular a transação é a usina assinar um contrato de longo prazo, com a mina de carvão, especificando a quantidade, a qualidade e o preço do carvão ao longo do tempo. Porém, qualquer contrato a ser celebrado entre as partes será incompleto, dado que acontecerão eventos, durante a sua execução, que não poderão ser antecipados no momento da transação. Por exemplo, considere-se que a usina precisa que o carvão seja puro, mas seja difícil especificar, *ex ante*, o significado de pureza. Com o passar do tempo, o carvão com alto teor de carbono pode ser mais caro para a usina queimar do que o carvão com baixo teor de carbono, mas mais barato para a mina de carvão produzir. Dada a incompletude contratual, a mina poderia ter o direito de fornecer carvão com alto teor de carbono.

Nesse caso, as partes podem renegociar o contrato, mas a mina de carvão está em forte na posição de barganha (*strong bargaining position*), diante do que poderá exigir um preço mais elevado para mudar o fornecimento para o carvão com baixo teor de carbono. Em

---

[502] Trecho em tradução livre. HART, O. Incomplete Contracts and Control. *American Economic Review*, Pittsburgh, v. 107, n. 7, p. 1731-1732, 2017.

[503] Sobre o tema, Marcos Nóbrega *et al.* asseveram que "A especificação contratual para tais contingências de probabilidade extremamente baixa cria ineficiências alocativas (desviando o recurso da transação pelo objeto para gastar mais no meio transacional). Portanto, os custos reais associados à elaboração contratual completa levam as partes a pararem antes da especificação completa do contrato. Mesmo considerando a matriz de riscos parte do contrato, ela não é capaz de vislumbrar todas as possibilidades; na prática, as partes tendem a aceitar matrizes incompletas para evitar aumento dos custos de transação" (CAMELO, Bradson; NÓBREGA, Marcos; TORRES, Ronny Charles L. de. As licitações como um jogo: teoria dos leilões. *In*: CAMELO, Bradson; NÓBREGA, Marcos; TORRES, Ronny Charles L. de. *Análise econômica das licitações e contratos*: de acordo com a Lei nº 14.133/2021 (nova Lei de Licitações). Belo Horizonte: Fórum, 2022. p. 219).

tal situação, pode ser muito caro para a usina mudar o fornecedor, pois está localizada ao lado dessa mina (problema chamado de *hold-up*). Nesse caso, o principal direito residual de controle é a decisão sobre que tipo de carvão minerar: com alto teor de carbono ou com baixo teor de carbono".[504] Sem assinar um contrato melhor, a alternativa da usina é comprar a mina de carvão com antecedência, adquirindo, por consequência, o direito de controle residual. Nesse quadrante, "a mina não poderia extrair um preço alto ameaçando produzir carvão com alto teor de carbono, pois a usina pode ordenar ao gerente que extraia carvão com baixo teor de carbono e, em casos extremos, substituir o gerente se a ordem for desobedecida.[505]

Para os fins da presente pesquisa, é de se destacar quatro aspectos do exemplo citado: (i) o modelo formal do autor considera que a renegociação *ex post* de "um contrato incompleto ocorre sob condições de informação assimétrica";[506] (ii) as ineficiências surgem porque os investimentos específicos do relacionamento *ex ante* são distorcidos; (iii) a distorção nos investimentos *ex ante* pode ser superada se esses investimentos forem contratáveis,[507] de modo que, a seu ver, "para que a teoria funcione, é preciso supor que a propriedade de ativos não humanos é uma fonte de poder de barganha quando os contratos são incompletos".[508] A teoria é aplicável em relação àqueles bens e serviços que não são fornecidos em um nível adequado, por meio dos mercado privados e, portanto, precisam ser financiados pelo Estado. Assim é que a abordagem dos contratos incompletos é útil para elucidar a compensação envolvida na escolha público-privada, já que "a presença de informação assimétrica e risco moral não muda esta conclusão: esses

---

[504] Trecho em tradução livre. HART, O. Incomplete Contracts and Control. *American Economic Review*, Pittsburgh, v. 107, n. 7, p. 1.733, 2017.

[505] Em qualquer caso, a transferência dos direitos de controle residuais da mina de carvão para a usina pode resultar em custos em termos de incentivo, eis que modifica a equação de autoridade (direitos de controle residuais) do gerente da mina de carvão. É da integração entre custos e benefícios que a usina poderá verificar se a distorção no investimento da usina justifica a aquisição. Vale dizer que o autor expressamente considera que outra alternativa seria a mina de carvão adquirir a usina (HART, O. Incomplete Contracts and Control. *American Economic Review*, Pittsburgh, v. 107, n. 7, p. 1.734, 2017).

[506] Trecho em tradução livre. HART, O. Incomplete Contracts and Control. *American Economic Review*, Pittsburgh, v. 107, n. 7, p. 1.733-1734, 2017.

[507] Por exemplo, as partes podem redigir um contrato que prevê que uma usina deve se localizar próxima à mina em troca de um pagamento adiantado, compensando o poder de retenção posterior.

[508] Trecho em tradução livre. HART, O. Incomplete Contracts and Control. *American Economic Review*, Pittsburgh, v. 107, n. 7, p. 1.735, 2017.

fatores simplesmente levam ao acréscimo de várias restrições de compatibilidade de incentivos na solução para o contrato ótimo".[509]

O modelo formal de incompletude contratual apela à ideia de que pode ser difícil descrever, antecipadamente, que tipo de bem ou serviço uma parte deseja da outra, pois isso depende de um estado futuro de eventos que podem alterá-lo.[510] Quando esse estado se realiza, "é fácil descrever o bem e, portanto, um contrato à vista perfeito pode ser escrito. Acontece que, quando a negociação ocorre *ex post*, os investimentos *ex ante* já terão sido afundados, o que ensejará o efeito *hold-up* e, antecipando-se, as partes escolherão esses investimentos de forma ineficiente".[511] Ainda de acordo com Hart, há uma compensação entre flexibilidade contratual e a sua rigidez. Um contrato flexível poder ser eficiente, pois as partes podem se ajustar ao estado (observável, mas não verificável) do mundo, mas pode produzir ineficiência, porque há muitas zonas de sombreamento.[512]

Outra concepção teórica serviente à revisão do regime jurídico de equilíbrio econômico-financeiro das concessões encontra eco nos escritos do escocês Ian MacNeil. Tal teoria teve origem, nos idos de 1960, na tentativa de se conferir uma releitura à Teoria Geral dos Contratos. Cuida-se, pois, de uma visão interdisciplinar, que visa endereçar uma releitura das relações contratuais à luz das práticas sociais. De fato, de acordo com o autor, qualquer troca comercial – voluntariamente realizada – faz com que a relação contratual experimente um viés mais

---

[509] Trecho em tradução livre. Hart relata o exemplo das unidades prisionais. Quando o governo assina um contrato com pessoas privadas para a prestação desse serviço, o contrato pode ser incompleto em dois pontos fundamentais: o uso da força pelos guardas e a qualidade do pessoal. A incompletude pode levar o privado a usar seus direitos residuais de controle para economizar direito, contratando guardas menos qualificados. O efeito gerado pela escolha é suportado pelo governo ou pela sociedade, se a redução da qualidade tiver maior valor do que a economia de custos, deverá ocorrer a renegociação *ex post* do contrato (HART, O. Incomplete Contracts and Control. *American Economic Review*, Pittsburgh, v. 107, n. 7, p. 1.740-1.741, 2017).

[510] No mesmo sentido, no direito brasileiro, Armando Castelar Pinheiro e Jairo Saddi asseveram que "É impossível pressupor todos os acontecimentos ou eventos que poderão ter lugar entre os seres humanos, em especial no futuro. Essas lacunas serão preenchidas *ex post*, uma vez iniciado o cumprimento (ou não) do contrato. Somente é possível alocar o risco com eficiência mediante a criação de incentivos ou de sanções no desenho do contrato se as partes forem bem-sucedidas em fazer com que, na execução, tais cláusulas sejam validadas" (PINHEIRO, Armando Castelar; SADDI, Jairo. *Direito, economia e mercados*. Rio de Janeiro: Elsevier, 2005. p. 117).

[511] Trecho em tradução livre. HART, O. Incomplete Contracts and Control. *American Economic Review*, Pittsburgh, v. 107, n. 7, p. 1.741, 2017

[512] HART, O. Rethinking incomplete contract, 2010. Disponível em: https://canvas.harvard.edu/courses/61264/files/9004020. Acesso em: 06 set. 2021.

social.⁵¹³ Daí a razão pela qual a Teoria do Autor é considerada como sociojurídica. Para além da livre manifestação de vontade, para os fins da presente investigação, é de se destacar o racional prospectivo de sua teoria, assim considerado como a perspectiva contratual segundo a qual a variável econômica tempo – passado, presente e futuro – deve ser considerada para a realização de um adequado planejamento contratual. De acordo com o autor, a relação contratual pode ser definida como "as relações entre as partes que trocaram, estão trocando ou esperam trocar no futuro, em outras palavras, relações de troca".⁵¹⁴

Tal incompletude contratual se evidencia, de forma mais saliente, nos denominados contratos relacionais, os quais, segundo Ian MacNeil,⁵¹⁵ tem por objetivo disciplinar, por intermédio de um sistema de regulação endocontratual: (i) o funcionamento diário das relações e transações de troca ou comportamento contratual (dimensão comportamental); (ii) a intervenção do Estado sobre esse comportamento (dimensão jurídica); e (iii) estudos jurídicos relacionados a esse comportamento (dimensão acadêmica).

Em relação ao comportamento contratual, Ian MacNeil defende uma abordagem ampla do intercâmbio para compreender o contrato relacional, pois a troca não ocorre, simplesmente, em termos de mercados e transações discretas, mas "é o produto inevitável da especialização do trabalho, independentemente de como essa especialização possa ocorrer".⁵¹⁶ Assim, uma vez que a troca ocorre e deve ocorrer em processo de relação contínuas, ela é necessariamente uma troca relacional.⁵¹⁷ De acordo com o autor, "a troca relacional também tem a função

---

⁵¹³ MACNEIL, I. R. Exchange Revisited: individual utility and social solidarity. *Ethics*, Chicago, v. 96, n. 3, p. 568, 1986.
⁵¹⁴ MACNEIL, I. R. *The New Social Contract*. New Haven: Yale University Press, 1980. p. 4.
⁵¹⁵ MACNEIL, I. R. Relational contract: what we do and do not know. *Wisconsin Law Review*, Wisconsin, v. 4, p. 484, 1985.
⁵¹⁶ Trecho em tradução livre. MACNEIL, I. R. Relational contract: what we do and do not know. *Wisconsin Law Review*, Wisconsin, v. 4, p. 485, 1985.
⁵¹⁷ Tal concepção vem sendo adotada pela jurisprudência pátria, em decisão assim ementada: Nos contratos de seguro oferecidos ao consumidor, notadamente por um longo período ininterrupto de tempo (contratos relacionais ou cativos de longa duração), muitas vezes firmado em grupos pelos estipulantes, para além das cláusulas e disposições expressamente convencionadas pelas partes e introduzidas no instrumento contratual, também é fundamental reconhecer a existência de deveres anexos, que não se encontram expressamente previstos mas que igualmente vinculam as partes e devem ser observados, tudo em consonância com os postulados da boa-fé objetiva e da proteção da confiança (Tribunal de Justiça do Distrito Federal e Territórios. TJ-DF: 0717042-88.2019.8.07.0000 DF 0717042-88.2019.8.07.0000).

de transferir o controle, mas está, além disso, intimamente integrada com todos os aspectos da produção física de bens e serviços; assim, a troca relacional sempre será muito mais comum em qualquer sistema produtivo do que a troca discreta".[518] De acordo com Vinícius Klein,[519] para Macneil "Nas relações modernas, o planejamento está menos ligado à substância da troca e mais às estruturas e processos que regulam a relação entre as partes. Além disso, o planejamento é necessariamente incompleto, embora possa ser flexível". Ainda nas palavras do referido autor, "A relação contratual é necessariamente incompleta, ou seja, não se pode identificar previamente todas as alterações da realidade que serão significativas para a relação contratual".[520]

Em relação à intervenção do Estado nas relações contratuais, Ian MacNeil aponta que, entre 1865-1933, as leis americanas disciplinavam o contrato relacional de algumas maneiras: leis do principal e do agente, *trusts*, direito de família e lei das associações. Em contraste, desde 1933, "a crescente intervenção do Estado em quase todos os aspectos da socioeconomia efetuou duas mudanças no quadro anterior. (...) o aumento da intervenção mudou significativamente o conteúdo

---

[518] De acordo com o autor: *"In sum, for us to 'know' contract behavior (the first dimension of relational contract) we, must recognize that physical production of goods and services is not carried out by discrete exchange. Instead, it is done sometimes by one person applying hands and mind to tools and materials, but more commonly by people doing the same in patterns involving relational exchange. We must also recognize that the sole function of discrete exchange is the transfer of control of capital and labor, of goods and services. This is a limited economic function, albeit one essential to the physical production itself of goods and services and necessary for enhancing the value of those goods and services. Because of the limited nature of this function and because it can be and is also carried on by relational exchange, discrete exchange is always rare compared to relational exchange; it is inevitably a relatively small part of the overall economic activities of any given society"* (MACNEIL, I. R. Relational contract: what we do and do not know. Wisconsin Law Review, Wisconsin, v. 4, p. 488 e 490, 1985).

[519] KLEIN, Vinicius. *Os contratos empresariais de longo prazo*: uma análise a partir da argumentação judicial. Rio de Janeiro: Lumen Juris, 2015. p. 113.

[520] Cuida-se de um vertente que incentiva a colaboração entre as partes, como já restou consignado no seguinte julgado do Superior Tribunal de Justiça – STJ, de acordo com o qual "No moderno direito contratual reconhece-se, para além da existência dos contratos descontínuos, a existência de contratos relacionais, nos quais as cláusulas estabelecidas no instrumento não esgotam a gama de direitos e deveres das partes. 2. Se o consumidor contratou, ainda jovem, o seguro de vida oferecido pela recorrida e se esse vínculo vem se renovando desde então, ano a ano, por mais de trinta anos, a pretensão da seguradora de modificar abruptamente as condições do seguro, não renovando o ajuste anterior, ofende os princípios da boa fé objetiva, da cooperação, da confiança e da lealdade que deve orientar a interpretação dos contratos que regulam relações de consumo. 3. Constatado prejuízos pela seguradora e identificada a necessidade de modificação da carteira de seguros em decorrência de novo cálculo atuarial, compete a ela ver o consumidor como um colaborador, um parceiro que a tem acompanhado ao longo dos anos (STJ – RECURSO ESPECIAL REsp nº 1.073.595 MG 2008/0150187-7).

substantivo e processual das relações contratuais".[521] O relato histórico do autor busca demonstrar que o direito contratual relacional não se materializou, magicamente, no último meio século da história americana. Em vez disso, o direito contratual relacional sempre esteve presente, pois, desde 1933, a intervenção do Estado nas relações contratuais expandiu seu domínio para incluir áreas anteriormente regidas por leis contratuais menos interventivas, auxiliando a sua conversão para padrões relacionais.[522]

Em relação aos estudos jurídicos relacionados ao comportamento contratual, Ian MacNeil defende que os estudos de contratos relacionais podem ser divididos em cinco categorias: promessa (dividida em microeconomia neoclássica e contrato neoclássico), estudos empíricos formais, históricos, princípios críticos e princípios relacionais não radicais.[523] Em outro texto, ao discorrer sobre os aspectos contratuais, o autor indica que dois aspectos da natureza de fazer promessas chamam atenção: (i) a natureza inerentemente fragmentária de uma promessa; e (ii) a impossibilidade de comunicação completa entre os seres humanos. Nesse sentido, ao fazer uma promessa, a pessoa não pode – e não focalizará – em todos os aspectos da relação contratual.[524] Tal limitação é agravada, considerando que a promessa é, inerentemente, um mecanismo para lidar com o futuro. Assim é que as limitações comportamentais inerentes à atenção fazem das promessas fragmentos

---

[521] Trecho em tradução livre. MACNEIL, I. R. Relational contract: what we do and do not know. *Wisconsin Law Review*, Wisconsin, v. 4, p. 492-493, 1985.

[522] MACNEIL, I. R. Relational contract: what we do and do not know. *Wisconsin Law Review*, Wisconsin, v. 4, p. 493, 1985.

[523] MACNEIL, I. R. Relational contract: what we do and do not know. *Wisconsin Law Review*, Wisconsin, v. 4, p. 495, 1985.

[524] No Direito brasileiro, o tema é abordado por Ronaldo Porto Macedo Junior, para quem "Há elementos que evidenciam a importância da boa-fé dentro da perspectiva relacional, notadamente o fato de que, em primeiro lugar, ela lembra a incompletude dos contratos, os limites da capacidade de previsão humana, os custos e ameaças à solidariedade e às barreiras insuperáveis para a comunicação perfeita e sem ruído entre as partes. Em segundo lugar, ela enfatiza, valoriza e torna juridicamente protegido o elemento da confiança, sem o qual nenhum contrato pode operar. Em terceiro lugar, ela evidencia a natureza participatória do contrato, que envolve comunidades de significados e práticas sociais, linguagem, normas sociais e elementos de vinculação não promissórios. Por fim, a boa-fé realça o elemento moral das relações contratuais" (MACEDO JUNIOR, Ronaldo Porto. Contrato previdenciário como contrato relacional. In: MARQUES, Claudia Lima; MIRAGEM, Bruno (Orgs.). *Direitos do consumidor*: contratos de consumo. Coleção Doutrinas Essenciais. São Paulo: RT, 2011. p. 1080).

muito menores da situação geral.[525] A seu ver, as "promessas sempre foram acompanhadas por cargas das impurezas de incompletude de conteúdo e comunicação, objetividade, implicação, costume, usos e, acima de tudo, 'continuidade' e nuvens de imprecisão e incerteza futura".[526] Daí que, ao discorrer sobre o futuro do contrato, o autor afirma que "exceto para o planejamento transacional inicial e para o planejamento de estrutura, o planejamento nas relações sempre envolve um elemento de tentativa, e com ele uma limitação inerente ao grau de especificidade e completude possível ou desejável".[527]

O pensamento do autor a propósito da flexibilidade dos contratos de longo prazo e da teoria do contrato relacional são aprofundados em outro texto.[528] De acordo com Ian MacNeil, a mudança, causada por forças além do controle social ou "ativamente" buscadas, parece ser uma característica permanente das sociedades tecnológicas modernas, de modo que a flexibilidade é a única alternativa para evitar o colapso social. No sistema neoclássico, o ponto de referência para endereçar as mudanças tende a ser o contrato original, "o ponto de referência é toda a relação como ela se desenvolveu até o momento da mudança em questão (e, em muitos casos, como se desenvolveu desde a mudança).[529] Nesse

---

[525] "Nunca pode haver comunicação completa entre as pessoas: uma promessa feita e uma promessa ouvida são duas coisas diferentes" (MACNEIL, I. R. The many futures of contracts. *Southern California Law Review*, United States, v. 47, p. 726-728, 1973-1974).

[526] Trecho em tradução livre. MACNEIL, I. R. The many futures of contracts. *Southern California Law Review*, United States, v. 47, p. 731, 1973-1974. No direito brasileiro, v. MACEDO JUNIOR, Ronaldo Porto. *Contratos relacionados e defesa do consumidor*. São Paulo: Max Limonad, 1998.

[527] Trecho em tradução livre. MACNEIL, I. R. The many futures of contracts. *Southern California Law Review*, United States, v. 47, p. 761-762, 1973-1974. No mesmo sentido, no direito brasileiro, Ronaldo Porto Macedo Junior assevera que "os contratos relacionais fazem mais do que regular a troca de mercadorias e seu ajuste. Eles estabelecem o processo para cooperação interorganizacional no produto ou serviço, na produção e na estruturação da forma de gerenciamento. (...) A divisão de lucros passa a ser objeto de negociação entre as empresas no curso da performance contratual que as vincula. O lucro será agora menos o produto da barganha entre as partes e mais o produto de mútua cooperação, dentro de novos princípios de solidariedade e onde o conceito de boa-fé passa a ter uma importância antes inexistente. Por fim, os contratos relacionais de modo geral envolvem relações complexas em'tre diversas partes, nas quais os vínculos pessoais e de solidariedade, confiança e cooperação são determinantes" (MACEDO JUNIOR, Ronaldo Porto. Contrato previdenciário como contrato relacional. *In*: MARQUES, Claudia Lima; MIRAGEM, Bruno (Orgs.). *Direitos do consumidor*: contratos de consumo. Coleção Doutrinas Essenciais. São Paulo: RT, 2011. p. 1077-1078).

[528] MACNEIL, I. R. Contracts: adjustment of long-term economic relations under classical, neoclassical, and relational contract law. *Northwestern University Law Review*, Chicago, v. 72, p. 854-905, 1977-1978.

[529] Trecho em tradução livre. MACNEIL, I. R. Contracts: adjustment of long-term economic relations under classical, neoclassical, and relational contract law. *Northwestern University Law Review*, Chicago, v. 72, p. 889-890, 1977-1978.

sentido, para o que aqui importa, ainda de acordo com Ian MacNeil,[530] "duas características comuns dos contratos de longo prazo são: a existência de lacunas no planejamento e a presença de uma série de processos e técnicas usadas pelos contratantes para criar flexibilidade, em vez de tentar planeja-lo rigidamente".[531]

Em linha com o exposto, Marcos Nóbrega et al.[532] asseveram que "Esses contratos relacionais são de longo prazo, podendo durar décadas, e têm uma relação distinta dos contratos de curto prazo, podendo ser descritos como jogos repetitivos". De acordo com os autores, "para esse tipo de relacionamento duradouro, existe ampla evidência sugerindo que os contratados e as autoridades públicas geralmente esperam uma certa quantidade de adaptações *ex post*, independentemente de quão bem o projeto foi planejado e executado".

Em direção semelhante, para Oliver Williamson, "as partes serão confrontadas com a necessidade de se adaptarem a perturbações imprevistas que surjam em razão de lacunas, erros e omissões no contrato original". De acordo com o autor, "os atores humanos não são apenas confrontados com necessidades de adaptação ao imprevisto (por razão de racionalidade limitada), mas também afeitos a comportamentos estratégicos (por razão de oportunismo)". Assim é que, a seu ver, "nesse caso, os esforços devem ser no sentido da ordenação privada para conceber estruturas de governança, que sirvam para endereçar tais situações são desejáveis".[533]

Ainda de acordo com o autor, a teoria dos direitos de propriedade (*property rights theory*) baseia-se na economia dos custos de transação,

---

[530] MACNEIL, I. R. The many futures of contracts. *Southern California Law Review*, United States, v. 47, p. 720, 1973-1974.

[531] Nesse sentido, como assevera Eric Posner "Um contrato teoricamente completo descreveria todos os riscos possíveis, mas os custos de transação – incluindo o custo da negociação e de redação do contrato – e a possibilidade de previsão de eventos de pouca probabilidade tornam todos os contratos incompletos. Ademais, as partes podem escolher alguns termos ou evitar outros por razões estratégicas, no intuito de explorar um poder de barganha superior ou valer-se de uma assimetria de informação" (POSNER, E. A. Análise econômica do direito contratual após três décadas: sucesso ou fracasso? (primeira parte). *Revista de Direito Público da Economia*, Belo Horizonte, a. 6, n. 23, p. 79, jul./set. 2008).

[532] CAMELO, Bradson; NÓBREGA, Marcos; TORRES, Ronny Charles L. de. As licitações como um jogo: teoria dos leilões. *In*: CAMELO, Bradson; NÓBREGA, Marcos; TORRES, Ronny Charles L. de. *Análise econômica das licitações e contratos*: de acordo com a Lei nº 14.133/2021 (nova Lei de Licitações). Belo Horizonte: Fórum, 2022. p. 222.

[533] Trecho em tradução livre. WILLIAMSON, O. E. The Theory of the Firm as Governance Structure: from Choice to Contract. *Journal of Economic Perspectives*, Tennessee, v. 16, n. 3, p. 174, 2002.

os quais são experimentados, porquanto: (i) os contratos complexos são incompletos (por motivos de racionalidade limitada), (ii) os contratos com mera promessa não são autoaplicáveis (por motivos de oportunismo), (iii) a composição judicial do conflito é limitada (por motivo de não verificabilidade *ex post*) e (iv) as partes são bilateralmente dependentes (por motivos de investimentos específicos da transação). Contudo, enquanto a economia dos custos de transação (*transaction cost economics*)[534] aloca a principal ação analítica na governança das relações contratuais que estão em andamento, "a teoria dos direitos de propriedade aniquila as questões de governança ao assumir o conhecimento comum de *payoffs* e barganhas sem custos. Como consequência, toda a ação analítica concentra-se na etapa de alinhamento de incentivos da contratação".[535] Em outro ensaio, o autor aponta que os "contratos incompletos de longo prazo requerem mecanismos adaptativos especiais para efetuar o realinhamento e restaurar a eficiência quando assolados por perturbações imprevistas".[536] Ou seja, as partes que mantêm "uma relação de dependência bilateral de longo prazo entre si devem reconhecer que contratos incompletos exigem preenchimento de lacunas e, às vezes, ficam desalinhados".[537]

---

[534] "A lição fundamental imposta pela racionalidade limitada para o estudo da Economia das Organizações (ou Organização Econômica) é que todos os contratos complexos são, inevitavelmente, incompletos. A combinação de contratos incompletos (decorrentes da racionalidade limitada) com informações pouco confiáveis (decorrentes do oportunismo, que será tratado adiante) corrói a ideia de que o simples conhecimento do contrato entre duas partes será suficiente para eliminar problemas pós-contratuais. Sendo implausível atribuir conhecimento equitativo aos árbitros das disputas (os tribunais), o conhecimento equitativo do contrato entre as partes não impede o surgimento de disputas pós-contratuais e de má adaptação dos contratos. Conclui-se que, contrariamente aos resultados tradicionais da teoria dos jogos, barganha a custo zero não é razão suficiente para a eficiência pós-contratual. Em vez disso, a eficácia adaptativa de formas alternativas de governança *ex post* (mercado, híbrida, hierárquica etc.) deve ser calculada a partir da análise institucional comparativa" (WILLIAMSON, O. E. Porque Direito, Economia e Organizações. In: ZYLBERSZTAJN, Décio; SZTAJN, Rachel (Orgs.). *Direito & economia*: análise econômica do direito e das organizações. Rio de Janeiro: Elsevier, 2005. p. 16-59).

[535] Trecho em tradução livre. WILLIAMSON, O. E. The Theory of the Firm as Governance Structure: from Choice to Contract. *Journal of Economic Perspectives*, Tennessee, v. 16, n. 3, p. 188, 2002.

[536] Trecho em tradução livre. WILLIAMSON, O. E. Comparative Economic Organization: The Analysis of Discrete Structural Alternatives. *Administrative Science Quarterly*, New York, v. 36, n. 2, p. 96, jun. 1991.

[537] Trecho em tradução livre. WILLIAMSON, O. E. Comparative Economic Organization: The Analysis of Discrete Structural Alternatives. *Administrative Science Quarterly*, New York, v. 36, n. 2, p. 102-103, jun. 1991.

Todo esse racional se aplica ao equilíbrio econômico-financeiro dos contratos de concessão. De fato, como visto no item anterior, o equilíbrio econômico-financeiro dos contratos de concessão concreto, real, é construído a partir de uma gestão negativa de risco decorrente da incompletude contratual. Tal incompletude contratual não pode mais significar, tão somente, a elaboração de uma matriz de risco exaustiva. Como visto, os "riscos" são precificáveis, mas as "incertezas", não. Daí que, no caso de materialização de eventos que veiculem situações de "incerteza", mais eficiente será o desenho de uma regulação contratual endógena flexível, que oportunize às partes a renegociação de suas bases, ou a melhor forma de levar a efeito a sua extinção consensual.[538]

Por tais razões, considerando os custos de transação de se desenhar contratos completos, seria mais eficiente postergar a colmatação de suas lacunas contratuais, por intermédio de um procedimento negocial ou pelo *enforcement*.[539] Nesse sentido, como afirma David Campbell,[540] os custos de informação de determinada contingência serão menores quanto mais patente for a referida contingência e, assim, a modificação do contrato *ex post* tenderá a ser menos custosa que sua alteração *ex ante*.[541] Com base nesse entendimento, é possível se afirmar

---

[538] Nesse sentido, Carlos Oliveira Cruz e Joaquim Miranda Sarmento asseveram que "Um número crescente de autores tem estudado o desenvolvimento de técnicas e mecanismos de gestão da incerteza baseados na flexibilidade, isto é, assumindo que há fatores de previsão difícil, ou impossível, desenvolvem-se mecanismos que possam mitigar a probabilidade de ocorrência e/ou do impacto desse risco. As opções de flexibilidade de gestão embebidas na infraestrutura podem criar valor econômico e permitir que as agências públicas capturem parte desse excedente. Uma das formas é evitar restringir a flexibilidade de gestão, desenvolvendo planos detalhados de investimento, planeados temporalmente e sem ligação direta com os níveis de procura verificados. As especificações devem ser feitas no próprio serviço, ou no portfólio de serviços, e a remuneração também deve ser feita numa base de serviço" (CRUZ, Carlos Oliveira; SARMENTO, Joaquim Miranda. *Manual de parcerias público-privadas e concessões*. Belo Horizonte: Fórum, 2019. p. 315).

[539] É consensual entre aqueles que estudam contratos em economia que uma fração muito relevante das informações não é observada e, entre as observadas, apenas uma pequena parcela pode ser utilizada nas instâncias judiciais. Por isso, os contratos costumam conter em si os elementos que conduzem ao comportamento desejado, o que é denominado na literatura de *self enforcement*. (AZEVEDO, Paulo Furquim de. Parte II: contratos – Uma perspectiva econômica. *In*: ZYLBERSZTAJN, Décio; SZTAJN, Rachel (Orgs.). *Direito & economia*: análise econômica do direito e das organizações. Rio de Janeiro: Elsevier, 2005).

[540] CAMPBELL, D. The incompleteness of our understanding of the law and economics of relational contract. *Wisconsin Law Review*, Wisconsin, v. 645, p. 674, jan. 2004.

[541] Sztajn e Verçosa asseveram que: "A distribuição da informação entre contratantes é ponto central na conclusão de pactos; tem relevância na distribuição dos ônus e vantagens entre os contratantes. Daí que se torna possível prever o equilíbrio que resultará do contrato (se efetivo ou não), a distribuição dos ganhos e perdas, e como interpretá-lo quando evento imprevisto venha incidir sobre as prestações" (SZTAJN, Rachel; VERÇOSA, Haroldo

que a aplicação irrestrita e apriorística da Teoria da Imprevisão, em contratos de concessão, não se apresenta eficiente. É que, em razão da racionalidade limitada e da assimetria de informações entre regulador e regulado, a previsão de todos os eventos que podem acometer um contrato de longo prazo incrementaria os custos de transação do desenho contratual *ex post*. Segue daí o racional econômico de se modelar uma estrutura contratual lastreada em incompletudes, deliberadamente deixadas pelas partes. Caso, porém, não seja possível estabelecer as consequências para um evento imprevisível, será mais eficiente delegar a sua colmatação para um procedimento negociado, *ex post*, do que arbitrar suas consequências, *ex ante*.[542]

De fato, notadamente em contratos de concessão, como assevera que J. Luis Guasch,[543] tal incompletude decorre da "incapacidade ou do custo de prestar contas de todas as contingências possíveis nos contratos". Por tais razões, de acordo com o autor, "a redação de um contrato às contingências verificáveis e previsíveis podem ser demasiado dispendiosas. Assim, as partes têm de decidir que contingências querem incluir no regramento dos contratos de longo prazo". De fato, de acordo com o *Managing PPP Contracts after Financial Close*,[544] produzido pelo *Global Infrastructure Hub*, os contratos concessórios, naturalmente de longo prazo, são expostos a várias mudanças externas, que surgem de circunstâncias políticas, sociais e econômicas, que têm lugar durante a sua execução. Por isso, a renegociação é sempre um mecanismo que será utilizado durante a sua vigência. O estudo promovido pelo *Global*

Malheiros Dulcrec. A incompletude do contrato de sociedade. *Revista de Direito Mercantil, Industrial, Econômico e Financeiro*, São Paulo, v. 131, p. 7-20, jul./set. 2003).

[542] De fato, como exposto por Eric Brousseau e Jean-Michel Glachant "Os contratos estão incompletos porque existem informações e custos de medição significativos em torno da maioria das transações comerciais. Quando existe um grande número de contingências possíveis em relação a eventos futuros, o uso do contrato completo e totalmente contingente da teoria econômica é muito caro. Os negociadores usam contratos incompletos nessas circunstâncias, não apenas para evitar os 'custos de tinta' significativos de escrever contratos totalmente contingentes, mas, mais importante, porque contratos incompletos evitam os custos desnecessários de pesquisa e negociação que, de outra forma, seriam suportados pelos operadores" (BROUSSEAU, E.; GLACHANT, J. M. *The Economics of the Contracts*: Theories and Applications. Cambridge: Cambridge University Press, 2002. p. 60).

[543] GUASCH, J. L. *Granting and Renegotiating Infrastructure Concessions*: Doing It Right. Washington: The World Bank, 2004. p. 71.

[544] GI HUB. Global Infrastructure Hub. Managing PPP Contracts After Financial Close: Practical guidance for governments managing PPP contracts, informed by real-life project data. Disponível em: https://content.gihub.org/live/media/1465/updated_full-document_art3_web.pdf. Acesso em: 14 fev. 2022.

Infrastructure Hub analisou 48 casos de renegociação, no âmbito de 146 projetos, dos quais foram extraídas as seguintes informações:

Tabela 8 – Prevalence of renegotiation by region

Region	Projects with data	Renegotiation events	Percentage
East Asia	17	2	12%
Europe	43	12	28%
Latin America and the Caribbean*	43	25	58%
Middle East and North Africa	8	1	13%
North America	5	2	40%
South Asia	14	5	36%
South East Asia	8	1	13%
Total	146	48	33%

Fonte: Global Infrastructure Hub.

Figura 6 – Causes of renegotiation, based on 48 projects that experienced renegotiation

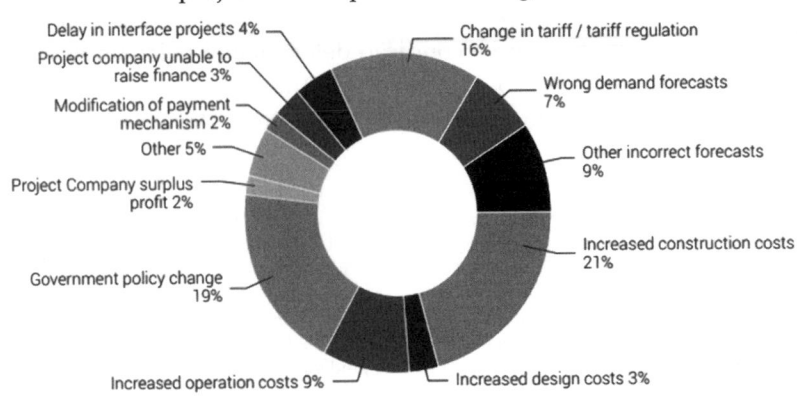

- Delay in interface projects 4%
- Project company unable to raise finance 3%
- Modification of payment mechanism 2%
- Other 5%
- Project Company surplus profit 2%
- Government policy change 19%
- Increased operation costs 9%
- Increased design costs 3%
- Increased construction costs 21%
- Other incorrect forecasts 9%
- Wrong demand forecasts 7%
- Change in tariff / tariff regulation 16%

Fonte: Global Infrastructure Hub.[545]

---

[545] GI HUB. Global Infrastructure Hub. Managing PPP Contracts After Financial Close: Practical guidance for governments managing PPP contracts, informed by real-life project data. p. 87. Disponível em: https://content.gihub.org/live/media/1465/updated_full-document_art3_web.pdf. Acesso em: 14 fev. 2022.

De acordo com o estudo, o reequilíbrio econômico contratual teve lugar em razão de: eventos de força maior, mudanças nas condições macroeconômicas, mudança na lei ou alterações abruptas na demanda. Em geral, o reequilíbrio pode ser implementado por meio de uma ampla gama de mecanismos: compensação da concessionária, mudança nas tarifas, alteração na duração do contrato ou nos investimentos.[546] Nessa direção, o Guia indica como orientações para o processo de renegociação (expressão tomada como sinônimo de reequilíbrio):[547] (i) introdução de políticas para limitar as frequentes renegociações; (ii) ao mesmo tempo, também estar atento às oportunidades que possam estar disponíveis através das renegociações; (iii) avaliar totalmente a adequação de uma renegociação; (iv) considerar a rescisão como uma alternativa para renegociar; (v) garantir o emprego de recursos adequados durante a renegociação; (vi) considerar a transparência da renegociação e garantir boas práticas de manutenção dos registros; (vii) assegurar o cumprimento da regulação estrutural; (viii) considerar os papéis dos parceiros privados associados (tais como credores); e (ix) estar ciente das implicações mais amplas de uma renegociação, incluindo a avaliação de oportunidades para a aquisição de melhores projetos.[548]

Trata-se de uma estratégia contratual da qual se valem as partes para gerar incentivos para que possam investir em ativos específicos, assim considerados como a condição determinada pelas limitações de remoção para torná-lo disponível a outras finalidades e a outros usuários, sobretudo em função dos custos que lhe foram afundados

---

[546] GI HUB. Global Infrastructure Hub. Managing PPP Contracts After Financial Close: Practical guidance for governments managing PPP contracts, informed by real-life project data. p. 81. Disponível em: https://content.gihub.org/live/media/1465/updated_full-document_art3_web.pdf. Acesso em: 14 fev. 2022.

[547] *"For the purpose of the data analysis explored in this chapter, the study results do not differentiate between renegotiation and rebalancing"* (GI HUB. Global Infrastructure Hub. Managing PPP Contracts After Financial Close: Practical guidance for governments managing PPP contracts, informed by real-life project data. p. 81. Disponível em: https://content.gihub.org/live/media/1465/updated_full-document_art3_web.pdf. Acesso em: 14 fev. 2022).

[548] O estudo cita o caso do setor de energia brasileiro como um fator de diminuição de riscos: *"Lessons from previous PPP contracts have informed new contracts in the Brazilian electricity sector. The Procuring Authority (the national energy regulator, ANEEL) observed that difficulties in obtaining environmental permits often led to extensive delays and occasional project terminations. Consequently, ANEEL altered the bidding process to introduce a step to assess the feasibility of a proposed project from an environmental perspective, thus reducing the risk of environmental permitting causing delays"* (GI HUB. Global Infrastructure Hub. Managing PPP Contracts After Financial Close: Practical guidance for governments managing PPP contracts, informed by real-life project data. p. 86. Disponível em: https://content.gihub.org/live/media/1465/updated_full-document_art3_web.pdf. Acesso em: 14 fev. 2022.)

(*sunk costs*).[549] São, portanto, investimentos que pressupõem: (i) a sua vocação ao atendimento de unidades de capital fixo especializadas; (ii) a sua expansão seja direcionada e dimensionada para atender a uma demanda que envolva um conjunto de transações; (iii) um processo de aprendizagem, por intermédio do qual os contratantes, em razão da relação duradoura, poderão dele se valer para a celebração de outros negócios jurídicos. De fato, como leciona Rachel Sztajn,[550] "para que os indivíduos façam investimentos e façam surgir o pleno potencial das trocas através da especialização, faz-se necessária a redução nos custos associados a riscos futuros de rupturas de promessa". Nesse sentido, os custos de transação em contratos de longo prazo podem ser ilustrados no seguinte desenho esquemático abaixo colacionado:

Figura 7

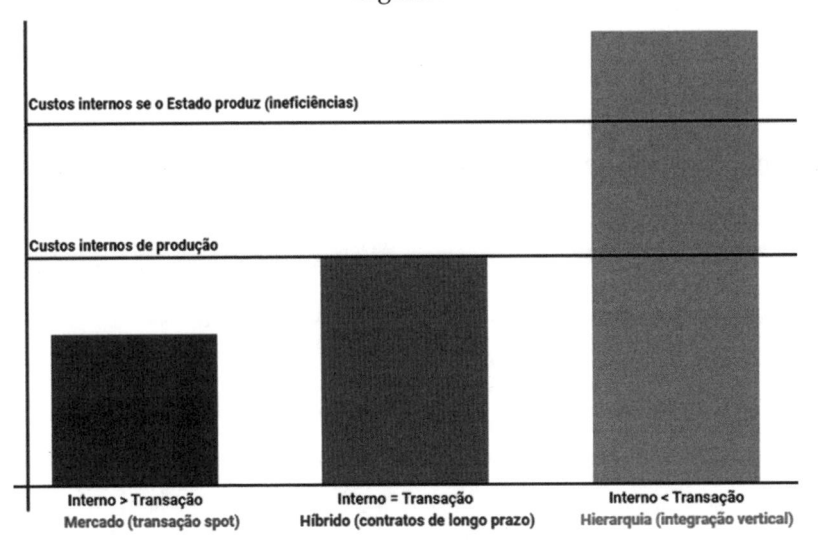

Custos internos se o Estado produz (ineficiências)		
Custos internos de produção		
Interno > Transação Mercado (transação spot)	Interno = Transação Híbrido (contratos de longo prazo)	Interno < Transação Hierarquia (integração vertical)

Fonte: Elaborado pelo autor com base em SOGGIA, 2015.

Por essa razão, no âmbito de contratos incompletos (e relacionais), a cooperação se mostra a postura mais eficiente às partes em situações

---

[549] KLEIN, B.; CRAWFORD, R. G.; ALCHIAN, A. A. Vertical integration, appropriable rents, and the competitive contracting process. *The Journal of Law & Economics*, Chicago, v. 21, n. 2, p. 299, oct. 1978.
[550] SZTAJN, Rachel. Law and economics. *In*: ZYLBERSZTAJN, Décio; SZTAJN, Rachel. *Direito & economia*: análise econômica do direito e das organizações. Rio de Janeiro: Elsevier, 2005.

de "incerteza". Em tais hipóteses, o que se passa é uma situação "*tit for tat*" (olho por olho, dente por dente), de acordo com a qual os jogadores passam, a partir da primeira rodada de jogos, a cooperar à medida e em consonância com as posturas dos seus adversários (poder concedente de concessionário).[551] Nesse sentido, Licínio Lopes Martins,[552] ao comentar os novos quadrantes do regime jurídico do equilíbrio econômico-financeiro dos contratos de concessão, leciona que "sendo necessariamente contratos incompletos, os contratos de longa duração surgem como um modelo normativamente aberto e apto a absorver a dinâmica da realidade". Em prosseguimento, o autor conclui seu entendimento no sentido de que "Nestes contratos há o dever (dever jurídico), para as partes, de evitar a sua resolução e a discussão sobre aspectos indenizatórios. Quer isto dizer que o êxito dos contratos de longa duração depende essencialmente da cooperação das partes".

De fato, de acordo com a regras de incentivo, considerando que os contratos de concessão, embora incompletos, tem um prazo de vigência alargado, o viés cooperativo diminui à medida que o seu termo se avizinha. Por esse motivo, em contratos de longo prazo, as partes caminham para uma convergência de interesses, que é endereçada, no

---

[551] O regime de renegociação de contratos de concessão em situações de incerteza impõe a adoção de uma das facetas da denominada regulação responsiva. Aqui, vislumbra-se a aplicação de um regime menos adversarial e mais customizado de enlace entre o poder concedente e os concessionários. De fato, o direito da regulação passa a conviver com a erosão das fontes formais do direito posto. A técnica regulatória de comando-controle (que se mostrou, empiricamente, ineficaz) passa a conviver com um direito mais responsivo, no âmbito do qual as "normas legais específicas devem ser consideradas válidas apenas condicionalmente, sujeitas a reavaliação à luz da análise de suas consequências sociais, econômicas e morais (NONET, Philippe; SELZNICK, Philip. *Direito e sociedade*: a transição ao sistema jurídico responsivo. Tradução Vera Pereira. Rio de Janeiro: Editora Revan, 2010. p. 21; AYRES, I.; BRAITHWAITE, J. *Responsive Regulation*: Transcending the Deregulation Debate. Nova York: Oxford University Press, 1992. O diálogo entre tais vertentes a propósito da regulação responsiva caminhou para necessidade de se construir uma regulação responsiva mais realista, que considere uma desenho regulatório, no qual o regulador deve: (i) fomentar que o regulado proponha formas de alteração do seu próprio comportamento; (ii) elogiar os regulados que demonstrem compromisso em mudar o seu comportamento evasivo da regulação; (iii) criar níveis de avalição qualitativos dos regulados, que possam premiar a adequação dos seus comportamentos; (iv) sinalizar aos regulados que podem lançar mão da escalada punitiva, mas sem ameaçá-los; (v) se coordenar com uma Rede Piramidal de Reguladores (Governança), de modo a endereçar um sistema de autoaprendizagem experimental de suas próprias práticas reguladoras. Uma crítica à abstração dos dois modelos de regulação responsiva é destacado em PEREZ, O. Responsive Regulation and Second-order Reflexivity: on the limits of regulatory intervention. *University of British Columbia Law Review*, Columbia, v. 44, n. 3, p. 743-778, 2011. p. 743-778.

[552] MARTINS, Licínio Lopes. O equilíbrio econômico-financeiro do contrato administrativo: algumas reflexões. *Revista de Contratos Públicos*, Belo Horizonte, a. 1, n. 1, p. 199-240, mar./ago. 2012.

âmbito de um regime de cooperação e de renegociação, o qual passa a integrar o conceito de equilíbrio econômico-financeiro dos contratos de concessão, tema que será desenvolvido no próximo item.

4.2.2 Da abertura contratual à renegociação e à adaptabilidade dos contratos de concessão: um *trade off* entre eficiência e flexibilidade

Os contratos de concessão veiculam elevados custos de transação, em razão da incompletude que lhes é congênita. Diante do que, em situações de incerteza, cria-se um ambiente, utilizando-se da "Teoria dos Jogos",[553] no qual cooperar é a solução mais eficiente para ambas as partes. Se, de um lado, o concessionário tem interesse em minorar os efeitos econômicos das "incertezas", de outro, no Brasil, os custos para se relicitar, de forma expedita, o ativo são muito elevados. Nesse sentido, são precisos os ensinamentos de Giuliana Bonnano Schunck[554] para quem, em contratos de longo prazo "não apenas o devedor da obrigação possui deveres, mas igualmente o credor, que deve colaborar o tempo todo para o cumprimento da obrigação e agir de modo a permitir a completa realização do programa contratual. Cuida-se de uma espécie de "obrigação de contratar",[555] ou, melhor dizendo, de "recontratar".

A mesma autora ilustra o ponto, por intermédio de exemplo, de todo, compatível com o objeto do presente livro. De acordo com o exemplo da autora, destaca-se a cooperação espontânea que teve lugar, nas trincheiras da I Guerra Mundial, quando algumas pequenas unidades

---

[553] BAIRD, D. G.; GERTNER, R. H.; PICKER, R. C. *Game Theory and the Law*. 5. ed. Cambridge: Harvard University Press, 1994.

[554] SCHUNCK, Giuliana Bonanno. *Contratos de longo prazo e o dever de cooperação*. 2013. Tese (Doutorado em Direito) – Faculdade de Direito da Universidade de São Paulo, São Paulo, 2013.

[555] Cuida-se de racional similar ao que passa na aplicação da *Essential Facilities Doctrine*. Como sabemos, tal teoria teve lugar pela primeira vez no caso *Terminal Railroad*, julgado em 1912 pela Suprema Corte, mas o julgamento que fixou as bases que até hoje presidem a Teoria foi o *MCI* contra *AT & T*, realizado pelo Sétimo Circuito da Justiça dos EUA, em que esta teve que dar acesso à sua rede de telefonia fixa (a *facility*), da qual tinha o monopólio para aquela prestar os seus serviços de telefonia interurbana em concorrência com a própria AT & T, que também os prestava. MCI Communications Corp. v. AT & T. (708 F.2d 1081, 1132 (7th Cir.), cert. Denied, 464 U.S. 891 (1983). Dessa teoria decorre o direito a um *duty to contract* ("dever de contratar"). Esta definição é, no entanto, importante, porque o direito deste país não equiparou o direito de acesso ao *right to pass*, que seria equivalente à nossa servidão administrativa (ARAGÃO, Alexandre Santos de. Serviços públicos e concorrência. *Revista de Direito Público da Economia*, Belo Horizonte, a. 1, n. 2, p. 59-123, abr./jun. 2003).

de tropas inimigas estavam em contato entre si, por um período mais extenso. Tal cooperação se lastrou na pouca mobilidade dessa guerra, a qual foi denominada de *"live-and-let-live"* (algo como viva e deixe viver). Por meio desse expediente, as tropas de ambos os lados cessavam fogo, por um determinado tempo ou certos momentos do dia, para que pudessem, por exemplo, fazer suas refeições, ou, ainda, em dias nos quais o clima castigava muito os soldados.

Nesse cenário, exsurge o que Anderson Shreiber denomina por "dever de renegociar".[556] De acordo com o autor, "afigura-se não apenas possível, mas imperativa a construção de um dever de renegociação de contratos desequilibrados, como expressão do valor constitucional da solidariedade social, bem como de normas infraconstitucionais daí decorrentes, em particular a cláusula geral da boa-fé objetiva". Com o influxo trazido pelos ares democráticos da Constituição de 1988, o exercício de direitos passou a ser atrelado a valores constitucionalmente consagrados. Trata-se, pois, de uma das facetas da Constitucionalização do Direito Civil. Em breve resumo, o referido fenômeno manifesta-se sob duas vertentes: (i) pela Constitucionalização do Direito Civil ou publicização do direito privado, que decorre do tratamento de seus principais temas pela Carta Constitucional (*v.g.* o artigo 226 da CF, sobre a configuração da família no Direito brasileiro) e (ii) pela interpretação dos institutos de Direito Civil sob a ótica do princípio da dignidade da pessoa humana e da solidariedade social. Por meio dessa filtragem axiológica do ordenamento jurídico, com a passagem valorativa da Constituição para o centro do ordenamento jurídico, toda a legislação infraconstitucional – o que, inclui, por certo, o Código Civil – deve ser interpretada à luz do texto constitucional.

Seguiu daí a promulgação do Código Civil de 2002, que teve seus pilares vincados nas diretrizes da sociabilidade, da eticidade e da operabilidade todas, intimamente, relacionadas com o princípio da dignidade da pessoa humana, fundamento axiológico nuclear de um Estado Democrático de Direito.[557] Nesse sentido, esse dever de

---

[556] SHREIBER, Anderson. Construindo um dever de renegociar no direito brasileiro. *Revista Interdisciplinar de Direito da Valença*, Valença, v. 16, n. 1, p. 13-12, 2018.

[557] Foram os três valores que nortearam os trabalhos conduzidos por Miguel Reale, na elaboração do Projeto de Lei nº 634/1975, que deu origem ao Código Civil. Especificamente acerca da diretriz da operabilidade, o referido autor leciona que, segundo os ensinamentos de Jhering, é "da essência do Direito a sua realizabilidade: o Direito é feito para ser executado; Direito que não se executa – já dizia Jhering na sua imaginação criadora – é como chama que não aquece, luz que não ilumina. O Direito é feito para ser realizado e para ser operado"

renegociar contratos desequilibrados tem lugar, no direito brasileiro, sob o aspecto privatístisco, com a consagração de valores éticos às contratações (quando da edição do CC de 2002 e do CDC), de modo que o contrato passa a se converter em uma relação dinâmica, que se encontra funcionalizada a objetivos comuns. Cuida-se, pois, do que a doutrina especializada denomina de "deveres anexos contratuais".[558] São, pois, fundamentos caudatários da Teoria Geral dos Contratos que, como é de conhecimento convencional, aplicam-se aos contratos administrativos. É o que dispõe o art. 89 da Lei nº 14.133/2021 segundo o qual "Os contratos de que trata esta Lei regular-se-ão pelas suas cláusulas e pelos preceitos de direito público, e a eles serão aplicados, supletivamente, os princípios da teoria geral dos contratos e as disposições de direito privado".[559]

(REALE, Miguel *apud* AZEVEDO, Fabio de Oliveira. *Direito Civil*: introdução e teoria geral. 2. ed. Rio de Janeiro: Lumen Juris, 2009. p. 113.)

[558] Na esteira dos ensinamentos de Gustavo Tepedino, Heloisa Helena Barboza e Maria Celina Bodin de Moraes, o princípio da boa-fé (art. 422 do CC) cumpre três principais desideratos no direito contratual: (i) o de servir como cânon interpretativo de negócios jurídicos; (ii) o de criar deveres jurídicos acessórios ou anexos aos expressamente previstos no contrato, tais como os deveres de cuidado, segurança, prestar informações, não revelar segredos das partes etc.; e (iii) o de limitar o exercício de direitos subjetivos das partes, aproximando-se da teoria do abuso de direito. No que concerne à função de criar deveres laterais ou anexos, destacam, *in verbis*, que: "Ao se exigir que os contratantes, quer na conclusão, quer na própria execução do contrato, 'guardem os princípios da probidade e boa-fé', o CC, muito mais do que apenas exigir um dever geral de não prejudicar, autoriza a imposição de uma série de deveres de conduta mutuamente exigíveis entre os contratantes e que independem da vontade um do outro (...) A concepção de 'obrigação como processo' difundida, entre nós, por Clóvis do Couto e Silva (A obrigação como processo) tem aí uma de suas expressões mais emblemáticas: o valor dogmático da relação obrigacional complexa está em demonstrar a importância dos deveres laterais na consecução dos 'interesses globais visados pela relação obrigacional complexiva'" (TEPEDINO, Gustavo; BARBOZA, Heloísa Helena; DE MORAES, Maria Celina Bodin. *Código Civil interpretado conforme a Constituição da República*: parte geral e obrigações (arts.1º a 420). 2. ed. rev. at. e ampl. Rio de Janeiro: Renovar, 2007. v. I. p. 17).

[559] Sob o aspecto econômico, Eric Brousseau e Jean-Michel Glachant asseveram que *"The solution to this coordination dilemma consists of signing a commitment constraining the scope of the expost negotiations in order to provide an incentive for each party to invest optimally exante. This arrangement assigns a unilateral decision right to one of the parties to determine the effective level of trade expost, while a default option protects the interests of the second party by establishing a minimal level of trade. Two families of models have been created deriving from this framework. The first is represented by the work of Hart and Moore (1988). An efficient level of investment is not obtained from the beneficiary of the default option, since this option is insufficiently sophisticated to motivate him to invest at the optimal level under all conditions. The exante inefficiency follows from the fact that the default option is contingent on the state of nature that materializes. The second family is an extension to the work of Aghion, Dewatripont and Rey (1994), who postulate that the default option may provide an incentive for the beneficiary to invest optimally. They assume that the judge will be capable of verifying, and of rendering enforceable, default options of great complexity and that he will oppose any renegotiation of these provisions"* (BROUSSEAU, E.; GLACHANT,

Para além disso, é de se destacar a pesquisa empírica de Julie de Brux,[560] na qual ela apresenta dois estudos nos quais a cooperação entre o poder público e o concessionário convergiu para uma situação melhor para ambos. O primeiro é sobre o aeroporto de Camboja, que restou, profundamente, impactado, financeiramente, pela revolução militar que se insurgiu no país em 1997. Um segundo exemplo foi o de um túnel rodoviário explorado por particulares na França, no qual a necessidade da realização de novos investimentos fez surgir a necessidade da cooperação *ex post*.

Não se trata de racional, de todo, novidadeiro, em contratos de concessão. Nas modelagens mais recentes, como se viu no capítulo 2, vem se adotando cláusulas que têm por objetivo exigir a realização de investimentos quando do atingimento de índices de utilização da infraestrutura. Por meio dessa modelagem, objetiva-se proporcionar uma correlação entre os investimentos realizados pelo concessionário e a fruição do serviço pelos usuários. Ademais disso, evita-se que sejam realizados investimentos desnecessários, que não serão amortizados, sem a respectiva geração de receita (estabelecendo-se flexibilidade contratual e peias aos efeitos econômicos produzidos pela "incerteza").[561]

Outro modelo de regulação contratual das "incertezas" pode ser extraído do instituto da "Proposta Apoiada", apresentado, igualmente, no capítulo 2 da presente obra. Ao se utilizar de tal instituto, os operadores aeroportuários poderão, mediante negociação e em acordo com as empresas áreas, apresentar propostas de alteração dos modelos tarifários, dos indicadores de qualidade de serviço, da metodologia de cálculo dos fatores Q e X, da Taxa de Desconto do Fluxo de Caixa

---

J. M. *The Economics of the Contracts*: Theories and Applications. Cambridge: Cambridge University Press, 2002. p. 11).

[560] DE BRUX, J. The Dark and Bright Sides of Renegotiation: An Application to Transport Concession Contracts, *Utilities Policy*, Elsevier, v. 18, n. 2, p. 77-85, jun. 2010.

[561] O TCU já reconheceu os benefícios dessa modelagem nos seguintes termos: "Ante o exposto, cabe determinar à ANTT que faça constar expressamente no Contrato de Concessão decorrente do Edital 001/2011-BR-101/ES/BA a obrigação de o concessionário realizar a infraestrutura (exceto o pavimento) das terceiras faixas do subtrecho homogêneo D juntamente com sua duplicação, sendo a execução da pavimentação do referido subtrecho condicionada ao atingimento do gatilho definido na Tabela 3.2 do Anexo 2 da minuta de contrato (PER), conforme registrado em seu Plano de Negócios e confirmado em resposta à diligência promovida pela Comissão de Outorga" (BRASIL. Tribunal de Contas da União. *Acórdão nº 2.573/2012 – PLENÁRIO*).

Marginal e os compromissos de oferta de infraestrutura e serviços aeroportuários.[562]

É com base nos mesmos fundamentos, que se propõe o endereçamento de situações as quais materializam como "incertezas", no âmbito do equilíbrio econômico-financeiro dos contratos de concessão. Em vez de a modelagem tentar prever o futuro (incrementado os custos de transação *ex ante*), incluindo, por exemplo, nas futuras matrizes de risco dos contratos de concessão, o advento de alguma epidemia sanitária, melhor seria, à luz da impossibilidade de se regular "incertezas", que seja prevista uma abertura negocial aos contratos de concessão.

Não se trata de desconsiderar as condutas oportunistas das partes, nem, tampouco, o fato de que procedimentos de renegociações, *ex post*, podem suprimir as eficiências obtidas no leilão (num ambiente competitivo).[563] Acontece que, de acordo com a lógica econômica, em situações de incerteza, as partes têm incentivos para praticar atos de cooperação. É que, em situações de incerteza, caso os agentes, de forma racional, visem, apenas, maximizar seus interesses particulares (sob uma perspectiva microscópica), a coletivização de suas ações no mercado (sob um aspecto macroeconômico), provocará resultados desfavoráveis para os próprios agentes (provocando uma falha de mercado decorrente de problemas de coordenação).

Não procede o argumento já levantado no sentido de que, como não há, expressamente, nem na CRFB nem na Lei nº 8.987/1995, previsão normativa específica, não haveria um "dever de renegociar" para o Poder Público. Em primeiro lugar, porquanto o "dever de renegociar", do qual aqui se trata, não é do Poder Público, mas das partes, como uma forma de amortecer os efeitos das "incertezas" em contratos de longo prazo. Sob o aspecto estritamente jurídico, de fato, não há tal previsão expressa na Lei nº 8.987/1995 – embora esse dever possa ser extraído na necessidade de manutenção de sua base objetiva e do dever de continuidade dos serviços públicos. Mas não se pode olvidar que há um regime jurídico mais amplo para os contratos de longo prazo, que predica a aplicação de uma interpretação sistemática dos referidos normativos.

---

[562] Disponível em: https://www.anac.gov.br/assuntos/paginas-tematicas/concessoes/Consultasobreregulaoeconmicadeconcessesaeroporturias_sextarodada.pdf. Acesso em: 14 set. 2022.
[563] GUASCH, J. L. *Granting and Renegotiating Infrastructure Concessions*: Doing It Right. Washington: The World Bank, 2004.

De fato, já existe um regime jurídico de renegociação dos contratos de longo prazo. Nesse sentido, é de destacar a Lei nº 13.448/2017, na qual se estabelece um regime jurídico para relicitação e para a prorrogação antecipada de contratos de concessão – institutos que nada mais são do que instrumentos de renegociação ampla dos contratos de concessão. No mesmo sentido, no setor de concessão de aeroportos, digna de nota é a Medida Provisória nº 779, de 19 de maio de 2017, convertida na Lei Federal nº 13.499/2017, por intermédio da qual se renegociou o pagamento de outorgas, bem como se reprogramou a realização de investimentos.[564]

Mais que isso, não é novidadeiro o entendimento segundo o qual as relações contratuais travadas entre o poder público e os particulares, sobretudo após o advento da Constituição Democrática de 1988, devem ser pautadas pela consensualidade e não pela imperatividade. Não é por outra razão que o ordenamento jurídico, há muito, vem disciplinando formas alternativas para endereçar soluções de conflitos em contratos públicos. Mais que isso, o sistema processual brasileiro vem reconhecendo a legitimidade de soluções não adversariais entre o poder público e particulares. Assim, por exemplo, cite-se a Resolução nº 125/2010, do Conselho Nacional de Justiça – CNJ que, em seus considerandos, dispõe que a "conciliação e a mediação são instrumentos efetivos de pacificação social, solução e prevenção de litígios, e que a sua apropriada disciplina em programas já implementados no país tem reduzido a excessiva judicialização dos conflitos de interesses, a quantidade de recursos e de execução de sentenças". E, na mesma direção, o disposto no art. 174 do CPC, que prevê a possibilidade de se criar câmaras de soluções consensuais de conflitos administrativos pelas entidades da Federação.

Mais recentemente, por intermédio do art. 32, §5º, Lei nº 13.140/2015 (Lei de Mediação), previu-se, expressamente, que tal procedimento de mediação poderá ter por objeto "a resolução de conflitos que envolvam equilíbrio econômico-financeiro de contratos celebrados pela administração com particulares". Nada obstante, nos módulos concessórios, providência dessa ordem já fora autorizada pelo art. 11, III, da Lei nº 11.079/2004 (Lei de PPPs) e pelo art. 23-A da Lei nº 8.987/1995.

---

[564] No setor das concessões rodoviárias federais, tentou se endereçar renegociação similar, por intermédio da Medida Provisória nº 800/2017 – a qual veio a perder sua eficácia pela ausência de apreciação.

Daí se concluir pela robusta compatibilidade da solução aqui cogitada com o ordenamento jurídico.

Ademais, cuida-se de expediente que já vem sendo utilizado em modelagens de contratos de concessão. Assim, por exemplo, cite-se a Cláusula 38.1.1, do Contrato de Concessão nº 01/2019 (Contrato de Concessão Lote Pipa), segundo a qual "A autocomposição do conflito em relação ao cumprimento deste Contrato poderá ocorrer, desde que de comum acordo entre as partes, perante a câmara de prevenção e resolução administrativa de conflitos ou por mediação, nos termos da Lei nº 13.140, de 26 de junho de 2015". E a Minuta Padrão de Cláusula de Resolução de Controvérsias do PPI, submetida à consulta pública, no âmbito do processo nº 00130.000607/2019-22, na qual se prevê que "A Parte interessada notificará por escrito à outra quanto ao interesse em iniciar negociação ou mediação, relativa a disputa ou controvérsia decorrente do Contrato que envolva direito patrimonial disponível ou direito indisponível que admita transação, observado o disposto na Lei nº 13.140, de 26 de junho de 2015". Em direção semelhante, cite-se o disposto na Subcláusula 51.1.1 do Contrato de Concessão nº 05/2016, da ARTESP (Lote Rodovia dos Calçados [Itaporanga – Franca]), na qual se previu que "as partes deverão envidar os melhores esforços para resolver amigavelmente qualquer divergência ou conflito de interesse que venha a surgir em decorrência do presente contrato, utilizando-se do princípio da boa-fé, por meio de negociação direta".

Ainda sob o aspecto jurídico, a renegociação, em situações de incerteza, pode ser lastreada no art. 26 da Lei nº 13.655/2018 (LINDB), segundo o qual "Para eliminar irregularidade, incerteza jurídica ou situação contenciosa na aplicação do direito público, inclusive no caso de expedição de licença, a autoridade administrativa poderá, após oitiva do órgão jurídico e, quando for o caso, após realização de consulta pública, e presentes razões de relevante interesse geral, celebrar compromisso com os interessados". Cuida-se de permissivo genérico para celebração de acordos pelo poder público, que podem ter por objeto eliminar incertezas jurídicas.

Destarte, a proposta aqui apresentada lastreia-se no conceito de "Análise de Flexibilidade Contratual" (*Contratual Flexibility Analysis* – CFA), que está relacionada à flexibilidade endógena de interdependência dos contratos de longo prazo.[565] Nesse sentido, como observado por Jesse Sowell,[566] "os processos adaptativos devem estabelecer um equilíbrio entre o objetivo canônico da regulação (criação de estabilidade) e o potencial de caos se o recebimento de feedback provocar mudanças com muita frequência". No mesmo sentido, Pieter J. T. M. Bloemen, Floris Hammer, Maarten J. Van Der Vlist, Pieter Grinwis e Jos van Alphen[567] asseveraram que "o desafio é facilitar a capacidade de criação de regras que satisfaçam a obrigação de integridade do sistema, sem cair na armadilha de criar processos caóticos, tentando adaptar-se com muita frequência". De fato, como desenvolvido por Vincent Marchau, Warren Walker, Pieter Bloemen, Steven Popper,[568] "a implementação de estratégias adaptativas requer arranjos organizacionais para acomodar sistematicamente ajustes de políticas, estratégias e planos, um sistema de monitoramento para detecção oportuna de sinais e um processo de tomada de decisão que vincule diretamente ao seu resultado".[569],[570]

---

[565] DONG, F.; CHIARA, N. Improve economic efficiency of public-private partnerships for infrastructure development by contractual flexibility analysis in a highly uncertain context. *The Journal of Structured Finance*, forthcoming, 2011.

[566] SOWELL, J. A Conceptual Model of Planned Adaptation (PA). *In*: BLOEMEN, P. J. T. M.; MARCHAU, V. A. W. J.; POPPER, S. W.; WALKER, W. E. (Orgs.). *Decision Making under Deep Uncertainty*: From Theory to Practice. Cham: Springer International Publishing, 2019. Disponível em: https://doi.org/10.1007/978-3-030-05252-2. Acesso em: 11 ago. 2023.

[567] ALPHEN, J. van; BLOEMEN, P. J. T. M.; GRINWIS, P.; HAMMER, F.; VLIST, M. J. van der. DMDU into Practice: Adaptive Delta Management in The Netherlands. *In*: BLOEMEN, P. J. T. M.; MARCHAU, V. A. W. J.; POPPER, S. W.; WALKER, W. E. (Orgs.). *Decision Making under Deep Uncertainty*: From Theory to Practice. Cham: Springer International Publishing, 2019. Disponível em: https://doi.org/10.1007/978-3-030-05252-2. Acesso em: 11 ago. 2023.

[568] BLOEMEN, P. J. T. M.; MARCHAU, V. A. W. J.; POPPER, S. W.; WALKER, W. E. Conclusions and Outlook. *In*: BLOEMEN, P. J. T. M.; MARCHAU, V. A. W. J.; POPPER, S. W.; WALKER, W. E. (Orgs.). *Decision Making under Deep Uncertainty*: From Theory to Practice. Cham: Springer International Publishing, 2019. Disponível em: https://doi.org/10.1007/978-3-030-05252-2. Acesso em: 11 ago. 2023.

[569] É que, de acordo com Carlos Oliveira Cruz e Rui Cunha Marques, "O conceito de flexibilidade está intrinsecamente relacionado à incerteza. A flexibilidade só é necessária quando não é possível prever o futuro. Diante dessa incerteza, a flexibilidade emerge para permitir que os sistemas evoluam e acomodem as circunstâncias que se revelam. Alguns autores têm estudado como o conceito de flexibilidade pode ser adaptado à infraestrutura (Neufville *et al.*, 2008), e tem havido um esforço para aprofundar a aplicação da flexibilidade nos contratos de PP" (CRUZ, Carlos Oliveira; MARQUES, Rui Cunha. *Infrastructure Public-Private Partnerships*: decision, management and development. Berlin: Springer, 2013. p. 185).

[570] Afinal de contas, como asseveram Eric Brousseau e Jean-Michel Glachant *"Renegotiation of a contract can by the agent be accepted only if he gets more informational rent than without any limit on commitment, i.e., more rent than in the optimal contract without renegotiation described in (6). Since informational rent is increasing in output, allocative distortions implemented in a renegotiation-proof contract must induce more production than the second-best outcome"* (BROUSSEAU, E.; GLACHANT, J. M. *The Economics of the Contracts*: Theories and Applications. Cambridge: Cambridge University Press, 2002. p. 174).

Com base em todas essas considerações, se propõe que o equilíbrio econômico-financeiro dos contratos de concessão preveja uma modalidade de Cláusula *Hardship* por intermédio da qual se pretenda disciplinar a alteração fundamental do equilíbrio do contrato, por força de circunstâncias supervenientes à sua celebração, qualificadas como "incertezas", que fogem ao controle das partes e, por isso mesmo, não se inserem na alocação de riscos efetuada pelos contratantes[571]. Nesse sentido, poder-se-ia cogitar da utilização, por exemplo, do mesmo racional previsto no art. 6.2.2, Princípios Contratuais da *Unidroit*, vazado nos seguintes termos:

> Artigo 6.2.2.
> Existe hardship quando a ocorrência de eventos altera fundamentalmente o equilíbrio do contrato, seja porque aumentou o custo de execução da parte, seja porque diminuiu o valor da prestação que a parte recebe e
> (a) os eventos ocorrem ou se tornam conhecidos da parte prejudicada após a conclusão do contrato;
> (b) os eventos não poderiam ser razoavelmente levados em consideração pela parte prejudicada no momento da conclusão do contrato;
> (c) os eventos estão fora do controle da parte prejudicada; e
> (d) o risco dos eventos não foi assumido pela parte prejudicada.

De acordo com Judtih Martins-Costa[572], uma possível Cláusula de Hardship poderia ser veiculada com a redação de acordo com a qual "para os fins desse Contrato, a situação de *hardship* definida como (a) circunstâncias de caráter fundamental (b) além do controle de ambas as partes, (c) inteiramente não contemplada". Ainda de acordo com a civilista, em tais hipóteses, tal cláusula poderia prever que "se as partes falharem em alcançar um acordo dentro de um mês a contar do recebimento da notificação de *hardship*, segundo essa solução cada parte terá o direito de extinguir o contrato, a partir de ___ meses após a data em que a outra parte tiver recebido a notificação de *hardship*, por meio de notificação indicando à contraparte o seu desejo de extinguir o contrato dentro de ___ do final do referido período de um mês".[573]

---

[571] BANDEIRA, Paula Greco. *Contrato incompleto*. 2014. 253 f. Tese (Doutorado em Direito) – Universidade do Estado do Rio de Janeiro, Faculdade de Direito, Rio de Janeiro, 2014. p. 78.

[572] MARTINS-COSTA, Judith. A cláusula de *hardship* e a obrigação de renegociar nos contratos de longa duração. *Revista de Arbitragem e Mediação*, São Paulo, n. 25, p. 20, abr./jun. 2010.

[573] Em sentido contrário, Wesley Bento assevera que "Por isso que além de essas negociações serem exceções raras no ordenamento jurídico, devem se cercar de profundas análises e reflexões tanto mais quanto seja preciso aprofundar as alterações das bases contratuais

Nada obstante, não se pode desconsiderar que as concessionárias, no âmbito de uma lógica econômica de maximização de seus próprios interesses, tenderão a executar o objeto do contrato, despendendo os menores custos possíveis, com o desiderato de incrementar a sua rentabilidade. Nesse quadrante, os regimes de renegociação, *ex post*, podem importar em uma captura de renda de uma parte em relação à outra.[574] Afinal de contas, a renegociação se dá em um ambiente não competitivo, o que poderá gerar uma seleção adversa de licitantes, os quais já sabem, previamente, que suas propostas são inexequíveis, mas que confiam (pela detença de informações privadas) que seus contratos serão renegociados. Cuida-se de ineficiências que, segundo estudos empíricos, observam o seguinte racional: (i) quanto maior capturado o regulador, maior a possibilidade de renegociação; (ii) quanto mais elevados forem os investimentos comprometidos, maior é a probabilidade de renegociação; (iii) a existência de um organismo regulador no momento da adjudicação de uma concessão diminui a probabilidade de renegociação; (iv) o estabelecimento de indicadores de desempenhos contratuais sugere a redução da possibilidade de renegociação.[575]

Nada obstante às vicissitudes dos procedimentos de renegociação em contratos de infraestrutura, alinhamo-nos à posição de Guasch, J. *et al.*,[576] para quem tais renegociações devem: (i) ser permeadas pelo

---

para salvar o ajuste, vale dizer, quanto mais se sacrificar o pacto original nas negociações, tanto mais justificativas de vantagem dessa negociação devem ser incorporadas ao processo no qual seja conduzida" (BENTO, Wesley. Os limites da mutabilidade nos contratos de concessão em crise. *Fórum de Contratação e Gestão Pública*, Belo Horizonte, v. 18, n. 216, p. 75-90, dez. 2019).

[574] Nesse sentido, Christopher Decker, para quem "a capacidade de confiar em contratos como dispositivo de compromisso tem sido limitada nos países em desenvolvimento, principalmente devido à prevalência da renegociação de contratos, que atua como um sério impedimento ao envolvimento do setor privado. Então, o uso de contratos (incompletos) tende a fornecer um complemento e não uma alternativa às instituições reguladoras. (...) Essa assimetria de informação pode criar incentivos para uma empresa agir estrategicamente, por exemplo, deturpando informações, como exagerar na indicação de custos reais, o que resultará em ineficiência. A presença de informações assimétricas exige que o regulador se envolva em métodos para verificar o verdadeiro nível de custos da empresa. Visto dessa maneira, a tarefa regulatória pode ser encarada como uma forma de problema principal-agente, em que o regulador (principal) tenta controlar a empresa (agente) que possui informações superiores" (DECKER, C. *Modern Economic Regulation*: An Introduction to Theory and Practice. Cambridge: Cambridge University Press, 2015. p. 115).

[575] GUASCH, J. L. *Granting and Renegotiating Infrastructure Concessions*: Doing It Right. Washington: The World Bank, 2004. p. 76.

[576] GUASCH, J. *et al. The Renegotiation of PPP Contracts*: An Overview of its Recent Evolution in Latin America. International Transport Forum Discussion Papers, 2014/18. Paris: OECD Publishing, 2014.

incremento do custo político, mediante o incremento da transparência, abrindo as informações na internet, desde o requerimento, passando pela análise das instâncias técnicas, chegando às decisões; (ii) ser realizadas em períodos contratuais pré-determinados; (iii) considerar o estabelecimento de regras para analisar e rejeitar ofertas agressivas e imprudentes, por exemplo, exigindo garantias adicionais; e (iv) exigir a realização de um processo seletivo no caso de inclusão de novos investimentos.

São recomendações que foram, expressamente, encampadas pelo Tribunal de Contas da União – TCU. Tal Corte de Contas, ao proferir o Acordão nº 1.096/2019 – TCU – Plenário, que teve por objeto o acompanhamento do primeiro estágio de desestatização, relativo à concessão do lote rodoviário que compreende os segmentos das rodovias BR-364/365/GO/MG entre as cidades de Jataí/GO e Uberlândia/MG, deixou assentado que os procedimentos de renegociação dos contratos de concessão deveriam prever: (i) o estabelecimento de regras para analisar e rejeitar ofertas agressivas e imprudentes (mecanismo de capital social adicional proporcional aos deságios oferecidos no leilão); (ii) exigência de um processo de licitação obrigatória no caso de inclusão de novos investimentos (normativo em fase de elaboração em atendimento ao subitem 9.3.1.1 do Acórdão nº 1.174/2018- TCU-Plenário – em que a ANTT indica que avalia a possibilidade de utilização do modelo chileno ou adoção dos custos médios de contratação do DNIT); (iii) a fixação de períodos em que os contratos não serão negociados (nos cinco primeiros e nos cinco últimos anos do contrato); e (iv) aumento do custo político do processo de renegociação (limitação do processo de inclusão de obras e investimentos às revisões quinquenais, as quais preveem mecanismo de participação social).

Um exemplo saliente de renegociação de reequilíbrio em situações de incerteza se deu na PPP da Linha 6 do Metrô de São Paulo, que importou na transferência do contrato de concessão.

Em dezembro de 2013, a Concessionária Move São Paulo S.A., Sociedade de Propósito Específico – SPE constituída com o objetivo exclusivo de implantar e operar a Linha 6 – Laranja do Metrô de São Paulo, assinou o Contrato de Concessão Patrocinada nº 15/2013 com o Estado de São Paulo, pelo prazo de 25 (vinte e cinco) anos. O objeto contratual contemplava a prestação dos serviços públicos de passageiros, bem como a implantação de obras civis, sistemas, fornecimento de material rodante, operação, conservação, manutenção, exploração e expansão da linha. O custo total do empreendimento foi estipulado em R$9,6 bilhões, sendo que, deste valor, R$8,9 bilhões seriam divididos entre governo e consórcio.[577]

Passados pouco mais de 2 (dois) anos do início da execução contratual, a Concessionária notificou o Poder Concedente da sua decisão unilateral de paralisar integralmente as obras de implantação, em razão de dificuldades de obtenção de financiamento de longo prazo junto a instituições financeiras. Sem financiamento, a Concessionária passou a descumprir diversas obrigações contratuais, resultando na aplicação de multas por parte do Poder Concedente.[578] A paralisação perdurou pelo período de setembro de 2016 até meados de 2018.[579]

Diante da ausência de perspectivas para a retomada das obras, o Poder Concedente abriu procedimento de decretação de caducidade da concessão. No processo, foi constatado que o financiamento não foi obtido por conta do risco reputacional das empresas integrantes do consórcio, envolvidas na Operação Lava Jato. Ao final, a Concessionária foi declarada culpada pela paralisação das obras e o Poder Concedente declarou a caducidade da concessão em dezembro de 2018.[580] O decreto, por outra via, estabeleceu que a Move São Paulo S.A. continuaria responsável pelo cumprimento de todas as obrigações assumidas no Contrato de Concessão durante o período de aproximadamente 8 (oito) meses.[581] Tal se deu em razão da necessidade de se estabelecer um

---

[577] Informações extraídas do sítio eletrônico "Diário do Transporte". Disponível em: https://diariodotransporte.com.br/2018/12/13/declarada-oficialmente-a-a-caducidade-da-ppp-da-linha-6-laranja-do-metro. Acesso em: 28 jun. 2023.

[578] Em nota, a STM – Secretaria de Transportes Metropolitanos informou que o Consórcio Move São Paulo foi multado em R$259,2 milhões.

[579] CARDOSO, Diego Brito; MOREIRA, Lucas Pessoa; GARCIA, Marcello. O instituto jurídico da Transferência de Concessão e sua relevância para a retomada da PPP da Linha 6 do Metrô de São Paulo. *Revista da Procuradoria Geral do Estado de São Paulo*, n. 96. p. 425, jul./dez. 2022.

[580] CARDOSO, Diego Brito; MOREIRA, Lucas Pessoa; GARCIA, Marcello. O instituto jurídico da Transferência de Concessão e sua relevância para a retomada da PPP da Linha 6 do Metrô de São Paulo. *Revista da Procuradoria Geral do Estado de São Paulo*, n. 96. p. 425, jul./dez. 2022.

[581] Decreto nº 63.915 de 12 de dezembro de 2018 – Declara a caducidade da parceria público-privada contratada pelo Estado de São Paulo, por intermédio da Secretaria dos Transportes Metropolitanos, com a Concessionária Move São Paulo S.A., tendo por objeto a implantação e a operação do serviço público de transporte de passageiros da Linha 6 – Laranja – do sistema metroviário.
Artigo 1º – Fica declarada, com fundamento no artigo 38, §4º, da Lei federal nº 8.987, de 13 de fevereiro de 1995, a caducidade da parceria público-privada contratada pelo Estado de São Paulo, por intermédio de Secretaria dos Transportes Metropolitanos, com a Concessionária Move São Paulo S.A., objeto do Contrato de Concessão Patrocinada nº 015/2013, tendo

prazo de transição para a assunção, pelo Poder Concedente, do objeto até então concedido.

Ao longo desse período, diversas empresas manifestaram interesse em assumir a Concessão. Uma das empresas que manifestou interesse na assunção do empreendimento foi a Acciona Construcción. Havia, porém, a preocupação quanto à eventual responsabilização da pessoa jurídica da Move São Paulo S.A., por ilícitos ocorridos anteriormente. No caso, seu principal acionista (atual Novonor – antiga Odebrecht) estava envolvido na Operação Lava Jato. Naquele momento, os ilícitos ainda eram desconhecidos, o que gerava incerteza quanto aos efeitos dos desdobramentos da investigação na Concessão da Linha 6, especialmente em virtude das sanções previstas na Lei nº 12.846/2013, "Lei Anticorrupção".[582]

Em virtude desse quadro, a Acciona Construcción assinalou que a substituição do controle acionário não era de seu interesse, declarando que o interesse na assunção do empreendimento dependeria da transferência da concessão.[583]

A documentação da Acciona Construcción foi apresentada pela Move São Paulo ao Poder Concedente para fins de anuência prévia, nos termos do art. 27 da Lei Federal nº 8.987/1995. Em análise preliminar, o Poder Concedente verificou que a empresa preencheria, em tese, as condições para obter a anuência necessária à transferência da concessão. Assim, de modo a possibilitar a conclusão das negociações entre as empresas, o Poder Concedente houve por bem prorrogar o

---

por escopo a implantação e a operação do serviço público de transporte de passageiros da Linha 6 – Laranja – do sistema metroviário.
Artigo 2º – A caducidade de que trata o presente decreto produzirá efeitos a partir de 13 de agosto de 2019, permanecendo, até essa data, a Concessionária Move São Paulo S.A. responsável pelo cumprimento de todas as obrigações assumidas no contrato, em especial as necessárias à preservação da segurança dos imóveis vinculados à concessão e à estabilidade das obras neles realizadas, nos termos da cláusula 30.3 do contrato ao qual alude o artigo 1º deste decreto.
Parágrafo único – Deverão os órgãos competentes da Secretaria dos Transportes Metropolitanos adotar as providências necessárias ao cumprimento deste decreto, em atenção à orientação traçada pela Procuradoria Geral do Estado de São Paulo.

[582] CARDOSO, Diego Brito; MOREIRA, Lucas Pessoa; GARCIA, Marcello. O instituto jurídico da Transferência de Concessão e sua relevância para a retomada da PPP da Linha 6 do Metrô de São Paulo. *Revista da Procuradoria Geral do Estado de São Paulo*, n. 96. p. 427, jul./dez. 2022.
[583] CARDOSO, Diego Brito; MOREIRA, Lucas Pessoa; GARCIA, Marcello. O instituto jurídico da Transferência de Concessão e sua relevância para a retomada da PPP da Linha 6 do Metrô de São Paulo. *Revista da Procuradoria Geral do Estado de São Paulo*, n. 96. p. 427, jul./dez. 2022.

prazo de suspensão dos efeitos do decreto de caducidade. Encerradas as negociações, a Move São Paulo S.A. informou ao Poder Concedente sobre a formalização do Instrumento de Cessão celebrado com a SPE Linha Universidade Participações S.A., formada pelas empresas Acciona Construcción, Acciona Concessión, Stoa e Linha Universidade Investimentos.

Restava, nesse momento, ao Poder Concedente avaliar as alternativas possíveis para resolver o problema da PPP da Linha 6 – Laranja. A escolha recairia sobre dois cenários: (i) decidir pela manutenção da viabilidade técnica e financeira do Contrato de Concessão Patrocinada nº 15/2013; ou (ii) declarar a caducidade, com o encerramento formal do contrato, pagamento de indenização e a assunção das obras, serviço e bens reversíveis pelo estado.[584]

A segunda opção envolveria ainda decisão a respeito da forma pela qual o empreendimento seria implantado e operado. Ou seja, declarando a caducidade, caberia ao Poder Concedente optar entre: (i) o Estado assumir integralmente a execução das obras e a operação do serviço; (ii) o Estado executar as obras e delegar posteriormente a operação do serviço; ou (iii) o Estado delegar novamente a execução da obra e do serviço.[585]

Após minuciosa análise de todos esses fatores, o Poder Concedente demonstrou que a opção pela manutenção do Contrato de Concessão geraria uma economia de (i) R$2,9 bilhões, em relação ao cenário de encerramento contratual e retomada do empreendimento pelo Estado de São Paulo; (ii) de R$2,5 bilhões, em relação ao cenário de extinção contratual e retomada das obras por meio da celebração de contrato de empreitada, com fundamento na Lei nº 8.666/1993 e posterior operação privada, por meio de formalização de nova relação concessória; e (iii) de R$1,8 bilhões, em relação à hipótese de extinção contratual e retomada do empreendimento por meio da formalização de nova PPP.[586]

---

[584] CARDOSO, Diego Brito; MOREIRA, Lucas Pessoa; GARCIA, Marcello. O instituto jurídico da Transferência de Concessão e sua relevância para a retomada da PPP da Linha 6 do Metrô de São Paulo. *Revista da Procuradoria Geral do Estado de São Paulo*, n. 96. p. 428, jul./dez. 2022.

[585] CARDOSO, Diego Brito; MOREIRA, Lucas Pessoa; GARCIA, Marcello. O instituto jurídico da Transferência de Concessão e sua relevância para a retomada da PPP da Linha 6 do Metrô de São Paulo. *Revista da Procuradoria Geral do Estado de São Paulo*, n. 96. p. 428, jul./dez. 2022.

[586] CARDOSO, Diego Brito; MOREIRA, Lucas Pessoa; GARCIA, Marcello. O instituto jurídico da Transferência de Concessão e sua relevância para a retomada da PPP da Linha 6 do

Afora a expressiva vantagem em termos de economicidade, o Poder Concedente considerou fatores de ordem prática, chegando à conclusão de que a extinção do contrato acarretaria: a) A assunção imediata, pelo Estado, da posse e da responsabilidade pela guarda e conservação da infraestrutura instalada, que envolvia áreas já desapropriadas e canteiros de obras com escavações iniciadas; b) A obrigação de garantir a segurança das obras e imóveis desapropriados até a retomada do empreendimento pela futura contratada; c) A necessidade de definição imediata dos bens reversíveis, sua precificação e critérios de indenização, incluindo o risco de que todos esses fatores poderiam vir a ser questionados pela Concessionária na via judicial ou arbitral; d) A assunção de todos os riscos inerentes à abertura de nova licitação, tais como eventuais impugnações judiciais e em órgãos de controle, risco de a licitação ser deserta, risco de contratar em piores condições comparadas àquelas até então existentes; e e) Implicações econômicas e sociais em virtude do tempo que seria necessário para disponibilizar o serviço à população, considerando as dificuldades a serem enfrentadas para elaborar a modelagem de uma obra de grande complexidade já executada parcialmente e paralisada antes do seu término.

Diante desse quadro, o Poder Concedente concluiu que a transferência do contrato apresentava-se como a medida possível para evitar a produção de efeitos da caducidade e, com isso, propiciar a retomada das obras, seguida da oferta do serviço público de transporte de passageiros na Linha 6 – Laranja, no menor prazo e com o menor custo dentre as alternativas disponíveis.[587]

Assim, com fundamento no art. 27 da Lei Federal nº 8.987/1995, o Estado de São Paulo, a Concessionária Linha Universidade S.A. (cessionária) e a Move São Paulo S.A. (cedente) firmaram o Termo Aditivo nº 01 ao Contrato de Concessão nº 15/2023, formalizando a transferência da concessão.

Paralelamente, o Poder Concedente e a Linha Universidade S.A. celebraram o Termo Aditivo nº 02 ao Contrato de Concessão nº 15/2023,

---

Metrô de São Paulo. *Revista da Procuradoria Geral do Estado de São Paulo*, n. 96. p. 428, jul./dez. 2022.

[587] O trecho consta no "considerando" do Termo Aditivo nº 1 ao Contrato de Concessão Patrocinada nº 015/2013: "A transferência do CONTRATO, no contexto atual, apresenta-se como a medida possível para evitar a produção de efeitos da caducidade e, com isso, propiciar a retomada das obras e, posteriormente, a oferta do serviço público de transporte de passageiros da Linha 6 – Laranja, no menor prazo e com o menor custo dentre as alternativas disponíveis ao PODER CONCEDENTE, nos termos da Nota Técnica CMCP 070/2020".

tendo por objeto a readequação do contrato original, de maneira a viabilizar as condições necessárias à retomada das obras, concedendo prazo correspondente à recomposição do equilíbrio econômico-financeiro do contrato e à recomposição do prazo de vigência da concessão, impactado pelo período de paralisação das obras. No Termo Aditivo nº 01, o Estado condicionou a transferência da concessão ao atendimento de determinadas exigências iniciais. Além disso, definiu de forma detalhada as responsabilidades de cada parte por atos e fatos relacionados ao Contrato, bem como sobre o pagamento e quitação dos valores anteriores e posteriores à data da assinatura do termo aditivo.

Como exigência inicial, as partes estabeleceram o prazo de 90 (noventa) dias para a transferência do contrato. Dentro desse prazo, ficou estabelecido que caberia à Move São Paulo S.A.: (i) desistir das demandas judiciais e arbitrais propostas em face do Poder Concedente, assumindo integralmente os custos delas decorrentes; e (ii) pagar ao Poder Concedente as multas previstas no aditivo contratual, corrigidas e acrescidas dos encargos moratórios até a data da efetiva quitação. Atendidas tais condições, o aditivo contratual previu que estaria formalizada a transferência do contrato da cedente (Move São Paulo S.A.) à cessionária (Linha Universidade S.A.), que, a partir daí, passaria a ser a nova concessionária, assumindo todos os direitos e obrigações decorrentes da concessão.

Uma das medidas tidas como necessárias para a retomada do empreendimento foi a alteração do prazo de vigência da concessão, que passou de 25 (vinte e cinco) anos para 28 (vinte e oito) anos, 6 (seis) meses e 22 (vinte e dois) dias. No ajuste, as partes justificaram de forma detalhada os motivos da extensão do prazo.[588]

O Termo Aditivo nº 02 também teve por objetivo inserir no ajuste cláusulas que refletissem as novas diretrizes adotadas pelo Poder Concedente em outros contratos de concessão, celebrados após a assinatura do contrato original. Assim, de modo a aumentar a segurança jurídica da relação entre as partes, foram inseridas cláusulas contendo:

---

[588] O prazo de vigência da concessão, estabelecido na Cláusula 4.1 do CONTRATO, fica alterado, passando de 25 (vinte e cinco) anos para 28 (vinte e oito) anos, 06 (seis) meses e 22 (vinte e dois) dias, em razão dos seguintes eventos: 4.1.1. Reconhecimento do direito ao reequilíbrio econômico-financeiro de 22,2 meses [01 (um) ano, 10 (dez) meses e 6 (seis) dias], em favor da CONCESSIONARIA, causado pelo atraso, por parte do PODER CONCEDENTE, na liberação de imóveis públicos e privados necessários à implantação da obra, bem como em decorrência da alteração do local de implantação do poço principal da Estação 14 Bis, conforme cálculo constante do Protocolado CMCP nº 42/2016.

(i) a obrigação de adoção de programa de conformidade (*Compliance*) pela Concessionária; (ii) o detalhamento da disciplina para apuração indenizatória nas diversas hipóteses de extinção antecipada do contrato; (iii) o esclarecimento da metodologia de cálculo para aplicação das multas contratuais; (iv) o regramento para viabilizar a continuidade do empreendimento, na ocorrência de intercorrências que impactassem o cronograma de implantação do empreendimento; e (v) a atualização dos procedimentos de solução de controvérsias.

A validade de tal operação – que veicula a necessidade de renegociação em situações de incerteza veiculadas neste livro – foi placitada pelo Supremo Tribunal Federal – STF, por intermédio do julgamento da ADI nº 2.946/DF. O ministro relator, Dias Toffoli, com lastro em obras doutrinárias de autoria de um dos subscritores da presente, bem como de parcela relevante da doutrina, se posicionou pela sua constitucionalidade, nos seguintes termos:

> Nessa esteira, Rafael Véras de Freitas observa, com muita propriedade, que *a licitação que antecede a contratação não tem nenhuma relação com os efeitos do respectivo contrato*, os quais estão subordinados a um regime jurídico próprio. Para melhor compreensão, transcrevo: "A licitação tem por escopo a seleção, por meio de um procedimento administrativo pautado pelos princípios da isonomia, da verdade real e da moralidade, da melhor proposta de um dos licitantes que estão competindo para contratar com a Administração. Esse procedimento nada tem com os efeitos do contrato. É dizer: contrato tem um regime jurídico próprio, que deve se adaptar às mudanças supervenientes que alterem a sua execução; do contrário, estar-se-ia negando aplicabilidade à lógica da mutabilidade dos contratos da Administração (...)".
> Acredito que o mencionado autor tem toda a razão em sua ponderação. A licitação esgota suas finalidades com a seleção da proposta mais vantajosa para a Administração Pública. Seus efeitos jurídicos são suficientemente preservados com a observância, no respectivo contrato, dos termos da proposta selecionada no certame, ocupando a posição de contratado, logicamente, o licitante vencedor (ou, quando inviável, o licitante devidamente habilitado que o aceite, respeitada a ordem classificatória). Esse é o desfecho natural do procedimento licitatório, cujo sucesso independe das intercorrências que sobrevenham ao longo da execução contratual.
> (...)
> Após examinar as diretrizes gerais da Lei nº 8.666/93, que dispõe sobre licitações e contratos da Administração Pública, *não vejo como negar o acerto da conclusão de que, em nosso sistema jurídico, o que interessa à Administração*

> *é, sobretudo, a seleção da proposta mais vantajosa, independentemente da identidade do particular contratado ou dos atributos psicológicos ou subjetivos de que disponha.*
>
> Nas precisas palavras de Rafael Véras de Freitas, "por meio desse procedimento, o Poder Público tem por objeto selecionar a 'melhor proposta', e não o 'melhor contratado'. Ou seja, o referido procedimento visa selecionar um parâmetro qualitativo de bem ou do serviço, e não um contratado em especial" (A subconcessão de serviço público. *Revista Brasileira de Infraestrutura – RBINF*, Belo Horizonte, ano 5, n. 10, p. 75/101, jul./dez. 2016).
>
> Como regra geral, as características pessoais, subjetivas, ou psicológicas são indiferentes para o Estado. *No tocante ao particular contratado, basta que seja pessoa idônea, ou seja, que tenha comprovada capacidade para cumprir as obrigações assumidas no contrato, o que também é aferido por critérios objetivos e preestabelecidos* (Grifos do autor).

Para os fins da presente obra, cite-se que Suprema Corte[589] concluiu que a dinâmica peculiar e complexa das concessões é compatível com institutos que permitam a realização de ajustes durante a execução contratual, tal qual a transferência do contrato de concessão, como se depreende do seguinte excerto abaixo colacionado:

> Tendo em vista que as concessões públicas se estabelecem em bases não completamente definidas e cambiantes conforme múltiplos fatores externos, só é possível cogitar a estabilidade econômica e segurança jurídica das relações e situações a ela relacionadas a partir da mutabilidade contratual. Desse modo, considerando a dinâmica peculiar e complexa das concessões públicas, é natural – e até salutar – que o próprio regime jurídico das concessões contenha institutos que permitam aos concessionários se ajustarem às vicissitudes da execução contratual. As transferências da concessão e do controle societário da concessionária, previstas no dispositivo legal impugnado, são exemplos de institutos dessa natureza.

De todo o exposto, é de se concluir que a ampla renegociação, em hipóteses de "incerteza", faz parte do regime jurídico do equilíbrio econômico-financeiro dos contratos de concessão, precisamente em razão da necessidade de sua reinterpretação à luz da Teoria dos Contratos Incompletos (*Incomplete Contracts Theory*). Tal incompletude contratual não pode mais significar, tão somente, a elaboração de uma matriz de risco

---

[589] (STF – ADI nº 2946 – Rel. Min. Dias Toffoli – Plenário – J. 09.03.2022 – DJe 18.05.2022).

exaustiva (o que seria ineficiente e incrementaria os custos de transação). É que, como visto, os "riscos" são precificáveis, mas as "incertezas", não. Daí que, no caso de materialização de eventos que veiculem situações de "incerteza", mais eficiente será o desenho de uma regulação contratual endógena, flexível, que oportunize às partes a renegociação de suas bases econômico-financeiras,[590] ou a melhor forma de levar a efeito a sua extinção consensual.[591] Nada obstante, há que se estabelecer limites à tal renegociação, vocacionados, sobretudo, a reduzir às possíveis perdas de eficiência, que poderão ser produzidas, no âmbito de um ambiente que não é permeado pela pressão competitiva. O caminho percorrido, até aqui, pela presente tese de douramento, já indica a necessidade da revisão do regime jurídico de equilíbrio econômico-financeiro dos contratos de concessão à luz da Análise Econômica do Direito (AED), destacadamente, do racional da Nova Economia Institucional (NEI). Para tanto, no próximo item, pretende-se realizar um apanhado de relevantes exemplos normativos internacionais (*benchmarking*) que, ao conferirem

---

[590] No mesmo sentido, Fernando Vernalha Guimarães leciona que "É certo, por outro lado, que o desenho de contratos de longo prazo deve comportar abertura necessária para não inibir eficiências que possam ser alcançadas com um detalhamento futuro acerca de expansões de infraestrutura e atualizações no serviço. Ou seja: a incompletude contratual, no mundo prático, deriva não apenas das razões indicadas acima, mas também pode ser estrategicamente desejada em função da otimização dos efeitos da regulação contratual nas relações contratuais de longo prazo. Assim se passa principalmente em relação à atualização tecnológica e ao desenho das expansões demandadas para a prestação do serviço. Essas expansões e atualizações demandam investimentos que não são plenamente quantificáveis no momento da delegação. Sequer é possível precisar os marcos temporais para que essas obrigações de investimento sejam implementadas ou mesmo delimitar a sua extensão. É comum que obrigações de investimento estejam, por exemplo, atreladas a gatilhos de demanda e que possam ser remuneradas por meio de reequilíbrio do contrato. Esse déficit de detalhamento *ex ante* é estratégico para não inibir eficiências que só poderão ser alcançadas a partir do conhecimento da realidade futura" (GUIMARÃES, Fernando Vernalha. O equilíbrio econômico-financeiro nas concessões e PPPs: formação e metodologias para recomposição. *Revista de Direito Público da Economia*, Belo Horizonte, a. 15, n. 58, p. 222, abr./jun. 2017).

[591] Para além disso, como asseveraram Eduardo Engel, Ronald D. Fischer e Alexander Galetovic, "Uma possibilidade é que as adições às obras originais sejam leiloadas pelo menor lance e a concessionária não pode participar. Além disso, uma revisão independente da renegociação por um painel de especialistas poderia ajudar a garantir o valor adequado. O Chile reformou sua lei de PPP em 2010 e estabeleceu um Painel de Especialistas Técnicos (veja o quadro acima para o Chile). Por fim, a transparência sugere que todas as modificações contratuais sejam publicadas em uma página da web, para que o público seja informado sobre as mudanças e possa questionar os motivos e os valores. Por si só, a publicação das modificações e do seu valor é politicamente onerosa e, portanto, tende a endurecer a posição negocial do Poder Público" (ENGEL, E.; FISCHER, R. D.; GALETOVIC, A. When and how to use public-private partnerships in infrastructure: lessons from the international experience. National Bureau of Economic Research: Working Paper 26766. Disponível em: nber.org/papers/w26766. Acesso em: 11 jul. 2021).

tal racionalidade ao tema, podem servir de contributo para o objetivo final deste livro.

4.3 Normatizações internacionais sobre o equilíbrio econômico-financeiro dos contratos de concessão

O presente item não tem a pretensão de realizar uma pesquisa exaustiva do direito comparado (adotando-se a metodologia de pesquisa, que lhe é subjacente), mas de extrair de legislações de países estrangeiros, com regimes jurídicos próximos ao brasileiro, exemplos de como o equilíbrio econômico-financeiro dos contratos de concessão vem sendo disciplinado. Para além disso, tais citações têm por objetivo apontar exemplos do direito alienígena de como um evento qualificado como uma "incerteza" (a COVID-19) veio a ser disciplinado normativamente. Cuida-se de uma investida que tem como propósito retratar os avanços legislativos que poderiam ser incorporados ao direito brasileiro, os quais seriam mais compatíveis com as atuais modelagens dos contratos de concessão. Nesse sentido, cuida-se de "citações ao direito estrangeiro", e não de uma "pesquisa de direito comparado".[592]

Nos países sul-americanos pesquisados, ainda se encontra uma forte influência do regime jurídico do equilíbrio econômico-financeiro importado do direito francês. Nada obstante, a sua incompletude é plasmada pelos normativos que disciplinam o tema. Assim, por exemplo, cite-se que, no direito administrativo chileno, a distribuição dos riscos no contrato de concessão vem, expressamente, qualificada como parte integrante dos contratos de concessão. É o que dispõe o art. 22, nº 2, do Decreto nº 900/1996, segundo o qual:

> *Las obras se efectuarán a entero riesgo del concesionario, incumbiéndole hacer frente a cuantos desembolsos fueren precisos hasta su total terminación, ya procedan de caso fortuito, fuerza mayor, o de cualquier otra causa. El Fisco no será responsable de las consecuencias derivadas de los contratos que celebre el concesionario con los constructores o suministradores. No obstante, el Fisco*

---

[592] Não se tem a finalidade de atender a todos os requisitos previstos, por exemplo, em: MARRARA, Thiago. Método comparativo em direito administrativo. *Revista Jurídica UNIGRAN*, Dourados, v. 16, n. 32, jul./dez. 2014. Disponível em: https://www.unigran.br/dourados/revista_juridica/ed_anteriores/32/artigos/artigo02.pdf. Acesso em: 22 jul. 2022.

concurrirá al pago de los perjuicios que irrogue el caso fortuito o la fuerza mayor, si así lo establecieren las bases de la licitación.[593]

Ainda a propósito do tema, cite-se o nº 3 do referido dispositivo, o qual estabelece que *"Cuando el retraso en el cumplimiento de los plazos parciales o del total, fuere imputable al Fisco, el concesionario gozará de un aumento igual al período del entorpecimiento o paralización, sin perjuicio de las compensaciones que procedan"*. Nesse quadrante, Juan Valdés e María Sotta destacam que o sucesso da complexa relação estabelecida pelo contrato de concessão dependerá, em grande parte, de uma distribuição equilibrada de riscos e, por consequência, da manutenção do equilíbrio econômico-financeiro adequado entre as partes contratantes.[594] Segundo os autores, os Contratos de Concessão, no Chile, são estruturados com base em duas atividades conjuntas (a construção e a exploração das obras públicas), nas quais os riscos associados e a sua distribuição são diferentes, a depender da etapa ou fase do projeto concessionado.[595]

Para a etapa de construção, a lei chilena (art. 22, nº 2, do Decreto nº 900/1996) estabelece que é a concessionária que está em melhor posição para assumir os riscos.[596] Os riscos associados a tal fase podem ser, por exemplo, os inerentes ao projeto ou ao processo de engenharia, os riscos de ultrapassagem de custos, o risco pelo não cumprimento do prazo ou a ocorrência de alguma catástrofe que implicará na destruição da obra. Quanto às circunstâncias imprevisíveis ou de força maior, a Lei de Concessões chilena estabelece que é a concessionária que deverá arcar com tais riscos, exceto se de outra forma for estabelecido nas condições da licitação. Sobre o ponto, é de se destacar o Parecer nº 29.955/1997, da Controladoria Geral da República Chilena, sobre o

---

[593] CHILE. *Decreto nº 900/1996*. Fija texto refundido, coordenado y sistematizado del DFL MOP nº 164, de 1991 Ley de Concesiones de Obras Publicas. Disponível em: https://www.bcn.cl/leychile/navegar?idNorma=16121. Acesso em: 13 fev. 2022.

[594] VALDÉS, Juan Eduardo Figueroa; SOTTA, María Elisa Illanes. Notas sobre la ecuación económica financiera em el Contrato de Concesiones de Obras Públicas em Chile. *Cuadernos de Extensión Jurídica*, U. de Los Andes, n. 31, p. 37-69, 2018.

[595] VALDÉS, Juan Eduardo Figueroa; SOTTA, María Elisa Illanes. Notas sobre la ecuación económica financiera em el Contrato de Concesiones de Obras Públicas em Chile. *Cuadernos de Extensión Jurídica*, U. de Los Andes, n. 31, p. 44, 2018.

[596] *"En principio, resulta evidente que es el concesionario quien se encuentra en mejor posición para asumir los riesgos propios de esta primera etapa de construcción; para ello comúnmente celebrará subcontratos con empresas constructoras o proveedoras que garanticen los precios a lo largo de la etapa de construcción"* (VALDÉS, Juan Eduardo Figueroa; SOTTA, María Elisa Illanes. Notas sobre la ecuación económica financiera em el Contrato de Concesiones de Obras Públicas em Chile. *Cuadernos de Extensión Jurídica*, U. de Los Andes, n. 31, p. 44, 2018).

Contrato de Concessão Camino de la Madera. Neste caso, devido à forte chuva, ocorreu um deslizamento de terra na rodovia concessionada e a construtora restou responsável pela reparação dos danos. As condições previstas pela licitação obrigavam a Concessionária a contratar seguro, cujo beneficiário seria o Ministério de Obras Públicas (MOP) que, em virtude da ocorrência do evento, recebeu a compensação correspondente. Todavia, tendo em vista que a concessionária pagou pelos custos de reparação da via concessionada, a Controladoria considerou que tal indenização deveria lhe ser repassada, a fim de manter o equilíbrio econômico do contrato de concessão.[597] Note-se: diferentemente do que se defende no direito brasileiro, o risco pela produção de eventos qualificados imprevisíveis ou de força maior é distribuído ao concessionário. Nada obstante, o precedente (examinado pelo Parecer nº 29.955/1997) dá conta de que o reequilíbrio econômico-financeiro poderá ser atualizado, a depender da situação concreta.

Para a etapa de exploração, o art. 23, do Decreto nº 900/1996, estabelece que a concessionária tem o dever de manter as obras, seus acessos e serviços em condições normais de uso e de modo contínuo. O art. 35 impõe à concessionária a assunção dos riscos de possíveis danos causados a terceiros. Os principais riscos associados a essa etapa estão relacionados à receita que a concessionária irá receber, o que será influenciado pelo tráfego da via concessionada e pelo valor da tarifa. Embora não sejam dispositivos dotados de elevado grau de tecnicidade, já que a distribuição de riscos não deveria ser engessada por lei, mas delineada no instrumento contratual, fato é que tal normatização reconhece a

---

[597] *"El ministerio senalado recibio de la compania de seguros contratada un cheque por suma que se indica, de conformidad al informe de liquidacion practicado al siniestro. Asi, ese contrato de seguro cumplio el objetivo que le es propio, o sea, el resarcimiento de los perjuicios causados por la ocurrencia del siniestro cubierto por la poliza, de manera de dejar indemne al asegurado. Asimismo, aunque el beneficiario del seguro es el ministerio, los riesgos de las obras fueron asumidos contractualmente por la concesionaria, quien efectivamente los soporto al solventar la reparacion de los danos registrados, resultando indudable que el pago efectuado por el asegurador debe ceder en beneficio de esa empresa y no del fisco que no sufrio deterioro alguno. El hecho de que la poliza indique al senalado beneficiario, no tiene otro alcance que el de resguardar en forma expedita el interes publico frente a un eventual perjuicio que pudiere haber sufrido con ocasion de algun siniestro, sin que pueda estimarse como titulo para retener las sumas pagadas por el asegurador. Tal retencion, por el contrario, en la medida que no obedezca a un resarcimiento de perjuicios, daria lugar a un lucro sin causa y al correlativo empobrecimiento para la contraparte, y el seguro, en lugar de producir sus efectos propios, originaria una alteracion del equilibrio economico propio de los contratos conmutativos".* Disponível em: https://www.contraloria.cl/pdfbuscador/dictamenes/029955N97/html. Acesso em: 14 jan. 2022.

incompletude e a não ergocidade do equilíbrio econômico-financeiro dos contratos de concessão no Chile.[598]

De acordo com a doutrina especializada daquele país, o equilíbrio econômico-financeiro do contrato de concessão justifica-se, porquanto: (i) a relação precisa se justificar, financeiramente, para atrair o interesse e, portanto, os recursos de investidores; e (ii) o prazo pelo qual a relação jurídica e econômica é prolongado (entre 20 e 50 anos).[599] Nesse sentido, o equilíbrio econômico do Contrato de Concessão chileno pode ser compreendido como *"la mantención en el tiempo de duración de la concesión de los elementos y características que llevaron a las partes a la celebración del contrato de concesión"*, de modo que *"cualquier circunstancia o factor que afecte las condiciones bajo las cuales las partes contrataron provoca un desequilibrio en la ecuación, y con los antecedentes recién señalados en consideración de las partes involucradas"*.[600] De acordo com César Berancourt e Christian Gallegos, existem quatro situações típicas enquadráveis como eventos ou situações que podem alterar o equilíbrio econômico dos contratos de concessão chilenos: (i) modificação das características das obras do projeto concessionado e/ou dos serviços contratados, por interesse público (art. 19, n º 3 e 4, do Decreto n º 900/1996); (ii) modificação do projeto concessionado devido à insuficiência da obra em relação ao nível de serviço definido no Contrato concessório (art. 20, n º 1 e 2, do Decreto n º 900/1996); e (iii) ações ou omissões do Estado que afetem o equilíbrio econômico do contrato (art. 19, n º 1, do Decreto n º

---

[598] *"Los riesgos en los que puede verse envuelto un contrato de concesión de obras públicas son considerables y muy diversos, riesgos de cambio y de costo financiero, de inflación, de diseño, de construcción, de expropiaciones, de descubrimientos arqueológicos, riesgos naturales, ambientales y tecnológicos, entre muchos otros que podríamos seguir enumerando. Existen también ciertos 'riesgos' para el concesionario, que nacen de la naturaleza pública del contrato de concesión, atendidas las prerrogativas que detenta la Administración en pos de salvaguardar el interés público comprometido. Pues bien, cuando se genera un desequilibrio en las prestaciones pactadas entre las partes en el contrato producto del acaecimiento de alguno de estos riesgos o cuando por medio de algún acto de la autoridad la obligación se hace excesivamente onerosa para alguna de las partes, podría ser procedente compensar a la parte que resultó perjudicada"* (VALDÉS, Juan Eduardo Figueroa; SOTTA, María Elisa Illanes. Notas sobre la ecuación económica financeira em el Contrato de Concesiones de Obras Públicas em Chile. *Cuadernos de Extensión Jurídica*, U. de Los Andes, n. 31, p. 49-50, 2018).

[599] BETANCOURT, César Milton Alegandro Barrales; GALLEGOS, Christian Andrés Vargas. *Sistema de Concesiones de Obras Públicas, Solución de Conflictos e Introducción de los Dispute Boards o Paneles de Expertos*. Santiago: Universidad de Chile, 2012. p. 46-48.

[600] BETANCOURT, César Milton Alegandro Barrales; GALLEGOS, Christian Andrés Vargas. *Sistema de Concesiones de Obras Públicas, Solución de Conflictos e Introducción de los Dispute Boards o Paneles de Expertos*. Santiago: Universidad de Chile, 2012. p. 48.

900/1996).[601] Embora o direito chileno, diferentemente do direito brasileiro, tenha a preocupação de endereçar um sistema de distribuição de riscos contratuais, ele ainda pretende forjar um regime de equilíbrio que seja ergótico e fechado, razão pela qual a utilização de seu *benchmarking* não se mostra adequado, para os fins da presente investida.

No Peru, a doutrina especializada conceitua o equilíbrio econômico-financeiro como um instrumento que permite às partes contratantes assegurar, de forma equitativa e criteriosa, que os lucros e custos inicialmente acordados possam manter-se em equilíbrio, apesar das oscilações exógenas à vontade das partes, como, por exemplo: choques profundos de oferta, devido aos efeitos dos custos, greves etc. ou choques na demanda.[602] Segundo Carlos Boza, Sergio Villalobos e Marco Díaz, "*A través del equilibrio económico-financiero se reconoce que el concesionario y el concedente tienen derecho a que las condiciones financieras perduren durante la vigencia – ejecución – del contrato en los mismos términos en los que fue adjudicada la concesión y, en caso dicho equilibrio se altere, el perjudicado tenga el derecho a solicitar su restablecimiento y, de ser el caso, a percibir una compensación*".[603]

O quadro normativo peruano que disciplina o equilíbrio econômico-financeiro dos contratos de concessão consubstancia-se, principalmente, no Decreto Legislativo nº 1.362 e no Decreto Supremo nº 240-2018-EF.[604] De acordo com tais normativos, o processo desde a concepção até a conclusão de um projeto de infraestrutura pode ser dividido em cinco fases: (i) planejamento e programação; (ii) formulação; (iii) estruturação; (iv) transação; e (v) execução do contrato.[605]

---

[601] BETANCOURT, César Milton Alegandro Barrales; GALLEGOS, Christian Andrés Vargas. *Sistema de Concesiones de Obras Públicas, Solución de Conflictos e Introducción de los Dispute Boards o Paneles de Expertos*. Santiago: Universidad de Chile, 2012. p. 51-59.

[602] "*Para analizar la problemática del equilibrio económico – financiero de los contratos de concesión en las actividades asociadas a la provisión de servicios públicos, se debe tener en cuenta las particularidades económicas y tecnológicas de éstas, los tipos y probabilidades de shocks y riesgos, y las alternativas existentes en el diseño de los contratos para enfrentarlos*" (LIRA, Alfredo Dammert. Equilibrio Económico-Financiero en los Contratos de Concesión em Obras de Infraestructura. *Revista de Derecho Administrativo*, Perú, n. 7, p. 338, 2009).

[603] BOZA, Carlos Roberto Carrasco; VILLALOBOS, Sergio Reinhard Chimpén; DÍAZ, Marco Arturo Gálvez. *Impactos financieros de las adendas en contratos de concesión cofinanciados*. Dissertação (Mestrado em Regulação e gestão de serviços Públicos) – Universidad del Pacífico, 2021. p. 21.

[604] As normas estão disponíveis em: https://www.mef.gob.pe/es/?option=com_content&language=es-ES&Itemid=102376&lang=es-ES&view=article&id=3973. Acesso em: 03 mar. 2022.

[605] Conforme art. 30.1, do Decreto Legislativo nº 1.362: "*30.1 Los proyectos ejecutados bajo la modalidad de Asociación Público Privada, independientemente de su clasificación y origen, se*

Para o que importa ao presente trabalho, a fase de formulação abrange a concepção e a avaliação do projeto. É nesta fase que o relatório de avaliação[606] é preparado com base em estudos técnicos, contendo informações necessárias para decidir se o desenvolvimento do projeto é técnica, econômica e legalmente conveniente.[607] Ressalta-se que a avaliação econômico-financeira preliminar do projeto é parte obrigatória do relatório de avaliação.[608] Por sua vez, o art. 58.4, do Decreto Supremo nº 240-2018-EF, estabelece que o proponente vencedor do processo licitatório deve apresentar, antes da assinatura do contrato, o modelo econômico-financeiro do projeto,[609] seguindo os requisitos estabelecidos nos termos e condições do respectivo processo licitatório: *"El Adjudicatario, de manera previa a la suscripción del Contrato de APP, debe presentar el modelo económico financiero del proyecto conforme a los requisitos establecidos en las Bases del Proceso de Promoción. Las propuestas y el modelo económico financiero vinculan al postor, quien es responsable por el íntegro de su contenido".*

O art. 37.1, do Decreto Supremo nº 240-2018-EF, prevê que o contrato de concessão só será reequilibrado[610] quando: (i) o equilíbrio é afetado por alterações nas leis aplicáveis; (ii) a alteração tem um impacto direto nos aspectos econômico-financeiros ligados a receitas ou custos; (iii) o impacto é significativo; (iv) o contrato indicar o percentual para

---

desarrollan en las siguientes fases: Planeamiento y Programación, Formulación, Estructuración, Transacción y Ejecución Contractual".

[606] Veja-se as disposições do Decreto Legislativo nº 1.362: "32.1 *La fase de Formulación comprende el diseño y/o evaluación del proyecto. Está a cargo de la entidad pública titular del proyecto o de Proinversión, en el marco de sus respectivas competências".*

[607] Conforme Decreto Supremo nº 240.2018-EF: "42.1 *La fase de Formulación comprende la elaboración del IE a cargo del OPIP, el cual se desarrolla sobre la base de los Estudios Técnicos a los que se refiere el artículo 43 y el párrafo 44.3 del artículo 44. (...) 44.1 El IE es el documento que elabora el OPIP, sobre la base de los Estudios Técnicos referidos en el artículo anterior, y contiene la información necesaria para: i) definir si es técnica, económica y legalmente conveniente desarrollar el proyecto como APP, ii) estructurar el proyecto y detectar contingencias significativas que pudieran retrasar el Proceso de Promoción, vinculadas principalmente a aspectos legales, financieros y técnicos, iii) delimitar competencias de gestión de la entidad pública. Su contenido debe profundizarse y actualizarse en base a la evolución de los estudios técnicos, legales y económicos adicionales que se desarrollen durante las fases de Estructuración y Transacción, los cuales se reflejan en el IEI que sustenta las respectivas versiones de Contrato".*

[608] Conforme art. 44.1, nº 4, "f", do Decreto Supremo nº 240.2018-EF. Para informações mais detalhadas, ver: SALVATIERRA, Pierre Nalvarte. Reflexiones en torno al equilíbrio económico financiero. *Giuristi: Revista de Derecho Corporativo*, Perú, v. 2, n. 4, p. 200-220, 2021.

[609] SALVATIERRA, Pierre Nalvarte. Reflexiones en torno al equilíbrio económico financiero. *Giuristi: Revista de Derecho Corporativo*, Perú, v. 2, n. 4, p. 212, 2021.

[610] SALVATIERRA, Pierre Nalvarte. Reflexiones en torno al equilíbrio económico financiero. *Giuristi: Revista de Derecho Corporativo*, Perú, v. 2, n. 4, p. 213, 2021.

que uma alteração seja considerada significativa.⁶¹¹ Segundo Carlos Boza, Sergio Villalobos e Marco Díaz, *"podemos observar que legislativamente se han restringido las causales para invocar el restablecimiento del equilibrio económico-financiero a cambios introducidos únicamente por normas que puedan emitir-se a lo largo de la relación contractual, lo cual conlleva a la renegociación de los términos del contrato entre el concesionario y el concedente y, de ser el caso, a la suscripción de la adenda correspondiente".*⁶¹²

A doutrina peruana destaca que muitos pactos concessórios contêm cláusulas explícitas destinadas a garantir o equilíbrio econômico-financeiro dos contratos. Tais cláusulas indicam, com clareza, a base sobre a qual o equilíbrio deve ser calculado e seu período de aplicação e, com frequência, é proposto que o reequilíbrio seja estabelecido com base em um valor mínimo para a taxa de retorno.⁶¹³ Por sua vez, os contratos também podem prever cláusulas de renegociação, visando especificar quais são os eventos que desencadeiam a negociação e o que está sujeito a ser renegociado. Entretanto, as renegociações não podem ser feitas para corrigir erros na proposta ganhadora da licitação, pois essa possibilidade, *ex post*, geraria ineficiências, *ex ante*, ao processo licitatório.⁶¹⁴

Para melhor compreender as hipóteses legais que dão ensejo ao reequilíbrio econômico-financeiro no Peru, é de se referir à sistematização

---

[611] "37.1 Los Contratos pueden incluir disposiciones sobre el equilibrio económico financiero en las que se precise que su restablecimiento puede ser invocado por cualquiera de las partes, únicamente cuando éste se vea afectado signifi cativamente debido al cambio de leyes aplicables, en la medida en que dichos cambios tengan impacto directo con aspectos económicos o financieros, vinculados a la variación de ingresos o costos asumidos por el Inversionista. 37.2 Una afectación se entiende como significativa cuando se hubiesen alcanzado los porcentajes que para tales efectos debe establecer el respectivo Contrato de AP. En estos supuestos, se restablece el equilibrio económico fi nanciero al momento anterior a la afectación significativa producida por los cambios en las leyes aplicables".

[612] BOZA, Carlos Roberto Carrasco; VILLALOBOS, Sergio Reinhard Chimpén; DÍAZ, Marco Arturo Gálvez. *Impactos financieros de las adendas en contratos de concesión cofinanciados.* Dissertação (Mestrado em Regulação e gestão de serviços Públicos) – Universidad del Pacífico, 2021. p. 22.

[613] LIRA, Alfredo Dammert. Equilibrio Económico-Financiero en los Contratos de Concesión em Obras de Infraestructura. *Revista de Derecho Administrativo*, Perú, n. 7, p. 343, 2009.

[614] Também é de se destacar a relevância das variáveis de desempenho no equilíbrio econômico-financeiro do contrato: "*Un punto importante que aporta a la sostenibilidad del equilibrio económico-financiero de los contratos es que los compromisos del contrato deben basarse en variables de desempeño de la empresa, ya que puede hacerse inversión, pero lo que importa es la inversión productiva, es decir, la 'buena' inversión*" (LIRA, Alfredo Dammert. Equilibrio Económico-Financiero en los Contratos de Concesión em Obras de Infraestructura. *Revista de Derecho Administrativo*, Perú, n. 7, p. 343, 2009).

feita por Alfredo Dammert Lira.[615] De acordo com o autor, podem dar causa à recomposição do equilíbrio os eventos associados: (i) à teoria da imprevisão; (ii) a modificações no contrato; e (iii) a fatos do príncipe. Em primeiro lugar, a teoria da imprevisão (*teoría de la imprevisión*) baseia-se nos princípios da boa-fé, justiça distributiva, equidade, não enriquecimento sem justa causa e responsabilidade extracontratual do Estado. São os casos em que as condições econômicas mudam, abruptamente, como, por exemplo, hiperinflação, greves e escassez de insumos essenciais, de tal forma que uma das partes não pode mais executar o contrato sob as condições existentes no momento da assinatura do contrato. Caso a parte afetada seja a concessionária, o contratante deve providenciar alguma forma de compensação para que o contrato possa ser cumprido. A compensação pode se dar pelo aumento do prazo contratual, alteração do preço cobrado, redução ou isenção de impostos.

Em segundo lugar, a modificação dos contratos decorre da ideia de que o Estado não pode modificar unilateralmente o contrato, sem arcar com suas consequências econômicas. Nesse quadrante, caso o Estado, em comum acordo com o concessionário, modifique o contrato, o equilíbrio econômico-financeiro deve ser mantido, segundo o art. 55.1, do Decreto Legislativo nº 1.362. Trata-se, nesse caso, de um comando obrigatório ao Estado de manutenção do *"equilibrio económico financiero y las condiciones de competencia del proceso de promoción, conforme a las condiciones y requisitos que establece el Reglamento"*.

Um exemplo bem ilustra o equilíbrio econômico-financeiro nos contratos de concessão no Peru. A concessão da rede rodoviária nº 4 compreendia mais de 350 quilômetros, incluindo a execução de uma segunda faixa de rodagem, bem como a construção de desvios em Virú-Chao, Casma e Huarmey. O contrato foi assinado no mês de fevereiro de 2009 e previa investimento referencial de 286 milhões de dólares. Em 2016, foi aprovada modificação contratual, por meio da qual a concessionária ficou encarregada da construção de um desvio em Chimbote, cidade peruana. Ocorre que o custo total da obra foi estimado em montante superior a 174 milhões de dólares, o que representa mais de 50% do investimento originalmente projetado. Nesse sentido, o Ministério de Transportes e Comunicações Peruano (Ministerio de Transportes y

---

[615] LIRA, Alfredo Dammert. Equilibrio Económico-Financiero en los Contratos de Concesión em Obras de Infraestructura. *Revista de Derecho Administrativo*, Perú, n. 7, p. 343-344, 2009.

Comunicaciones – MTC) avaliou que o equilíbrio econômico-financeiro do contrato deveria ser mantido, conforme exigido pela legislação.[616] Em terceiro lugar, o fato do príncipe manifesta-se pelo ato estatal, característico do poder de decisão de uma autoridade, que repercute na relação jurídica contratual, alterando substancialmente os seus efeitos, de modo a ensejar o reequilíbrio econômico-financeiro do contrato.[617] Ao associar o equilíbrio econômico-financeiro aos contratos de longo prazo, Alfredo Dammert Lira indica que o surgimento da noção de contratos de longo prazo explica-se pela existência de "custos de transação",[618] ou seja, os custos de firmar e fazer cumprir contratos, que são elevados em certas atividades. Isso porque, nessas atividades, há maior possibilidade de sujeitar-se ao comportamento oportunista de outros agentes envolvidos na transação, bem como é proeminente a existência de uma racionalidade limitada que impede a análise de todas as possíveis contingências futuras.

Ao ver do autor, contratos de longo prazo no Peru, por sua natureza, são necessariamente incompletos, pois: (i) é difícil antecipar os vários cenários possíveis, uma vez que a gama de contingências é grande; (ii) é difícil negociar e concordar sobre o que deve acontecer em cada possível cenário, isto é, mesmo que seja possível prever cada contingência, é difícil concordar sobre a solução para cada caso previsto; e (iii) é difícil escrever um contrato de forma clara para um terceiro. Assim, ainda que se suponha que seja possível prever todas as contingências e que haja concordância no que fazer em cada caso, é difícil escrever tal contrato de tal forma que quando um terceiro agente

---

[616] Nos termos do Informe 516-2016-MTC/25, da Dirección General de Concesiones em Transporte del MTC.

[617] "*En tercer lugar, tenemos la Teoría hecho del Príncipe o también llamada azar administrativo. En la edad media, bajo un régimen de monarquía, donde gobernaba un príncipe (rey), se usaba este principio (de ahí su nombre, ya que provenía del máximo ente de poder), que en nuestro caso puede provenir del poder ejecutivo, legislativo o judicial. El término "hecho" representa la manifestación de voluntad del soberano que ejerce su poder*" (LIRA, Alfredo Dammert. Equilibrio Económico-Financiero en los Contratos de Concesión em Obras de Infraestructura. *Revista de Derecho Administrativo*, Perú, n. 7, p. 344, 2009).

[618] "*Los costos de transacción asociados a la concesión y complejidad de los contratos justifican un grado de intervención importante del gobierno, que puede ser similar al observado en la regulación tradicional. Por ejemplo, el monitoreo del cumplimiento de los compromisos de calidad e inversión estipulados en los contratos, requieren una intervención del Estado que se puede ver como una forma de "regulación" en sentido amplio*" (LIRA, Alfredo Dammert. Equilibrio Económico-Financiero en los Contratos de Concesión em Obras de Infraestructura. *Revista de Derecho Administrativo*, Perú, n. 7, p. 339, 2009).

(árbitro, juiz etc.) o leia, ele possa interpretá-lo da forma correta, uma vez que não estava presente quando o contrato foi escrito.[619]

Contudo, Alfredo Dammert Lira reconhece que, apesar de incompletos, os contratos devem buscar administrar os riscos previsíveis da melhor forma possível, bem como ser flexíveis o suficiente para evitar o fracasso das concessões.[620] Nesse sentido, a partilha dos riscos entre os concessionários e o Estado perpassa pela identificação dos riscos e análise de quem pode gerenciar melhor cada risco, de acordo com cada caso e com os mecanismos existentes, tais como seguros e garantias. Por exemplo, no caso de insumos como petróleo, o risco pode ser mais bem gerenciado pelos concessionários, por meio de diferentes contratos, ao passo que o risco regulatório pode ser melhor gerido pelo Estado.[621] Nesse quadrante, como destacado por Carlos Boza, Sergio Villalobos e Marco Díaz, as principais razões para a ruptura ou alteração do equilíbrio econômico-financeiro dos contratos de concessão são fatos imprevisíveis, fato do príncipe, força maior e modificações contratuais, sendo certo que o equilíbrio econômico-financeiro é uma proteção *per se* dos contratos de concessão, que deve procurar manter as alocações de riscos e as obrigações e direitos contratuais.[622]

É o que também dispõe o documento *Lineamientos para el diseño de contratos de asociación público privada*, elaborado pelo Ministério de

---

[619] LIRA, Alfredo Dammert. Equilíbrio Económico-Financiero en los Contratos de Concesión em Obras de Infraestructura. *Revista de Derecho Administrativo*, Perú, n. 7, p. 338-339, 2009.

[620] "*Sin embargo, si bien incompletos, los contratos deben tratar de manejar de la mejor forma posible los riesgos previsibles y tener la suficiente flexibilidad para evitar el fracaso de las concesiones, con los costos que ello traería a la sociedad*" (LIRA, Alfredo Dammert. Equilíbrio Económico-Financiero en los Contratos de Concesión em Obras de Infraestructura. *Revista de Derecho Administrativo*, Perú, n. 7, p. 339, 2009).

[621] Alfredo Dammert Lira destaca que a correta definição do critério de seleção do concessionário é passo preliminar da partilha de riscos e que produz impactos diretos no equilíbrio econômico-financeiro: "*La selección del concesionario debe buscar que sus características sean acordes con el objeto del contrato, a fin de garantizar que tenga la capacidad financiera y técnica para llevar con éxito el encargo solicitado. Por ejemplo, en el caso de los contratos que incluyen simultáneamente actividades de construcción y operación, resulta importante que la composición accionaria del concesionario refleje um equilibrio en la participación del constructor y del socio estratégico (operador). Ello debido a que pueden existir conflictos de interés entre las actividades de operación de la concesión y construcción*" (LIRA, Alfredo Dammert. Equilíbrio Económico-Financiero en los Contratos de Concesión em Obras de Infraestructura. *Revista de Derecho Administrativo*, Perú, n. 7, p. 339-340, 2009).

[622] BOZA, Carlos Roberto Carrasco; VILLALOBOS, Sergio Reinhard Chimpén; DÍAZ, Marco Arturo Gálvez. *Impactos financieros de las adendas en contratos de concesión cofinanciados*. Dissertação (Mestrado em Regulação e gestão de serviços Públicos) – Universidad del Pacífico, 2021. p. 21-22.

Economia e Finanças do Peru.[623] O documento consubstancia-se em instrumento técnico e normativo de natureza metodológica para o desenho de contratos de parceria público-privada e pretende implementar diretrizes que refletem as melhores práticas peruanas e internacionais na implementação de projetos de PPP. De acordo com o documento, a cláusula de equilíbrio econômico-financeiro deve incorporar uma situação equânime no que tange aos direitos, responsabilidades e riscos atribuídos a cada parte, para que elas contratem voluntariamente uma com a outra e com pleno conhecimento de suas atribuições.[624]

Para compreender as distribuições de riscos em contratos peruanos, é válido mencionar o Decreto Supremo nº 077-2016-EF e a Resolução Ministerial nº 167-2016-EF/15, do Ministério de Economia e Finanças do Peru. De acordo com o Decreto Supremo nº 077-2016-EF, que aprovou a Política Nacional peruana de promoção às PPPs, a distribuição adequada dos riscos, como um dos princípios norteadores dos projetos, deve existir *"de manera que los riesgos sean asignados a aquella parte con mayores capacidades para administrarlos, considerando el perfil de riesgos del proyecto"*.

De acordo com o Módulo V do documento *Asociaciones Público Privadas en Perú: Análisis del Nuevo Marco Legal*, produzido pelo Banco Interamericano de Desarrollo (BID), a alocação de risco é uma questão crucial durante a estruturação de um projeto, em que o risco transferido para o setor privado e o risco do setor público devem ser avaliados. O estudo ressalta que, na maioria dos casos, transferir todos os riscos para o setor privado não é o ideal, pois esse setor exigiria uma taxa muito alta de retorno de seu investimento, o que aumentaria o custo social dos projetos, tornando o projeto financeiramente inviável ou não atraindo investidores suficientes. Também deve ser observado que não existe um modelo de alocação pré-estabelecido ou único, de modo que, dependendo do perfil e do objetivo do projeto, a distribuição dos riscos irá variar.[625]

---

[623] MEF. Ministerio de Economía y Finanzas. *Lineamientos para el diseño de contratos de asociación público privada, 2019*. Disponível em: https://www.mef.gob.pe/contenidos/archivos-descarga/Lineamientos_disenno_contratos_APP.pdf . Acesso em: 03 mar. 2022.

[624] MEF. Ministerio de Economía y Finanzas. *Lineamientos para el diseño de contratos de asociación público privada, 2019*. p. 40. Disponível em: https://www.mef.gob.pe/contenidos/archivos-descarga/Lineamientos_disenno_contratos_APP.pdf. Acesso em: 03 mar. 2022.

[625] BID. Banco Interamericano de Desarrollo. *Asociaciones Público Privadas en Perú*: Análisis del Nuevo Marco Legal, v. 5, 2016. p. 28. Disponível em: https://www.mef.gob.pe/contenidos/inv_privada/capacitaciones/modulo_5.pdf. Acesso em: 02 mar. 2022.

De seu turno, a Resolução Ministerial nº 167-2016-EF/15 estabeleceu as Diretrizes para Alocação de Riscos em Contratos de PPP no Peru. Trata-se de uma lista dos riscos mais relevantes do projeto, dividida em duas etapas: a etapa de projeto e construção e a etapa de operação e manutenção. Em cada um deles, após a identificação do risco, é estabelecida a prática recomendada para sua alocação, incluindo possíveis mecanismos de mitigação. Essas diretrizes incorporam os principais riscos do projeto, sem pretender ser exaustiva. A identificação de riscos, como destaca o estudo do BID, depende do tipo de projeto, da dificuldade de implementação e dos níveis de estudos e desenvolvimento.[626] Os principais riscos e mecanismos de mitigação previstos pela referida resolução podem ser sintetizados na tabela abaixo:

Tabela 9

(continua)

Risco	Definição	Mecanismo de mitigação
Risco do desenho/projeto	São os riscos derivados de falhas no projeto oferecidos pelo concessionário. Em uma PPP, esse risco é atribuído exclusivamente ao concessionário, sendo a parte que deve projetar de acordo com as diretrizes do licitante.	A licitação deve conceder prazos razoáveis para os licitantes avaliarem as informações técnicas e desenvolver seus próprios estudos para apresentar sua proposta técnica. Conceder a possibilidade de que a concessionária modifique ou otimize os estudos, desde que as especificações técnicas mínimas sejam mantidas.
Risco de construção	Estes são os riscos derivados da variação de custos de construção, atrasos na conclusão de obras, não conformidade com as especificações técnicas de construção de acordo com o arquivo técnico aprovado. A alocação deste risco deve ser assumida pelo concessionário, já que ele é o que possui mais experiência na execução de obras e infraestrutura.	Assinatura de um contrato de construção com preço e prazo fechado com construtora terceirizada por meio de um contrato EPC (Engenharia, Aquisição e Construção). Contratar um pacote de seguro com cobertura de construção e operação.

---

[626] BID. Banco Interamericano de Desarrollo. *Asociaciones Público Privadas en Perú*: Análisis del Nuevo Marco Legal, v. 5, 2016. p. 28. Disponível em: https://www.mef.gob.pe/contenidos/inv_privada/capacitaciones/modulo_5.pdf. Acesso em: 02 mar. 2022.

(continua)

Risco	Definição	Mecanismo de mitigação
Risco de operação e manutenção	São os riscos derivados da variação de custos de operação e manutenção, atrasos na obtenção de licenças e aprovações. Inclui também a variação de preços de suprimentos. Sua ocorrência tem impacto direto nos fluxos operacionais do projeto, seja por meio de rendimentos mais baixos ou custos mais elevados de operação e manutenção, o que afeta os retornos assumidos pela concessionária e nos fluxos destinados ao pagamento de dívidas do contratado. Pelas suas características, este risco é assumido principalmente pelo privado.	Este risco pode ser mitigado com implementação de garantias que geram renda mínima. Ou seja, para mitigar esse risco, deve-se prever no contrato um certo grau de partilha de risco e empreendimento, com o objetivo de que se a demanda cai significativamente em relação ao inicialmente estimado, não são reduzidos os custos de revendedor, drasticamente colocando em risco o pagamento do investimento e da dívida.
Riscos por eventos de força maior	Esses riscos são aqueles derivados de desastres naturais, conflitos trabalhistas, greves, conflitos que afetam diretamente o projeto de aplicação. Como pode ser visto, a ocorrência desses riscos não é atribuível a nenhuma das partes. Sua ocorrência pode trazer consigo derrapagens de custos, horas extras e até a impossibilidade de cumprir o contrato e suspendê-lo temporária ou permanentemente. Devido à imprevisibilidade deste risco, ele pode ser atribuído entre o concessionário e o concedente.	O melhor mecanismo para mitigar riscos decorrentes de eventos de força maior é contratando um plano de seguro cuidadoso que conceda cobertura antes da ocorrência deste tipo de eventos.
Riscos de mercado	Este risco inclui os derivados de mudanças de taxa, mudanças na demanda, mudanças na oferta e/ou qualidade de serviço. Os efeitos deste risco são assumidos pela concessionária na medida em que é ela que opera o desenvolvimento de infraestrutura.	O contrato pode estabelecer garantias do concessionário e do concedente, a fim de garantir a renda de demanda e certos níveis de qualidade no fornecimento de bens e serviços incluídos no projeto.

(conclusão)

Risco	Definição	Mecanismo de mitigação
Risco ambiental	Eles são derivados de incidentes ambientais, não conformidade com as regulamentações ambientais ou as disposições da avaliação de impacto de meio ambiente. Este risco é atribuído principalmente à concessionária que deve administrar as licenças ambiente e cumprir os regulamentos sobre o assunto.	A concessionária deve implementar processos e métodos para que o impacto ambiental seja mínimo e dentro dos parâmetros estabelecidos na norma. Por outro lado, no que diz respeito à aprovação do instrumento ambiental, o procedimento deve ser devidamente regulamentado em termos de requisitos e prazos para evitar atrasos do concedente.

Fonte: Tabela adaptada de BOZA, VILLALOBOS e DÍAZ, 2021. De acordo com o Decreto Supremo nº 077-2016-EF e a Resolução Ministerial nº 167-2016-EF/15.

Como se pode depreender da análise do regime jurídico do equilíbrio-financeiro dos contratos de concessão, no Peru, o seu regime jurídico era muito próximo ao do conceito jurídico consagrado pela doutrina administrativista brasileira, forjado a partir de conceitos abstratos e fluidos, como "fato do príncipe", "alteração unilateral" e "Teoria da Imprevisão". Nada obstante, mais recentemente, a partir da edição do Decreto Supremo nº 077-2016-EF e da Resolução Ministerial nº 167-2016-EF/15, tal tema começa a migrar para o regime jurídico que se propõe na presente obra.

No âmbito da União Europeia, destacam-se as Diretivas do Parlamento Europeu e do Conselho nº 2014/23/EU e nº 2014/24/UE, ambas de 26 de fevereiro de 2014. A Diretiva nº 2014/23/EU, relativa à adjudicação de contratos de concessão, prevê que as concessões podem ser modificadas sem novo procedimento licitatório, quando, durante o seu período de vigência, ocorrer algum evento de modificação que "altera o equilíbrio econômico da concessão a favor da concessionária de uma forma que não estava prevista na concessão inicial" (art. 43, nº 4, "b"), previsão semelhante ao art. 72, nº 4, "b", da Diretiva nº 2014/23/EU, relativa aos contratos públicos.[627] Dito em outras palavras,

---

[627] "Artigo 72.º Modificação de contratos durante o seu período de vigência. (...) 4. A modificação de um contrato ou de um acordo-quadro durante o seu período de vigência é considerada substancial, na aceção do nº 1, alínea e), quando tornar o contrato ou o acordo-quadro materialmente diferente do contrato ou acordo-quadro celebrado inicialmente. Em qualquer caso, sem prejuízo dos n.os 1 e 2, uma modificação é considerada substancial se se verificar

o conceito de equilíbrio econômico-financeiro dos contratos de concessão, no âmbito da União Europeia, caminha no sentido de reafirmar a sua relação com a repartição de riscos, e não em garantir a manutenção da proposta comercial apresentada, pelos licitantes, consoante se depreende do seu item 20:

> (20) Um risco de exploração deve decorrer de fatores independentes do controle das partes. Riscos como os associados a mais, a encargos contratuais do operador econômico ou a processos de força maior não decisivos para efeitos da classificação como parte da concessão, já que esses riscos são inerentes à gestão de todos os contratos, sejam eles contratos públicos ou concessões. Um risco de exploração deve ser entendido como um risco de exposição às incertezas do mercado que pode ser um risco ligado à procura, quer um risco ligado à oferta, ou ambos. Por risco de procura devem entender-se ou risco associado à procura efetiva de obras ou serviços que são objeto do contrato. Por risco de oferta entende-se associado ao fornecimento de obras ou à prestação de serviços que são objeto do contrato, em particular o risco de uma prestação de serviços não corresponde à procura. Para efeitos de avaliação do risco de exploração, pode ser que o líquido seja contado de forma coerente e uniforme ou valor atual de todo o investimento, custos e receitas do concessionário.

Assim como se passou no direito brasileiro, a COVID-19 produziu severos impactos no equilíbrio econômico-financeiro das concessões em diversos países. Mais que isso, a ausência de previsibilidade de tal evento sanitário (que o qualificou como uma "incerteza"), fez com que diversos países tivessem de estabelecer distintos e temporários crivos de reequilíbrio para esses contratos. Na Espanha, o tema veio a ser endereçado pelo Real Decreto-ley 8, de 18 de março de 2020. No referido normativo, o risco pelo advento da pandemia foi considerado como alocado ao poder concedente. Nesse sentido, previu-se o direito das concessionárias ao restabelecimento do equilíbrio econômico de seus contratos de concessão, por intermédio da extensão da variável prazo, em 15%, bem como pela alteração das cláusulas de conteúdo econômico do ajuste.[628] Ainda de acordo com normativo, o reequilíbrio

---

uma ou mais das seguintes condições: (...) b) A modificação altera o equilíbrio econômico do contrato ou do acordo-quadro a favor do adjudicatário de uma forma que não estava prevista no contrato ou acordo-quadro inicial".

[628] Nos termos do decreto: "*En los contratos públicos de concesión de obras y de concesión de servicios vigentes a la entrada en vigor de este real decreto-ley, celebrados por las entidades pertenecientes al*

econômico-financeiro deverá servir para compensar a perda de receita e o aumento de custos suportados pelas concessionárias – incluindo quaisquer custos salariais adicionais que se refiram à execução ordinária do contrato de concessão de obras ou serviços durante a pandemia provocada pela COVID-19. É de se notar, com efeito, que, na Espanha, a legislação de emergência considerou que o risco pelo advento da Pandemia teria sido alocado ao Poder Concedente.

O Reino Unido, em 02 de abril de 2020, tratou do tema na Guidance Note, emitida pela Infrastructure and Projects Authority, a qual dispõe sobre os contratos de Private Finance Initiative (PFI) e Private Finance 2 (PF2), instrumentos negociais similares aos contratos de concessão brasileiros. De acordo com o documento, a pandemia provocada pela covid-19 não se configura como um evento de *force majeure*.[629] A despeito

---

Sector Público en el sentido definido en el artículo 3 de la Ley 9/2017, de 8 de noviembre, la situación de hecho creada por el COVID-19 y las medidas adoptadas por el Estado, las comunidades autónomas o la Administración local para combatirlo darán derecho al concesionario al restablecimiento del equilibrio económico del contrato mediante, según proceda en cada caso, la ampliación de su duración inicial hasta un máximo de un 15 por 100 o mediante la modificación de las cláusulas de contenido económico incluidas en el contrato.

Dicho reequilibrio en todo caso compensará a los concesionarios por la pérdida de ingresos y el incremento de los costes soportados, entre los que se considerarán los posibles gastos adicionales salariales que efectivamente hubieran abonado, respecto a los previstos en la ejecución ordinaria del contrato de concesión de obras o de servicios durante el período de duración de la situación de hecho creada por el COVID-19. Solo se procederá a dicha compensación previa solicitud y acreditación fehaciente de la realidad, efectividad e importe por el contratista de dichos gastos.

La aplicación de lo dispuesto en este apartado solo procederá cuando el órgano de contratación, a instancia del contratista, hubiera apreciado la imposibilidad de ejecución del contrato como consecuencia de la situación descrita en su primer párrafo y únicamente respecto de la parte del contrato afectada por dicha imposibilidad" (Real Decreto-ley 8. Disponível em: https://www.boe.es/buscar/act.php?id=BOE-A-2020-3824. Acesso em: 22 fev. 2021).

[629] Nesse ponto, faz-se referência ao ensinamento de Marcelo Rangel Lennertz, o qual aponta que o conceito de *force majeure events* não guarda identidade com o conceito brasileiro de força maior: primeiro, porque não tem previsão taxativa dentre os casos trazidos no contrato, como no modelo inglês, uma vez que a hipótese de caso fortuito e força maior na legislação brasileira comporta a adequação de diferentes cenários ao conceito; segundo, os efeitos de caso fortuito e força maior, previstos no art. 65, II, d, da Lei nº 8.666/1993 englobam todas as consequências do gênero de *supervening events* inglês, cujas espécies são *compensation events*, *relief events* e *force majeure events*. E conclui: "a afirmação contida na Guidance Note do Governo do Reino Unido de que a pandemia da COVID-19 não configura um 'Force Majeure Event' nos contratos de PFI e PF2 significa, simplesmente, que pandemias não constam do rol (taxativo) de hipóteses previstas nesses contratos para a caracterização de um 'Force Majeure Event'. O principal efeito prático dessa constatação é impedir que as Contratadas possam requerer a extinção da relação contratual, com o consequente pagamento de indenização pelo Poder Concedente" (LENNERTZ, Marcelo Rangel. Covid-19 não configura 'evento de força maior' em PPPs do Reino Unido – qual a relevância dessa decisão para as discussões no Brasil? *iNFRADebate*, 05 jun. 2020. Disponível em: https://www.agenciainfra.com/blog/infradebate-covid-19-nota-sobre-a-irrelevancia-da-decisao-do-governo-do-reino-unido-para-concessoes-no-brasil/. Acesso em: 28 jul. 2020).

disso, determina-se que as autoridades contratantes devem trabalhar em conjunto com os concessionários e utilizando-se de todos os meios disponíveis, de modo que os serviços públicos não tenham soluções de continuidade. O documento prevê, ainda, que, como forma de se garantir a continuidade dos serviços públicos, devem ser mantidos os pagamentos à contratada (de sorte que ela possa continuar remunerando sua força de trabalho e seus fornecedores), bem como que sejam revistos índices de desempenho contratual, de modo que eles possam vir a refletir os impactos provocados pela Covid-19.[630] O documento recomenda, ainda, que a remuneração das concessionárias seja calculada com base na média realizada nos últimos três meses anteriores à pandemia.[631,632] Daí se pode inferir que, no Reino Unido, os efeitos econômicos provocados pela COVID-19 não foram considerados como um risco, aprioristicamente, alocado ao poder concedente.

De acordo com o documento, o equilíbrio econômico-financeiro deverá observar a matriz de riscos contratual. Portugal, por sua vez, editou o Decreto-Lei nº 19-A/2020, em 30 de abril de 2020, que estabelece um regime excepcional e temporário de reequilíbrio financeiro de contratos de execução duradoura, no âmbito da pandemia da doença

---

[630] No original: *"Contracting authorities should work closely with PFI contractors to use all available options to maintain public services during the emergency period. This will include maintaining unitary charge payments (enabling PFI contractors to pay their workforce and suppliers), revising contract requirements/standards (including scope changes where necessary) and moderating payment and performance mechanism regimes where appropriate"* (Guidance Note. Disponível em: https://assets.publishing.service.gov.uk/government/uploads/system/uploads/attachment_data/file/878059/2020_04_02_PFI_and_COVID19_final.docx.pdf. Acesso em: 28 jul. 2020).

[631] Conforme item 4 da Guidance Note. (4. *It is critical however that contracting authorities recognise that PFI contractors may not be able to achieve full performance under the PFI contract due to the on-going COVID-19 emergency, including where due to illness in the workforce and to the need to introduce revised ways of working to protect health and safety. Where this is the case, it should be agreed locally to moderate contract requirements and standards and payment and performance mechanism arrangements to a point where they support the stable delivery of vital services for the duration of the emergency. In those circumstances normal unitary charge payments to PFI contractors should be maintained (we would recommend having regard to the net level of unitary charge payments over the last three months as a performance baseline) and there should be a temporary moratorium on related payment and performance mechanism deductions/points so that PFI contractors can continue to operate and pay their workforce and suppliers. We would expect that bespoke contractual documents will be used to implement these temporary arrangements in PFI contracts rather than by the template set out in the Guidance notes on Model Interim Payment Terms – Procurement Policy Note 02/20.*)

[632] Conforme Item 6 da Guidance Note. (6. *In some cases it is possible that contract requirements and performance standards may need to be increased, for example reconfiguration of areas or enhanced/additional cleaning, and unitary charge payments may need to be adjusted to reflect any required increase in requirements/standards (and it is recognised that there may be other circumstances in which there may be increased costs of operation). As set out in PPN 02/20, we expect any increased costs to be presented on an open book basis*).

COVID-19. O normativo, em seu art. 3º I, dispõe que restam suspensas, até o fim do estado de emergência, as cláusulas contratuais e disposições normativas que preveem o direito à recomposição do equilíbrio financeiro ou à compensação. O art. 8º do referido normativo, por sua vez, prescreve que "Não dão lugar a indenização pelo sacrifício os danos resultantes de atos regularmente praticados pelo Estado ou outra entidade pública, no exercício das competências conferidas pela legislação de saúde pública e de proteção civil, ou no quadro do estado de emergência, para efeitos da prevenção e do combate à pandemia Covid-19, que constitui para o efeito causa de força maior". Duas diretrizes podem ser extraídas de tal normativo. A primeira, de que houve uma suspensão da possibilidade de realização de pleitos de reequilíbrio. A segunda, no sentido de que o fato do príncipe, decorrente das medidas sanitárias para conter a propagação da pandemia, não darão ensejo ao reequilíbrio econômico-financeiro em favor dos concessionários.

No Brasil, é digno de nota o Projeto de Lei nº 2.139/2020, de autoria do senador Antonio Anastasia (PSD/MG),[633] o qual dispõe sobre o Regime Jurídico Emergencial e Transitório das relações jurídicas contratuais da Administração Pública, no período da emergência de saúde pública decorrente do Coronavírus (COVID-19). Em breve síntese, o projeto prevê a elaboração, pelo contratado, voluntariamente ou a pedido da administração, de plano de contingência "para assegurar a continuidade da execução contratual e a preservação do seu objeto essencial",[634] devendo conter propostas para assegurar a manutenção do contrato, tais como a revisão ou a suspensão temporária de obrigações, a postergação de investimentos, a alteração da metodologia de execução contratual, em todos os casos acompanhado de justificativa econômica.

Dispõe, também, que a "Administração poderá rever obrigações contratuais e adotar qualquer outra medida que se mostre necessária e adequada para conter os impactos da pandemia ou assegurar a continuidade da prestação objeto dos contratos", trazendo, como exemplos,

---

[633] Em sua justificação, fica delineado o objetivo do projeto: "Com efeito, o Projeto tem o claro objetivo de salvaguardar o máximo de contratos administrativos vigentes, tendo em conta que a contratação realizada pela Administração Pública tem o intuito de atender ao interesse público. Assim, abdicar de contratos vigentes implica em desatender ao interesse que justificou a contratação, seja por torná-la demasiadamente onerosa, seja, tanto pior, por impedir a entrega ou prestação de objeto relevante. Assim, diante das premissas ora consignados, as medidas aqui propostas têm dois objetivos bem claros: (i) diminuir o passivo contratual de imediato; e (ii) prover instrumentos eficazes de revisão contratual".

[634] Art. 2º do PL nº 2.139/2020.

a suspensão da exigibilidade de obrigações e consequente revisão de cronogramas para entrega de produtos, de serviços ou para a realização de investimentos; a autorização para a desmobilização de pessoas, equipamentos e estruturas alocados na execução do contrato, por parte do contratado; a alteração das especificações e quantidades do objeto contratual; a suspensão da exequibilidade de sanções; a suspensão da aplicação de indicadores cujo cumprimento ou medição sejam comprovadamente inviáveis, assim como a revisão do sistema de desempenho previsto no contrato, com estabelecimento de nível mínimo de qualidade, quando cabíveis (arts. 3º e 4º).

Especificamente para as concessões comum, administrativa ou patrocinada, além das medidas acima referidas, o poder concedente também poderá postergar, total ou parcialmente, o pagamento de encargos eventualmente existentes, como valores de outorga fixa ou variável, de receitas alternativas, complementares, acessórias ou de projetos associados. Caberia, também, diferir o pagamento de encargos de fiscalização ou congêneres, previstos nos respectivos contratos, e de encargos setoriais, previstos na legislação reguladora dos serviços objeto do contrato, dado que não tenham natureza tributária (art. 5º).

Uma vez aplicadas essas medidas, o projeto estipula que as variações de ônus contratuais serão objeto de recomposição, assegurando-se a preservação do equilíbrio econômico-financeiro dos contratos administrativos e o referente processo administrativo terá sua instauração findo o período de calamidade pública ou da emergência, salvo nos casos urgentes em que "haja a necessidade de providências imediatas para assegurar a continuidade da execução da prestação" (art. 6º). Por fim, prevê que, havendo acordo entre as partes, seria possível o estabelecimento de nova equação econômico-financeira para o contrato, inclusive com a revisão da matriz de riscos originalmente prevista contratualmente. Ademais, é trazida como opção a extinção amigável do contrato, quando inviável a sua continuidade, comprovada mediante demonstrações econômico-financeiras (art. 8º). Como se vê, a proposição normativa endereça os seguintes pontos. Em primeiro lugar, prevê a possibilidade da adoção de medidas de redução qualitativa do serviço, de modo a compatibilizá-las com os efeitos provocados pela COVID-19. Num segundo momento, consagra o entendimento segundo o qual os efeitos provocados pela pandemia deveriam ser suportados pelo poder concedente. E, num terceiro momento, possibilita que as partes possam endereçar uma renegociação das bases objetivas do contrato, ou mesmo a sua extinção.

Por fim, é de se destacar que o *Guidance on PPP Contractual Provisions*[635] do Banco Mundial, ao disciplinar o regime econômico-financeiro dos eventos de força maior, prescreve que, nos primórdios das PPPs, a definição de força maior, frequentemente, baseava-se no fato de um evento específico poder ser segurado. Se houvesse seguro para um evento político ou natural específico, não poderia ser considerado como força maior. Assim é que, de acordo com tal guia, se ocorrer um evento de força maior, as partes precisam discutir como, e em que medida, a execução do Contrato de PPP pode continuar e como os efeitos do evento de força maior podem ser mitigados ou gerenciados. Nesse quadrante, tal orientação é no sentido de que o contrato de concessão pode incluir uma disposição expressa para esse efeito, mas, na prática, o que deve se passar é que o poder concedente deve reduzir as obrigações do concessionário, como uma forma de amortizar os efeitos econômicos produzidos por eventos qualificados como uma "incerteza" (já que não prevista e não segurável por nenhuma das partes).

De todo o exposto, é possível se concluir que, atualmente, a Teoria da Imprevisão e manutenção das condições comerciais da proposta comercial apresentada pelos licitantes guarda aplicação muito restrita nos contratos de concessão, como se depreende, seja da análise do regime jurídico do equilíbrio econômico-financeiro de países sul-americanos, seja em razão de como os diferentes países disciplinaram os efeitos econômicos produzidos pela COVID-19. Daí a necessidade de se propor um novel conceito jurídico para o equilíbrio econômico-financeiro dos contratos de concessão.

4.4 Da interpretação dos contratos incompletos e o equilíbrio econômico-financeiro nos contratos de concessão

Como se pretendeu demonstrar, o trespasse apriorístico do risco pelo advento de evento albergado pela Teoria da Imprevisão, com lastro no art. 65, II, d, da Lei nº 8.666/1993 não se sustenta, seja pelo regime

---

[635] WORLD BANK. *Guidance on PPP Contractual Provisions*, 2019. p. 30. Disponível em: https://consultations.worldbank.org/consultation/guidance-ppp-contractual-provisions. Acesso em: 11 jul. 2021.

jurídico previsto na Lei nº 8.987/1995, seja pela arquitetura econômica dos contratos incompletos. A partir de tais entendimentos, esse item tem por objetivo propor algumas linhas de interpretação de contratos de concessão, na hipótese em que tenha lugar fatos imprevisíveis, de consequências incalculáveis, notadamente em hipóteses qualificadas como "incertezas". O Código Civil, que disciplina a Teoria Geral dos Contratos, estabelece diretrizes interpretativas que podem ser endereçadas à interpretação de contratos complexos (de que são exemplos os contratos de concessão), sobretudo a partir da vigência da Lei nº 13.874/2019 (Lei da Liberdade Econômica), pois que este estatuto veiculou um sistema interpretativo de contratos incompletos.

Nesse sentido, o art. 113 do Código Civil, alterado pelo novel diploma, dispõe que os contratos devem ser interpretados no sentido do que: for confirmado pelo comportamento das partes posteriormente à celebração do negócio; corresponder aos usos, costumes e práticas do mercado relativas ao tipo de negócio; corresponder a qual seria a razoável negociação das partes sobre a questão discutida, inferida das demais disposições do negócio e da racionalidade econômica das partes, consideradas as informações disponíveis no momento de sua celebração (incisos I, IV e V). O §2º do dispositivo prescreve que "As partes poderão livremente pactuar regras de interpretação, de preenchimento de lacunas e de integração dos negócios jurídicos diversas daquelas previstas em lei".

O art. 421-A do Código Civil (incluído pela Lei nº 13.874/2019) também estabelece que: as partes negociantes poderão estabelecer parâmetros objetivos para a interpretação das cláusulas negociais e de seus pressupostos de revisão ou de resolução; a alocação de riscos definida pelas partes deve ser respeitada e observada; e a revisão contratual somente ocorrerá de maneira excepcional e limitada (incisos I, II e III). Todo esse racional, que reconhece a incompletude dos contratos, deve orientar a interpretação dos contratos de concessão na hipótese de materialização de evento qualificado como uma "incerteza". A primeira diretriz que se depreende da interpretação conjugada dos dispositivos é a que os contratos devem respeitar o que foi, razoavelmente, previsto pelas partes, o que inclui o desenho e a precificação de sua matriz de riscos, considerando as condições disponíveis quando de sua celebração.[636] A segunda vai no sentido de que as partes, por intermédio de posturas colaborativas,[637] devem endereçar soluções para a colmatação de lacunas contratuais. A terceira traz a orientação no sentido de que, em razão das assimetrias de informações, caberá, primordialmente, às partes, e não a um terceiro (juiz ou árbitro), propor um regime de renegociação dos contratos.

Transportadas para o regime concessionário, em situações nas quais se materialize evento qualificado como uma "incerteza", o intérprete deverá privilegiar: (i) o disposto na matriz de riscos dos contratos de concessão; (ii) o provisionamento de tais riscos ou a abertura à renegociação em situações de "incerteza" no Plano de Negócios apresentado pelo concessionário, ou no EVTEA, apresentando pelo poder público, a depender da vinculação de cada qual, para fins de reequilíbrio; (iii) soluções que priorizem a renegociação das bases objetivas, a serem conduzidas pelas partes, e não por terceiros, o que pode importar no estabelecimento de um Fluxo de Caixa Marginal das Incertezas. Também não se pode ignorar, na interpretação dos contratos incompletos, as diretrizes consequencialistas[638] trazidas pela Lei nº

---

[636] Marcelo Guerra Martins, antes mesmo da entrada em vigor da Lei da Liberdade Econômica, já lecionava que: "A interpretação dos contratos incompletos tem por objetivo aferir o que as partes originalmente desejavam e, ainda, quais riscos foram ou não partilhados no início da avença. Para tanto, devem-se considerar as informações relevantes detidas inicialmente por cada uma das partes, o que reflete na respectiva capacidade de aferição dos riscos relativos ao contrato" (MARTINS, Marcelo Guerra. Contratos incompletos e sua interpretação na era da informação. *Revista de Direito Empresarial*, Belo Horizonte, a. 13, n. 3, p. 97-113, set./dez. 2016).

[637] No mesmo sentido, a propósito dos contratos de concessão, Tatiana Esteves Natal: "A cooperação mútua resultante da conduta de boa-fé de cada agente envolvido na transação pode mitigar o impacto das fontes de incompletude (assimetria da informação, racionalidade limitada, oportunismo e externalidades) sobre a relação contratual e os custos de transação que daí emergem, reduzindo desequilíbrios resultantes em favor de uma das partes, reforçando laços de confiança e colaborando para a superação dos desequilíbrios por meio da negociação" (NATAL, Tatiana Esteves. *A teoria dos contratos incompletos e a natural incompletude do contrato de concessão*, 2014).

[638] Como anota José Vicente Santos de Mendonça: "O pragmatismo é uma filosofia das consequências, da experiência e da ação, mas é também, e, principalmente, uma filosofia da transformação. Nada mais distante do pragmatismo filosófico do que uma postura de tibieza diante da realidade e do conformismo, 'render-se aos fatos'" (MENDONÇA, José Vicente Santos de. *Direito constitucional econômico*: a intervenção do estado na economia à luz da razão pública e do pragmatismo. Belo Horizonte: Fórum, 2014. p. 42.) Para uma análise das principais críticas ao pragmatismo e ao consequencialismo jurídico, ver, por exemplo: SOUZA NETO, Cláudio Pereira de. Verticalização, cláusula de barreira e pluralismo político: uma crítica consequencialista à decisão do STF na ADIN 3685. *Interesse Público*, Porto Alegre, v. 8, n. 37, p. 87, 2006; CARVALHO, Lucas Borges de. Integridade, pragmatismo e decisão judicial: um debate entre Hércules e Jobim. *Revista de Direito Constitucional e Internacional*, São Paulo, v. 16, n. 64, p. 207-208, jul./set. 2008.

13.655/2018 (LINDB). Por se tratar de contratos de longo prazo, o seu intérprete não poderá desconsiderar as consequências da revisão dos seus aspectos econômico-financeiros.

Nesse sentido, terá lugar a aplicação do disposto nos arts. 20, 21 e 22,[639] *caput*, da Lei nº 13.655/2018.[640] Isso porque não se pode olvidar que os contratos de concessão veiculam serviços essenciais à população. Razão pela qual tais renegociações predicam de uma avaliação sobre os riscos de soluções de continuidade para os serviços públicos. Na mesma direção, Marçal Justen Filho[641] leciona que "Por isso, a consumação de eventos supervenientes insuportáveis, aptos a comprometer a continuidade da concessão, não pode ser ignorada". E conclui que "Diante da perspectiva de inviabilidade da concessão, devem ser adotadas providências para assegurar a continuidade dos serviços públicos".

Ademais, não se pode olvidar que os contratos de concessão são celebrados em ambientes regulados. Daí que, tendo em vista o sistema de regulação setorial, o intérprete deve considerar os impactos holísticos e sistêmicos de eventual renegociação ou interpretar sua matriz de riscos à luz de uma visão prospectiva (*foward-looking*) para todo o setor regulado.[642] Logo, é de se destacar a necessidade de se endereçar modelos regulatórios endógenos de equilíbrios econômico-financeiros que sejam resilientes e cambiáveis de acordo com os resultados pelo

---

[639] "Art. 20. Nas esferas administrativa, controladora e judicial, não se decidirá com base em valores jurídicos abstratos sem que sejam consideradas as consequências práticas da decisão. Parágrafo único. A motivação demonstrará a necessidade e a adequação da medida imposta ou da invalidação de ato, contrato, ajuste, processo ou norma administrativa, inclusive em face das possíveis alternativas.
Art. 21. A decisão que, nas esferas administrativa, controladora ou judicial, decretar a invalidação de ato, contrato, ajuste, processo ou norma administrativa deverá indicar de modo expresso suas consequências jurídicas e administrativas.
Art. 22. Na interpretação de normas sobre gestão pública, serão considerados os obstáculos e as dificuldades reais do gestor e as exigências das políticas públicas a seu cargo, sem prejuízo dos direitos dos administrados".

[640] V. MARQUES NETO, Floriano de Azevedo; FREITAS, Rafael Véras de. *Comentários à Lei nº 13.655/2018*. Belo Horizonte: Fórum, 2019.

[641] JUSTEN FILHO, Marçal. Concessão de serviço público e equação econômico-financeira dinâmica. *Revista de Direito Público da Economia*, Belo Horizonte, a. 16, n. 61, jan./mar. 2018.

[642] Nesse sentido, Thamy Pogrebinschi assevera que "é, portanto, antecipando consequências futuras que se produz conhecimento no âmbito do pragmatismo. E estas consequências futuras devem ser permanentemente antecipadas para que se possa conhecer qual delas é melhor, a mais satisfatória, a mais útil e a mais benéfica". A não ser quando olhar o passado seja "metodologicamente interessante ao próprio estabelecimento do futuro" (POGREBINSCHI, Thamy. *Pragmatismo*: teoria social e prática. Rio de Janeiro: Relume Dumará, 2005. p. 39).

aprendizado contratual.⁶⁴³ Daí a necessidade da incidência do pragmatismo e da experimentação no desenho de governanças regulatórias de reequilíbrio econômico-financeiro em contratos de concessão. É dizer, o equilíbrio econômico-financeiro dos contratos de concessão seja reinterpretado sob mais pragmático e realista,⁶⁴⁴ como será proposto no próximo item.

4.5 Equilíbrio econômico-financeiro nas concessões e o experimentalismo regulatório

Como visto até agora, o atual racional do equilíbrio econômico-financeiro das concessões, mais compatível com as modelagens veiculadas, em projetos de infraestrutura, é que aquele que se coaduna com a incompletude e com a adaptabilidade dos contratos de concessão. Trata-se de um instrumento de regulação, revelador de informações entre as partes, o qual, a partir do equacionamento de eventos qualificados, como "riscos" ou "incertezas", produzirá distintos crivos de reequilíbrio durante a sua vigência. Mais do que garantir a ergocidade da proposta comercial apresentada pelos licitantes, ele serve de móvel de revelação de informação das partes, no âmbito de uma relação agente-principal, que se desenvolve em contratos de longo prazo. Em razão do seu prazo diferido, o regime jurídico do equilíbrio econômico-financeiro de tal módulo contratual vai se desenvolvendo, a partir das experiências que

---

⁶⁴³ É o que doutrina especializada denomina de "desenho regulatório" da concessão. Nesse sentido, J. Luis Guasch assevera que "O desempenho eficaz do sector é impulsionado por uma concessão adequada e pela concepção regulamentar, e ambos estão, de alguma forma, interligados. 'Desenho de concessão' significa o processo de adjudicação, os critérios de adjudicação, requisitos de pré-qualificação, restrições de propriedade, questões de ajustamento da força de trabalho, obrigações de investimento versus objectivos de produção, garantias, duração da concessão, cláusulas de rescisão e regras de compensação, cláusulas de contingência, obrigações de desempenho, conflito mecanismos de resolução e estrutura de recurso, atribuição de riscos, e assim por diante" (GUASCH, J. L. *Granting and Renegotiating Infrastructure Concessions*: Doing It Right. Washington: The World Bank, 2004. p. 23).

⁶⁴⁴ Nesse sentido, Floriano de Azevedo Marques Neto e Egon Bockmann Moreira lecionam que "O Direito não pode ser estático, mas também não há de ser uma 'caixinha de surpresas'. Outro ponto nesta mesma linha: é comum que os órgãos de controle (administrativo ou judicial), anos depois, julguem um ato fora do contexto em que foi praticado. Uma decisão justificável ao seu tempo, descontextualizada torna-se írrita e inconveniente. O projeto (artigo 25) não veda a censura de um ato, mas coloca clara a obrigação de o controlador ponderar seus efeitos e contextualizar sua análise na realidade vivenciada ao tempo de sua edição" (MARQUES NETO, Floriano de Azevedo; MOREIRA, Egon Bockmann. Uma lei para o Estado de Direito contemporâneo. *Revista de Direito Público da Economia*, Belo Horizonte, n. 54, p. 209-211, abr./jun. 2016).

foram amealhadas, seja ao interno da relação concessória, seja pela aprendizagem adquirida, seja pela alteração das taxas de desconto ou do WACC, pelas entidades reguladoras.[645]

Segue daí a relação direta entre o novel regime jurídico do equilíbrio econômico-financeiro dos contratos de concessão – que, aqui, se propõe – e a denominada "capacidade de aprendizagem" a que se refere Egon Bockmann Moreira.[646] De acordo com o autor, "para se manter equilibrado, o contrato há de ser contextualizado historicamente e aprender com a experiência; para se manter firme, deve ser aberto ao novo e à flexibilização das premissas induzidas no passado". Isso porque, a seu ver, como defendido nesta tese, os contratos de concessão "são pactos que precisam ser compreendidos como contratos abertos, pois convivem e se nutrem da grande quantidade de informação diariamente recebida". Em prosseguimento, assevera que "o se falar em

---

[645] Maurício Portugal Ribeiro e Felipe Sande, em artigo questionando a compreensão da doutrina administrativa sobre a TIR, apontam a formação de distintos equilíbrios a partir da normatização *ex post* das agências reguladoras, como se depreende da seguinte passagem "Por outro lado, em relação à TIR para Reequilíbrio, já existe há muitos anos no Brasil projetos que usam o que o autor chama de TIR flexível. O primeiro deles foi a concessão da rodovia federal BR 116/324 assinada em 2010, quase 10 anos antes do artigo ser publicado, que estabelecia que a taxa de desconto a ser utilizada para deslocar valores no tempo para efeito de reequilíbrio do contrato por novos investimentos era produto de uma fórmula que incluía entre as suas variáveis a TJLP. E nos contratos federais de concessão de rodovia e aeroportos celebrados a partir de 2012 – nos quais o fluxo de caixa marginal é o principal instrumento para reequilíbrio – a ANTT e a ANAC periodicamente recalculam a taxa de desconto para reequilíbrio, empregando metodologia que supostamente reflete o custo de capital ponderado das concessionárias nesses setores. Portanto, a TIR para Reequilíbrio (que nesse caso se manifesta como taxa de desconto do fluxo de caixa marginal) já é flexível nesses casos. Mais recentemente – mas ainda anos antes da publicação do artigo que estamos comentando – foram celebrados contratos de concessão de rodovias do Estado de São Paulo que adotaram para cálculo da taxa de desconto do fluxo de caixa marginal (a taxa que, assim como a TIR para Reequilíbrio, tem função de neutralizar os impactos do Empréstimo Compulsório decorrente da ocorrência de Evento de Desequilíbrio) uma fórmula que fixa para tanto um múltiplo do spread da NTN-B, algo que é praticamente igual ao que o texto defende. Além disso, há também o contrato de concessão para a instalação, manutenção e exploração publicitária de relógios digitais do Município de São Paulo, que estabeleceu regras para compartilhamento do risco de variação do custo de capital, de maneira a evitar que o concessionário arque integralmente com esse risco. Nesse caso, apesar do VPL ser o parâmetro para compartilhamento do risco de custo de capital, há também um uso do VPL análogo ao que o autor chama de TIR flexível. Mas, não há no texto do artigo comentado nenhuma referência a qualquer dos casos descritos acima" (SANDE, Felipe; RIBEIRO, Maurício Portugal. Mitos, incompreensões e equívocos sobre o uso da TIR – Taxa Interna de Retorno – para equilíbrio econômico-financeiro de contratos administrativos – um estudo sobre o estado da análise econômica do direito no direito administrativo. *Revista Brasileira de Direito Público*, Belo Horizonte, a. 18, n. 71, p. 157-186, out./dez. 2020).

[646] MOREIRA, Egon Bockmann. *Direito das concessões de serviço público*. 2. ed. Belo Horizonte: Fórum, 2022. p. 382-384.

capacidade de aprendizagem dos contratos e – por que não dizer? – da própria relação jurídico-concessionária está-se a cogitar também da sistematização do conhecimento que aperfeiçoe a eficiência de determinados contratos públicos".[647] E conclui o seu raciocínio no sentido de que "por isso que tanta ênfase merece ser posta quanto às metodologias que privilegiem a composição tarifária e sua revisão com lastro na capacidade de inovação e aprimoramento por parte do concessionário".[648]

No mesmo sentido, Sérgio Guerra e José Marinho Séves,[649] ao comentarem o *leading case* paulista a propósito da desvinculação do equilíbrio econômico-financeiro da proposta comercial apresentada pelos licitantes, ressaltam tal aprendizagem do contrato de concessão,[650] quando

---

[647] MOREIRA, Egon Bockmann. *Direito das concessões de serviço público*. 2. ed. Belo Horizonte: Fórum, 2022. p. 382-384.

[648] MOREIRA, Egon Bockmann. *Direito das concessões de serviço público*. 2. ed. Belo Horizonte: Fórum, 2022. p. 382-384.

[649] GUERRA, Sérgio; SANTOS, José Marinho Séves. Mutação regulatória e equilíbrio econômico-financeiro – Caso ARTESP – TAM: Processo nº 1040986-29.2014.8.26.0053, TJSP. *In*: MARQUES NETO, Floriano de Azevedo; MOREIRA, Egon Bockmann; GUERRA, Sérgio (Coords.). *Dinâmica da regulação*: estudos de casos da jurisprudência brasileira. Belo Horizonte: Fórum, 2021. p. 222.

[650] Em 1998, foi celebrado, entre o Estado de São Paulo, a Agência Reguladora de Serviços Públicos Delegados de Transporte do Estado de São Paulo – ARTESP e a Concessionária de Rodovias Tebe/SA, o Contrato de Concessão nº 001/CR/98 para a exploração do sistema rodoviário constituído pelo chamado Lote 3 – composto pelos trechos de ligação entre Catanduva e Bebedouro; Taquaritinga e Pirangi; e Bebedouro e Barretos. Daí que, em dezembro de 2006, foi celebrado o 11º Termo Aditivo e Modificativo ao Contrato de Concessão ("TAM"), que prorrogou a vigência do contrato em 84 meses, estendendo a sua duração total para 324 meses, após ser verificado desequilíbrio econômico-financeiro em função dos seguintes fatos: (i) perda de receita decorrente de alterações no local de uma praça de pedágio e extinção de outra; (ii) perda de receita decorrente de parcelamento no repasse do reajuste das tarifas do pedágio; (iii) majoração da Cofins; (iv) majoração do PIS; (v) alteração do imposto municipal incidente sobre o pedágio (ISSQN); e (vi) a celebração de aditivos contratuais para a adequação dos investimentos feitos pela concessionária. Ocorre que, anos após a sua celebração, o Estado de São Paulo e a ARTESP alegaram que tal reequilíbrio deveria ter considerado a performance efetiva da via concessionada, ao passo que a Concessionária defendia a vinculação à TIR plasmada em sua proposta comercial. Ao apreciar o tema, o Tribunal de Justiça do Estado de São – TJRJ deixou assentado que apelo, reformando a sentença. O TJSP considerou que: (i) na ocasião da celebração do TAM, foi utilizada uma demanda "fictícia" para o cálculo da TIR; (ii) a TIR deveria ser calculada com base na demanda "real", neste caso representada pelo rendimento auferido com base nos carros tarifados; (iii) o parâmetro defendido pelos autores estava em consonância com o interesse público; (iv) o uso do parâmetro diferente gerou desequilíbrio econômico-financeiro em desfavor do Poder Público; e (v) com base nestes fundamentos, o TAM deveria ser anulado. (GUERRA, Sérgio; SANTOS, José Marinho Séves. Mutação regulatória e equilíbrio econômico-financeiro – Caso ARTESP – TAM: Processo nº 1040986-29.2014.8.26.0053, TJSP. *In*: MARQUES NETO, Floriano de Azevedo; MOREIRA, Egon Bockmann; GUERRA, Sérgio (Coords.). *Dinâmica da regulação*: estudos de casos da jurisprudência brasileira. Belo Horizonte: Fórum, 2021. p. 221).

asseveram que "parece ter havido uma opção consciente do legislador em deixar esta norma aberta à interpretação, tendo em vista que o desequilíbrio econômico-financeiro deve ser reconhecido casuisticamente, analisando-se as particularidades de cada contrato".

É, justamente, o que se passa com o equilíbrio econômico-financeiro do contrato de concessão. De fato, desde o advento da metodologia do Fluxo de Caixa Marginal, o equilíbrio econômico-financeiro do contrato de concessão é formado, a partir da evolução experimental decorrente dos eventos desequilibrantes e das alterações empreendidas na regulação setorial – tal como se passou, nos setores de rodovias, aeroportos, portos e ferrovias, examinados no capítulo 2. Além disso, tal equilíbrio é forjado a partir do advento de deflatores tarifários atrelados ao desempenho do concessionário (consubstanciados na inclusão de Fatores X, D, Q e A, nos módulos concessórios), o que reforça o contínuo aprendizado e a experimentação do seu racional econômico-financeiro, a partir de dados reais, que têm de ver com o cumprimento das obrigações de investimento e de desempenho pelo concessionário. Segue daí a conclusão segundo a qual os distintos crivos de reequilíbrio são construídos, por intermédio de uma experimentação regulatória endógena e exógena, o que confere a tal instituto um novidadeiro viés pragmático.

O pragmatismo filosófico é datado da segunda metade do século XIX, quando Charles Sanders Peirce, William James e Oliver Wendell Holmes[651] Jr. criaram um foro para debate, sarcasticamente, denominado "O Clube Metafísico". A partir desse viés filosófico, deixa de ser importante esclarecer o comportamento humano a partir de ideias, tendo em vista que "não agimos porque temos ideias; temos ideias porque precisamos agir, e agimos de acordo com os fins que perseguimos".[652] Isso porque, como bem apontado por Thamy Pogrebinschi,[653] "portanto, antecipando consequências futuras que se produz conhecimento no âmbito do pragmatismo. E estas consequências futuras devem ser permanentemente antecipadas para que se possa conhecer qual delas é melhor, a mais satisfatória, a mais útil e a mais benéfica", a não ser quando olhar o passado seja "metodologicamente interessante ao próprio

---

[651] Sobre o tema, cf.: MENAND, L. *The metaphysical club*: a story of ideas in America. New York: Farrar, Straus e Giroux, 2001.

[652] Sobre o tema, cf.: MENAND, L. *The metaphysical club*: a story of ideas in America. New York: Farrar, Straus e Giroux, 2001.

[653] POGREBINSCHI, Thamy. *Pragmatismo*: teoria social e prática. Rio de Janeiro: Relume Dumará, 2005. p. 39.

estabelecimento do futuro.⁶⁵⁴ Nessa direção que se insere o pragmatismo, o qual, nada obstante suas variações, apresenta, ao menos, três características básicas: (i) o antifundacionalismo, de acordo com o qual se rejeita a existência de entidades metafísicas ou conceitos abstratos, estáticos e definitivos no direito, imunes às transformações sociais; (ii) o contextualismo, conceito que orienta a interpretação jurídica por questões práticas; e (iii) o consequencialismo, característica de acordo com a qual as decisões devem ser tomadas a partir de suas consequências práticas (olhar para o futuro, e não para o passado).⁶⁵⁵ Nesse sentido, Diego Werneck Arguelhes e Fernando Leal,⁶⁵⁶ inspirados pelas lições de Richard Posner, asseveram que "a melhor leitura possível da posição de Posner seria, portanto, a de que o juiz pragmático não adotará a decisão com melhores consequências imediatas sempre que essa postura não implicar as melhores consequências sistêmicas, isto é, para o sistema judicial como um todo no longo prazo.⁶⁵⁷

Em resumo, mais do que abstrações, valem a experiência e a percepção de que se aprende fazendo (*learn by doing*). Disso decorre a função instrumental do direito, seja para disciplinar condutas, seja para reprimi-las. Assim é que o sistema de regras jurídicas deve considerar dados concretos e econômicos, tendo em vista tratar-se de "necessidade social e intelectual que o direito seja marcado por uma lógica mais experimental e mais flexível". O Direito, dessa forma, precisa ser discutido "em ambiente social concreto, e não no vácuo comparativo das relações normativas endógenas e despreocupadas com a vida social.⁶⁵⁸

---

⁶⁵⁴ Como anota José Vicente Santos de Mendonça: "O pragmatismo é uma filosofia das consequências, da experiência e da ação, mas é também, e, principalmente, uma filosofia da transformação. Nada mais distante do pragmatismo filosófico do que uma postura de tibieza diante da realidade e do conformismo, 'render-se aos fatos'." (MENDONÇA, José Vicente Santos de. Direito constitucional econômico: a intervenção do estado na economia à luz da razão pública e do pragmatismo. Belo Horizonte: Fórum, 2014. p. 42.)

⁶⁵⁵ OLIVEIRA, Rafael Carvalho Rezende. Ativismo judicial, pragmatismo e capacidades institucionais: as novas tendências do controle judicial dos atos administrativos. Revista Brasileira de Direito Público, Belo Horizonte, a. 10, n. 39, p. 9-36, out./dez. 2012.

⁶⁵⁶ ARGUELHES, Diego Werneck; LEAL, Fernando. Pragmatismo como [meta] teoria normativa da decisão judicial: caracterização, estratégias e implicações. In: SARMENTO, Daniel (Org.). Filosofia e teoria constitucional contemporânea. Rio de Janeiro: Lumen Juris, 2009. p. 187.

⁶⁵⁷ MARQUES NETO, Floriano de Azevedo; FREITAS, Rafael Véras de. Comentários à Lei nº 13.655/2018. Belo Horizonte: Fórum, 2019.

⁶⁵⁸ DEWEY, J. The essential Dewey: pragmatism, education, democracy. V. 1. Indianapolis: Indiana University Press, 1998. p. 361. Pesquisa disposta em RIBEIRO, Leonardo Coelho. O direito administrativo como caixa de ferramentas. São Paulo: Malheiros, 2016.

Daí a necessidade do advento de uma governança regulatória experimental, que possa dar conta da cambialidade do equilíbrio econômico-financeiro dos contratos de concessão, que é forjada a partir da construção de novos e distintos equilíbrios, a partir do endereçamento econômico e financeiro dos eventos qualificados como "riscos" e "incertezas". O experimentalismo pode ser reconduzido a estudos como o de Roberto Mangabeira Unger e Charles Sabel[659] os quais, inspirados no trabalho de John Dewey, propõem que as políticas públicas sejam revisadas à luz da experiência prática. É dizer, nesse quadrante, o Estado define objetivos e coordena diversas entidades que, de forma descentralizada, operarão em regimes colaborativos e participativos, capazes de aproveitar o aprendizado institucional obtido contextualmente.[660] Trata-se, pois, de uma visão na qual as instituições são dinâmicas, e não estáticas, uma vez que os arranjos institucionais são experimentados e revisados continuamente.[661] Desse modo, o experimentalismo baseia-se em um aprendizado contextual, o qual fornece um insumo (*input*) para a remodelagem das políticas pelo governo.[662]

Foi John Dewey quem, associando o pragmatismo[663] a ideias de instrumentalismo e experimentalismo, e trabalhando com suas aplicações ao Direito, formulou que um sistema de regras jurídicas não só

---

[659] Charles Sabel e William H. Simon reconhecem que a expressão é tomada da filosofia política de Dewey. Cf.: SABEL, C.; SIMON, W. H. Minimalism and experimentalism in the administrative state. Columbia Public Law & Legal Theory Working Papers, Paper 9187, 2011. p. 26.

[660] Comentando a importância da expansão do método experimentalista para além das fronteiras do campo científico, ao campo dos estudos sociais, Mangabeira Unger afirma: "entendemos como as coisas funcionam ao descobrir sob que condições, em que direções e dentro de que limites elas podem mudar. A inclusão de fenômenos reais em um campo maior de oportunidades não aproveitadas não é, para a ciência, uma conjectura metafísica: é um pressuposto operativo indispensável. O que vale para a ciência natural vale com grande força para toda a gama de estudos sociais e históricos. Juízos de possibilidade contrafática, em grande medida implícitos, informam nossa percepção acerca de sequências reais de mudança histórica e de forças reais na vida em sociedade" (UNGER, Roberto Mangabeira. *O direito e o futuro da democracia*. Tradução Caio Farah Rodriguez e Marcio Soares Grandchamp. São Paulo: Boitempo, 2004. p. 11).

[661] RIBEIRO, Leonardo Coelho. O direito administrativo como caixa de ferramentas e suas estratégias. *Revista de Direito Administrativo*, Rio de Janeiro, v. 272, p. 209-249, maio/ago. 2016.

[662] Nesse sentido, cf.: DEWEY, J. *The public and its problems*: an essay in political inquiry. University Park: Pennsylvania State University, 2012. p. 56-57.

[663] Para uma síntese do pragmatismo filosófico, amparado na tríade do antifundacionalismo, consequencialismo e contextualismo, v. nosso: RIBEIRO, Leonardo Coelho. *Direito administrativo como caixa de ferramentas*. São Paulo: Malheiros, 2016. V. também: POGREBINSCHI, Thamy. *Pragmatismo*: teoria social e prática. Rio de Janeiro: Relume Dumará, 2005.

deve ser subserviente aos resultados práticos que produz; para isso, deve considerar dados concretos e econômicos, tendo em vista tratar-se de "necessidade social e intelectual que o direito seja marcado por uma lógica mais experimental e mais flexível".[664] O direito, dessa forma, precisa ser discutido "em ambiente social concreto, e não no vácuo comparativo das relações normativas endógenas e despreocupadas com a vida social".[665] Segundo David Trubek, o experimentalismo institucional demanda a adoção de arranjos jurídicos experimentais em um setor específico da economia que possuam ao mesmo tempo estabilidade e flexibilidade. A estabilidade significa que, salvo a ocorrência de acontecimentos novos, o modelo que esteja fornecendo resultados positivos irá se manter.[666] Por outro lado, a flexibilidade assegura que, à medida que a execução da política forneça o feedback necessário, seja possível a fácil revisão dos arranjos estabelecidos.

Para procedimentalizar a abordagem, Charles F. Sabel e William H. Simon esquematizam o experimentalismo em quatro elementos básicos: (i) metas estruturais (*framework goals*) e parâmetros provisoriamente estabelecidos para verificar seu sucesso; (ii) outorga de ampla discricionariedade às unidades locais para perseguir seus fins de modo próprio; (iii) como condição dessa autonomia, tais unidades locais devem reportar regularmente seu desempenho e participar de uma revisão por pares, na qual os resultados são comparados com o de outras unidades que usam meios distintos para os mesmos fins; e (iv) as metas, parâmetros e procedimentos de tomada de decisão devem

---

[664] DEWEY, J. *The essential Dewey*: pragmatism, education, democracy. v. 1. Indianapolis: Indiana University Press, 1998. p. 361; GODOY, Arnaldo Sampaio de Moraes. *Introdução ao realismo jurídico norte-americano*. Brasília: edição do autor, 2013. p. 51. Disponível em: http://www.agu.gov.br/page/download/index/id/16204196. Acesso em: 14 abr. 2015.

[665] GODOY, Arnaldo Sampaio de Moraes. *Introdução ao realismo jurídico norte-americano*. Brasília: edição do autor, 2013. p. 57. Disponível em: http://www.agu.gov.br/page/download/index/id/16204196. Acesso em: 14 abr. 2015.

[666] Segundo David Trubek: "O comprometimento com a experimentação cria a necessidade de arranjos flexíveis, especializados e facilmente revisáveis. Tais arranjos são necessários no nível procedimental e substantivo. Arranjos procedimentais são necessários para gerenciar o tipo de colaboração público-privada exigida para identificar novos mercados, produtos, e processos. Arranjos substantivos são necessários para garantir o tipo de regime regulatório especializado que melhor se compatibiliza para evocar o investimento privado e garantir que ele sirva ao interesse público. Considerando que o principal ponto desse exercício é tentar novas ideias e buscar novos caminhos, parece que procedimentos necessitam permitir o máximo de flexibilidade e arranjos substantivos devem ser fácil e rapidamente revisáveis" (TRUBEK, David M. *Developmental states and the legal order*: towards a new political economy of development and law. University of Wisconsin Law School, Paper n. 1075, February 2009. p. 20).

ser periodicamente alterados de acordo com a resposta obtida no processo de revisão. Esse desenho institucional seria, então, o mais capaz de estimular a descentralização e o aprendizado na execução de ações públicas.[667] Em outras palavras, o experimentalismo pode ser entendido como "um processo recursivo de estabelecimento de metas provisórias, baseado no aprendizado, a partir da comparação de abordagens alternativas, para avançar com as metas em diferentes contextos".[668]

Em um mundo de mudanças rápidas, regras fixas escritas por uma autoridade hierárquica podem se tornar obsoletas, quando atores econômicos precisam encontrar soluções conjuntas e rápidas para problemas comuns, por meio de processos experimentais de tentativa e erro.[669] David Wolfe destaca que um desafio chave na exploração da aplicabilidade do experimentalismo é determinar quais critérios sociais e institucionais subjacentes podem contribuir para o sucesso dessa abordagem, bem como saber se ela pode ser aplicada em todas as regiões.[670] Isso porque o experimentalismo regulatório não funciona necessariamente para todas as regiões, em especial, quando se consideram fatores como os diferentes níveis de capacidade institucional e a ausência de atores colaborativos subjacentes.

Tal conceito se relaciona intimamente com os conceitos de reflexividade e de aprendizagem institucional (ou aprendizagem por monitoramento).[671] De acordo com Anthony Giddens, a reflexividade se fundamenta nas estruturas de prática social, podendo ser entendidas como o caráter monitorado do fluxo contínuo de vida social.[672] A forma

---

[667] SABEL, C.; SIMON, W. H. Minimalism and experimentalism in the administrative state. Columbia Public Law & Legal Theory Working Papers, Paper 9187, 2011. p. 27.

[668] SABEL, C.; ZEITLIN, J. Experimentalist governance. *In*: LEVI-FAUR, D. (Ed.). *The Oxford Handbook of Governance*. Oxford: Oxford University Press, 2012. p. 169.

[669] Kevin Morgan denomina o fenômeno de giro experimentalista: "*The model of experimentalist governance developed by Charles Sabel et al was originally conceived as a response to the perceived failure of 'command and control' governance mechanisms, a process that obliged front line actors to find joint solutions to common problems through experimental trial and error processes*" (MORGAN, K. *Experimental governance and territorial development*. Backgroud paper for an OECD/EC workshop, Broadening innovation policy: new insights for regions and cities, 2018. p. 6).

[670] WOLFE, D. Experimental governance: conceptual approaches and practical cases. *Background paper for an OECD/ED workshop, Broadening innovation policy*: new insights for regions and cities, 2018. p. 4.

[671] WOLFE, D. Experimental governance: conceptual approaches and practical cases. *Background paper for an OECD/ED workshop, Broadening innovation policy*: new insights for regions and cities, 2018. p. 6.

[672] GIDDENS, A. *The Constitution of society*: outline of the theory of structuration. Berkeley: University of California Press, 1984.

de aprendizagem reflexiva requer a capacidade de automonitoramento e de conseguir aprender com o fracasso e o sucesso passado (*to learn how to learn*). Em outras palavras, é a "capacidade de aplicar a memória institucional para monitorar seu próprio progresso na adaptação às mudanças em curso no ambiente".[673] Ash Amin destaca quatro princípios fundamentais na abordagem experimentalista: (i) grau de pluralismo na tomada de decisões, que envolve delegação da autoridade decisória aos órgãos estatais onde a política regulatória pode ser melhor alcançada; (ii) noção de que o Estado pode fornecer liderança estratégica e capacidade de coordenar; (iii) democracia dialógica, envolvendo a capacidade de formar consensos duradouros por meio da interação; e (iv) compromisso com o processo de práticas democráticas, abertas e transparentes.[674]

Por sua vez, Kevin Morgan assevera que o experimentalismo envolve uma arquitetura de quatro elementos ligados em um ciclo interativo: (i) as metas e métricas de estrutura ampla são estabelecidas provisoriamente por unidades centrais e locais; (ii) as unidades locais recebem ampla autonomia para alcançar as metas à sua própria maneira; (iii) como condição de tal autonomia, as unidades locais devem informar regularmente sobre seu desempenho e participar de revisões, nas quais os resultados são comparados com outros que utilizam meios diferentes para o mesmo fim; e (iv) as metas, métricas e procedimentos de tomada de decisão são revisadas por diferentes atores, dando resposta aos problemas e possibilidades reveladas durante o processo de revisão.[675]

Assim, o experimentalismo regulatório pode ser sistematizado em duas proposições: (i) a capacidade de aprendizado por monitoramento; e (ii) o grau de autonomia concedido às unidades locais, na governança multinível.[676] A ideia de aprender por meio do monitoramento, subjacente ao conceito de experimentalismo, pode ser integrada na literatura

---

[673] WOLFE, D. Experimental governance: conceptual approaches and practical cases. *Backgroud paper for an OECD/ED workshop, Broadening innovation policy*: new insights for regions and cities, 2018. p. 6.

[674] AMIN, A. Beyond Associative Democracy. *New Political Economy*, v. 1, n. 3, p. 309, 1996.

[675] MORGAN, K. *Experimental governance and territorial development*. Background paper for an OECD/EC workshop, Broadening innovation policy: new insights for regions and cities, 2018. p. 8.

[676] MORGAN, K. *Experimental governance and territorial development*. Background paper for an OECD/EC workshop, Broadening innovation policy: new insights for regions and cities, 2018. p. 9.

regulatória, na medida em que se considere que os resultados da regulação dependem da interação entre diferentes atores sociais e econômicos, incluindo, por exemplo, agentes reguladores nacionais, regionais e locais, setor privado e organizações sem fins lucrativos. Nesse sentido, a qualidade da regulação não pode ser reduzida ao papel de um ator específico, mas resulta de sua interação sociopolítico-administrativa.[677]

Nesse contexto é que Juliana Bonacorsi de Palma argumenta que um programa visando à instituição da governança experimentalista deve combinar: definição clara de competências e deveres das entidades envolvidas; inclusão dos interessados atualmente não alcançados pelos debates públicos; definição de parâmetros que permitam a realização de análise retrospectiva; diferenciação entre erros honestos e corrupção; criação de mecanismos de revisão por pares na dinâmica da revisão da decisão pública (*peer review*); e divulgação dos valores do experimentalismo por meio de sua promoção.[678] O processo de experimentalismo institucional envolve, dessa forma, uma redefinição dos arranjos jurídicos e uma reorganização das ferramentas jurídicas para favorecer a experimentação de ações, no sentido de que elas sejam constantemente analisadas, de modo a se sujeitar a uma imediata e flexível revisão à luz das consequências observadas.[679]

Todo esse racional vem sendo transposto para o equilíbrio econômico-financeiro dos contratos de concessão. Assim, por exemplo, cite-se que a Agência Nacional de Energia Elétrica (ANEEL) fez uso do experimentalismo regulatório, por meio da aprovação da Resolução Normativa ANEEL nº 966/2021, a qual regulamenta o desenvolvimento

---

[677] "*This leads to a growing recognition that policy outcomes depend on the interaction among a wide range of social and economic actors, including sub-national and local governments, the private sector, voluntary, business and not-for-profit organizations. Distributed governance involves the combined resources of governmental and non-governmental actors in the form of horizontal, autonomous, self-organizing and "self-governing interorganizational networks". Associative governance is the process of managing networks of diverse actors, where notions of power rest more on mutual dependence among 'self-governing' networks than on the traditional hierarchical exercise of authority*" (WOLFE, D. Experimental governance: conceptual approaches and practical cases. *Background paper for an OECD/ED workshop, Broadening innovation policy*: new insights for regions and cities, 2018. p. 7 e 9).

[678] PALMA, Juliana Bonacorsi de. The Construction of the Experimentalist Governance in Brazil: Towards a New Role of the Law in Public Management. *Revista de Direito Público da Economia*, Belo Horizonte, a. 15, n. 58, p. 117-143, abr./jun. 2017.

[679] Em sentido próximo, cf.: ZANATTA, Rafael Augusto Ferreira. *Direito, desenvolvimento e experimentalismo democrático*: um estudo sobre os papéis do direito nas políticas públicas de capital semente no Brasil. 2014. 184 f. Dissertação (Mestrado em Direito) – Faculdade de Direito, Universidade de São Paulo, São Paulo, 2014. p. 71.

e aplicação de projetos-pilotos que envolvam faturamento diferenciado pelas concessionárias e permissionárias de serviço público de distribuição de energia elétrica, chamados de "sandboxes tarifários". De acordo com a referida resolução, as distribuidoras de energia elétrica podem desenvolver projetos experimentais que envolvam o faturamento diferenciado e que visem a: (i) melhora do fator de carga; (ii) novas modalidades de faturamento; (iii) novas modalidades tarifárias; (iv) gerenciamento pelo lado da demanda; (v) tratamento e incorporação de novos tipos de usuários; e (vi) técnicas de economia comportamental (art. 2º).

No voto que aprovou a Resolução Normativa ANEEL nº 966/2021, o diretor-relator, Sandoval de Araújo Feitosa Neto, asseverou que o processo de elaboração da norma buscou "apresentar a evolução do ambiente de experimentação da ANEEL para a realização de *sandboxes* tarifários, considerando ampla literatura internacional sobre a matéria, a realização de alguns processos na ANEEL, como também a previsão no ordenamento jurídico nacional".[680] Para desenvolver tais projetos-pilotos, as concessionárias e permissionárias devem apresentar à ANEEL, antes do início do projeto, plano que contenha, por exemplo: prazo, abrangência, metodologia de escolha dos participantes e grupo de controle, critério de adesão e de desistência do participante, critérios de faturamento, riscos do projeto, origem dos recursos e financiamento e proposição de indicadores e ferramentas para análise de resultados e de custo-benefício. Além disso, as regras de faturamento diferenciado devem ser aprovadas pela agência, que deliberará sobre o "afastamento temporário de regras e normas no contexto do projeto-piloto" (art. 4º, da Resolução Normativa ANEEL nº 966/2021).

Em qualquer caso, a distribuidora deve compensar, no custeio do projeto, eventuais ganhos de receita na aplicação do projeto-piloto superior ao faturamento ordinário, podendo, ainda, incluir prêmios e incentivos para que os usuários participem efetivamente do projeto (art. 10, §1º e §2º, da Resolução Normativa ANEEL nº 966/2021).[681] Sobre a estrutura de custos dos projetos, o voto que aprovou a resolução destacou

---

[680] Voto constante no processo nº 48500.000444/2020-92, apresentado na 47ª Reunião Administrativa Ordinária da Diretoria da ANEEL.

[681] A Resolução Normativa ANEEL nº 966/2021 prevê ainda: (i) que os projetos devem ser desenvolvidos em áreas previamente selecionadas pelas distribuidoras (art. 5º); (ii) que o número de participantes do projeto deve corresponder a uma amostra representativa e justificada (art. 6º); (iii) que a distribuidora deve desenvolver sistemática de monitoramento e análise dos resultados do projeto (art. 13).

que "os custos do medidor serão de responsabilidade da distribuidora e, em caso de projetos com uso de tecnologia experimental que agreguem novas funcionalidades e prestação de serviços, o medidor poderá ser custeado com recursos de P&D (Pesquisa e Desenvolvimento). Abre-se também a possibilidade para que o medidor possa ser custeado pelo consumidor participante, de forma voluntária dentro dos modelos experimentais para testes de oferta de serviços e funcionalidades".[682] Especificamente sobre a possibilidade de descontos tarifários ou de novas tarifas decorrentes do projeto-piloto, a regulação prevê que tais diferenciações tarifárias não serão avaliadas e consideradas nos processos tarifários da distribuidora, devendo a concessionária informar à ANEEL, nos processos tarifários, o mercado e o faturamento baseado na tarifa homologada, incluindo o faturamento da bandeira tarifária que seria aplicável (art. 12, da Resolução Normativa ANEEL nº 966/2021).[683]

Em prosseguimento, a agência aprovou, no bojo do Processo nº 48500.000444/2020-92, a realização do projeto-piloto de Governança de Sandboxes tarifários, que materializa a primeira ação associada de experimentalismo regulatório. O projeto-piloto visará à experimentação de novas modalidades tarifárias, especialmente, considerando a necessidade atual de modernizar as tarifas para consumidores de baixa tensão. De acordo com a agência reguladora, o projeto de Governança será responsável por gerir e acompanhar os *sandboxes* tarifários que, em linha com o conceito de inovação, "poderão, por meio do Projeto de Governança, criar uma rede de compartilhamento de informações e experiências, o que aumenta a eficiência do aprendizado trazido pela experimentação".[684]

---

[682] Voto constante no processo nº 48500.000444/2020-92, apresentado na 47ª Reunião Administrativa Ordinária da Diretoria da ANEEL.

[683] Como destacado pelo voto do Diretor Sandoval de Araújo Feitosa Neto: "julgo ainda importante frisar que os processos tarifários não poderão absorver os efeitos dos projetos-pilotos. Eventuais ganhos de receita deverão ser abarcados a título de contrapartida eventual, e os custos associados a prêmios de participação para os consumidores poderão ser considerados e abarcados pelos recursos de P&D".

[684] A ANEEL divulgou as seguintes sociedades empresárias como interessadas em investir no projeto-piloto: (i) Grupo CPFL Energia; (ii) Neoenergia Coelba; (iii) Copel; (iv) EDP São Paulo; (v) EDP Espírito Santo; (vi) Grupo Energisa; (vii) Enel Ceará; (viii) Celesc Distribuição; e (ix) Grupo Equatorial Energia (ANEEL – Agência Nacional de Energia Elétrica. Sandbox regulatório: conheça o projeto-piloto de governança de sandboxes tarifários promovido pela ANEEL, 2022. Disponível em: https://www.gov.br/aneel/pt-br/assuntos/pesquisa-e-desenvolvimento/sandbox-regulatorio#:~:text=Os%20Sandboxes%20Tarif%C3%A1rios%20s%C3%A3o%20projetos,os%20consumidores%20de%20Baixa%20Tens%C3%A3o. Acesso em: 05 abr. 2022).

Na mesma direção, cite-se que, no âmbito da Agência Nacional de Transportes Terrestres (ANTT), instaurou-se a Audiência Pública nº 2/2022, cujo objeto é colher subsídios e informações adicionais para o aprimoramento da proposta de regulamentação para constituição e funcionamento de ambiente regulatório experimental (*sandbox* regulatório). Nesse sentido, para subsidiar a audiência pública, a agência reguladora disponibilizou a minuta de resolução que pretende regulamentar o ambiente experimental, bem como o relatório preliminar de Análise de Impacto Regulatório (AIR) sobre o *sandbox* regulatório da ANTT.[685]

A AIR disponibilizada pela ANTT destaca que os reguladores enfrentam o desafio de tomar decisões, em contextos de incerteza, o que inclui: (i) a incerteza sobre o ambiente em que o regulador atua; e (ii) a incerteza sobre o impacto de decisões regulatórias. Esse cenário de incerteza é potencializado pela constante inovação em produtos e serviços, que pode empurrar as fronteiras da regulação existente. Em tal contexto, assume relevância o "experimento regulatório", entendido pela ANTT como "um teste ou ensaio de um novo produto, serviço, abordagem ou solução projetado para gerar evidências ou informações que possam informar o projeto ou administração de um regime regulatório". Por exemplo, um regulador pode projetar um experimento para testar o desempenho de um novo sistema de licenciamento versus um existente, ou para decidir entre os requisitos alternativos de divulgação potencial para uma nova classe de produto, comparando sistematicamente seu desempenho".[686]

A ANTT também destacou que o ambiente regulatório experimental teria as vantagens de acelerar a adoção de novas tecnologias,

---

[685] A Audiência Pública nº 2/2022 tem período de validade de 21.03.2022 a 04.052022. Os documentos disponibilizados pela ANTT estão disponíveis em: https://participantt.antt.gov.br/Site/AudienciaPublica/VisualizarAvisoAudienciaPublica.aspx?CodigoAudiencia=472. Acesso em: 05 abr. 2022.

[686] "Para reduzir ou resolver a incerteza nessas situações, os reguladores podem perceber que abordagens mais tradicionais, como pesquisa e consultas a partes interessadas são inadequadas. As informações e evidências de que um regulador precisa sobre inovações podem ser particularmente escassas, fragmentadas e contestáveis ou até mesmo ausentes inteiramente em relação àquelas disponíveis para tecnologias ou práticas mais estabelecidas. Embora a experimentação regulatória possa ser uma abordagem poderosa para reduzir a incerteza em uma ampla gama de áreas, é particularmente relevante para os reguladores com dificuldades para lidar com a inovação, onde abordagens alternativas adequadas podem não estar disponíveis" (ANTT. Agência Nacional de Transportes Terrestres. *Relatório preliminar de análise de impacto regulatório sobre o sandbox regulatório da ANTT*, 2021. Disponível em: https://participantt.antt.gov.br/Site/AudienciaPublica/VisualizarAvisoAudienciaPublica.aspx?CodigoAudiencia=472. Acesso em: 05 abr. 2022).

por meio de um conjunto de regras diferenciadas para as empresas que atuam no ambiente regulatório geral, assim como permitir analisar quais seriam as regras mais adequadas para novos modelos de negócios que não poderiam existir dentro do arcabouço regulatório vigente. Nesse quadrante, a minuta de resolução apresentada pela agência tem por escopo regular as regras de constituição e funcionamento do ambiente regulatório experimental,[687] em que as pessoas jurídicas participantes poderão receber autorizações temporárias para testar novos serviços, produtos e soluções regulatórias relacionadas ao setor de transporte terrestre. A implementação do ambiente regulatório experimental tem a finalidade de servir como instrumento para proporcionar: (i) fomento à inovação no setor de transportes terrestres; (ii) diminuição de custos e do tempo de maturação para desenvolver produtos, serviços ou soluções regulatórias para o setor; e (iii) aprimorar o arcabouço regulatório vigente aplicável às atividades reguladas pela ANTT (art. 1º, parágrafo único, da minuta de resolução apresentada na Audiência Pública nº 2/2022).

De tal procedimento resultou a edição da Resolução nº 5.999, de 03 de novembro de 2022, que dispõe sobre as regras para constituição e funcionamento de ambiente regulatório experimental (*sandbox* regulatório). De acordo com o art. 2º, I, no normativo, o ambiente experimental que terá lugar em contratos de concessão consiste em "condições especiais, limitadas e exclusivas, a serem cumpridas por pessoas jurídicas de direito privado, por prazo limitado, na forma determinada por esta Resolução e edital específico". A aprendizagem e o experimentalismo regulatório terão lugar, na medida em que, uma vez concedidas as autorizações temporárias pela diretoria colegiada, a unidade organizacional competente sobre a matéria, com apoio da comissão de *sandbox*, deve monitorar o andamento das atividades desenvolvidas pelo participante no âmbito do ambiente regulatório experimental (art. 20).

Note-se, para o aqui importa, que o diretor-relator do Processo nº 50500.102546/2021-74, Luciano Lourenço da Silva, deixou assentado que tal expediente tem como um de seus principais objetivos "a importância do regulamento que ora se impõe, o qual propiciará um ambiente seguro para que possamos testar soluções e regras que trarão evolução

---

[687] O ambiente regulatório experimental foi definido como "condições especiais, limitadas e exclusivas, a serem cumpridas por pessoas jurídicas de direito privado, por prazo limitado, na forma determinada por esta Resolução e edital específico" (Art. 2º, inciso I, da minuta de resolução apresentada na Audiência Pública nº 2/2022.)

para os setores regulados (infraestrutura e serviços)". E conclui que "como exemplo, cito o projeto pioneiro que já está se desenvolvendo no âmbito da ANTT, que é o primeiro trecho de rodovia federal concedida com 100% de *free-flow*, uma evolução e revolução para as concessões de rodovias no país". Cuida-se da modalidade de cobrança tarifária que se apresenta como uma ferramenta, dentre outras disponíveis no arsenal contratual-regulatório, que visa alcançar uma política tarifária, mais justa e transparente, aos usuários, por meio da modernização de contratos de concessão, atualmente, já sendo possível alcançar tal objetivo por meio da tecnologia OCR (*optical character recognition*, ou reconhecimento óptico de caracteres), que já tinha previsão na Lei nº 14.157/2021. Note-se que tal experimento poderá importar em alterações no equilíbrio econômico-financeiro, caso o concessionário tenha de realizar novos investimentos, o que sugere a incorporação do viés experimental na construção de um novo regime jurídico para o equilíbrio econômico-financeiro do contrato de concessão.

Na mesma direção, no setor de saneamento, em razão da necessidade de a regulação induzir à revelação de informações, pelos concessionários, durante a execução contratual, as entidades reguladoras vêm se utilizando da estratégia da regulação por menus, na qualidade de um instrumento redutor da assimetria de informações da relação concessória, a construir distintos equilíbrios econômico-financeiros a partir da experimentação e da aprendizagem dos contratos de concessão.[688] De acordo com a doutrina especializada, o menu é construído de forma que, ao assumir uma meta mais desafiadora, o prestador assumirá maior risco de não alcançar o resultado proposto e de ser penalizado. Nessas hipóteses, estará sujeito a recompensas maiores por bons resultados, de forma que o incentivo seja efetivo. É dizer, o regulador oferece um menu de contratos, de modo que a firma mais eficiente selecionaria um com incentivos mais fortes (em que uma menor parcela dos custos é reembolsada), enquanto a firma menos eficiente escolheria um contrato com incentivos fracos (que reembolse a maior parcela dos custos).[689] Nesse quadrante, tal menu observaria o seguinte

---

[688] LAFFONT, J. J.; TIROLE, J. *A theory of incentives in procurement and regulation*. Cambridge: MIT Press, 1993.
[689] CRUZ, Camila Elena Muza; OLIVEIRA, Itamar Aparecido de. A regulação por menus – teoria e prática. *In*: OLIVEIRA, Carlos Roberto de; VILARINHO, Cintia Maria Ribeiro (Coords.). *A regulação de infraestruturas no Brasil*. Santana de Parnaíba: Associação Brasileira de Agências de Regulação: KPMG, 2021. p. 256-278.

racional: (i) quanto melhor o resultado alcançado, maior o prêmio (ou menor a penalidade); (ii) quanto maior a distância entre a meta proposta e resultado alcançado, menor o prêmio (ou maior a penalidade); e (iii) a penalidade aplicada devido ao distanciamento entre meta e resultado é menor quando a diferença for consequência de uma meta muito ambiciosa do que quando for por uma meta muito frouxa.[690]

De acordo com Camila Elena Muza Cruz e Itamar Aparecido de Oliveira,[691] a regulação por menus é elaborada a partir de uma combinação de custos e resultados ou de esforços e benefícios, e sua adoção permite que o prestador de serviços escolha a melhor opção dentre aquelas apresentadas pelo regulador. Em termos práticos, estabelece-se um conjunto de metas ao redor de um valor considerado desejável pelo regulador (meta central), acompanhado por percentuais de ganhos ou perdas para cada combinação de meta escolhida versus o resultado alcançado.

Por fim, é de se destacar que, segundo a Nota Técnica CRE nº 05/2020, da ARSAE-MG,[692] "O menu é construído de forma que, ao assumir uma meta mais desafiadora, o prestador assumirá maior risco de não alcançar o resultado proposto e de ser penalizado". Ainda nos termos do referido documento, "portanto, estará sujeito a recompensas maiores por bons resultados, de forma que o incentivo seja efetivo. Escolhendo uma meta mais frouxa, haverá um menor incentivo (recompensa reduzida), assim como um menor risco (penalidades também menores)". Por fim, tal documento técnico prescreve que para qualquer meta pactuada, as penalidades e prêmios associados variam de acordo com o resultado alcançado, obedecendo às seguintes premissas: quanto

---

[690] ARSAE-MG. Agência Reguladora de Serviços de Abastecimento de Água e de Esgotamento Sanitário do Estado de Minas Gerais. *Nota Técnica CRE nº 05/2020*: Diretrizes, abordagem geral, cronograma e pauta. 2ª Revisão Tarifária Periódica da Copasa-MG. 3ª Revisão Tarifária Periódica da Copanor, 2020. Disponível em: http://www.arsae.mg.gov.br/images/documentos/consulta_publica/2020/18/NT_CRE_05_2020_Pauta_Diretrizes_Cronograma_e_Pauta.pdf. Acesso em: 30 abr. 2022.

[691] CRUZ, Camila Elena Muza; OLIVEIRA, Itamar Aparecido de. A regulação por menus – teoria e prática. In: OLIVEIRA, Carlos Roberto de; VILARINHO, Cintia Maria Ribeiro (Coords.). *A regulação de infraestruturas no Brasil*. Santana de Parnaíba: Associação Brasileira de Agências de Regulação: KPMG, 2021. p. 256-278.

[692] ARSAE-MG. Agência Reguladora de Serviços de Abastecimento de Água e de Esgotamento Sanitário do Estado de Minas Gerais. *Nota Técnica CRE nº 05/2020*: Diretrizes, abordagem geral, cronograma e pauta. 2ª Revisão Tarifária Periódica da Copasa-MG. 3ª Revisão Tarifária Periódica da Copanor, 2020. Disponível em: http://www.arsae.mg.gov.br/images/documentos/consulta_publica/2020/18/NT_CRE_05_2020_Pauta_Diretrizes_Cronograma_e_Pauta.pdf. Acesso em: 30 abr. 2022.

melhor o resultado alcançado, maior o prêmio (ou menor a penalidade); quanto maior a distância entre a meta proposta e resultado alcançado, menor o prêmio (ou maior a penalidade); penalidade aplicada devido ao distanciamento entre meta e resultado é menor quando a diferença for consequência de uma meta muito ambiciosa do que quando for por uma meta muito frouxa.

Na mesma direção, cite-se, ainda no setor de saneamento, na qualidade e uma regulação experimental de revisão do equilíbrio econômico-financeiro, a *sunshine regulation*, a qual consiste na adoção de medidas de *soft regulation* destinadas a promover a transparência e o *disclosure* por meio da geração e sistematização de dados e informações. As informações reveladas, por sua vez, podem influenciar o comportamento dos agentes do mercado regulado. Além disso, o mecanismo proposto também proporciona mais transparência para a sociedade, permitindo que seja melhor entendido, por exemplo, o custo de oportunidade presente na relação entre o regulador e concessionários. Com maior transparência, o nível de informação aumenta, e isso incrementa a qualidade das escolhas a serem feitas pela sociedade. Cuida-se de alternativa regulatória adotada por algumas agências subnacionais em prol da universalização dos serviços de saneamento, na qualidade de uma regulação de incentivo e reveladora de informações.[693]

---

[693] Segundo Bruno Fernandes Vieira "não há modo de organização de um monopólio natural que não esteja sujeito a fricções, portanto, como será visto, tais fricções alcançam, também, a regulação por incentivo. É necessário, antes, distinguir aquelas três formas de regulação por incentivo. Earnings Sharings: Como visto, a regulação por taxa de retorno não provê incentivos suficientes para que a empresa regulada reduza seus custos e promova a eficiência. Desta forma, para que a empresa regulada reduza seus custos e ganhe eficiência, deve-se permitir à empresa regulada a apropriação de parte de seus ganhos. Yardstick: A regulação por yardstick, ou regulação por desempenho foi desenvolvida por Shleifer (1985) com o propósito de reduzir as assimetrias de informação que emergem da relação agente principal. Na regulação por yardstick o regulador utiliza empresas similares ou idênticas para analisar o potencial da empresa em análise, reduzindo assim, a necessidade de adquirir todas as informações necessárias ao cálculo da tarifa de remuneração do serviço. E Price cap: Por fim, na regulação por price cap, ou preço teto, não há, como na regulação por taxa de retorno, um valor estipulado pelo órgão regulador do retorno que a empresa regulada auferirá. A regulação por preço teto permite que a empresa estipule sua taxa de retorno com base no preço máximo estipulado pelo órgão regulador" (VIEIRA, Bruno Fernandes. *Regulação por incentivo no setor elétrico brasileiro*: instituições e eficiência. 2014. 169 f. Dissertação (Mestrado em Direito) – Universidade Federal de Minas Gerais, Belo Horizonte, 2014.) V. PEREZ, Adriana Hernandez; LUIZ, Rangel. Regulação por incentivos em telecomunicações: a escolha de países em desenvolvimento. Texto para Discussão nº 6, Instituto Brasileiro de Economia da Fundação Getulio Vargas – IBRE/FGV, 2009; OLIVEIRA, Alessandro Vinícius Marques de. *Regulação, concorrência e alinhamento de incentivos* – simulação de impactos da adoção de instrumentos de indução de serviços aéreos em mercados de média e baixa densidade.

O objetivo principal desse mecanismo regulatório é garantir a efetiva transparência do desempenho da prestação dos serviços de saneamento, por meio da divulgação ao usuário, de forma clara e objetiva, de determinados indicadores previamente escolhidos pela agência reguladora. Significa dizer que os usuários podem acessar, de modo célere e intuitivo, os indicadores dos prestadores de serviços, comparados com valores de referência e padrões esperados, classificados como "excelente", "bom", "regular" e "ruim". Dessa forma, a regulação *sunshine* busca impulsionar a melhoria dos serviços de saneamento básico, por intermédio da exposição e da redução da assimetria de informações.

Assim, por exemplo, cite-se que a Agência Reguladora de Serviços de Abastecimento de Água e de Esgotamento Sanitário do Estado de Minas Gerais e a Agência Reguladora de Serviços Públicos do Estado de São Paulo (ARSESP) possuem normativos que instituem a regulação *sunshine*, respectivamente, a Resolução ARSAE-MG nº 108/2018 e a Deliberação ARSESP nº 1.138/2021. No âmbito regulatório da ARSESP, a Nota Técnica que fundamentou a instituição da Regulação Sunshine justificou a adoção do mecanismo, em primeiro lugar, na ideia de que a publicização de dados complexos, pela Administração Pública, necessita de simplificação. Significa dizer que dados complexos, como índices de perdas de água, taxas de cobertura de serviços de esgoto, entre outros, devem ser divulgados com a devida parametrização e correlação com metas de *performance*, para facilitar a interpretação pela sociedade e ampliar o nível de participação social.[694]

Em segundo lugar, a Nota Técnica, lavrada pela ARSESP, justificou a implantação da regulação *sunshine* no art. 11-B, §5º, da Lei nº

IX Prêmio SEAE de economia – Monografias premiadas 2014. Escola de Administração Fazendária, 2014.

[694] Conforme exposto na Nota Técnica Final do Processo ARSESP ADM-0265-2020, que foi destinado à discussão da metodologia para implantação da Regulação por Exposição no âmbito dos serviços de saneamento básico regulados pela ARSESP, "a Regulação Sunshine pode servir como uma espécie de "ponte" facilitadora para o aumento do nível de participação social na medida em que traduzirá as informações complexas, recebidas dos prestadores de serviços, em informações simplificadas mais facilmente assimiladas e interpretadas pela sociedade, permitindo que o cidadão ou entidades do setor de saneamento tomem conhecimento de eventuais desvios de performance em escala local (municipal). O efeito esperado refere-se ao maior controle de contas (accountability); participação do cidadão/usuário e da sociedade no planejamento dos investimentos; acompanhamento pelo poder público municipal da evolução do seu contrato de prestação de serviços de saneamento e da projeção e factibilidade das metas para a universalização dos serviços; constrangimento do prestador na medida que são comparadas as performances com outros players do mercado ou internamente; melhoria de governança (efeito dos itens anteriores); e, consequentemente, a tão almejada melhoria da qualidade dos serviços prestados".

11.445/2007, inserido pelo novo marco regulatório. O referido dispositivo, ao estabelecer novos critérios para as metas de prestação dos serviços, também prescreveu que o cumprimento das metas de universalização e não intermitência do abastecimento, de redução de perdas e de melhoria dos processos de tratamento deverão ser verificados anualmente pela agência reguladora. A implementação da regulação *sunshine* envolve as seguintes etapas: escolha da cesta de indicadores que será utilizada e respectivos valores de referência; definição da metodologia de avaliação dos resultados; e, por último, seleção dos formatos de divulgação e publicação.

Para definir os indicadores a serem divulgados pela regulação por exposição, a ARSESP levou em consideração os seguintes critérios: (i) utilização de base de dados já conhecida e consolidada pela agência, com série histórica minimamente disponível para a elaboração de protótipos de relatórios; (ii) aderência ao objeto do projeto, ou seja, indicadores que representassem a performance de prestação dos serviços; (iii) indicadores adequados à linguagem geral, que permitissem a interpretação pela sociedade de forma simplificada, sem prejudicar a acurácia real dos serviços mensurados; e (iv) indicadores que estivessem em consonância com as diretrizes do novo marco legal do saneamento básico, conforme art. 11-B, §5º, da Lei nº 11.445/2007.

Com base nesses critérios, a ARSESP definiu cinco indicadores para compor o âmbito de aplicação da regulação *sunshine*: (i) índice de atendimento de água (IAA), que mede o percentual de domicílios efetivamente ligados ao sistema público de abastecimento de água; (ii) índice de atendimento de esgoto coletado (IAE), correspondente ao percentual de domicílios efetivamente conectados ao sistema público de esgoto sanitário; (iii) índice de atendimento de esgoto tratado (IAET), que visa medir o percentual de domicílios efetivamente tratados de esgotamento sanitário; (iv) índice de perdas na distribuição (IPD); e (v) índice de atendimento ao usuário (IAU), que está relacionado às reclamações recebidas pelo canal de atendimento ao usuário (Anexo I, da Deliberação ARSESP nº 1.138/2021).

Após a escolha da cesta de indicadores, o próximo passo é definir a metodologia de avaliação dos serviços. No âmbito da agência de saneamento paulista, definiu-se três modalidades de avaliação dos serviços: avaliação estática, avaliação dinâmica e avaliação comparativa entre os municípios. No bojo da avaliação estática, o valor de cada um dos indicadores é comparado com valores de referência, recebendo, no mínimo, a seguinte classificação (art. 4º, da Deliberação ARSESP nº 1.138/2021):

> I – Azul / Excelente: apresentam valores satisfatórios, com atendimento superior ao esperado quanto aos valores de referência e com padrões acima dos esperados para cada subgrupo de análise;
> II – Verde / Bom: apresentam valores satisfatórios, com pleno atendimento aos valores de referência, no respectivo ano de referência e dentro dos padrões esperados para cada subgrupo de análise;
> III – Amarelo / Regular: apresentam valores moderados, que inspiram atenção por parte do prestador de serviço sob a perspectiva de cada subgrupo de análise;
> III – Vermelho / Ruim: apresentam valores insatisfatórios ou fora dos valores de referência para cada subgrupo de análise, requerendo ações incisivas para melhoria.

Os valores de referência – com os quais os indicadores dos prestadores dos serviços devem ser comparados na avaliação estática – adotaram os critérios apresentados na imagem abaixo colacionada e, em seguida, foram pormenorizados no Anexo II, da Deliberação ARSESP nº 1.138/2021:[695]

Figura 8

Azul	Excelente: Considerado o serviço universalizado, de acordo com as metas do PLANSAB", para o ano de 2033;
Verde	Bom: Serviço ainda não universalizado, mas cujos resultados apurados estejam dentro das metas definidas pelo PLANSAB[17], para o ano de referência;
Amarelo	Regular: Serviço ainda não universalizado, mas cujos resultados apurados estejam dentro das metas definidas pelo PLANSAB[17], para o ano de 2017;
Vermelho	Ruim: Serviço ainda não universalizado e cujos resultados apurados estejam abaixo das metas definidas pelo PLANSAB[17], para o ano de 2017.

---

[695] A agência justificou a adoção do PLANSAB como referencial de valor para fins de parâmetro classificatório no art. 9º e 53, da Lei nº 11.445/2007. Além disso, é válido destacar que os indicadores são apurados de acordo com as informações recebidas dos prestadores de serviços, tendo em vista a área de abrangência estabelecida nos contratos – "áreas atendíveis" (ARSESP. Agência Reguladora de Serviços Públicos do Estado de São Paulo. *Nota Técnica Final*: metodologia para implantação da regulação por exposição (regulação *sunshine*) no âmbito dos serviços de saneamento básico regulados pela ARSESP, 2021. p. 17 e 19. Disponível em: http://www.arsesp.sp.gov.br/ConsultasPublicasBiblioteca/NTS-0005-2021.pdf. Acesso em: 30 abr. 2022).

Como se pode perceber, a experimentação regulatória ou "aprendizagem do equilíbrio econômico-financeiro do contrato de concessão" já é uma realidade que começa a ter lugar na regulação de contratos de concessão. No direito brasileiro, é de se destacar o entendimento Heloisa Conrado Caggiano,[696] para quem "é importante ressaltar que nem todos os riscos podem ser previstos quando da elaboração do contrato – alguns deles na verdade dependem da experiência pretérita dos sujeitos envolvidos na atividade contratada". E conclui no sentido de que "veja que prever determinado risco e alocá-lo implica custos, de modo que sua previsão explícita no contrato, ainda que desejada, só é eficiente até determinado ponto".

Por todo o exposto, é de se concluir esse item no sentido de que o desenvolvimento de *sandboxes* tarifários e de modalidades de regulação por incentivos, notadamente, por intermédio da regulação por menus e regulação *sunshine*, que se desenvolvem a partir da aprendizagem e da troca de informações com os concessionários, extirpa, por completo, a possibilidade de se defender que o equilíbrio econômico-financeiro dos contratos de concessão poderia ser reconduzido à proposta comercial, apresentada pelos licitantes. Na verdade, o presente livro apresentou uma miríade de exemplos nesse sentido, tais como os ilustrados pela Proposta Apoiada (no setor de aeroportos), pela aplicação da Metodologia do Fluxo de Caixa Marginal (nos setores de rodovias, portos, aeroportos e ferrovias), pelos reequilíbrios da COVID-19 (nos setores de rodovias e aeroportos) e, por fim, para decretar a "morte" do entendimento tradicional, o advento de *sandboxes* tarifários. Daí se poder afirmar que o equilíbrio econômico-financeiro dos contratos de concessão será forjado em desenhos de mecanismos experimentais, como será exposto no próximo item.

4.6 O equilíbrio econômico-financeiro das concessões à luz da Teoria do Desenho de Mecanismos

Em 2007, Leonid Hurwicz, Eric S. Maskin e Roger B. Myerson receberam o Nobel de Economia por sua contribuição à Teoria do Desenho de Mecanismos e sua aplicação econômica. Em síntese, os

---

[696] CAGGIANO, Heloísa Conrado. Alocação de riscos em contratos de concessões de rodoviárias federais no Brasil: análise do caso da BR 153/TO/GO. *Revista de Direito Público da Economia*, Belo Horizonte, v. 15, p. 25-50, 2017.

autores verificaram que a análise econômica baseada exclusivamente na matemática seria insuficiente para elucidar todos os problemas correlatos à alocação eficiente de recursos.[697] Segundo Lara Bonemer e Marcia Ribeiro, a teoria conjuga os mecanismos necessários para que os agentes sejam "corretamente incentivados a revelar as informações privadas ao agente central". Nesse sentido, para que o desenho funcione, seria preciso estabelecer os incentivos apropriados para que os agentes revelassem, com honestidade, as informações privadas.[698] A ideia da teoria do desenho de mecanismos pode ser traduzida como "teoria dos jogos reversa", em que, no caso do jogo licitatório, em que se pretende escolher a proposta mais vantajosa, o Estado deveria criar regras para incentivar os licitantes a divulgarem suas informações sobre o produto e sobre o preço.[699] Em outras palavras, o desenho de

---

[697] ROCHA, Lara Bonemer; RIBEIRO, Marcia Carla Pereira. Teoria do desenho de mecanismos: uma proposta de aplicação aos contratos incompletos. *Revista da Faculdade Mineira de Direito*, Belo Horizonte, v. 20, n. 40, p. 231, 2018. Nesse sentido, Alvin Roth esclarece que *"Traditional economics views markets as simply the confluence of supply and demand. A new field of economics, known as 'market design', recognizes that well-functioning markets depend on detailed rules. (...) Market designers try to understand these differences and the rules and procedures that make various kinds of markets work well or badly. Their aim is to know the workings and requirements of particular markets well enough to fix them when they're broken or to build markets from scratch when they're missing (...) A primary motive for market design is the need to address market failures"* (ROTH, A. E. The art of designing markets. *Harvard Business Review*, out. 2007, IT, p. 2. Disponível em: https://hbr.org/2007/10/the-art-of-designing-markets. Acesso em: 12 jan. 2022).

[698] ROCHA, Lara Bonemer; RIBEIRO, Marcia Carla Pereira. Teoria do desenho de mecanismos: uma proposta de aplicação aos contratos incompletos. *Revista da Faculdade Mineira de Direito*, Belo Horizonte, v. 20, n. 40, p. 233-234, 2018.

[699] MCAFEE, R. P.; MCMILLAN, J. Auctions and Bidding. *Journal of Economic Literature*, Tennessee, v. 25, n. 2, p. 699-738, jun. 1987; MYERSON, R. B. Optimal Auction Design. *Mathematics of Operations Research*, Chicago, v. 6, n. 1, p. 58-73, feb. 1981; ORTEGA REICHERT, A. *Models for Competitive Bidding Under Uncertainty*. 1968. PhD thesis. Stanford University (and Technical Report n. 8, Department of Operations Research), Stanford University, Stanford, 1968; RILEY, J. G.; SAMUELSON, W. F. Optimal Auctions. *American Economic Review*, Pittsburgh, v. 71, n. 3, p. 381-392, jun. 1981; ROBERTS, J.; MILGROM, P. *Economics, organization and management*. Englewood Cliffs, NJ: Prentice-Hall, 1992; VICKREY, W. Counterspeculation, auctions, and competitive sealed tenders. *The Journal of Finance*, v. 16, n. 1, p. 8-37, mar. 1961; WILSON, R. *The structure of incentives for decentralization under uncertainty*. Paris: Editions du Centre national de la recherche scientifique, 1969; MILGROM, P. Putting auction theory to work: The simultaneous ascending auction. *Journal of political economy*, Chicago, v. 108, n. 2, p. 245-272, 2000. No Direito Brasileiro, Marcos Nóbrega leciona que "A literatura sobre licitações no Brasil questiona apenas a conformidade das ações dos agentes envolvidos com as regras pré-estabelecidas. É necessário ir mais além, discutindo porque essas regras são dessa forma e qual o sentido e o caminho de aperfeiçoá-las (...). A teoria econômica clássica apenas responde indagações de como alocar mais eficientemente os recursos escassos baseadas na ideia de informação perfeita e ausência de custos de transação" (NÓBREGA, Marcos; CAMELO, Bradson. O que o prêmio Nobel de Economia de 2020 tem a ensinar a Hely Lopes Meirelles? O modelo de licitações que temos no Brasil é eficiente? *Jota.info*, seção Análise, 15 out. 2020).

mecanismos corresponde à construção de regras e procedimentos para fazer uma escolha coletiva.[700]

Isso porque, em contextos de decisão coletiva, uma regra de seleção de resultados pode ser chamada de descentralizada, se ela se basear, ainda que parcialmente, na informação detida por cada indivíduo. A partir de tal regra descentralizada, os participantes de uma licitação podem achar melhor, visando ao próprio interesse, distorcer as informações na qual a seleção do resultado baseia-se, de modo não detectável por outros participantes. Esse é um problema de incentivo que pode surgir em qualquer regra de decisão coletiva, e a ideia por trás da teoria dos desenhos é obter o equilíbrio das informações, através das estratégias de mecanismos criados.[701]

Nesse sentido, a própria ideia de leilão subjaz à ideia de mecanismos. Como elucidado pelo Conselheiro Vicente Bandeira de Aquino Neto, da Agência Nacional de Telecomunicações – Anatel, no bojo do processo que analisou a submissão à Consulta Pública de proposta de Edital de Licitação para disponibilização de espectro de radiofrequências de quinta geração (5G): "o leilão pode ser conceituado como um mecanismo de formação de preços e parametrizado por uma série de regras para especificar a forma de determinação do vencedor e quanto este deve pagar, em um ambiente marcantemente caracterizado pela assimetria de informações".[702] Por isso, o propósito do leilão é estabelecer um mecanismo de mercado sólido para promover a distribuição e o uso eficiente de recursos e produzir preços de mercado.

Razão pela qual, segundo Marcos Nóbrega e Bradson Camelo, é necessário realizar uma mudança de perspectiva, no sentido de que a busca pela eficiência não deve se dar apenas pela melhor alocação dos recursos, mas também considerar os incentivos envolvidos. É claro que a legislação brasileira que rege a licitação estabelece, por assim dizer, um "pacote" de incentivos, porém, não é o melhor. Por exemplo, há sistemas licitatórios que possibilitam o estabelecimento de regras de lances abertos ou fechados, deixando para os órgãos a flexibilidade

---

[700] "A escolha coletiva é obtida do equilíbrio de estratégias do jogo induzido pelo mecanismo" (TEMPORAL, Ricardo. *Um exame da teoria de desenho de mecanismos e suas aplicações práticas*. 2011. 55 f. Dissertação (Mestrado em Economia) – Instituto de Ensino e Pesquisa, Insper, São Paulo, 2011. p. 11 e 13).

[701] TEMPORAL, Ricardo. *Um exame da teoria de desenho de mecanismos e suas aplicações práticas*. 2011. 55 f. Dissertação (Mestrado em Economia) – Instituto de Ensino e Pesquisa, Insper, São Paulo, 2011. p. 13.

[702] Análise nº 132/2019/VA, juntada ao Processo nº 53500.004083/2018-79.

de desenhar seus mecanismos de acordo com as contratualizações desejadas.[703]

O exemplo sobre a assimetria de informação, em leilões petrolíferos, trazido por Lucia Helena Salgado e Gabriel Fiuza, é ilustrativo sobre o ponto.[704] Para o ponto que interessa à presente investida, os autores assumem duas premissas: (i) no caso do setor de petróleo, os participantes de um leilão têm níveis de informações diferentes sobre o objeto licitado; e (ii) a comunicação entre os licitantes de forma confiável pode facilitar a colusão e impedir tal comunicação não é tarefa simples. A adoção de leilões fechados, em que o valor do proponente é estabelecido em envelope fechado, sem o conhecimento dos demais participantes, a princípio, parece a melhor alternativa. Até o ano de 2008, os leilões de exploração de petróleo e gás realizados no país eram do tipo "primeiro preço" e fechados em blocos. Igualmente, caracterizavam-se como leilões simultâneos e sequenciais e "os lances de um jogador para um conjunto de blocos pertencentes a um mesmo setor estavam reunidos em um leilão de proposta fechada. Assim, o processo do bloco seguinte só começava após os resultados dos leilões de um setor serem conhecidos. Além disso, o processo era público, transparente e permitia a organização de consórcios, com ou sem a participação da empresa incumbente (Petrobras). Uma regra restritiva adicional foi introduzida na oitava rodada, estabelecendo um número máximo de blocos conquistados pelos participantes".[705]

Baseado em evidências empíricas, Lucia Helena Salgado e Gabriel Fiuza indicam que modelo de leilões de petróleo e gás adotado pela experiência brasileira resultou em uma quantidade razoável de participantes, variando entre seis e quarenta e dois, contudo: (i) houve grande quantidade de blocos sem qualquer lance, em especial, entre a quinta e a sétima rodada; e (ii) em todas as rodadas, a Petrobras participou de modo expressivo, variando entre 38% e 84% das áreas leiloadas, sendo

---

[703] NÓBREGA, Marcos; CAMELO, Bradson. O que o prêmio Nobel de Economia de 2020 tem a ensinar a Hely Lopes Meirelles? O modelo de licitações que temos no Brasil é eficiente? *Jota.info*, seção Análise, 15 out. 2020.

[704] SALGADO, Lucia Helena; BRAGANÇA, Gabriel Godofredo Fiuza de. Desenho de leilões para os acordos de partilha na área do pré-sal: questões em aberto. *In*: CAVALCANTE, Luiz Ricardo Mattos Teixeira; NASCIMENTO, Paulo A. Meyer M. (Eds.). *Radar*: tecnologia, produção e comércio exterior. Brasília: Ipea, 2012. p. 20-22.

[705] SALGADO, Lucia Helena; BRAGANÇA, Gabriel Godofredo Fiuza de. Desenho de leilões para os acordos de partilha na área do pré-sal: questões em aberto. *In*: CAVALCANTE, Luiz Ricardo Mattos Teixeira; NASCIMENTO, Paulo A. Meyer M. (Eds.). *Radar*: tecnologia, produção e comércio exterior. Brasília: Ipea, 2012. p. 20-22.

que a sua taxa de sucesso variou entre 71% e 99%, aumentando a cada rodada. Assim, de acordo com os autores, "quando competindo pelo direito de explorar um campo com um incumbente, sob as condições de um leilão fechado, os demais participantes do leilão estão sujeitos à assimetria de informações extrema".[706]

Assim, é de se concluir que o modelo de leilão de primeiro-preço selado, aplicado até 2008, evita que os proponentes sejam capazes de obter sinais sobre o verdadeiro valor dos campos, se eles não conseguem observar as propostas de outros participantes. E, se isso diminui o risco de conluio, também torna os outros participantes, que não a Petrobras, a se tornarem excessivamente cautelosos. Em síntese, o resultado de leilões realizados em ambientes de acentuada assimetria de informações entre os proponentes pode levar a resultados insatisfatórios de um ponto de vista socioeconômico, gerando menos concorrência, eficiência e receitas ao leiloeiro.[707]

A assimetria de informações durante o processo licitatório pode gerar, também, ao final da licitação: (i) o "arrependimento dos perdedores" (*losers' regret*), se um licitante perdedor poderia ter ganhado com um lance mais alto; e (ii) o "arrependimento do vencedor" (*winner's regret*), se um licitante vencedor poderia ter ganhado dando menos pelo lance. Embora isto possa não ser surpreendente do ponto de vista comportamental, é relevante do ponto de vista do projeto do mecanismo, que exige o emprego do mecanismo mais eficiente possível.[708]

Milgrom e Weber destacam que, em determinadas modelagens, quanto maior for a informação disponível para os participantes, maior

---

[706] SALGADO, Lucia Helena; BRAGANÇA, Gabriel Godofredo Fiuza de. Desenho de leilões para os acordos de partilha na área do pré-sal: questões em aberto. *In*: CAVALCANTE, Luiz Ricardo Mattos Teixeira; NASCIMENTO, Paulo A. Meyer M. (Eds.). *Radar*: tecnologia, produção e comércio exterior. Brasília: Ipea, 2012. p. 22.

[707] Na análise didática de Milgrom, os problemas causados por informações inadequadas podem ser encontrados em toda a economia. Um arquiteto que exige o uso de materiais de certa qualidade pode não saber que o construtor na verdade usou um substituto menos caro e menos durável. Os comerciantes do mercado oculto que encobrem suas transações ou pessoas que informam incorretamente a renda podem frustrar o sistema tributário de um governo. Os problemas de assimetria de informação são os mais relevantes para a teoria dos leilões. Eles surgem pela simples razão de que os licitantes sabem mais sobre seus valores do que o leiloeiro (MILGROM, P. *Putting auction theory to work*. Cambridge: Cambridge University Press, 2004. p. 26-33).

[708] KAGEL, J. H.; LEVIN, D. Auctions: A Survey of Experimental Research. Ohio State University, 15 nov. 2014. p. 7. Disponível em: https://www.asc.ohio-state.edu/kagel.4/HEE-Vol2/Auction%20survey_all_1_31_15.pdf. Acesso em: 13 jan. 2021.

tenderá a ser a receita esperada para o leilão.⁷⁰⁹ Maurício Bugarin, ao descrever o desenho de leilão simultâneo ascendente de múltiplas rodadas (*simultaneous ascending auction*), projetado por Milgrom e Wilson e aplicado na prática, explica que "nesse leilão, em cada rodada todos os participantes podem dar lances simultâneos para qualquer uma das faixas de radiofrequência sendo leiloada. Existe uma regra de atividade para que um participante ainda continue com o direito de dar lances em um segmento, de forma que, se deixar de dar lances para esse segmento por um número elevado de rodadas, o participante perde o direito de concorrer por esse segmento. Ademais, existe uma regra de aumento mínimo do valor dos lances entre duas rodadas consecutivas. O primeiro leilão nesse formato ocorreu em julho de 1994, teve a duração de 47 rodadas e gerou 617 milhões de dólares à época com a venda das 10 licenças oferecidas".⁷¹⁰

A Teoria do Desenho de Mecanismo distingue claramente o aparato sob o controle do designer, que chamamos de "mecanismo", e o mundo das coisas que estão além do controle do designer, chamado de "ambiente". O mecanismo consiste nas regras que governam os participantes, o que os participantes têm permissão para fazer e como essas ações permitidas determinam os resultados. O ambiente compreende três listas: uma lista de participantes ou potenciais participantes, outra de possíveis resultados e outra de possíveis tipos de participantes, ou seja, suas capacidades, preferências, informações e crenças.⁷¹¹

---

[709] MILGROM, P. R.; WEBER, R. J. A theory of auctions and competitive bidding. *Econometrica*, v. 50, n. 5, p. 1089-1122, sep. 1982.

[710] BUGARIN, Maurício. Leilões: a Teoria dos Jogos e o Prêmio Nobel de Economia de 2020. *Revista Conceito Jurídico*, Brasília, v. 4, n. 47, p. 77-83, 2020. p. 82. Para maiores detalhes sobre o caso, ver: "*This is an auction for multiple items in which bidding occurs in a series of rounds. In each round, bidders make sealed bids for as many spectrum licenses as they wish to buy. At the end of each round the 'standing high bid' for each license is posted along with the minimum bids for the next round, which are computed by adding a pre-determined bid increment, such as 5 % or 10 %, to the standing high bids. These standing high bids remain in place until superceded or withdrawn. An "activity rule" limited a bidder's ability to increase its activity late in the auction, thus providing an incentive to bid actively early in the auction. For example, a bidder who has been actively bidding for ten licenses may not, late in the auction, begin bidding for eleven licenses. The theory of simultaneous ascending auctions is best developed for the case when the licenses being sold are substitutes. During the course of the auction, as prices rise, bidders who are outbid can switch their demands to bid for cheaper licenses, allowing effective arbitrage among substitute licenses. One of the clearest empirical characteristics of these auctions is that licenses that are close substitutes sell for prices that are also close - a property that is not shared by most older auction designs*" (MILGROM, P. *Putting auction theory to work*. Cambridge: Cambridge University Press, 2004. p. 4).

[711] MILGROM, P. *Putting auction theory to work*. Cambridge: Cambridge University Press, 2004. p. 26-33.

Por exemplo, em um modelo de mecanismo político, os participantes podem ser legisladores, e um resultado é o conjunto de projetos de lei que são promulgados ou os participantes podem ser eleitores, e o resultado um conjunto de autoridades eleitas. O analista de mecanismos pode investigar como um determinado processo legislativo afeta a probabilidade de impasse ou como o sistema eleitoral distorce as escolhas de políticos preocupados com a reeleição. A teoria do mecanismo avalia projetos alternativos com base em seu desempenho comparativo. O objetivo é determinar qual desempenho é possível e como os mecanismos podem ser mais bem projetados para atingir os objetivos do projetados.[712] Nesse quadrante, o desenho de mecanismo deve: (i) permitir o cumprimento das regras pelos próprios agentes, simplificando a supervisão regulatória, que representa um custo; (ii) gerar normas autoaplicáveis (*self-enforcement*), que demonstrem aos agentes que existe uma estratégia lícita, para cada estratégia ilícita, que é mais atrativa; e (iii) buscar equacionar os incentivos, sem perder de vista que a revelação honesta da informação se relaciona à seleção adversa (*adverse selection*), ao passo que o respeito aos comandos institucionais se relaciona ao perigo moral (*moral hazard*).[713,714]

Portanto, se o contrato de concessão, sob o aspecto econômico, configura-se como uma relação agente-principal, é de se concluir que o designer, que desenha o "mecanismo", é o poder público, que

---

[712] MILGROM, P. *Putting auction theory to work*. Cambridge: Cambridge University Press, 2004. p. 26-33.

[713] Nesse sentido, Carlos Oliveira Cruz e Joaquim Miranda Sarmento lecionam que "O desenho dos contratos de concessão é particularmente afetado em duas dimensões. O primeiro, e muito mais consensual, é que, quanto mais antiga a concessão, maior a probabilidade de ser renegociada. A razão simples para isso é que a informação será revelada ao longo do tempo – seja econômica, tecnológica, social ou política –, naturalmente forçará mudanças nos termos do acordo. A segunda dimensão diz respeito à matriz de alocação de risco, que é em grande medida afetada por todos os grupos anteriores de variáveis. Aqui, aspectos financeiros são preponderantes (por exemplo, requisitos e valores de investimento, financiamento privado exclusivo e garantias de renda), mas também especificidades setoriais e de projetos que influenciam como os riscos são alocados entre parceiros (por exemplo, atrasos de construção, riscos de demanda e receita durante a fase operacional e processo de arbitragem clara)" (CRUZ, Carlos Oliveira; SARMENTO, Joaquim Miranda. *Manual de parcerias público-privadas e concessões*. Belo Horizonte: Fórum, 2019. p. 467).

[714] ROCHA, Lara Bonemer; RIBEIRO, Marcia Carla Pereira. Teoria do desenho de mecanismos: uma proposta de aplicação aos contratos incompletos. *Revista da Faculdade Mineira de Direito*, Belo Horizonte, v. 20, n. 40, p. 233-234, 2018. Ricardo Temporal destaca que um mecanismo deve conter quatro características: compatibilidade de incentivos, voluntariedade, equilíbrio orçamentário e eficiência (TEMPORAL, Ricardo. *Um exame da teoria de desenho de mecanismos e suas aplicações práticas*. 2011. 55 f. Dissertação (Mestrado em Economia) – Instituto de Ensino e Pesquisa, Insper, São Paulo, 2011. p. 18).

constrói o equilíbrio econômico-financeiro das concessões, a partir da modelagem licitada, da formatação da matriz de riscos e da previsão do endereçamento negociado das "incertezas" e o "ambiente" é o contexto de análises retrospectivas e prospectivas, que constituem um novo regime jurídico de equilíbrio econômico-financeiro para os contratos de concessão.

Conclusões parciais

Diante de todo o exposto, é possível sumarizar as conclusões do presente capítulo, por intermédio das seguintes proposições objetivas:

(i) Sob o aspecto financeiro, os contratos de concessão caracterizam-se como uma modalidade de "empréstimo" de longo prazo, por intermédio do qual o poder público financia a execução de uma dívida contratada junto aos concessionários, a partir dos recebíveis do projeto. Cuida-se de uma inversão financeira de recursos, que serão amortizados durante a vigência do contrato de concessão. Acontece que tal empréstimo é submetido aos influxos de diversos "riscos" e "incertezas", o que impõe a sua constante renegociação entre as partes;

(ii) Daí a necessidade da construção de um novo regime jurídico para o equilíbrio econômico-financeiro dos contratos de concessão, permeado por aspectos econômicos. Para tanto, temos como essencial a reinterpretação de tal regime jurídico à luz dos conceitos fundantes da Nova Economia Institucional (NEI), que tem, no desenvolvimento da Teoria dos Custos de Transação, por Oliver Williamson, o seu principal alicerce teórico;

(iii) De acordo com Williamson, o principal, ao endereçar a contratação de agentes, deve criar um sistema de incentivos que sirva a reduzir a assimetria de informações entre eles, por ocasião da execução do contrato. Cuida-se de uma literatura que foca na criação de incentivos, *ex ante*, a qual veio a ser qualificada, mais recentemente, como uma "Teoria de Desenho de Mecanismo". O racional do autor é no sentido de que os mecanismos de incentivos devem equilibrar a barganha entre os custos experimentados, *ex ante* e *ex post*;

(vi) Diante do que se propõe que a governança contratual (valendo-se do racional de Williamson) lance mão de uma modelagem contratual mais aberta e flexível, que seja capaz de reduzir os custos de transação e de propiciar o amortecimento dos efeitos econômicos produzidos pelas "incertezas" (tal como a pandemia provocada pela COVID-19 ou por outros eventos que não integrem a matriz de risco contratada entre as partes);

(v) Todo esse racional aplica-se ao equilíbrio econômico-financeiro dos contratos de concessão. De fato, como visto no item anterior, o equilíbrio econômico-financeiro dos contratos de concessão concreto, real, é construído a partir de uma gestão negativa de risco decorrente da incompletude contratual. Tal incompletude contratual não pode mais significar, tão somente, a elaboração de uma matriz de risco exaustiva. É que, como visto, os "riscos" são precificáveis, mas as "incertezas", não. Daí que, no caso de materialização de eventos que veiculem situações de "incerteza", mais eficiente será o desenho de uma regulação contratual endógena flexível, que oportunize às partes a renegociação de suas bases, ou a melhor forma de levar a efeito a sua extinção consensual, razão pela qual, considerando os custos de transação de se desenhar contratos completos, seria mais eficiente postergar a colmatação de suas lacunas contratuais, por intermédio de um procedimento negocial ou pelo *enforcement*;

(vi) Por tal razão, no âmbito de contratos incompletos (e relacionais), a cooperação mostra-se a postura mais eficiente às partes em situações de "incerteza". Em tais hipóteses, o que se passa é uma situação "*tit for tat*" (olho por olho, dente por dente), de acordo com o qual os jogadores passam, a partir da primeira rodada de jogos, a cooperar à medida e em consonância com as posturas dos seus adversários (poder concedente de concessionário). Por conseguinte, em contratos de longo prazo, as partes caminham para uma convergência de interesses, que é endereçada, no âmbito de um regime de cooperação e de renegociação, o qual passa a integrar o conceito de equilíbrio econômico-financeiro dos contratos de concessão;

(vii) É com base nos mesmos fundamentos que se propõe o endereçamento de situações que materializam como "incertezas", no âmbito do equilíbrio econômico-financeiro dos contratos de concessão. Ao invés de a modelagem tentar prever o futuro (incrementado os custos de transação *ex ante*), incluindo, por exemplo, nas futuras matrizes de risco dos contratos de concessão, o advento de alguma epidemia sanitária, melhor seria, à luz da impossibilidade de se regular "incertezas", que seja prevista uma abertura negocial aos contratos de concessão. Não se trata de desconsiderar as condutas oportunistas das partes, nem, tampouco, o fato de que procedimentos de renegociações, *ex post*, podem suprimir as eficiências obtidas no leilão (num ambiente competitivo);

(viii) É que, em situações de incerteza, caso os agentes, de forma racional, visem, apenas, maximizar seus interesses particulares (sob uma perspectiva microscópica), a coletivização de suas ações no mercado (sob um aspecto macroeconômico), provocará resultados desfavoráveis para os próprios agentes (provocando uma falha de mercado decorrente de problemas de coordenação);

(ix) Com base em todas essas considerações, propõe-se que o equilíbrio econômico-financeiro dos contratos de concessão preveja uma modalidade de cláusula *hardship*, por assim dizer, por intermédio da qual se pretenda disciplinar a alteração fundamental do equilíbrio do contrato, por força de circunstâncias supervenientes à sua celebração, qualificadas como "incertezas", que fogem ao controle das partes e, por isso mesmo, não se inserem na alocação de riscos efetuada pelos contratantes;

(x) Nada obstante, não se pode desconsiderar que as concessionárias, no âmbito de uma lógica econômica de maximização de seus próprios interesses, tenderão a executar o objeto do contrato despendendo os menores custos possíveis, com o desiderato de incrementar a sua rentabilidade. Nesse quadrante, os regimes de renegociação, *ex post*, podem importar em uma captura de renda de uma parte em relação à outra;

(xi) Isso porque a renegociação se dá em um ambiente não competitivo, o que poderá gerar uma seleção adversa de licitantes, os quais já sabem, previamente, que suas propostas são inexequíveis, mas que confiam (pela detença de informações privadas) que seus contratos serão renegociados.

(xii) Daí se concluir que tais negociações devem ser permeadas pelo incremento do custo político, mediante o incremento da transparência, abrindo as informações na internet, desde o requerimento, passando pela análise das instâncias técnicas, chegando às decisões; ser realizadas em períodos contratuais pré-determinados; considerar o estabelecimento de regras para analisar e rejeitar ofertas agressivas e imprudentes, por exemplo, exigindo garantias adicionais; e exigir a realização de um processo seletivo no caso de inclusão de novos investimentos;

(xiii) Assim, é de se concluir que a ampla renegociação, em hipóteses de "incerteza", faz parte do regime jurídico do equilíbrio econômico-financeiro dos contratos de concessão, precisamente em razão da necessidade de sua reinterpretação à luz da Teoria dos Contratos Incompletos (*Incomplete Contracts Theory*). Tal incompletude contratual não pode mais significar, tão somente, a elaboração de uma matriz de risco exaustiva (o que seria ineficiente e reduziria os custos de transação).

(xiv) Destarte, como visto, os "riscos" são precificáveis, mas as "incertezas", não. Daí que, no caso de materialização de eventos que veiculem situações de "incerteza", mais eficiente será o desenho de uma regulação contratual endógena, flexível, que oportunize às partes a renegociação de suas bases econômico-financeiras, ou a melhor forma de levar a efeito a sua extinção consensual. Nada obstante, há que se estabelecer limites à tal renegociação, vocacionados, sobretudo, a reduzir às possíveis perdas de eficiência, que poderão ser produzidas, no âmbito de um ambiente que não é permeado pela pressão competitiva;

(xv) De algumas referências normativas alienígenas, é possível se concluir que, atualmente, a Teoria da Imprevisão e manutenção das condições comerciais da proposta comercial apresentada pelos licitantes guarda aplicação muito restrita nos contratos de concessão, como se depreende, seja da análise do regime jurídico do equilíbrio econômico-financeiro de países sul-americanos, seja em razão de como os diferentes países disciplinaram os efeitos econômicos produzidos pela COVID-19. Daí a necessidade de se propor um novel conceito jurídico para o equilíbrio econômico-financeiro dos contratos de concessão;

(xvi) Em situações nas quais se materialize evento qualificado como uma "incerteza", o intérprete deverá privilegiar: o disposto na matriz de riscos dos contratos de concessão; o provisionamento de tais riscos ou a abertura à renegociação em situações de "incerteza" no Plano de Negócios apresentado pelo concessionário, ou no EVTEA, apresentando pelo poder público, a depender da vinculação de cada qual, para fins de reequilíbrio; soluções que priorizem a renegociação das bases objetivas, a serem conduzidas pelas partes, e não por terceiros, o que pode importar no estabelecimento de um Fluxo de Caixa Marginal das Incertezas. Também não se pode ignorar, na interpretação dos contratos incompletos, as diretrizes consequencialistas trazidas pela Lei nº 13.655/2018 (LINDB). É que, por se tratar de contratos de longo prazo, o seu intérprete não poderá desconsiderar as consequências da revisão dos seus aspectos econômico-financeiros;

(xvii) De outro lado, constatou-se que o equilíbrio econômico-financeiro do contrato de concessão é instrumento de regulação endocontratual, por intermédio do qual a economia do pacto concessório produzirá distintos crivos de reequilíbrio durante a sua vigência. Mais do que garantir a ergodicidade da proposta comercial apresentada pelos licitantes, ele serve de móvel de revelação de informação das partes, no âmbito de uma relação de agente-principal, que se desenvolve em contratos de longo prazo. Em razão do prazo diferido, o regime jurídico de tal módulo contratual vai se desenvolvendo, a partir das experiências que foram amealhadas, seja ao interno da relação concessória, seja pela aprendizagem adquirida, no âmbito do avanço das modelagens concessórias. Daí o que se denominou de "aprendizagem" nos contratos de concessão;

(xviii) É, justamente, o que passa com o equilíbrio econômico-financeiro do contrato de concessão. De fato, desde o advento da metodologia do Fluxo de Caixa Marginal, o equilíbrio econômico-financeiro do contrato de concessão é formado a partir da evolução experimental decorrente dos eventos desequilibrantes e das alterações empreendidas na regulação setorial – tal como se passou, nos setores de rodovias, aeroportos, portos e ferrovias. Além disso, tal equilíbrio é forjado a partir do advento de deflatores tarifários atrelados ao seu desempenho (Fatores X, D, Q e A), o que reforça uma experimentação do seu racional econômico-financeiro, a partir de fatores reais, que tem de ver com o cumprimento das obrigações de investimento e de desempenho pelo concessionário. Segue daí a conclusão segundo a qual os distintos crivos de reequilíbrio são construídos, por intermédio de uma experimentação regulatória endógena e exógena, o que confere a tal instituto um novidadeiro viés pragmático;

(xix) Em resumo, mais do que abstrações, valem a experiência e a percepção de que se aprende fazendo (*learn by doing*). Disso decorre a função instrumental do direito, seja para disciplinar condutas, seja para reprimi-las. Assim é que o sistema de regras jurídicas deve considerar dados concretos e econômicos, tendo em vista tratar-se de "necessidade social e intelectual que o direito seja marcado por uma lógica mais experimental e mais flexível". Daí a necessidade do advento de uma governança regulatória experimental, que possa dar conta da cambialidade do equilíbrio econômico-financeiro dos contratos de concessão;

(xx) Todo esse racional vem sendo transposto para o equilíbrio econômico-financeiro das concessões. Assim, por exemplo, cite-se que a Agência Nacional de Energia Elétrica (ANEEL) fez uso do experimentalismo regulatório, por meio da aprovação da Resolução Normativa ANEEL nº 966/2021, que regulamenta o desenvolvimento e aplicação de projetos-pilotos que envolvam faturamento diferenciado pelas concessionárias e permissionárias de serviço público de distribuição de energia elétrica, chamados de "*sandboxes* tarifários";

(xxi) Na mesma direção, cite-se que, no âmbito da Agência Nacional de Transportes Terrestres (ANTT), instaurou-se a Audiência Pública nº 2/2022, cujo objeto é colher subsídios e informações adicionais para o aprimoramento da proposta de regulamentação para constituição e funcionamento de ambiente regulatório experimental (*sandbox* regulatório). Nesse sentido, para subsidiar a audiência pública, a agência reguladora disponibilizou a minuta de resolução que pretende regulamentar o ambiente experimental, bem como o relatório preliminar de Análise de Impacto Regulatório (AIR) sobre o *sandbox* regulatório da ANTT;

(xxii) No mesmo sentido, cite-se a regulação *sunshine* (ou regulação por exposição), alternativa regulatória adotada por algumas agências subnacionais em prol da universalização dos serviços de saneamento, na qualidade de uma regulação de incentivo. A *sunshine regulation* consiste na adoção de medidas de *soft regulation* destinadas a promover a transparência e o *disclosure* por meio da geração e sistematização de dados e informações. As informações reveladas, por sua vez, podem influenciar o comportamento dos agentes do mercado regulado. Além disso, o mecanismo proposto também proporciona mais transparência para a sociedade, permitindo que seja melhor entendido, por exemplo, o custo de oportunidade presente na relação entre o regulador e concessionários. Com maior transparência, o nível de informação aumenta, e isso incrementa a qualidade das escolhas a serem feitas pela sociedade;

(xxiii) Como se pode perceber, a experimentação regulatória já é uma realidade que começa a ser desenhada em setores regulados. Nesse sentido, é de se concluir esse item no sentido de que o desenvolvimento de *sandboxes* tarifários e de modalidades de regulação por incentivos, notadamente, por intermédio da regulação *sunshine*, que se desenvolve a partir da aprendizagem e da troca de informações com os concessionários, extirpa, por completo, a possibilidade de se defender que o equilíbrio econômico-financeiro dos contratos de concessão poderia ser reconduzido à proposta comercial apresentada pelos licitantes;

(xxiv) Ademais, se o contrato de concessão, sob o aspecto econômico, configura-se como uma relação agente-principal, é de se concluir que o designer, que desenha o "mecanismo", é o poder público, que constrói o equilíbrio econômico-financeiro das concessões, a partir da modelagem licitada, da formatação da matriz de riscos e da previsão do endereçamento negociado das "incertezas" e o "ambiente" é o contexto de análises retrospectivas e prospectivas, que constituem um novo conceito jurídico de equilíbrio econômico-financeiro para os contratos de concessão;

(xxv) Diante do que, ao invés de adotar preconcepções jurídicas, na verdade, o equilíbrio econômico-financeiro dos contratos de concessão deverá ser customizado, considerando aspectos concretos, tais como um desenho de mecanismo, que considere, dentre outros aspectos: um modelo de remuneração para o concessionário que seja compatível com as expectativas e obrigações de investimento e de desempenho veiculadas no instrumento contratual, bem como com os percentuais esperados de recursos próprios e de terceiros, que serão aportados para financiar a exploração do ativo; um procedimento dialogado de reequilíbrio econômico-financeiro, em que o poder concedente e o concessionário tenham incentivos para cooperar, notadamente em situações de incerteza (não precificadas na estruturação do projeto); uma repartição de riscos não exaustiva, que preveja aberturas para flexibilidade; um regime dotado de previsibilidade a propósito da taxa desconto, a ser aplicada, para fins de reequilíbrio, bem como parâmetros de revelação de informações e critério objetivos de interseção entre o Fluxo de Caixa Originário (e o Plano de Negócios) e o Fluxo de Caixa Marginal, quando utilizados; e a caracterização detalhada do evento desequilibrante, e sua qualificação como "risco" ou "incerteza", dando pouca margem para disputas da hermenêutica do equilíbrio econômico-financeiro;

(xxvi) Nesse quadrante, propõe-se um novo regime jurídico do equilíbrio econômico-financeiro dos contratos de concessão segundo o qual o equilíbrio econômico-financeiro nas concessões deve ser reinterpretado na qualidade de um modelo de regulação endógeno experimental, que retrata um sistema de incentivos desenhado, no âmbito de uma relação agente-principal (lastreado na racionalidade limitada, na assimetria de informações, na prática de comportamentos oportunistas e considerando a incompletude contratual), por intermédio do qual se busca, a partir da consumação de eventos qualificados como "riscos" ou "incertezas", estabelecer, durante a execução contratual e por procedimentos negociados, distintos crivos de reequilíbrio.

CONCLUSÕES DO LIVRO: A PROPOSTA PARA UM NOVO REGIME JURÍDICO PARA O EQUILÍBRIO ECONÔMICO-FINANCEIRO DOS CONTRATOS DE CONCESSÃO

A partir dos aportes expostos ao longo da presente investida, este livro, neste derradeiro item, pretende propor um novo regime jurídico para o equilíbrio econômico-financeiro dos contratos de concessão. Isso porque, como bem identificado por Letícia Lins de Alencar,[715] "não será somente a proposta apresentada pelo concessionário durante a licitação que contribuirá para a identificação da equação econômico-financeira do contrato". Alinha-se, nesse passo, às conclusões da doutrinadora, no sentido de que são três as principais características que revestem a compreensão da equação econômico-financeira das concessões de elevado grau de complexidade na atualidade: (i) impossibilidade de identificação e precificação, já no momento da assinatura do contrato, de todos os elementos envolvidos na equação econômico-financeira; (ii) multiplicidade de atividades envolvidas na execução do contrato; e (iii) absorção de variáveis, pela equação econômico-financeira, que poderão, ou não, ser efetivadas durante a execução do contrato".[716]

Tais características consagram, como se pôde desenvolver no Capítulo 4 deste livro, a aplicação das concepções veiculadas pela Nova Economia Institucional (NEI) ao equilíbrio econômico-financeiro dos contratos de concessão. É que, como restou demonstrado no capítulo 2 deste livro, o regime jurídico tradicional do equilíbrio

---

[715] ALENCAR, Leticia Lins de. *Equilíbrio na concessão*. Belo Horizonte: Fórum, 2019. p. 133.
[716] ALENCAR, Leticia Lins de. *Equilíbrio na concessão*. Belo Horizonte: Fórum, 2019. p. 137.

econômico-financeiro dos contratos de concessão não se coaduna mais com as modelagens veiculadas, em contratos de infraestrutura, razão pela qual filiamo-nos ao entendimento de Gustavo Kaercher Loureiro,[717] para quem "é surpreendente, pois, que boa parte da doutrina dedique tão pouco esforço à hermenêutica constitucional e conclua, de modo rápido, que aí se encontre, toda e por inteiro, a teoria do equilíbrio econômico-financeiro das concessões (cf. *supra*)". Ainda nas palavras do autor, "passa-se por cima da omissão e das vicissitudes do art. 175 e, no art. 37, XXI, trilha-se uma hermenêutica um tanto simplória. E concluem que "Isola-se do conjunto do inc. XXI apenas uma locução que sequer autonomia sintática possui (o 'mantidas as condições efetivas da proposta' está referido e depende da locução 'cláusulas que estabeleçam obrigações de pagamento')".

Por fim, adere-se, integralmente, às suas conclusões segundo as quais "há de se chamar a atenção, em primeiro lugar, para o caráter jurisprudencial e não legal (muito menos constitucional) do trato do regime jurídico da arquitetura econômico-financeira do contrato administrativo (de concessão, em primeiro lugar)", porquanto "a ideia de um regime jurídico de contratos de concessão foi obra de sucessivos julgados que decidiram inúmeros casos concretos, com toda a riqueza e, ao mesmo tempo, com tosas as limitações que isso suscita".[718]

O que se passa, pois, é a construção de diversos equilíbrios econômico-financeiros.[719]

Diante do exposto nas pesquisas empreendidas nessa obra, é possível assentar-se às premissas teóricas de acordo com as quais, ao invés de adotar preconcepções jurídicas, na verdade, o equilíbrio econômico-financeiro dos contratos de concessão deverá ser customizado,

---

[717] LOUREIRO, Gustavo Kaercher. *Estudos sobre o regime econômico-financeiro de contratos de concessão*. London: Laccademia Publishing, 2020. p 127.

[718] LOUREIRO, Gustavo Kaercher. *Estudos sobre o regime econômico-financeiro de contratos de concessão*. London: Laccademia Publishing, 2020.p. 193.

[719] Nesse sentido, o TJ-MG expressamente reconheceu a alteração de suas bases econômicas, nos seguintes termos: "Deve ser mantida a decisão que, em prol da supremacia do interesse público, impôs à empresa concessionária a obrigação de manter a prestação integral do serviço de transporte coletivo urbano municipal de forma precária, sobretudo quando implementadas medidas, pelo poder público, com vistas ao reequilíbrio econômico-financeiro do contrato de concessão, a exemplo da revisão tarifária e da instituição de subsídio financeiro durante a vigência do estado de calamidade decorrente da pandemia da Covid-19" (Tribunal de Justiça de Minas Gerais TJ-MG – Agravo de Instrumento-Cv: AI nº 0651238-40.2021.8.13.0000 MG).

considerando aspectos concretos, tais como um desenho de mecanismo, que considere, dentre outros aspectos:

> (i) um modelo de remuneração para o concessionário, que seja compatível com as expectativas e obrigações de investimento e de desempenho veiculadas, no instrumento contratual, bem como com os percentuais esperados de recursos próprios e de terceiros que serão aportados para financiar a exploração do ativo;
> (ii) um procedimento dialogado de reequilíbrio econômico-financeiro, em que o poder concedente e o concessionário tenham incentivos para cooperar, em situações de incerteza (não precificadas na estruturação do projeto);
> (iii) uma repartição de riscos não exaustiva, que preveja aberturas para flexibilidade;[720]
> (iv) um regime dotado de previsibilidade a propósito da taxa-desconto, a ser aplicada, para fins de reequilíbrio, bem como parâmetros de revelação de informações e critério objetivos de interseção entre o Fluxo de Caixa Originário (e o Plano de Negócios) e o Fluxo de Caixa Marginal, quando utilizados; e
> (v) a caracterização detalhada do evento desequilibrante e sua qualificação como "risco" ou incerteza", dando pouca margem para disputas da "Hermenêutica do equilíbrio econômico-financeiro".[721]

Diante disso, propõe-se um novo regime jurídico para o equilíbrio econômico-financeiro dos contratos de concessão segundo o qual ele deve ser reinterpretado na qualidade de:

> *um modelo de regulação endógeno experimental, que retrata um sistema de incentivos desenhado, no âmbito de uma relação agente-principal (lastreado na*

---

[720] No mesmo sentido, Alexandre Foch Arigony "Os contratos de concessões de serviços têm objetos complexos e são de longa duração, ainda que a legislação não determine, em todos os casos, os prazos mínimo e máximo. Esses contratos são informados pelo princípio da mutabilidade, podendo – sendo até mesmo provável que isso ocorra em algum momento da relação contratual – ser necessário efetuar ajustes de acordo com situações imprevisíveis e de graves consequências que venham a desequilibrar a equação econômico-financeira originária. O equilíbrio econômico-financeiro de um contrato de concessão é o resultado de uma equação complexa que se estabelece no momento da aceitação, pelo poder concedente, da proposta do concessionário" (ARIGONY, Alexandre Foch. A recomposição do equilíbrio econômico-financeiro nas concessões: custos, riscos e consequências do grau de determinação da norma. *Fórum de Contratação e Gestão Pública*, Belo Horizonte, a. 18, n. 214, p. 22-38, out. 2019).

[721] NÓBREGA, Marcos; FREITAS, Rafael Véras de; TUROLLA, Frederico A. *Contratação incompleta de projetos de infraestrutura*. PSP Hub – Infrastructure and Urbanism Studies, working paper PSPHub nº 002, 2023. Disponível em: https://psphub.org/conhecimento/contratacao-incompleta-de-projetosde-infraestrutura/. Acesso em: 04 ago. 2023.

racionalidade limitada, na assimetria de informações, na prática de comportamentos oportunistas e considerando a incompletude contratual), por intermédio do qual se busca, a partir da consumação de eventos qualificados como "riscos" ou "incertezas", estabelecer, durante a execução contratual e por procedimentos negociados, distintos crivos de reequilíbrio.

Tal proposta terá como mote a possibilidade da celebração de "acordos experimentais de reequilíbrio econômico-financeiros", nas situações qualificadas como "incertezas", que não foram *ex ante* precificadas pelas partes (poder público e pela concessionária). Para tanto, é de se utilizar o art. 26 da LINDB. O tema tinha sido cogitado, no bojo do desenvolvimento das pesquisas que lastrearam esta tese, mas o seu aprofundamento decorre de uma contribuição, concreta e presencial, de Juliana Palma, com quem tive o privilégio de debater as principais ideias veiculadas no presente livro.

O art. 26,[722] da LINDB, consagra a consensualidade administrativa como um vetor a ser seguido pelo Poder Público. Como já tivemos a oportunidade de asseverar,[723] o referido dispositivo trata de "um negócio processualizado, permeado pelo consenso, que deve ser praticado com base em juízos pragmáticos e prospectivos, nos termos do que dispõe o art. 21 da própria Lei nº 13.655/2018". Em sua parte inicial, o art. 26, da LINDB, prescreve que o compromisso de que trata terá por desiderato eliminar "incerteza jurídica" ou "situação contenciosa".

Note-se que a conflagração de um evento não previsto, na matriz de risco de contratos de concessão, configura-se como uma "incerteza jurídica" que resultará em uma "situação contenciosa" entre poder concedente, concessionário e agências reguladoras. Nesse quadrante, propõe-se que a "incerteza jurídica", de que trata o art. 26 da LINDB, deve ser interpretada, a partir do conceito de "incerteza" "knightiano", de modo que tal dispositivo, ao implementar um permisso genérico

---

[722] "Art. 26. Para eliminar irregularidade, incerteza jurídica ou situação contenciosa na aplicação do direito público, inclusive no caso de expedição de licença, a autoridade administrativa poderá, após oitiva do órgão jurídico e, quando for o caso, após realização de consulta pública, e presentes razões de relevante interesse geral, celebrar compromisso com os interessados, observada a legislação aplicável, o qual só produzirá efeitos a partir de sua publicação oficial. §1º O compromisso referido no caput deste artigo: I – buscará solução jurídica proporcional, equânime, eficiente e compatível com os interesses gerais; (...) III – não poderá conferir desoneração permanente de dever ou condicionamento de direito reconhecidos por orientação geral; IV – deverá prever com clareza as obrigações das partes, o prazo para seu cumprimento e as sanções aplicáveis em caso de descumprimento".

[723] MARQUES NETO, Floriano de Azevedo; FREITAS, Rafael Véras de. *Comentários à Lei nº 13.655/2018*. Belo Horizonte: Fórum, 2019. p. 107.

para a celebração de acordos, pelo poder público, poderá ser utilizado para a celebração do que, aqui, denominamos de "acordos experimentais de reequilíbrio econômico-financeiros em situações de incerteza".

O §1º, inciso I, do referido dispositivo, prevê que o acordo deve buscar "solução jurídica proporcional, equânime, eficiente e compatível com os interesses gerais". Cuida-se de racional que autoriza que seja operado um juízo entre os custos de transação de realizar um acordo de reequilíbrio, em situações qualificadas como "incertezas", e a relicitação do ativo.

Como se pode inferir do dispositivo, ele traz o racional de proporcionalidade para os pactos consensuais dos quais a Administração Pública é parte. Nesse quadrante, é de se concluir que a celebração de acordos, em situações de incerteza, observa a proporcionalidade em suas três vertentes: (i) ele é *adequado*, pois trata-se de instrumento serviente à construção de novos e distintos equilíbrios econômico-financeiros, a partir do manejo das variáveis econômicas do pacto concessório (tarifa, prazo, obrigações de investimentos, obrigações de desempenho); (ii) ele é *necessário*, na medida em que representa o instrumento menos oneroso – se for bem desenhado – ao poder público, aos concessionários e aos usuários do que eventuais soluções de continuidade de serviços públicos essenciais; e (iii) ele será *proporcional em sentido estrito*, caso consiga gerar os corretos incentivos para que as partes revelem informações, em situações de incerteza, nas quais é mais eficiente cooperar do que travar disputas de hermenêutica de desequilíbrios.

O art. 26, §1º, inciso III, da LINDB, também prescreve que o compromisso "não poderá conferir desoneração permanente de dever ou condicionamento de direito reconhecidos por orientação geral". Cuida-se de uma limitação objetiva à celebração do compromisso de que trata o *caput*. Assim é que, se, de um lado, o *caput* tem por desiderato ampliar o seu espectro subjetivo (franqueando a sua celebração a todos os "interessados"), tal inciso tem por escopo estabelecer uma limitação objetiva aos termos desse compromisso negocial. O racional do dispositivo é o de evitar desvios de finalidade na celebração do acordo, o que preservará a segurança jurídica de tal instrumento, finalidade primeira da Lei nº 13.655/2018.

No acordo do qual se cogita, não haverá de se falar em qualquer desoneração geral de dever ou condicionamento de direito, afinal, a celebração de renegociações, em situações qualificadas como "incertezas", atende ao princípio da continuidade dos serviços públicos (art.

6º, §1º, da Lei nº 8.987/1995), bem como ao disposto no art. 10, da Lei nº 8.987/1995, o qual estabelece que *"sempre que forem atendidas as condições do contrato,* considera-se mantido seu equilíbrio econômico-financeiro".

Para além disso, tenho para mim que o art. 10, da Lei nº 8.987/1995, ao remeter às "condições do contrato" como a base objetiva do reequilíbrio econômico-financeiro das concessões, é antípoda ao entendimento de Maurício Portugal Ribeiro[724] segundo o qual a regra legal que atribui à Administração Pública o risco de eventos imprevisíveis e de efeitos extraordinários não poderia ser afastada pela distribuição de riscos contratuais, em razão do disposto no artigo 18, da Lei nº 8.987/1995 e do artigo 124, da Lei nº 8.666/1936, os quais se aplicariam às concessões e PPPs.

Em primeiro lugar, como defendido ao longo deste livro, em razão da incompletude dos contratos de concessão, é de se endereçar, de um lado, um regime jurídico para os eventos qualificados como "riscos" (demanda, desapropriação, eventos ambientais) e, de outro, para eventos qualificados como "incertezas". Pressupondo a racionalidade limitada dos contratantes, os ativos específicos, os salientes custos de transação sobre os quais se entrelaça uma concessão, o que se propõe é que o contrato veicule modelos regulatórios de colmatação das "incertezas", na forma do que dispõe o art. 10 da Lei nº 8.987/1995. Assim é que, alteradas as condições dos contratos (por exemplo, pela materialização de evento não previsto na matriz de riscos), os múltiplos equilíbrios econômico-financeiros serão forjados, a partir de um regime de renegociação experimental a ser instaurado em situações qualificadas como "incertezas".

Some-se a isso o fato que o entendimento segundo o qual a aplicação da Teoria da Imprevisão como um risco alocado do Poder Público, embora seja um racional aplicável aos contratos administrativos tradicionais, não se aplica a contratos de longo prazo, no âmbito dos quais terão lugar diversos e repetidos jogos entre o poder concedente e o concessionário. Tais jogos repetitivos predicam, pois, a criação de um sistema de incentivos que contribua para que as partes revelem informações umas para as outras durante a execução contratual.

---

[724] RIBEIRO, Maurício Portugal. Comentários ao estudo sobre contratação incompleta de projetos de infraestrutura publicado por Nobrega, Véras e Turolla. *Agência Infra, InfraDebate*, 31 jul. 2023. Disponível em: https://www.agenciainfra.com/blog/infradebate-comentarios-ao-estudo-sobre-contratacao-incompleta-de-projetos-de-infraestrutura-publicado-por-nobrega-veras-e-turolla/. Acesso em: 04 ago. 2023.

Mais que isso, tal entendimento gera uma falha regulatória de *problemas de coordenação* e um problema de coletivização de ineficiências. É que, à medida que os recursos são escassos, a externalização de uma incerteza para toda a sociedade pode importar em *um desequilíbrio sistêmico de contratos de concessão*, ou seja, todos os contratos de concessão podem se tornar inexequíveis, caso o evento seja de tal monta que não possa ser externalizado. Não é por outra razão que a Nova Economia Institucional, a partir da Teoria dos Custos de Transação, apregoa o entendimento segundo o qual, em contratos de longo prazo, deve-se instalar um sistema de "governança contratual" de "regulação das incertezas", a partir da flexibilidade contratual.

Não seria o caso de discutir a incidência dos 25% de alterações qualitativas, em contratos de concessão, o que seria, no atual quadrante, rebarbativo.[725] O art. 22 da Lei nº 13.448/2017 já bem endereçou o tema, a despeito do vezo dos órgãos de controle em não o aplicar, em âmbito estadual e municipal. O presente livro propõe um passo adiante. Para além de reconhecer a imprecisão das matrizes de riscos, pretende-se trazer, para o regime jurídico do equilíbrio econômico-financeiro dos contratos de concessão, um regime de renegociação experimental.

Claro que isso não significa romper com bases que foram licitadas (v.g. transformar um contrato de rodovias em um contrato de transporte metroferroviário de passageiros); permitir renegociações permeadas por oportunismos e assimetria de informações. Ou mesmo fomentar práticas corruptivas. Afinal, não se desconhece os estudos empíricos internacionais, que dão conta das ineficiências produzidas, por renegociações realizadas, em contratos de concessão, em um ambiente que não é permeado pela pressão competitiva.

Muito ao contrário, o que se pretende é trazer, para o regime jurídico do equilíbrio econômico-financeiro dos contratos de concessão, a existência de novos e distintos reequilíbrios econômico-financeiros, que serão construídos, a partir da experimentação contratual, em situações que não foram (sob pena de um incremento insuportável dos custos de transação), previamente, provisionadas pelas partes, nem tiveram seus efeitos econômicos delineados nas matrizes de riscos.

---

[725] RIBEIRO, Maurício Portugal. Comentários ao estudo sobre contratação incompleta de projetos de infraestrutura publicado por Nobrega, Véras e Turolla. *Agência Infra, InfraDebate*, 31 jul. 2023. Disponível em: https://www.agenciainfra.com/blog/infradebate-comentarios-ao-estudo-sobre-contratacao-incompleta-de-projetos-de-infraestrutura-publicado-por-nobrega-veras-e-turolla/. Acesso em: 04 ago. 2023.

Nesse quadrante, o livro não discorda do entendimento segundo o qual a "matriz de riscos" instrumentaliza o reequilíbrio econômico-financeiro dos contratos de concessão.

De fato, o entendimento aqui defendido reconhece que, a despeito dos méritos de tal entendimento, fato é que as "matrizes de riscos" não dão conta de eventos qualificados como "incertezas". Isso não significa deixar "a porta aberta" para qualquer renegociação, tampouco para a profusão da *seleção adversa* e da *maldição do vencedor*. Mais que isso, a tese ora defendida vai na linha do entendimento de Maurício Portugal Ribeiro[726] segundo o qual a flexibilidade dos contratos deveria lidar com avassaladores efeitos da utilização de cláusulas que alocam riscos residuais a uma das partes. De fato, milita em desfavor da produção de eficiências contratuais transferir, para os concessionários, os riscos residuais, os quais, por certo, serão precificados, em suas propostas comerciais, como há muito bem endereçado pelo doutrinador.

Daí a utilidade de se incorporar às renegociações experimentais, em situações de incerteza, ao regime jurídico dos equilíbrios econômico-financeiros dos contratos de concessão. A experimentação regulatória negocial, em situações de incerteza, tem, justamente, o desiderato de *ex ante* relevar as informações de que nenhum risco residual será alocado, seja ao poder público, seja ao concessionário. Do contrário, teremos uma repartição de riscos enviesada em favor dos concessionários.

Tanto é verdade que, por exemplo, em uma incerteza, tal como a produzida pela Covid-19, as entidades seguradoras se manifestaram no sentido de que não havia, no direito brasileiro, seguro disponível serviente a externalizar os efeitos de evento dessa magnitude. Note-se bem: não se trata de considerar um evento "grave", "gravíssimo", de "muito impacto" ou de "baixo impacto", tampouco de se defender um entendimento novidadeiro, lastreado em equidade, de que o poder público não pode ser o responsável pela maior parte dos riscos de um contrato de concessão. O entendimento aqui defendido pretende se lastrear em um sistema de incentivos que gere eficiências, e não em justiça distributiva – racional, a nosso ver, antípoda aos contratos de

---

[726] RIBEIRO, Maurício Portugal. Comentários ao estudo sobre contratação incompleta de projetos de infraestrutura publicado por Nobrega, Véras e Turolla. *Agência Infra, InfraDebate*, 31 jul. 2023. Disponível em: https://www.agenciainfra.com/blog/infradebate-comentarios-ao-estudo-sobre-contratacao-incompleta-de-projetos-de-infraestrutura-publicado-por-nobrega-veras-e-turolla/. Acesso em: 04 ago. 2023.

concessão que veiculam um modelo de financiamento (de inversão financeira) de utilidades públicas.

Mas, note-se bem: desconsiderar a necessária abertura contratual para as renegociações, em situações qualificadas como "incertezas", sugere que serão atraídos, para as licitações, licitantes mais idôneos, já que eles, *ex ante*, reconhecem que não executarão o contrato, nas mesmas bases licitadas, caso ele ser torne inexequível pela materialização de um evento qualificado como uma "incerteza". De outro lado, a tese aqui defendida mostra-se adequada, a endereçar o formato de contratação pública brasileira, que é lastreado na lógica "pegar ou lagar", em um modelo no qual os licitantes devem aderir a um contrato que terá vigência por 30, 40 anos.

É dizer, como não é permitido que o poder público apresente um menu de contratos de concessão aos licitantes, o que serviria para que eles tivessem incentivos para a revelação de informações, sugere-se que o regime de renegociações experimental, em situações de incerteza, produzirá melhores contratações para o próprio poder público.

Não é por outra razão que tal acordo de reequilíbrio experimental deverá ser precedido de uma avaliação técnica e econômico-financeira da inexequibilidade das propostas dos licitantes e da exequibilidade do EVETA apresentado pelo Poder Público, de modo a coibir a maldição o vencedor, a seleção adversa e as condutas oportunistas das partes. Para tanto, a contratação de um Verificador Independente, de comum acordo entre as partes, pode trazer uma neutralidade e, dada sua expertise, reduzir a assimetria de informações para a colmatação das lacunas deixadas pela incompletude das matrizes de riscos.

Tal proposição justifica-se como uma possível solução para equivocada "guerra" que se travou, nas modelagens concessórias, entre a utilização do Plano de Negócios *versus* a Metodologia do Fluxo de Caixa Marginal (que seria adequada, apenas, para a realização de novos investimentos), para fins de reequilíbrio econômico-financeiro. O tema envolve, justamente, a existência de uma *assimetria de informações* entre poder concedente e concessionários, bem como a incompletude dos contratos de concessão. Segue daí a utilidade da instituição do *acordo de reequilíbrio experimental* que ora que se propõe, na qualidade de *um desenho de mecanismo relevador de informações* em *situações de incerteza*.

Propõe-se, ainda, que tal acordo de reequilíbrio experimental seja previsto para ser realizado, a partir da vigência de, ao menos, 50% dos contratos de concessão, sendo certo que a sua realização, antes de tal prazo, deverá ser devidamente motivada. O racional de tal previsão diz com a tentativa de se criar um sistema de incentivos que afaste licitantes oportunistas que, de antemão, sabem que estão apresentando propostas inexequíveis, pois buscarão majorar a sua lucratividade, no âmbito de uma renegociação despida da pressão competitiva. Nesse sentido, considerando a probabilidade de renegociações oportunistas, tais acordos deverão ser permeados pela transparência, abrindo as suas informações na internet, desde o requerimento, passando pela análise das instâncias técnicas, chegando às decisões colegiadas das entidades reguladoras.

Por fim, é de se destacar que poderão ser objeto do reequilíbrio experimental em situações de incerteza: (i) alteração do valor das tarifas; alteração dos índices do reajuste tarifário; (ii) alteração do regime jurídico e dos prazos das revisões extraordinárias e ordinárias; (iii) alteração das obrigações de investimento e das obrigações de desempenho; (iv) alteração da matriz de riscos dos contratos de concessão; (v) redução ou ampliação do prazo da concessão, mesmo em contratos nos quais já tenha sido implementada prorrogação ordinária; (vi) indenização direta a ser paga entre as partes; (vii) dação em pagamento, inclusive por meio de bens imóveis, na forma do art. 356 e seguintes, do código civil (lei nº 10.406/2002); (viii) unificação e cisão de contratos de concessão de concessão; (ix) transferência do controle ou do contrato de concessão; (x) a instituição de um programa de recuperação regulatória ou a combinação das alternativas acima. Se as partes não alcançarem um acordo dentro do prazo estabelecido no parágrafo anterior, esse contrato de concessão passará a observar o procedimento de relicitação de que trata a Lei nº13.448/2017 ou o poder público terá de assumir o objeto da concessão, em prazo que não sirva a privilegiar a sua inércia, nem expropriar o patrimônio e falir concessionários. Com vistas a conferir uma utilidade prática a esse livro, será veiculado um Anexo, com modelos de Cláusulas que veiculam a sua tese central.

REFERÊNCIAS

ABECASSIS, Fernando. *Análise econômica*. Lisboa: Serviços de Educação e Bolsas, Fundação Calouste Gulbenkian, 2001.

AKERLOF, G. The Market for Lemons: quality uncertainty and the Market Mechanism. *Quarterly Journal of Economics*, United Kingdom, n. 84, p. 488-500, 1970.

ALENCAR, Leticia Lins de. *Equilíbrio na concessão*. Belo Horizonte: Fórum, 2019.

ALPHEN, J. van; BLOEMEN, P. J. T. M.; GRINWIS, P.; HAMMER, F.; VLIST, M. J. van der. DMDU into Practice: Adaptive Delta Management in The Netherlands. *In*: BLOEMEN, P. J. T. M.; MARCHAU, V. A. W. J.; POPPER, S. W.; WALKER, W. E. (Orgs.). *Decision Making under Deep Uncertainty*: From Theory to Practice. Cham: Springer International Publishing, 2019. Disponível em: https://doi.org/10.1007/978-3-030-05252-2. Acesso em: 11 ago. 2023.

ALVESSON, M.; SANDBERG, J. Generating research questions through problematization. *The Academy of Management Review*, New York, v. 36, n. 2, p. 247-271, 2011.

AMIN, A. Beyond Associative Democracy. *New Political Economy*, v. 1, n. 3, p. 309-333, 1996.

ANDRADE, Rodrigo Bomfim. *Essays on concession design*. 2019. 134 f. Tese (Doutorado em Economia e Finanças) – Fundação Getulio Vargas, Rio de Janeiro, 2019.

ANDRADE, Ronaldo José de. *Incorporação de novas tecnologias em contratos de concessão*: estudo de caso do setor rodoviário paulista. Belo Horizonte: Fórum, 2021.

ANEEL. Agência Nacional de Energia Elétrica. *Sandbox regulatório*: conheça o projeto-piloto de governança de *sandboxes* tarifários promovido pela ANEEL, 2022. Disponível em: https://www.gov.br/aneel/pt-br/assuntos/pesquisa-e-desenvolvimento/sandbox-regulatorio#:~:text=Os%20Sandboxes%20Tarif%C3%A1rios%20s%C3%A3o%20 projetos,os%20consumidores%20de%20Baixa%20Tens%C3%A3o. Acesso em: 05 abr. 2022.

ANTT. Agência Nacional de Transportes Terrestres. *Estudo internacional de contratos de concessão rodoviária*. Disponível em: https://portal.antt.gov.br/documents/363688/389038/Estudo+Internacional+de+Contratos+de+Concess%C3%A3o+de+Rodovias.pdf/7756481f-e494-1761-916d-48dc37428514?t=1592175951190. Acesso em: 04 jan. 2022.

ANTT. Agência Nacional de Transportes Terrestres. *Relatório preliminar de análise de impacto regulatório sobre o sandbox regulatório da ANTT*, 2021. Disponível em: https://participantt.antt.gov.br/Site/AudienciaPublica/VisualizarAvisoAudienciaPublica.aspx?CodigoAudiencia=472. Acesso em: 05 abr. 2022.

ARAGÃO, Alexandre Santos de. A evolução da proteção do equilíbrio econômico-financeiro nas concessões de serviços públicos e nas PPPs. *Revista de Direito Administrativo*, Rio de Janeiro, v. 263, p. 35-66, maio/ago. 2013.

ARAGÃO, Alexandre Santos de. A noção de serviço público. *In*: ARAGÃO, Alexandre Santos de. *Direito dos serviços públicos*. Belo Horizonte: Fórum, 2017.

ARAGÃO, Alexandre Santos de. Concessão de serviços públicos. *In*: ARAGÃO, Alexandre Santos de (Coord.). *Direito dos serviços públicos*. 2. ed. Belo Horizonte: Fórum, 2017.

ARAGÃO, Alexandre Santos de. *Direito dos serviços públicos*. Belo Horizonte: Fórum, 2017.

ARAGÃO, Alexandre Santos de. Serviços públicos e concorrência. *Revista de Direito Público da Economia*, Belo Horizonte, a. 1, n. 2, p. 59-123, abr./jun. 2003.

ARAÚJO, Fernando. *Teoria Econômica do Contrato*. Coimbra: Almedina, 2007.

ARAÚJO, Paula Mara Costa de; JESUS, Renata Gomes de. Processo licitatório tipo menor preço e eficiência em compras públicas: um estudo de caso. *Revista Principia*, João Pessoa, n. 41, p. 24-38, 2018.

ARGUELHES, Diego Werneck; LEAL, Fernando. Pragmatismo como [meta] teoria normativa da decisão judicial: caracterização, estratégias e implicações. *In*: SARMENTO, Daniel (Org.). *Filosofia e teoria constitucional contemporânea*. Rio de Janeiro: Lumen Juris, 2009.

ARIGONY, Alexandre Foch. A recomposição do equilíbrio econômico-financeiro nas concessões: custos, riscos e consequências do grau de determinação da norma. *Fórum de Contratação e Gestão Pública*, Belo Horizonte, a. 18, n. 214, p. 22-38, out. 2019.

ARSAE-MG. Agência Reguladora de Serviços de Abastecimento de Água e de Esgotamento Sanitário do Estado de Minas Gerais. *Nota Técnica CRE nº 05/2020*: Diretrizes, abordagem geral, cronograma e pauta. 2ª Revisão Tarifária Periódica da Copasa-MG. 3ª Revisão Tarifária Periódica da Copanor, 2020. Disponível em: http://www.arsae.mg.gov.br/images/documentos/consulta_publica/2020/18/NT_CRE_05_2020_Pauta_Diretrizes_Cronograma_e_Pauta.pdf. Acesso em: 30 abr. 2022.

ARSESP. Agência Reguladora de Serviços Públicos do Estado de São Paulo. *Nota Técnica Final*: metodologia para implantação da regulação por exposição (regulação *sunshine*) no âmbito dos serviços de saneamento básico regulados pela ARSESP, 2021. Disponível em: http://www.arsesp.sp.gov.br/ConsultasPublicasBiblioteca/NTS-0005-2021.pdf. Acesso em: 30 abr. 2022.

ATHIAS, L.; SAUSSIER, S. Are public private partnerships that rigid? And why? Evidence from price provisions in French toll road concession contracts. *Transportation Research*, Part A: Policy and Practice, Elsevier, v. 111, p. 174-186, 2018.

AURÉLIO, Bruno. *A exploração da infraestrutura aeroportuária no Brasil*: a Infraero e as concessionárias de serviço público. São Paulo: Contracorrente, 2017.

AURONEN, Lauri. Asymmetric Information: Theory and Applications, 2003. Disponível em: https://pdfs.semanticscholar.org/cdc1/10d48cfa54659f3a09620d51240f09cf1acc.pdf?_ga=2.253811336.1459188436.1591190186-239455523.1591190186. Acesso em: 03 jun. 2020.

AVERCH, H.; JOHNSON, L. L. Behavior of the firm under regulatory Constraint. *American Economic Review*, v. 52, n. 5, p. 1052-1070, 1962.

ÁVILA, Humberto. Repensando o "princípio da supremacia do interesse público sobre o particular". *In*: SARMENTO, Daniel (Org.). *Interesses públicos versus interesses privados*: desconstruindo o princípio de supremacia do interesse público. Rio de Janeiro: Lumen Juris, 2005.

AYRES, I.; BRAITHWAITE, J. *Responsive Regulation*: Transcending the Deregulation Debate. Nova York: Oxford University Press, 1992.

AZEVEDO, Fabio de Oliveira. *Direito Civil*: introdução e teoria geral. 2. ed. Rio de Janeiro: Lumen Juris, 2009.

AZEVEDO, Paulo Furquim de. Parte II: contratos – Uma perspectiva econômica. *In*: ZYLBERSZTAJN, Décio; SZTAJN, Rachel (Orgs.). *Direito & economia*: análise econômica do direito e das organizações. Rio de Janeiro: Elsevier, 2005.

BAGATIN, Andreia Cristina. *Captura das agências reguladoras independentes*. São Paulo: Saraiva, 2013.

BAIRD, D. G.; GERTNER, R. H.; PICKER, R. C. *Game Theory and the Law*. 5. ed. Cambridge: Harvard University Press, 1994.

BAJARI, P.; LEWIS, G. Procurement Contracting with Time Incentives: Theory and Evidence. *Quarterly Journal of Economics*, United Kingdom, v. 126, n. 3, p. 1173-1211, 2011.

BAKOVIC, T.; TENENBAUM, B.; WOOLF, F. *Regulation by Contract*: a new way to privatize electricity distribution? Washington, DC: The World Bank, 2003. (World Bank Working Paper, n. 14 – Energy and Mining Sector Board Discussion).

BALDWIN, R.; BLACK, J. Really Responsive Regulation. *The Modern Law Review*, United States, v. 71, n. 1, p. 59-94, 2008.

BALDWIN, R.; CAVE, M.; LODGE, M. *Understanding Regulation*: Theory, Strategy, and Practice. New York: Oxford University Press, 2013.

BANDEIRA, Paula Greco. *Contrato incompleto*. 2014. 253 f. Tese (Doutorado em Direito) – Universidade do Estado do Rio de Janeiro, Faculdade de Direito, Rio de Janeiro, 2014.

BARNABÉ, André Isper Rodrigues; CAMPOS, Rodrigo Pinto de; DANTAS, Renata Perez. Evolução dos mecanismos não sancionatórios de incentivo ao cumprimento de obrigações pelas concessionárias de rodovias federais. *In*: TOJAL, Sebastião Botto de Barros; SOUZA, Jorge Henrique de Oliveira (Coords.). *Direito e infraestrutura*: rodovias e ferrovias – 20 anos da Lei nº 10.233/2001. Belo Horizonte: Fórum, 2021. v. 2.

BARROSO, Luís Roberto. O Estado contemporâneo, os direitos fundamentais e a redefinição da supremacia do interesse público. Prefácio. *In*: SARMENTO, Daniel (Org.). *Interesses públicos versus interesses privados*: desconstruindo o princípio de supremacia do interesse público. Rio de Janeiro: Lumen Juris, 2005.

BENTO, Wesley. Os limites da mutabilidade nos contratos de concessão em crise. *Fórum de Contratação e Gestão Pública*, Belo Horizonte, v. 18, n. 216, p. 75-90, dez. 2019.

BETANCOURT, César Milton Alegandro Barrales; GALLEGOS, Christian Andrés Vargas. *Sistema de Concesiones de Obras Públicas, Solución de Conflictos e Introducción de los Dispute Boards o Paneles de Expertos*. Santiago: Universidad de Chile, 2012.

BID. Banco Interamericano de Desarrollo. *Asociaciones Público Privadas en Perú*: Análisis del Nuevo Marco Legal, v. 5, 2016. Disponível em: https://www.mef.gob.pe/contenidos/inv_privada/capacitaciones/modulo_5.pdf. Acesso em: 02 mar. 2022.

BINENBOJM, Gustavo. Da supremacia do interesse público ao dever de proporcionalidade: um novo paradigma para o direito administrativo. *In*: SARMENTO, Daniel (Org.). *Interesses públicos versus interesses privados*: desconstruindo o princípio de supremacia do interesse público. Rio de Janeiro: Lumen Juris, 2005.

BLOEMEN, P. J. T. M.; MARCHAU, V. A. W. J.; POPPER, S. W.; WALKER, W. E. Conclusions and Outlook. *In*: BLOEMEN, P. J. T. M.; MARCHAU, V. A. W. J.; POPPER, S. W.; WALKER, W. E. (Orgs.). *Decision Making under Deep Uncertainty*: From Theory to Practice. Cham: Springer International Publishing, 2019. Disponível em: https://doi.org/10.1007/978-3-030-05252-2. Acesso em: 11 ago. 2023.

BONAVIDES, Paulo. *Do Estado Liberal ao Estado Social*. 15. ed. São Paulo: Malheiros, 2004.

BONFIM, Anderson Medeiros. Concorrência entre os terminais portuários de uso público e de uso privado. *Revista Trimestral de Direito Público*, São Paulo, a. 9, n. 59, out./dez. 2014.

BORGES, Alice Gonzalez. Supremacia do interesse público: desconstrução ou reconstrução? *Interesse Público*, Belo Horizonte, v. 8, n. 37, p. 29-48, maio/jun. 2006.

BOZA, Carlos Roberto Carrasco; VILLALOBOS, Sergio Reinhard Chimpén; DÍAZ, Marco Arturo Gálvez. *Impactos financieros de las adendas en contratos de concesión cofinanciados*. Dissertação (Mestrado em Regulação e gestão de serviços Públicos) – Universidad del Pacífico, 2021.

BRAGA, Odilon. Serviços públicos concedidos. *Revista de Direito Administrativo*, Rio de Janeiro, v. 7, p. 33-51, 1947.

BRAGANÇA, Gabriel Godofredo Fiuza de; CAMACHO, Fernando Tavares. Uma nota sobre o repasse de ganhos de produtividade em setores de infraestrutura no Brasil (fator x). *Radar*, Brasília, n. 22, p. 7-16, nov. 2012. Disponível em: https://www.ipea.gov.br/portal/images/stories/PDFs/radar/121114_radar22.pdf. Acesso em: 11 ago. 2023.

BRAITHWAITE, J. The Essence of Responsive Regulation. *University of British Columbia Law Review*, Columbia, v. 44, n. 3, p. 475-520, 2011.

BRASIL. Ministério da Fazenda. *Metodologia de Cálculo do WACC*. Brasília, 2018.

BRASIL. Ministério da Transparência. *Nota Técnica nº 1081/2017/CGPLAG/DG/SFC*. Disponível em: http://www.cgu.gov.br/noticias/2017/07/cgu-divulga-estudo-sobre-eficiencia-dos-pregoes-realizados-pelo-governo-federal/nota-tecnica-no-1-081-2017-cgplag-dg-sfc-1.pdf. p. 1. Acesso em 05 dez. 2017.

BRASIL. Superior Tribunal de Justiça STJ. RECURSO ESPECIAL: REsp nº 1248237 DF 2011/0075687-9.

BRASIL. Supremo Tribunal Federal. *Ação Declaratória de Constitucionalidade nº 09/DF*. STF. Tribunal Pleno Relator: min. Néri da Silveira. Julgamento: 13.12.2001, DJ 03.09.2004.

BROUSSEAU, E.; GLACHANT, J. M. *The Economics of the Contracts*: Theories and Applications. Cambridge: Cambridge University Press, 2002.

BROUSSEAU, E.; GLACHANT, J. M. The economics of contracts and the renewal of economics. *In*: BROUSSEAU, E.; GLACHANT, J. M. *The Economics of contracts*: Theories and Applications. Cambridge: Cambridge University Press, 2002.

BUCHANAN, J. M. Politics without romance: a sketch of positive public choice theory and its normative implications. *In*: BUCHANAN, J. M.; TOLLINSON, R. D. (Orgs.). *The theory of public choice*. v. II. Ann Arbor: The University of Michigan Press, 1984.

BUGARIN, Mauricio. Leilões: a Teoria dos Jogos e o Prêmio Nobel de Economia de 2020. *Revista Conceito Jurídico*, Brasília, v. 4, n. 47, p. 77-83, 2020.

CAETANO, Marcello. *Princípios fundamentais do direito administrativo*. Coimbra: Almedina, 1995.

CAGGIANO, Heloísa Conrado. Alocação de riscos em contratos de concessões de rodoviárias federais no Brasil: análise do caso da BR 153/TO/GO. *Revista de Direito Público da Economia*, Belo Horizonte, v. 15, p. 25-50, 2017.

CAMACHO, Fernando. *Inovações para as concessões de rodovias federais*. IFC International Finance Corporation. Consultoria formada pelo Lobo de Rizzo Advogados, com apoio do BNDES, BID e IFC.

CAMACHO, Fernando Tavares; RODRIGUES, Bruno da Costa Lucas. Regulação econômica de infraestrutura: como escolher o modelo mais adequado? *Revista do BNDES*, Rio de Janeiro, n. 41, p. 285-287, jun. 2014.

CÂMARA, Jacintho Arruda. O regime tarifário como instrumento de políticas públicas. *In*: *Revista de Direito Público da Economia*, Belo Horizonte, a. 3, n. 12, p. 95-127, out./dez. 2005.

CAMBRICOLI, Fabiana. OMS declara emergência de saúde pública global por surto de coronavírus. *Estadão*, 30 jan. 2020. Disponível em: https://saude.estadao.com.br/noticias/geral,oms-declara-emergencia-de-saude-publica-global-por-surto-de-coronavirus,70003178909. Acesso em: 30 maio 2022.

CAMELO, Bradson; NÓBREGA, Marcos; TORRES, Ronny Charles L. de. As licitações como um jogo: teoria dos leilões. *In*: CAMELO, Bradson; NÓBREGA, Marcos; TORRES, Ronny Charles L. de. *Análise econômica das licitações e contratos*: de acordo com a Lei nº 14.133/2021 (nova Lei de Licitações). Belo Horizonte: Fórum, 2022.

CAMPBELL, D. The incompleteness of our understanding of the law and economics of relational contract. *Wisconsin Law Review*, Wisconsin, v. 645, p. 645-678, jan. 2004.

CAMPILONGO, Celso Fernandes. *Política, sistema jurídico e decisão judicial*. São Paulo: Max Limonad, 2002.

CAMPOS, Francisco. *Direito administrativo*. Rio de Janeiro: Freitas Bastos, 1958. v. I.

CAMPOS, Francisco. *Direito constitucional*. Rio de Janeiro: Freitas Bastos, 1956. v. I.

CAMPOS, Marcelo Mallet Siqueira; CHIARINI, Tulio. Incerteza e não ergodicidade: crítica aos neoclássicos. *Revista de Economia Política*, São Paulo, v. 34, n. 2 (135), p. 294-316, abr./jun. 2014.

CAMPOS NETO, Carlos Álvares da Silva; SOARES, Ricardo Pereira. *A eficácia do Estado e as concessões rodoviárias no Brasil*: preocupação com o valor do pedágio e sugestões para operacionalizar a modicidade das tarifas. Brasília: Ipea, jun. 2007. (Texto para Discussão nº 1.286).

CARDOSO, Diego Brito; MOREIRA, Lucas Pessoa; GARCIA, Marcello. O instituto jurídico da Transferência de Concessão e sua relevância para a retomada da PPP da Linha 6 do Metrô de São Paulo. *Revista da Procuradoria Geral do Estado de São Paulo*, n. 96. p. 397-436, jul./dez. 2022.

CARVALHO, Carlos Henrique Ribeiro de. *Aspectos regulatórios e conceituais das políticas tarifárias dos sistemas de transporte público urbano no Brasil*. Texto para discussão / Instituto de Pesquisa Econômica Aplicada. Brasília: Rio de Janeiro: Ipea, 1990. Disponível em: http://repositorio.ipea.gov.br/bitstream/11058/6635/1/td_2192.pdf. Acesso em: 11 ago. 2023.

CARVALHO, Carlos Henrique Ribeiro de et al. *Tarifação e financiamento do transporte público urbano*. Brasília: Ipea, jul. 2013. (Nota Técnica, nº 2.).

CARVALHO, Lucas Borges de. Integridade, pragmatismo e decisão judicial: um debate entre Hércules e Jobim. *Revista de Direito Constitucional e Internacional*, São Paulo, v. 16, n. 64, p. 203-222, jul./set. 2008.

CASADY, C. B.; BAXTER, D. Pandemics, public-private partnerships (PPPs), and force majeure I COVID-19 expectations and implications. *Construction Management and Economics*, England, v. 38, n. 12, p. 1077-1085, 2020. Disponível em: https://www.tandfonline.com/doi/full/10.1080/01446193.2020.1817516. Acesso em: 05 jan. 2021.

CASTRO, Rodrigo Pironti Aguirre de; MENEGAT, Fernando. Matriz de risco nas contratações estatais e o rompimento da "teoria das áleas" no direito administrativo. *In*: REIS, Luciano Elias; JUNIOR, Laerzio Chiesorin (Orgs.). *Lei das empresas estatais*: responsabilidade empresarial e o impacto para o desenvolvimento econômico nacional. Curitiba: OAB, 2017.

CATEB, Alexandre Bueno; GALLO, José Alberto Albeny. Breves considerações sobre a teoria dos contratos incompletos. UC Berkeley: Berkeley Program in Law and Economics, 2007. Disponível em: http://escholarship.org/uc/item/1bw6c8s9. Acesso em: 11 ago. 2023.

CAVALCANTI, Amaro. *Responsabilidade civil do Estado*. Rio de Janeiro: Laemmert & C., 1905.

CAVALCANTI, Themístocles Brandão. *A Constituição Federal comentada*. Rio de Janeiro: José Konfino, 1953. v. III.

CAVALCANTI, Themístocles Brandão. *Instituições de direito administrativo brasileiro*. Rio de Janeiro: Freitas Bastos, 1936.

CHIARA, N.; GARVIN; M. J.; VECER, J. Valuing simple multiple exercise options in infrastructure projects. *Journal of Infrastructure Systems*, United States, v. 13, n. 2, p. 97-104, 2007.

CHILE. *Decreto nº 900/1996.* Fija texto refundido, coordenado y sistematizado del DFL MOP nº 164, de 1991 Ley de Concesiones de Obras Publicas. Disponível em: https://www.bcn.cl/leychile/navegar?idNorma=16121. Acesso em: 13 fev. 2022.

CLARK, K.; PRIMO, D. *The Theoretical Implications of the Empirical Implications of Theoretical Models*, mimeo, 2014.

COASE, R. H. O problema do custo social. *The Latin American and Caribbean Journal of Legal Studies*, University of Chicago, v. 3, n. 1, art. 9, p. 1-35, 2008.

COASE, R. H. The Nature of the Firm. *Economica*, New Series, v. 4, n. 16, p. 386-405, nov. 1937.

COMADIRA, Julio Rodolfo. El servicio público como título jurídico exorbitante. *Revista de Direito Administrativo e Constitucional*, Curitiba, a. 4, n. 15, p. 79-106, jan./mar. 2004.

COOK, R. *Simplifying the creation and use of the risk matrix*. Paper presented at the Safety-critical Systems Symposium, Bristol organised by Safety and Reliability Society, 2008.

COOTER, R. The Cost of Coase. *Journal of Legal Studies*, v. XI, jan. 1982. Disponível em: http://works.bepress.com/robert_cooter/97. Acesso em: 15 mar. 2020.

COOTER, R.; ULEN, T. *Direito & Economia*. 5. ed. Porto Alegre: Brokman Companhia Editora, 2010.

Coronavírus: OMS declara pandemia. *BBC*, 11 mar. 2020. Disponível em: https://www.bbc.com/portuguese/geral-51842518. Acesso em: 30 maio 2022.

COSTA, Adriano Soares da. A relação regulamentar-contratual e os reflexos na regulação ferroviária. *Revista Brasileira de Direito Público*, Belo Horizonte, v. 18, n. 68, p. 171-211, jan./mar. 2020.

COX JUNIOR, L. A. What's wrong with risk matrices? *Risk Analysis*, Herndon, v. 28, n. 2, p. 497-512, 2008.

CRASWELL, R. The "incomplete contracts" literature and efficient precautions. *Case Western Reserve Law Review*, Cleveland, v. 56, n. 1, p. 151-168, 2005-2006.

CRUZ, Camila Elena Muza; OLIVEIRA, Itamar Aparecido de. A regulação por menus – teoria e prática. *In*: OLIVEIRA, Carlos Roberto de; VILARINHO, Cintia Maria Ribeiro (Coords.). *A regulação de infraestruturas no Brasil*. Santana de Parnaíba: Associação Brasileira de Agências de Regulação: KPMG, 2021.

CRUZ, Carlos Oliveira; MARQUES, Rui Cunha. *Infrastructure Public-Private Partnerships*: decision, management and development. Berlin: Springer, 2013.

CRUZ, Carlos Oliveira; SARMENTO, Joaquim Miranda. *Manual de parcerias público-privadas e concessões*. Belo Horizonte: Fórum, 2019.

DAMODARAN, A. *Equity Risk Premiums (ERP)*: Determinants, Estimation and Implications – The 2015 Edition, 14 mar. 2015. Disponível em: https://ssrn.com/abstract=2581517. Acesso em: 11 ago. 2023.

DANTAS, Caroline. Novo coronavírus é emergência de saúde internacional, declara OMS. *G1*, 30 jan. 2020. Disponível em: https://g1.globo.com/ciencia-e-saude/noticia/2020/01/30/novo-coronavirus-e-emergencia-de-saude-internacional-declara-oms.ghtml. Acesso em: 30 maio 2022.

DE BRUX, J. The Dark and Bright Sides of Renegotiation: An Application to Transport Concession Contracts, *Utilities Policy*, Elsevier, v. 18, n. 2, p. 77-85, jun. 2010.

DECKER, C. *Modern Economic Regulation*: An Introduction to Theory and Practice. Cambridge: Cambridge University Press, 2015.

DEMSETZ, H. Why regulate utilities? *Journal of Law and Economics*, Chicago, v. 11, n. 1, p. 55-65, 1968.

DEWEY, J. *The essential Dewey*: pragmatism, education, democracy. v. 1. Indianapolis: Indiana University Press, 1998.

DEWEY, J. *The public and its problems*: an essay in political inquiry. University Park: Pennsylvania State University, 2012.

DIAS, Maria Tereza Fonseca. Os problemas da contratação pública brasileira sob a Análise Econômica do Direito (*Law and Economics*): em busca de propostas legislativas para sua superação. *Revista Brasileira de Direito Público*, Belo Horizonte, a. 15, n. 57, p. 85-111, abr./jun. 2017.

DIZIKES, P. Explained: Knightian uncertainty. *MIT NEWS*, 02 jun. 2010. Disponível em: http://news.mit.edu/2010/explained-knightian-0602. Acesso em: 22 jul. 2020.

DONG, F.; CHIARA, N. Improve economic efficiency of public-private partnerships for infrastructure development by contractual flexibility analysis in a highly uncertain context. *The Journal of Structured Finance*, forthcoming, 2011.

DUGUIT, L. *Las transformaciones generales del derecho*. Buenos Aires: Heliasta, 2001.

DURÇO, Fábio Ferreira. *A regulação do setor ferroviário brasileiro*: monopólio natural, concorrência e risco moral. 2011. Dissertação (Mestrado em Economia) – Escola de Economia de São Paulo da Fundação Getulio Vargas, Fundação Getulio Vargas, São Paulo, 2011.

ELIAS NETO, Abrahão; FERNANDES, Jorge Ulisses Jacoby. Reequilíbrio econômico-financeiro de contrato após o Plano Real. *Fórum Administrativo*, Belo Horizonte, a. 20, n. 5, p. 539-542, jul. 2001.

ENGEL, E.; FISCHER, R. D.; GALETOVIC, A. When and how to use public-private partnerships in infrastructure: lessons from the international experience. National Bureau of Economic Research: Working Paper 26766. Disponível em: nber.org/papers/w26766. Acesso em: 11 jul. 2021.

ESPANHA. *Ley 9/2017, de 8 de noviembre*, de Contratos del Sector Público, por la que se transponen al ordenamiento jurídico español las Directivas del Parlamento Europeo y del Consejo 2014/23/UE y 2014/24/UE, de 26 de febrero de 2014. Disponível em: https://www.boe.es/eli/es/l/2017/11/08/9/con. Acesso em: 16 nov. 2022.

ESTADOS UNIDOS DA AMÉRICA. U.S. Supreme Court. *Galveston Elec. Co. v. Galveston, 258 U.S. 388 (1922)*, Justice Brandeis. Disponível em: https://supreme.justia.com/cases/federal/us/258/388/. Acesso em: 01 set. 2021.

ESTADOS UNIDOS DA AMÉRICA. U.S. Supreme Court. *Georgia Ry. & Power Co. v. Railroad Commission of Georgia (1923)*, Justice Brandeis. Disponível em: https://caselaw.findlaw.com/us-supreme-court/262/625.html. Acesso em: 02 set. 2021.

ESTADOS UNIDOS DA AMÉRICA. U.S. Supreme Court. *Minnesota Rate Case, 230 U.S. 352 (1913)*, Justice Hughes. Disponível em: https://supreme.justia.com/cases/federal/us/230/352/. Acesso em: 01 set. 2021.

ESTADOS UNIDOS DA AMÉRICA. U.S. Supreme Court. *Munn v. Illinois, 94 U.S. 113 (1876)*, Justice Waite. Disponível em: https://supreme.justia.com/cases/federal/us/94/113/. Acesso em: 30 ago. 2021.

ESTADOS UNIDOS DA AMÉRICA. U.S. Supreme Court. *Smyth v. Ames, 169 U.S. 466 (1898)*, Justice Harlan. Disponível em: https://supreme.justia.com/cases/federal/us/169/466//. Acesso em: 31 ago. 2021.

ESTADOS UNIDOS DA AMÉRICA. U.S. Supreme Court. *Southwestern Bell Tel. Co. v. Public Svc. Comm'n, 262 U.S. 276 (1923)*, Justice McReynolds. Disponível em: https://supreme.justia.com/cases/federal/us/262/276/. Acesso em: 02 set. 2021.

ESTORNINHO, Maria João. *A Fuga para o direito privado*: contributo para o estudo da actividade de direito privado da Administração Pública. Coimbra: Livraria Almedina, 1999.

FAJARDO, Gabriel Ribeiro; RIOS, Jéssica Loyola Caetano; PALMA, Juliana Bonacorsi de; GIANNINI, Pedro. Concessões, PPPs e o impacto da Covid-19. *In*: COHEN, Isadora Chansky (*executive coordinator*). LEMBO, Carolina; SIQUEIRA, Marcos; SUÁREZ-ALEMÁN, Ancor; FIORAVANTI, Reinaldo; PAGLIUCA, Claudia Alvarez (Eds.). p. cm. Monografia do BID; 976. Texto gentilmente disponibilizado pelos pesquisadores.

FERNANDES, Ana Luiza Q. M. Jacoby. Contornando os efeitos da COVID-19 nas concessões de infraestrutura. *Fórum de Contratação e Gestão Pública*, Belo Horizonte, a. 19, n. 224, p. 9-24, ago. 2020.

FONSECA, Eduardo G. Comportamento individual: alternativas ao homem econômico. *Revista Novos Estudos*, São Paulo, CEBRAP, 1989.

FRANÇA. Conseil d'État. Éclairage au gaz – Contrat de concession – Hausse du prix du charbon – Guerre de 1914 – Économie du contrat bouleversee – service public, exécution, Convention provisoire, indemmité au concessionnaire. 30 mar. 1916. Disponível em: https://gallica.bnf.fr/ark:/12148/bpt6k5622521h/f134.item. Acesso em: 02 set. 2021.

FRANÇA. *Conseil d'État. Tramways – Horaire des trains – Pouvoirs du préfet – Arhéte préfectoral imposant un service diferente de celdi prévu au cahier des charges – Demande en annulation – Procédure – Qualité de l'État pour défendre*. 11 mar. 1910. Disponível em: https://gallica.bnf.fr/ark:/12148/bpt6k57384664/f225.item. Acesso em: 01 set. 2021.

FRANKS, A. A simplified approach to estimating individual risk. Research Report 300-2017-r03 for Health and Safety Executive. Sudbury: HSE Books, 2004. Disponível em https://www.hse.gov.uk/research/misc/vectra300-2017-r03.pdf. Acesso em: 20 set. 2021.

FREITAS, Rafael Véras de. A repartição de riscos nos contratos administrativos regulados: os contratos de partilha de produção e de concessão da infraestrutura aeroportuária. *Revista de Direito Público da Economia*, Belo Horizonte, v. 10, n. 39, p. 139-157, jul./set. 2012.

FREITAS, Rafael Véras de. As prorrogações e a relicitação previstas na lei nº 13.448/2017: um novo regime jurídico de negociação para os contratos de longo prazo. *Revista de Direito Público da Economia*, Belo Horizonte, a. 18, n. 59, p. 175-199, jul./set. 2017.

FREITAS, Rafael Véras de. *Concessão de rodovias*. Belo Horizonte: Fórum, 2017.

FREITAS, Rafael Véras de. Coronavírus, equilíbrio econômico-financeiro em concessões, dever de renegociar: quem paga a conta pela teoria da imprevisão? *Coluna Direito da Infraestrutura*, 06 abr. 2020. Disponível em: https://www.editoraforum.com.br/noticias/coronavirus-equilibrio-economico-financeiro-em-concessoes-dever-de-renegociar-quem-paga-conta-pela-teoria-da-imprevisao-coluna-direito-da-infraestrutura/. Acesso em: 30 maio 2022.

FREITAS, Rafael Véras de. *Expropriações regulatórias*. Belo Horizonte: Fórum, 2016.

FREITAS, Rafael Véras de. Incompletude em contratos de concessão: ainda a Teoria da Imprevisão? *Revista de Contratos Públicos*, Belo Horizonte, a. 9, n. 17, p. 151-188, mar./ago. 2020.

FREITAS, Rafael Véras de. Novos desafios da arbitrabilidade objetiva nas concessões. *Revista de Direito Público da Economia*, Belo Horizonte, a. 18, n. 53, p. 199-227, jan./mar. 2016.

FREITAS, Rafael Véras de. O equilíbrio econômico-financeiro nas concessões de rodovias. *Revista de Direito Público da Economia*, Belo Horizonte, a. 18, n. 58, p. 199-239, abr./jun. 2017.

FREITAS, Rafael Véras de. Regulação por contratos de concessão em situações de incerteza. *Interesse Público*, Belo Horizonte, a. 22, n. 125, jan./fev. 2021.

FREITAS, Rafael Véras de; RIBEIRO, Leonardo Coelho. O prazo como elemento da economia dos contratos de concessão: as espécies de "prorrogação". *In*: MOREIRA, Egon Bockmann. *Contratos administrativos, equilíbrio econômico-financeiro e taxa interna de retorno*: as lógicas das concessões e das parcerias público-privadas. Belo Horizonte: Fórum, 2016.

GABRIELLI, Marcio Fernandes. Análise de investimentos. *In*: SHENG, Hsia Hua (Coord.). *Introdução às finanças empresariais*. Série GVLaw – Direito, Gestão e Prática. São Paulo: Saraiva, 2012.

GARCIA, Flávio Amaral. A imprevisão na previsão e os contratos concessionais. *In*: MOREIRA, Egon Bockmann (Coord.). *Tratado do equilíbrio econômico-financeiro*: contratos administrativos, concessões, parcerias público-privadas, taxa interna de retorno, prorrogação antecipada e relicitação. Belo Horizonte: Fórum, 2019.

GARCIA, Flávio Amaral. A mutabilidade e incompletude na regulação por contrato e a função integrativa das agências. *Revista de Contratos Públicos*, Belo Horizonte, a. 3, n. 5, p. 59-83, mar./ago. 2014.

GARCIA, Flávio Amaral. *A mutabilidade nos contratos de concessão*. São Paulo: Malheiros, 2021.

GARCIA, Flávio Amaral. *Licitações e contratos administrativos*: casos e polêmicas. 2. ed. Rio de Janeiro: Lumen Juris, 2009.

GARCIA, Flavio Amaral; FREITAS, Rafael Véras de. Concessão de aeroportos: desafios e perspectivas. *Revista Brasileira de Direito Público*, Belo Horizonte, a. 10, n. 36, p. 9-36, jan./mar. 2012.

GARCIA, Flávio Amaral; FREITAS, Rafael Véras de. Portos brasileiros e a nova assimetria regulatória – Os títulos habilitantes para a exploração da infraestrutura portuária. *Revista de Direito Público da Economia*, Belo Horizonte, a. 19, n. 47, p. 85-124, jul./set. 2014.

GARVIN, M.; MOLENAAR, K.; NAVARRO, D.; PROCTOR, G. Key Performance Indicators in Public-Private Partnerships A State-of-the-Practice Report. Disponível em: https://rosap.ntl.bts.gov/view/dot/41358/dot_41358_DS1.pdf?. Acesso em: 20 jul. 2021.

GASIOLA, Gustavo Gil; MARRARA, Thiago. Concessão de rodovia: análise crítica da prática contratual brasileira. *Revista de Direito Público da Economia*, Belo Horizonte, a. 19, n. 52, p. 147-172, out./dez. 2015.

GERRING, J. *Applied Social Science Methodology*. Cambridge: Cambridge Univeristy Press, 2017.

GIACOMUZZI, José Guilherme. O serviço de táxi é serviço público? Em torno de conceitos e da esquizofrenia no direito administrativo brasileiro. *Revista de Direito Administrativo e Constitucional*, Curitiba, a. 25, n. 68, p. 209-250, abr./jun. 2017.

GIDDENS, A. *The Constitution of society*: outline of the theory of structuration. Berkeley: University of California Press, 1984.

GI HUB. Global Infrastructure Hub. Ferramenta de Alocação de Riscos em PPP: edição 2019.

GI HUB. Global Infrastructure Hub. Managing PPP Contracts After Financial Close: Practical guidance for governments managing PPP contracts, informed by real-life project data. Disponível em: https://content.gihub.org/live/media/1465/updated_full-document_art3_web.pdf. Acesso em: 14 fev. 2022.

GI HUB. Global Infrastructure Hub. *PPP Risk Allocation Tool 2019 Edition – Transport, 2019*. Disponível em: https://cdn.gihub.org/umbraco/media/3017/gih_rat_transport_art_web.pdf. Acesso em: 14 mar. 2022.

GODOY, Arnaldo Sampaio de Moraes. *Introdução ao realismo jurídico norte-americano*. Brasília: edição do autor, 2013. Disponível em: http://www.agu.gov.br/page/download/index/id/16204196. Acesso em: 14 abr. 2015.

GOMES, Orlando. *Contratos*. 26. ed. Rio de Janeiro: Forense, 2007.

GOMEZ-IBANEZ, J. *Regulating infrastructure*: monopoly, contracts and discretion. Cambridge, MA: Harvard University Press, 2003.

GONÇALVES, Everton das Neves; STELZER, Dra. Joana. O direito e a ciência econômica: a possibilidade interdisciplinar na contemporânea Teoria Geral do Direito. (May 1, 2007). *Berkeley Program in Law & Economics*. Latin American and Caribbean Law and Economics Association (ALACDE). Annual Papers. Paper 05020701.

GONÇALVES, Pedro. *A concessão de serviços públicos*. Coimbra: Almedina, 1999.

GONÇALVES, Pedro António P. Costa. Regulação administrativa e contrato. *Revista de Direito Público da Economia*, Belo Horizonte, a. 9, n. 35, p. 105-141, jul./set. 2011.

GRIMSEY, D.; LEWIS, M. K. Accounting for Public Private Partnerships. *Accounting Forum*, v. 26, p. 245-270, nov. 2002.

GUASCH, J. L. *Granting and Renegotiating Infrastructure Concessions*: Doing It Right. Washington: The World Bank, 2004.

GUASCH, J. *et al. The Renegotiation of PPP Contracts*: An Overview of its Recent Evolution in Latin America. International Transport Forum Discussion Papers, 2014/18. Paris: OECD Publishing, 2014.

GUASCH, J. L.; LAFFONT, J. J.; STRAUB, S. *Renegotiation of Concession Contracts in Latin America*. Washington, DC: The World Bank (Policy Research Working Paper n. 3011), 2003.

GUERRA, Sérgio. Concessões de serviços públicos: aspectos relevantes sobre o equilíbrio econômico-financeiro e a Taxa Interna de Retorno (TIR). *In*: MOREIRA, Egon Bockmann (Coord.). *Tratado do equilíbrio econômico-financeiro*: contratos administrativos, concessões, parcerias público-privadas, taxa interna de retorno, prorrogação antecipada e relicitação. Belo Horizonte: Fórum, 2019.

GUERRA, Sérgio. *Discricionariedade, regulação e reflexividade*. Belo Horizonte: Fórum, 2021.

GUERRA, Sérgio; SANTOS, José Marinho Séves. Mutação regulatória e equilíbrio econômico-financeiro – Caso ARTESP – TAM: Processo nº 1040986-29.2014.8.26.0053, TJSP. *In*: MARQUES NETO, Floriano de Azevedo; MOREIRA, Egon Bockmann; GUERRA, Sérgio (Coords.). *Dinâmica da regulação*: estudos de casos da jurisprudência brasileira. Belo Horizonte: Fórum, 2021.

GUIMARÃES, Bernardo Strobel. Princípio da continuidade do serviço público e dever de licitar (Comentários a acórdão do STF). *Revista de Direito Público da Economia*, Belo Horizonte, a. 5, n. 18, p. 221-252, abr./jun. 2007.

GUIMARÃES, Bernardo Strobel; CAGGIANO, Heloísa Conrado. Prorrogação contratual e relicitação nº 13.448/17 – perguntas e respostas. *In*: MOREIRA, Egon Bockmann (Coord.). *Tratado do equilíbrio econômico-financeiro*: contratos administrativos, concessões, parcerias público-privadas, taxa interna de retorno, prorrogação antecipada e relicitação. Belo Horizonte: Fórum, 2019.

GUIMARÃES, Felipe Montenegro Viviani. Da constitucionalidade da prorrogação antecipada das concessões de serviço público. *Revista de Direito Administrativo*, Rio de Janeiro, v. 279, n. 3, p. 181-215, set./dez. 2020.

GUIMARÃES, Fernando Vernalha. *Concessão de serviço público*. São Paulo: Saraiva, 2014.

GUIMARÃES, Fernando Vernalha. O equilíbrio econômico-financeiro nas concessões e PPPS: formação e metodologias para recomposição. *In*: MOREIRA, Egon Bockmann (Coord.). *Tratado do equilíbrio econômico-financeiro*: contratos administrativos, concessões, parcerias público-privadas, taxa interna de retorno, prorrogação antecipada e relicitação. Belo Horizonte: Fórum, 2019.

GUIMARÃES, Fernando Vernalha. O equilíbrio econômico-financeiro nas concessões e PPPs: formação e metodologias para recomposição. *Revista de Direito Público da Economia*, Belo Horizonte, a. 15, n. 58, p. 37-60, abr./jun. 2017.

HART, O. Incomplete Contracts and Control. *American Economic Review*, Pittsburgh, v. 107, n. 7, p. 1731-1752, 2017.

HART, O. Rethinking incomplete contract, 2010. Disponível em: https://canvas.harvard.edu/courses/61264/files/9004020. Acesso em: 06 set. 2021.

IRASTORZA, V. Benchmarking for distribution utilities: a problematic approach to defining efficiency. *The Electricity Journal*, v. 16, n. 10, p. 30-38, 2003.

JAMISON, M. A. Regulation: price cap and revenue cap. *In*: CAPEHART, Barney L. (Ed.). *Encyclopedia of energy engineering and technology*. Boca Raton: CRC Press, 2007.

JÈZE, Gaston. *Princípios Generales del Derecho Administrativo*. Tradução Julio N. San Millan Almargo. Buenos Aires: Depalma, 1948. t. II. v. 6.

JOSKOW, P. L. Incentive regulation in theory and practice: electricity distribution and transmission networks. *In*: ROSE, Nancy L. (Ed.). *Economic regulation and its reform*: what have we learned? Cap. 2. Cambridge: NBER, 2011.

JULIAN, T. What's right with risk matrices? A great tool for managers. Disponível em https://www.juliantalbot.com/post/2018/07/31/whats-right-with-risk-matrices. Acesso em: 20 set. 2021.

JURKSAITIS, Guilherme Jardim. *Uma proposta de releitura para o direito ao equilíbrio econômico-financeiro nos contratos administrativos*. 2019. Tese (Doutorado em Direito do Estado) – Faculdade de Direito, Universidade de São Paulo, São Paulo, 2019.

JUSTEN FILHO, Marçal. Algumas considerações acerca das licitações em matéria de concessão de serviços públicos. *Revista Brasileira de Direito Público*, Belo Horizonte, a. 2, n. 7, p. 117-180, out./dez. 2004.

JUSTEN FILHO, Marçal. *Comentários à Lei de Licitações e Contratos Administrativos*. 15. ed. São Paulo: Dialética, 2012.

JUSTEN FILHO, Marçal. Concessão de serviço público e equação econômico-financeira dinâmica. *Revista de Direito Público da Economia*, Belo Horizonte, a. 16, n. 61, jan./mar. 2018.

JUSTEN FILHO, Marçal. Considerações sobre a equação econômico-financeira das concessões de serviço público: a questão da TIR. *In*: MOREIRA, Egon Bockmann (Coord.). *Tratado do equilíbrio econômico-financeiro*: contratos administrativos, concessões, parcerias público-privadas, taxa interna de retorno, prorrogação antecipada e relicitação. Belo Horizonte: Fórum, 2019.

JUSTEN FILHO, Marçal. *O direito das agências reguladoras independentes*. São Paulo: Dialética, 2002.

JUSTEN FILHO, Marçal. O regime jurídico das atividades portuárias e seus reflexos sobre a delimitação do porto organizado. *In*: PEREIRA, Cesar; SCHWIND, Rafael Wallbach (Coords.). *Direito portuário brasileiro*. Belo Horizonte: Fórum, 2019.

KAGEL, J. H.; LEVIN, D. Auctions: A Survey of Experimental Research. Ohio State University, 15 nov. 2014. Disponível em: https://www.asc.ohio-state.edu/kagel.4/HEE-Vol2/Auction%20survey_all_1_31_15.pdf. Acesso em: 13 jan. 2021.

KATAOKA, Eduardo Takemi. *A coligação contratual*. Rio de Janeiro: Lumen Juris, 2008.

KELSEY, D.; QUIGGIN, J. Theories of Choice Under Ignorance and Uncertainty. *Journal of Economic Surveys*, v. 6, n. 2, p. 133-153, jun. 1992.

KLEIN, B.; CRAWFORD, R. G.; ALCHIAN, A. A. Vertical integration, appropriable rents, and the competitive contracting process. *The Journal of Law & Economics*, Chicago, v. 21, n. 2, p. 297-326, oct. 1978. p. 299.

KLEIN, Vinicius. *A economia dos contratos*: uma análise microeconômica. Curitiba: CRV, 2015.

KLEIN, Vinicius. *Os contratos empresariais de longo prazo*: uma análise a partir da argumentação judicial. Rio de Janeiro: Lumen Juris, 2015.

KPMG; MIOD – Mauritius Institute of Directors. The audit comittee's role in control and management of risk, 2015.

KUHN, T. S. *The Structure of Scientific Revolutions*. 3. ed. Chicago: The University of Chicago Press, 1996.

LAFFONT, J. J.; TIROLE, J. *A theory of incentives in procurement and regulation*. Cambridge: MIT Press, 1993.

LAKATOS, I. *The Methodology of Scientific Research Programmes*: philosophical papers. Cambridge: Cambridge University Press, 1978. v. 1.

LARENZ, K. *Base del negocio jurídico y cumplimiento de los contratos*. Tradução Carlos Fernández Rodríguez. Granada: Comares, 2002.

LENNERTZ, Marcelo Rangel. Covid-19 não configura 'evento de força maior' em PPPs do Reino Unido – qual a relevância dessa decisão para as discussões no Brasil? *iNFRADebate*, 05 jun. 2020. Disponível em: https://www.agenciainfra.com/blog/infradebate-covid-19-nota-sobre-a-irrelevancia-da-decisao-do-governo-do-reino-unido-para-concessoes-no-brasil/. Acesso em: 28 jul. 2020.

LIMA, Bruno Miguel Ribeiro. *Definition of Indicators for Monitoring of Concessions*. 2013. Dissertação (Master Dissertation in Civil Engineering) – Técnico Lisboa, Lisboa, 2013.

LIRA, Alfredo Dammert. Equilibrio Económico-Financiero en los Contratos de Concesión em Obras de Infraestructura. *Revista de Derecho Administrativo*, Perú, n. 7, p. 338-345, 2009.

LITTLECHILD, S. C. *Regulation of British telecommunications' profitability*: report to the secretary of State. London: Department of Industry, 1983.

LOFGREN, K. G.; PERSSON, T.; WEIBULL, J. W. Markets with Asymmetric Information: The Contributions of George Akerlof, Michael Spence and Joseph Stiglitz. *The Scandinavian Journal of Economics*, Hoboken, v. 104, n. 2, p. 195-211, jun. 2002.

LÓPEZ, Tomás Quintana. Algunas cuestiones sobre la cláusula de progreso en el contrato de concesión de obras públicas. *Revista española de derecho administrativo*, España, v. 131, p. 421-444, 2006.

LORA, Alejandro Huergo. El riesgo operacional en la nueva Ley de Contratos del Sector Público. *Documentación Administrativa*: Nueva Época, España, n. 4, p. 31-51, 2017.

LOUREIRO, Gustavo Kaercher. "Monopólio" e "serviço público" nas Constituições brasileiras (1891-1934). *Revista de Direito Administrativo*, Rio de Janeiro, v. 256, p. 47-93, jan./abr. 2011.

LOUREIRO, Gustavo Kaercher. *Estudos sobre o regime econômico-financeiro de contratos de concessão*. London: Laccademia Publishing, 2020.

LOUREIRO, Gustavo Kaercher; NÓBREGA, Marcos. Equilíbrio econômico-financeiro de concessões à luz de um exame de caso: incompletude contratual, não ergodicidade e incerteza estratégica. *Revista Brasileira de Direito Público*, Belo Horizonte, a. 19, n. 75, out./dez. 2021.

MACEDO, Ubiratan Borges de. *Liberalismo e justiça Social*. São Paulo: IBRASA, 1995.

MACEDO JUNIOR, Ronaldo Porto. Contrato previdenciário como contrato relacional. *In*: MARQUES, Claudia Lima; MIRAGEM, Bruno (Orgs.). *Direitos do consumidor*: contratos de consumo. Coleção Doutrinas Essenciais. São Paulo: RT, 2011.

MACEDO JUNIOR, Ronaldo Porto. *Contratos relacionados e defesa do consumidor*. São Paulo: Max Limonad, 1998.

MACHADO, Bernardo Vianna Zurli et al. A evolução recente do modelo de concessão aeroportuária sob a ótica da financiabilidade. The recent evolution of the airport's concession model from the financiability view. *BNDES Setorial*, Rio de Janeiro, v. 25, n. 50, p. 7-65, set. 2019.

MACNEIL, I. R. Contracts: adjustment of long-term economic relations under classical, neoclassical, and relational contract law. *Northwestern University Law Review*, Chicago, v. 72, p. 854-905, 1977-1978.

MACNEIL, I. R. Exchange Revisited: individual utility and social solidarity. *Ethics*, Chicago, v. 96, n. 3, p. 567-593, 1986.

MACNEIL, I. R. Relational contract: what we do and do not know. *Wisconsin Law Review*, Wisconsin, v. 4, p. 483-526, 1985.

MACNEIL, I. R. The many futures of contracts. *Southern California Law Review*, United States, v. 47, p. 691-816, 1973-1974.

MACNEIL, I. R. *The New Social Contract*. New Haven: Yale University Press, 1980.

MARQUES NETO, Floriano de Azevedo. A bipolaridade do direito administrativo e sua superação. *In*: SUNDFELD, Carlos Ari; JURKSAITIS, Guilherme Jardim (Orgs.). *Contratos públicos e direito administrativo*. São Paulo: Malheiros Editores, 2015. v.1.

MARQUES NETO, Floriano de Azevedo. Algumas notas sobre a concessão de rodovias. *Boletim de Direito Administrativo*, São Paulo, v. 17, n. 4, p. 245-257, abr. 2001.

MARQUES NETO, Floriano de Azevedo. A nova regulação estatal e as agências independentes. *In*: SUNDFELD, Carlos Ari (Org.). *Direito administrativo econômico*. Rio de Janeiro: Renovar, 2000.

MARQUES NETO, Floriano de Azevedo. As políticas de universalização, legalidade e isonomia: o caso "Telefone Social". *Revista de Direito Público da Economia*, Belo Horizonte, v. 4, n. 14, p. 75-115, abr./jun. 2006.

MARQUES NETO, Floriano de Azevedo. *Concessões*. Belo Horizonte: Fórum, 2015.

MARQUES NETO, Floriano de Azevedo. Do contrato administrativo à administração contratual. *Boletim de Licitações e Contratos*, Curitiba, v. 64, p. 726-732, 2010.

MARQUES NETO, Floriano de Azevedo. Equilíbrio econômico nas concessões de rodovias – critérios de aferição. *Revista Brasileira de Direito Público*, Belo Horizonte, a. 18, n. 15, p. 191-200, out./dez. 2006.

MARQUES NETO, Floriano de Azevedo. O direito administrativo no sistema de base romanística e de common law. *Revista de Direito Administrativo*, Rio de Janeiro, n. 268, p. 55-81, 2015.

MARQUES NETO, Floriano de Azevedo. O equilíbrio econômico e financeiro nas concessões: dinamismo e segurança jurídica na experiência brasileira. *In*: MOREIRA, Egon Bockmann (Coord.). *Tratado do equilíbrio econômico-financeiro*: contratos administrativos, concessões, parcerias público-privadas, taxa interna de retorno, prorrogação antecipada e relicitação. Belo Horizonte: Fórum, 2019.

MARQUES NETO, Floriano de Azevedo. Prorrogações antecipadas – caso ferrovias, malha paulista. *In*: MARQUES NETO, Floriano de Azevedo; MOREIRA, Egon Bockmann; GUERRA, Sérgio (Coords.). *Dinâmica da regulação*: estudos de casos da jurisprudência brasileira. Belo Horizonte: Fórum, 2021.

MARQUES NETO, Floriano de Azevedo. Uber, WhatsApp, Netflix: os novos quadrantes da *publicatio* e da assimetria regulatória. *Revista de Direito Público da Economia*, Belo Horizonte, a. 14, n. 56, p. 75-108, out./dez. 2016.

MARQUES NETO, Floriano de Azevedo; FREITAS, Rafael Véras de. *Comentários à Lei nº 13.655/2018*. Belo Horizonte: Fórum, 2019.

MARQUES NETO, Floriano de Azevedo; GAROFANO, Rafael Roque. Notas sobre o conceito de serviço público e suas configurações na atualidade. *Revista de Direito Público da Economia*, Belo Horizonte, a. 12, n. 46, abr./jun. 2014.

MARQUES NETO, Floriano de Azevedo; LOUREIRO, Caio de Souza. A (re)afirmação do equilíbrio econômico-financeiro das concessões. *Revista de Direito Público da Economia*, Belo Horizonte, a. 12, n. 47, p. 125-151, jul./set. 2014.

MARQUES NETO, Floriano de Azevedo; MOREIRA, Egon Bockmann. Uma lei para o Estado de Direito contemporâneo. *Revista de Direito Público da Economia*, Belo Horizonte, n. 54, p. 209-211, abr./jun. 2016.

MARQUES NETO, Floriano de Azevedo; ZAGO, Marina Fontão. Limites das assimetrias regulatórias e contratuais: o caso dos aeroportos. *Revista de Direito Administrativo*, Rio de Janeiro, v. 277, n. 1, p. 175-201, 2018.

MARRARA, Thiago. Método comparativo em direito administrativo. *Revista Jurídica UNIGRAN*, Dourados, v. 16, n. 32, jul./dez. 2014. Disponível em: https://www.unigran.br/dourados/revista_juridica/ed_anteriores/32/artigos/artigo02.pdf. Acesso em: 22 jul. 2022.

MARTINS, Fernanda; GUERRA, Sérgio. A influência do sistema norte-americano das *public utilities* nas concessões do serviço público brasileiro. *Interesse Público*, Belo Horizonte, a. 22, n. 113, p. 15-36, jan./fev. 2019.

MARTINS, Licínio Lopes. O equilíbrio econômico-financeiro do contrato administrativo: algumas reflexões. *Revista de Contratos Públicos*, Belo Horizonte, a. 1, n. 1, p. 199-240, mar./ago. 2012.

MARTINS, Marcelo Guerra. Contratos incompletos e sua interpretação na era da informação. *Revista de Direito Empresarial*, Belo Horizonte, a. 13, n. 3, p. 97-113, set./dez. 2016.

MARTINS-COSTA, Judith. A cláusula de *hardship* e a obrigação de renegociar nos contratos de longa duração. *Revista de Arbitragem e Mediação*, São Paulo, n. 25, p. 11-39, abr./jun. 2010.

MCAFEE, R. P.; MCMILLAN, J. Auctions and Bidding. *Journal of Economic Literature*, Tennessee, v. 25, n. 2, p. 699-738, jun. 1987.

MCKINSEY & COMPANY. *Estudo do setor de transporte aéreo do Brasil*: relatório consolidado. Rio de Janeiro: Mckinsey & Company, 2010.

MEDAUAR, Odete. *Direito administrativo moderno*. 21. ed. Belo Horizonte: Fórum, 2018.

MEF. Ministerio de Economía y Finanzas. *Lineamientos para el diseño de contratos de asociación público privada, 2019*. Disponível em: https://www.mef.gob.pe/contenidos/archivos-descarga/Lineamientos_disenno_contratos_APP.pdf. Acesso em: 03 mar. 2022.

MEIRELLES, Hely Lopes. *Direito administrativo brasileiro*. 42. ed. São Paulo: Malheiros, 2016.

MELLO, Celso Antônio Bandeira de. Concessão de serviço público e sua equação econômico-financeira. *Revista de Direito Administrativo*, n. 259, p. 251-272, jan./abr. 2012.

MELLO, Celso Antônio Bandeira de. *Conteúdo jurídico do princípio da igualdade*. 3. ed. São Paulo: Malheiros, 1993.

MELLO, Celso Antônio Bandeira de. *Curso de direito administrativo*. São Paulo: Malheiros Editores, 2004.

MENAND, L. *The metaphysical club*: a story of ideas in America. New York: Farrar, Straus e Giroux, 2001.

MENDAÑA, Nuria Magaldi. *La aparición de la "cláusula de progreso"*: de la iluminación por gas a la iluminación eléctrica. Asociación Española de Historia Económica. Disponível em: https://www.aehe.es/wp-content/uploads/2016/01/Nuria-Magaldi.pdf. Acesso em: 16 nov. 2022.

MENDONÇA, José Vicente Santos de. *Direito constitucional econômico*: a intervenção do estado na economia à luz da razão pública e do pragmatismo. Belo Horizonte: Fórum, 2014.

MILGROM, P. *Putting auction theory to work*. Cambridge: Cambridge University Press, 2004.

MILGROM, P. Putting auction theory to work: The simultaneous ascending auction. *Journal of political economy*, Chicago, v. 108, n. 2, p. 245-272, 2000.

MILGROM, P. R.; WEBER, R. J. A theory of auctions and competitive bidding. *Econometrica*, v. 50, n. 5, p. 1089-1122, sep. 1982.

MODESTO, Paulo. Reforma do Estado, formas de prestação de serviços ao público e parcerias público-privadas: demarcando as fronteiras dos conceitos de serviço público, serviços de relevância pública e serviços de exploração econômica para as parcerias público-privadas. *Revista Brasileira de Direito Público*, a. 18, n. 10, p. 9-53, jul./set. 2005.

MOREIRA, Egon Bockmann. A nova Lei dos Portos e os regimes de exploração dos portos brasileiros. *In*: RIBEIRO, Leonardo Coelho; FEIGELSON, Bruno; FREITAS, Rafael Véras de (Coords.). *A nova regulação da infraestrutura e da mineração*: portos, aeroportos, ferrovias, rodovias. Belo Horizonte: Fórum, 2015.

MOREIRA, Egon Bockmann. Contratos administrativos de longo prazo: a lógica de seu equilíbrio econômico-financeiro. *In*: MOREIRA, Egon Bockmann. (Coord.). *Tratado do equilíbrio econômico-financeiro*: contratos administrativos, concessões, parcerias público-privadas, taxa interna de retorno, prorrogação antecipada e relicitação. Belo Horizonte: Fórum, 2019.

MOREIRA, Egon Bockmann. *Direito das concessões de serviços públicos*. São Paulo: Malheiros, 2010.

MOREIRA, Egon Bockmann. *Direito das concessões de serviço público*. 2. ed. Belo Horizonte: Fórum, 2022.

MOREIRA, Egon Bockmann. *O contrato administrativo como instrumento de governo*. Coimbra: Março, 2012.

MOREIRA, Egon Bockmann. Portos brasileiros e seus regimes jurídicos. *In*: MOREIRA, Egon Bockmann (Coord.). *Portos e seus regimes jurídicos*: A Lei nº 12.815/2013 e seus desafios. Belo Horizonte: Fórum, 2014.

MOREIRA, Egon Bockmann. Riscos, incertezas e concessões de serviço público. *Revista de Direito Público da Economia*, Belo Horizonte, a. 5, n. 20, p. 35-50, out./dez. 2007.

MOREIRA, Egon Bockmann (Coord.). *Tratado do equilíbrio econômico-financeiro*: contratos administrativos, concessões, parcerias público-privadas, taxa interna de retorno, prorrogação antecipada e relicitação. Belo Horizonte: Fórum, 2019.

MOREIRA NETO, Diogo de Figueiredo. O futuro das cláusulas exorbitantes nos contratos administrativos. GARCIA, Flávio Amaral (Coord.). *Revista de Direito da Associação dos Procuradores do Novo Estado do Rio de Janeiro*: Parcerias Público Privadas. v. 17. Rio de Janeiro: Lumen Juris, 2005.

MORGAN, K. *Experimental governance and territorial development*. Backgroud paper for an OECD/EC workshop, Broadening innovation policy: new insights for regions and cities, 2018.

MUKAI, Toshio. Do reequilíbrio econômico-financeiro da proposta. *Fórum de Contratação e Gestão Pública*, Belo Horizonte, a. 19, n. 51, p. 6874-6876, mar. 2006.

MYERSON, R. B. Optimal Auction Design. *Mathematics of Operations Research*, Chicago, v. 6, n. 1, p. 58-73, feb. 1981.

NATAL, Tatiana Esteves. *A teoria dos contratos incompletos e a natural incompletude do contrato de concessão*, 2014.

NETO GUERRA, Paulo Pessoa. *Evolução dos contratos das concessões de ferrovias*. 2019. Trabalho de Conclusão de Curso (Pós-Graduação em Auditoria Financeira) – Instituto Superior do Tribunal de Contas da União, Tribunal de Contas da União, Rio de Janeiro, 2019.

NIEBUHR, Joel de Menezes. *Licitação pública e contrato administrativo*. 2. ed. rev. e ampl. Belo Horizonte: Fórum, 2012.

NIEBUHR, Joel de Menezes. O Direito dos arrendatários ao reequilíbrio econômico-financeiro provocado pela assimetria concorrencial e pelo novo Marco Regulatório do Setor Portuário. *In*: PEREIRA, Cesar; SCHWIND, Rafael Wallbach (Coords.). *Direito portuário brasileiro*. Belo Horizonte: Fórum, 2019.

NÓBREGA, Marcos. Análise econômica do direito administrativo. *In*: TIMM, Luciano Benetti. *Direito e economia no Brasil*. São Paulo: Atlas, 2012.

NÓBREGA, Marcos. Contratos incompletos e infraestrutura: contratos administrativos, concessões de serviço público e PPPs. *Revista Brasileira de Direito Público*, Belo Horizonte, a. 19, n. 25 abr./jun. 2009.

NÓBREGA, Marcos. *Direito e economia da infraestrutura*. Belo Horizonte: Fórum, 2020.

NÓBREGA, Marcos. Os limites e a aplicação da taxa interna de retorno. *In*: MOREIRA, Egon Bockmann (Coord.). *Tratado do equilíbrio econômico-financeiro*: contratos administrativos, concessões, parcerias público-privadas, taxa interna de retorno, prorrogação antecipada e relicitação. Belo Horizonte: Fórum, 2019.

NÓBREGA, Marcos; CAMELO, Bradson. O que o prêmio Nobel de Economia de 2020 tem a ensinar a Hely Lopes Meirelles? O modelo de licitações que temos no Brasil é eficiente? *Jota.info*, seção Análise, 15 out. 2020.

NÓBREGA, Marcos; FREITAS, Rafael Véras de; TUROLLA, Frederico A. *Contratação incompleta de projetos de infraestrutura*. PSP Hub – Infrastructure and Urbanism Studies, working paper PSPHub nº 002, 2023. Disponível em: https://psphub.org/conhecimento/contratacao-incompleta-de-projetosde-infraestrutura/. Acesso em: 04 ago. 2023.

NONET, Philippe; SELZNICK, Philip. *Direito e sociedade*: a transição ao sistema jurídico responsivo. Tradução Vera Pereira. Rio de Janeiro: Editora Revan, 2010.

NORTH, Douglas C. *Custos de transação, investimentos e desempenho econômico*. Ensaios & Artigos. Tradução Elizabete Hart. Rio de Janeiro: Instituto Liberal, 1992.

NORTH, D. C. Economic Performance Through Time. *The American Economic Review*, v. 84, n. 3, p. 359-368, jun. 1994.

OCDE. Organização para a Cooperação e Desenvolvimento Econômico. *Recommendation of the Council on Principles for Public Governance of Public-Private Partnerships, 2012*. Disponível em: https://www.oecd.org/governance/oecd-recommendation-public-privatepartnerships.htm. Acesso em: 11 mar. 2022.

OGUS, A. I. *Regulation*: Legal Form and Economic Theory. Oxford: Hart Publishing, 2004.

OLIVEIRA, Alessandro Vinícius Marques de. *Regulação, concorrência e alinhamento de incentivos* – simulação de impactos da adoção de instrumentos de indução de serviços aéreos em mercados de média e baixa densidade. IX Prémio SEAE de economia – Monografias premiadas 2014. Escola de Administração Fazendária, 2014.

OLIVEIRA, Rafael Carvalho Rezende. Ativismo judicial, pragmatismo e capacidades institucionais: as novas tendências do controle judicial dos atos administrativos. *Revista Brasileira de Direito Público*, Belo Horizonte, a. 10, n. 39, p. 9-36, out./dez. 2012.

OMS decreta pandemia do novo coronavírus. Saiba o que isso significa. *Abril*, 11 mar. 2020. Disponível em: https://saude.abril.com.br/medicina/oms-decreta-pandemia-do-novo-coronavirus-saiba-o-que-isso-significa/. Acesso em: 30 maio 2022.

ORTEGA REICHERT, A. *Models for Competitive Bidding Under Uncertainty*. 1968. PhD thesis. Stanford University (and Technical Report n. 8, Department of Operations Research), Stanford University, Stanford, 1968.

OSÓRIO, Fabio Medina. Existe uma supremacia do interesse público sobre o privado no Direito Administrativo brasileiro? *Revista de Direito Administrativo*, Rio de Janeiro, v. 220, p. 69-107, 2000.

PALMA, Juliana Bonacorsi de. The Construction of the Experimentalist Governance in Brazil: Towards a New Role of the Law in Public Management. *Revista de Direito Público da Economia*, Belo Horizonte, a. 15, n. 58, p. 117-143, abr./jun. 2017.

PELTZMAN, Sam. A teoria econômica da regulação depois de uma década de desregulação. *In*: MATTOS, Paulo Todescan Lessa (Coord.). *Regulação econômica e democracia*: o debate norte-americano. São Paulo: Ed. 34, 2004.

PELTZMAN, Sam. *Theory of regulation after a decade of deregulation*. Political participation and government regulation. Chicago: University of Chicago Press, 1989/1998.

PÉRCIO, Gabriela Verona; BRAGAGNOLI, Renila Lacerda. Da revisão para maior dos preços registrados em ata: breve análise, considerando as disposições do PL nº 4.253/20. *Fórum de Contratação e Gestão Pública*, Belo Horizonte, a. 19, n. 231, mar. 2021.

PEREIRA, Caio Mário da Silva. *Instituições de direito civil*: teoria geral das obrigações. Rio de Janeiro: Forense, 2015.

PEREIRA, Cesar. A relicitação na Lei nº 13.448: previsão de relicitação nos contratos de parceria dos setores de rodovias, ferrovias e aeroportos. *Portal Jota*, 30 jun. 2017. Disponível em: https://jota.info/colunas/coluna-do-justen/a-relicitacao-na-lei-13-448-30062017. Acesso em: 29 jul. 2022.

PEREIRA, Cesar Augusto Guimarães. A Medida Provisória nº 595 – mudanças no marco regulatório do setor portuário no Brasil. *Interesse Público*, Belo Horizonte, a. 23, n. 77, nov./dez. 2012.

PEREIRA, Cesar Augusto Guimarães. A posição dos usuários e a estipulação da remuneração por serviços públicos. *Revista Brasileira de Direito Público*, Belo Horizonte, n. 15, a. 4, p. 27-72, out./dez. 2006.

PEREIRA, Cesar; SCHWIND, Rafael Wallbach. O Marco Regulatório do setor portuário brasileiro. *In*: PEREIRA, Cesar; SCHWIND, Rafael Wallbach (Coords.). *Direito portuário brasileiro*. Belo Horizonte: Fórum, 2019.

PEREIRA, Luiz Carlos Bresser. Da administração pública burocrática à gerencial. *In*: PEREIRA, Luiz Carlos Bresser; SPINK, Peter Kevin (Orgs.). *Reforma do Estado e administração pública gerencial*. 2. ed. Rio de Janeiro: FGV, 1998.

PEREIRA JÚNIOR, Jessé Torres; DOTTI, Marinês Restelatto. Alterações do contrato administrativo: releitura das normas de regência à luz do gerenciamento de riscos, em gestão pública comprometida com resultados. *Fórum de Contratação e Gestão Pública*, Belo Horizonte, a. 19, n. 88, p. 7-58, abr. 2009.

PEREZ, Adriana Hernandez; LUIZ, Rangel. Regulação por incentivos em telecomunicações: a escolha de países em desenvolvimento. Texto para Discussão nº 6, Instituto Brasileiro de Economia da Fundação Getulio Vargas – IBRE/FGV, 2009.

PEREZ, Marcos Augusto. *O risco no contrato de concessão de serviço público*. Belo Horizonte: Fórum, 2006.

PEREZ, O. Responsive Regulation and Second-order Reflexivity: on the limits of regulatory intervention. *University of British Columbia Law Review*, Columbia, v. 44, n. 3, p. 743-778, 2011.

PHILLIPS JR., C. F. *The regulation of public utilities*: theory and practice. Arlington, VA: Public Utilities Report Inc., 1993.

PINHEIRO, Armando Castelar; RIBEIRO, Leonardo Coelho. *Regulação das ferrovias*. Rio de Janeiro: FGV Editora, 2017.

PINHEIRO, Armando Castelar; SADDI, Jairo. *Direito, economia e mercados*. Rio de Janeiro: Elsevier, 2005.

PINTO, Marcos Barbosa. Repartição de riscos nas parcerias público-privadas. *Revista do BNDES*, Rio de Janeiro, v. XIII, n. 25, p. 155-181, jun. 2006.

PINTO, Olavo Bilac. Concessão de serviço público – sistema francês – sistema norte-americano – influência sobre o direito brasileiro – regras aplicáveis às concessões ou licenças a prazo indeterminado – transporte coletivo de passageiros em São Paulo. *Estudos de Direito Público*, Rio de Janeiro: Forense, 1953.

PINTO, Olavo Bilac. *Regulamentação efetiva dos serviços de utilidade pública*. Rio de Janeiro: Forense, 1941.

PINTO, Bilac. *Regulamentação efetiva dos serviços de utilidade pública*. 2. ed. Atualizada por Alexandre Santos de Aragão. Rio de Janeiro: Forense, 2002.

PIRES, Jose Claudio Linhares; PICCININI, Maurício Serrão. A regulação dos setores de infraestrutura no Brasil. *In*: GIAMBIAGI, Fabio; MOREIRA, Maurício Mesquita (Orgs.). *A economia brasileira dos anos 90*. Rio de Janeiro: BNDES, 1999.

PIZA, Francisco J. T.; PAGANINI, Wanderley. Uma proposta de indicadores. *In*: GALVÃO JÚNIOR, Alceu de Castro; SILVA, Alexandre Caetano. *Regulação*: indicadores para a prestação de serviços de água e esgoto. Fortaleza: Expressão Gráfica e Editora Ltda., 2006.

POGREBINSCHI, Thamy. *Pragmatismo*: teoria social e prática. Rio de Janeiro: Relume Dumará, 2005.

POSNER, E. A. Análise econômica do direito contratual após três décadas: sucesso ou fracasso? (primeira parte). *Revista de Direito Público da Economia*, Belo Horizonte, a. 6, n. 23, p. 75-108, jul./set. 2008.

POSNER, E. A. Análise econômica do direito contratual após três décadas: sucesso ou fracasso? (segunda e última parte). *Revista de Direito Público da Economia*, Belo Horizonte, v. 7, n. 24, out./dez. 2008.

POSNER, R. Teorias da regulação econômica. *In*: MATTOS, Paulo (Coord.). *Regulação econômica e democracia*: o debate norte americano. Tradução Mariana Mota Prado. São Paulo: Ed. 34, 2004.

POSSAS, Mario Luiz; PONDÉ, João Luiz; FAGUNDES, Jorge. *Regulação da concorrência nos Setores de Infraestrutura no Brasil*: elementos para um quadro conceitual, 2004.

PRADO, Lucas Navarro; GAMELL, Denis Austin. Regulação econômica de infraestrutura e equilíbrio econômico-financeiro: reflexos do modelo de regulação sobre o mecanismo de reequilíbrio a ser adotado. *In*: MOREIRA, Egon Bockmann (Coord.). *Tratado do equilíbrio econômico-financeiro*: contratos administrativos, concessões, parcerias público-privadas, taxa interna de retorno, prorrogação antecipada e relicitação. 2. ed. Belo Horizonte: Fórum, 2019.

PRATS, J. *La gobernanza de las alianzas público-privadas*. Un análisis comparado de América Latina. Sector de Instituciones para el Desarrollo División de Mercados de Capital e Instituciones Financieras. Disponível em: https://publications.iadb.org/publications/spanish/document/La-gobernanza-de-las-alianzas-p%C3%BAblico-privadas-Un-an%C3%A1lisis-comparado-de-Am%C3%A9rica-Latina.pdf. Acesso em: 30 maio 2022.

RAGAZZO, Carlos Emmanuel Joppert. *Regulação jurídica, racionalidade econômica e saneamento básico*. Rio de Janeiro: Renovar, 2011.

RAUEN, André Tortato. Custos de transação e governança: novas tipologias de relações interfirmas. *Revista Espaço Acadêmico*, a. VI, n. 69, fev. 2007.

RENZETTI, Bruno Polônio. *Infraestrutura e concorrência*: concessão de aeroportos. Rio de Janeiro: Lumen Juris, 2019.

RIBEIRO, Gabriela Miniussi Engler Pinto Portugal. Novos investimentos em concessões de PPPs: contornos de limites. In *Infraestrutura fluminense*: um panorama dos atuais desafios. Comissão de Infraestrutura da OAB-RJ. No prelo.

RIBEIRO, Gabriela Miniussi Engler Pinto Portugal. *Novos investimentos em contratos de parceria*. São Paulo: Almedina, 2021.

RIBEIRO, Joaquim de Souza. Direito dos contratos e regulação de mercado. *In*: RIBEIRO, Joaquim de Souza. *Direito dos contratos*: estudos. Coimbra: Almedina, 2007.

RIBEIRO, Karisa. Concessões de infraestruturas de transportes no Brasil: identificação de empreendimentos, marcos legais e programas federais nos segmentos aeroportuário, ferroviário, portuário e rodoviário de 1990 a agosto de 2018. Karisa Maia Ribeiro, Reinaldo Daniel Fioravanti, Rodrigo Rosa da Silva Cruvinel. p. cm. (Nota técnica do BID; 1532).

RIBEIRO, Leonardo Coelho. *Direito administrativo como caixa de ferramentas*. São Paulo: Malheiros, 2016.

RIBEIRO, Leonardo Coelho. O direito administrativo como caixa de ferramentas e suas estratégias. *Revista de Direito Administrativo*, Rio de Janeiro, v. 272, p. 209-249, maio/ago. 2016.

RIBEIRO, Leonardo Coelho. Reformando marcos regulatórios de infraestrutura – primeiras notas ao caso das ferrovias. *Revista de Direito Público da Economia*, Belo Horizonte, v. 12, n. 45, p. 77-110, jan./mar. 2014.

RIBEIRO, Maurício Portugal. Comentários ao estudo sobre contratação incompleta de projetos de infraestrutura publicado por Nobrega, Véras e Turolla. *Agência Infra, InfraDebate*, 31 jul. 2023. Disponível em: https://www.agenciainfra.com/blog/infradebate-comentarios-ao-estudo-sobre-contratacao-incompleta-de-projetos-de-infraestrutura-publicado-por-nobrega-veras-e-turolla/. Acesso em: 04 ago. 2023.

RIBEIRO, Maurício Portugal. *Concessões e PPPs* – melhores práticas em licitações e contratos. Disponível em: http://www.portugalribeiro.com.br/ebooks/concessoes-e-ppps/as-melhorespraticas-para-modelagem-de-contratos-de-concessoes-e-ppps-alinhando-os-incentivos-para-a-prestacao-adequada-e-eficientedos-servicos/distribuicao-de-riscos-e-equilibrio-economico-financeiro/. Acesso em: 30 maio 2022.

RIBEIRO, Mauricio Portugal. *Erros e acertos no uso do Plano de Negócios*. Disponível em: https://portugalribeiro.com.br/erros-e-acertos-no-uso-do-plano-de-negocios-e-da-metodologia-do-fluxo-de-caixa-marginal/. Acesso em: 01 out. 2021.

RIBEIRO, Maurício Portugal. O ambiente privado para investimentos em infraestrutura e a urgente necessidade de superar a discussão sobre de quem é o risco dos impactos da pandemia nos contratos administrativos. *Agência iNFRA*, 13 ago. 2020. Disponível em: https://www.agenciainfra.com/blog/infradebate-o-ambiente-privado-para-investimentos-em-infraestrutura-e-a-urgente-necessidade-de-superar-a-discussao-sobre-de-quem-e-o-risco-dos-impactos-da-pandemia-nos-contratos-administrativos/. Acesso em: 30 maio 2022.

RIBEIRO, Maurício Portugal. O que todo profissional de infraestrutura precisa saber sobre equilíbrio econômico-financeiro de concessões e PPPs (mas os nossos juristas ainda não sabem). *In*: MOREIRA, Egon Bockmann (Coord.). *Tratado do equilíbrio econômico-financeiro*: contratos administrativos, concessões, parcerias público-privadas, taxa interna de retorno, prorrogação antecipada e relicitação. Belo Horizonte: Fórum, 2019.

RIBEIRO, Maurício Portugal; PRADO, Lucas Navarro. *Comentários à lei de PPP* – parceria público-privada: fundamentos econômico-jurídicos. São Paulo: Malheiros, 2007.

RIBEIRO, Maurício Portugal; RIBEIRO, Gabriela Miniussi Engler Pinto Portugal. *Aumento da eficiência operacional de infraestrutura existente versus a sua expansão*: e se o concessionário conseguir cumprir os indicadores de serviço contratuais sem fazer aquela obra que o Poder Concedente ou a agência reguladora imaginava necessária? 2015. Disponível em: http://www.portugalribeiro.com.br/wpp/wp-content/uploads/eficiencia-operacional-vs-expansao-de-infraestrutura-final-publicado.pdf. Acesso em: 30 maio 2022.

RIBEIRO, Maurício Portugal; SANDE, Felipe. *Estudo quantitativo e probabilístico sobre a combinação entre as noções de previsibilidade de eventos e extraordinariedade dos seus impactos*: contribuição para a compreensão da função e aplicação das regras sobre equilíbrio econômico-financeiro de contratos administrativos. 10 out. 2022. Disponível em: https://papers.ssrn.com/sol3/papers.cfm?abstract_id=4251145. Acesso em: 26 out. 2022.

RILEY, J. G.; SAMUELSON, W. F. Optimal Auctions. *American Economic Review*, Pittsburgh, v. 71, n. 3, p. 381-392, jun. 1981.

ROBERTS, J.; MILGROM, P. *Economics, organization and management*. Englewood Cliffs, NJ: Prentice-Hall, 1992.

ROCHA, Lara Bonemer; RIBEIRO, Marcia Carla Pereira. Teoria do desenho de mecanismos: uma proposta de aplicação aos contratos incompletos. *Revista da Faculdade Mineira de Direito*, Belo Horizonte, v. 20, n. 40, p. 215-244, 2018.

ROLLAND, Louis. *Précis de Droit Administratif*. 9. ed. Paris: Dalloz, 1947.

ROOS, M. W. M. The macroeconomics of radical uncertainty. *Ruhr Economic Papers*, Rheinisch-Westfälisches Institut für Wirtschaftsforschung (RWI), n. 592, nov. 2015. Disponível em: https://www.econstor.eu/bitstream/10419/125212/1/844233013.pdf. Acesso em: 11 ago. 2023.

ROSILHO, André Janjácomo. As licitações segundo a Lei nº 8.666 – um jogo de dados viciados. *Revista de Contratos Públicos*, Belo Horizonte, a. 10, n. 2, set./fev. 2012.

ROTH, A. E. The art of designing markets. *Harvard Business Review*, out. 2007, IT, p. 2. Disponível em: https://hbr.org/2007/10/the-art-of-designing-markets. Acesso em: 12 jan. 2022.

SABEL, C.; SIMON, W. H. Minimalism and experimentalism in the administrative state. Columbia Public Law & Legal Theory Working Papers, Paper 9187, 2011.

SABEL, C.; ZEITLIN, J. Experimentalist governance. *In*: LEVI-FAUR, D. (Ed.). *The Oxford Handbook of Governance*. Oxford: Oxford University Press, 2012.

SALGADO, Lucia Helena; BRAGANÇA, Gabriel Godofredo Fiuza de. Desenho de leilões para os acordos de partilha na área do pré-sal: questões em aberto. *In*: CAVALCANTE, Luiz Ricardo Mattos Teixeira; NASCIMENTO, Paulo A. Meyer M. (Eds.). *Radar*: tecnologia, produção e comércio exterior. Brasília: Ipea, 2012.

SALVATIERRA, Pierre Nalvarte. Reflexiones en torno al equilíbrio económico financiero. *Giuristi: Revista de Derecho Corporativo*, Perú, v. 2, n. 4, p. 200-220, 2021.

SAMPAIO, Patrícia; ARAÚJO, Thiago. Previsibilidade ou resiliência? Notas sobre a repartição de riscos em contratos administrativos. *Revista de Direito da Procuradoria Geral*, Rio de Janeiro, edição especial: Administração Pública, risco e segurança jurídica, p. 311-333, 2014.

SANDE, Felipe; RIBEIRO, Maurício Portugal. Mitos, incompreensões e equívocos sobre o uso da TIR – Taxa Interna de Retorno – para equilíbrio econômico-financeiro de contratos administrativos – um estudo sobre o estado da análise econômica do direito no direito administrativo. *Revista Brasileira de Direito Público*, Belo Horizonte, a. 18, n. 71, p. 157-186, out./dez. 2020.

SANDRONI, Paulo. *Novíssimo dicionário de economia*. 14. ed. São Paulo: Best Seller, 2004.

SANTOS, E. M.; ARAGÃO, J. J. G.; CAMARA, M. T.; COSTA, E. J. S. C.; ALDIGUERI, D. R.; YAMASHITA, Y. Análise de desempenho em contratos de concessão rodoviária. *In*: *XIX Congresso de Pesquisa e Ensino em Transportes*, 2005, Recife. Panorama Nacional da Pesquisa em Transportes 2005. Rio de Janeiro: ANPET, 2005. v. I. p. 120-131.

SANTOS, José Anacleto Abduch. O equilíbrio econômico-financeiro dos contratos de concessão de serviços públicos – a manutenção das condições originais da proposta à luz da Lei nº 8.987/95. *Revista de Direito Público da Economia*, a. 13, n. 51, jul./set. 2015.

SARMENTO, Daniel (Org.). *Interesses públicos versus interesses privados*: desconstruindo o princípio de supremacia do interesse público. Rio de Janeiro: Lumen Juris, 2005.

SARMENTO, Joaquim Miranda. As parcerias público privadas e a alocação do risco: uma revisão teórica. *Revista Brasileira de Infraestrutura*, Belo Horizonte, a. 5, n. 10, p. 23-34, jul./dez. 2016.

SCHIRATO, Vitor Rhein. Contratos administrativos e contratos da Administração Pública: pertinência da diferenciação? *Revista de Contratos Públicos*, Belo Horizonte, a. 2, n. 2, p. 177-186, set. 2012.

SCHUNCK, Giuliana Bonanno. *Contratos de longo prazo e o dever de cooperação.* 2013. Tese (Doutorado em Direito) – Faculdade de Direito da Universidade de São Paulo, São Paulo, 2013.

SCHWANKA, Cristiane. Direito econômico e direito público: uma abordagem da análise econômica como método de interpretação dos contratos administrativos. *Revista de Direito Empresarial,* Belo Horizonte, a. 9, n. 2, p. 63-79, maio/ago. 2012.

SCHWIND, Rafael Wallbach. Modificações na regulamentação do setor portuário – as novidades introduzidas pelo Decreto nº 9.048. *In:* PEREIRA, Cesar; SCHWIND, Rafael Wallbach (Coords.). *Direito portuário brasileiro.* Belo Horizonte: Fórum, 2019.

SCHWIND, Rafael Wallbach. Prorrogação dos contratos de arrendamento portuário. *In:* PEREIRA, Cesar; SCHWIND, Rafael Wallbach (Orgs.). *Direito portuário brasileiro.* São Paulo: Marcial Pons, 2015.

SCOTT, R. E.; TRIANTIS, G. G. Anticipating Litigation in Contract Design. *The Yale Law Journal,* Yale, v. 115, n. 814, p. 814-879, 2005.

SENNA, Laís Ribeiro de. Análise do desenvolvimento de modelagens contratuais no Programa de Concessões de Rodovias Federais. *In:* TOJAL, Sebastião Botto de Barros; SOUZA, Jorge Henrique de Oliveira (Coords.). *Direito e infraestrutura:* rodovias e ferrovias – 20 anos da Lei nº 10.233/2001. Belo Horizonte: Fórum, 2021. v. 2.

S&P Global Ratings. Infrastructure: Global Toll Roads' Steep Climb Out Of COVID. *S&P Global Ratings,* 19 jun. 2020. Disponível em: https://events.inframationgroup.com/usp3/infrastructure. Acesso em: 05 jan. 2021.

SHAOUL, J. A critical financial analysis of the Private Finance Initiative: selecting a financing method or allocating economic wealth? *Critical Perspectives on Accounting,* v. 16, p. 441-471, 2005.

SHREIBER, Anderson. Construindo um dever de renegociar no direito brasileiro. *Revista Interdisciplinar de Direito da Valença,* Valença, v. 16, n. 1, p. 13-42, 2018.

SILVA, Leandro Novais; FLORENZANO, Vincenzo Demétrio. Regulação econômica das rodovias públicas na perspectiva dos direitos fundamentais e da análise econômica do Direito. *Revista de Direito Público da Economia,* Belo Horizonte, a. 19, n. 17, jan./mar. 2007.

SILVA, Luiz Fernando Soggia Soares da. *Metodologia de reequilíbrio econômico-financeiro aplicada a contratos de arrendamento do setor portuário brasileiro.* 2015. Dissertação (Mestrado em Engenharia) – Escola Politécnica da Universidade de São Paulo, Universidade de São Paulo, São Paulo, 2015. p. 47.

SIMON, Herbert. *El comportamiento administrativo:* estudio de los procesos decisorios en la organización administrativa. Buenos Aires: Aguilar, 1988.

SMITH, Adam. *A riqueza das nações:* investigação sobre sua natureza e suas causas. Tradução Luiz João Baraúna. São Paulo: Abril Cultural, 1983.

SOUSA, Raimunda Alves de; PRATES, Haroldo Fialho. O processo de desestatização da RFFSA: principais aspectos e primeiros resultados. *Revista do BNDES*, Rio de Janeiro, v. 4, n. 8, 1997.

SOUZA, Ana Paula Peresi de. Equilíbrio econômico-financeiro em contratos de concessão de serviço público. In: SOUZA, Ana Paula Peresi de. *Mecanismos de equilíbrio econômico-financeiro*: uma análise das concessões de rodovias federais. Belo Horizonte: Fórum, 2022.

SOUTO, Marcos Juruena Villela. Formas consensuais de composição de conflitos para a exploração de ferrovias. *Revista de Direito Administrativo*, Rio de Janeiro, v. 253, p. 117-130, jan./abr. 2010.

SOUZA NETO, Cláudio Pereira de. Verticalização, cláusula de barreira e pluralismo político: uma crítica consequencialista à decisão do STF na ADIN 3685. *Interesse Público*, Porto Alegre, v. 8, n. 37, p. 69-94, 2006.

SOWELL, J. A Conceptual Model of Planned Adaptation (PA). In: BLOEMEN, P. J. T. M.; MARCHAU, V. A. W. J.; POPPER, S. W.; WALKER, W. E. (Orgs.). *Decision Making under Deep Uncertainty*: From Theory to Practice. Cham: Springer International Publishing, 2019. Disponível em: https://doi.org/10.1007/978-3-030-05252-2. Acesso em: 11 ago. 2023.

STIGLER, G. J. Law or Economics? *The Journal of Law & Economics*, Chicago, v. 35, n. 2, p. 455-468, oct. 1992.

STIGLER, G. J. The theory of economic regulation. In: STIGLER, George J. (Org.). *The citizen and the State*: essays on regulation. Chicago; London: The University of Chicago Press, 1971.

STIGLITZ, Joseph; WALSH, Carl. *Introdução à microeconomia*. Rio de Janeiro: Campus, 2003.

SUNDFELD, Carlos Ari. Concessões ferroviárias e jus variandi das concessionárias. In: TOJAL, Sebastião Botto de Barros; SOUZA, Jorge Henrique de Oliveira (Coords.). *Direito e infraestrutura*: rodovias e ferrovias – 20 anos da Lei nº 10.233/2001. Belo Horizonte: Fórum, 2021. v. 2.

SUNDFELD, Carlos Ari. Guia jurídico das parcerias público-privadas. In: SUNDFELD, Carlos Ari (Coord.). *Parcerias público-privadas*. São Paulo: Malheiros, 2005.

SUNDFELD, Carlos Ari; CÂMARA, Jacintho Arruda. Atualidade do serviço público concedido e reequilíbrio da concessão. *Revista de Direito Público da Economia*, Belo Horizonte, a. 16, n. 61, p. 41-54, jan./mar. 2018.

SUNDFELD, Carlos Ari; CÂMARA, Jacintho Silveira Dias de Arruda. Uma crítica à tendência de uniformizar com princípios o regime dos contratos públicos. *Revista de Direito Público da Economia*, Belo Horizonte, a. 18, n. 41, p. 57-72, jan./mar. 2013.

SUNSTEIN, Cass. As funções das normas reguladoras. *Revista de Direito Público da Economia*, Belo Horizonte, a. 1, n. 3, p. 33-65, jul./set. 2003.

SUNSTEIN, C. Law and economics. In: ZYLBERSZTAJN, Décio; SZTAJN, Rachel. *Direito & economia*: análise econômica do direito e das organizações. Rio de Janeiro: Elsevier, 2005.

SUNSTEIN, C. Paradoxes of the Regulatory State. *The University of Chicago Law Review,* Administering the Administrative State, v. 57, n. 2, p. 407-441, Spring 1990.

SZTAJN, Rachel. Law and economics. *In*: ZYLBERSZTAJN, Décio; SZTAJN, Rachel. *Direito & economia*: análise econômica do direito e das organizações. Rio de Janeiro: Elsevier, 2005.

SZTAJN, Rachel; VERÇOSA, Haroldo Malheiros Dulcrec. A incompletude do contrato de sociedade. *Revista de Direito Mercantil, Industrial, Econômico e Financeiro,* São Paulo, v. 131, p. 7-20, jul./set. 2003.

TÁCITO, Caio. O equilíbrio econômico-financeiro na concessão de serviço público. *Revista de Direito Administrativo,* Rio de Janeiro, v. 63, p. 1-15, 1961 (panorama no direito francês).

TÁCITO, Caio. O equilíbrio econômico-financeiro na concessão de serviço público. Revista de Direito Administrativo, Rio de Janeiro, v. 64, p. 15-35, 1961 (panorama no direito norte-americano).

TÁCITO, Caio. O equilíbrio financeiro na concessão de serviço público. *Revista de Direito Administrativo,* Rio de Janeiro, v. 65, p. 1-25, maio 1961.

TÁCITO, Caio. O retorno do pêndulo: serviço público e empresa privada. O exemplo brasileiro. *Revista de Direito Administrativo,* Rio de Janeiro, v. 202, p. 1-10, 1995.

TAFUR, Diego Jacome Valois. Contratos conexos no âmbito do project finance. *Revista Brasileira de Infraestrutura,* Belo Horizonte, a. 2, n. 4, p. 197-227, jul./dez. 2013.

TAKASAKI, Ely Arima. *O novo modelo brasileiro de exploração ferroviária.* 2014. 135 f. Dissertação (Mestrado em Economia) – Departamento de Economia da Universidade Brasília, Universidade de Brasília, Brasília, 2014.

TALEB, Nassim Nicholas. *A lógica do cisne negro*: o impacto do altamente improvável. Tradução Marcelo Schild. 13. ed. Rio de Janeiro: BestBusiness, 2017.

TEIXEIRA, Cleveland Prates; TUROLLA, Frederico Araújo; OLIVEIRA, Alessandro Vinicius Marques de. As mudanças recentes e as perspectivas para o setor aeroportuário. *In*: PINHEIRO, Armando Castelar; FRISCHTAK, Cláudio. *Gargalos e soluções na infraestrutura dos transportes.* Rio de Janeiro: FGV, 2014.

TEIXEIRA, J. H. Meirelles. Parecer. Serviço público – Concessão – Transporte coletivo – Tarifas – Competência do Poder Executivo – Harmonia e independência dos poderes. *Revista de Direito Administrativo,* Rio de Janeiro, v. 50, p. 380-426, 1957.

TEMPORAL, Ricardo. *Um exame da teoria de desenho de mecanismos e suas aplicações práticas.* 2011. 55 f. Dissertação (Mestrado em Economia) – Instituto de Ensino e Pesquisa, Insper, São Paulo, 2011.

TEPEDINO, Gustavo; BARBOZA, Heloísa Helena; DE MORAES, Maria Celina Bodin. *Código Civil interpretado conforme a Constituição da República*: parte geral e obrigações (arts.1º a 420). 2. ed. rev. at. e ampl. Rio de Janeiro: Renovar, 2007. v. I.

TOJAL, Sebastião Botto de Barros; ROCHA, Bruna Souza da. Aspectos regulatórios e concorrenciais do operador ferroviário independente: análise da Resolução nº 5.920/2020 – ANTT. *In*: TOJAL, Sebastião Botto de Barros; SOUZA, Jorge Henrique de Oliveira (Coords.). *Direito e infraestrutura*: rodovias e ferrovias – 20 anos da Lei nº 10.233/2001. Belo Horizonte: Fórum, 2021. v. 2.

TORGAL, Lino. Prorrogação dos contratos de obras públicas e serviços públicos. Prorrogação do prazo de concessões de obras públicas e de serviços públicos. *Revista de contratos públicos*, Lisboa, n.1, p.219-263, jan./abr. 2011.

TORGAL, Lino; GERALDES, João de Oliveira. Concessões de actividades públicas e direito de exclusivo. *Revista de Direito Público da Economia*, Belo Horizonte, v. 10, n. 37, p. 151-176, jan./mar. 2012.

TRETHEWAY, M.; KINCAID, I. *Competition Between Airports*: Occurrence and Strategy. England: Routledge, 2010.

TRUBEK, David M. *Developmental states and the legal order*: towards a new political economy of development and law. University of Wisconsin Law School, Paper n. 1075, February 2009.

UNGER, Roberto Mangabeira. *O direito e o futuro da democracia*. Tradução Caio Farah Rodriguez e Marcio Soares Grandchamp. São Paulo: Boitempo, 2004.

URUGUAY, Visconde do. *Estudos práticos sobre a administração das províncias no Brasil*. Rio de Janeiro: B. I. Garnier, Livreiro Editor, 1865.

VALDÉS, Juan Eduardo Figueroa; SOTTA, María Elisa Illanes. Notas sobre la ecuación económica financeira em el Contrato de Concesiones de Obras Públicas em Chile. *Cuadernos de Extensión Jurídica*, U. de Los Andes, n. 31, p. 37-69, 2018.

VALLADÃO, Alfredo. *Regime jurídico das águas e da indústria elétrica*. São Paulo: Prefeitura Municipal de São Paulo, 1941.

VICKREY, W. Counterspeculation, auctions, and competitive sealed tenders. *The Journal of Finance*, v. 16, n. 1, p. 8-37, mar. 1961.

VIDALE, Guida. Por que idosos, hipertensos e diabéticos são grupos de risco? *Veja*, 23 mar. 2020. Disponível em: https://veja.abril.com.br/saude/por-que-idosos-hipertensos-e-diabeticos-sao-grupos-de-risco/. Acesso em: 30 maio 2022.

VIEIRA, Bruno Fernandes. *Regulação por incentivo no setor elétrico brasileiro*: instituições e eficiência. 2014. 169 f. Dissertação (Mestrado em Direito) – Universidade Federal de Minas Gerais, Belo Horizonte, 2014.

WALD, Arnoldo. *Curso de direito civil*. 12. ed. São Paulo: Revista dos Tribunais, 1995.

WILLIAMSON, O. E. Comparative Economic Organization: The Analysis of Discrete Structural Alternatives. *Administrative Science Quarterly*, New York, v. 36, n. 2, p. 269-296, jun. 1991.

WILLIAMSON, O. E. Economics of Organization: The Transaction Cost Approach. American Journal of Sociology, Chicago, v. 87, n. 3, p. 548-577, 1981.

WILLIAMSON, O. E. *Markets and hierarchies*: analysis and antitrust implications. New York: Free Press, 1975.

WILLIAMSON, O. E. Porque Direito, Economia e Organizações. *In*: ZYLBERSZTAJN, Décio; SZTAJN, Rachel (Orgs.). *Direito & economia*: análise econômica do direito e das organizações. Rio de Janeiro: Elsevier, 2005.

WILLIAMSON, O. E. *The Economic Institutions of Capitalism*. New York: Free Press, 1985.

WILLIAMSON, O. E. *The Mechanisms of Governance*. New York: Oxford University Press, 1996.

WILLIAMSON, O. E. The Theory of the Firm as Governance Structure: from Choice to Contract. *Journal of Economic Perspectives*, Tennessee, v. 16, n. 3, p. 171-195, 2002.

WILSON, R. *The structure of incentives for decentralization under uncertainty*. Paris: Editions du Centre national de la recherche scientifique, 1969.

WOLFE, D. Experimental governance: conceptual approaches and practical cases. *Background paper for an OECD/ED workshop, Broadening innovation policy*: new insights for regions and cities, 2018.

WORLD BANK. *Guidance on PPP Contractual Provisions, 2019*. Disponível em: https://consultations.worldbank.org/consultation/guidance-ppp-contractual-provisions. Acesso em: 11 jul. 2021.

WORLD BANK. International Bank for Reconstruction and Development. *Public-Private Partnerships*: Reference Guide Version 3. Disponível em: https://openknowledge.worldbank.org/handle/10986/29052. Acesso em: 30 maio 2022.

WORLD BANK. *Public-Private Partnerships Reference Guide, 2017*. Disponível em: https://ppp.worldbank.org/public-private-partnership/library/ppp-reference-guide-3-0. Acesso em: 20 jul. 2021.

YESCOMBE, E. R. *Public-private partnerships*: principles of policy and finance. Oxford, UK: Butterworth-Heinemann, 2011.

YOSIMOTO, Vinícius *et al*. A lógica atual do setor aeroportuário brasileiro. *Revista do BNDES*, Rio de Janeiro, n. 45, p. 243- 292, jun. 2016.

YUAN, J.; ZENG, A. Y.; SKIBNIEWSKI, M. J.; LI, Q. Selection of performance objectives and key performance indicators in public-private partnerships projects to achieve value for money. *Construction Management and Economics*, United Kingdom, v. 27, n. 3, p. 253-270, 2009.

ZANATTA, Rafael Augusto Ferreira. *Direito, desenvolvimento e experimentalismo democrático*: um estudo sobre os papéis do direito nas políticas públicas de capital semente no Brasil. 2014. 184 f. Dissertação (Mestrado em Direito) – Faculdade de Direito, Universidade de São Paulo, São Paulo, 2014.

ZANCHIN, Kleber Luiz. *Contratos de parcerias público-privada (PPP)* – risco e incerteza. São Paulo: Quartier Latin, 2012.

ZYLBERSZTAJN, Décio; SZTAJN, Rachel. *Direito & economia*: análise econômica do direito e das organizações. Rio de Janeiro: Elsevier, 2005.

ANEXO

Considerando o regime jurídico do equilíbrio econômico-financeiro, para os contratos de concessão que se propõe no presente livro, apresentam-se sugestões de novas cláusulas sobre o tema, vazadas nos seguintes termos:

Acordos Experimentais de Renegociação de Reequilíbrios Econômico-financeiros em situações de incerteza

Cláusula.___ Sempre que atendidas as condições de contrato, por intermédio da equalização econômico-financeira dos eventos qualificados como riscos ou incertezas, durante a execução contratual ou no bojo de procedimentos de renegociação entre o Poder Concedente e a Concessionária, nas hipóteses de eventos qualificados como incerteza, considera-se mantido seu equilíbrio econômico-financeiro.

Cláusula. ___ Com exceção dos riscos, expressamente, alocados ao Poder Concedente e em outras disposições contratuais e dos eventos qualificados como incertezas, que serão objeto de Acordos Experimentais de Renegociação de Reequilíbrio Econômico-financeiros, a Concessionária é integral e exclusivamente responsável por todos os riscos relacionados à Concessão.

Cláusula.___ A Concessionária e o Poder Público deverão contratar Verificador Independente (VI), acreditado como organismo de avaliação da conformidade, que terá por desiderato, dentre outras funções, examinar a adequação do evento desequilibrante à matriz de riscos contratual, bem como proferir decisão, qualificando tal evento, se for o caso, como uma incerteza.

Parágrafo Primeiro. O Verificador Independente (VI) será escolhido, de comum acordo, quando da assinatura do contrato de concessão.

Parágrafo Segundo. A remuneração do Verificador Independente (VI) será custeada pelas partes, em percentuais iguais.

Cláusula.____ Para os fins desse Contrato, um evento desequilibrante será considerado como uma incerteza se não for provisionado, por nenhuma das partes, no Estudo de Viabilidade Técnica, Econômica e Ambiental – EVTEA, nem no Plano de Negócio – PN, apresentado pelo licitante, a depender da função de tais instrumentos para o restabelecimento do equilíbrio econômico-financeiro dos contratos de concessão.

Cláusula.____ Qualificado um evento desequilibrante como uma incerteza pelo VI, as partes terão ____ dias para, com lastro no art. 26 do Decreto-Lei nº 4.657/1942 (incluído pela Lei nº 13.655/2018), entabular uma renegociação das variáveis econômicas do contrato de concessão.

Parágrafo Primeiro. Caso as partes não cheguem a um acordo na data aprazada ou qualquer delas descumpra o Acordo Experimental de Renegociação celebrado, ambas suportarão, em igual medida, os impactos econômico-financeiros dos eventos qualificados como uma incerteza.

Parágrafo Segundo. O acordo Experimental de Renegociação de Reequilíbrios Econômico-financeiros de que trata o parágrafo anterior, deverá observar as seguintes diretrizes:

a) Deverá ser realizado, considerando as informações disponibilizadas pelas partes, por ocasião do procedimento licitatório;
b) Deverá ser precedido de uma avaliação técnica e econômico-financeira de inexequibilidade das propostas dos licitantes e da exequibilidade do EVETA apresentado pelo Poder Público, de modo a coibir a maldição do vencedor, a seleção adversa e as condutas oportunistas das partes;
c) Deverá ser realizado, a partir da vigência de, ao menos, 50% (cinquenta por cento) dos contratos de concessão, sendo certo que a sua realização, antes de tal prazo, deverá ser devidamente motivada;
d) Deverá considerar os custos de transação entre a manutenção do contrato de concessão ou a sua relicitação;
e) Os acordos de reequilíbrio, por serem realizados em um ambiente não competitivo, deverão observar a evolução experimental dos contratos de concessão;
f) Os acordos de reequilíbrio que envolvam a realização de obras, por serem realizados em um ambiente não competitivo, deverão observar a evolução experimental e o *benchmark* específico do mercado de concessões no que toca aos custos dos insumos, e não a índices relacionados à realização dos tradicionais contratos de empreitada;
g) Os acordos de equilíbrio poderão versar sobre a extinção de processos judiciais ou administrativos que produzam impactos, diretos e indiretos, no equilíbrio econômico-financeiro dos contratos de concessão;

h) Os acordos de reequilíbrio deverão ser permeados por uma ampla transparência, abrindo-se as suas informações na internet, desde o seu requerimento, passando pela análise das instâncias técnicas, chegando às decisões das entidades superiores.

Parágrafo Terceiro. Os Acordos Experimentais de Renegociação de Reequilíbrios Econômico-financeiros poderão resultar na:

a) alteração do valor das tarifas;
b) alteração dos índices do reajuste tarifário;
c) alteração do regime jurídico e dos prazos das revisões extraordinárias e ordinárias;
d) alteração das obrigações de investimento e das obrigações de desempenho;
e) alteração da matriz de riscos dos contratos de concessão;
f) redução ou ampliação do prazo da concessão, mesmo em contratos nos quais já tenha sido implementada prorrogação ordinária;
g) indenização direta a ser paga entre as partes;
h) dação em pagamento, inclusive por meio de bens imóveis, na forma do art. 356 e seguintes, do código civil (Lei nº 10.406/2002);
i) unificação e cisão de contratos de concessão;
j) transferência do controle ou do contrato de concessão;
k) instituição de um programa de recuperação regulatória;
l) combinação das alternativas acima.

Cláusula. ____ Se as partes não alcançarem um acordo dentro do prazo estabelecido na cláusula anterior, esse contrato de concessão passará a observar o procedimento de relicitação de que trata a Lei nº 13.448/2017, ou o poder público terá de assumir o objeto da concessão, no prazo improrrogável de _____ dias.

Esta obra foi composta em fonte Palatino Linotype, corpo 10
e impressa em papel Offset 75g (miolo) e Supremo 250g (capa)
pela Gráfica Impress.